KB128461

제3판

국제거래법

INTERNATIONAL BUSINESS TRANSACTION LAW

김상만

박영사

International Business Transaction Law

Third Edition

By

Sang Man Kim
Professor of International Trade
Duksung Women's University
Attorney at Law (New York)

제3판 머리말

제3판에서는 개정판 이후에 변경된 국제거래법 내용을 반영하고, 기타 내용을 수정·보완하였다. 특히 제5장 인코텀즈의 내용을 인코텀즈 제8차 개정분인 인코텀즈 2020(2020.1.1. 시행)에 맞추어 전면 개정하였다.

끝으로 인류의 행복을 위하여 국제거래의 발전을 기원하며, 이 책의 출간에 도움을 주신 여러분들께 감사드립니다.

2020년 8월

김 상 만

개정판 머리말

개정판에서는 초판 출간 후 변경된 국제거래법 내용을 반영하고, 기타 내용을 수정·보완하였으며, 장절을 재구성하였다.

개정판의 특징은 다음과 같다.

첫째, 국제거래(특히 상품무역)을 수행함에 있어 필요한 내용을 거의 모두 기술하였다.

둘째, 국제거래(특히 상품무역)의 절차에 맞추어 필요한 사항을 순서대로 기술하였다.

셋째, 법률내용을 쉽게 기술하여 비전공자도 국제거래 관련 법률문제를 이해할 수 있도록 하였다. 실질적으로 무역실무와 국제거래법을 단권화하였다.

넷째, 국제거래의 실무경험을 토대로 실무중심으로 기술하였다.

다섯째, 국제거래(특히 상품무역)에서 가장 많이 적용되는 국제규칙(규범)인 인코텀즈(Incoterms 2010), 국제물품매매계약에 관한 유엔협약(CISG), 그리고 신용장통일규칙(UCP 600)의 내용을 조문별로 상세히 해설하였다.

여섯째, 특히 국제물품매매계약에 관한 유엔협약(CISG)은 변호사시험, 국제무역사, 무역영어, 관세사시험 등에서 중요한 비중을 차지하는바, 조문별 상세한 해설과 함께 다양한 사례를 제시하여 수험생들이 쉽게 이해할 수 있도록 하였다.

일곱째, 주요 항목에는 실제 사례 또는 서식을 예시함으로써 실무적으로 활용할 수 있도록 하였다.

여덟째, 주요 용어는 영어를 병기함으로써 영문용어를 쉽게 익히도록 하였다.

끝으로 인류의 행복을 위하여 국제거래의 발전을 기원하며, 이 책의 출간에 도움을 주신 여러분들께 감사드립니다.

2018년 7월

김 상 만

머리말

국제거래는 서로 다른 국가 간의 거래로서 당사자 간의 문화, 관습, 언어, 법률의 차이로 인해 복잡한 법률문제가 발생하고, 분쟁가능성이 높으며 그 해결이 쉽지 않다. 따라서 국제거래를 성공적으로 마치기 위해서는 국제거래실무의 이해와 더불어 국제거래법규의 이해도 필요하다.

국제거래는 기술의 발달에 따라 빠르게 변화하고 있으며, 국제거래를 규율하는 국제거래법규도 수시로 개정되거나 새로 제정되고 있어 국제거래법규에 대한 지속적인 관심과 모니터링이 요구된다.

법학교육을 통한 법률지식과 한국무역보험공사에서의 15년간의 국제거래실무경험을 통해 국제거래실무와 국제거래법규를 이해하게 되었는데, 조금이나마 저자의 지식과 실무경험을 학생 및 국제거래 관계자들과 공유하고자 이 책을 출간하게 되었다.

이 책의 특징은 다음과 같다.

첫째, 실무경험을 토대로 무역을 포함한 국제거래를 실무중심으로 상세히 기술하여 무역교과서 없이 누구나 쉽게 이해할 수 있게 하였다.

둘째, 법률내용을 쉽게 기술하여 비전공자도 국제거래 관련 법률문제를 이해할 수 있도록 하였다. 실질적으로 무역실무와 국제거래법을 단권화하였다.

셋째, 국제거래에서 가장 중요한 국제거래법규인 신용장통일규칙, Incoterms, 국제물품매매계약에 관한 유엔협약에 대해 상세히 다루었다. 특히 2011년 1월 1일부터 시행되는 Incoterms 2010을 기준으로 작성하였고, 주요 변경내용도 정리하여 Incoterms 2000과 비교할 수 있게 하였다. 그 외의 다수의 중요한 국제법규도 소개하였다.

넷째, 중요 법적쟁점사항에서는 국내외법 및 국제거래법규, 국내외판례를 소개하여 이해를 도왔다.

끝으로 인류의 행복을 위해 국제거래의 발전을 기원하며, 이 책의 출간에 도움을 주신 여러분들께 감사드립니다.

2011년 2월

김 상 만

차 례

제 1 장

국제거래법 개관

제1장 국제거래법 개관

제1절 국제거래의 의의

1. 국제거래의 정의

국제거래(international transaction)는 서로 다른 국가 간의 거래로 정의할 수 있다. 국제거래는 그 대상에 따라 무역거래와 자본거래로 구분할 수 있는데, ⅰ) 무역거래(international trade transaction)는 '국경 간 물품과 용역의 거래(trading goods and services across borders)'[1], 또는 '서로 다른 국가 간의 물품 또는 용역의 거래(trading goods or services from one country to another)'[2]로 정의할 수 있고, ⅱ) 자본거래는 국경 간 자본의 이동을 목적으로 하는 거래로 정의할 수 있다.

참고로 미국의 Folsom 교수는 국제거래를 ① 국경 간 물품 거래(trading goods across borders) ② 해외 기술 제공(licensing production abroad) ③ 해외투자(foreign investment)의 세 가지 유형으로 구분하고[3], 국경 간 물품·용역의 거래를 국제거래의 초기 단계로 보고 있다.[4] 미국의 Chow 교수는 ① 당사자의 영업소가 서로 다른 국가에 있는 경우 ② 국경 간 물품, 용역, 기술, 또는 자본의 이동, 또는 ③ 동일한 국가의 당사자 간의 거래로서 다른 국가에 직접적인 영향을 갖는 거래는 국제거래에 해당되는 것으로 보고 있다.[5] 한편, 「국제조세조정에 관한 법률」에서는 "국제거래"란, 거래 당사자의 어느

---

1) "International trade is the exchange of goods and services across national boundaries."(Belay Seyoum, *Export-Import Practices, and Procedures*, 2nd ed, Routledge, 2009, p.7.).

2) "international trade transactions relate to the exportation of goods or services from one country to another"(Carole Murray, et. al, *Schmitthoff's Export Trade: The Law and Practice of International Trade*, 11th ed, Sweet & Maxwell, 2010, p.1.).

3) Ralph H. Folsom, et. al, *International Business Transactions: A Problem-Oriented Coursebook*, 11th ed, West, 2012, pp.20-25.

4) *Ibid.* p.20.

5) Daniel C.K. Chow, Thomas J. Schoenbaum, *International Business Transactions: Problems, Cases, and Materials*, 2nd ed., Wolters Kluwer, 2010, p.1.

한쪽이나 양쪽이 비거주자 또는 외국법인(비거주자 또는 외국법인의 국내사업장은 제외)인 거래로서 유형자산 또는 무형자산의 매매·임대차, 용역의 제공, 금전의 대출·차용, 그 밖에 거래자의 손익(損益) 및 자산과 관련된 모든 거래를 말한다고 규정하고 있다(제2조 제1항제1호).

2. 국내거래에서 발생하는 법률문제

일상에서 대부분의 거래는 현실매매(present sale)로 대금지급과 동시에 물품을 인도한다. 현실매매에서는 대금지급과 동시에 물품을 인도하기 때문에 그 이행이 단순하고, 대금미결제 위험 및 물품미인도 위험이 없다.

그러나 격지자 간 거래(예: 인천에 소재하는 매도인(판매자)과 부산에 소재하는 매수인(구매자) 간의 거래)는 물품의 운송이 수반되고, 그 이행이 복잡하며, 대금미결제 위험 또는 물품미인도 위험이 있다. 인천에 소재하는 매도인과 부산에 소재하는 매수인 간의 물품매매거래에서 발생하는 법률관계를 살펴보자(상점에서 직접 물품을 구매하는 현실매매와 비교하여).

① 부산까지의 운송비는 누가 부담할 것인가? (매도인이 부담할 것인가?, 아니면 매수인이 부담할 것인가?)

② 계약체결 후 물품에 대한 위험은 누가 부담할 것인가? 민법상 불특정물인 경우 지참채무[6]가 원칙이므로 매도인은 매수인의 주소에서 물품을 인도해야 한다(민법 제467조).

③ 대금은 언제 지급할 것인가? 매매계약체결 시 또는 물품을 인도받기 전에 대금을 지급하는 조건이라면, 매수인은 물품미인도 위험에 노출되고, 자금부담을 겪게 된다. 이와 반대로 신용거래(외상거래)인 경우 매도인은 대금미결제 위험에 노출되고, 자금부담을 겪게 된다.

④ 당사자 사이에 분쟁이 발생하는 경우 어느 법원에 제소할 것인가? 매도인은 인천지방법원에 제소하는 것이 편리할 것이고, 매수인은 부산지방법원에 제소하는 것이 편리할 것이다.

---

6) 지참채무: 채무자가 채권자의 주소에서 채무를 변제함(예: 매도인이 매수인의 주소지에서 물품을 인도함).
추심채무: 채권자가 채무자의 주소에서 채무를 변제받음(예: 매수인이 매도인의 주소지에 와서 물품을 수령함).

3. 국제거래에서 발생하는 법률문제

국제거래는 서로 다른 국가 간의 거래로서 상이한 법·관습·문화·언어·제도 등에 직면하고, 국제거래의 특징에 따른 다양한 위험에 노출된다. 한국에 있는 수출상이 베트남에 있는 수입상에게 물품을 수출하는 국제거래를 통하여 국제거래에서 발생하는 법률문제를 살펴보자.

① 어떻게 물품을 운송할 것인가? 상품무역에서는 해상운송의 비중이 높다.[7] 특히 남북분단으로 인하여 한국의 상품무역에서는 육상운송은 불가능하므로 해상운송 또는 항공운송이 필수적이다.[8]

② 어떤 언어로 계약서를 작성할 것인가? 영어로 작성할 것인가?, 아니면 한국어나 베트남어로 작성할 것인가? 한국 수출상은 한국어가 편리하고, 베트남 수입상은 베트남어가 편리할 것이다. 따라서 한국어나 베트남어는 형평에 맞지 않을 것이고, 그 대신 제3국의 언어를 선택해야 할 것이다. 현재 제3국의 언어로는 영어가 가장 많이 사용된다.

③ 계약금액은 어떤 통화로 정할 것인가? 미달러화(USD)로 정할 것인가?, 아니면 원화(KRW)나 베트남 동화(VND)로 정할 것인가? 미달러나 베트남 동화(VND)로 정하는 경우 한국 수출상은 환율변동위험에 노출된다(베트남 동화로 정하는 경우 환율변동위험이 더 클 것이다).

④ 베트남에서 무역규제, 외환규제 등의 조치를 취할 수 있다. 베트남에서 특정 품목 또는 특정 국가에 대해 수입제한조치 또는 관세율 인상 등의 조치를 취할 수 있고, 환전제한 또는 송금제한 등의 조치를 취할 수 있다.

⑤ 국내거래에 비해 운송거리가 길고 운송시간이 오래 걸리며, 수출입통관에도 많은 시간이 소요된다. 따라서 시황이 급변하는 상품의 경우 마켓클레임(market claim)에 노출된다.

⑥ 한국 수출상은 대금결제에 대한 보장으로 신용장을 요구할 수 있다. 이 경우 베트남 수입상은 자신의 거래은행에 신용장 개설을 신청해야 한다.

⑦ 수입상의 신용위험(지급불능, 지급거절 등) 또는 수입국의 국가위험(소요, 폭동, 전쟁, 송금

---

7) 국제연합무역개발회의(UNCTAD)에 의하면, 2018년 기준 해상운송에 의한 상품무역은 110억톤으로 전체의 약 85%를 차지한다(UNCTAD, *Review of Maritime Transport 2019*, 2019, p.5.).

8) 경제적 측면에서 남북한 공동의 이익을 위하여 육상운송 및 철도운송 협의가 필요하다.

제한 등)으로 인하여 수출대금 미결제위험에 노출되며, 이러한 위험을 담보 받기 위해 수출보험이 필요하다.

⑧ 준거법은 어느 국가의 법으로 정할 것인가? 베트남 수입상은 베트남법을 준거법으로 정할 것을 요구할 것이다. 한편, 협상에 성공하여 대한민국법을 준거법으로 정한 경우 베트남 법원에서는 대한민국법을 준거법으로 인정할 것인가? 대한민국법의 일부 내용이 베트남의 공서양속(public policy)에 저촉된다는 이유로 베트남 법원에서는 그 적용을 배제하고 베트남법을 적용할 수도 있다.

⑨ 어느 국가의 법원에 소를 제기할 것인가? 분쟁이 발생하는 경우 한국의 법원에 소를 제기할 수 있는가? 한국의 법원에서 재판관할권을 인정하여 승소판결을 받은 경우 베트남에서 집행할 수 있는가? 한편, 베트남 법원에서 소송을 진행하는 경우 소장, 준비서면, 답변서를 베트남어로 작성해야 하고, 한국 변호사 외에 추가로 베트남 변호사를 선임해야 할 것이다.

4. 국제거래의 특징

국제거래는 서로 다른 국가 간의 거래로서 국내거래와 비교하여 다음과 같은 특징이 있으며, 국제거래의 특징은 다양한 거래위험을 초래한다.

1) 높은 분쟁가능성

국제거래는 서로 다른 국가 간의 거래로 당사자의 법체계, 언어, 문화, 관습 등이 상이하다. 이에 따라 계약체결부터 계약이행까지의 전 과정에서 당자사 간의 해석, 이해, 기대의 차이로 인해 분쟁발생 가능성이 높다.

2) 높은 상업위험

국제거래는 국내거래에 비해 신용위험, 환변동위험, 상품위험, 가격위험 등 상업위험(commercial risk)이 높다.

신용위험	수입자의 지급지체, 지급거절, 지급불능 등을 신용위험이라고 한다. 수입자가 멀리 떨어져 있어 수입자에 대한 정보가 부족하며, 수입자의 신용상태를 상시 모니터링할 수 없어 수입자의 대금미결제위험에 노출된다. 수입자의 신용위험을 감소시키기 위하여 신용장이 사용되고, 수출보험에 가입한다.
환변동위험	통상 무역거래는 수출계약체결 후 상당한 기간 후에 수출이행 및 대금결제가 이루어지며, 수출계약은 통상 외국통화(미달러화, 유로화 등)로 이루어진다. 이에 따라 수출계약체결 시에 예상한 원화환산금액과 수출대금결제 후에 실제 원화로 환전한 금액은 차이가 있다.
상품위험	무역거래에서는 장거리 운송에 따라 외부에서 가해지는 다양한 물리적 위험과 상품자체의 변질위험 등이 있다.
가격위험	수출계약체결과 대금결제에는 상당한 기간이 있고, 그 기간 사이에 상품의 가격이 변동할 위험이 있다. 가격이 상승하는 경우 수출자는 손해를 입게 되며, 가격이 하락하는 경우 수입자가 손해를 입게 된다. 특히 가격이 하락하는 경우 수입자는 손해를 줄이기 위하여 마켓클레임(market claim) 또는 악의적 클레임(malicious claim)을 제기하는 경우가 많다.

3) 국가위험 또는 비상업적 위험

국제거래는 서로 다른 국가 간의 거래로서 상대국에서 발생하는 전쟁·내란, 송금제한, 수용 등의 영향을 받는다. 이러한 위험을 비상업적 위험(non-commercial risk), 정치적 위험(political risk), 또는 국가위험(country risk)이라고 한다.

4) 법률문제

국제거래는 다수 국가의 법이 관련되고, 다수 국가에 영향을 주는바, 국내거래와 비교하여 다양한 법률문제가 발생한다.

① 국제거래는 다수 국가의 법이 관련되며, 그 적용이 획일적이지 않다. 대부분 국가에서는 국제사법을 통하여 준거법을 정하도록 하고 있으나 준거법을 결정하는 기준이 국가마다 동일하지는 않다.

② 법적용의 불확실성으로 인하여 당사자자치의 원칙(principle of party autonomy)[9]이 중요한 위치를 차지하고 있다. 당사자들은 자신이 모르는 법의 적용에 따른 불확실성을 줄이기 위해 다툼이 될 수 있는 사항들을 계약서에 상세히 규정한다. 이에 따

9) 당사자자치의 원칙(principle of party autonomy)란, 법률행위(계약 등)에 적용되는 법(준거법)을 당사자의 합의로 정할 수 있다는 국제사법상의 원칙을 말한다.

라 국제거래에서 사용되는 계약서는 국내에서 사용되는 계약서에 비해 방대하며 상세하다.[10)]

③ 국제거래에서는 국제소송 또는 국제중재를 통해 분쟁을 해결해야 하므로 분쟁해결에 상당한 시간과 비용이 소요된다. 소송이나 중재에서 승소했다고 하더라도 이 판결을 외국에서 집행하는 것이 용이하지 않다.

④ 국제계약에서는 영미법이 우세한 편이다. 특히 국제금융계약서는 대부분 미국 뉴욕주법이나 영국법을 준거법으로 하고, 재판관할지도 미국 뉴욕주법원이나 영국 런던법원으로 정하고 있다. 그리고 선박건조계약이나 해상운송계약은 영국법을 준거법으로, 영국 법원을 재판관할지로 정하는 경우가 많다.

5) 국가의 규제와 지원

국제거래에 대해 각국은 규제와 지원정책을 적용하고 있다. 국제거래는 대규모 거래가 많은바, 당사국의 경제에 미치는 영향이 크다. 각국은 수출에 대해 지원을 하지만 수입에 대해서는 엄격한 규제를 한다. 즉 각국은 자국의 경제를 보호하기 위해 주권적 간섭을 하고, 국제거래의 분쟁은 당사자 간의 분쟁을 넘어 국가 간 분쟁이 되는 경우가 많다.

5. 국제거래의 변천

국제거래는 시대에 따라 그 대상과 거래형태가 변화하고 있다. 1950년대까지는 상품무역이 중심이었으나, 1970년대 유가상승에 따른 중동건설경기붐으로 해외건설 및 플랜트수출이 중요해졌다. 그리고 1980년대 이후에는 해외건설, 해외투자, 금융거래가 복합적으로 이루어지는 프로젝트 파이낸스거래가 증가하였고, 2000년대 이후에는 프로젝트 파이낸스방식에 기초한 해외자원개발, 고속철도 사업, 발전소 건설 등이 활발히 진행되고 있다.

---

10) 참고로 대륙법계를 계수한 우리나라의 경우 계약서를 간단하게 작성하고 당사자 간의 신의를 통해 적당히 문제를 해결하려는 경향이 있는데, 국제계약서에서는 문제가 되는 점들을 상세하게 작성하는 것이 필요하다.

제2절 국제거래법의 의의

1. 국제거래법의 정의

국제거래법(international business transaction law)에 대한 규범적 정의는 없고, 그 정의 또는 개념도 학자마다 차이가 있다. 대표적인 국제거래법학자인 영국의 Schmitthoff 교수와 미국의 Folsom 교수는 국제거래법에 대한 독립적인 개념 정의는 하지 않았지만, 국제거래법 저서를 통해 국제거래법의 정의를 유추할 수 있다.

> 영국의 Schmitthoff(현행은 Carole Murray 외)는 저서 「Schmitthoff's Export Trade: The Law and Practice of International Trade」[11]에서 제1부 국제물품매매(The International Sale of Goods), 제2부 수출금융(Finance of Exports), 제3부 수출운송(Transportation of Exports), 제4부 보험(Insurance), 제5부 국제상사분쟁해결(International Commercial Dispute Resolution), 제6부 건설 · 장기계약(Construction and Long Term Contracts), 제7장 관세법(Customs Law), 제8장 해외마케팅조직(Marketing Organization Abroad), 제9장 시장정보(Market Information), 제10장 표준화 · 통일화 · 전자상거래 · EDI(Standardisation, Unification, Electronic Commerce and EDI), 그리고 제11부 세계무역기구(World Trade Organization)를 기술하고 있다.
>
> 미국의 Ralph H. Folsom은 그의 저서 「International Business Transactions」[12]에서, 제1부 세계공동체에서 사업 수행(The Conduct of Business in the World Community), 제2부 국제물품거래(International trading of Goods), 제3부 국제거래에 대한 규제(Regulation of International Trade), 제4부 기술이전(Transfers of Technology), 제5부 해외투자(Foreign Investment), 그리고 제6부 분쟁해결(Dispute Settlement)을 기술하고 있다.

국제거래법의 범위에 대해 ⅰ) 국제거래를 규율하는 사법적 규범(private norm)으로 보는 견해 ⅱ) 국제거래를 규율하는 사법적 규범(private norm)과 국제사법(international private law)을 포함하는 것으로 보는 견해 ⅲ) 국제거래를 규율하는 사법적 규범(private norm), 국제사법(private international law), 그리고 국제경제법(international economic law)까지 포함하는 것으로 보는 견해 등이 있다.

---

11) Carole Murray, et. al, *supra* note 2.

12) Ralph H. Folsom, et. al, *supra* note 3.

2. 국제경제법, 국제법 및 국제사법과의 관계

국제거래법을 '국제거래를 규율하는 사법적 규범(私法的 規範)'으로 보는 경우 국제거래법과 타법과의 관계에 대하여 살펴볼 필요가 있다.

1) 국제경제법과의 관계

국제경제법(International Economic Law)은 사인 간의 거래에 대한 각국 정부 또는 국제기구의 개입과 간섭에 대한 규범이라는 면에서, 사인간의 권리·의무에 관련되는 사적 거래 규범인 국제거래법과 구별된다.[13] 국제거래법은 국내법에서 민상법에 해당되고, 국제경제법은 경제법에 해당된다. 또한, 국제경제법은 국제시장질서의 경쟁구조 내지 경쟁질서의 유지를 문제삼는 거시적인 규범이고, 국제거래법은 당사자 간의 권리 및 의무에 관한 미시적인 규범인 점에서 구별된다. 대표적인 국제경제법학자인 Lowenfeld 교수는 그의 저서 「International Economic Law」에서 GATT, WTO, IMF 등에 의한 통상규제, 통상분쟁해결 등을 국제경제법의 영역으로 기술하고 있다.[14]

2) 국제법과의 관계

국제법(International Law, or Public International Law)은 국가(또는 정부기관) 간, 또는 국가와 국제기구 상호간의 관계를 규율하는 법이다. 비사법적(非私法的) 관계를 규율하기 때문에 공법으로 분류된다. 국제법은 국가를 규율대상으로 한다는 점에서[15] 사인 간(또는 기업 간) 거래 관계 또는 사적인 사업거래(private business transaction)를 규율대상으로 하는 국제거래법과 구별된다.[16] 다만, 국제거래법의 법원(法源) 중 국제조약(또는 국제협약)의 형식으로 된 부분은 형식적인 면에서는 국제법에 속한다고 볼 수 있다.[17] 제2차 세계대전 이후 국제거래가 증가함에 따라 국제법(International Law)은 국제법(Public International Law)과 국제사법(Private International Law)으로 세분화되었다.[18]

---

13) 서헌제, 「국제거래법」 제4판, 법문사, 2006, p.15

14) Andreas F. Lowenfeld, *International Economic Law*, 2nd ed., Oxford University, 2008.

15) Peter Malanczuk, *Akehurst's Modern Introduction to International Law*, 7th ed., Routledge, 2002, p.1.

16) Daniel C.K. Chow, Thomas J. Schoenbaum, *supra* note 5, p.1.

17) 서헌제, 전게서, p.17.

18) Ralph H. Folsom, et. al, *supra* note 3, p.2.

3) 국제사법과의 관계

국제사법(Private International Law)은 법의 충돌이 있는 경우에 어느 국가의 법을 적용할 것인가를 결정하는 법이다. 즉 국제사법은 외국적 요소가 있는 법률관계에 적용될 준거법(governing law)을 결정하는 법이다. 국제거래를 해석함에 있어서는 준거법의 결정이 필요하므로 준거법을 결정하는 국제사법도 국제거래를 규율하는 법으로 볼 수 있는바, 이런 의미에서는 국제사법도 광의의 국제거래법에 포함된다고 볼 수 있다. 그러나 대부분의 국내외 주요 대학에서는 국제사법을 별도의 강좌로 개설하고, 별도의 학회(또는 연구모임)가 구성되는 점 등으로 볼 때, 강학적 측면이나 학문적 측면에서 국제사법은 국제거래법과 구별된다.

제3절 국제거래법의 법원(法源)

1. 개설

1) 법원(法源)의 분류

법원(法源: sources of law)은 분류기준에 따라 다음과 같이 다양하게 분류된다.

(1) 성문법과 불문법

법은 그 표현형식에 따라 성문법(成文法)과 불문법(不文法)으로 분류된다. 성문법(written law)은 문서의 형식을 갖춘 법을 말한다. 불문법(unwritten law)은 법규범의 존재 형식이 제정되지 않은 법체계에 의한 법으로 비제정법이라고도 한다. 관습법이나 판례법은 대표적인 불문법인데, 영미법계에서는 주된 법원(法源)으로 보고 있으나, 대륙법계에서는 일반적으로 보충적 법원(法源)으로 본다. 불문법은 법전으로 되어 있지 않아 불명확하기 때문에 법적 안정성을 침해한다는 비판이 있다.

(2) 국내법과 국제법

법을 인정하는 주체 및 법의 효력이 미치는 범위를 기준으로 국내법과 국제법으로 구분할 수 있다. 국내법(national law)은 특정 국가에서 인정되고, 그 국가 내에서 적용되는 법을 말한다. 국제법(international law)은 다수의 국가에 의해 인정되고, 다수의 국가에 적용되며, 국제기구, 국가, 개인, 기업 등도 규제대상에 포함된다.

(3) 일반법과 특별법

법의 효력이 미치는 범위에 따라 일반법과 특별법으로 구분할 수 있다. 일반법(general law)은 법의 효력이 미치는 범위에 특별한 제한이 없는 법이고, 특별법(special law)은 일정한 범위 내(특별한 사람 · 사물 · 행위 또는 지역에만 적용)에서만 효력이 미치는 법이다. 특별법의 효력이 미치는 범위에 있어서는 특별법이 일반법에 우선한다. 일반법과 특별법의 구별은 상대적인 것이다. 예를 들어 상법과 민법의 관계에서는 상법이 특별법이며, 상법과 은행법과의 관계에서는 은행법이 특별법이다.

(4) 실체법과 절차법

법의 규정내용을 기준으로 실체법과 절차법으로 구분할 수 있다. 실체법(substantive law)은 당사자의 권리, 의무 등 법률관계의 내용을 규정한 법이고, 절차법(adjective law)은 실체법을 실현하기 위한 절차를 규정한 법이다. 민법, 상법, 형법 등은 실체법이고, 민사소송법, 형사소송법 등은 절차법이다.

(5) 강행법과 임의법

법의 적용을 당사자의 의사에 의하여 배제할 수 있는 지에 따라 강행법과 임의법으로 구분할 수 있다. 강행법(imperative law, mandatory law)은 당사자의 의사에 관계없이 적용되는 법이다. 임의법(dispositive law)은 당사자가 그 법의 적용을 배제하기로 합의하거나 그 법의 내용과 다른 내용으로 합의하면, 그 법이 적용되지 않는다.

2) 국제거래법의 법원(法源)

국제거래법의 법원(法源: sources of law)은 국제거래법이 존재하는 형식을 의미한다. 다시 말해, 국제거래법의 법원은 국제거래에 적용되는 법이라고 말할 수 있다. 국제거래에는 하나의 독립된 법만이 적용되는 것이 아니고, 국제협약, 조약, 각국 국내법, 국제상관습 등 다양한 법이 적용될 수 있다(참고로 국제사법재판소(International Court of Justice)에서는 국제조약, 국제관습, 문명국가에서 인정한 법의 일반원칙을 국제법의 법원으로 보고 있고, 법원판결이나 저명 학자의 학설도 법규를 결정하는 보조수단으로 보고 있다[19]).

---

19) the Statute of the International Court of Justice Article 38(1)
The Court, whose function is to decide in accordance with international law such disputes as are submitted to it, shall apply:
(a) international conventions, whether general or particular, establishing rules expressly recognized by the contesting states:
(b) international custom, as evidence of a general practice accepted as law
(c) the general principles of law recognized by civilized nations:
(d) subject to the provisions of Article 59, judicial decisions and the teachings of the most highly qualified publicists of the various nations, as subsidiary means for the determination of rules of law.

(국제거래의 분야별 협약/국제적 통일규칙)

구 분	적용 협약(또는 통일규칙)
무역계약	• 국제물품매매계약에 관한 유엔협약(CISG, 1980) United Nations Convention on Contracts for the International Sale of Goods • 인코텀즈(Incoterms 2020) • 국제상사계약원칙(PICC, 2016) UIDROIT Principles of International Commercial Contracts
무역대금결제	• 신용장통일규칙(UCP 600, 2007) Uniform Customs and Practice for Documentary Credits • 추심에 관한 통일규칙(URC 522, 1995) Uniform Rules for Collections • 청구보증통일규칙(URDG 758, 2010) Uniform Rules for Demand Guarantees • 보증신용장통일규칙(ISP98, 1998) International Standby Practice • 은행간 상환에 관한 통일규칙(URR 725, 2008) Uniform Rules for Bank-to-Bank Reimbursement • 포페이팅통일규칙(URF 800, 2012) Uniform Rules for Forfaiting • 은행지급의무통일규칙(URBPO 750, 2013) Uniform Rules for Bank Payment Obligation • 독립보증 및 보증신용장에 관한 유엔협약(1995) United Nations Convention on Independent Guarantees and Stand-by Letters of Credit
국제운송	• 선하증권에 관한 법규의 통일을 위한 국제협약(헤이그규칙, 1924) International Convention for the Unification of Certain Rules of Law Relating Bills of Lading (Hague Rules) • 선하증권통일협약 개정의정서(헤이그-비스비규칙, 1968) The Hague-Visby Rules-The Hague Rules as Amended by the Brussels Protocol 1968 • 유엔해상물품운송협약(함부르크규칙, 1978) United Nations Convention on the Carriage of Goods by Sea (Hamburg Rules) • 국제해상물품운송계약에 관한 유엔협약(로테르담규칙, 2008) United Nations Convention on Contracts for the International Carriage of Goods Wholly or Partly by Sea (Rotterdam Rules) • 국제항공운송에 관한 일부규칙의 통일을 위한 협약(바르샤바협약, 1929) Convention for the Unification of Certain Rules Relating to International Transportation by Air (Warsaw Convention)

	• 국제항공운송에 관한 몬트리올 협약(몬트리올협약, 1999) Convention for the Unification of Certain Rules for International Carriage by Air (Montreal Convention)
국제운송보험	• 협회적하약관(ICC) Institute Cargo Clause • 영국 해상보험법(MIA 1906) Marine Insurance Act 1906
전자상거래	• 전자상거래모델법(1996) UNCITRAL Model Law on Electronic Commerce • 전자서명모델법(2001) UNCITRAL Model Law on Electronic Signature • 국제계약에서 전자통신의 이용에 관한 협약(전자통신협약, 2005) United Nations Convention on the Use of Electronic Communications in International Contracts (Electronic Communications Convention)
국제분쟁해결	• 외국중재판정의 승인 및 집행에 관한 유엔협약(뉴욕협약, 1958) United Nations Convention on the Recognition and Enforcement of Foreign Arbitral Awards (New York Convention) • UNCITRAL 모델중재법(1985 제정, 2006 개정) UNCITRAL Model Law on International Commercial Arbitration • 민사 및 상사사건의 재판관할과 판결의 집행에 관한 EU 규칙(브뤼셀규정 2012) EU Regulation on Jurisdiction and the Enforcement of Judgements in Civil and Commercial Matters • 조약에 기초한 투자자-국가 중재의 투명성 협약(2015) United Nations Convention on Transparency in Treaty-based Investor-State Arbitration (Mauritius Convention on Transparency) • 민상사 문제에 관한 해외증거조사협약(헤이그증거조사협약, 1970) Hague Convention on the Taking of Evidence Abroad in Civil or Commercial Matters • 민상사에 관한 재판상 · 재판 외 서류의 해외송달에 관한 협약 (헤이그송달협약, 1965) Convention on the Services Abroad of Judicial and Extra Judicial Documents in Civil and Commercial Matters • 로마 I 규칙(Rome I Regulation): 계약채무의 준거법에 관한 EU 규칙(2008) • 로마 II 규칙(Rome II Regulation): 계약외채무의 준거법에 관한 EU 규칙(2007) • 로마 III 규칙(Rome III Regulation): 이혼 및 법적별거의 준거법에 관한 EU 규칙 (2010) • 체약국과 상대방 체약국 국민간의 투자분쟁해결에 관한 협약(ICSID 협약, 1966) Convention on the Settlement of Investment Disputes Between States and Nationals of Other States (ICSID Convention)

2. 조약(또는 협약)

조약(treaty)은 2개국 이상의 국가 간의 법적 구속력이 있는 합의이다. 「조약법에 관한 비엔나협약(Vienna Convention on the Law of Treaties 1969)」[20]에서는 '조약이란, 단일의 문서에, 또는 둘 또는 그 이상의 관련 문서에 구현되고 있는가에 관계없이, 또한 그 특정의 명칭에 관계없이, 서면 형식으로 국가 간에 체결되며, 또한 국제법에 의하여 규율되는 국제적 합의'라고 규정하고 있다. 이 협약에 따르면, 조약은 협약을 포함하는 개념이 된다. 한편, 협약(convention)은 국가 간의 법적 구속력 있는 합의로서 "국제기구"에 의해 제정되며 어느 국가에서 채택하면 법으로서 효력이 인정된다.[21] 「조약법에 관한 비엔나협약」에서 규정하는 바와 같이 조약과 협약을 구분하지 않고 같은 의미로 보기도 한다.[22]

조약이나 협약의 체약국이 되면 체약국 간에는 조약이나 협약이 적용되며, 대부분의 국가에서는 협약과 조약에 대해 국내법과 동일한 효력이 있는 것으로 인정하고 있다. 대한민국 헌법에서는 헌법에 의하여 체결·공포된 조약은 국내법과 같은 효력을 가진다고 규정하고 있다. 그리고 미국 연방헌법 제6조에서도 미국이 체결한 조약에 최고법의 지위를 인정하고 있다.[23] 이에 따라 미국이 체결한 조약이나 협약은 미국 연방법(federal law)과 동일한 효력이 있으며, 미국의 주법(state law)보다 우선하게 된다.[24]

국제거래의 대표적인 협약으로는 UNCITRAL(the United Nations Commission on International Trade Law: 유엔국제거래법위원회)에서 제정한 「국제물품매매계약에 관한 유엔협약(United Nations Convention on Contracts for the International Sale of Goods: "CISG")」, 「외국중재판정의 승인

---

20) 유엔의 국제법위원회(International Law Commission)에서 1969년에 제정하였고, 1980년에 발효되었다. 2018년 1월 현재 가입국은 116개국이다.

21) Ray August, *International Business Law*, Pearson Education, 2002, p.3.

22) Peter Malanczuk, *supra* note 15, p.36.

23) 다만, 미국에서는 다른 국가와 마찬가지로 조약이나 협약은 연방법과 동일한 효력을 인정하고 있으나, 연방의회는 상충되는 연방법을 제정하는 방법으로 조약이나 협약을 변경할 수 있으며, 일부 조약은 의회에서 실행법률을 제정하여야 효력이 발생되기도 한다(William Burnham, *Introduction to the Law and System of the United States*, 3rd ed, West Group, 2002, p.8.; Frolova v. U.S.S.R., 761 F.2d 370(7th Cir. 1985)).

24) 참고로 미국의 경우 물품매매계약에 대해서는 각 주(state)에서 채택하여 주법이 된 통일상법전(UCC)이 적용되는데, 미국의 조약이나 협약은 주법인 통일상법전보다 우선하게 되므로 조약이나 협약이 통일상법전과 충돌하는 경우 조약이나 협약이 우선하게 된다. 미국 연방법원은 Delchi Carrier v. Rotorex Corp. 판결(1995)에서 CISG(국제물품매매계약에 관한 유엔협약)은 이와 상충하는 주법(state laws)에 우선한다고 판시한 바 있다(71 F.3d 1024, 2nd Cir.).

및 집행에 관한 유엔협약(United Nations Convention on the Recognition and Enforcement of Foreign Arbitral Awards: 뉴욕협약)」등이 있다. 이러한 협약이 국제거래에 대해 적용되기 위해서는 원칙적으로 국제거래의 당사자국 모두가 협약에 가입해야 한다. 그러나 당사자국이 협약에 가입하지 않았지만, 당사자가 모두 협약의 적용에 합의하였다면 위 협약이 적용될 수도 있다.

3. 국제상관습

국제상관습은 국제거래에서 오랜 관행이 존재하고 국제적으로 널리 승인되어 있고, 정규적으로 준수되어온 관행을 말한다. 국제상관습으로 인정되기 위해서는 당사자들이 이를 알았거나 알았어야 한다는 결론을 정당화할 수 있을 정도의 오랜 기간 준수되어 오고, 국제적으로 널리 알려져서 국제성을 갖추고 있어야 한다. 참고로 미국, 프랑스, 독일 법원에서는 Incoterms를 널리 준수되는 상거래 인도 조건의 관행으로 본다고 한다.[25)]

4. 각국의 국내법

각국의 국내법도 국제거래의 법률관계를 규율하는 법이 될 수 있다. 당사자가 계약 체결 시에 어느 국가의 법을 준거법으로 정하기도 하고, 정하지 않은 경우 법정지의 국제사법에 의거 어느 국가의 국내법이 준거법으로 정해진다. 이렇게 정해진 특정국의 국내법은 그 국제거래에 적용된다.

5. 국제적 통일규칙

국제거래는 양 당사자 간 법률, 관습, 문화 등의 차이로 인해 분쟁발생 가능성이 높아 계약서를 상세하게 작성하게 되는데, 매 계약 시 이런 일이 반복된다면 번거롭게 된다. 이에 따라 유사한 거래에서 적용될 수 있는 내용들을 모아 통일규칙을 제정하여, 계약서 작성 시에 이 통일규칙을 적용하기로 합의하고, 통일규칙에서 정하지 않은 내용 또는 통일규칙과 달리 정할 필요가 있는 내용만 계약서에 반영한다. 통일규칙은

---

25) Ralph Folsom, et. al, International Business Transactions, 8th ed., Thomson/Reuters, 2009, p.78.

그 자체가 법이 아니므로 국제거래에 당연히 적용되는 것은 아니다. 통일규칙이 국제거래에 적용되기 위해서 당사자 간에 통일규칙의 적용을 합의해야 한다. 따라서 통일규칙은 국제거래법의 법원(法源)이라고 볼 수는 없다. 다만, 일부 국가의 법원에서는 일부 통일규칙을 관습으로 인정하여 해당 국제거래에 적용되는 것으로 판단하는데, 이 경우 통일규칙은 법원(法源)이 될 수 있다. 참고로 미국, 프랑스, 독일 법원에서는 Incoterms를 널리 준수되는 상거래 인도 조건의 관행으로 본다고 한다.[26)]

국제상업회의소(ICC)는 국제거래에 적용되는 다수의 통일규칙을 제정하였는데, 그중에서도 신용장통일규칙(UCP 600), 인코텀즈(Incoterms 2020), 추심에 관한 통일규칙(URC 522) 등은 국제거래에서 널리 이용되고 있다.

6. 표준계약조건

국제기구나 국제협회에서는 당사자들의 편의를 위하여 표준계약서식(standard form)이나 국제표준조건 등을 제정한다. 표준계약서식이나 국제표준조건은 그 자체가 법규가 아니므로 국제거래법의 법원(法源)이라고 볼 수 없다. 다만, 해당 국제거래의 관습이나 관행의 존재를 확인하는데 필요한 참고자료로 활용될 수 있다.

국제거래에서 많이 이용되는 표준계약조건으로는 ICC가 제정한 각종 표준계약서(Model Contract), FIDIC(International Federation of Consulting Engineers: 국제컨설팅엔지니어연맹)[27)]에서 제정한 각종 표준계약조건, 국제언더라이터협회(the International Underwriting Association of London: IUA)[28)]의 협회적하약관(Institute Cargo Clause: ICC) 등이 있다.

26) *Ibid.*

27) FIDIC 웹사이트 http://fidic.org/

28) IUA 웹사이트 https://iua.co.uk/

제4절 국제거래 관련 주요 국제기구

1. 국제상업회의소(ICC)[29)]

국제상업회의소(International Chamber of Commerce: ICC)는 무역과 투자, 재화와 용역시장 개방, 자본의 자율 이동을 증진함으로써 세계 경제에 기여함을 목적으로 1919년에 프랑스 파리에서 민간기구로 설립되었다. 2020년 8월 현재 약 100개 이상의 국가에서 4,500만 개 이상의 기업회원을 두고 있고, 우리나라에서는 대한상공회의소가 지부 역할을 하고 있다. ICC는 국제거래에 관한 다수의 통일규칙을 제정하였는데, 대표적인 것은 신용장통일규칙(UCP), 인코텀즈(Incoterms), 추심에 관한 통일규칙(URC), 청구보증통일규칙(URDG), 보증신용장통일규칙(ISP98), 중재 및 조정규칙 등이다. ICC는 민간기구이지만 UN의 자문기구 역할을 담당하고, 2016년에는 유엔총회의 옵저버 지위를 부여받는 등 국제거래에서 매우 중요한 역할을 하고 있다.

2. 유엔국제거래법위원회(UNCITRAL)[30)]

국제상거래법의 통일화를 위한 결의안이 1965년 제20차 UN총회에서 채택되었고, 이를 위해 UN 사무총장이 1966년 제21차 UN총회에 국제거래법 발전과정에 대한 종합보고서를 제출하였다. UN총회는 이 보고서를 채택하여 1966년 12월에 UNCITRAL (United Nations Commission on International Trade Law: 유엔국제거래법위원회[31)])을 창설하였다.[32)] UNCITRAL은 창설 당시, 총회에서 선출된 29개국(아프리카 7개국, 아시아 5개국, 동유럽 4개국, 남미 5개국, 서유럽과 기타 8개국)으로 구성되었고, 임기는 2년이었다. 2020년 7월 기준 회원국은 60개국이다. 2020년 7월 현재 UNCITRAL은 6개의 작업반(Working Group)[33)]

---

29) ICC 웹사이트 http://www.iccwbo.org

30) UNCITRAL 웹사이트 http://www.uncitral.org

31) 국내에서는 "UNCITRAL"을 "국제연합 국제무역법위원회", "유엔국제상거래법위원회", "UN국제상거래법위원회", "국제연합 국제거래법위원회", "유엔국제거래법위원회", "국제상거래법위원회", "국제거래법위원회", "국제무역법위원회" 등으로 부른다(석광현, 「국제물품매매계약의 법리」, 박영사, 2010, p.6.; 안강현, 「국제거래법」, 박영사, 2011, p.9.; 최준선, 「국제거래법」, 삼영사, 2008, p.28.; 조영정, 「국제통상법의 이해」, 무역경영사, 2009, p.8.; 이기수 · 신창섭, 「국제거래법」제6판, 세창출판사, p.10.).

32) UNCITRAL 웹사이트 http://www.uncitral.org

을 운영하고 있는데, 각 작업반별로 해당 주제별 검토가 완료되면, 새로운 주제를 검토한다.

UNCITRAL은 국제상사중재·조정, 국제물품매매, 담보권, 도산, 국제결제, 해상물품운송, 전자상거래, 조달 및 인프라 개발, 온라인 분쟁해결 등에서 다수의 협약과 모델법을 제정하였다. 외국중재판정의 승인 및 집행에 관한 유엔협약(United nations Convention on the Recognition and Enforcement of Foreign Arbitral Awards: 뉴욕협약), 국제물품매매계약에 관한 유엔협약(United Nations Convention on Contracts for the International Sale of Goods: CISG), 모델중재법(the UNCITRAL Model Law on International Commercial Arbitration) 등이 대표적이다.

3. 세계무역기구(WTO)[34)]

세계무역기구(World Trade Organization: WTO)는 세계 무역 장벽의 감소 및 자유무역 확대를 목적으로 하는 정부 간 기구로 1995년 1월 1일에 설립되었다. 2020년 7월 현재 회원국은 164개국이고, 회원국들의 세계 무역 점유율은 98%가 넘는다. WTO는 1947년 시작된 GATT(General Agreement on Tariffs and Trade: 관세 및 무역에 관한 일반협정) 체제를 대체하기 위해 설립되었다. GATT는 단순한 협정에 불과하였으나, WTO는 실제 조직을 갖추고 있고, WTO 분쟁해결기구(Dispute Settlement Body: DSB)에서는 국가 간 무역분쟁에 대하여 판정을 내린다. 그러나 WTO 분쟁해결기구가 내린 결정을 이행하지 않는 경우 승소국의 "보복 수단" 허가 외에는 다른 강제수단은 없다는 한계가 있다.

4. 사법통일을 위한 국제기구(UNIDROIT)[35)]

사법통일을 위한 국제기구(International Institute for the Unification of Private Law: UNIDROIT)는 1926년에 설립된 독립적인 정부 간 기구로 2020년 4월 현재 회원국은 63개 국이다. UNIDROIT는 국가 간 사법 및 상사법의 현대화·조화·조정의 필요성 및 방법을 연

---

33) 제1작업반은 중소기업(Micro, Small and Medium-sized Enterprises), 제2작업반은 중재·조정/분쟁해결(Arbitration and Conciliation/Dispute Settlement), 제3작업반은 투자자-국가 분쟁해결 개선(Investor-State Dispute Settlement Reform), 제4작업반은 전자상거래(Electronic Commerce), 제5작업반은 도산법(Insolvency Law), 그리고 제6작업반은 선박의 재판상 매매(Judicial Sale of Ships)의 주제를 검토한다.

34) WTO 웹사이트 https://www.wto.org

35) UNIDROIT 웹사이트 https://www.unidroit.org/

구하고, 그 목적을 달성하기 위한 통일법·원칙·법칙의 작성을 목적으로 한다.[36) UNIDROIT는 1926년 2차 대전이 발발하기 전까지 국제통일매매법을 제정하기 위해 노력하였고, 그 결과 1964년 「국제물품매매에 관한 통일법 협약(Hague Convention Relating to a Uniform Law on the International Sale of Goods: ULIS)」과 「국제물품매매계약의 성립에 관한 통일법 협약(Hague Convention Relating to a Uniform Law on the Fromation of Contract for the International Sale of Goods: ULFC)」을 제정하였다. 이 두 협약은 '헤이그협약'이라고 불리는데, 주로 유럽국가들의 지지를 받았고, 9개국[37)]만이 채택하여 통일법으로서의 의미는 얻지 못하게 되었다.

UNIDROIT에서는 1994년에 국제상사계약원칙(Principles for International Commercial Contracts: PICC 또는 'UNIDROIT 원칙')을 채택하였는데, 이 원칙은 물품매매뿐 아니라 모든 계약에 대해 적용가능하다. 그 후 PICC는 3차례(2000년, 2010년, 2016년) 개정되었다. PICC(2016)은 총 11개 장과 211개 조항으로 구성되어 있다. PICC는 협약(convention)이 아니므로 각국에서 비준 절차를 통하여 국내법화할 수 없다는 한계가 있다. 그 외 국제리스금융협약(UNIDROIT Convention on International Lease Financing), 국제팩토링협약(UNDROIT Convention on International Factoring), 프랜차이즈모델법(Model Franchise Disclosure Law) 등을 제정하였다.

---

36) STATUTE OF UNIDROIT Article 1
The purposes of the International Institute for the Unification of Private Law are to examine ways of harmonising and coordinating the private law of States and of groups of States, and to prepare gradually for the adoption by the various States of uniform rules of private law.

37) 가입국: 벨기에, 잠비아, 독일, 이스라엘, 이탈리아, 룩셈부르크, 네덜란드, 샌마리노, 영국

제 2 장

국제물품매매

제2장 국제물품매매

제1절 개설

1. 서설

국제거래는 무역거래와 자본거래로 구분되고, 무역거래는 대상에 따라 상품무역과 서비스무역으로 구분된다. 상품무역은 서비스무역의 3배 이상을 차지하고[1], 상품무역의 대부분은 "매매"에 의하므로 본장에서는 국제물품매매에 대하여 살펴보고자 한다. 그리고 국제물품매매의 법률관계는 주로 국제물품매매계약에 관한 유엔협약(CISG)을 기준으로 기술하고, 일부 대한민국 민법을 기준으로 보충하고자 한다.

참고로 무역거래를 이행하기 위해서는 주계약 외에 주계약을 위한 다양한 보조계약이 수반되는데, 무역거래의 주요 주계약과 보조계약은 아래와 같다.

(무역거래의 주요 주계약과 보조계약)

구 분	내 용
무역거래 주계약	물품매매계약(예: 반도체 수출, 자동차 수출, 원유 수입) 용역제공계약(예: 법률자문, 컨설팅, 기술 수출) 플랜트수출계약/해외공사계약(예: 발전소건설, 원전건설, 도로건설) 선박건조계약 위탁가공계약 판매점계약 대리점계약 위탁판매계약
무역거래 보조계약	신용장 대금지급보증 이행성보증 운송계약 보험계약 외국환거래약정

1) WTO, *World Trade Statistical Review 2019*, WTO, 2019, pp.8-9. (2018년 기준 상품무역은 19.7조 달러이고, 서비스무역은 5.3조 달러임)

2. 수출입의 개념과 특정거래형태(대외무역법 기준)

1) 수출과 수입

현행 대외무역법에서는 무역거래는 거래목적에 따라 수출과 수입으로 구분하고 있다(대외무역법 시행령 제2조). 수출과 수입의 구분은 물품의 경우 물품의 이동을 기준으로 하고, 용역의 경우 거래 주체를 기준으로 한다. 물품은 원칙적으로 국내에서 외국으로 이동하면 수출이고, 외국에서 국내로 이동하면 수입이다. 그리고 용역은 원칙적으로 거주자가 비거주자에게 제공하면 수출이고, 거주자가 비거주자로부터 제공을 받으면 수입이 되며, 제공 장소는 수출입의 구분에 영향이 없다. 물품의 경우 무상거래도 수출입으로 인정하지만, 용역의 경우 유상거래만 수출입으로 인정한다.

(물품과 용역의 수출입 구분)

거래의 대상	물품 · 용역의 이동	수출입 여부	유상 여부
물품	국내 → 외국	수출	유 · 무상 불문
물품	외국 → 국내	수입	유 · 무상 불문
용역	거주자 → 비거주자	수출	유상일 것
용역	비거주자 → 거주자	수입	유상일 것

2) 특정거래형태

대외무역관리규정에서는 다음과 같은 특정거래형태를 규정하고 있다(대외무역관리규정 제2조). 특정거래형태는 일반적인 거래형태(유상거래로서 국내외로 물품이 이동하여 세관 등 관련 기관에서 물품의 이동을 파악할 수 있는 거래)가 아닌 수출입거래를 말한다. 이러한 거래는 여러 국가를 거쳐 생산 및 유통이 되는 등 무역거래환경 변화의 반영 및 수출입 제한을 우회할 목적으로 진행되는 거래가 될 수 있는바, 이를 방지하기 위해 특정거래형태에 대한 관리가 필요하다. 2008년 대외무역관리규정 개정 시 특정거래 인정제도를 사전 인정제도에서 신고제로 전환하여 특정거래 인정절차를 간소화하였다. 그리고 규제개혁의 일환으로 2014. 9월 대외무역관리규정 개정 시 신고제도로 운영되던 특정거래형태에 대한 인정제도를 폐지하였다. 따라서 현재는 수출입승인에 관하여 특정거래형태의 구별실익은 없다. 다만, 실제 무역거래에는 특정거래형태와 같은 다양한 거래형태가 있고, 이러한 거래형태를 통하여 많은 수익을 창출할 수 있다는 점을 인식할 필요가 있다.

(대외무역관리규정상의 특정거래형태)

구 분	내 용
위탁판매수출	물품 등을 무환으로 수출하여 해당 물품이 판매된 범위안에서 대금을 결제하는 계약에 의한 수출
수탁판매수입	물품 등을 무환으로 수입하여 해당 물품이 판매된 범위안에서 대금을 결제하는 계약에 의한 수입
위탁가공무역	가공임을 지급하는 조건으로 외국에서 가공(제조, 조립, 재생, 개조를 포함)할 원료의 전부 또는 일부를 거래 상대방에게 수출하거나 외국에서 조달하여 이를 가공한 후 가공물품 등을 수입하거나 외국으로 인도하는 수출입
수탁가공무역	가득액을 영수(領收)하기 위하여 원자재의 전부 또는 일부를 거래 상대방의 위탁에 의하여 수입하여 이를 가공 한 후 위탁자 또는 그가 지정하는 자에게 가공물품 등을 수출하는 수출입. 다만, 위탁자가 지정하는 자가 국내에 있음으로써 보세공장 및 자유무역지역에서 가공한 물품 등을 외국으로 수출할 수 없는 경우 「관세법」에 따른 수탁자의 수출 · 반출과 위탁자가 지정한 자의 수입 · 반입 · 사용은 이를 「대외무역법」에 따른 수출 · 수입으로 봄
임대수출	임대(사용대차를 포함)계약에 의하여 물품 등을 수출하여 일정기간 후 다시 수입하거나 그 기간의 만료 전 또는 만료 후 해당 물품 등의 소유권을 이전하는 수출
임차수입	임차(사용대차를 포함)계약에 의하여 물품 등을 수입하여 일정기간 후 다시 수출하거나 그 기간의 만료 전 또는 만료 후 해당 물품의 소유권을 이전받는 수입
연계무역	물물교환(Barter Trade), 구상무역(Compensation trade), 대응구매(Counter purchase), 제품환매(Buy Back) 등의 형태에 의하여 수출 · 수입이 연계되어 이루어지는 수출입 1) 물물교환: 대금결제 없이 재화나 용역을 주고받는 거래(즉 물품이나 용역의 대가로 물품이나 용역을 제공) 2) 구상무역: 수출과 수입에 대한 대금결제를 그에 상응하는 수입 또는 수출과 상계시키는 거래이다. 원칙적으로 수출과 수입이 하나의 계약서로 작성된다. 신용장거래에서는 백투백신용장이나 토마스신용장이 사용된다. 3) 대응구매: 수출액의 일정비율(10~100%) 만큼 수입자의 물품을 구매해야 하는 의무가 따르는 거래이다. 구상무역은 하나의 계약서가 작성됨에 비해 대응구매는 수출계약과 수입계약을 별도로 체결된다. 수출과 수입이 상계되는 것이 아니고 수출입자는 각각의 계약서에 따라 지급책임이 있다. 4) 제품환매: 플랜트수출이나 기술수출에 대응하여 수출된 플랜트설비나 기술에 의해 생산된 제품을 수입하는 방식으로 대금결제받는 거래형태이다.

중계무역	수출할 것을 목적으로 물품 등을 수입하여 보세구역 및 보세구역외 장치의 허가를 받은 장소 또는 자유무역지역 이외의 국내에 반입하지 아니하고 수출하는 수출입
외국인수수입	수입대금은 국내에서 지급되지만 수입 물품 등은 외국에서 인수하거나 제공받는 수입(예: 해외건설 등에 사용되는 장비를 현지 또는 제3국에서 구매)
외국인도수출	수출대금은 국내에서 영수하지만 국내에서 통관되지 아니한 수출 물품 등을 외국으로 인도하거나 제공하는 수출(예: 해외건설 등에 사용되는 장비를 외국인수 수입방식으로 구매하여 사용한 후에 현지에서 장비를 처분)
무환수출입	외국환거래가 수반되지 아니하는 물품 등의 수출 · 수입

3. 국제물품매매계약의 의의

국제물품매매는 '매매에 의한 국경간 물품(goods) 거래'로 정의할 수 있다.[2)] 국제물품매매계약을 이해하기 위하여 우선 **"매매계약"**에 대한 이해가 필요하다. 민법에서는 '매매계약은 당사자 일방이 재산권을 상대방에게 이전하고 상대방이 그 대금을 지급하는 계약'이라고 규정하고 있다(민법 제563조). 물품매매계약은 매매 중에서 거래대상이 '물품'인 거래인 바, 물품매매계약은 '매도인이 매수인에게 물품의 소유권을 이전하고 매수인이 매도인에게 대금을 지급할 것을 약정하는 계약'이라고 정의할 수 있다.

한편, 미국 통일상법전에서는 매매는 '대금을 받고 매도인으로부터 매수인에게 소유권을 이전하는 것(A sale consists in the passing of title from the seller to the buyer for a price)'이라고 규정하고 있는바, 동 법에 의하면, '물품매매계약은 대금을 받고 매도인으로부터 매수인에게 물품의 소유권을 이전하는 계약'이라고 정의된다. 또한, 영국 물품매매법(Sale of Goods Act)에서는 '물품매매계약은 매도인이 대금이라는 금전상의 약인을 대가로 매수인에게 물품의 소유권을 이전하거나 이전할 것을 약정하는 계약(A contract of sale of goods is a contract by which the seller transfers or agrees to transfer the property in goods to the buyer for a money consideration, called price)'이라고 규정하고 있다. 이상을 종합해 보면, "물품매매계약"은 '매도인이 물품의 소유권을 매수인에게 이전하고, 매수인이 대금을 지급하는 계약'이라고 정의할 수 있다.

---

2) "International trade is the exchange of goods and services across national boundaries" (Belay Seyoum, *Export–Import Theory, Practices, and Procedures*, 2nd Ed, Routeledge, 2009, p.7.).

한편, 국제물품매매계약에 관한 유엔협약(CISG)에서는 서로 다른 국가에 있는 당사자 간의 물품매매계약에 대해 적용된다고 규정하고 있을 뿐 물품매매계약의 개념에 대해서는 별도로 규정하지 않고 있다(제1조).[3)]

(영미법에서 매매계약의 개념)

- 미국 통일상법전(UCC)
  '매매는 대금을 받고 매도인으로부터 매수인에게 소유권을 이전하는 것'(A sale consists in the passing of title from the seller to the buyer for a price)' (UCC §2-106)
- 영국 물품매매법(English Sale of Goods Act of 1979)
  '물품매매계약은 매도인이 대금이라는 금전상의 약인을 대가로 매수인에게 물품의 소유권을 이전하거나 이전할 것을 약정하는 계약'(A contract of sale of goods is a contract by which the seller transfers or agrees to transfer the property in goods to the buyer for a money consideration, called price)' (Article 2)

3) 제1조 (1) 이 협약은 다음의 경우에, 영업소가 서로 다른 국가에 있는 당사자 간의 물품매매계약에 적용된다.

제2절 국제물품매매계약의 성립

1. 개설

국제물품매매계약도 일반적으로 계약에서 요구되는 요건이 적용된다. 다만 국제계약이므로 우리나라의 민상법 외에 외국의 국내법, 국제협약, 국제적 통일규칙, 국제관습 등이 적용될 수 있다.

영미법계 국가에서 일반적으로 요구되는 매매계약의 요건은 1) 당사자의 의사의 합치(청약과 승낙) 2) 당사자의 행위능력 3) 거래의 목적물과 방법의 합법성 4) 약인(consideration)이다. 그러나 대부분의 국가에서는 약인을 요구하지 않으며, CISG에서도 약인을 요구하지 않는다.

국제물품매매계약의 성립과정은 해외시장조사부터 시작된다고 말할 수 있다. 해외시장조사란, 수출이나 수입하기에 적합한 지역을 조사하는 것이다. 해외시장조사를 한 후 무역하기에 적합한 지역으로 결정되면, 구체적으로 거래상대방을 발굴하고, 거래상대방에 대한 신용조사를 실시한다. 신용조사결과 거래가 가능하다고 판단되면, 거래상대방에게 거래제의를 통해 계약체결절차에 들어간다. 매매계약은 일방 당사자(청약자)의 청약과 이에 대한 상대방(피청약자)의 승낙으로 성립되는데, 국제거래는 국내거래에 비해 복잡하므로 당사자가 수차례 협상을 통해 계약서를 작성하여 서명하는 방식으로 진행되는 경우가 많다.

(국제물품매매계약 체결과정)

해외시장조사 → 거래상대방 선정(비즈니스파트너 선정) → 거래상대방 신용조사 → 거래제의 → 거래수락 → 청약 → 승낙 → 계약체결 → 물품조달 → 선적 → 대금지급 → 클레임 및 해결

가장 단순한 계약체결을 살펴보면, 수입자의 발주서(purchase order) 또는 수출자의 매도청약서(offer sheet)에 대하여 상대방이 그대로 수용함으로써 계약이 체결되기도 한다. 이 경우 발주서(purchase order)나 매도청약서(offer sheet)는 계약서가 된다.

2. 계약 개설

1) 계약의 의의

계약(contract)이란, 법률효과(즉, 법적인 권리와 의무)의 발생을 목적으로 하는 당사자 간 합의(agreement)이다. 따라서 계약이 되기 위해서는 당사자 간 합의(agreement)가 필수이고, 그 합의 중에서 '법적 구속력 있는 권리와 의무'를 발생시키는 것이 계약(contract)이 된다.

참고로 미국에서는 계약이란, "강행가능한 또는 법적인 의무를 발생시키는 둘 이상의 당사자의 합의(A Contract is an agreement between two or more parties creating obligations that are enforceable or otherwise recognizable at law)"라고 정의한다.[4)]

(계약의 다양한 정의(definition))

◉ **(Contract: 계약)**

- An agreement between two or more parties creating obligations that are enforceable or otherwise recognizable at law.
  (Black's Law Dictionary: 미국 법률용어사전)
- A contract is a promise or a set of promises for the breach of which the law gives a remedy or the performance of which the law in some way recognizes as a duty.
  (미국 Restatement)

◉ **(Sale: 매매)**

- A sale consists in the passing of title from the seller to the buyer for a price.
  (미국 통일상법전 - Uniform Commercial Code §2-106)

◉ **(Contract of sale of goods: 물품매매계약)**

- A contract of sale of goods is a contract by which the seller transfers or agrees to transfer the property in goods to the buyer for a money consideration, called price. (English Sale of Goods Act 1979(영국 물품매매법) Article 2)

합의 중에서 법적 구속력이 있는 것만이 계약이 되는바, 계약(contract)과 합의(agreement)는 구별할 필요가 있다. 합의는 둘 이상의 당사자의 의사가 합치된다는 점에서는 계약과 동일하다. 그러나 계약은 법적 구속력이 있으나, '계약 이외의 합의(예: 양해각서

4) Black's Law Dictionary(미국 법률용어사전).

(MOU))'는 법적 구속력이 없거나 약하다. 일방 당사자의 계약 위반의 경우 상대방(aggrieved party)은 소송(또는 중재)을 통하여 계약이행강제, 손해배상청구 등의 법적구제권리를 행사할 수 있지만, 계약 이외의 합의는 이러한 법적구제권리가 없거나 매우 약하다.[5)]

2) 계약(contract)과 양해각서(MOU)

양해각서(Memorandum of Understanding: MOU)는 정식 계약 체결 전에 예비적 합의사항을 기재한 문서로서 쌍방의 의견을 미리 조율하고 확인하는 상징적 차원에서 작성된다. 양해각서는 대표적인 '계약 이외의 합의'로 볼 수 있다. 양해각서는 당사자 간의 합의라는 점에서 계약과 공통적이나, 법적 구속력이 없다는 점과 내용이 구체적이지 않다는 점에서 계약과 차이가 있다. 그러나 양해각서를 위반하는 경우 일반적으로 도덕적 책임을 부담하며, 일부 양해각서는 부분적 구속력을 갖기도 한다.[6)] 일반적으로 양해각서가 법적 구속력이 없는 이유는 양해각서의 내용에 실질적인 권리나 의무에 관한 내용이 없거나, 양해각서에 법적 구속력이 없다고 명시하기 때문이다.

참고로 영국에서는 '달리 명시되지 않으면, 상사합의(commercial agreement)는 법적 구속력이 있다'고 보고 있고[7)], 합의는 '도의적 구속력(binding in honour only)'만 있다고 명시하는 것이 허용된다[8)]고 보고 있다.[9)] 따라서 모든 양해각서가 법적 구속력이 없는 것은 아니고, 일부 양해각서는 법적 구속력이 있을 수 있다는 점을 염두에 둘 필요가 있다. 양해각서의 법적 구속력을 차단하기 위해서는 해당 양해각서에 법적 구속력이 없다는 문구(예: 'This MOU shall not be construed as legally binding)'를 명시하는 것이 바람직하다.

5) 합의는 일상적인 용어로 '상호 간의 약속'이라고 볼 수 있으며, 합의 중에서 권리와 의무를 발생시키고 법적강제력이 있는 것만을 계약으로 보면 된다.

6) 류병운, "양해각서(MOU)의 법적 성격(비즈니스계약 중심으로)", 홍익법학 제8권 제1호, 2007, p.177.

7) Edwards v. Skyways, Ltd. 〔1964〕 1 All E.R. 4494.;

8) Jones v. Vernon's Pools, Ltd. 〔1938〕 2 All E.R. 626.

9) Phillip Wood, *International Loans, Bonds, Guarantees, Legal Opinions*, London Sweet & Maxwell, 2007, p.401.; Phillip Wood, *Law and Practice of International Finance*, London Sweet & Maxwell, 1980, p.307.

◉ 기타 계약과 구별 개념

- **거래의향서(Letter of Intent: LOI, L/I):** 계약체결 또는 지원확약 전에 계약체결 또는 지원 의향이 있음을 나타내는 문서이다. LOI는 법적 구속력이 없고, 법적 의무를 발생시키지 않지만, 도의적 책임은 발생시켜 이행하지 않는 경우 평판에 악영향을 준다. 주로 해외건설(플랜트) 프로젝트 초기에 참여 의사를 나타내거나 금융기관이 금융지원을 나타내기 위해 사용된다. LOI는 양자간 합의가 아니고, 당사자 일방의 의사표시라는 점과 법적 구속력이 없다는 점에서 계약과 차이가 있다.
- **합의각서(Memorandum of Agreement: MOA):** MOA는 정식계약에 앞서 당사자 간 교섭결과 상호합의된 사항을 확인하고 기록하는데 사용하는 문서이다. 양해각서 체결 후 이에 대한 세부조항이나 구체적인 이행사항 등을 구체화시켜 계약을 체결함으로써 법적 구속력을 갖게 하는 것이다.

◉ 계약의 종류: 계약 내용에 따른 분류(대한민국 민법상 전형계약)

(1) 매매(sale)

매매(sale)는 당사자 일방(매도인, seller)이 재산권을 상대방(매수인, buyer)에게 이전하기로 약정하고, 상대방(매수인, buyer)은 그 대금을 지급할 것을 약정하는 계약이다. 매매의 목적물인 재산권은 스마트폰, 자동차, 자전거 등 물건인 경우가 대부분이지만, 어업권, 상표권 등 권리도 매매의 목적물이 될 수 있다. 재산권의 이전에 대한 대가는 반드시 대금이어야 한다. 따라서 재산권을 받는 상대방이 대금을 지급하지 않고 다른 재산권을 이전하는 것은 매매가 아니고, 교환에 해당된다.

예시) A(seller)가 B(buyer)에게 자동차를 2천만원에 팔기로 하고, B는 그 자동차를 2천만원에 사기로 합의함.

(2) 증여(gift)

증여(gift)는 당사자 일방(증여자, donor)이 무상으로 재산을 상대방(수증자, donee)에게 수여할 의사를 표시하고, 상대방이 이를 승낙함으로써 성립하는 계약이다. 참고로 대한민국 민법에서는 서면으로 하지 않은 증여는 각 당사자는 이를 해제할 수 있다고 규정하고 있고(민법 제555조), 영미법에서는 증여는 약인(consideration)이 없어 강행불능(unenforceable)한 계약으로 본다.

예시) A가 B에게 자동차를 무상으로 양도하기로 하고, B가 이를 승낙함.

(3) 교환(exchange, barter)

교환(exchange, barter)은 당사자 쌍방이 금전 이외의 재산권을 상호 이전할 것을 약속하는 계약이다.

예시) A는 B에게 자동차를 양도하고, 그 대가로 B는 A에게 오토바이를 양도하기로 합의함.

(4) 임대차(lease)

임대차(lease)는 당사자 일방(임대인, lessor)이 상대방(임차인, lessee)에게 목적물(금전 제외)을 사용하게 하고 상대방은 이에 대해 임차료를 지급하는 계약이다. 임대기간이 종료되면, 임차인은 목적물을 임대인에게 반환해야 한다. 임대차에서는 임차인은 사용료(임차료)를 지급하지만, 사용대차에서는 임차인은 사용료(임차료)를 지급하지 않는다는 점에서 차이가 있다. 이에 따라 임대차는 유상계약에 해당되고, 사용대차는 무상계약에 해당된다.

예시) A가 B에게 자동차를 1개월간 빌려주고 50만원의 사용료를 받기로 합의함.

(5) 사용대차(loan for use, loan of use)

사용대차(loan for use)는 당사자 일방(임대인, lessor)이 상대방(임차인, lessee)에게 무상(임차료 없음)으로 목적물을 사용하게 하는 계약이다. 임대기간이 종료되면, 임차인은 목적물을 임대인에게 반환해야 한다. 임대차에는 사용료(임차료)가 있으나, 사용대차에는 사용료(임차료)가 없다는 점에서 구별된다.

예시) A가 B에게 자동차를 1개월간 무상(사용료 없이)으로 빌려주기로 합의함.

(6) 소비대차(loan for consumption)

사용대차는 당사자 일방이 물건(금전 포함)을 이전할 것을 약정하고, 그 상대방은 동종·동질·동량의 물건(즉 동일한 물건이 아님)을 반환할 것을 약정하는 계약이다. 위에서 살펴본 계약들과는 달리 소비대차는 그 목적물이 금전인 경우가 일반적이며, 이 경우 '금전소비대차'라고 한다. 은행에서 대출받는 것은 전형적인 금전소비대차이다.

예시) A는 B로부터 등유 10리터를 차용하고, 1개월 후에 동종의 등유 10리터를 돌려주기로 합의함.

(7) 도급(contract for work)

도급이란, 당사자 일방(수급인)이 어느 '일의 완성'(예: 주택건설, 복사물 제본, 한복 맞춤, 화물운송, 계약서 법률검토 등)을 약정하고, 그 상대방(도급인)이 그 일의 결과에 대하여 보수를 지급할 것을 약정하는 계약이다. 도급은 '일의 완성'을 목적으로 한다. 원칙적으로 수급인 자신이 직접 그 일을 하여야만 하는 것은 아니고, 타인을 통하여 그 일을 완성할 수도 있다. 그러나 도급계약에서 수급인이 직접 그 일을 처리해야 하며 하도급을 줄 수 없다고 정하는 경우가 많다. 도급과 유사한 계약으로 고용과 위임이 있다. 고용은 노무(근로)의 제공 그 자체를 목적으로 하므로 일의 완성이 없어도 노동의 제공에 대하여 대가를 지급해야 한다. 그러나 도급에서는 일의 완성이 없으면 계약의 목적을 달성하지 못하여 대가를 지급하지 않아도 된다. 한편, 위임은 당사자 일방(위임인)이 상대방(수임인)에게 사무(즉 일)의 처리를 위임하는 계약인데, 반드시 결과의 완성이 필요한 것은 아니라는 점에서 도급과 차이가 있다. 그리고 고용에서는 사용자가 노무자(근로자)를 지휘하지만, 위임에서는 위임인이 수임인을 지휘하지 않는다.

예시) A는 B의 공장을 신축하기로 합의함.
A는 B의 화물을 서울에서 부산까지 운송하기로 합의함.

(8) 고용(employment contract)

고용이란, 당사자 일방이 상대방에게 노무를 제공하고 상대방은 이에 대하여 보수를 지급하는 계약이다. 고용계약에서는 약정된 노무(근로)의 제공 그 자체를 목적으로 하고, 사용자와 노무자 간에 지시·복종의 관계가 형성된다. 노무자는 고용계약에 따른 노무를 제공하고, 사용자는 노무제공에 대한 대가로서 보수를 지급해야 한다.

도급에서는 일의 완성이 있어야 보수를 받을 수 있지만, 고용에서는 노무의 제공만 있으면 보수를 받을 수 있고, 그 외 일의 완성은 요구되지 않는다. 고용에서 사용자는 노무자를 지휘·감독할 권한이 있고, 노무자의 불법행위에 대하여 사용자책임을 부담한다. 그러나 위임은 일정한 사무의 처리 그 자체를 목적으로 하므로 수임인이 그의 재량으로 사무를 독립적으로 처리할 수 있으나, 고용에서는 노무자는 사용자의 지시에 따라야 한다는 점에서 차이가 있다.

예시) A주식회사는 B를 정식 직원으로 채용하고 고용계약을 체결함.

(9) 위임(delegation contract)

위임이란, 당사자 일방이 상대방에 대하여 사무의 처리를 위탁하는 계약이다. 위임은 수임인의 인격, 전문성, 식견 등 특별한 대인적 신뢰를 기초로 한다. 위임도 노무공급계약이라는 점에서 고용과 유사하지만, 사무처리의 목적 내에서 수임인이 어느 정도 재량권을 갖는다는 점에서 고용과 차이가 있다. 그리고 도급은 일의 완성을 목적으로 하지만, 위임은 사무의 처리 과정에 주안점을 둔다는 점에서 차이가 있다. 따라서 도급에서는 일의 완성(즉 도급계약의 목적 달성)이 있어야 보수를 지급하지만, 유상위임에서는 목적 달성이 없어도 수임인이 그의 의무를 다한 이상 위임사무의 처리에 따른 비용과 보수를 청구할 수 있다(예를 들어, 소송위임계약에서 변호사가 패소했어도 변호사는 보수를 청구할 수 있고, 의사의 진료에서 의사가 병을 치료하지 못했어도 의료비를 청구할 수 있다). 참고로 무상위임에서도 비용청구는 가능하다.

예시) 의뢰인이 변호사에게 소송대리 의뢰('소송위임계약-소송위임장')

3. 국제물품매매계약의 성립

1) 계약의 성립

청약에 대해 승낙을 하면 계약이 성립되므로, 계약의 성립시기는 승낙의 효력발생시기와 관련된다. CISG에서는 승낙은 그 의사표시가 청약자에게 도달한 때 효력이 발생한다고 규정하고 있다(제18조제2항). 민법에서는 승낙은 상대방 있는 의사표시이므로 원칙적으로 청약자에게 승낙의 의사표시가 도달한 때 효력이 발생하며, 격지자간의 계약은 승낙의 통지를 발송한 때 성립된다고 규정하고 있다(민법 제531조). 따라서 격지자간의 계약의 성립에 대해 CISG에서는 승낙이 청약자에게 도달한 때에 성립되고, 민법에서는 승낙의 의사표시를 발송한 때에 성립된다(다만, 승낙기간을 정한 경우에는 그 기간 내(승낙기간을 정하지 않은 경우에는 상당한 기간 내)에 청약자가 승낙의 통지를 받지 못한 경우에는 계약은 성립되지 않는다(민법 제528조, 제529조)).

간단한 거래는 통상 매수인이 구매 의사를 표시하는 발주서(purchase order)를 매도인에게 팩스나 이메일로 송부하고 여기에 대해 매도인이 승낙의 의사표시를 함으로써 물품매매계약이 성립되며, 중요한 거래는 사전에 거래조건에 대해 협의한 후 별도로 당사자가 한자리에 모여 매매계약서(sales contract, sales agreement)에 서명하면 매매계약이 체결된다.

2) 청약

(1) 청약의 의의

청약(offer)은 거래당사자 일방(청약자, offeror)이 일정한 내용의 계약을 체결할 것을 상대방(피청약자, offeree)에게 제의하는 의사표시이다. 이 청약에 대해 상대방이 승낙을 해야 법률행위로서의 계약이 성립된다. 피청약자의 단순 승낙만으로 계약이 성립될 수 있을 정도로 청약의 내용이 확정적이어야 한다. CISG에서도 계약체결의 제안은 '충분히 확정적'[10)]이고, 승낙 시 그에 구속된다는 청약자의 의사가 표시되어 있는 경우에 한하여 청약이 된다고 규정하고 있다(제14조제1항). 또한, CISG에서는 불특정 다수인에 대한 계약체결의 제안은 제안자가 반대 의사를 명확히 표시하지 아니하는 한, 단지 청약의 유인으로 본다고 규정하고 있어 청약의 상대방은 특정될 것을 요구하고 있다(제14조제2항).

(2) 청약의 유인과의 구별

청약은 청약의 유인과 구별해야 한다. 청약은 청약에 대한 승낙만 있으면 곧 계약이 성립하는 확정적 의사표시이나, 청약의 유인(invitation to make an offer)은 상대방으로

10) 그 제안(청약)이 물품, 수량과 대금을 포함하는 경우 충분히 확정적인 것으로 한다(제14조제1항 2문).

하여금 청약을 유도하는 것으로서 청약의 유인에 대하여 상대방이 청약을 하고, 그 청약을 승낙해야 계약이 성립된다. 따라서 청약의 유인에서는 그 청약의 유인을 받은 자가 한 의사표시가 청약이 되고 여기에 대해 청약의 유인을 한 자가 다시 승낙해야 계약이 성립한다.

청약과 청약의 유인과의 구별기준은 청약 또는 청약의 유인에 대해 상대방이 승낙만 하면 곧 계약을 성립시킬 수 있는 확정적 구속의사가 있는지 여부이다. 상대방의 승낙만 있으면 곧 계약이 성립되면 청약이고, 그렇지 않으면 청약이 아니다. 현실적으로 양자의 구별이 어려운 경우가 많은데, 결국 그 구별은 거래 관행이나 당사자의 의사해석을 통해 결정된다(참고로 구인광고, 음식점의 메뉴, 물품판매광고, 카탈로그 배부 등은 청약의 유인으로 보고 있다).

(청약의 종류)

확정청약 (firm offer)	유효기간 내에는 철회할 수 없는 청약. 철회불능청약(irrevocable offer)이라고도 함.
불확정청약 (free offer)	상대방이 승낙하기 전에는 철회가 가능한 청약. 철회가능청약(revocable offer)이라고도 함.
반대청약 (counter offer)	피청약자가 원청약의 내용을 수정하여 청약자에게 제시한 청약. 반대청약은 기존 청약에 대한 거절이면서 새로운 청약이며, 승낙이 아님. 반대청약으로 기존 청약은 효력을 상실함. 예) A offers to sell B a car at US$20,000.(청약) B agrees to buy that car at U$19,000.(반대청약)

(3) 청약의 효력

CISG에서는 청약의 효력에 대하여 다음과 같이 규정하고 있다. 청약은 상대방에게 도달한 때에 효력이 발생하고, 청약의 회수(withdrawal)는 청약의 도달 전 또는 그와 동시에 상대방에게 도달하는 경우에는 회수할 수 있다(제15조). 그리고 청약은 계약이 체결되기까지는 철회(revocation)할 수 있는데, 상대방이 승낙의 통지를 발송하기 전에 철회의 의사표시가 상대방에게 도달해야 한다(제16조). 따라서 상대방이 승낙의 의사표시를 발송한 경우에는 비록 승낙의 통지를 받기 전이라도 청약자는 청약을 철회할 수 없다.

민법에서는 청약의 효력에 대하여 다음과 같이 규정하고 있다. 청약은 상대방 있는 의사표시이므로 상대방에게 도달한 때로부터 효력이 발생하고(제111조제1항), 청약자가 그 통지를 발송한 후에 사망하거나 행위능력을 상실하여도 청약의 효력에는 영향이 없다(제111조제2항). 청약은 그 효력이 발생한 때에는 청약자가 임의로 청약을 철회하지 못하는데(제527조), 이는 청약을 신뢰하고 계약체결 준비를 하는 상대방을 보호하기 위한 규정이다. 청약의 존속기간에 대해 살펴보면, 청약은 승낙기간을 정하는 것이 보통이며, 이 경우 승낙기간을 경과하면 그 청약은 효력을 상실한다(제528조). 한편, 승낙기간을 정하지 않은 경우에도 승낙에 필요한 상당한 기간이 경과하면 청약은 그 효력을 잃는다(제529조). 한편, 대한민국 상법 제51조에서는 대화자간의 계약의 청약은 상대방이 즉시 승낙하지 아니한 때에는 그 효력을 잃는다고 규정하고 있다(제51조).

민법에서는 청약이 피청약자에게 도달한 후에는 청약을 철회하지 못하지만, CISG에서는 청약이 피청약자에게 도달한 후에도 피청약자가 승낙의 통지를 발송하기 전에는 원칙적으로 청약을 철회할 수 있다.

3) 승낙

(1) 승낙의 의의

승낙(acceptance)은 ① 청약에 대응하여 ② 계약을 성립시킬 목적으로 ③ 피청약자가 청약자에게 행하는 ④ 의사표시이다. 계약은 당사자의 의사의 합치로 성립되기 때문에 승낙은 청약에 대한 무조건·절대적 동의이다.

CISG에서는 승낙은 청약에 대한 동의를 표시하는 상대방의 진술 또는 그 밖의 행위이며, 침묵 또는 부작위는 승낙이 되지 않는다고 규정하고 있다(제18조제1항). 또한, 승낙을 의도하고 있으나, 부가, 제한 그 밖의 변경을 포함하는 청약에 대한 응답('승낙(acceptance)'과 구별하기 위해 '응답(reply)'으로 표현)은 청약에 대한 거절이면서, 새로운 청약이 된다고 규정하고 있다(제19조제1항). 다만, 청약의 조건을 실질적으로 변경하지 아니하는 부가적 조건 또는 상이한 조건을 포함하는 청약에 대한 응답은 승낙이 된다. 청약의 내용을 실질적으로 변경한 응답은 승낙이 아니며, 이러한 응답은 반대청약(counter offer)이 될 뿐이다. 이 반대청약에 대해 상대방이 동의하여 승낙을 해야 반대청약내용대로 계약이 성립된다.

(청약내용의 실질적 변경–중요사항(CISG 제19조제3항))

CISG 제19조제3항에서는 청약에 대한 응답으로서 다음 사항에 대한 부가적 조건 또는 상이한 조건을 포함하는 응답은 승낙이 되지 않고 반대청약이 된다고 규정하고 있다.

– 대금
– 대금지급
– 물품의 품질과 수량
– 인도의 장소와 시기
– 당사자 일방의 상대방에 대한 책임범위
– 분쟁해결(소송, 중재, 재판관할지(법정지))

❍ 계약을 성립시키지 못하는 승낙 또는 유사승낙

■ 지연된 승낙, ■ 침묵, ■ 부분승낙, ■ 청약내용을 변경한 승낙, ■ 조건부승낙
■ 거절 후(또는 반대청약 후) 승낙

민법에서도 승낙자가 청약에 대하여 조건을 붙이거나 변경을 가하여 승낙한 때에는 그 청약의 거절과 동시에 새로 청약한 것으로 본다고 규정하고 있다(민법 제534조).

청약에 대한 승낙은 자유이며, 피청약자는 청약에 대해 아무런 의무를 부담하지 않는다. 따라서 어떠한 청약에서 '청약에 대해 회신이 없으면 승낙한 것으로 간주한다'는 조건이 있는 경우에도 그 청약에 대해 승낙이 없으면 계약은 성립되지 않는다. 다만, 대한민국 상법 제53조에서는 민법에 대한 특칙을 두고 있는데, 동 조항에서는 상인이 상시 거래관계에 있는 자로부터 그 영업부류에 속한 계약의 청약을 받은 때에는 지체없이 낙부의 통지를 발송하여야 하며, 이를 해태한 때에는 승낙한 것으로 본다고 규정하고 있다. 상법 제53조가 적용되기 위해서는 ① 피청약자가 상인이고 ② 청약자는 상시 거래관계가 있는 자이어야 하고 ③ 그 영업부류에 속한 청약이어야 한다. 따라서 상법 제53조는 매우 제한적으로 적용된다. CISG에서는 상법 제53조와 같은 내용의 규정은 없다.

(CISG에서 승낙 규정)

1) 승낙의 개념: CISG 제18조

A statement made by or other conduct of the offeree indicating assent to an offer is an acceptance. Silence or inactivity does not in itself amount to acceptance.
청약에 대한 동의를 표시하는 상대방의 진술 그 밖의 행위는 승낙이 된다. 침묵 또는 부작위는 그 자체만으로 승낙이 되지 아니한다.

2) 승낙의 조건 및 방법

① 승낙은 무조건적이고 절대적이어야 한다(청약에 조건을 붙여 승낙을 하면, 이는 승낙이 아니고 새로운 청약이 될 수 있을 뿐이다).
② 청약이 특정인(B)앞으로 이루어졌다면, 그 특정인(B)가 승낙을 해야 한다.
③ 승낙은 승낙기간(약정된 기간 또는 합리적인 기간) 내에 이루어져야 한다.
④ 청약에 승낙의 방법을 정했다면 그 방법대로 승낙을 해야 한다(정하지 않았다면 합리적인 수단과 방법으로 한다).

3) 기타

- 승낙의 자유: 청약을 받은 사실은 아무런 의무를 부담시키지 않는다.
- 침묵에 의한 승낙: 불인정
- 조건부 승낙 또는 청약의 내용을 변경한 승낙
  ① 실질적 내용 → 계약 불성립(승낙이 아니고 반대청약이 됨)
  ② 경미한 사항 → 계약 성립(다만, 청약자가 이의를 제기한 경우 계약불성립)
- 부분승낙: 청약조건의 변경을 의미하므로 반대청약이 되며, 계약 불성립

(2) 승낙의 효력

CISG에서는 승낙의 효력에 대하여 다음과 같이 규정하고 있다. 승낙은 청약자가 지정한 기간 내에 도달해야 효력이 발생하며, 청약자가 기간을 지정하지 않은 경우에는 청약자가 사용한 통신수단의 신속성 등 거래의 상황을 적절히 고려하여 합리적인 기간 내에 도달해야 효력이 발생한다(제18조). 그리고 승낙은 그 효력이 발생하기 전 또는 그와 동시에 회수의 의사표시가 청약자에게 도달하는 경우에는 회수될 수 있다(제22조). 승낙기간 이후에는 승낙의 의사표시가 있어도 계약이 성립되지 않는다.

한편, 민법에서는 효력에 대하여 다음과 같이 규정하고 있다. 승낙이 그 효력을 발생하기 위해서는 청약이 효력을 가지는 기간 내에 승낙이 이루어져야 한다. 승낙의 기간을 정한 청약은 그 기간 내에 청약자가 승낙의 통지를 받지 못한 때에는 그 효력을 잃고, 승낙의 기간을 정하지 않은 청약은 청약자가 상당한 기간 내에 승낙의 통지를 받지 못한 때에는 그 효력을 잃는다(제528조, 제529조).

(의사표시(청약, 승낙, 기타)의 효력 발생 및 철회)

구 분	내 용
CISG	1. **청약의 효력발생: 도달주의** ㅇ 상대방에 도달한 때에 효력 발생(제15조제1항) 2. **청약의 철회 가능 여부: 원칙적으로 철회가능** ㅇ 청약은 계약이 체결되기전에는 철회될 수 있음(free offer). 단, 청약의 철회가 승낙의 통지 발송전에 상대방에게 도달해야 함(제16조제1항). ㅇ 그러나 다음은 철회불가('firm offer')(제16조제2항) i) 승낙기간의 지정 그 밖의 방법으로 청약이 철회될 수 없음이 청약에 표시되어 있는 경우 ii) 상대방이 청약이 철회될 수 없음을 신뢰하는 것이 합리적이고, 상대방이 그 청약을 신뢰하여 행동한 경우 3. **승낙의 효력발생: 도달주의** ㅇ 승낙은 동의의 의사표시가 청약자에게 도달한 때에 효력 발생(제18조제2항) 4. **승낙의 회수(withdrawal) 가능 여부: 원칙적으로 회수 가능** ㅇ 승낙은 그 효력이 발생하기 전 또는 그와 동시에 회수의 의사표시가 청약자에게 도달하는 경우에는 회수될 수 있음(제22조). 5. **기타 의사표시(제3편 물품의 매매)의 효력발생: 발신주의(제27조)**
대한민국 민법	1. **청약의 효력발생: 도달주의** ㅇ 청약은 상대방 있는 의사표시이므로 상대방에게 도달한 때에 효력이 발생(제111조제1항) 2. **청약의 철회 가능 여부: 철회 불가** ㅇ 계약의 청약은 원칙적으로 철회 불가(제527조) ㅇ 승낙기간을 정한 청약: 그 기간 내에 승낙의 통지를 받지 못하면 청약 효력 상실(제528조) ㅇ 승낙기간을 정하지 않은 청약: 상당한 기간 내에 승낙의 통지를 받지 못하면 청약의 효력 상실(제529조) 3. **승낙의 효력발생:** ㅇ 승낙의 의사표시가 청약자에게 도달한 때에 승낙의 효력이 발생하고 계약 성립(명문규정 없어 도달주의 일반원칙 적용: 도달주의) ㅇ 그러나 격지자간에는 승낙의 통지를 발송한 때에 효력 발생(발신주의)(제531조)(즉 격지자간에는 미국 보통법상의 mail box rule과 동일한 발신주의) 4. **승낙의 철회 가능 여부: 철회불가** ㅇ 승낙의 철회가능여부에 대해 명문규정 없음. ㅇ 격지자간에는 승낙의 효력은 발신주의를 택하므로 이 경우 승낙은 철회할 수 없는 것으로 보아야 함. ㅇ 대화자간에는 승낙의 효력은 도달주의를 택하는데, 대화자간에는 승낙의 의사표시 즉시 상대방에게 효력이 미치므로 이 경우에도 승낙은 철회할 수 없는 것으로 보아야 함. 5. **기타 의사표시의 효력발생: 도달주의(제111조)**

3) 약인 및 항변사유의 부존재

영미법상 강행가능한 계약(enforceable contract)의 요건으로 약인(consideration)이 요구된다. 약인은 'bargained−for exchange(교환을 위해 거래된)'와 'legal value(법적 가치)'를 요건으로 한다. 약인은 법적 가치가 있는 것으로 교환을 위해 거래된 대가라고 할 수 있다. 쉽게 말하면, 약인은 '약속에 대한 대가'라고 말할 수 있다(예를 들어 매도인이 자동차를 매수인에게 매도하는 매매계약을 체결하면서 자동차의 매매대금이 전혀 없고, 기타 다른 대가도 없다면 이는 약인이 없는 것으로 보아 강행가능한 매매계약으로 인정되지 않는다).

계약의 항변사유에 따라 계약이 무효로 되거나, 계약을 취소 또는 해제할 수 있거나, 계약을 강행할 수 없게 된다. 영미법상 이러한 항변사유로는 상호합의의 부존재(absence of mutual assent), 약인의 부존재(absence of consideration), 공서양속(public policy) 위배 등이 있다.

4) 계약의 내용

물품매매계약은 (1) 기본사항 (2) 계약의 목적물에 관한 사항 (3) 계약이행에 관한 사항 (4) 계약위반에 관한 사항 (5) 준거법과 재판관할 등으로 구성된다.

(1) 기본사항

기본사항에서는 당사자의 명칭을 기재하고 당사자가 서명한다. 당사자를 명확히 하기 위해 상호와 주소를 정확히 기재하는 것이 바람직하다. 경우에 따라서는 회사의 상호 대신 거래용 상호(trading name)를 사용하기도 하는데, 이 경우 후에 당사자의 동일성에 대해 분쟁이 발생할 가능성이 있다. 그 외 계약체결일자 및 유효기간을 기재하기도 한다. 격식을 차린 또는 방대한 계약의 경우 전문(whereas clause), 정의조항(definition clause), 약인조항(consideration clause)을 두기도 한다.

(일반적인 무역거래의 당사자 명칭)

구 분	수출자	수입자
무역거래	exporter(수출자)	importer(수입자)
매매계약관계	seller(매도인)	buyer(매수인
신용장관계	beneficiary(수익자)	applicant(개설의뢰인)
환어음관계	drawer(발행인)	drawee(지급인)
화물관계	consignor(송하인), shipper(선적인)	consignee(수하인)
계정관계	accounter	accountee, account party(대금결제인)

(2) 목적물에 관한 사항

목적물에 관한 사항에는 품질조건, 수량조건, 가격조건, 포장조건이 있다. ① 품질조건에는 품질결정방법 및 결정시기를 기재하고, ② 수량조건에는 수량표시방법 및 결정시기를 기재하고, ③ 가격조건에는 가격표시방법, 인코텀즈를 기재하며, ④ 포장조건에는 포장재, 화인을 기재한다.

(3) 계약이행에 관한 사항

계약이행에 관한 사항에는 선적조건, 대금지급조건, 보험조건이 있다. ① 선적조건에는 선적시기, 선적방법, 선적항, 도착항을 기재하고, ② 대금지급조건에는 지급방식, 지급시기 등을 기재하며, ③ 보험조건에는 보험금청구지, 부가보험 등을 기재한다.

(4) 계약위반에 관한 사항

계약위반에 관한 사항에는 이행불능의 유형을 기재하고, 계약위반 시 취할 수 있는 조치 등을 기재한다. 그리고 계약위반 시 중재로 해결하는지에 대해서도 정한다. 분쟁해결을 중재로 정한 경우에는 반드시 중재에 의해 해결되어야 하고, 그렇지 않은 경우에는 소송에 의해 해결한다.

(5) 준거법과 재판관할

준거법(또는 준거규칙)을 기재하며, 재판관할지(법정지)를 정한다. 준거법은 계약의 해석 등에 적용되는 법을 말하고, 재판관할지는 소송을 진행할 장소(국가)를 말한다.

5) 수출입이행절차

수출이행절차는 ① 수출계약체결(또는 신용장 내도) ② 물품제조 또는 구매 ③ 수출신고 ④ 물품검사 ⑤ 수출신고수리 ⑥ 선적 ⑦ 대금결제 ⑧ 관세환급 등의 순으로 진행된다. 여기서 세관에 수출신고하고 필요한 검사를 거쳐 수출신고수리를 받아 물품을 선적하는 과정을 '수출통관절차'라고 한다.

수입이행절차는 ① 수입계약체결(또는 수입신용장 개설) ② 입항 ③ 하역 ④ 보세구역(입항지 또는 내륙보세구역) ⑤ 수입신고 ⑥ 물품검사 ⑦ 수입신고수리 ⑧ 물품반출 ⑨ 관세납부 등의 순으로 진행된다. 그러나 위에서 기재된 순서는 가장 대표적인 절차를 기재한 것이고 개별 수출입신고에 따라 차이가 있다. 특히 물품검사는 예외적인 경우에만 실시한다.

제3절 국제물품매매계약의 위반과 구제

1. 계약위반

1) 개설

계약위반(breach of contract)이란, 당사자가 자신에게 책임있는 사유로 계약내용대로 이행하지 않는 것을 말한다. 가장 주된 계약위반은 매도인의 경우 계약내용에서 정한 대로 물품을 인도하지 않는 것이고, 매수인의 경우 계약내용대로 대금을 지급하지 않는 것이다.

2) 계약위반의 유형

(1) 이행지체

이행지체(delay in performance)란, 채무의 이행이 가능함에도 불구하고, 채무자가 자신의 귀책사유로 채무이행을 지연하는 것이다. 매도인의 경우 인도기일까지 물품을 인도하지 않으면 이행지체가 되고, 매수인의 경우 결제기일까지 대금을 지급하지 않으면 이행지체가 된다. 이행기일 경과 후의 이행도 이행지체가 된다.

이행지체에서는 이행기에 이행을 하지 않는 것이므로 이행기의 확정이 필요하다. CISG에서는 인도기일(기간)이 계약에 의하여 지정되어 있거나 확정될 수 있는 경우에는 그 기일(기간)내, 그렇지 않은 경우에는 계약체결 후 합리적인 기간 내에 매도인이 물품을 인도해야 한다고 규정하고 있다(제33조). 그리고 매수인은 계약과 CISG에 따라, 물품의 대금을 지급하고 물품의 인도를 수령하여야 하고(제53조), 대금지급시기에 대하여 달리 정한 바가 없으면, 매수인은 매도인이 매매계약과 CISG에 따라 물품 또는 물품의 처분을 지배하는 서류를 매수인의 처분하에 두는 때에 대금을 지급하여야 한다고 규정하고 있다(제58조제1항). 즉 대금지급시기에 대하여 달리 정한 바가 없으면, 사실상 동시이행을 원칙으로 하고 있다.

민법에서는 채무이행의 확정한 기한이 있는 경우에는 그 기한이 도래한 때로부터 이행지체가 되고, 채무이행의 불확정한 기한이 있는 경우에는 채무자가 기한의 도래함을 안 때로부터 지체책임이 있으며, 채무이행의 기한이 없는 경우에는 채무자는 이행청구를 받은 때로부터 지체책임이 있다고 규정하고 있다(민법 제387조).

(2) 이행거절

이행거절(renunciation)이란, 이행기일 전에 채무자가 이행거절을 선언하는 것이다. 대표적인 이행거절은 매도인의 물품인도 거절 선언과 매수인의 대금지급 거절 선언이다.

(3) 이행불능

계약위반으로서의 이행불능(impossibility of performance)이란, 채무자의 귀책사유로 인하여 채무이행이 불가능하게 되는 것을 말한다. 이행불능에는 원시적 불능과 후발적 불능이 있다. 원시적 불능(exisiting impossibility)이란, 계약체결 당시에 이미 계약의 목적달성이 불가능하거나 특정물 매매계약에서 계약의 목적물이 소멸되는 것을 말한다. 후발적 불능(supervening impossibility)이란, 계약체결 이후에 발생한 사건으로 인하여 목적물이 멸실되는 등 계약이행이 불가능하게 되는 것을 말한다. 원시적 불능의 경우 계약이 무효가 되고, 후발적 불능의 경우 계약은 유효하고 귀책사유에 따라 계약해제권, 손해배상청구권 등 계약위반책임이 발생한다.

(영미법상의 이행불능)

① impossibility(=objective impossibility, **객관적 불능**)

- 계약체결 이후에 발생한 사건으로 아무도 그 계약을 이행할 수 없게 된 것을 말한다. 당사자는 아직 이행하지 않은 계약의무의 이행이 면제된다. 그리고 계약 이행된 부분에 대해서는 계약해제 및 원상회복을 주장할 수 있다.
- The duties cannot be performed by anyone.
- The impossibility must arise after the contract has been entered.

② impracticability(=subjective impossibility, **주관적 불능**)

극도의 비합리적인 곤란 또는 비용을 초래하고, 그리고 그러한 곤란함을 예상할 수 없는 사건을 말한다. 이 경우 당사자는 계약의무의 이행이 면제된다. (extreme and unreasonable difficulty and/or expense, and the difficulty was not anticipated)

예) 미국 통일상법전에서 인정되는 예: embargo(금수조치), war, strike, crop failure(농작물 흉작) 등

③ frustration(**계약의 좌절**)

- 당사자의 귀책이 아닌 사유로 인하여 계약의 목적이 가치가 없어지게 되는 것을 말한

다. 비록 계약이행이 가능함에도 불구하고 다수의 법원에서는 계약의무의 이행을 면제한다.

- "Frustration" is an excuse for a party's nonperformance because of unforeseeable and uncontrollable circumstance. The purpose has become valueless by virtue of some supervening event not the fault of the party seeking discharge.

(4) 불완전이행

불완전이행(incomplete performance)이란, 당사자가 일단 계약이행을 했으나 그 이행이 계약의 내용에 따른 것이 아닌 것을 말한다. 불완전이행의 대표적인 예는 물품의 수량이 부족하거나, 일부 물품에 하자가 있거나, 기타 물품이 계약내용과 다른 경우이다. 그 외에 인도받은 자재의 하자로 인하여 제조물에 하자가 발생한 경우처럼 불완전이행으로 인하여 부가적인 손해를 준 경우에도 불완전이행이 된다.

2. 계약위반에 대한 구제(CISG 기준)

계약위반에 대한 구제는 각 계약에 적용되는 준거법에 따라 결정된다. 국제물품매매계약에서 당사자는 합의로 준거법을 정할 수 있고, 준거법을 정하지 않은 경우 소송을 진행하는 법원은 자국의 국제사법에 따라 준거법을 결정한다. 양 당사국이 CISG 체약국이면(당사자가 CISG의 적용을 배제하기로 합의하지 않는 한) CISG가 적용될 것이다.

여기서는 CISG를 중심으로 기술하였는데, 구체적인 내용은 각 계약의 준거법에 따라 다를 수 있다.

1) 매수인(수입자)의 구제권리(Remedies)

(1) 특정이행청구권(specific performance)(제46조제1항)

매수인(수입자)은 매도인(수출자)에게 의무의 이행을 청구할 수 있다. 특정이행청구권(의무이행청구권)을 행사하기 위해서는 매도인의 계약이행의무가 존재하고, 그 의무가 이행되지 않아야 한다. 이는 원칙적으로 계약내용대로의 이행을 청구하는 것이다. 특정이행청구권(의무이행청구권)은 계약을 해제하지 않고 청구하는 것이므로 계약해제권과는 병행하여 청구할 수 없다. 그러나 손해배상청구권과는 병행하여 청구할 수 있다.
예) 물품선적요청, 물품인도요청

(2) 대체물인도청구권(제46조제2항)

물품이 계약에 부적합한 경우(물품하자) 매도인에게 대체물의 인도를 청구할 수 있다. 대체물인도청구권의 요건은 ① 그 부적합이 본질적 계약위반일 것 ② 물품의 부적합 통지를 할 것(물품의 부적합을 발견하였거나 발견할 수 있었던 때로부터 합리적인 기간 내에 통지할 것) 그리고 ③ 부적합통지와 동시에 또는 부적합통지 후 합리적인 기간 내에 청구할 것이다.

> **(본질적 계약위반)** 당사자의 계약위반이 있고, 그 계약위반으로 인하여 상대방이 기대할 수 있는 바를 실질적으로 박탈할 정도의 손실을 주는 경우(제25조)

(3) 수리에 의한 부적합치유청구권(제46조제3항) (하자보완청구권)

물품의 부적합이 본질적 계약위반이 되지 않은 경우 매수인에게는 수리(repair)에 의한 부적합치유청구권이 인정된다. 부적합치유청구권의 요건은 ① 모든 상황을 고려하여 그 부적합치유청구권이 불합리하지 않을 것 ② 물품의 부적합통지를 할 것(물품의 부적합을 발견하였거나 발견할 수 있었던 때로부터 합리적인 기간 내에 통지할 것) 그리고 ③ 부적합통지와 동시에 또는 부적합통지 후 합리적인 기간 내에 청구할 것이다.

> ☞ **부적합통지의무(제39조)**
>
> 1. 인도된 물품에 하자가 있는 경우(중대한 하자 및 경미한 하자 포함) 그 하자를 발견하였거나 발견할 수 있었던 때로부터 매수인은 합리적인 기간 내에 그 하자를 통지해야 한다.
> 2. 하자통지 시한('①'과 '②' 모두 충족되어야 함.)
>   ① 하자를 발견하였거나 발견할 수 있었던 때로부터 합리적인 기간 내
>   ② 늦어도 물품이 매수인에게 인도된 날로 2년 이내일 것(또는 보증기간이 2년 이상인 경우에는 그 보증기간 이내일 것)

(4) 부가기간 지정권(제47조제1항)

매수인은 매도인에게 매도인의 의무이행을 위한 합리적인 부가기간을 지정할 수 있다. 이는 매도인으로 하여금 계약을 이행할 수 있는 기회를 추가로 주는 것으로, 계약이 해제되는 것을 피하기 위한 목적이다. 부가기간 중에는 계약위반에 대한 구제권리를 행사할 수 없다(다만, 부가기간 중에 매도인으로부터 이행을 하지 아니하겠다는 통지를 수령한 경우에는 계약위반에 대한 구제권리를 행사할 수 있음). 부가기간을 지정한 경우에도 매수인은 이행지체에 대한 손해배상을 청구할 수 있다. 매수인이 부가기간을 지정한 경우에는 매수

인은 그 기간 내에는 계약을 해제할 수 없다(다만, 부가기간 내에 매도인이 이행거절을 통지한 경우에는 계약해제 가능).

(5) 계약해제권(제49조제1항)

계약해제권이란, 일방적인 의사표시로 계약을 해소시키는 권리이다. 영미법에서는 계약의 본질적 위반(fundamental breach)이 있는 경우에만 계약해제권이 인정되며, CISG에서도 본질적 위반의 경우에만 계약해제권을 인정하고 있다.[11] CISG에서는 계약해제권 행사의 요건으로 '이행의 최고'는 요구되지 않는다.

계약해제사유는 ① 매도인의 의무불이행이 본질적 계약위반이 되는 경우(예: 인도기일이 중요한 계약에서 인도기일까지 물품을 인도하지 않는 경우, 인도한 물품이 완전불량인 경우 등)와 ② 인도불이행의 경우 매수인이 정한 부가기간 내에 물품을 인도하지 않거나 인도하지 않겠다고 선언한 경우(예: 매도인이 물품을 인도하지 아니하여 부가기간을 정하여 이행을 요청하였는데, 매도인이 그 부가기간 내에도 이행하지 못하거나 이행하지 않겠다고 통보한 경우 등)이다. ②의 경우 본질적 계약위반이 아닌 경우에는 매수인이 합리적인 부가기간을 지정하고 그 부가기간이 경과한 경우에만 계약을 해제할 수 있다.

한편, 위의 계약해제사유가 충족된 경우로서 매도인이 '물품을 인도한 경우'에는 매수인은 다음의 기간 내에 계약을 해제하지 않으면 계약해제권을 상실한다.

① 인도지체(지연인도－late delivery)의 경우: 매수인이 인도가 이루어진 것을 안 후 합리적인 기간 내

② 인도지체(지연인도－late delivery) 이외의 경우 다음 시기로부터 합리적인 기간 내

i) 매수인이 그 위반을 알았거나 또는 알 수 있었던 때

ii) 매수인이 제47조제1항에 따라 정한 부가기간(매수인이 매도인의 의무이행을 위하여 지정한 부가기간)이 경과한 때 또는 매도인이 그 부가기간 내에 의무를 이행하지 아니하겠다고 선언한 때

iii) 매도인이 제48조제2항(매도인이 매수인에게 이행의 수령 여부를 알려줄 것을 요구하였으나, 매수인이 합리적인 기간 내에 그 요구에 응하지 않은 경우 매도인은 그 요구에서 정한 기간 내에 이행할 수 있음)에 따라 정한 부가기간이 경과한 때 또는 매수인이 매도인

---

11) 민법에서는 채무자의 이행지체가 있고 상당한 기간을 정하여 그 이행을 최고하였음에도 불구하고 이행하지 않은 때, 또는 채무자의 책임 있는 사유로 이행이 불가능하게 된 때 계약을 해제할 수 있다(제543조, 제546조).

의 의무 이행을 수령하지 아니하겠다고 선언한 때

(6) 대금감액권(제50조)

물품이 계약에 부적합 경우에(수량부족, 품질불량 등) 정상적인 물품의 가격을 기준으로 그 차액을 감액할 수 있다. 물품이 계약에 부적합한 경우에, 대금의 지급 여부에 관계없이 매수인은 현실로 인도된 물품이 인도 시에 가지고 있던 가액이 계약에 적합한 물품이 그 때(인도 시)에 가지고 있었을 가액에 대하여 가지는 비율에 따라 대금을 감액할 수 있다. 감액금액은 계약에 적합한 물품과 현실로 인도된 물품간의 가치 차이이며, 가치의 기준시점은 인도 시(계약체결 시 아님)이다. 그러나 매도인이 제37조(인도한 물품의 부적합 치유)나 제48조(매도인의 불이행치유권)에 따라 의무의 불이행을 치유하거나 / 매수인이 동 조항에 따라 매도인의 이행 수령을 거절한 경우에는 대금을 감액할 수 없다.

☞ **대금감액금액: (C−B)/C × A**

- 계약금액(A)
- 인도시 기준 실제 인도된 물품가액(B)
- 인도시 기준 인도될 정상물품가액(C)

(사례연구)

1) 매도인이 다음과 같은 하자있는 물품을 인도한 경우, 매수인은 얼마의 감액을 청구할 수 있는가?
   (계약금액 U$10만, 실제 인도된 물품의 시가 U$9만(인도시 기준), 정상물품의 시가 U$12만(인도시 기준))
   해설) (12만−9만)/12만 * 10만 = U$2.5만

2) 무황연료(sulphur free oil)의 계약금액은 32유로인데, 실제 인도된 무황연료의 시가는 15유로이고, 정상 무황연료의 시가는 30유로인 경우 매수인의 감액청구금액은?
   해설) (30−15)/30 * 32 = 16유로

2) 매도인(수출자)의 구제권리(Remedies)

(1) 특정이행청구권(specific performance) (제62조)

매도인은 매수인에게 대금지급, 물품의 인도수령 등의 의무의 이행을 청구할 수 있다. 특정이행청구권(의무이행청구권)은 계약을 해제하지 않고 청구하는 것이므로 계약해제권과는 병행하여 청구할 수 없다. 그러나 손해배상청구권과는 병행하여 청구할 수 있다.

(2) 부가기간 지정권(제63조제1항)

매도인은 매수인의 의무이행을 위하여 합리적인 부가기간을 지정할 수 있다. 부가기간 중에는 계약위반에 대한 구제권리를 행사할 수 없다(다만, 부가기간 중에 매수인으로부터 이행거절의 통지를 수령한 경우에는 계약위반에 대한 구제권리를 행사할 수 있음). 부가기간을 지정한 경우에도 매도인은 이행지체에 대한 손해배상을 청구할 수 있다. 매도인이 부가기간을 지정한 경우에는 매도인은 그 기간 내에는 계약을 해제할 수 없다(다만, 부가기간 내에 매수인이 이행거절을 통지한 경우에는 계약해제 가능).

(3) 계약해제권(제64조)

① 매수인의 의무 불이행이 본질적 계약위반(fundamental breach)으로 되는 경우 또는 ② 매수인이 제63조 제1항에 따라 매도인이 정한 부가기간 내에 대금지급 또는 물품수령 의무를 이행하지 아니하거나 그 기간 내에 그러한 의무를 이행하지 아니하겠다고 선언한 경우(②의 경우에는 매수인의 대금지급의무 위반 또는 물품수령의무 위반의 경우에만 적용되고, 매수인의 계약위반이 본질적 계약위반일 것을 요구하지 않음.)에는 매도인은 계약을 해제할 수 있다. 매도인이 계약해제권을 행사하기 위해 이행의 최고는 요구되지 않는다.

한편, 위의 계약해제사유가 충족된 경우로서 매수인이 대금을 지급한 경우에는 매도인은 다음 기간 내에 계약을 해제하지 않으면 해제권을 상실한다(다음의 기간 내에는 매수인이 대금을 지급한 경우에도 매도인은 계약을 해제할 수 있음).

① 매수인의 이행지체(지연 이행－late performance)의 경우, 매도인이 이행이 이루어진 것을 알기 전

② 매수인의 이행지체(지연 이행－late performance) 이외의 위반의 경우, 다음의 시기로부터 합리적인 기간 내

– 매도인이 그 위반을 알았거나 또는 알 수 있었던 때

– 매도인이 제63조제1항에 따라 정한 부가기간(매도인이 매수인의 의무이행을 위하여 지정한 부가기간)이 경과한 때 또는 매수인이 그 부가기간 내에 의무를 이행하지 아니하겠다고 선언한 때

(매수인의 구제권리 사례연구)

1) 매매계약의 목적물이 자동차 100대 인데, 매도인은 80대만 인도하였다.
   – 매수인은 80대를 인수하고, 20대에 대해 대금감액/손해배상 청구 가능
2) 동계올림픽 선수단 1,000명의 단체복을 주문하였는데, 800벌만 도착하여 단체복의 사용이 곤란한 경우
   – 본질적 계약위반으로 매수인은 계약 전체 해제 가능
3) 선적기일을 2018.4.1. – 4.15.로 정한 경우 2018.3.15.자에 선적이 이루어진 경우
   – 매수인은 물품 수령거절 가능
4) 선적기한을 2018.4.1.까지로 정한 경우 2018.3.15.자에 선적이 이루어진 경우
   – 매수인은 수령을 거절할 수 없다.
5) 중고자동차 100대를 계약했는데, 120대를 선적한 경우
   – 매수인은 100대만 수령할 수 있음(이 경우 20대가 초과했다는 사실을 매도인에게 통지하고, 20대를 보관하고 있어야 한다).
   – 또한, 매수인은 120대 전체를 수령할 수도 있음(계약금액의 비율에 따라 20대분에 대해 추가로 대금을 지급해야 한다. 계약금액이 U$100만인 경우 U$20만(= 20대/100대 * U$100만) 추가지급).

(매도인의 구제권리 사례연구)

1) 매매계약상 대금지급기일이 2018.4.10.이었다. 그러나 매수인은 대금지급기일에 대금을 지급하지 못했다. 대금지급의 최고 없이 2018.4.20.자에 매도인은 매매계약을 해제하였다. 매도인의 계약해제권 행사는 유효한가?

(해 설) 매수인의 대금지급의무는 가장 중요한 의무이다(제53조). 일반적으로 매수인의 명백한 대금지급거절은 본질적 계약위반에 해당되지만, 단순한 대금지급기일의 경과는 지급지체에 해당되며, 본질적 계약위반에 해당되지 않을 것이다. 따라서 단순한 대금지급기일의 경과를 사유로 계약해제권을 행사하는 것은 정당하지 않다. 그러나 매도인이 대금지급을 위한 부가기간을 지정하였음에도 불구하고 그 부가기간 내에도 대금지급이 없는 경우 매도인은 계약해제권을 행사할 수 있을 것이다.

2) 매매계약상 대금지급기일이 2018.4.10.이었다. 매도인은 매수인에게 2018.4.30.까지 대금을 지급할 것을 독촉하였다.

(1) 매도인은 부가기간(2018.4.30.)을 지정하였으므로 매도인은 2018.4.30.까지는 계약을 해제할 수 없다(제63조제2항).
(2) 매도인은 대금지급독촉에 대하여 2018.4.15.자에 매수인은 위 기간 내에 대금을 지급할 수 없다고 통지하였다. → 매도인이 부가기간을 정하였지만, 매수인이 그 기간 내에 이행거절의 통지를 했으므로, 매도인은 계약을 해제할 수 있다(제64조제2항).

3) 손해배상청구권(매수인과 매도인에 공통되는 구제권리)

(1) 계약불이행에 의한 손해배상(제74조)

제74조는 모든 경우에 적용될 수 있는 손해배상의 일반원칙을 규정하고 있다. ① 손해배상은 금전배상을 원칙으로 한다. ② 손해배상액은 계약위반으로 인하여 발생된 모든 손실을 말한다. ③ 손해배상액에는 이익의 상실도 포함된다. ④ 손해배상액은 계약체결 시에, 상대방(계약위반자)이 알았거나 알 수 있었던 사정에 비추어 계약위반의 가능한 결과로서 발생할 것을 예견하였거나 예견할 수 있었던 손실을 초과할 수 없다.

(2) 대체물 매수 또는 재매각의 경우 손해액 산정(제75조)

① 매수인이 대체물을 구매한 경우 손해배상액은 대체물 구매대금과 계약대금의 차액이다. 이 경우 손해배상의 요건은 ⅰ) 계약이 해제되고, ⅱ) 계약해제후 합리적인 방법으로 ⅲ) 합리적인 기간 내에 ⅳ) 매수인이 대체물을 구매해야 한다.

② 매도인이 재매각(resale)한 경우 손해배상액은 계약대금과 재매각대금의 차액이다. 이 경우 손해배상의 요건은 ⅰ) 계약이 해제되고, ⅱ) 계약해제후 합리적인 방법으로 ⅲ) 합리적인 기간 내에 ⅳ) 매도인이 재매각(resale)해야 한다.

(사례연구)
1) 계약금액 U$100, 매수인의 계약불이행으로 매도인이 계약해제, 매도인은 U$90에 재매각(resale)하였고, 재매각비용 U$10 발생, 매도인의 손해배상액은?
(해설) U$20 = ①(U$100 - U$90)(제75조) + ②U$10(제74조)

2) 계약금액 U$100, 매도인의 계약불이행으로 매수인이 계약해제, 매수인은 U$120에 대체물 매수, 대체물매수비용 U$10 발생, 매수인의 손해배상액은?
(해설) U$30 = ①(U$120 - U$100)(제75조) + ②U$10(제74조)

(3) 시가에 의한 손해액 산정(제76조)

계약이 해제되었으나, 제75조에 따른 매수인의 구매 또는 매도인의 재매각이 없는 경우 손해배상액은 ① 계약금액과 계약해제 시점의 시가(단, 손해배상청구권자가 물품을 수령한 후 계약을 해제하는 경우에는 물품수령 시의 시가)의 차액 및 ② 제74조에 따른 손해액이다.

> ☞ **시가의 기준**
> 물품이 인도되었어야 했던 장소에서의 지배적인 가격(그 장소에 시가가 없는 경우에는 물품 운송비용의 차액을 적절히 고려하여 합리적으로 대체할 수 있는 다른 장소에서의 가격)

> **(사례연구)**
> 1) 계약금액 U$100, 매도인의 인도불능으로 인해 매수인은 계약해제, 계약해제 시의 시가 U$110(물품인도장소인 선적항에서의 계약해제시점의 시가), 계약해제 조치 등에 대해 U$10 비용발생, 손해배상액은?
> (해설) U$20 = ①(U$110 - U$100)(제76조) + ②U$10(제74조)
> 2) 계약금액 U$100, 매수인은 물품 인수 후 중대한 하자를 사유로 계약 해제, 물품 인수 시의 시가 U$120(물품인도장소인 선적항에서의 시가), 계약해제 시의 시가 U$110(물품인도장소인 선적항에서의 계약해제시점의 시가), 계약해제 등에 대해 U$10 비용발생, 손해배상액은?
> (해설) U$30 = ①(U$120 - U$100)(제76조) + ②U$10(제74조)

(4) 손실경감의무(제77조)

계약위반을 주장하는 자는 자신의 손실을 경감하기 위해 합리적인 조치를 취해야 한다. 이를 위반한 경우에는 상대방은 경감되었어야 하는 손실액 만큼 손해배상액의 감액을 청구할 수 있다.

> **(매수인의 구제권리 사례연구)**
> 한국의 대한상사("매수인")는 독일의 Siemens사("매도인")로부터 의료장비인 MRI(자기공명영상) 10대를 U$200만(단가 U$20만)에 수입하는 매매계약을 체결하였다. 위 MRI 10대는 인도기일에 정상적으로 인도되었으나, 그 중 1대는 제품불량으로 사용이 불가능하였고, 2대는 약간의 하자(소음이 발생하고 간헐적으로 작동이 멈춤)가 있었다.
> 인도기일 기준으로 정상적인 MRI의 시가(단가)는 U$25만이었고, 본건의 하자있는 MRI의 시가(단가)는 U$15만이었다. 한국의 대한상사가 독일의 Siemens사에게 주장할 수 있는 권리에 대해 약술하시오. (CISG를 기준으로)

1) 특정이행청구권

특정이행청구권을 행사하기 위해서는 매도인이 계약의무를 이행하지 않아야 한다. 이 사안에서는 매도인이 물품을 모두 인도하였으므로 특정이행청구권은 행사할 수 없다.

2) 대체물인도청구권

대체물인도청구권을 행사하기 위해서는 ① 부적합이 본질적 계약위반이고 ② 부적합 통지를 할 것 ③ 부적합통지와 동시에 또는 부적합통지 후 합리적인 기간 내 대체물인도청구를 할 것 등이 요구된다. 이 사안에서 MRI 1대는 작동이 전혀 되지 않으므로 그 부적합이 '본질적 계약위반'에 해당되는 바, 대한상사는 물품의 부적합통지 후 또는 부적합통지와 동시에 MRI 1대에 대해 대체물인도청구(정상물품으로 인도할 것)를 할 수 있다. 다만, MRI 1대 완전불량이 계약 전체에 대한 본질적 계약위반은 아니므로 대한상사는 계약을 해제할 수 없다.

3) 수리에 의한 부적합치유청구권(하자보완청구권)

① 물품의 부적합이 본질적 계약위반이 되지 않는 경우 ② 부적합치유청구권이 부적합하지 않고 ③ 물품의 부적합통지를 하면 ④ 부적합통지와 동시에 또는 부적합통지 후 합리적인 기간 내에 부적합치유청구권을 행사할 수 있다.

이 사안에서 MRI 2대는 약간의 하자가 있어 이는 본질적 계약위반이 되지 않고, 부적합치유청구권이 부적합한 것으로 볼 만한 사정이 없는 바, 대한상사는 물품의 부적합통지를 한 경우 수리에 의한 부적합치유청구권을 행사할 수 있다. MRI 2대는 약간의 하자이므로 그 하자가 '본질적 계약위반'에는 해당되지 않으므로 대체물인도청구권은 행사할 수 없고, 계약을 해제할 수 없다.

4) 부가기간 지정권

매도인이 인도기일까지 물품을 인도하지 않거나 인도된 물품에 하자가 있는 경우 매수인은 특정이행청구, 대체물인도청구 또는 수리에 의한 부적합치유 청구(하자보완청구)에 있어 합리적인 부가가간을 지정할 수 있다. 본질적 계약위반이 있는 경우에도 부가기간 내에는 매수인은 계약을 해제할 수 없으나, 이 경우에도 매도인이 이행거절을 통지한 경우에는 계약해제가 가능하다. 이 사안에서 불량인 MRI 3대에 대하여 대한상사는 대체물인도청구 및 하자보완청구권을 행사함에 있어 합리적인 부가기간을 지정할 수 있다. 이 경우 부가기간 지정권과 병행하여 손해배상청구권은 행사할 수 있으나, 계약해제권은 행사할 수 없다.

5) 계약해제권

① 매도인의 의무불이행이 본질적 계약위반이 되는 경우 매수인은 계약을 해제할 수 있다. 작동이 불가능한 MRI 1대 및 하자가 있는 MRI 2대로 인하여 매수인이 기대할 수 있는 바를 실질적으로 박탈당한 경우 이는 '본질적 계약위반'에 해당되어 매수인은

계약을 해제할 수 있다. 이 경우에도 매수인이 대체물인도청구권 또는 하자보완청구권을 행사한 경우에는 계약해제권을 행사할 수 없다. 작동이 불가능한 MRI 1대 및 하자가 있는 MRI 2대로 인하여 매수인이 기대할 수 있는 바를 실질적으로 박탈당한 경우가 아니라면 매수인은 계약을 해제할 수 없다.

한편, 본질적 계약위반의 경우에도 매수인이 부가기간을 정한 경우에도 매수인은 그 기간동안 계약해제권을 행사할 수 없으나, 부가기간 내에 매도인이 이행거절(또는 이행불가)을 선언한 경우에는 계약을 해제할 수 있다.

② 본질적 계약위반이 아닌 경우에는 매수인이 합리적인 부가기간을 지정하고 그 부가기간이 경과한 경우에만 계약을 해제할 수 있다.

③ 이 사안에서는 MRI 10대는 서로 독립적으로 사용되는 것이고, 작동이 불가능한 것은 1대에 불과하므로 본질적 계약위반에 해당되는 것으로 볼 수 없다. 이에 따라 정상적인 MRI 10대가 모두 인도되지 않는 경우에는 계약을 해제할 수 있다는 내용을 당사자 간 합의한 경우 등의 특별한 사정이 없는 한, 매수인은 계약해제권을 행사할 수 없을 것이다.

6) 대금감액청구권

① 매수인은 작동이 불가능한 MRI 1대에 대해 대금감액청구권을 행사할 수 있으며, 감액청구권은 U$20만이다.

② 하자있는 MRI 2대에 대해서는 하자에 대한 감액을 청구할 수 있으며, 감액청구권은 1대당 U$8만으로, 총 U$16만이다(산식: (U$25만 – U$15만)/U$25만 * U$20만 * 2대).

7) 손해배상청구권

매도인의 계약위반으로 인한 손해에 대해 매수인은 손해배상을 청구할 수 있다. 손해배상액은 다음의 경우로 나누어 살펴볼 수 있다.

① 매수인이 대체물인도청구권 및 하자보완청구권을 행사하여 매도인이 이행한 경우 대체물인도 및 하자보완기간 동안 영업정지 등으로 인하여 발생한 손해

② 매수인이 대체물인도청구권을 행사하지 않은 경우 매수인이 대체물을 구입하여 추가로 발생한 손해(대체물구매대금과 계약금액과의 차액 + 대체물구매비용)

③ 하자보완청구권을 행사하지 않은 경우 하자로 인하여 매수인에게 발생한 손실인데, 이는 계약체결 시에 매도인이 예견하였거나 예견할 수 있었던 손실을 초과할 수 없다.

제 3 장

무역서류

제3장 무역서류

제1절 개설

무역서류는 금융서류와 상업서류로 분류할 수 있다. 금융서류(financial document)는 환어음, 약속어음, 수표, 기타 금전의 지급을 받기 위한 서류를 말하고, 상업서류(commercial document)는 송장, 운송서류, 기타 이와 유사한 서류로 금융서류가 아닌 모든 서류를 말한다(추심에 관한 통일규칙 제2조). 무역거래에서 사용되는 주요 상업서류에는 선하증권, 기타 운송서류, 송장(송품장), 포장명세서, 보험증권, 검사증명서, 원산지증명서 등이 있고, 주요 금융서류에는 환어음, 약속어음, 수표 등이 있다.

제2절 상업서류

1. 선하증권

1) 선하증권의 의의

선하증권(bill of lading)이란, 해상운송인이 운송물을 수령 또는 선적하였음을 증명하고, 이것과 상환으로 목적지에서 운송물을 인도할 의무를 표창하는 유가증권이다(상법 제852조, 헤이그규칙 제3조). 선하증권은 운송물의 인도청구권을 표창하는 증권으로서 선하증권과 운송물은 실질적으로 동일하며, 권리증서로서 운송물의 점유를 통제한다.[1] 또한, 선하증권은 물품수령증(receipt), 운송계약(contract of carriage) 및 권리증서(document of title)가 되고, 상품무역거래에서 필수적인 서류이다.[2]

---

1) Berisford Metals Corp. v. S/S Salvador, 779 F.2d 841(2nd Cir. 1985)

2) Ralph H. Folsom, et al., *International Business Transactions*, 8th ed, West Group, 2009, p.117

2) 선하증권의 법적 성질

선하증권은 운송물에 대한 인도청구권을 표창하는 유가증권으로 상환증권성, 지시증권성, 처분증권성, 인도증권성, 문언증권성 등의 성질을 갖는다. 상법에서는 화물상환증에 대해 상환증권성, 지시증권성, 처분증권성, 인도증권성(물권적효력) 등을 규정하고 선하증권에 대해서 이를 준용하고 있다(상법 제129조 · 제130조 · 제132조 · 제133조, 제861조). 그러나 문언증권성에 대하여는 상법은 화물상환증에 대한 규정을 준용하지 않고, 별도로 규정하고 있다(제854조).

선하증권은 운송물을 표창하는 유가증권이므로 운송인이 운송물을 수령한 후에 선하증권을 발행해야 하며, 운송물을 수령하지 않고 선하증권을 발행한 경우, 운송인은 선하증권의 소지인에게 불법행위로 인한 손해배상책임을 진다.[3] 다음에서는 선하증권의 각 법적 성질에 대해 구체적으로 살펴보고자 한다.

(1) 상환증권성

상환증권성이란, 운송인은 선하증권과 상환하여서만 운송물을 인도할 수 있다는 것을 말한다(상법 제861조, 제129조). 따라서 운송물에 대한 권리를 주장하는 자는 선하증권과 상환하지 아니하면 운송물의 인도를 청구할 수 없다. 즉 운송물을 인도받기 위해서는 선하증권을 운송인에게 상환해야 한다. 운송인이 운송물을 선하증권과 상환하지 아니하고 타인에게 인도한 경우에는 선하증권 소지인이 입은 손해를 배상해야 한다.[4] 그러나 실제 거래에서는 선하증권과 상환하지 않고도 운송물을 인도하는 경우가 있는데, 이 경우 운송인은 은행으로부터 수입화물선취보증서[5](letter of guarantee)를 받고 화물을 인도하며, 그 후 선하증권의 소지인이 화물의 인도를 청구하게 되면, 운송인은 이로 인한 손해를 수입화물선취보증서를 발행한 은행에게 청구한다. 그러나 이러한 관행은 선하증권의 상환증권성에 반하는 불법행위가 된다.

(2) 지시증권성

지시증권성이란, 증권상에 기재된 자 또는 그가 지시하는 자에게 권리를 부여하는 것을 말한다. 지시식으로 발행되는 경우 선하증권은 배서에 의해 양도되며, 무기명식

---

3) 대법원 2004. 7. 22. 선고 2001다58269 판결.

4) 대법원 2007. 6. 28. 선고 2007다16113 판결.

5) 수입화물선취보증서를 “보증도”라고도 함.

으로 발행되는 경우 선하증권의 교부에 의해 양도된다. 한편, 상법에서는 선하증권이 기명식인 경우에도 선하증권상 배서금지가 기재되지 않는 한, 배서에 의하여 양도할 수 있다고 규정하고 있다(상법 제861조, 제130조).

(3) 처분증권성

처분증권성이란, 운송물의 처분은 선하증권으로 하여야 한다는 것을 말한다(상법 제861조, 제132조). 처분증권성과 관련 운송물 자체에 대한 선의취득 인정 여부가 문제되는데, 운송물 자체의 선의취득을 전면 부정할 수는 없고, 선하증권에 의하지 않은 운송물의 처분을 간접적으로 제한하여 운송물 자체의 양수인이 선하증권의 발행 사실을 알고 있는 경우에는 운송물 자체의 선의취득이 인정되지 않는다.

(4) 인도증권성(물권적효력)

인도증권성이란, 운송물을 받을 수 있는 자에게 선하증권을 교부한 때에는 운송물 위에 행사하는 권리의 취득에 관하여 운송물을 인도한 것과 동일한 효력이 있다는 것을 말한다(상법 제861조, 제133조). 이를 선하증권의 "물권적 효력"이라고 한다. 선하증권에 대해 물권적 효력이 발생하기 위해서는 운송인이 운송물을 인도받고, 운송물이 존재하고, 선하증권에 의해 운송물을 받을 수 있는 자에게 선하증권이 교부되어야 한다. 선하증권의 인도증권성(또는 물권적효력)은, 운송물 처분의 당사자(예: 무역거래에서는 수출자와 수입자) 간에는 선하증권의 교부(또는 인도)는 운송물의 인도와 동일하다는 것이다[6)] (예를 들어, 수출자가 수입자에게 선하증권을 교부하면, 수입자에게 그 운송물을 인도한 것과 동일하여 (그 운송물의 수령전이라도) 수입자는 그 운송물의 소유권을 취득함). 선하증권의 채권적 효력(또는 문언증권성)은 운송인과 선하증권 소지인 사이의 효력이고, 물권적 효력(또는 인도증권성)은 운송물 양도의 당사자(통상 수출자와 수입자) 사이의 효력이다.

---

6) 선하증권은 해상운송인이 운송물을 수령한 것을 증명하고 양륙항에서 정당한 소지인에게 운송물을 인도할 채무를 부담하는 유가증권으로서, 운송인과 그 증권소지인 간에는 증권 기재에 따라 운송계약상의 채권관계가 성립하는 채권적 효력이 발생하고, 운송물을 처분하는 당사자 간에는 운송물에 관한 처분은 증권으로서 하여야 하며 운송물을 받을 수 있는 자에게 증권을 교부한 때에는 운송물 위에 행사하는 권리의 취득에 관하여 운송물을 인도한 것과 동일한 물권적 효력이 발생하므로 운송물의 권리를 양수한 수하인 또는 그 이후의 자는 선하증권을 교부받음으로써 그 채권적 효력으로 운송계약상의 권리를 취득함과 동시에 그 물권적 효력으로 양도 목적물의 점유를 인도받은 것이 되어 그 운송물의 소유권을 취득한다(대법원 1998. 9. 4. 선고 96다6240 판결; 대법원 2003. 1. 10. 선고 2000다70064 판결).

(5) 문언증권성(채권적효력)

운송인과 송하인 사이에 선하증권에 기재된 대로 개품운송계약이 체결되고 운송물을 수령 또는 선적한 것으로 추정한다. 그러나 선하증권을 선의로 취득한 소지인에 대하여 운송인은 선하증권에 기재된 대로 운송물을 수령 혹은 선적한 것으로 보고 선하증권에 기재된 바에 따라 운송인으로서 책임을 진다(상법 제854조, 헤이그－비스비규칙 제3조제4항, 함부르크규칙 제16조제3항). 따라서 선하증권을 선의로 취득한 제3자에 대해서는 운송물을 수령 또는 선적되지 아니하였음을 운송인이 증명해도 운송인은 선하증권에 기재된 대로 책임을 진다. 이는 선하증권을 선의로 취득한 제3자를 보호함으로써 선하증권의 유통성 보호와 거래의 안전을 도모하기 위한 것이다.[7] 한편, 여기서 말하는 '선하증권을 선의로 취득한 소지인'이란, 운송계약의 당사자인 운송인과 송하인을 제외한, 유통된 선하증권을 선의로 취득한 제3자를 의미한다.[8] 악의의 제3자에 대해서는 규정이 없으나, 당사자 사이에도 추정적 효력을 인정하므로 악의의 제3자에 대해서도 추정적 효력이 미친다고 본다.

선하증권은 운송물의 인도청구권을 표창하는 유가증권인 바, 이는 운송계약에 기하여 작성되는 유인증권으로 상법은 운송인이 송하인으로부터 실제로 운송물을 수령 또는 선적하고 있는 것을 유효한 선하증권 성립의 전제조건으로 삼고 있으므로 운송물을 수령 또는 선적하지 아니하였는데도 발행한 선하증권은 원인과 요건을 구비하지 못하여 목적물의 흠결이 있는 것으로서 무효이다.[9]

(6) 요식증권성

요식증권성이란, 선하증권에는 선박의 명칭·국적 및 톤수, 운송물의 외관상태 등 일정한 법정사항을 기재해야 한다는 것을 말한다(상법 제853조). 다만, 선하증권의 요식성은 엄격하지 않으므로 법정기재사항 가운데 일부를 흠결하거나 법정기재사항 이외의 기재가 있더라도 그 흠결이 선하증권이 운송계약을 증명하고 운송물의 인도청구권을 표창하는 데 장애가 되지 않는다면 선하증권은 무효로 되지 않는다.

---

7) 대법원 2015. 12. 10. 선고 2013다3170 판결.

8) 대법원 2015. 12. 10. 선고 2013다3170 판결.

9) 대법원 2005. 3. 24. 선고 2003다5535 판결; 대법원 2008. 2. 14. 선고 2006다47585 판결; 대법원 2015. 12. 10. 선고 2013다3170 판결.

3) 선하증권의 발행 및 기재사항

(1) 선하증권의 발행

운송인은 운송물을 수령한 후(그리고 운송물의 선적 전)에 선하증권을 발행할 수 있는데, 이를 수취선하증권(received B/L)이라고 한다. 그 후 운송물을 선적한 후 운송인은 선적선하증권(on board B/L, shipped B/L)을 발행하거나 수취선하증권에 '선적 표시(on board notation)'를 해야 한다. 한편, 운송인은 선장 또는 그 밖의 대리인에게 선하증권의 발행 또는 '선적 표시'를 위임할 수 있다(상법 제852조제3항). 실무적으로 소량화물의 경우 운송인이 운송주선인(freight forwarder)에게 마스터 선하증권(master B/L)[10)]을 발행하고, 운송주선인은 이 마스터 선하증권을 근거로 각 개별 화주들에게 하우스 선하증권(house B/L)[11)]을 발행한다.

(2) 선하증권의 기재사항

선하증권에는 ① 선박의 명칭·국적 및 톤수 ② 송하인이 서면으로 통지한 운송물의 종류, 중량 또는 용적, 포장의 종별, 개수와 기호 ③ 운송물의 외관상태 ④ 용선자 또는 송하인의 성명·상호 ⑤ 수하인 또는 통지수령인의 성명·상호 ⑥ 선적항 ⑦ 양륙항 ⑧ 운임 ⑨ 발행지와 그 발행연월일 ⑩ 수 통의 선하증권을 발행한 때에는 그 수 ⑪ 운송인의 성명 또는 상호 ⑫ 운송인의 주된 영업소 소재지를 기재해야 한다(상법 제853조). 다만, 운송물의 중량·용적·개수 또는 기호가 운송인이 실제로 수령한 운송물을 정확하게 표시하고 있지 않다고 의심할 만한 상당한 이유가 있는 때 또는 이를 확인할 적당한 방법이 없는 때에는 그 기재를 생략할 수 있다(상법 제853조제2항, 헤이그-비스비규칙 제3조제3항). 그리고 선하증권은 어음이나 수표와 같은 엄격한 요식성을 요구하는 것은 아니므로 위의 기재사항이 모두 기재되어 있지 않다고 하더라도 본질적인 것이 아니면 선하증권은 유효하다.

한편, 운송인이 선하증권에 위 기재사항을 기재한 경우에는 **운송인과 송하인 사이에** 선하증권에 기재된 대로 운송물을 수령 또는 선적한 것으로 **추정**되지만, 운송인과 선의취득자 사이에는 선하증권에 기재된 대로 운송물을 수령 혹은 선적한 것으로 **간주된다**(상법 제854조, 헤이그-비스비규칙 제3조제4항, 함부르크규칙 제16조제3항). 다시 말해, 선하

---

10) 마스터 선하증권(master B/L)을 집단선하증권(groupage B/L)이라고도 함.

11) 하우스 선하증권(house B/L)을 포워더 선하증권(forwarder's B/L)이라고도 함.

증권의 기재 내용은 운송인과 송하인 사이에는 추정적 효력이 있지만, 운송인과 선의 취득자 사이에는 확정적 효력이 있다.

(3) 수 통의 선하증권의 발행

수 통[12]의 선하증권이 발행된 경우 선하증권의 1통을 소지한 자가 운송물의 인도를 청구하는 경우 운송인은 운송물을 인도해야 하며, 이 경우 다른 선하증권은 그 효력을 잃는다(상법 제857조). 2인 이상의 선하증권 소지인이 운송물의 인도를 청구한 때에는 선장은 운송물을 공탁하고 각 청구자에게 그 통지를 발송해야 한다(상법 제859조). 선하증권의 소지인이 수인인 경우 수인의 선하증권 소지인에게 공통되는 전 소지인으로부터 먼저 교부를 받은 증권소지인이 다른 소지인의 권리에 우선한다(상법 제860조).

무역거래에서는 통상 원본 3통의 선하증권이 발행되는데, 모두 동일한 효력을 가진다. 다만, 그 중 어느 하나를 행사하여 운송물을 수령하면, 나머지 2통의 선하증권은 효력을 잃는다. 따라서 선하증권을 양도받는 경우 선하증권 발행 통 수[13]를 확인하고, 발행된 선하증권 전통을 양도받아야 한다.

12) 통상 원본 3통의 선하증권이 발행되며, 모두 동일한 효력을 가진다. 다만, 그 중 어느 하나를 행사하여 운송물을 수령하면 나머지 2통의 선하증권은 효력을 잃는다.

13) 선하증권에 발행 통 수가 기재되므로 쉽게 확인할 수 있다. 다음 예시 B/L 참조.

(선하증권 예시)

BILL OF LADING

1. Shipper SXXXX CLEANER CO., LTD 510-2, DAEYA-DONG, SHIHEUNG-SI, KYUNGGI-DO, KOREA		6. Document No.	7. B/L No.
		8. Export Reference	
2. Consignee DECITEX S.A.S 31, RUE DE LA SOURCE-62149 GIVENCHY-LA BASSEE, FRANCE		9. Forwarding Agent References	
		10. Point and Country of Origin	
3. Nortify Party AAO TEL: 01 49 19 58 68 ATTN: Laurent Drugy		11. Domestic Routing/Export Instructions	
4. Pre-Carriage By	5. Place of Receipt PUSAN, KOREA		
6. Ocean Vessel & Voyage Hyundai HOKGKONG 015W	7. Port of Loading PUSAN, KOREA	12. Onward Inland Routing	
13. Port of Discharge ANTWERPEN, BELGIUM	14. For Transhipment to	15. Place of Delivery ANTWERPEN, BELGIUM	16. Final Destination

PARTICULARS FURNISHED BY SHIPPER

17. Marks and Numbers	18. No of containers or Pkgs	19. Description of Packages and Goods	20. Gross Weight	21. Measurement
N/M CFS/CFS FREIGHT PREPAID	334 CARTONS	SAID TO CONTAIN 334 CTNS(50,000 PCS) OF MICRO FIBER GOODS INVOICE NO. AD-080919 ORDER NO. A80084 D/A NO. DEC-080822 ON BOARD SEP 19, 2017	6,334.00 KGS	4,930 CBM
22. Total No. Containers or Pkgs(In Words)		THREE HUNDRED THIRTY FOUR(334) CARTONS ONLY		

23. Freight and Charges PREPAID AS ARRANGED	24. Rate	26. Unit	26. Pre-Paid	27. Collect
28. Freight Payable At ORIGIN	29. No of Original B(s)L THREE(3)		30. On Board Date SEOUL, KOREA, SEP 19, 2017	
31. For Delivery of Goods, Please Apply to: WARRANTED SAFR ARRIVALS BELGIUM TEL. NO.: 2(32-3) 2012935 CONTACT: Mr. Guus Van Strant			Dated at : **HANKOOK MARINE CO., LTD. AS CARRIER**	

(Terms Continued on Back Hereof)

HYUNDAI MERCHANT MARINE CO., LTD.

BILL OF LADING

Shipper / Exporter (complete name and address)	Document No.	B / L No.
	Export References	
Consignee (complete name and address)	Forwarding Agent References	
	Point and Country of Origin	
Notify Party (complete name and address)	Domestic Routing / Export Instructions	

Pre-Carriage by	Place of Receipt*		
Ocean Vessel / Voyage / Flag	Port of Loading	Onward Inland Routing	
Port of Discharge	For Transshipment to	Place of Delivery*	Final Destination (For the Merchants Ref.)

PARTICULARS FURNISHED BY SHIPPER

Container No. / Seal No. Marks and Numbers	No. of Containers or Other Pkgs	Description of Packages and Goods	Gross Weight	Measurement
Total Number of Containers or Packages(in words)				

Freight & Charges	Rate	Unit	Prepaid	Collect
		Total		

Declared Value (Optional) : USD

[PACKAGE LIMITATION CLAUSE] Section 4. (5) of U. S. Carriage of Goods By Sea Act-1936 Neither the carrier nor the ship shall in any event be or become liable for any loss or damage to or in connection with the transportation of goods in an amount exceeding $ 500 per package lawful money of the United States, or in case of goods not shipped in packages, per customary freight unit or the equivalent of that sum in other currency, unless the nature and value of such goods have been declared by the shipper before shipment and inserted in the Bill of Lading and additional freight has been paid as required. This declaration, if embodied in the Bill of Lading, shall be prima facie evidence, but shall not be conclusive on the carrier. THIS CLAUSE SHALL APPLY ONLY TO GOODS MOVING TO OR FROM PORTS OF UNITED STATES.

IN ACCEPTING THIS BILL OF LADING, the shiper, owner and consignee of the goods, and the holder of the Bill of lading expressly accept and agree to all its stipulations, exceptions and conditions, whether written, stamped or printed, as fully as if signed by such shipper, owner, consignee and/or holder. No agent is authorized to waive any of the provisions of the clauses.

IN WITNESS WHEREOF, the master or agent of the said ship has affirmed to Bill of Lading, all of this tenor and date. ONE of which being accomplished, the others to stand void.

* Applicable only when this document is used as an intermodal transport Bill of Lading

Number of Original B (s) / L	On Board Date

Dated at ________

HYUNDAI MERCHANT MARINE CO., LTD. AS CARRIER

By________

Received by the Ocean or Inland Carrier from the Merchant in apparent good order and condition unless otherwise indicated, the Goods, or the containers or packages said to contain the Goods, to be carried subject to all the terms on the face and back of this Bill of Lading, from the place of receipt or the port of loading to the port of discharge or place of delivery, there to be delivered. If required by the Ocean Carrier, this Bill of Lading duly endorsed must be surrendered in exchange for the Goods or delivery order.

1. DEFINITIONS

When used in this Bill of Lading

(A) "Ocean Carrier" means the ship, her owner, demise charterer and does not include time charterer. It is further understood and agreed that as the line company or agent who has executed the Bill of Lading shall not be under any responsibility arising out of the contract of carriage, nor as carrier nor bailee of the goods, irrespective of any contrary provisions in governing law.

(B) "Inland Carrier" means a carrier (other than the Ocean Carrier) by land, water, or air, participating in Intermodal Transportation of the Goods, whether acting as carrier or bailee.

(C) "Intermodal Transportation" means carriage of the Goods under this Bill of Lading by the Ocean Carrier plus one or more Inland Carriers, from the place of receipt from the Merchant or his agent to the place of delivery to the Merchant or his agent.

(D) "Merchant" includes the shipper, consignor, consignee, owner, and receiver of the Goods, and the holder of this Bill of Lading, all of whom shall be jointly and severally liable to the Ocean Carrier for the payment of all freight, demurrage, damages for detention and for the performance of the obligations of any of them under this Bill of Lading and the charter party described in the face of this Bill of Lading.

(E) "Goods" means the cargo described on the face of this Bill of Lading and, if the cargo is in containers supplied or furnished by or on behalf of the Merchant, include the containers as well.

(F) "Vessel" includes the vessel on the face of this Bill of Lading and any ship, barge, feeder vessel or other means of transport that is substituted, in whole or in part, for that vessel.

(G) "Package" includes containers, vans, trailers, pallets, vehicles, and similar packaged units of any description, but not Goods shipped in bulk.

(H) "Laden on Board" or similar words endorsed on this Bill of Lading means that the Goods have been loaded on board the Vessel or are in the custody of the Ocean Carrier, and in the event of Intermodal Transportation if the originating carrier is an Inland Carrier, means that the Goods have been loaded on board rail cars or other means of inland carriage or are in the custody of a participating railroad or other Inland Carrier.

2. CLAUSE PARAMOUNT

3. LIMITATION OF LIABILITY ; DEFENSES

4. SUBCONTRACTING ; EXEMPTIONS AND IMMUNITIES OF SUBCONTRACTORS

5. RESPONSIBILITY FOR LOSS OR DAMAGE

6. ROUTE OF TRANSPORT ; TRANSSHIPMENT ; FORWARDING

7. LIBERTIES

8. DESCRIPTION OF PARTICULARS OF GOODS

9. USE OF CONTAINER

10. OCEAN CARRIER'S CONTAINER

11. CONTAINER PACKED BY MERCHANT

12. SPECIAL CARRIAGE OR CONTAINER

13. DANGEROUS GOODS, CONTRABAND AND ANTI-DRUG

(G) In pursuance of the provisions of the U.S. Anti Drug Abuse Act 1986, or any re-enactment thereof, the carrier warrants that they will exercise the highest degree of care and diligence in preventing unmanifested narcotic drugs and marijuana being loaded or concealed on board the Vessel. The Merchant shall remain responsible for and indemnify the carrier against all time lost and all expenses incurred, including fines, in the event that unmanifested narcotic drugs and marijuana are found in the possession or effects of cargo or package.

14. STOWAGE UNDER AND ON DECK

(A) Goods in containers or vans, or on trailers or chassis, may be carried under deck or on deck. When such Goods are carried on deck the Ocean Carrier shall not be required to mark any statement of "on deck stowage" on the face of this Bill of Lading, any custom to the contrary notwithstanding. Such on deck carriage shall not be considered a deviation.

(B) Goods stowed in poop, forecastle, deck house, shelter deck, passenger space, or any other covered-in space or stowed in a container wherever placed, shall be deemed to be stowed under deck for all purposes including general average.

15. LIVE ANIMALS AND PLANTS

16. VALUABLE GOODS

17. HEAVY LIFT

18. DELIVERY BY MARKS

19. DELIVERY

20. FIRE

21. GOVERNMENT ORDERS AND CONTINGENCIES

22. LIEN ON GOODS

23. FREIGHT AND CHARGES

24. NOTICE OF CLAIM AND TIME FOR SUIT AGAINST OCEAN CARRIER

25. LIMITATION OF LIABILITY FOR LOSS OR DAMAGE

26. GENERAL AVERAGE ; NEW JASON CLAUSE

27. BOTH TO BLAME COLLISION

28. INTERMODAL TRANSPORTATION

29. OCEAN CARRIER'S TARIFF

30. GOVERNING LAW AND JURISDICTION

31. SUPERSEDING CLAUSE

32. SEVERABILITY OF TERMS

4) 선하증권의 종류

(1) 수취선하증권(수령선하증권)과 선적선하증권

수취선하증권 또는 수령선하증권(received B/L)은 운송물을 수령한 후(즉 운송물 수령하였으나 선적하기 전)에 발행하는 선하증권이고, 선적선하증권(shipped B/L, on board B/L)은 운송물을 선적한 후에 발행하는 선하증권이다.

상법에서는 '운송인은 운송물을 수령한 후 송하인의 청구에 의하여 1통 또는 수통의 선하증권을 교부하여야 한다'고 규정하여 수취선하증권도 선하증권으로 인정하고 있다(상법 제852조). 그러나 일반적으로 신용장에서는 선적선하증권이 요구되며, 수취선하증권은 신용장에서 수리된다고 명시한 경우에만 수리가능하다(UCP 600 제20조). 그러나 일반적인 물품매매계약(contract for sale)에서 수출자가 수입자에게 제공해야 하는 서류로 단순히 "B/L(bill of lading)"만 요구한 경우 수취선하증권이 허용되는지 다툼이 될 수 있다. 따라서 계약서에서 "received B/L", "on board B/L" 등과 같이 명확하게 표현하는 것이 바람직하다.

(2) 기명식 선하증권과 지시식 선하증권

일반적으로 선하증권 양식 2번 항목에 수하인(consignee)을 기재하는데, 선하증권 상 수하인(consignee)의 기재방식에 따라 기명식 선하증권, 지시식 선하증권, 무기명식 선하증권으로 분류할 수 있다. 이는 증권발행에서의 기명식, 지시식, 무기명식과 동일하다. 기명식 선하증권(straight B/L[14], non-negotiable B/L)에서는 수하인(consignee)을 특정인으로 기재하고[15], 지시식 선하증권(order B/L)에서는 수하인을 특정인의 지시인으로 기재하며[16], 무기명식 선하증권[17](bearer B/L)에서는 수하인의 기재가 없거나 소지인을 수하인으로 기재한다.[18] 실무에서 무기명식 선하증권은 사용되지 않는다.

---

14) 미국의 구 연방선하증권법에서는 "straight bill"이라는 용어를 사용하였으나, 현 연방선하증권법(U.S.C. Title 49 Chapter 801)에서는 "non-negotiable bill"을 사용하고 있다.

15) 기명식으로 발행되는 문안의 예: 2. Consignee: ABC Company

16) 지시식으로 발행되는 문안의 예: 2. Consignee: To the Order of ABC Company, 또는 To ABC Company or Order
참고로 신용장방식의 무역거래에서는 통상 수하인을 '개설은행의 지시인(예: To the Order of Citi Bank)'으로 기재한다.

17) "무기명식 선하증권은"은 "소지인출급식 선하증권"이라고도 한다.

18) 무기명식(또는 소지인출급식)으로 발행되는 문안의 예: 2. Consignee: To Bearer, 또는 To Holder

상법에서는 선하증권이 기명식으로 발행된 경우에도 선하증권상 배서금지의 뜻이 기재되지 않으면, 배서에 의하여 양도할 수 있다고 규정하고 있는바(상법 제861조, 제130조), 선하증권의 유통성 여부에 있어 수하인의 기재방식에 의한 분류는 실익은 적다.[19] 그러나 미국 연방선하증권법에서는 기명식 선하증권의 경우 배서에 의해 양도될 수 없다고 규정하고 있다.[20]

(3) 유통가능선하증권과 유통불능선하증권

유통가능선하증권(negotiable B/L)은 배서에 의하여 자유로이 제3자에게 양도할 수 있는 선하증권을 말하고, 유통불능선하증권(non-negotiable B/L)[21]은 배서에 의하여 자유로이 제3자에게 양도할 수 없는 선하증권을 말한다. 통상 지시식 선하증권은 유통가능선하증권이 된다. 한편, 기명식 선하증권의 경우 일반적으로 유통불능선하증권(non-negotiable B/L)로 인식되고 있는데, 이는 해당 선하증권의 준거법에 따라 결정된다. 미국 연방선하증권법(the Federal Bill of Lading Act, 49 U.S.C. Chapter 801)에서는 기명식 선하증권은 유통불능이라고 규정하고 있으나, 대한민국 상법에서는 기명식 선하증권에 배서를 금지하는 뜻을 기재한 경우를 제외하고는 배서에 의하여 양도할 수 있다고 규정하고 있다(상법 제861조, 제130조).

(4) 무고장선하증권(무사고선하증권)과 고장선하증권(사고선하증권)

고장선하증권(foul B/L 또는 dirty B/L)은 선하증권상 운송물의 하자나 결함 등 외관상 운송물에 이상이 있다는 내용이 기재된 선하증권을 말하고, 무고장선하증권(clean B/L)은 이러한 내용의 기재가 없는 선하증권을 말한다. 운송인이 고장선하증권(사고선하증권)을 발행하는 이유는 운송물에 대한 책임을 면하기 위한 것이다. 한편, 실무에서는 고장선하증권을 발행해야 함에도 불구하고 송하인으로부터 파손화물보상장을 받고 운송인이 무고장선하증권을 발행하는 경우가 있다(대법원 2018. 10. 25. 선고 2017다272103 판결). 고장선하증권은 운송물에 하자가 있다는 것이므로 신용장거래에서 서류인수거절사유가 되

---

19) 정찬형, 「상법(하)」 제17판, 박영사, 2015, pp.960-961.

20) Title 49 U.S.C. Chapter 801 § 80103. Negotiable and nonnegotiable bills
(b) Nonnegotiable Bills.

21) "유통불능선하증권(non-negotiable B/L)"은 '기명식 선하증권(straight B/L)'이라고도 한다(Ralph H. Folsom, et. al, *supra* note 2, p.107.).

며, CIF조건 등 매도인이 선하증권을 제공해야 하는 거래에서 매수인의 선하증권 수리거절사유가 된다. 따라서 수출자는 정상적인 화물로 교체한 후 무고장선하증권(무사고선하증권)을 발행받는 것이 바람직하다.

(5) 마스터 선하증권(master B/L)과 하우스 선하증권(house B/L)

마스터 선하증권(master B/L)은 선사에서 발행하는 선하증권을 말하고, 하우스 선하증권(house B/L)[22)]은 마스터 선하증권을 기초로 운송주선인(freight forwarder)이 발행하는 선하증권을 말한다. 마스터 선하증권은 "집단선하증권[23)](groupage B/L)"이라고도 하고, 하우스 선하증권은 "운송주선인 선하증권(forwarder's B/L)"이라고도 한다. 하나의 마스터 선하증권에 대해 운송주선인은 수 개의 하우스 선하증권을 발행하여 각각의 송하인(shipper)에게 교부하기도 한다.

■ 운송인(Carrier)과 운송주선인(Freight Forwarder)

운송인(carrier)은 실화주 및 운송주선인(freight forwarder)의 화물을 유치하여 선박을 운항하는 자를 말하고, 운송주선인은 화물수송취급인이나 송하인으로부터 화물을 인수하여 수하인에게 인도할 때까지의 집하 · 입출고 · 선적 · 운송 · 보험 · 보관 · 배달 등 일체의 업무를 주선하는 자를 말한다. 그러나 광의의 운송인은 운송주선인을 포함한다. 혼란을 피하기 위하여 "실제운송인"과 "운송주선인"이라는 용어를 사용하기도 한다(대법원 2010. 2. 11. 선고 2009다80026 판결). 운송주선인은 복합운송체제하에서 스스로 운송계약의 주체가 되어 복합운송인으로서 house B/L 또는 forwarder's B/L을 발행하여 전구간의 운송책임을 부담하기도 한다. 쉽게 말하면, 운송주선인은 운송인으로부터 도매로 운송서비스를 구매하여 화주들에게 소매로 판매한다고 이해할 수 있다. 따라서 운송주선인과 계약을 체결한 화주들은 운송인과는 직접적인 계약관계가 없다. 운송인과 운송주선인 모두 선하증권을 발행하는 점에서는 동일하지만, 운송주선인이 더 포괄적인 서비스를 수행하게 된다. 운송주선인은 운송인이 수행할 수 없는 영역 및 서비스를 해결하기 때문에 무역거래에서는 house B/L이 널리 사용된다.

마스터 선하증권은 수출입자간 FCL(Full Container Cargo Load)화물을 거래할 때 사용되는데, 보통 컨테이너 전체를 이용할 때 발행된다. 하우스 선하증권은 LCL(Less than Container Cargo Load)화물, 즉 소량단위의 화물에 사용된다. 두 선하증권의 통관진행의

22) "house B/L"은 실무에서는 "하우스 비엘"이라고 부르는데, 대법원에서는 "하우스 선하증권"이라고 부른바 있다(대법원 2009. 10. 15. 선고 2009다39820 판결; 대법원 2010. 2. 11. 선고 2009다80026 판결).

23) 통합선하증권이라고도 함.

차이는 마스터 선하증권은 컨테이너 화물이므로 컨테이너 야드(container yard: CY)라는 적하장에서 바로 운송주선인이 수배한 트레일러를 이용하여 물품이 반출되고, 하우스 선하증권을 이용하면 컨테이너 야드에서는 물품 하나하나의 분류가 어렵기 때문에 컨테이너화물집화소(container freight station: CFS)라는 곳에서 물품을 전부 컨테이너에서 빼내어 분류한 후 별도의 운송차량을 이용하여 반출된다.

운송주선인이 운송인(실제 운송인 또는 선사)에게 선적을 의뢰하는 사항은 운송주선인이 화주의 명의로 선적을 의뢰하는 것이 아니라 운송주선인 자신의 명의로 선적을 의뢰하고, 운송인으로부터 운송주선인을 송하인으로 하는 마스터 선하증권을 발급받는다. 그리고 운송주선인은 화주를 송하인으로 하는 하우스 선하증권을 각 화주에게 발행한다. 참고로 신용장방식의 무역거래에서 하우스 선하증권은 「송하인(수출자/수익자) → 매입은행(또는 지정은행) → 개설은행 → 수입자(개설의뢰인)」순으로 양도되고, 마스터 선하증권은 「운송주선인 → 운송주선인의 도착지 화물인도 대리인(현지 운송취급인)」순으로 양도된다. 도착지 화물인도 대리인은 마스터 선하증권을 제시하고 화물인도지시서를 교부받는다.

(신용장방식에서 하우스 선하증권의 이동 경로와 화물 인수)

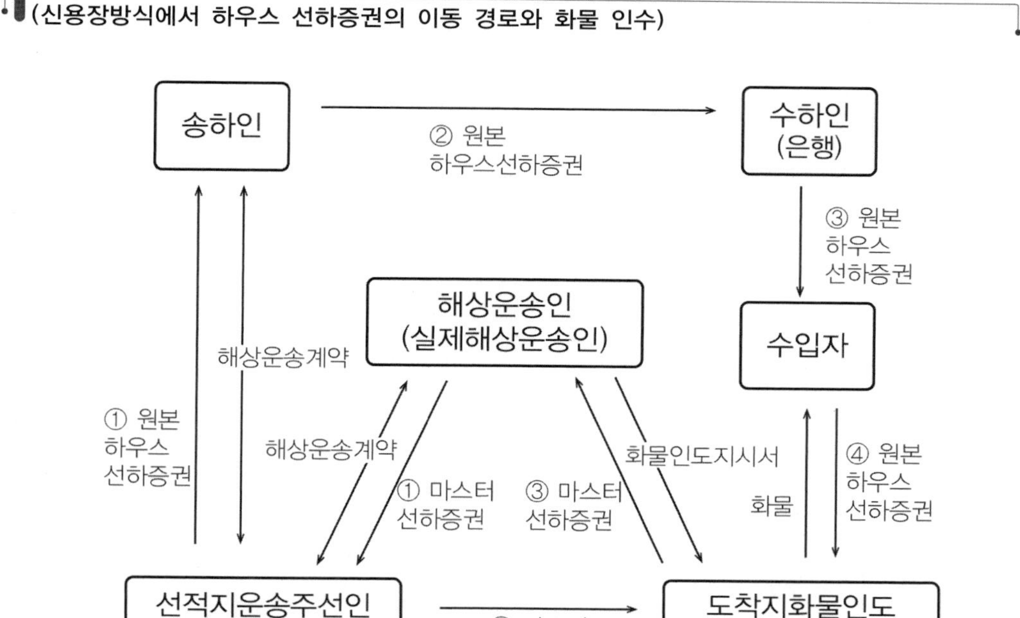

(6) 서렌더 선하증권(Surrender B/L)

서렌더 선하증권[24](surrender B/L)이란, 송하인이 원본 선하증권을 운송인(선사 또는 운송주선인)에게 반환하여 선하증권의 소유권을 포기함으로써 유통성(negotiability)이 소멸된 선하증권을 말한다. 서렌더 선하증권은 화물의 도착지에서 수하인(통상수입자이고, 신용장 방식에서는 개설은행)이 원본 선하증권의 제시 없이 전송받은 서렌더 선하증권 사본으로 화물을 인도받을 수 있도록 발행된 선하증권이다(대법원 2019. 4. 1. 선고 2016다276719 판결). 선적서류보다 화물이 먼저 도착하는 경우 수하인에게 서렌더 선하증권을 팩스 또는 이메일로 전송하여 수하인이 서렌더 선하증권을 운송인에게 제시하고 화물을 찾을 수 있도록 하고 있다. 통상 선하증권 상에 “SURRENDER” 또는 “SURRENDERED”라고 스탬프를 찍는다. 발행 배경은 인접한 국가간의 물류인 경우 항해일수가 짧으므로 원본 서류보다 화물이 목적지에 먼저 도착하는 경우를 대비하여 화물의 적기인수(수입자의 편의)를 목적으로 발행된다(해상화물운송장의 경우와 유사). 서렌더 선하증권이 발행된 경우 도착지 선박대리점은 선하증권 원본의 회수 없이(사실상 선하증권 원본이 없음) 운송인의 지시에 따라 서렌더 선하증권 상의 수하인에게 화물인도지시서(Delivery Order)를 발행하여 수하인이 이를 이용하여 화물을 반출할 수 있도록 한다(대법원 2019. 4. 11. 선고 2016다276179 판결).

---

24) 통상 실무에서는 “서렌더 비엘”이라고 부르며, “권리포기 선하증권”이라고 번역하기도 함.

(서렌더 선하증권의 이동 경로와 화물 인수)

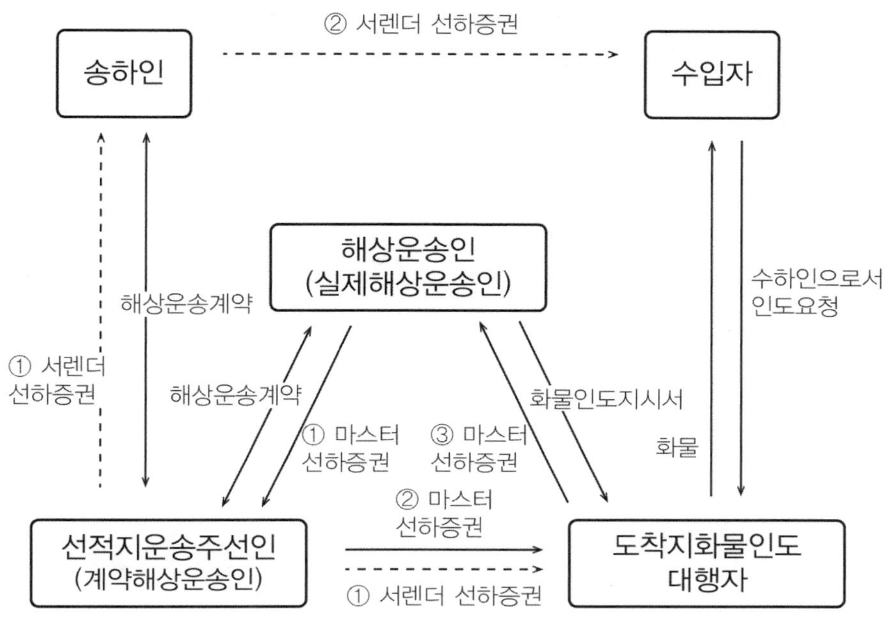

참고로 서렌더 선하증권 취급 시 다음을 유의해야 한다.

i) 원본 서류가 발행(제시)되지 않은 상태에서 화물의 인수가 가능하므로 수입자가 화물만 인수하고 대금결제를 하지 않을 위험성이 있으므로 수입자의 신용이 확실한 경우에만 이용해야 한다.

ii) 신용장거래의 경우 당해 신용장에서 서렌더 선하증권의 제시를 명시하지 않으면, 서렌더 선하증권은 수리되지 않는다.

iii) 은행에서 선적서류를 매입할 경우 수출물품에 대하여 물적담보효력이 없는 것으로 보아 채권보전책 강화가 필요하다.

iv) 선박회사의 경우 목적지에서 권리 없는 수하인에게 물품이 인도될 위험이 있으므로 서렌더 선하증권의 발행을 기피하는 경향이 있다.

(B/L과 Surrender B/L 비교)

구 분	수하인의 기재	유통성	원본의 수
B/L	통상 지시식(기명식인 경우도 있음)	있음	보통 3개
Surrender B/L	기명식	없음	원본은 별도로 발행하지 않음

(서렌더 선하증권 예시)

SHIPPER
SILVER CLEANER CO.,LTD.
208,DAEYA HI-VILLE,562-5,DAEYA-DONG
SHIHEUNG-SI,KYUNGGI-DO,SOUTH KOREA

B/L NO. OSA0810RM001

ROAD MARINE CO.,LTD.

BILL OF LADING

RECEIVED by the Carrier from the Shipper in apparent good order and condition unless otherwise indicated herein, the Goods, or the container(s) or package(s) said to contain the cargo herein mentioned, to be carried subject to all the terms and conditions provided for on the face and back of the Bill of Lading by the vessel named herein or any substitute at the Carrier's option and/or other means of transport, from the place of receipt or the port of loading to the port of discharge or the place of delivery shown herein and there to be delivered unto order or assigns.

If required by the Carrier, this Bill of Lading duly endorsed must be surrendered in exchange for the Goods or delivery order.

In accepting this Bill of Lading, the Merchant agrees to be bound by all the stipulations, exceptions, terms and conditions on the face and back hereof, whether written, typed, stamped or printed, as fully as if signed by the Merchant, and local custom or privilege to the contrary notwithstanding, and agrees that all agreements or freight engagements for and in connection with the carriage of the Goods are superseded by this Bill of Lading.

In witness whereof, the number of original bills of lading stated herein, all of this tenor and date, has been signed, one of which being accomplished, the others to stand void.

CONSIGNEE
YAMAZAKI CORPORATION
6-67, KITA-ITAMI, ITAMI-SHI,
HYOGO 664-0831, JAPAN

NOTIFY PARTY
SAME AS CONSIGNEE

PRE-CARRIAGE BY	PLACE OF RECEIPT BUSAN, KOREA	
OCEAN VESSEL & VOYAGE HEUNG-A ULSAN 860S	PORT OF LOADING BUSAN, KOREA	
PORT OF DISCHARGE OSAKA, JAPAN	PLACE OF DELIVERY OSAKA, JAPAN	FINAL DESTINATIO(FOR THE MERCHANT'S REFERENCE ONLY)

PARTICULARS FURNISHED BY SHIPPER

MARKS AND NUMBERS	NO.OF PKGS. OR UNITS	DESCRIPTION OF PACKAGES AND GOODS	GROSS WEIGHT	MEASUREMENT
88	CARTONS		412.00 KGS	2.492 CBM
N/M CFS/CFS FREIGHT PREPAID		SAID TO CONTAIN 88 CTNS(7,000 PCS) OF MICRO FIBER GOODS CLEANING MATERIALS INVOICE NO. SJY-081002 L/C NO. 41-0374144-033 SURRENDERED ON BOARD OCT 02, 2008		COPY NON-NEGOTIABLE

TOTAL NUMBER OF PACKAGE'S OR UNITS(IN WORDS): EIGHTY EIGHT (88) CARTONS ONLY

FREIGHT AND CHARGES	REVENUE TONS	RATE	PER	PREPAID	COLLECT
PREPAID AS ARRANGED					

FREIGHT PAYABLE AT	NUMBER OF ORIGINAL B(S)L	PLACE OF ISSUE & DATE
ORIGIN	NONE(0)	SEOUL, KOREA , OCT.02, 2008

FOR DELIVERY OF GOODS, PLEASE APPLY TO:
BEST SHIPPING INC.
TEL. NO. : 81-6-6535-3116
CONTACT : CHIKO NISHIKAWA

ROAD MARINE CO.,LTD.
ACTING AS A CARRIER

(TERMS CONTINUED ON BACK HEREOF)

(7) 약식선하증권(Short Form B/L)

정식선하증권(long form B/L)의 이면(뒷면)에는 운송약관이 기재되어 있다. 선하증권 이면(뒷면)에 이러한 운송약관이 기재되어 있지 않은 선하증권을 약식선하증권(short form B/L)이라고 한다.

5) 선하증권의 유통(양도) 및 위조

(1) 선하증권의 유통(양도)

무역거래에서 선하증권은 유통(negotiability)을 목적으로 한다. 여기서 "유통(negotiability)"이란, 증권으로서의 배서에 의한 양도를 의미하는 것을 말하며, 운송물 인도청구권의 양도를 의미하는 것은 아니다. 따라서 유통불능선하증권의 경우에도 운송물 인도청구권은 지명채권의 양도방법에 의해 양도될 수 있다.[25] 다만, 지명채권의 양도방법에 의한 운송물 인도청구권의 양도는 선하증권의 본래의 목적이나 용도에는 부합하지 않을 것이다.

선하증권의 유통성은 선하증권상 수하인 기재방식과 해당 선하증권의 준거법에 따라 결정된다. 일반적으로 지시식 선하증권은 배서에 의해 유통(양도)가능하다. 그러나 기명식 선하증권의 경우 해당 준거법에 따라 차이가 있다. 대한민국 상법에서는 기명식 선하증권에 배서를 금지하는 뜻을 기재한 경우를 제외하고는 배서에 의하여 양도할 수 있다고 규정하고(상법 제861조, 제130조), 대법원에서도 이를 확인하고 있다.[26] 그러나 미국 연방선하증권법(the Federal Bill of Lading Act, 49 U.S.C. Chaper 801)에서는 기명식 선하증권은 유통불능이라고 규정하고 있다(49 U.S.C. §80103).

유통가능선하증권에서는 수하인에게 선하증권의 배서양도를 가능하게 한다. 선하증

---

25) 선하증권은 기명식으로 발행된 경우에도 법률상 당연한 지시증권으로서 배서에 의하여 이를 양도할 수 있지만, 배서를 금지하는 뜻이 기재된 경우에는 배서에 의해서는 양도할 수 없고(상법 제820조, 제130조), 그러한 경우에는 일반 지명채권양도의 방법에 의하여서만 이를 양도할 수 있다 할 것이다(대법원 2001. 3. 27. 선고 99다17890 판결).

26) 선하증권상에 특정인이 수하인으로 기재된 기명식 선하증권의 경우 그 증권상에 양도불능의 뜻 또는 배서를 금지한다는 취지의 기재가 없는 한 법률상 당연한 지시증권으로서 배서에 의하여 양도가 가능하다고 할 것이고, 그 증권의 소지인이 배서에 의하지 아니하고 권리를 취득한 경우에는 배서의 연속에 의하여 그 자격을 증명할 수 없으므로 다른 증거방법에 의하여 실질적 권리를 취득하였음을 입증하여 그 증권상의 권리를 행사할 수 있다고 할 것이며, 이러한 경우 운송물의 멸실이나 훼손 등으로 인하여 발생한 채무불이행으로 인한 손해배상청구권은 물론 불법행위로 인한 손해배상청구권도 선하증권에 화체되어 선하증권이 양도됨에 따라 선하증권 소지인에게 이전된다(대법원 2003. 1. 10. 선고 2000다70064 판결).

권이 피배서인에게 배서되고 피배서인이 선하증권을 소지하게 되면 피배서인은 선하증권의 권리자가 된다. 원래의 수하인은 선하증권을 백지식배서(blank indorsement)[27] 또는 기명식배서(special indorsement)[28]를 통해 유통할 수 있다. 백지식배서에서는 선하증권의 소지인은 누구나 운송인에게 화물의 인도를 청구할 권리가 있고, 기명식배서에서는 피배서인으로 기재된 자만이 운송인에게 화물의 인도를 청구할 권리가 있다.[29] 따라서 기명식배서는 선하증권의 절도, 위조 등으로부터 보호받을 수 있다.

유통가능선하증권에서 운송인이 선하증권의 소지인 이외의 자에게 물품을 인도하는 경우 운송인은 선하증권의 소지인에게 손해배상책임이 있다. 이러한 의미에서 유통가능선하증권은 소유권을 나타내는 증서(document of title)가 되며, 서류상환부지급방식(payment against document)의 결제조건에 적합하다.[30] 한편, 유통불능선하증권에서는 운송인은 목적지에서 선하증권에 기재된 수하인에게만 물품을 인도해야 하며, 선하증권의 소지인(수하인이 아닌 소지인)에게 인도해서는 안 된다. 그리고 선하증권을 배서하여도 피배서인에게 어떠한 권리도 부여되지 않는다. 따라서 이러한 선하증권은 유가증권으로 인정될 수 없으며 증거증권에 지나지 않는다. 따라서 유통불능선하증권은 서류상환부지급방식(payment against documents)에는 적합하지 않다.[31]

■ 미국 연방선하증권법(the Federal Bill of Lading Act, 49 U.S.C. Chapter 801)상 선하증권의 유통성 조항

§ 80103. Negotiable and nonnegotiable bills

(b) Nonnegotiable Bills.—

(1) A bill of lading is nonnegotiable if the bill states that the goods are to be delivered to a consignee. The indorsement of a nonnegotiable bill does not—

(A) make the bill negotiable; or

27) 백지식배서(blank endorsement)
배서인이 기명날인만 하고 피배서인의 명칭을 기재하지 않고 배서하는 방법이다(예: A가 B에게 배서하는 경우 – 배서하고자 하는 유가증권(B/L, 환어음 등)상 '배서인 A, 서명'만 기재).

28) 기명식배서(special indorsement)
배서인의 기명날인 외에 피배서인의 명칭을 기재하여 배서하는 방법이다(예: A가 B에게 배서하는 경우 – 배서하고자 하는 유가증권(B/L, 환어음 등)상 '배서인 A, 서명', '피배서인 B'라고 기재).

29) Ralph H. Folsom, et. al, *supra* note 2, p.108.

30) *Ibid.* p.109

31) *Ibid.* p.107

(B) give the transferee any additional right.

§80103. 유통가능 및 유통불능선하증권(Negotiable and nonnegotiable bills)

(b) 유통불능선하증권(Nonnegotiable Bills).—

(1) 선하증권상 물품이 수하인에게 인도되어야 한다고 정하고 있으면 그 선하증권은 유통불능선하증권이다. 유통불능선하증권을 배서해도 선하증권은 유통가능선하증권이 되거나 양수인에게 추가적인 권리를 부여하지 않는다.

(2) 선하증권의 위조

운송물을 수령 또는 선적하지 아니하였는데도 발행된 선하증권("공(空)선하증권")의 효력에 대해 대법원은 무효이며, 운송인은 불법행위로 인한 손해배상책임이 있다고 판시한 바 있다.[32] 2007년 상법개정으로 운송인과 송하인 사이에는 선하증권에 기재된 대로 운송인이 운송물을 수령 또는 선적한 것으로 추정되고, 선하증권의 선의취득자(선하증권을 선의로 취득한 소지인)에 대하여는 선하증권에 기재된 대로 운송물을 수령 또는 선적한 것으로 간주된다(상법 제854조). 따라서 실제 운송물이 없는 공(空)선하증권이 발행된 경우에 운송인이 운송물을 수령 또는 선적되지 아니하였음을 증명해야 선하증권이 무효로 되고, 선의의 제3자에 대해서는 운송물을 수령 또는 선적되지 아니하였음을 증명해도 선하증권은 무효로 되지 않는다.

미국 연방법원에서는 Berisford Metals Corp. v S/S Salvador 사건(1985)에서 선하증권 상 화물이 100 묶음이라고 기재되어 있으나 실제로 30 묶음만 선적된 경우에 운송인에게 손해배상책임을 인정하였다.[33] 한편, 운송인 이외의 자가 선하증권을 허위로 발행하고, 누군가 이러한 선하증권을 양수한 경우, 이러한 선하증권의 양수인은 선하증권의 권리자가 되지 못한다. 이 경우 양수인은 양도인에 대해 담보책임을 주장할

32) '선하증권은 운송물의 인도청구권을 표창하는 유가증권인 바, 이는 운송계약에 기하여 작성되는 유인증권으로 상법은 운송인이 송하인으로부터 실제로 운송물을 수령 또는 선적하고 있는 것을 유효한 선하증권 성립의 전제조건으로 삼고 있으므로 운송물을 수령 또는 선적하지 아니하였는데도 발행된 선하증권은 원인과 요건을 구비하지 못하여 목적물의 흠결이 있는 것으로서 무효라고 봄이 상당하고, 이러한 경우 선하증권의 소지인은 운송물을 수령하지 않고 선하증권을 발행한 운송인에 대하여 불법행위로 인한 손해배상을 청구할 수 있다 할 것이다.'(대법원 2005. 3. 24. 선고 2003다5535 판결)

33) 779 F.2d 841(2nd Cir, 1985)
이 사건에 1심에서는 운송인의 손해배상책임을 인정하되 미국 해상화물운송법(COGSA)에 따라 책임한도를 1 묶음당 500달러로 제한하였으나, 2심에서는 운송인의 부실표시(misrepresentation)에 대한 책임을 물어 해상화물운송법상의 책임제한한도를 배제하고 전체 손해에 대해 손해배상책임을 인정하였다.

수 있을 뿐이다.

대가를 받고 위조된 선하증권을 양도한 추심은행(collecting bank)도 담보책임을 부담할 수 있다. 추심은행은 이러한 책임을 피하기 위해 다음의 방법을 택할 수 있다.: ⅰ) 양도 시 하자담보책임을 부담하지 않기로 명시하는 것 ⅱ) 추심은행은 서류를 단지 담보로 보유하고 있다는 주장 ⅲ) ICC의 추심에 관한 통일규칙에서 정한 대로 추심은행은 서류의 외관상 심사의무만 있다는 것

6) 선하증권의 내용에 대한 운송인의 책임

(1) 부지문구(부지약관)

부지문구(Unknown Wording) 또는 부지약관(Unknown Clause)이란, 수량, 중량, 상태 등 화물의 내용에 대해 운송인은 모르기 때문에 이에 대해 책임이 없다는 내용을 선하증권에 기재하는 것을 말한다. 선하증권은 운송인이 발행하는 것이므로 운송인은 선하증권의 내용에 부합하는 물품을 인도해야 한다. 그러나 운송인이 컨테이너에 적입된 화물의 내용을 확인하거나 검사할 수 없는 경우가 많은 바, 운송인을 보호하기 위하여 선하증권에 부지문구(또는 부지약관)를 삽입하게 되었다. 부지문구(또는 부지약관)는 운송인을 보호하지만, 선의의 선하증권 소지인의 권리를 침해하고 선하증권의 유통성을 제한할 수 있다.[34)]

부지문구의 표현으로는 "……이 들어 있다고 함(Said to Contain……)", "송하인이 적입하고 수량을 셈(shipper's weight, load, and count)", "포장의 내용 또는 상태에 대해 모름(contents or condition of contents of packages unknown)" 등이 있다.[35)]

(2) 부지문구(부지약관)의 효력

대법원에서는 선하증권상에 부지문구가 기재되어 있다면, 이와 별도로 외관상 양호한 상태로 선적되었다는 취지의 기재가 있다 하여 이에 의하여 컨테이너 안의 내용물

---

34) Časlav Pejović, *Clean Bill of Lading in the Contract of Carriage and Documentary Credit: When Clean May not be Clean,* 4 Penn St. Int'l L. Rev. 127, 136 (2015), p.143.; Sangman Kim & Jongho Kim, "The Legal Effect of the Unknown Clause in a Bill of Lading under the International Rules" North Carolina Journal of International Law, University of North Carolina Vol. 42, No.1, 2016, pp.77-78.

35) Ralph H. Folsom, et. al, *supra* note 2, p.113.
미국 판례 Spanish American Skin v. The Ferngulf 사건(242 F.2d 551(1957)).

의 상태에 대해서도 양호한 상태로 수령 또는 선적된 것으로 추정할 수는 없다고 할 것이므로, 이러한 경우 선하증권 소지인은 송하인이 운송인에게 운송물을 양호한 상태로 인도하였다는 점을 입증하여야 한다고 판시하여 부지문구의 효력을 인정하고 있다.[36)]

1) 영국에서 부지문구(부지약관)의 효력

영국에서는 선하증권에 부지문구(unknown wording, qualifying clause)가 기재된 경우 선하증권의 추정적 효력이 부정된다.[37)] 따라서 원칙적으로 운송인은 면책된다. 그러나 운송인이 실제 운송물과 선하증권 기재내용의 불일치를 알고 있는 경우에는 운송인은 부지문구에 의해 보호받지 못한다.

2) 미국에서 부지문구(부지약관)의 효력

미국 연방선하증권법(the Federal Bill of Lading Act, 49 U.S.C. Chapter 801)에서는 ⅰ) 선하증권에 부지문구가 기재되고, ⅱ) 운송인이 수령한 물품이 선하증권의 기재내용과 일치하는 지 여부를 모르고 있는 경우 원칙적으로 운송인의 책임을 면제한다고 규정하고 있다.[38)] 그러나 송하인이 적재한 산적화물(bulk freight)의 경우와 운송인이 적재하는 경우에는 부지문구에도 불구하고 운송인은 선하증권의 기재내용에 대해 책임이 있다고 규정하고 있다.[39)] ⅰ) 송하인이 산적화물을 적재한 경우 운송인이 화물의 중량을 측정할 적절한 설

36) ① 송하인측에서 직접 화물을 컨테이너에 적입하여 봉인한 다음 운송인에게 이를 인도하여 선적하는 형태의 컨테이너 운송의 경우에 있어서는, 상법 제814조 제1항 소정의 선하증권의 법정기재 사항을 충족하기 위하여 혹은 그 선하증권의 유통편의를 위하여 부동문자로 "외관상 양호한 상태로 수령하였다."는 문구가 선하증권상에 기재되어 있다고 할지라도, 이와 동시에 "송하인이 적입하고 수량을 셈(Shipper's Load & Count)" 혹은 "……이 들어 있다고 함(Said to Contain……)." 등의 이른바 부지(不知)문구가 선하증권상에 기재되어 있고, 선하증권을 발행할 당시 운송인으로서 그 컨테이너 안의 내용물 상태에 대하여 검사, 확인할 수 있는 합리적이고도 적당한 방법이 없는 경우 등 상법 제814조 제2항에서 말하는 특별한 사정이 있는 경우에는 이러한 부지문구는 유효하고, 위 부지문구의 효력은 운송인이 확인할 수 없는 운송물의 내부상태 등에 대하여도 미친다고 할 것이다.
따라서 선하증권상에 위와 같은 부지문구가 기재되어 있다면, 이와 별도로 외관상 양호한 상태로 선적되었다는 취지의 기재가 있다 하여 이에 의하여 컨테이너 안의 내용물의 상태에 관하여까지 양호한 상태로 수령 또는 선적된 것으로 추정할 수는 없다고 할 것이므로, 이러한 경우 선하증권 소지인은 송하인이 운송인에게 운송물을 양호한 상태로 인도하였다는 점을 입증하여야 할 것이다(대법원 2001. 2. 9. 선고 98다49074 판결).
② …… 이른바 부지문구가 기재되어 있다면 송하인이 운송인에게 운송물을 양호한 상태로 인도하였다는 점은 운송인에 대하여 손해를 주장하는 측에서 증명해야 한다(대법원 2017. 9. 17. 선고 2017다234217 판결).

37) Nobles Resources v Cavalier Shipping Corp; The Atlas 〔1996〕 1 Lloyd's Rep. 642.; Agrosin Pty Ltd v Highway Shipping Co Ltd; The Mata K 〔1998〕 2 Lloyd's Rep. 614.

38) U.S.C. Title 49 § 80113. Liability for nonreceipt, misdescription, and improper loading
(b) Nonliability of Carriers.

39) U.S.C. Title 49 § 80113. Liability for nonreceipt, misdescription, and improper loading
(d) Carrier's Duty To Determine Kind, Quantity, and Number.

비를 갖추고 있는 경우 운송인은 합리적인 기간 내에 화물의 종류와 수량을 측정해야 한다. 이 경우에 선하증권에 부지문구를 삽입하는 것은 효력이 없다. ii) 운송인이 물품을 적재하는 경우 포장화물의 경우 포장의 수량을 측정해야 하고, 산적화물의 경우 화물의 종류와 수량을 측정해야 한다. 이 경우에 선하증권에 부지문구를 삽입하는 것은 효력이 없다.

한편, 미국 연방법원은 Spanish American Skin v. Ferngulf 사건(1957)에서 선하증권상 'Shipper's Weight'로 기재되어 있지만, 선하증권의 기재내용은 동 기재내용대로 운송인이 화물을 수령했다는 추정적 증거가 되므로 운송인이 이를 반증하지 않는 한 운송인은 중량 불일치에 대해 책임이 있다고 판시하였다.[40] 그리고 운송인이 책임을 면하기 위한 방법을 제시하고 있는데, 운송인이 화물의 수량, 중량 등에 대해 의심이 있는 경우에는 해상물건운송법(COGSA §1303(3))에 따라 기재를 생략함으로써 책임을 면할 수 있다고 판시하였다.

해상물건운송법(COGSA §1303(3))[41]에 따르면, 운송인은 물품의 수량, 중량 등의 정확성에 대해 의심이 가고 이를 확인할 수 있는 합리적인 방법이 없는 경우 선하증권에 화인, 수량, 중량을 표기할 의무가 없다고 규정하고 있다. 그러나 이 규정에도 불구하고 운송인이 선하증권에 수량이나 중량을 표기하면 이는 운송인이 그 내용대로 물품을 수령했다는 추정적 증거(prima facie evidence)가 되므로 운송인은 선하증권의 기재내용대로 책임을 진다.[42]

한편, Berrisford Metals v Salvador 사건(1985)에서는 운송인이 컨테이너 수량을 확인하지 않고 선하증권을 발행했고 실제 컨테이너 수량이 선하증권의 기재내용 보다 적다면 운송인은 선하증권 대로 책임을 부담하며, 해상운송법상의 책임제한 규정을 주장할 수 없다고 판시하였다.[43]

---

40) Spanish American Skin v. M/S Ferngulf, 242 F.2d 551, 1957
이 사건은 양모수출건인데, 운송인이 선적항에서 60뭉치에 12,000~15,000 파운드의 화물을 인도받아 바지선을 통해 운송인이 본선에 적하였다. 그리고 송하인에게 선하증권을 발급했는데, 선하증권상에는 60뭉치에 12,000~15,000 파운드로, 수량과 중량은 '송하인 측정(Shipper's Weight)'으로 기재되었으며, 나아가 '중량, 품질, 내용물에 대해서는 운송인은 책임이 없다'('면책약관')는 내용의 스탬프가 찍혀 있었다. 그러나 실제 인도된 양모는 2,305 파운드에 불과하였다.
법원에서는 선하증권에 기재된 내용은 추정적 증거가 되며, 면책약관의 효력을 인정하지 않았다. 선하증권의 기재내용은 운송인이 동 기재내용대로 화물을 수령했다는 추정적 증거가 되는데, 운송인이 동 기재내용대로 화물을 수령하지 않았다는 것을 반증하지 못했으므로 운송인은 선하증권의 기재내용대로 책임이 있다고 판시하였다. 한편, 운송인은 선하증권에 화물의 수량이나 중량을 기재해야하는데, 기재하지 않은 내용에 대해서는 COGSA § 1303(3)에 따라 운송인은 책임이 없다고 판시하였다.
부지약관은 송하인이 적재한 경우에만 적용되는데, 본 사건에서는 운송인이 본선에 적재하였으므로 부지약관이 적용되지 않는 것으로 보인다. 그리고 나아가 COGSA § 1303(8)에서는 면책약관의 효력을 무효로 규정하고 있으므로 면책약관도 인정하지 않은 것으로 보인다.

41) U.S.C. Title 46 § 1303. Responsibilities and liabilities of carrier and ship
(3) Contents of bill

42) U.S.C. Title 46 § 1303. Responsibilities and liabilities of carrier and ship
(4) Bill as prima facie evidence

43) Berisford Metals Corp. v. S/S Salvador, 779 F.2d 841(2d Cir. 1985)
이 사건에서 B/L상 컨테이너 수량이 100개로 기재되었으나, 실제 컨테이너 수량은 30개에 불과하였다. 운송인은 해상

2. 기타 운송서류

1) 해상화물운송장

해상화물운송장(sea waybill)은 유통성이 없어 비유통해상화물운송장(Non-Negotiable Sea Waybill)이라고 불린다. 해상화물운송장은 권리증권이 아니다. 2007년도 개정상법에서는 해상화물운송장에 관한 조항을 신설하였다(제864조). 해상화물운송장에 대해서는 운송장에 기재된 대로 운송물을 수령 또는 선적한 것으로 추정한다고 규정하여 문언증권성은 인정하고 있으나, 기타 선하증권의 법적 성질은 인정하지 않아 선하증권과 구별하고 있다. 해상화물운송장에 유통성을 부여하지 않는 이유는 선적 후 당일 또는 수일 내에 목적지에 도착하기 때문에 운송장을 유통시킬 시간이 없기 때문이다.[44)]

2) 항공화물운송장(Air Waybill)

통상 송하인이 항공사 소정[45)]의 항공화물운송장(air waybill)에 내용을 기재하여 항공운송인에게 제시하면 항공운송인이 운송물을 인수하고 항공운송장에 서명한다. 이에 따라 항공화물운송장은 항공운송인이 화물을 수취, 운송하였다는 것을 확인하는 증거서류에 지나지 않는다는 점에서 선하증권과 다르다.

화물을 수령하기 위해 반드시 항공화물운송장 원본이 요구되지 않으며, 항공화물운송장의 수하인이라는 것만 확인되면 화물을 수령할 수 있다. 그리고 항공화물운송장 원본을 소지하고 있어도 항공화물운송장상의 수하인이 아닌 자는 화물을 수령할 수 없다.

항공운송인은 송하인에게 항공운송장의 교부를 청구할 수 있고 교부된 항공화물운송장은 운송계약의 체결을 증명하는 효력을 가진다. 항공화물운송장의 이면에는 항공사별 약관이 인쇄되어 있는데, 약관은 국제항공운송협회(International Air Transport Association: IATA)의 표준약관을 기준으로 각 항공사가 약간 수정하여 사용하고 있다.

항공화물운송장은 통상 원본 3통과 부본 6통으로 구성되어 있다. 원본 3통에서 제1원본은 녹색으로 항공사(운송인)용으로 운송계약의 증거서류와 운임 등 회계처리용도

운송법에 따라 컨테이너당 책임액 500달러를 주장하였으나, 운송인은 부실표시(misrepresentation)에 대해 책임이 있다고 보아 70개 컨테이너 분량의 화물에 대한 책임을 인정하였다.

44) Michele Donnelly, *Certificate in International Trade and Finance*, ifs School of Finance, 2010, p.69.

45) 국제항공운송협회(IATA)는 항공운송장의 통일양식을 제정하였는데, 이 양식이 전 세계적으로 사용되고 있다.

로 사용되고, 제2원본은 적색으로 수하인용이며, 화물과 함께 목적지에 송부되어 수하인에게 인도되며, 제3원본은 송하인용으로 운송계약과 화물 수령을 증명하는 용도이다(상법 제923조제3항). 이상의 원본 3통은 모두 원본으로서 증거력이 동일하고, 각 서명 부분을 제외하고는 그 내용이 서로 동일하다. 항공화물운송장은 운송계약의 체결에 대한 증거가 된다는 점에서 선하증권과 유사하나 선하증권과는 달리 유통증권 또는 인도증권의 성질이 없고 단지 증거증권에 지나지 않는다. 즉 선하증권은 유가증권으로 인정되지만, 항공화물운송장은 유가증권으로 인정되지 않는다. 항공화물운송장에 유통성을 부여하지 않는 이유는 선적 후 당일 또는 수일 내에 목적지에 도착하기 때문에 운송장을 유통시킬 시간이 없기 때문이다.[46] 참고로 항공화물운송주선인(또는 계약운송인)이 발행한 항공화물운송장을 혼재항공화물운송장(House Air Waybill) 또는 하우스 항공화물운송장(House Air Waybill)이라고 한다(대법원 2006. 4. 28. 선고 2005다30184 판결).

(선적선하증권과 항공화물운송장의 비교)

구 분	선적선하증권	항공화물운송장
유가증권성	유가증권	비유가증권(화물운송장)
유통성	유통성 있음(유통증권)	유통성 없음(비유통증권)
수하인 기재방식	지시식 또는 기명식	기명식
작성 시기	화물 선적 후 발행	화물 수령 후 발행

3) 복합운송증권

복합운송증권(multimodal transport document)은 복합운송인이 전 운송구간을 담보하기 위해 발행하는 단일한 운송증권을 말한다. 항공운송이 포함된 복합운송에서는 양도성과 상환증권성이 없는 복합운송증권이 발행되고, 해상운송이 주가 되는 복합운송에는 양도성과 상환증권성이 있는 복합운송증권이 발행되는 경우가 많다.

4) 수입화물선취보증(보증도)

수입화물선취보증(letter of guarantee)이란, 선하증권이 도착하기 전에 수입자에게 화물

---

46) Michele Donnelly, *supra* note 42, p.69.

을 인도함에 따라 발생하는 모든 문제를 책임지고 차후에 선하증권이 도착하면 이를 운송인에 제출할 것을 수입자와 은행이 보증하는 보증서이다. 선하증권 없이 수입화물선취보증서를 담보로 운송인이 화물을 인도하는 것을 '보증도'라고 한다.[47] 통상 수입화물선취보증서(또는 화물선취보증서)의 영문 표제에는 "Letter of Guarantee"가 기재된다. 이에 따라 수입화물선취보증은 영문으로 "letter of guarantee"라고 표현하기도 한다. 그러나 무역거래에서 사용되는 "letter of guarantee"는 수입화물선취보증서라는 등식은 성립되지 않는다. 그 이유는 독립적 은행보증서(계약이행보증, 대금지급보증 등), 청구보증서 등의 표제도 대부분 "letter of guarantee"를 사용하기 때문이다. 참고로 영국 판결인 Sze Hai Tang Bank v Rambler Cycle Co Ltd. (1959)에서는 수입화물선취보증서의 의미로 "indemnity"라는 용어를 사용하였다.

수입화물선취보증은 형식적으로는 수입자가 운송인 앞으로 발행하는 서류로서 화물의 명세를 기재하고 화물선취에 대한 약정을 하고, 은행은 이에 대한 연대보증인이 되지만, 실질적으로는 보증인의 존재가 보증서의 효력발생 요건이기 때문에 이는 은행이 발행하는 보증서로 취급된다. 수입화물선취보증에 대해 수입자는 주채무자, 은행은 연대보증인의 관계에 있으므로 은행이 손실을 입게 되는 경우 수입자에게 구상권을 행사하며, 통상 수입화물선취보증신청서에 이러한 내용이 기재되어 있다.

수입화물선취보증을 통해 수입자는 수입물품을 조기에 인도받게 되어 인도지연에 따른 창고료, 보험료 등 비용을 줄일 수 있다. 그리고 수입물품을 조기에 인도받아 처분함으로써 수입 목적을 실현할 수 있다. 수입화물선취보증은 은행이 수입자를 위하여 보증하는 것이므로 결국 은행이 책임을 부담하게 되어 은행은 수입화물선취보증서 발급 시 채권보전 상황, 수입자의 신용도 등을 검토한 후 발급한다.

대법원에서도 보증도(수입화물선취보증서)가 상관습인 것을 인정하지만, 보증도는 선하증권의 정당한 소지인에 대한 책임을 면제하는 것이 아니고, 오히려 선하증권의 정당한 소지인의 운송물에 대한 권리를 침해하였을 때에는 고의 또는 중대한 과실에 의한 불법행위의 책임을 진다고 판시하고 있다(대법원 1992. 2. 25. 선고 91다30026 판결).[48]

---

47) '선하증권과 상환하지 아니한 채 이 사건 운송물을 인도(보증도)한 사실을 인정한 다음, 피고들에게 고의 또는 중과실에 의한 선하증권상의 화물에 대한 권리침해의 책임이 있다하여 선하증권 이면에 기재된 면책약관의 적용을 배제하고 이 사건 보증도로 인한 손해의 배상책임을 인정하였다.'(대법원 1991. 4. 26. 선고 90다카8098 판결)

48) "보증도'의 상관습은 운송인 또는 운송취급인의 정당한 선하증권 소지인에 대한 책임을 면제함을 목적으로 하는 것이 아니고 오히려 '보증도'로 인하여 정당한 선하증권 소지인이 손해를 입게 되는 경우 운송인 또는 운송취급인이

5) 파손화물보상장

파손화물보상장(letter of indemnity, or indemnity)[49)]은, 화물의 외관에 고장상태가 있음에도 불구하고, 고장선하증권(foul B/L, dirty B/L)을 발행하지 아니하고, 그 대신 '무고장선하증권(clean B/L)을 발행함에 따라 야기되는 모든 책임을 부담하겠다는 약정'[50)]이라고 정의할 수 있다.[51)] 참고로 함부르크규칙(Hamburg Rules)에서는, 선하증권에 기재하기 위하여 송하인이 제공한 사항 또는 물품의 외관상태에 관하여, 운송인이 고장문언을 삽입하지 아니하고 선하증권을 발행함으로써 야기된 손실에 대하여 송하인이 운송인에게 보상할 의무를 약정하는 보증서(letter of guarantee) 또는 합의서(agreement)로 정의하고 있다(제17조제2항).

송하인으로부터 인도받은 화물 또는 포장에 파손, 손상 등이 있는 경우 운송인은 고장선하증권(foul B/L, dirty B/L)을 발행해야 한다. 그러나 해상실무에서는 송하인의 요청에 의해 파손화물보상장을 받고 운송인이 무고장선하증권(clean B/L)을 발행하는 경우가

그 손해를 배상하는 것을 전제로 하고 있는 것이므로, 운송인 또는 운송취급인이 '보증도'를 한다고 하여 선하증권과 상환함이 없이 운송물을 인도함으로써 선하증권 소지인의 운송물에 대한 권리를 침해하는 행위가 정당한 행위로 된다거나 운송취급인의 주의의무가 경감 또는 면제된다고 할 수 없고, '보증도'로 인하여 선하증권의 정당한 소지인의 운송물에 대한 권리를 침해하였을 때에는 고의 또는 중대한 과실에 의한 불법행위의 책임을 진다."(대법원 1992. 2. 25. 선고 91다30026 판결)

49) 파손화물보상장은 "보상장"이라고도 한다(대법원 2010. 3. 25. 선고 2008다88375 판결). 한편, 파손화물보상장은 영문으로는 주로 "letter of indemnity" 또는 "indemnity"으로 표현하는데, "letter of indemnity" 또는 "indemnity"가 항상 파손화물보상장을 의미하는 것은 아니며, 이는 상대방을 면책시키는 약정으로서 다양한 의미로 사용된다. 일례로 Sze Hai Tong Bank v Rambler Cycle Co Ltd. (1959) A.C. 576.에서는 "indemnity"는 수입화물선취보증서를 의미하는 용어로 사용되었다. 그리고 함부르크규칙에서는 파손화물보상장에 대하여 "letter of guarantee"라는 용어를 사용하였다(제17조제3항).

50) 파손화물보상장에서 대표적인 책임 약정 문안은 다음과 같다.
"We hereby undertake and agree to pay on demand any claim that may thus arise on the said shipment and/or the cost of any subsequent reconditioning and generally to indemnify yourselves and/or agents and/or the owners of the said vessel against all consequences that may arise from your action."

51) Carole Murray, Carole Murray, et al., Schmitthoff's Export Trade: The Law and Practice of International Trade, 11th ed., Thomson Reuters, 2010, p.329.; '이 사건 선박의 일등항해사는 출항일인 2013. 5. 17. 본선수취증(Mate's Receipt)을 발행하면서 적요(Remark)란에 '이 사건 화물 일부가 직접 선박 구조물에 닿아 페인트가 부분적으로 벗겨졌음. 322개의 나무상자 포장에 스크래치가 나고 페인트가 벗겨졌고 선적 중 측면부가 변형되거나 깨진 상자가 각 1개 있음'이라고 기재하였다. 해상운송 실무상 본선수취증 적요란에 고장문언의 기재가 있으면 운송인이 무사고 선하증권(Clean B/L)이 아닌 고장 선하증권(Foul B/L, Dirty B/L)을 발급하게 되는데, 이러한 경우 송하인이 해당 화물의 손상 또는 수량 부족 등으로 인하여 야기되는 모든 책임을 부담하겠다는 내용의 파손화물보상장(Letter of Indemnity, 이하 '보상장'이라고 한다)을 제출하고 무사고 선하증권을 발행받는다.' (대법원 2018. 10. 25. 선고 2017다272103 판결).

있다. 이 경우 운송인은 선하증권의 정당한 소지인에 대하여 선하증권의 기재내용대로 책임을 부담하고, 이로 인한 손해를 배상하며, 파손화물보상장에 따라 송하인에게 손해배상을 청구하게 된다. 그러나 파손화물보상장이 제3자(수하인 포함)를 기망할 목적으로 발행된 경우에는 송하인에 대하여도 무효로 보는 국가가 많다.[52] 이 경우 운송인은 송하인에 대하여 손해배상청구를 못하게 된다. 참고로 함부르크규칙에서는 파손화물보상장은 선하증권의 양수인(수하인 포함)에 대하여는 무효이고(제17조제2항), 원칙적으로 송하인에 대하여는 유효이지만, 선하증권의 양수인이나 수하인을 기망할 의도가 있는 경우에는 송하인에 대하여도 무효라고 규정하고 있다(제17조제3항).

52) 영국, 미국, 중국, 독일, 프랑스 등. 참고로 영국에서는 파손화물보상장을 받고 무고장선하증권을 발행하는 관행은 인정하지만, 기망할 의도로 이용된 경우에는 송하인에 대해서도 무효가 된다고 보고 있다(Brown Jenkinson & Co Ltd v Percy Dalton (London) Ltd. (1957), 〔1957〕 2 Q.B. 621.; [1957] 2 Lloyd's Rep. 1.).

(수입화물선취보증서 예시)

LETTER OF GUARANTEE

To____________ L/G No. ______________________________
[Shipping Company] Date ______________________________

Vessel Name/Voyage No.		L/C No.	Date of Issue
Port of Loading		Invoice Value	
Port of Discharge(or Place of Delivery)		Description of Cargo	
B/L No.	Date of Issue		
Shipper		No. of Packages	Marks & Nos.
Consignee			
Party to be delivered			

Whereas you have issued a Bill of Lading covering the above shipment and the above cargo has been arrived at the above port of discharge(or the above place of delivery), we hereby request you to give delivery of the said cargo to the above mentioned party without production of the original Bill of Lading.

In consideration of your complying with our above request, we hereby agree as follows:

1. To indemnify you, your servants and agents and to hold all of you harmless in respect of liability, loss, damage or expenses which you may sustain by reason of delivering the cargo in accordance with our request, provided that the undersigned Bank shall be exempt from liability for freight, demurrage or expenses in respect of the contract of carriage.

2. As soon as the original Bill of Lading corresponding to the above cargo comes into our possession, we shall surrender the same to you, whereupon our liability hereunder shall cease.

3. The liability of each and every person under this guarantee shall be joint and several and shall not be conditional upon your proceeding first against any person, whether or not such person is party to or liable under this guarantee.

4. This guarantee shall be governed by and construed in accordance with Korean law and the jurisdiction of the competent court in Korea.

Should the Bill of Lading holder file a claim or bring a lawsuit against you, you shall notify the undersigned Bank as soon as possible.

Yours faithfully,

For and on behalf of
[Name of Requestor]

____
Authorized Signature

For and on behalf of
[Name of Bank]

____
Authorized Signature

3. 상업송장

1) 의의

상업송장(commercial invoice)은 매도인(수출자)이 직접 작성하여 매수인(수입자)에게 보내는 수출상품의 계산서이며, 수출대금의 청구서이다. 상업송장은 수출자가 직접 작성하며, 상품명세의 판단은 상업송장을 기준으로 하기 때문에 국제거래에서 중요한 기본 서류이다. 상업송장은 상품의 적요서, 선하증권이 계약에 일치함을 증명하는 용도, 물품구매서, 계산서 및 대금청구서, 수입통관시의 과세자료 등으로 활용된다. 이에 따라 상업송장은 물품의 정확한 규격과 수량, 중량, 포장상태, 하인 등을 구체적으로 기재해야 한다.

상업송장은 구매서의 역할을 하므로 수출입자의 이름과 주소, 발행일자와 수입자의 참조번호, 상품의 규격 및 개수, 포장상태 및 하인 등이 표시되어야 하며, 수입 시 화물수취안내서와 수입상품의 정확성 및 진정성을 입증하기 위한 세관신고의 자료가 된다.

(특수한 송장)

- pro-forma invoice(견적송장)
  무역계약이 체결되기 전에 상대방에게 보내는 일종의 청약서이며, 이에 대해 상대방이 서명하면 사실상 계약서가 된다(provisional invoice(가송장)).

- customs invoice(세관송장)
  수입국에서 수입물품에 대한 과세가격의 기준을 정하거나 덤핑여부를 확인할 목적의 송장으로 수출자가 작성한다. 세관송장은 수입국 국가마다 소정의 양식을 보유하고 있어 이 양식대로 작성해야 한다.

- consular invoice(영사송장)
  수입가격을 높게 정해 외화를 도피하는 것을 방지할 것을 목적으로 하는 송장으로 수출국에 소재하는 수입국 영사가 작성한다.

* 신용장에서 “invoice”의 제시를 요구한 경우, commercial invoice, customs invoice, consular invoice 등은 수리가능하나, pro-forma invoice 및 provisional invoice는 수리되지 않는다. ((ISBP 681, §57; ISBP 745, C1).)

2) 상업송장의 기재사항

다음의 상업송장 견본을 중심으로 상업송장의 일반적인 기재사항을 기술하면 다음과 같다.

① Shipper/Seller(송하인(선적인)/매도인): 수입상에게 물품을 판매하는 수출상의 상호와 주소를 기재한다. 송하인(Shipper), 매도인(Seller)이라는 제목 대신 수출자(Exporter)라는 제목을 사용하기도 한다. 참고로 신용장방식에서 수익자(수출자)의 주소는 신용장상의 주소와 다르더라도 동일국가이면 하자가 아니다.

② Consignee(수하인): 수출상으로부터 물품을 구매하는 수입상의 상호와 주소를 기재한다. 신용장에 명시된 신용장 개설의뢰인의 상호 및 주소를 정확히 기재해야 하며, 선하증권상의 Consignee와도 일치해야 한다. 'Consignee(수하인)'이라는 제목 대신 'For Account & Risk of Messrs'라는 제목을 사용하기도 한다.

③ Nortify Party(통지처): 목적항에 화물이 도착하면 화물이 도착했음을 알리는 상대방을 기재한다. 신용장거래에서는 신용장에 명시된 화물도착통지처를 기재한다.

④ Port of Loading(선적항): 출발하기로 예정된 선적항을 기재한다. 신용장 또는 계약서상의 선적항(Port of Loading)과 일치해야 한다.

⑤ Final Destination(최종도착지): 운송수단에 의한 최종목적지를 기재한다.

⑥ Carrier(운송인): 운송수단으로 이용되는 선박 또는 항공기의 편명을 기재한다. 여러가지 운송수단이 사용되는 경우 주된 운송수단의 편명을 기재한다.

⑦ Sailing on or about: 화물을 적재한 선박이나 항공기가 출발하는 일자는 기재한다. 통상 선하증권이나 항공운송장상의 선적일자와 동일하게 기재해야 한다.

⑧ Invoice No. & Date: 수출상이 상업송장에 부여한 참조번호와 상업송장 발행일자를 기재한다.

⑨ L/C No. & Date: 신용거래에서는 신용장번호와 발행일자를 기재하며, 무신용장거래에서는 계약서 번호와 계약일자를 기재한다. 물론 무신용장거래에서는 제목을 'Contract No. & Date' 등으로 한다.

⑩ L/C Issuing Bank: 신용장의 개설인의 상호를 기재한다.

⑪ Remarks: 거래상대방이 신용장이나 계약서에서 특별히 요구한 사항을 기재한다.

⑫ Marks and numbers of Packages: 하인란에는 하인을 기재하는데, 하인(shipping mark)이란, 화물의 내용을 식별하기 위하여 포장겉면에 표시한 물품내역을 말한다.

참고로 하인은 송하물을 선적지나 양육지 등에서 다른 화물과 용이하게 식별할 수 있도록 하기 위하여 특정한 기호, 목적지 및 원산지 등을 송화물의 의장에 표시한 것에 지나지 않으므로, 이러한 하인란에 기재된 원산지 표시는 상업송장의 상품명세에 관한 기술(description)에 포함된다고 볼 수 없다(대법원 1985. 5. 28. 선고 84다카696 판결).

⑬ Description of goods: 물품명세란에는 규격(specification), 품질(quality) 등을 기재하여 다른 물품과 구별되도록 한다. 특히 신용장에서는 신용장상의 물품명세와 일치해야 한다.

⑭ Quantity/Unit: 상업송장금액의 기초가 되는 최소단위당 수량을 기재한다. 개수로 표시하는 경우에는 Piece, Set, Dpzen, Case, Bag 등으로 기재하고, 도량형으로 표시하는 경우에는 중량은 Ton, Kg, Lb, 길이는 Yard, Meter, 용적은 Cubic Feet, M/T 등으로 표시한다.

⑮ Unit－Price: 단위당 가격을 기재한다.

⑯ Amount: 단위당 단가에 수량을 곱한 총금액을 기재한다. 여기에는 제반비용을 더해야 하며, 신용장거래에서는 신용장금액을 초과해서는 안 된다.

⑰ Price Terms(가격조건): FOB, CIF 등 인코텀즈의 거래조건을 기재한다.

⑱ 송하인의 연락처를 기재한다.

⑲ 송하인의 대표자 또는 서류작성자가 서명한다.

(상업송장 견본)

COMMERCIAL INVOICE

①Shipper/Seller SAM CORP 300 SEORIN-DONG JONGRO-GU SEOULl, KOREA		⑧Invoice No. & Date 091012 OCT. 20, 2009 ⑨L/C No. & Date 266001LC090121 OCT 10, 2009		
②Consignee QUINDAO CO., LTD A20 No.8, XIANGGANG ROAD CENTRAL QUINDAO CHINA		⑩L/C Issuing Bank CHINA CBA BANK		
③Nortify Party QUINDAO CO., LTD A20 No.8, XIANGGANG ROAD CENTRAL QUINDAO CHINA		⑪Remarks: CONTRACT NO. QCEJ 090821		
④Port of Loading BUSAN, KOREA	⑤Final Destination QUINDAO CHINA			
⑥Carrier XIANG TAI V 8070	⑦Sailing on or about OCT. 20, 2009			
⑫Marks and number of packages	⑬Description of Goods	⑭Quantity/Unit	⑮Unit-price	⑯Amount
				⑰ CIF QINGDAO
N/M 831,952.99	SEA FROZEN POLLOCK H AND G SIZE: 25CM UP	535..018 MT	@$1,555	USD

PACKING: 2 × 11KG/BAGS OF EXPORT STANDARD PACKING

⑱ C.P.O. Box :
Cable Address:
TEL :
FAX :

⑲ Signed By:

3) (신용장거래에서) 상업송장의 작성 시 유의사항

신용장거래에서 특히 주의할 점은 다음과 같다.

첫째, 상업송장의 발행인은 신용장이 양도된 경우를 제외하고는 반드시 신용장에 지정된 수익자이어야 하고, 상업송장은 신용장과 같은 통화로 발행되어야 한다(UCP 제18조제a항).

둘째, 신용장에서 별도의 명시가 없는 한 개설의뢰인앞으로 발행되어야 한다(UCP 제18조제a항). (참고로 통상의 수출거래에서는 수입자앞으로 발행된다.)

셋째, 상업송장의 상품명세는 신용장의 명세와 일치하여야 한다(UCP 제18조c항). 실제로 인도된 물품이 신용장과 일치한다고 하더라도 상업송장에 명시된 물품의 명세가 신용장의 명세와 일치하지 않거나 불명확한 경우 은행은 상업송장의 수리를 거절할 수 있다. 그러나 이것은 거울에 비치는 것과 같이 완전히 똑같을 것을 요구하는 것은 아니다.[53] (예를 들어, 송장의 여러 곳에 표시된 물품의 명세를 모두 합하면, 신용장의 물품의 명세와 일치하는 경우 송장의 여러 곳에 물품의 명세를 기술할 수 있다.) 다만, 실무적으로는 가능하면 물품명세는 신용장과 완전히 일치시켜 분쟁을 방지하는 것이 바람직하다.

넷째, 추가적 정의 없이 "송장(invoice)"을 요구하는 신용장에서는 어떤 종류의 송장(상업송장, 세관송장, 세금송장, 최종송장, 영사송장 등)이 제시되더라도 충족된다. 그러나 "임시적(provisional)", "견적(pro-forma)" 또는 이와 유사하게 인정되는 송장은 수리되지 않는다.[54] 그러나 신용장에서 상업송장(commercial invoice)을 요구한 경우, 단순히 "송장(invoice)"이라는 제목만 있는 서류는 수리가능하다.

4. 기타 상업서류

1) 포장명세서

포장명세서(packing list)는 포장에 관한 사항을 상세히 기재한 서류를 말하는 것으로, 포장 내의 수량과 순중량·총중량·용적·화인·포장의 일련번호 등을 기재한다. 수출상이 운송화물의 명세서를 상세하게 작성하여 수입상에게 제시하고 수입상은 포장명

---

53) ISBP 745. C3) ("There is no requirement for a mirror image. for example, details of the goods may be stated in a number areas within the invoice which, when read together, represents a description of the goods corresponding to that in the credit.")

54) ISBP 745. C1).

세서에 명시된 내용으로 운송화물을 관리할 수 있다. 포장명세서에는 포장단위별로 내용물의 목록을 모두 기재하나 상업송장과는 달리 가격은 기재하지 않는다. 포장명세서에는 화인, 포장개수, 컨테이너 일련번호, 상품명세서, 수량, 순중량, 총통수, 용적, 원산지 등이 기재된다. 포장명세서는 화물을 외견상 구별하여 상업송장을 보충해 준다.

(포장명세서 견본)

PACKING LIST

① Shipper/Seller SAM CORP 300 SEORIN-DONG JONGRO-GU SEOUL1, KOREA		⑧ Invoice No. & Date 091012 OCT. 20, 2009
② Consignee QUINDAO CO., LTD A20 No.8, XIANGGANG ROAD CENTRAL QUINDAO CHINA		⑨ Remarks: L/C NO: 266001LC090121 OCT 10, 2009 ISSUING BANK: CHINA CBA BA
③ Nortify Party QUINDAO CO., LTD A20 No.8, XIANGGANG ROAD CENTRAL QUINDAO CHINA		
④ Port of Loading PUSAN, KOREA	⑤ Final Destination QUINDAO CHINA	
⑥ Carrier XIANG TAI V 8070	⑦ Sailing on or about OCT. 20, 2009	

⑩ Marks and number of packages	⑪ Description of Goods	⑫ Quantity	⑬ Net-Weight	⑭ Gross-Weight	⑮ Mearsurement
N/M	SEA FROZEN POLLOCK H AND G SIZE: 25CM UP	535..018 MT	535,018 KGs	547,000 KGS	1,302.380 CBM

PACKING: 2 × 11KG/BAGS OF EXPORT STANDARD PACKING

C.P.O. Box :
Cable Address:
TEL :
FAX : Signed By:

2) 보험증권

국제물품거래에서는 운송 중인 화물에 대해 적하보험이 요구된다. 보험증권(insurance policy)은 운송서류와 함께 선적서류를 구성하는 중요한 기본서류이다. Incoterms의 CIF 및 CIP 규칙에서는 수출자는 보험계약자가 되고, 수입자는 피보험자가 되며, FOB 및 CFR 규칙에서는 수입상이 자기를 위한 보험계약에 가입하므로 수입자는 보험계약자 및 피보험자가 된다.

3) 원산지증명서

원산지증명서(certificate of origin)는 물품이 어느 국가에서 생산되었는지를 증명하는 서류이다. 수입국에서는 수입상품의 통계와 수입상품의 제한요건의 충족여부, 국별 할당량관리 등을 위해 원산지증명서를 요구한다. 우리나라에서는 대한상공회의소에서 원산지증명서를 발행한다.

4) 검사증명서

검사증명서(inspection certificate)는 수입국의 수입관련 법규의 충족여부를 확인하기 위해, 사기를 방지하기 위해, 수입자가 물품의 품질을 확인하기 위해 요구되는 서류이다. 통상 전문검사기관에 의해 발행되며, 널리 이용되는 검사전문기관으로는 SGS, Intertek International, Cotecna and Bureau Veritas 등이 있다.[55]

5) 수입화물대도

수입화물대도(trust receipt: T/R)란, 수입화물에 대한 담보권을 은행이 보유하는 경우 수입자가 수입대금을 결제하기 전이라도 수입화물을 처분할 수 있도록 하는 동시에 은행이 그 화물에 대한 담보권을 상실하지 않도록 하는 제도이다. 이는 수입자로 하여금 그 화물을 매각해서 얻은 수익금으로써 매매대금의 결제에 충당하는 것을 가능하게 하고, 그 매매금융을 제공해서 그 화물에 담보권을 가지고 있는 은행으로 하여금 그 담보권을 상실하지 않고 담보물품을 처분하게 하는 역할을 한다.

예를 들어 신용장거래에서 수입자가 신용장 대금을 은행에 상환하지 않아 개설은행

---

55) Michele Donnelly, *supra* note 42, p.73.

이 선적서류를 수입자에게 인도하지 않아야 하는데, 수입자는 화물을 매도할 필요가 있어, 개설은행은 화물의 담보권을 유지하는 조건으로 수입자에게 화물을 처분할 수 있도록 하는 제도이다. 대도하는 화물을 매도하는 경우, 금액, 화물의 인도, 대금의 영수방법 등에 관하여 사전에 은행의 동의를 받아야 한다.

제3절 금융서류

1. 환어음

1) 의의

환어음(bill of exchange, documentary draft)이란, 발행인(drawer)이 지급인(drawee)에게 일정 금액을 수취인(지시인 또는 소지인)에게 지급일에 지급할 것을 무조건적으로 위탁하는 유통증권(negotiable instrument)이다.

(무역거래에서의 환어음 도해)

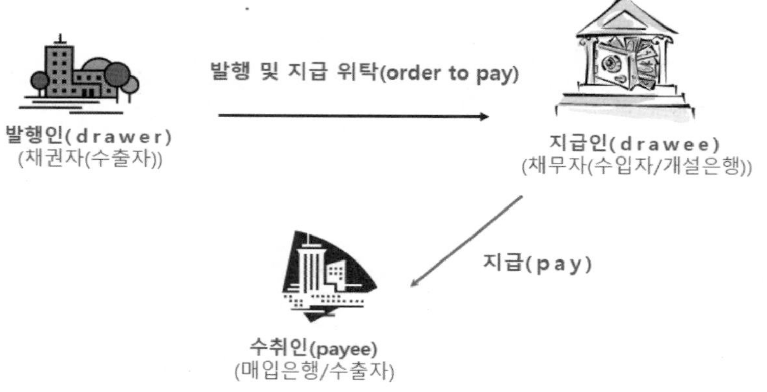

영국 환어음법에서는 지급청구 시 또는 장래 일정시점에 일정금액을 특정인 또는 그의 지시인 또는 소지인에게 지급할 것을 일방이 타방에 요청하는 무조적인 서면지시서라고 정의하고 있다. 미국 통일상법전에서는 유통증권(negotiable instrument)에 대해서 규정하고 있는데, 유통증권에는 무조건적인 지급약속과 지급위탁이 있고, 그 중 지급약속의 유통증권은 'note', 지급위탁의 유통증권은 'draft'라고 규정하고 있다. 'draft'는 발행인(drawer)이 수취인(payee) 또는 소지인(bearer)에게 금전을 지급할 것을 지급인(drawee)[56]에게 위탁하는 것이다. 'draft'에는 'check'와 'documentary draft'가

56) 누구든지 증권상에 서명을 하지 않는 한 책임이 없다. 따라서 'Drawee'는 지급하도록 요구를 받는 자를 말하며, 반드시 이러한 요구를 수락해야 하는 것은 아니다. 이러한 요구를 수락하면 'Acceptor'라고 하며 'Acceptor'는 지

있다. 환어음은 'documentary draft'에 해당되며, 무역거래에서는 이를 줄여 'draft'라는 용어가 사용된다.

□ 영국 환어음법(Bill of Exchange Act 1882)상 환어음의 개념

A bill of exchange is an unconditional order in writing addressed by one person to another signed by the person giving it requiring the person to whom it is addressed to pay on demand or at a fixed or determinable future time a sum certain in money to or to the order of a specified person or to bearer.

환어음(bill of exchange)이란, 어음발행인(drawer)이 지급인(drawee)으로 하여금 일정금전을 특정인(또는 특정인의 지시인, 또는 소지인)에게 지급청구 시(또는 확정장래일 또는 확정할 수 있는 장래일)에 지급할 것을 무조건적으로 위탁하는 서면이다.

□ 미국 통일상법전상 환어음과 수표의 개념

UCC §3-104 (a) …… "negotiable instrument" means an unconditional promise or order to pay a fixed amount of money, with or wothout interest or other charges described in the promise or order, ……

(e) An instrument is a "note" if it is a promise and a "draft" if it is an order.

(f) "Check" means (i) a draft, other than a documentary draft, payable on demand and drawn on a bank or (ii) a cashier's check or teller's check. An instrument may be a check even though it is described on its face by another term, such as "money order."

(g) "Cashier's check" means a draft with respect to which the drawer and drawee are the same bank or branches of the same bank.

(h) "Teller's check" means a draft drawn by a bank (i) on another bank, or (ii) payable at or through a bank.

환어음의 주요 당사자는 발행인(drawer), 지급인(drawee), 그리고 수취인(payee)이다. 발행인은 환어음를 발행하는 자로 무역거래에서 매도인(수출자)이 되고, 지급인은 환어음의 지급을 위탁받은 자로 무역거래에서는 매수인(수입자) 또는 신용장 개설은행이 된다. 수취인은 환어음 금액을 지급받는 자로 무역거래에서는 매입은행 또는 매도인(수출자)이 된다.

급의무를 부담한다.

2) 수표와의 구분

수표(check)는 지급구조나 내용면에서는 환어음과 동일하나, 수표에서는 지급인은 반드시 은행이 된다. 이에 따라 수표를 지급인(drawee)이 은행인 요구불증권이라고 한다. 수표의 경우 기본거래상의 채무자가 자신의 지급계좌가 개설되어 있는 은행을 지급인으로 수표를 발행하는데, 발행인의 계좌에 잔고가 충분하면 은행은 수표를 결제할 의무가 있다. 따라서 잔고가 있음에도 불구하고 은행이 악의적으로 수표지급을 거절한 경우 발행인인 고객은 이로 인하여 발생된 손해에 대해 은행에 손해배상을 청구할 수 있다. 한편, 고객의 잔고가 부족함에도 불구하고 은행은 수표를 지급할 수 있는데, 이 경우 고객은 은행에 상환의무가 있다. 환어음에는 네 가지의 만기(확정일출급, 발행일자후정기출급, 일람후정기출급, 일람출급)가 인정되지만, 수표에는 일람출급(즉시 지급)만 인정된다.

한편, 일상에서 "cashier's check"라는 것이 많이 사용되는데, 이는 발행인(Drawer)과 지급인(drawee)이 동일한 은행인 수표이다. 따라서 매우 확실한 지급담보력을 지닌다. 국내에서의 은행발행 자기앞수표와 동일한 것으로 보면 된다.

(환어음과 수표의 비교)

구 분	환어음	수표(당좌수표, 가계수표)
만 기	확정일출급, 발행일자후정기출급, 일람후정기출급, 일람출급	일람출급
기 능	신용창조기능, 지급기능	지급기능
지급인의 자격	제한 없음	은행(계좌개설은행)에 한정
발행인	채권자(Seller)	채무자(Buyer)
지급인	채무자(Buyer)	은행(당좌예금 예치은행) * 은행은 채무자 아님(발행인의 예금잔액 범위내에서 지급)

3) 환어음의 기능 및 당사자의 권리 · 의무

(1) 환어음의 기능

수입자나 개설은행이 환어음을 인수하고 대금을 지급하지 않는 경우 신속한 어음소송을 제기할 수 있다. 또한, 환어음은 수출계약과는 독립적이기 때문에 환어음의 지급인은 환어음의 정당한 소지인(holder in due course)[57]에게 수출계약상의 항변사유를 주장할 수 없다. 이에 따라 환어음이 있는 경우 수출채권의 양도 또는 매입(nego)이 용이하다. 일단 환어음이 인수되면, 지급인은 수출계약상의 항변을 주장할 수 없고, 환어음이 인수거절되는 경우 매입은행은 환어음의 발행인인 수출자에게 상환청구권을 행사하여 환어음매입대금을 상환받을 수 있다.

(2) 당사자의 권리 · 의무

가. 발행인(drawer)

발행인은 환어음이 인수되고 만기에 지급될 것을 보장한다. 환어음이 인수되지 않거나 만기에 지급되지 않는 경우 환어음의 소지인은 발행인에게 상환청구권을 행사할 수 있다. 발행인에게 상환청구권을 행사하기 위해 지급거절증서의 작성이 필요한데, 실무적으로 지급거절증서를 면제하는 조건으로 환어음을 양도한다. 한편, '상환청구불능조건(without recourse)'으로 환어음을 양도한 경우, 발행인은 상환의무가 없다.

나. 지급인(drawee)

누구든지 환어음상에 서명하지 않는 한 책임이 없다. 지급인(drawee)은 지급 요구를 받은 자를 의미하는데, 반드시 지급 요구를 수락해야 하는 것은 아니다. 지급 요구를 수락하는 것을 인수(accept)라고 하는데, 지급인이 인수하면, 인수인(acceptor)이 되며, 인수인은 환어음대금을 지급해야 한다. 즉 환어음의 인수 후에는 지급인이 환어음상의 주채무자가 된다. 지급인은 원인계약인 수출계약상의 항변사유로 환어음의 제3의 정당한 소지인에게 대항할 수 없다.

다. 배서인(endorser)

환어음의 배서인은 환어음의 발행인과 유사한 지위에 서게 된다. 환어음이 지급되지 않는 경우 배서인은 환어음의 소지인에 대하여 상환의무를 부담한다.

---

57) 영국 환어음법(1882)에서는 정당한 소지인(holder due course)에 대하여 다음과 같이 규정하고 있다.

29 Holder in due course.

A holder in due course is a holder who has taken a bill, complete and regular on the face of it, under the following conditions; namely,

(a) That he became the holder of it before it was overdue, and without notice that it had been previously dishonoured, if such was the fact:

(b) That he took the bill in good faith and for value, and that at the time the bill was negotiated to him he had no notice of any defect in the title of the person who negotiated it.

라. 소지인(holder)

환어음의 정당한 소지인은 어음금의 지급을 청구할 수 있다. 그러나 환어음의 소지인도 즉각적으로 환어음을 인수제시하고, 지급기일에 지급청구를 해야 한다. 또한, 환어음의 부도(인수거절 또는 지급거절) 사실을 발행인 및 배서인에게 통지하여 발행인과 배서인이 채권을 보전할 수 있도록 해야 한다.

그러나 추심에 관한 통일규칙(URC 522)에서는 특별한 지시가 없으면, 은행은 지급거절증서를 작성할 의무가 없다고 규정하고 있는데(제24조), 이 경우 은행이 지급거절증서를 작성하지 않았어도 은행에 직접적인 책임을 물을 수는 없다. 다만, 추심에 관한 통일규칙 제9조에서는 은행의 선관주의의무를 규정하고 있는바, 이 조항에 따른 책임이 발생할 수 있는 있다.

마. 은행(bank)

환어음에 대하여 은행은 다양한 지위를 가진다. 은행은 환어음의 지급인, 배서인, 수취인 등이 될 수 있다. 신용장거래에서는 개설은행은 환어음의 지급인이 되고, 매입은행은 환어음의 수취인이 되며, 매입은행이 환어음을 다시 배서양도하는 경우 매입은행은 배서인이 된다.

4) 주요 내용

환어음의 주요 내용에 대해 살펴보면 다음과 같다(참고로 예시의 환어음은 신용장방식의 수출거래에서 발행된 환어음을 전제로 함).

① BILL OF EXCHANGE

NO. ②__________ DATE ③ Aug 10, 2018 KOREA

FOR ④ **U$1,000,000**

AT ⑤ 60 Days FROM B/L DATE Aug 05, 2018 OF ⑥ THIS FIRST BILL OF EXCHANGE (⑦ SECOND OF THE SAME TENOR[58] AND DATE BEING UNPAID) PAY TO ⑧ WOORI Bank OR ORDER THE SUM OF ④ SAY US DOLLARS ONE MILLION ONLY

VALUE RECEIVED AND CHARGE THE SAME TO ACCOUNT OF ⑨ SANDONG

COMPANY, 50-1, XINGYI ROAD, SHANGHAI, CHINA	
DRAWN UNDER BANK OF CHINA, SHANGHAI, CHINA,	
L/C NO. ⑪ BOCXXXXXXXX	dated ⑫ July 10, 2018
TO ⑩ BANK OF CHINA	⑬ SAMHO COMPANY
40-2, XINGYI ROAD, SHANGHAI, CHINA	*GIL-DONG HONG*

① 환어음의 표시: 환어음의 명칭(Bill of Exchange)을 기재하는데, 통상 환어음양식에 인쇄되어 있다.

② 환어음 번호: 환어음의 번호를 기재한다. 발행자가 자신이 정한 방식에 따라 번호를 기재하는데, 필수사항은 아니다.

③ 발행일 및 발행지: 환어음의 발행일과 발행지를 기재한다. 수출자가 환어음을 발행하므로 발행지는 통상 수출국이 된다.

④ 환어음금액: 환어음금액을 기재한다. 통상 전반부에는 숫자를 후반부에는 문자를 기재한다.

⑤ 환어음의 지급기일: 환어음의 지급기일을 기재한다. 지급기일에는 다음과 같은 유형이 있다.

【지급기일의 유형】

- 일람출급: 어음의 지급을 위하여 지급인에게 제시하는 날이 어음의 만기일이 된다. 즉 지급인에게 제시하면 지급인은 바로 지급해야 한다. 지급기일을 기재하는 난에 'at sight'로 기재한다. (일람출급환어음: sight bill, sight draft)
- 일람후정기출급: 지급인에게 제시된 날로부터 일정기간이 지난 후에 어음의 만기일이 된다. 지급기일을 지재하는 난에 'at ___ days after sight'라고 기재한다.
- 확정일자후정기출급: 특정일로부터 일정기간이 지난 후에 어음의 만기일이 된다. 지급기일을 기재하는 난에 'at ___ days from B/L date' 등으로 기재한다.
- 확정일출급: 어음상에 확정된 날, 즉 만기일을 기재하며, 그 날자가 만기일이 된다.

 * 일람후정기출급, 확정일자후출급, 확정일출급 → 기한부환어음(time draft, usance bill, term bill)

58) "same tenor": 동일한 만기일(지급기일)
"second of the same tenor"는 동일한 만기일(지급기일)의 두 번째 환어음을 의미함.

⑥ 복본번호: 환어음은 동일한 내용의 환어음을 2통 발행하는 것이 통례이고, 이 경우 각 어음에 번호를 붙여야 한다. 첫 번째 환어음은 'This First Bill of Exchange', 두 번째 환어음은 'This Second Bill of Exchange'라고 표시한다. 이러한 표시가 없으면, 별개의 환어음으로 본다. 2통 이상 발행되는 환어음을 "set bill"이라고 하고, 1통만 발행되는 환어음을 "sole bill"이라고 한다.

⑦ 파훼문구: 2통 이상 발행된 복본어음(set bill)은 각 환어음이 동일한 효력을 가지고 있으나, 어느 1통의 환어음이 지급되면 다른 환어음은 자동적으로 효력을 상실한다. 이것을 분명히 하기 위해 파훼문구를 기재한다.

⑧ 수취인: 환어음의 수취인(payee)을 기재한다. 'Pay to ~' 다음에 기재되는 자가 수취인이 되는데, 수출자 본인을 기재할 수도 있지만, 환어음을 매도하는 경우 매입은행을 수취인으로 기재한다. 수취인을 기재하는 방식에는 다음의 세 가지가 있는데, 환어음의 양도를 용이하게 하기 위해 지시식이 많이 이용된다.

(수취인 기재방식)

· 지시식: Pay to XXX Bank Or Order 또는 Pay to the order of XXX Bank
· 기명식: Pay to XXX Bank
· 소지인식: Pay to Bearer

⑨ 계정결제인: 계정결제인(accountee)을 기재한다. 신용장거래의 경우 지급인은 개설은행이지만, 계정결제인은 수입자가 되므로 수입자를 기재한다.

⑩ 지급인: 지급인(drawee)을 기재한다. 무신용장방식(D/P, D/A 등)에서는 수입자가 지급인이 되며, 신용장거래의 경우 통상 개설은행이 지급인이 된다. 지급인은 'TO ~' 다음에 기재한다.

⑪ 신용장 또는 계약서 번호: 환어음 발행의 근거가 되는 신용장이나 계약서의 번호를 기재한다.

⑫ 신용장개설일 또는 계약체결일: 신용장개설일 또는 계약체결일을 기재한다.

⑬ 어음발행인의 기명날인: 어음발행인(drawer)이 기명날인해야 한다. 통상 수출자가 어음발행인이 된다.

⑭ "VALUE RECEIVED"는 발행인이 어음의 대가를 수령했다는 것을 의미하는데, 이는 환어음이 발행인의 수령증으로 사용되었던 관습에 따른 것이다. "CHARGE

THE SAME TO ACCOUNT OF XXX"는 신용장방식에서 발행인이 지급인에게 "XXX"의 계정으로 청구하라고 지시하는 것이며, "XXX"에는 수입자를 기재한다.

(미국 통일상법전상 유통증권의 요건)

미국통일상법전(UCC) 제3장이 적용이 되기 위해서는 유통증권은 다음의 요건을 갖추어야 한다. 다음의 요건을 갖추지 않은 약속어음, 환어음, 수표는 유통증권이 되지 못하며, 단지 약정서(또는 계약서)가 될 수 있을 뿐이다.

① 서면일 것(in writing)
유통성이 인정되기 위해서는 서면으로 작성되어야 한다. 그러나 서면성을 폭넓게 인정하고 있다. 자필 및 인쇄(Printing), 타이핑(Typing) 기타 유형의 것이면 인정된다.

② 발행인의 서명이 있을 것(signed by the maker)
약속어음의 발행인(Maker), 환어음 또는 수표의 발행인(Drawer)의 서명(Signature)이 있어야 한다. 그러나 서명을 폭넓게 인정하고 있다. 성명, 상호, 상표 등을 사용하는 경우 뿐만 아니라 기타 서명의 목적으로 사용된 것이면 인정된다. 따라서 성명의 머리글자(initial), 별명(nickname)을 사용하는 것도 가능하며, 명판(Stamp)을 찍는 것도 가능하다. 이러한 서명의 사용위치에 대해서도 제한이 없으며 유통증권에서 사용되면 인정된다. 서명의 위치는 하단(at the bottom) 뿐만 아니라 본문(in the body)에서도 가능하다. 그러나 권한없는 자의 서명 또는 위조된 서명에 대해서는 당사자가 추인을 하지 않는 한 서명으로서 효력이 인정되지 않는다. 물론 이 경우에 서명을 한 자가 개인적으로 책임을 부담하게 된다.

③ 무조건의 지급약속일 것(unconditional promise to pay)
지급약속은 무조건적이어야 한다. 다른 약정에 구속된다고 하거나 특정재원으로만 지급이 가능하다는 것[59] 등은 조건적이므로 유통성의 조건을 충족하지 못한다. 그러나 단지 약인(consideration)을 기술하는 것[60], 특정거래를 언급하는 것, 묵시적 또는 추정적 조건(implied or constructive condition)에 구속되는 것, 다른 약정 또는 문서를 언급하는 것, 신용장에 의거 발행되었다고 하는 것, 저당권 등에 의거 담보된다고 기술하는 것 등은 무조건성이 인정된다.

59) 예를 들어 지급해야 하는 계좌를 언급하는 것은 유통성을 인정할 수 있으나, 그 계좌에 잔액이 있는 경우에만 지급한다는 것은 조건이 되어 유통성을 인정받지 못한다.

60) 예1) 'A가 건물을 양도하면 A에게 U$1백만을 지급하기로 약속한다.': A의 건물양도를 조건으로 하므로 약속어음이 유효하지 않다.
예2) 'A의 건물양도에 대한 댓가로 A에게 U$1백만을 지급하기로 약속한다.': A의 건물양도는 조건이 아니고 약인에 불과하므로 유효한 약속어음이 된다.

④ 확정금액의 지급약속일 것(promise to pay a sum certain)

지급을 약속한 금액은 증권상에 확정되어 있거나 어음의 문안에 의해 확정할 수 있어야 한다. 그러나 원금과 이자를 정하는 경우에 이자금액을 확정하지 아니하고 적용되는 이자율을 명시하는 것은 가능하다.

또한, 조기지급에 따른 할인, 지급지체에 따른 연체금을 정하는 것도 가능하다. 고정금리뿐만 아니라 Libor 등 변동금리로 이자를 정하는 것도 가능하다. 한편, '원금(금액 명시)과 이자'라고만 기재하고 이자율을 명시하지 않는 것은 가능하다. 이러한 경우는 법정이율이 적용되기 때문이다.

⑤ 금전의 지급일 것(money)

금전 이외의 재물의 지급은 안 된다.

⑥ 지급약속 또는 지급지시가 있을 것(Promise or Order to Pay)

"Note(약속어음 등)"는 반드시 지급약속내용을 포함하고 있어야 한다. 약속이라 함은 지급을 하겠다는 적극적인 의무부담이다. 단지, 채무의 인식만으로는 부족하다. 예를 들어 "나는 U$1,000의 채무가 있다.[61)]"라는 것으로는 '유통성'을 인정받을 수 없고, "나는 U$1,000을 지급하기로 약속한다.[62)]"라고 표시해야 한다.

"Draft(환어음, 수표)"는 지급지시내용을 포함하고 있어야 한다. 지급지시라는 것은 발행인이 제3자에게 지급하도록 지시하는 것이다. 이는 제3자에게 지급하도록 권한을 부여하거나 제3자에게 지급을 요청하는 것보다 강한 내용이어야 한다. 그리고 지급해야 하는 자를 반드시 명시해야 한다.

⑦ 요구불 또는 지급기일을 정할 것(on demand or at definite time)

지급제시가 있으면 지급해야 하거나('요구불') 또는 지급일이 확정되어야 한다. 지급시한(예를 들어 '2020.6.30. 까지 지급')을 정하는 것은 가능하나, 지급개시일(예를 들어 '2020.6.30. 이후에 지급')을 정하는 것은 허용되지 않는다. 한편, 기한의 이익 상실조항(Acceleration Clause)을 두는 것도 가능하다. (요구불로 인정되는 표현: 'payable on demand', 'payable at sight', 'payable on presentation')

⑧ 지시식 또는 소지인 출급식일 것(payable to the order or payable to the bearer)

61) "I owe you U$1,000."

62) "I promise to pay U$1,000"

2. 약속어음

1) 의의

약속어음(Promissory Note)이란, 발행인(Maker)이 일정한 금액을 수취인(Payee)에게 지급할 것을 약속하는 유가증권이다. 채무자가 발행하고, 발행인이 지급인이 된다. 수출계약에서는 수입자가 발행하며, 대출계약에서는 차주가 발행한다.

영국 환어음법(1882)에서는 지급청구 시, 또는 확정적인 (또는 확정할 수 있는) 장래일에 일정 금액을 특정인 또는 그의 지시인에게 지급하기로 하는 무조건적인 서면약속이라고 정의하고 있다.[63)]

(약속어음 도해)

발행 및 지급약속(promise)

발행인(maker)

수취인(payee)

미국법상 'note'란 발행인(maker)이 수취인(payee)에게 금전을 지급하기로 한 약속이다.[64)] 'note'의 대표적인 유형으로는 약속어음(promissory note), 양도성정기예금증서(CD), 미국 국채(Treasury Note)가 있다.

약속어음은 일반적인 지급을 약속하는 증서로서 발행인이 곧 지급인이 되며, 양도성정기예금증서는 은행이 일정한 금전을 수취하였다는 것을 인정하고 그 금전의 상환을 약속하는 증서로서 '은행의 약속어음'이라고 볼 수 있다.[65)]

---

63) 83. Promissory note defined.
A promissory note is an unconditional promise in writing made by one person toanother signed by the maker, engaging to pay, on demand or at a fixed or determinable future time, a sum certain in money, to, or to the order of, a specified person or to bearer.

64) 미국 통일상법전(UCC § 3-104) (e) An instrument is a "note" if it is a promise

65) 미국 통일상법전(UCC § 3-104) (j) "Certificate of deposit" means an instrument containing an acknowledgement by a bank that a sum of money has been received by the bank to repay the sum of money. A certificate of deposit is a note of the bank.

2) 환어음 및 수표와의 차이

환어음과 수표도 약속어음과 마찬가지로 유가증권 또는 유통증권에 해당된다. 그러나 환어음과 수표는 발행인이 제3자에게 일정한 금액을 지급할 것을 위탁하는 것이고, 약속어음은 본인이 직접 지급할 것을 약속하는 것이다.

미국에서는 약속어음, 환어음, 그리고 수표는 유통증권(negotiable instrument)으로 분류된다. 그리고 유통증권이란, 증권에 표창된 권리를 증권의 배서 및 교부, 또는 교부만으로 이전되며, 그 증권을 선의(in good faith) · 유상(with value)으로 취득한 자는 양도인이 가졌던 권리에 하자가 있었다고 해도 완전히 유효한 권리를 취득한다.

3) 약속어음의 기능

약속어음의 주요 기능은 다음과 같다.

① 권리자는 외형상 유효하게 보이는 어음을 제시하면 일응 어음은 유효한 것으로 추정되므로 어음채무자가 어음이 유효하지 않음을 증명해야 한다.

② 채무자가 약속어음을 발행함으로써 채무의 존재를 인정하였으므로 약속어음은 증거증권의 기능을 한다.

③ 계약서에 기한 소송보다 소송절차가 간편하다. 미국 뉴욕주법상 권리자가 어음금청구소송을 제기하면 심리없이 권리자 승소판결(Direct Verdict)을 하므로(즉 소송절차가 간소함), 이를 저지하기 위해서는 어음채무자는 어음에 대한 항변을 주장하고 이에 대해 입증책임을 부담한다.

④ 약속어음은 유통이 편리하다. 참고로 어음·수표의 소지자는 전자(전 소지자)가 정당한 소지인이라는 것과 배서의 연속만 입증하면 된다.

4) 약속어음의 주요 내용

(1) 표제(Title)

약속어음의 표제는 'Promissory Note(약속어음)'이며, 축약하여 'P/Note'라는 용어를 사용하기도 한다(표제에는 완전한 명칭을 사용하는 것이 바람직하다).

(2) 무조건적인 지급약속(Unconditional promise to pay)

약속어음의 담보력 강화를 위해 '무조건적인' 지급약속이 명시되어야 한다. 다만,

① 약인(consideration)에 대한 언급 ② 어음발행의 원인 거래나 계약에 대한 언급 ③ 담보에 관한 언급 등은 약속어음에 명시되어 있어도 조건으로 보지 않는다.[66)]

(약속어음은 발행인이 직접 지급할 것을 약속하는 것이고, 환어음(bill of exchange) 및 수표(check)는 발행인이 제3자에게 일정한 금액을 지급토록 위탁하는 것이다.)

(3) 확정금액의 지급약속

지급을 약속한 금액은 약속어음상 확정되어 있거나 약속어음의 문안에 의해 확정할 수 있어야 한다. 이자와 연체이자에 대한 지급문구가 있어도 확정에 영향을 주지 않는다. 다만, Libor, Euribor 등 변동금리인 경우 이자율을 확정할 수 있는 상세한 기준이 약속어음상 명시되어야 한다.

한편, '원금(금액 명시)과 이자'라고만 기재하고 이자율을 명시하지 않는 것은 가능하다. 이러한 경우는 법정이율이 적용되기 때문이다. 그러나 이자율 결정에 있어 분쟁이 발생할 수 있으므로 이자율을 확정하는 것이 바람직하다.

(4) 지급시기

약속어음상 지급시기가 명시되어야 한다. 약속어음의 만기는 일람출급조건과 확정일출급조건이 있는데, 지급시기가 'on demand' 나 'at sight'로 되어 있는 것은 일람출급조건이고, '특정일자'로 되어 있는 것은 확정일출급조건이다.

(5) 지시성 또는 소지인출급성

지시성(payable to the order of)은[67)] 수취인(payee) 또는 그가 지정하는 자에게 지급하겠다는 내용이고, 소지인출급성(payable to the bearer)[68)]은 약속어음의 소지인에게 지급하겠다는 내용이다. 이 문구가 포함되어 있어야 약속어음의 자유로운 유통(negotiation)이 가능하다.

---

66) 예시) For value received, we ---------- with Commercial Registration number --------- as the issuer, unconditionally and irrevocably undertake to pay to the order of [ ] the sum of US$ [ ] on demand.

67) 예시) …… to pay to the order of 〔 〕 ……

68) 예시) …… to pay to the bearer ……
…… to pay to 〔 〕 or bearer ……
…… to pay to cash ……

(6) 기한의 이익 상실

기한의 이익 상실(acceleration)[69]은 만기에 약속어음의 대금을 지급하지 않는 경우 만기미도래분에 대해서도 즉시 만기가 도래한다는 내용이다. 이 내용이 있어야 지급압박은 물론 담보권행사 등을 통한 회수가 용이해진다.

(7) 기본거래 또는 원인계약

약속어음은 기본거래 또는 원인계약을 전제로 발행된다. 이에 따라 기본거래 또는 원인계약을 명시하여 어느 거래에 대한 약속어음인지 특정할 수 있어야 한다.

(8) 준거법

준거법(Governing Law)은 계약의 효력, 해석 등에 적용되는 법이다. 계약서에 모든 내용을 기재할 수 없기 때문에 계약서에 정하지 않은 사항, 계약의 해석, 계약의 효력 여부는 준거법에 따른다. 준거법을 명시하지 않는 경우 각국의 국제사법에 따라 준거법이 정해진다.

(9) 재판관할권

재판관할권(Jurisdiction)은 분쟁발생 시 소송을 제기할 수 있는 법원을 말한다. 국제거래분쟁에서는 각국 법원은 자국민에게 유리하게 판결하려는 경향이 있어, 재판관할권을 정함에 있어 이 점을 유의해야 한다.

(10) 발행인의 서명

약속어음 발행의 진정성을 위해 발행인이 서명해야 한다.

---

69) 예시) Upon default in the prompt and full payment of any installment of principal or interest on this Note, <u>the entire outstanding principal hereof and interest thereon shall immediately become due and payable</u> at the option and upon demand of the holder hereof.

(약속어음 예시)

PROMISSORY NOTE

Date: ____________________

Amount of Principal: U$

FOR VALUE RECEIVED, 〔수입자명〕 (the "Buyer") by this promissory note (the "Note") unconditionally promises to pay to the order of 〔수출자명〕 (the "Seller") the principal sum of 〔금 액〕 U.S. Dollars(숫 자) in installments as hereinafter provided, and to pay interest on the principal balance hereof from time to time outstanding at the rate of four point five percent (4.5%) per annum.

The principal of this Note shall be paid in nine (9) installments on each repayment date specified below (the "Repayment Date")

(a) The first installment shall be in the sum of Two Million Five Hundred Twenty Nine Thousand Eight Hundred Forty One U.S. Dollars (US$2,529,841) and shall be due and payable on ___________(50 days after date of the Acceptance Certificate);

(b) ~ (h) (생 략)

(i) The ninth installment shall be in the sum of One Million Eleven Thousand Nine Hundred Thirty Six U.S. Dollars (US$1,011,936) and shall be due and payable on ___________(1,440 days after date of the Acceptance Certificate);

Interest on this Note is due and payable on each Repayment Date. Such interest will be calculated on the basis of the actual number of days elapsed(including the first day, but excluding the last day) over a year of 360 days.

In the event that any amount of principal hereof or accrued interest on this Note is not paid in full when due (whether at stated muturity, by acceleration or otherwise), the Buyer shall pay to the Seller or the holder of this Note default interest at the rate of twelve percent (12%) per annum on such unpaid amount for the period from and including the date such amount was due to but excluding the day such amount is paid in full.

Both principal of and interest on thid Note shall be payable by the Buyer in U.S. Dollars in immediately available funds to the account of the Export-import Bank of Korea (Account No. XX-XXX-XXX) with XX Bank, New York or to such other account as the holder of this Note may designate in writing. All sums payable by the Buyer under this Note shall be paid without deduction for or on account of any present or future taxes, duties or other charges levied or imposed by the Government of the Republic of Azerbaijan.

Upon default in the prompt, and full payment of any installment of principal or interest on this Note, the entire outstanding principal hereof and interest, thereon shall immediately become due and payable at the option and upon demand of the holder of this Note.

The Buyer hereby waives demand, diligence, presentation, protest, or notice of every kind with respect to this Note, and warrants to the holder of this Note that all action and approvals required for the execution and delivery hereof have been duly taken and obtained.

The failure of the holder hereof to exercise any of its rights hereunder in any instance shall not constitute a waiver thereof in that or any other instance.

This Note is issued pursuant to the Contract for Supply of 〔수출목적물〕, dated 〔날 자〕 between the Seller and the Buyer, and shall be governed by and construed in accordance with the law of the State of New York, United States of America.

For and on behalf of
〔수입자명〕

____

Name:
Title:

제 4 장

무역대금결제

제4장 무역대금결제

제1절 개설

무역거래는 수출자의 수출이행과 수입자의 대금결제로 마무리된다. 결제조건에 따라 양당사자의 위험은 큰 차이가 있고, 결제조건은 현금흐름(cash flow)에도 큰 영향을 미친다. 따라서 무역거래조건의 협상에서 대금결제조건은 매우 중요한 요소가 된다.

무역거래에서는 당사자가 직접 대금을 주고 받는 것이 현실적으로 곤란하므로 은행의 참여가 필수적이다. 은행은 수입자의 요청에 따라 결제대금을 송금하고, 수출자의 요청에 따라 수출대금을 추심하기도 한다. 또한, 수입자의 요청에 따라 신용장을 개설하고, 신용장을 통지한다. 그리고 신용장서류매입 또는 수출채권매입(수출환어음매입), 포페이팅, 팩토링 등을 통하여 수출금융을 제공한다. 무역대금결제는 은행의 역할에 따라 발전되어 왔다.

가장 기본적은 무역대금결제방식에는 선지급방식(payment in advance), 오픈어카운트방식(open account), 추심결제방식(documentary collection), 그리고 신용장방식(documentary credits)이 있다.[1] 그 외 지급수단에 따라 전신송금, 신용카드, 전자결제, 송금수표 등으로 분류하기도 한다.

---

1) Michele Donnelly, *Certificate in International Trade and Finance*, ifs School of Finance, 2010, p.79.; Anders Grath, *The Handbook of International Trade and Finance*, 3rd ed, Kogan Page, 2014, p.33.; Gary Collyer, *The Guide to Documentary Credits*, 3rd ed., ifs School of Finance, 2007, p.22-23.; Guillermo C. Jimenez, *ICC Guide to Export/Import: Global Standards for International Trade*, ICC Publication No. 686, 2012, p.109.; Belay Seyoum, *Export-Import Theory, Practices, and Procedures*, 2nd Ed, Routeledge, 2009, p.239-259.

(무역거래에서의 대금결제 방식)

Category	Terms of Payments
Payment in Advance(선지급방식)	Cash in Advance: 선지급방식(선수금방식)
Open Account(오픈어카운트방식)	Open Account(O/A: 오픈어카운트), Cash in Arrears
Documentary Collection (or bank collection) (추심결제방식)	Documents against Payment(D/P): 지급인도조건 * sight draft, cash against documents
	Documents against Acceptance(D/A): 인수인도조건 * time draft, cash against acceptance
Documentary Credit (신용장방식)	Sight credit: 일람지급신용장
	Deferred Payment credit: 연지급신용장
	Acceptance credit: 인수신용장
	Negotiation credit: 매입신용장
Other Methods	Bank Payment Obligation(BPO)
	Consignment(위탁판매)
By the Technical Methods of Payment(지급수단에 따라)	Telegraphic Transfer(T/T)(전신송금) •advance remittance(사전송금) •later remittance(사후송금)
	Credit Card(신용카드)
	Demand Draft(D/D) or Check(송금수표)
	Electronic payment(전자결제)
concurrent payment (동시지급방식)	CAD(Cash against Documents) (서류상환지급방식)
	COD(Cash on Delivery) (물품인도지급방식)

참고로 한국무역협회에서는 결제형태로 단순송금방식(T/T, M/T), 사후 또는 동시송금방식(COD, CAD), 임가공료지급방식의 위탁(수탁)가공무역, D/A, D/P, 일람출급 L/C, 기한부 L/C, 기타 무상, 기타 유상, 계좌이체(상호계산방식), 분할영수(지급)방식 등으로 분류하고 있고[2], 은행에서는 수출환어음 매입(추심)시 결제형태를 신용장, D/A, D/P, 기타로 분류하고 있다.

2) 무역협회 홈페이지(http://www.kita.net/)에서 '무역통계' 참조.

❍ 지급수단에 따른 대금결제방식 분류

전신송금 (Telegraphic Transfer: T/T)	은행이 자행의 해외지점 또는 외국환거래은행에 일정한 금액을 수취인에게 지급할 것을 전신(은행간 전산망: SWIFT(MT 103(지급지시))으로 지시한다(전신으로 지급지시하며, 'wire transfer'라고도 한다). 일상에서 사용되는 해외송금방식이다.
신용카드 (Credit Card)	국내에서에서의 신용카드결제와 마찬가지로 수입대금을 신용카드로 결제하는 방식이다. 주로 소액거래에 이용된다.
송금수표 (Demand Draft: D/D)	은행이 송금수표를 발행하여 송금인에게 교부하고, 송금인은 수취인에게 이를 보내며, 수취인이 이를 지급은행에 제시하여 대금을 찾는 방식이다.

(결제조건별 수출입자의 위험도 순위)

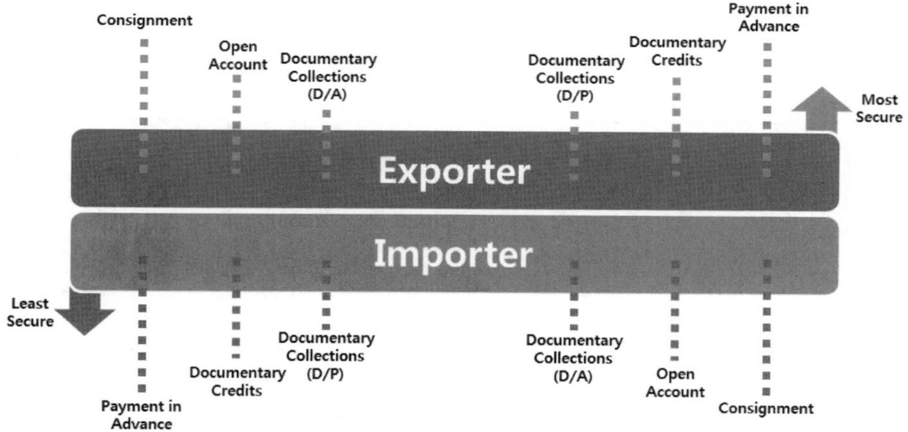

(자료: 미국 상무부[3])

3) U.S. Department of Commerce/International Trade Administration, *Trade Finance Guide: A Quick Reference for U.S. Exporters*, 2012, p.3.

제2절 주요 대금결제방식

1. 선지급방식

선지급방식(payment in advance, cash in advance)이란, 수출자가 물품을 인도하기 전에(용역의 경우 수입자에게 용역을 제공하기 전에) 대금을 지급받는 방식이다. 수출자는 사전에 수출대금을 현금으로 지급받기 때문에 사전현금지급방식(cash in advance)이라고도 한다.[4] 수출자는 인도전에 대금을 받기 때문에 대금미회수위험이 없고 자금부담도 없으나, 수입자는 물품이나 용역을 인도받기 전에 대금을 결제해야 하므로 자금부담이 크고, 수출자의 수출불이행위험에 노출되게 된다.

(선지급방식 거래 도해)

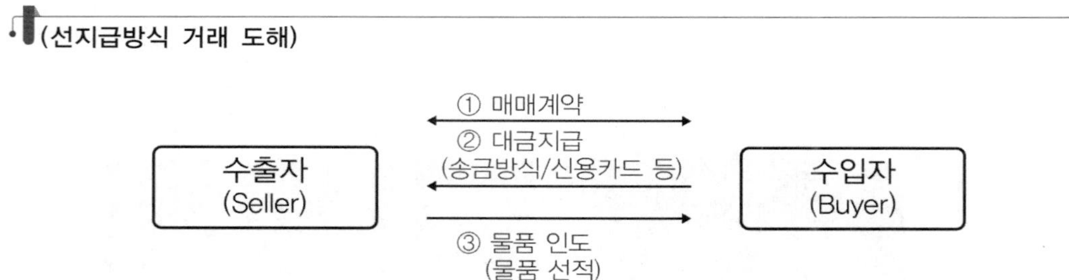

계약금액을 전액 선지급하는 경우는 드물고, 계약금액의 일부를 선수금으로 지급하고 나머지는 후불로 지급하는 경우가 대부분이다. 선지급방식에서는 수출자가 물품을 인도(또는 용역 제공)하지 않는 경우 수입자는 선수금을 손해 보게 되므로 이를 담보하기 위해 선수금환급보증서(advance payment bond)[5]를 요구한다.

4) Belay Seyoum, *supra* note 1, p.240.

5) 선수금환급보증서(advance payment bond): 금융기관이 수입자를 수익자로 하여 발행하는 보증서로 수출자가 수출이행을 하지 않고 받은 선수금도 수입자에게 반환하지 않는 경우 수입자는 금융기관에 선수금과 동액의 지급을 청구할 수 있으며, 금융기관은 수입자의 청구 시 이를 지급한다는 것을 약속하는 보증이다.

2. Open Account(O/A) 방식

오픈어카운트(Open Account)방식이란, 수출자가 수출물품을 선적하고 상업송장과 운송서류 등을 은행을 경유하지 않고 직접 수입자에게 발송하며 선적서류를 수취한 수입자는 약정된 기일에 대금을 수출자에게 송금하는 방식이다.[6] 간단히 'O/A방식'이라고 하고, 선적통지 결제방식, 사후송금방식, 선적통지부 사후송금방식 등이라고도 한다. 이론적으로는 수출입자가 서로 잘 알고 오랫동안 거래경험이 있는 경우에 이용된다고 설명하는데, 수출경쟁이 치열하기 때문에 대부분의 무역거래는 오픈어카운트방식에 의한다. O/A방식은 선적서류 등이 은행을 경유하지 않는다는 점에서 추심방식이나 신용장과 차이가 있다. 오픈어카운트방식에서 대금지급은 대부분 전신송금에 의한다. 이에 따라 오픈어카운트방식을 사후송금방식으로 부르기도 한다. 오픈어카운트방식은 송금방식 중 사후송금방식에 해당된다고 말할 수 있다. 그러나 송금방식과 오픈어카운트방식을 동일한 것으로 표현하는 것은 잘못된 것이다. 송금방식은 기술적인 지급방식에 의한 분류로서 오픈어카운트방식 이외의 대금결제방식에서도 이용되기 때문이다.

한편, 국내외국환은행에서는 선적통지부 사후송금방식 수출거래를 Open Account 거래라고 부르고 있는데, 이러한 수출대금채권도 매입하는 경우가 있으며, 이를 수출대금채권 매입거래라 하여 수출환어음 매입거래와 구분하고 있다.[7]

---

6) Gary Collyer, *supra* note 1, p.22.; Michele Donnelly, *supra* note 1, p.80.

7) 외국환은행의 '외국환거래약정서'
제1조(적용범위) 이 약정은 다음 각항의 현재 및 장래의 모든 거래(전자문서교환방식에 의한 거래를 포함합니다)에 적용하기로 합니다.
① 수출거래
1. 화환어음(환어음이 첨부되지 않은 선적서류를 포함합니다. 이하 이 약정에서 같습니다.)의 매입 및 추심
2. 보증신용장 등에 의한 무화환어음(Clean Bill)의 매입
3. 기타 전 각호에 준하는 거래
② 수입거래
1. 신용장 발행
2. 화환어음의 인도 및 결제
3. 보증신용장에 의한 무화환어음의 인도 및 결제
4. 기타 전 각호에 준하는 거래
③ 내국신용장발행거래
④ 내국신용장환어음 또는 판매대금추심의뢰서(이하 "내국신용장어음 등"이라 합니다)의 매입(추심)거래
⑤ 선적통지부 사후송금방식 수출거래(Open Account Transaction)에 의한 수출대금채권 매입거래(이하 수출대금채권 매입거래라 합니다)

(Open Account 거래 도해)

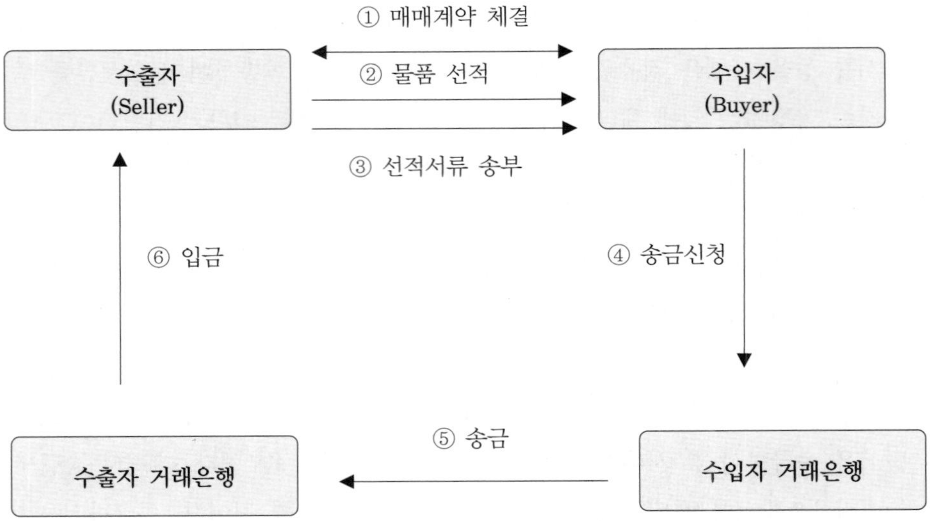

수출자 (Seller)
수입자 (Buyer)
① 매매계약 체결
② 물품 선적
③ 선적서류 송부
④ 송금신청
⑤ 송금
⑥ 입금
수출자 거래은행
수입자 거래은행

① 수출자와 수입자는 오픈어카운트방식의 대금결제조건으로 수출계약(매매계약)을 체결한다.

② 수출자는 수출계약에 따라 물품을 선적한다.

③ 수출자는 수출계약서에 따른 선적서류를 수입자에게 직접 송부한다.

④ 수입자는 선적서류를 통해 물품을 수령하고, 결제기일에 거래은행을 통해 송금을 요청한다.

⑤ 수입자의 송금요청에 따라 수입자 거래은행은 수출자 거래은행에 송금한다.

⑥ 수출자 거래은행은 송금받은 대금을 수출자 계좌로 입금한다.

오픈어카운트방식은 거래가 간단하고 은행수수료 및 기타 비용을 최소화할 수 있다. 수입자는 대금지급 전에 물품을 검사할 수 있어 상대적으로 유리하나, 수출자는 아무런 담보장치 없이 물품을 수입자에게 보내기 때문에 수입자의 신용도에 의존할 수밖에 없다. 추심결제방식(D/P, D/A)의 경우 수입자가 대금지급 또는 환어음을 인수하기 전에는 수입자에게 선적서류를 인도하지 않으므로 물품은 확보할 수 있기 때문에 수출자입장에서는 추심결제방식이 오픈어카운트방식 보다 안전하다. 오픈어카운트방식의 수출거래에서 수출채권매입의 경우 은행의 입장에서는 환어음이 발행되지 않고 선적서류 원본 없이 수출채권을 매입하게 되어 담보권 행사가 불가능하게 되어 수출자의 신용도가 확실한 경우에 한하여 매입을 하게 된다. 오픈어카운트방식은 수출자

에게 가장 불리한 결제방식이지만, 대부분의 무역거래는 오픈어카운트방식에 의하고 있다.[8)]

Open Account 방식의 특징은 ① 환어음이 발행되지 않고 ② 선적서류를 은행을 경유하지 않고 수출자가 직접 수입자에게 송부한다는 것이다.

■ **무역계약에서 사용되는 O/A의 문구 예시**

1) T/T 60 days from B/L date
2) T/T 120 days from B/L date
3) Payment shall be made by O/A (T/T) within 60 days after B/L date
4) Payment shall be made by T/T within 60 days after AWB date
5) Payment shall be made by T/T within 60 days after the date of receipt of the goods by the Buyer
6) Payment shall be made by open account (T/T) immediately but not later than 3 days after the date of delivery of the goods to a forwarder designated by the Buyer.

■ **O/A방식의 수출거래에서 수출채권 매입절차**

① 선적 및 선적서류 송부: 수출자는 선적하고 선적서류(운송서류, 보험서류, 상업송장 등)를 수입자에게 직접 송부한다.

② 외국환거래약정 체결 및 매입신청서 접수: 외국환거래약정을 체결하고, 수출자로부터 매입신청서, 수출신고필증, 수출계약서, 선적서류 사본을 받는다.

③ 서류검토 및 매입여부 결정: 매입신청서상의 기재사항과 수출계약서상의 요구사항 일치 여부를 확인하고 수출자의 신용상태 및 채권보전이 확실한 경우 매입

④ 수출대금채권의 양도: 수출자는 수출대금채권 양도에 따른 대금지급지시서(Standing Payment Instruction)를 수입자에게 송부한 후 수입자로부터 이에 대한 동의서를 받아 매입은행에 제출한다.

⑤ 입금계좌 지정: 수입자에게 수출대금을 은행에 직접 또는 은행이 지정한 계좌에 입금하도록 지시한다.

⑥ 계정처리 및 수수료 징구: 계정과목은 매입외환으로 기표하며 환가료 등을 징수하고 매입대전은 수출자에게 입금

⑦ 부도시 대금상환: 수출대금채권이 만기일에 회수되지 않는 경우 수출자는 매입대금을 매입은행에 상환한다. 그 외 수출자에게 기한이익상실 사유가 발생한 경우에는 수출대금채권의 만기일 전에도 수출자는 매입대금을 매입은행에 상환해야 한다.

---

8) Anders Grath, *supra* note 1, p.36.

3. 추심결제방식

1) 추심결제방식의 의의

추심결제방식(documentary collections)이란, 수출자가 물품을 선적한 후 수입자를 지급인으로 하는 환어음을 발행하여 수출국에 소재하는 추심의뢰은행에 추심을 요청하고 추심의뢰은행은 수입국에 소재하는 추심은행에 다시 추심을 의뢰하면, 추심은행이 수입자에게 환어음을 제시하여 수출대금을 회수하는 대금결제방식이다.

통상 수출자가 물품을 선적한 후 환어음과 선하증권 등 선적서류를 첨부하여 자신의 거래은행(추심의뢰은행)에 추심요청을 하고, 동 추심의뢰은행이 수입자의 거래은행(추심은행)에 추심의뢰를 하며, 추심은행이 수입자로부터 추심하여 받은 대금을 추심의뢰은행에 송금하고 추심의뢰은행은 동 대금을 수출자앞으로 입금한다. 추심의뢰은행은 수출자의 대리인의 지위에 있고 추심은행은 추심의뢰은행의 대리인의 지위에 있으므로 대리인의 일반적 의무를 준수해야 한다. 이에 따라 추심은행의 추심의뢰은행에 대한 의무와 책임은 고객인 수입자에 대한 어떠한 의무에 우선한다.

추심방식에 대해 적용되는 국제적 통일규칙으로는 ICC에서 제정한 「추심에 관한 통일규칙(Uniform Rules for Collections: URC 522)」이 있다. 추심지시서(collection instructions)상 동 규칙을 따른다고 명시하는 경우 이 규칙을 적용받게 된다(URC 522 제1조). 추심에 관한 통일규칙에서는 "추심(collection)"이란, 은행이 접수된 지시에 따라 금융서류 및 상업서류를 ① 지급 또는 인수를 받거나 ② 서류를 지급인도 또는 인수인도 하거나 ③ 기타의 조건으로 서류를 인도하는 목적으로 취급하는 것을 말한다고 규정하고 있다(URC 522 제2조). 이에 따라 추심이란, 지급인도조건(D/P), 인수인도조건(D/A)에 의한 서류인도, 기타 조건의 서류를 수입자에게 인도하여 지급 또는 환어음 인수를 받는 것이라고 볼 수 있다.

추심결제방식에는 환어음의 지급인(수입자)이 선적서류를 받고 이와 동시에 대금을 결제하는 "지급인도조건(D/P)"과 환어음의 지급인(수입자)이 환어음을 인수하여 선적서류를 받고 환어음의 만기일에 대금을 결제하는 "인수인도조건(D/A)"이 있다.

2) 지급인도조건(D/P)

지급인도조건[9](Documents against Payment: D/P)이란, 수출자가 수입자와의 매매계약에 따라 물품을 선적한 후 수입자를 지급인으로 하는 일람출급환어음(sight draft)을 발행하여 운송서류와 함께 거래은행(추심의뢰은행)에 추심의뢰하고, 동 추심의뢰은행(remitting bank)이 수입자의 거래은행(추심은행)앞으로 추심을 의뢰하고, 동 추심은행(collecting bank)이 수입자에게 환어음을 제시하여 수입자가 어음대금을 지급하면 그와 동시에 운송서류를 수입자에게 인도하고, 추심은행이 그 어음대금을 추심의뢰은행에 송금하여 수출자가 수출대금을 지급받는 거래방식이다.[10)]

지급인도조건에서 추심의뢰은행이나 추심은행은 추심업무처리에 있어 선관주의의무를 부담할 뿐 지급책임은 없다. 수출자의 입장에서는 물품을 선적하였으나 수입자가 대금을 지급하지 않을 위험이 있지만, 수입자가 대금을 지급하기 전에는 물품을 수입자에게 인도하지 않으므로 물품은 확보할 수 있다는 이점이 있다. 수입자의 입장에서는 운송서류 인수를 통해 화물에 대한 권리를 확보할 때까지는 대금을 지급하지 않는다는 이점이 있다.

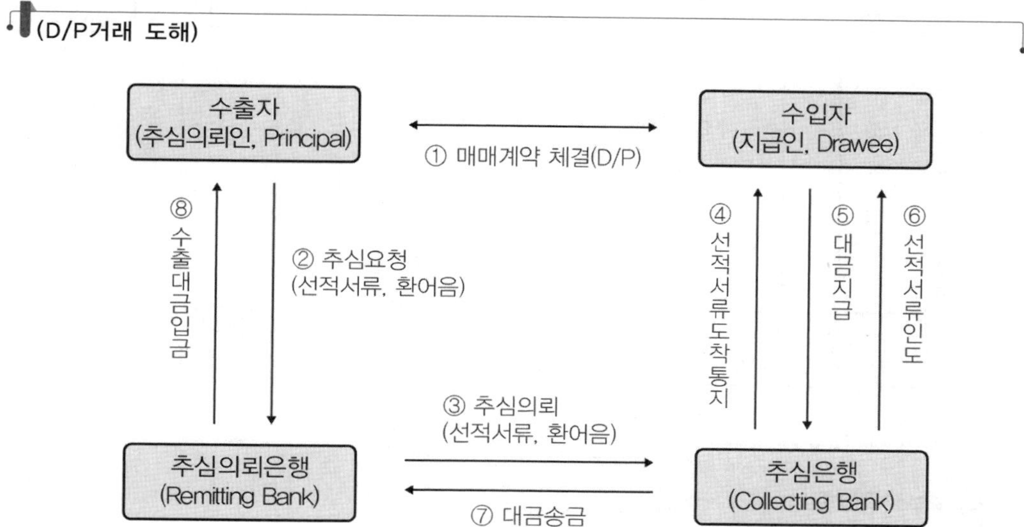

3) 인수인도조건(D/A)

인수인도조건[11)](Documents against Acceptance: D/A)이란, 수출자가 수입자와의 매매계약에

---

9) '어음지급서류인도조건', '지급도방식'이라고 부르기도 한다.

10) 계약서상 지급도(D/P)조건의 문안: 'Deliver documents against payment', 'D/P at sight' 등

따라 물품을 선적한 후 수입자를 지급인으로 하는 기한부환어음(time draft)을 발행하여 운송서류와 함께 거래은행(추심의뢰은행)에 추심의뢰하고, 동 추심의뢰은행(remitting bank)이 수입자의 거래은행(추심은행)앞으로 추심을 의뢰하고, 동 추심은행(collecting bank)이 수입자에게 환어음을 제시하여 수입자가 환어음을 인수하면 그와 동시에 운송서류를 수입자에게 인도하고, 환어음의 만기일에 추심은행이 수입자로부터 어음대금을 지급받아 추심의뢰은행에 송금하여 수출자가 지급받는 거래방식이다.[12)]

인수인도조건에서는 수입자의 대금지급 없이 환어음의 인수만으로 선적서류를 인도하므로 어음만기일에 수입자가 환어음을 지급하지 않는 경우 수출자로서는 물품도 잃게 되는 위험이 있다.

(D/A거래 도해)

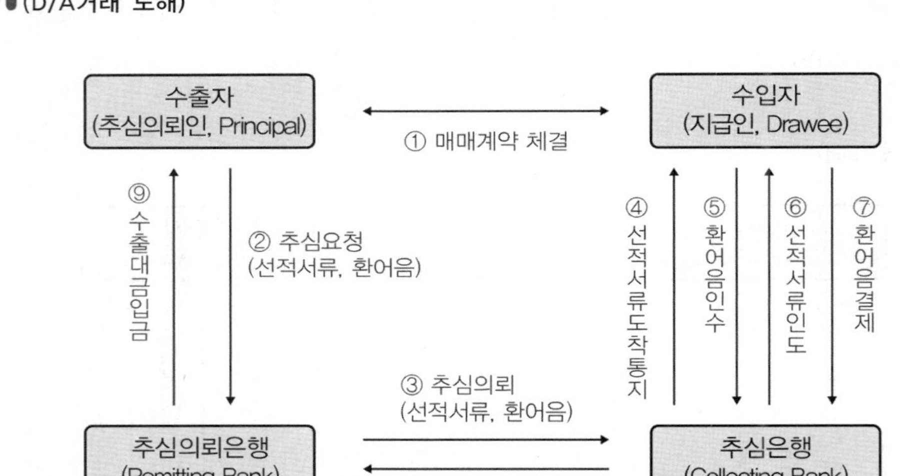

4) 추심결제방식의 절차

추심결제방식의 거래절차는 순서대로 정리하면 다음과 같다.

① 수출자와 수입자가 D/P 또는 D/A 방식의 대금결제조건으로 수출계약(매매계약)을 체결한다.

---

11) '어음인수서류인도조건', '인수도방식'이라고 부르기도 한다.

12) 인수도(D/A)조건의 문안: 'Deliver documents against acceptance', 'at 60 days after sight', 'D/A 60 days from B/L date'

② 수출자는 수입자의 선적지시를 받는 대로 매매계약에 일치한 물품을 기한 내에 선적하고 선적서류를 구비한다.

③ 선적서류를 구비한 수출자(추심의뢰인)는 수입자를 지급인으로 하는 환어음을 발행하여 선적서류와 함께 자신의 거래은행에 제시하면서 수입자의 거래은행에 어음대금을 추심해 줄 것을 요청한다.

④ 수출자로부터 추심요청을 받은 거래은행(추심의뢰은행)은 추심에 필요한 모든 지시사항을 기재한 추심지시서(collection instruction)를 작성하여 수출자의 환어음과 선적서류를 첨부한 후 이를 수입자의 거래은행(추심은행)에 송부하고 수입자 앞으로 추심해 줄 것을 의뢰한다.

추심의뢰은행이 환어음을 매입(negotiation)하는 경우가 많다. 이 경우 추심의뢰은행은 매입은행이 되며, 환어음대금에서 환어음만기일까지의 이자, 매입수수료 등을 공제한 대금을 수출자에게 지급하며, 추후 환어음이 부도처리되는 경우 수출자에게 동대금을 구상한다.

⑤ 추심은행은 환어음과 선적서류를 접수하는 즉시 수입자에게 선적서류가 도착하였다는 통지서(arrival notice)를 발송하고 환어음 대금을 지급 또는 인수할 것을 요구한다. 은행은 서류의 진정성에 대해서는 책임이 없다.

⑥ 은행으로부터 추심을 받은 수입자(지급인)는 D/P방식인 경우에는 어음인수와 동시에 대금을 지급하고, D/A방식인 경우에는 제시된 환어음을 인수한다. 수입자로부터 환어음의 지급 또는 인수의 서명을 받은 추심은행은 선적서류를 수입자에게 인도한다.

⑦ 환어음을 지급 또는 인수한 수입자는 선적서류를 제시하여 운송인으로부터 물품을 수령한다.

⑧ 추심은행은 수입자로부터 지급 받은 추심대금을 추심의뢰서에 명기된 대로 추심의뢰은행 앞으로 송금한다.

⑨ 추심은행으로부터 대금을 송금 받은 추심의뢰은행은 최종적으로 수출자에게 이를 지급함으로써 추심거래의 모든 과정이 끝난다.

5) 추심서류

추심서류에는 금융서류와 상업서류가 있는데, 추심의뢰은행은 이러한 서류를 추심지시서에 첨부하여 추심은행에 송부한다. 금융서류란, 환어음, 약속어음, 수표 또는 기타 금전의 지급을 받기위해 사용하는 증서를 말하는데, 금융서류로는 주로 환어음이 사용된다. 상업서류란, 상업송장, 운송서류, 권리증서 등으로 금융서류가 아닌 서류를 말한다. 상업서류 없는 금융서류만의 추심을 무화환추심(clean collection)이라고 하고, 금융서류에 상업서류가 첨부되거나 상업서류만의 추심을 화환추심(documentary collection)이라고 한다.

추심지시서(collection instruction)란, 추심의뢰인(수출자)의 지시에 따라 추심의 조건을 기재한 서류를 말한다. ICC에서는 1982년 12월 표준추심의뢰서를 제정하여 각국 은행들로 하여금 이를 사용하도록 권고하였으며, 1995년 추심에 관한 통일규칙 제3차 개정 시에 추심지시서를 정식서류로 채택하였다. 모든 추심에는 추심지시서가 있어야 하며 추심은행은 추심지시서에 따라 행동해야 한다.

추심지시서에 다음과 같은 내용이 기재된다. (추심의뢰은행, 추심의뢰인, 환어음 지급인, 제시은행, 추심금액 및 통화, 서류목록 및 통수, 지급 또는 인수를 받는 조건, 서류의 인도조건(지급 또는 인수, 기타 조건), 추심수수료, 추심이자, 지급방법, 지급거절(또는 인수거절, 다른 지시 불이행)에 대한 지시)

6) 추심거래의 당사자

신용장 없이 매매계약에 의존하여 환어음 또는 선적서류를 추심하는 과정에 참여하는 당사자는 일반적으로 추심의뢰인, 추심의뢰은행, 추심은행, 제시은행, 지급인이 있다.

추심의뢰인(principal)은 물품을 선적하고 추심을 의뢰하는 자를 말하며, 통상 수출자가 추심의뢰인이 된다. 수출자는 선적을 한 후 화환어음을 발행하여 추심의뢰를 하므로 환어음에 있어서는 발행인(drawer)이 된다.

추심의뢰은행(remitting Bank)은 추심의뢰인으로부터 추심을 지시받은 은행을 말하는데, 추심의뢰은행은 금융서류와 상업서류를 추심은행앞으로 송부한다. 수출자와 추심의뢰은행은 위임관계에 있으며, 수출자가 본인(principal)이 되고 추심의뢰은행은 대리인(agent)이 된다. 추심의뢰은행은 통상 수출자의 거래은행이 된다. 추심의뢰은행이 선적서류를 매입하고 매입대전을 미리 수출자에게 지급하는 경우가 있는데, 이 경우 추심의뢰은행은 매입은행(negotiating bank)이 된다.

추심은행(collecting bank)은 추심의뢰은행으로부터 추심의뢰를 받고 수입자를 상대로 추심을 하는 은행을 말한다. 추심의뢰은행과 추심은행은 위임관계에 있으며, 추심의뢰은행이 본인이 되고, 추심은행은 대리인이 된다. 통상 수입자의 거래은행이 된다.

제시은행(presenting bank)은 수입자에게 직접 추심서류를 제시하는 은행으로 넓은 의미의 추심은행에 포함된다. 추심은행이 수입자의 거래은행인 경우 추심은행이 직접 수입자에게 추심서류를 제시하지만, 그렇지 않은 경우 수입자의 거래은행(제시은행)을 통해 추심서류를 수입자에게 제시하게 한다.

지급인(drawee)은 추심의뢰서에 따라 제시은행으로부터 지급 또는 인수를 위한 제시를 받고 만기일에 대금을 지급하는 자를 말한다. 통상 수입자가 지급인이 된다.

7) 추심관계은행의 의무와 책임

추심의뢰은행, 추심은행 등 추심관계은행은 추심의 목적을 달성할 수 있도록 신의성실에 따르고 상당한 주의의무를 기울여야 한다. 그러나 추심관계은행은 다음의 사항에 대해서는 책임이 면제된다.

i) 서류의 형식, 진정성, 법적효력 및 서류에 표시된 물품의 명세, 중량, 품질 등에 대한 책임
ii) 통신, 서신 또는 서류송달지연 및 분실로 발생하는 결과
iii) 전신, 텔렉스 또는 전자장치에 의한 통신의 송신중 일어나는 지연, 훼손
iv) 전문용어의 번역 또는 해석상 오류
v) 천재, 폭동, 전쟁 등 불가항력적인 사유와 파업, 직장폐쇄 등으로 인하여 발생하는 결과
vi) 접수된 지시의 명확성을 기하기 위하여 소요된 지연행위

8) 추심결제방식의 특징

추심결제방식의 거래는 신용장방식과 비교하면 다음과 같은 차이가 있다.

i) 신용장거래에서는 개설은행에 지급책임이 있다. 그러나 추심결제방식에서는 은행은 지급책임이 없고, 수입자의 신용도에만 의존하며, 이에 따라 대금미결제 위험이 높다.
ii) 신용장거래에서는 서류만 완벽하면 개설은행은 서류를 인수하고 대금을 지급해야 한다. 그러나 추심결제방식에서는 수입자가 물품하자 등 여러 가지 사유로 서류와 환어음을 인수하지 않을 수 있다.

iii) 신용장거래에서는 일반적으로 개설은행이 환어음의 지급인이 된다. 그러나 추심결제방식에서는 수입자가 환어음의 지급인이 된다.

iv) 신용장거래에서는 개설은행의 신용이 높기 때문에 수출자의 은행이 선적서류와 환어음을 매입하는 경우가 많다. 이 경우 수출자는 선적 후 바로 수출대금을 현금화할 수 있다. 그러나 추심결제방식에서는 수입자의 신용도가 높지 않기 때문에 수출자의 은행이 선적서류와 수출환어음을 매입하지 않고 추심한다. 이에 따라 수출자는 수입자가 선적서류 및 환어음을 인수하고 만기일에 지급해야만 수출대금을 현금화할 수 있다.

(추심방식과 신용장방식의 특징 비교)

구 분	신용장방식	추심결제방식
은행의 지급책임	은행(개설은행)의 지급책임	은행의 지급책임 없음
대금결제기간	일람지급(sight), 기한부(usance)	일람지급(D/P), 연지급(D/A)
환어음의 지급인	개설은행	수입자
대금결제의 안정성	높다(개설은행의 신용도)	낮다(수입자의 신용도)
적용규칙	신용장통일규칙(UCP)	추심에관한통일규칙(URC)

3. 신용장방식

신용장(credit, letter of credit)이란, 신용장조건과 일치하는 서류가 제시되면 개설은행이 신용장 대금을 지급하기로 하는 지급확약이다. 신용장통일규칙(UCP 600)에서는 '신용장은 그 명칭과 상관없이 개설은행이 일치하는 제시에 대하여 결제(honour)하겠다는 확약으로서 취소가 불가능한 모든 약정을 의미한다고 규정하고 있다(제2조).

수출계약에서 대금결제조건을 신용장방식으로 정하고, 수입자(개설의뢰인)의 신용장 개설신청에 의해 개설은행은 신용장을 개설하고, 수출자(수익자)는 수출계약을 이행하고, 신용장에서 요구한 서류를 준비하여 개설은행에 제시하며, 개설은행은 수출자(수익자)에게 신용장 대금을 지급한다. 신용장방식은 제7장에서 상세히 기술하고자 한다.

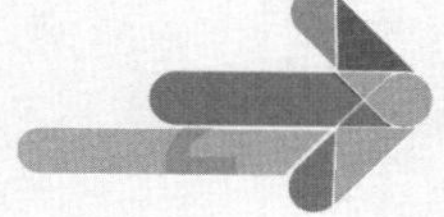

제 5 장

인코텀즈
(Incoterms 2020)

제5장 인코텀즈(Incoterms 2020)

제1절 개설

1. 인코텀즈(Incoterms)의 의의

1) 인코텀즈의 개념

인코텀즈(Incoterms)는 "International Commercial Terms"의 약자로서[1] 국제상업회의소(ICC)가 제정한 표준무역거래조건(standard international trade terms)이다.[2] 각 계약서에서 선택된 인코텀즈 규칙(Incoterms rule)[3]은 매매계약의 일부가 된다.[4]

무역거래를 발전시키기 위해서는 운송을 수반하는 무역거래에서 비용의 부담(운송비, 보험료, 적재비, 하역비, 통관비 등을 누가 부담하는지), 위험의 이전(물품의 위험이 언제 매수인에게 이전되는지), 인도장소 등을 명확히 할 필요가 있다.[5] 이러한 내용은 계약서에서 FOB, CFR, CIF 등 일련의 축약된 조건(abbreviated terms)으로 표현되는데[6], 동일한 조건이 국내거래와 국제거래에 모두 사용되고, 해당 계약의 준거법에 따라 다양한 의미로 해석될 수 있다.[7] 이는 불필요한 오해와 분쟁을 야기시키고, 무역거래의 발전에 장애가 되었다. 따라서 이들 거래조건에 대한 해석을 국제적으로 통일해야 한다는 주장이 제

---

1) Jan Ramberg, *ICC Guide to Incoterms 2010*, ICC Publication No. 720E, 2011, p.16.

2) Guillermo C. Jimenez, *ICC Guide to Export/Import: Global Standards for International Trade*, ICC Publication No. 686, 2012, p.43.

3) Incoterms 2020에서는 EXW, FCA, CPT, CIP, DAP, DPU, DDP, FAS, FOB, CFR, 그리고 CIF의 11개 규칙(rule)을 규정하고 있다. 각 물품매매계약에서는 11개 규칙(rule) 중 하나를 선택한다.

4) Jan Ramberg, *supra* note 1, p.16.

5) Gary Collyer, *the Guide to Documentary Credits*, 3rd ed, the International Financial Services Association, 2007, p.13.

6) Michele Donnelly, *Certificate in International Trade and Finance*, ifs School of Finance, 2010, p.53.

7) ICC에서 발간한 자료(Documentation No.16, 1955)에서는 18개국에서 10개의 주요 거래조건(trade terms)을 비교하였는데, 모든 국가들이 동일한 거래조건을 사용하지는 않았고, 특히 일본은 거래조건을 전혀 규정하지 않고 있었다고 한다(Ray August, et. al, *International Business Law*, Pearson, 2009, p.571-572.).

기되었다. ICC에서는 무역거래 발전을 위하여 1920년 거래조건위원회(Trade Terms Committee)를 설치하여 거래조건(trade terms)에 대한 연구를 실시하였고, 그 결과 1936년 6월 「International Rules for the Interpretation of Trade Terms」를 공표하였다. 그 후 "International Rules for the Interpretation of Trade Terms"는 "International Commercial Terms"라고 불리게 되었고, 이를 축약하여 "Incoterms"라고 부르게 되었다.[8)]

국내에서는 「International Rules for the Interpretation of Trade Terms」을 "거래조건의 해석에 관한 국제규칙"[9)], "정형거래조건 해석에 관한 국제규칙"[10)], "무역거래조건의 해석에 관한 국제규칙"[11)] 등으로 번역하였다. 한편, Incoterms 2010(제7차 개정본)부터 공식 명칭으로 "Incoterms"를 사용하였고, Incoterms 2020(제8차 개정분)[12)]도 동일하다. 그리고 Incoterms 2010의 도입(INTRODUCTION)에서는 '"Incoterms"는 ICC의 등록상표'라고 기술하고 있는 바[13)], 국내에서도 "인코텀즈" 또는 "Incoterms"라고 부르는 것이 바람직하다고 본다.[14)]

■ Trade terms

trade terms(거래조건)란, 물품이 매도인으로부터 매수인에게 인도될 때까지 운송과 수출입통관을 포함하여 모든 비용과 위험부담의 당사자를 구분해 주는 국제매매계약의 주요소를 말하며, "terms of purchase(구매조건)"[15)] 또는 "terms of sale(매매조건)"[16)]이라고도 한다.

---

8) Jan Ramberg, *supra* note 1, p.16.

9) 서헌제, 「국제거래법」 제4판, 법문사, 2006, p.134.; 이기수 · 신창섭, 「국제거래법」 제7판, 세창출판사, 2019, p.182.

10) 양영환 · 오원석 · 박광서, 「무역상무」, 삼영사, 2009, p.140.; 서정두, 「국제통상법」, 삼영사, 2001, p.630.

11) 박훤일, 「국제거래법」, 한국경영법무연구소, 1996, p.74.

12) ICC, *Incoterms 2020 by the International Chamber of Commerce (ICC)*, ICC Publication No. 723E, 2019 ("ICC Publication No. 723E(2019)").

13) "Incoterms" is a registered trademark of the International Chamber of Commerce. (ICC, *Incoterms 2010 by the International Chamber of Commerce (ICC)*, ICC Publication No. 715E, 2010 ("ICC Publication No. 715E(2010)"), p.5.)

14) 최근에는 국내에서도 "인코텀즈" 또는 "Incoterms"라고 부르는 경우가 많다(석광현, 「국제물품매매계약의 법리」, 박영사, 2010, p.76.; 서정두, 「2010년 개정 인코텀즈 INCOTERMS® 2010」, 청목풀판사, 2011.; 이시환 · 김광수, 「Incoterms® 2010: 국내 및 국제거래조건의 사용에 관한 ICC규칙」, 두남, 2010.; 안강현, 「로스쿨 국제거래법」 제4판, 박영사, 2018, p.54.).

15) Thomas E. Johnson & Donna L. Bade, *Export Import Procedures and Documentation*, 4th ed, AMACOM, 2010, p.277.

실제 무역계약에서는 delivery terms(인도조건), shipment terms(선적조건), price terms(가격조건), terms of sale(매매조건) 등의 용어가 사용된다. 국내에서는 "trade terms"를 "거래조건", "정형거래조건", "무역거래조건" 등으로 번역하고[17], 대법원에서는 "운송조건"으로 본 바 있다.[18]

■ "trade terms" → "거래조건"으로 번역

"Incoterms 2020, ICC Publication No. 723E(2019)"에서는 'ICC rules for the use of domestic and international trade terms'를 부제로 정하여 "trade terms"에는 "domestic trade terms"와 "international trade terms"가 있는 것으로 보고 있고, 서문(Foreword)에서도 Incoterms는 "domestic trade terms"와 "international trade terms"의 사용에 대한 규칙이라고 기술하고 있다. 여기서 "domestic trade terms"는 "국내거래조건", "international trade terms"는 "무역거래조건(또는 국제거래조건)"으로 번역해야 할 것인 바, 결국 "trade terms"는 "거래조건"으로 번역하는 것이 적절하다고 본다.

2) 인코텀즈의 목적

인코텀즈의 주된 목적은 국제상관습을 반영하는 것이다.[19] 인코텀즈는 계약당사자에게 공통적으로 적용될 수 있는 합리적인 국제규칙을 제공함으로써 각국에서 일반적으로 사용되고 있는 거래조건(trade terms)에 대한 상이한 해석으로 인한 오해, 분쟁, 기타 위험요인을 제거 또는 경감하여 신속함과 경제성을 추구하는 국제상거래상에게 시간과 금전상의 낭비를 막아주는 것을 목적으로 하고 있다.[20]

3) 인코텀즈의 기능

인코텀즈는 전 세계의 거래를 원활하게 하고, 당사자의 의무를 명확히 정의하여 법적 분쟁을 감소시킨다.[21] 무역거래에서 인코텀즈의 기능을 구체적으로 살펴보면 다음과 같다.

---

16) Belay Seyoum, Export-Import Theory, Practices, and Procedures, 2nd Ed, Routeledge, 2009, p.158.

17) 국내에서는 "International Rules for the Interpretation of Trade Terms"을 "거래조건의 해석에 관한 국제규칙", "정형거래조건 해석에 관한 국제규칙", "무역거래조건의 해석에 관한 국제규칙" 등으로 번역하며, "trade terms"는 "거래조건", "정형거래조건", "무역거래조건"으로 번역한다.

18) "본선인도조건(F.O.B.)과 같은 신용장상의 운송조건은 기본적으로는 수출입계약 당사자 사이의 비용 및 위험부담에 관한 약정이지만, ······" (대법원 1996. 2. 9. 선고 94다27144 판결).

19) Jan Ramberg, *supra* note 1, p.8.

20) Incoterms 2000, Introduction Article, Purpose and scope of Incoterms.

21) ICC Publication No. 715E(2010), p.4.; ICC Publication No. 723E(2019).

i) 인코텀즈는 거래조건(trade terms)에 대한 당사자의 의무를 명확히 정의하고, 통일적 해석을 가능하게 한다. 이를 통하여 법적분쟁을 감소시킨다.

ii) 인코텀즈는 계약서를 보완해 준다. 당사자들이 계약서상 인코텀즈를 따른다고 명시하면 인코텀즈는 계약의 일부로 편입되어 계약서를 보완해 준다.

iii) 인코텀즈는 계약서를 간소하게 한다. 인코텀즈는 매도인과 매수인 사이의 위험의 이전, 비용의 배분, 물품의 인도/인도의 수령, 정보제공 등에 대해 상세히 규정하고 있다. 인코텀즈를 계약서에 편입시키지 않는다면 이러한 내용들을 모두 계약서에 명시해야 하는데, 이 경우 계약서는 방대해진다. 그러나 계약서상 인코텀즈를 따른다는 문구만 삽입하면, 인코텀즈에서 규정한 내용을 계약서에 기재할 필요가 없어 계약서가 간소해진다.

한편, 인코텀즈에서는 매매계약의 존부, 대금지급의 시기·방법, 물품의 소유권이전 시점, 계약위반의 구제수단 등에 대해서는 규정하고 있지 않는데[22], 이러한 사항들은 해당 매매계약 또는 매매계약의 준거법에 따라 해결되어야 할 것이다.[23] 때로는 각국의 강행법규가 계약 내용 또는 인코텀즈보다 우선하는 경우가 있다는 점을 숙지할 필요가 있다.[24]

2. 개정 연혁

1) 개정 연혁

인코텀즈는 가장 보편적으로 이용되는 상거래 관행을 반영하는 규칙으로[25] 상거래 관행의 변화에 맞추어 수시로 개정되었다. 인코텀즈는 1936년 제정·공표 이후, 국제거래의 발달과 거래관습의 변화를 반영하기 위하여[26] 1953년(제1차 개정), 1967년(제2차 개정), 1976년(제3차 개정), 1980년(제4차 개정), 1990년(제5차 개정), 2000년(제6차 개정), 2010년(제7차 개정), 2019년(제8차 개정) 등 총 8차에 걸쳐 개정되었다.[27] 그리고 ICC에서는

22) ICC Publication No. 723E(2019), Introduction to Incoterms 2020, para. 7.

23) Jan Ramberg, *supra* note 1, p.10.

24) ICC Publication No. 715E(2010), p.6.

25) Jan Ramberg, *supra* note 1, p.41.

26) Jan Ramberg, *supra* note 1, p.8.

27) 최근에는 매 10년 마다 개정되었는데, 이것은 우연의 일치이고, 상관습의 변화에 따라 개정된 것이다(an

무역거래 관행의 변화에 따라 개정 작업을 지속하고 있다.

□ **제·개정 현황**

- 제정: Incoterms 1936
- 총8회 개정:
  - 제1차 개정(Incoterms 1953)
  - 제2차 개정(Montreal Rules 1967)
  - 제3차 개정(Supplement 1976)
  - 제4차 개정(Incoterms 1980)
  - 제5차 개정(Incoterms 1990)
  - 제6차 개정(Incoterms 2000)
  - 제7차 개정(Incoterms 2010)
  - 제8차 개정(Incoterms 2020)

2) Incoterms 2020의 주요 개정 내용

Incoterms 2020은 2019. 9. 10.에 공표되었고, 2020. 1. 1.에 시행되었다. 인코텀즈 2020의 주요 개정 사항은 다음과 같다.[28)]

i) 소개문(Introduction to Incoterms 2020)의 내용이 확대되었다. 특히 인코텀즈의 적용사항과 미적용사항을 제시함으로써 인코텀즈의 적용범위를 명확히 하였다. 인코텀즈 2010의 소개문(Introduction)은 5개 항목으로 총 분량은 6쪽 남짓이다. 그러나 인코텀즈 2020 소개문(Introduction to Incoterms® 2020)은 10개의 절(항목)에 총 78개 단락으로 총 분량은 15쪽에 달한다. 그리고 소개문에서 인코텀즈 규칙의 올바른 선택을 할 수 있도록 하였다.

ii) 인코텀즈 2020의 각 규칙의 앞부분에 "사용자를 위한 설명문(Explanatory Note for Users)"을 두고 있는데, 여기에서는 각 규칙이 언제 사용되어야 하는지, 언제 위험이 이전되는지, 당사자들 사이에 비용이 어떻게 배분되는지 등 각 규칙의 '기초사항'을 설명한다. 인코텀즈 2010에서의 "사용지침(Guidance Note)"을 "사용자를 위한 설명문(Explanatory Note for Users)"으로 대체하였고, 그 내용도 확대되었다.

iii) DAT(Delivered at Terminal)를 DPU(Delivered at Place Unloaded)로 변경하였다. 사실상, DAT를 삭제하고, DPU를 신설했다고 보는 것이 맞다.

iv) CIP와 CIF의 적하보험 부보수준을 차별화하였다. 인코텀즈 2020에서는 CIP에

Ramberg, *supra* note 1, p.415.).

28) ICC Publication No. 723E(2019). (Introduction to Incoterms 2020 Ⅸ. DIFFERENCES BETWEEN INCOTERMS® 2010 AND 2020).; 인코텀즈 2020의 주요 개정 내용은 저자의 다음 논문 참조(김상만, "인코텀즈 2020 (Incoterms 2020) 주요 개정 내용과 시사점", 법학논고 제67집, 경북대학교 법학연구원, 2019. 10.).

서는 ICC(A)조건으로 부보조건을 강화하였고, CIF에서는 ICC(C)조건을 유지하였다. 참고로 인코텀즈 2010에서는 CIP와 CIF의 부보수준을 모두 ICC(C)조건으로 규정하였다.

v) 각 규칙 내의 10개 조항(A1~A10, B1~B10)의 순서와 조문 표제를 일부 변경하였다.

vi) FCA, DAP, DPU, 그리고 DDP에서 매도인 또는 매수인 자신의 운송수단에 의한 운송을 허용하였다.

vii) 운송의무 및 비용 조항에 보안관련요건을 포함시켰다.

viii) FCA에서 당사자의 합의로 '본선적재표시(on-board notation)가 있는 선하증권'을 요구할 수 있도록 하였다.

3. 인코텀즈의 법적 성질

인코텀즈의 법적 성질에 대해 약관으로 보는 입장과 관습(또는 관행)으로 보는 입장이 있는데, 약관으로 보는 입장이 우세하다.

약관으로 보는 입장에 의하면, 인코텀즈는 일종의 약관으로서 당사자의 합의에 의해 계약에 편입되며, 인코텀즈의 적용을 위해서는 매매계약에 인코텀즈의 적용을 명시해야 한다고 본다.[29] 참고로 우리 대법원에서는 인코텀즈를 약관 또는 약정으로 설시한 바 있다.[30] Incoterms 2020의 '소개문(Introduction)'에서도 Incoterms 2020을 계약에 적용하기 위해서는 반드시 이 점을 계약서에 명확히 정해야 한다고 기술하고 있는 바,[31] 인코텀즈를 약관으로 보고 있다는 것을 알 수 있다. 약관으로 보는 입장에 의하

29) ICC Publication No. 715E(2010), p.5.; Michele Donnelly, *supra* note 6, p.53.

30) 93다61543 판결(대법원 1995. 5. 26. 선고)에서는 Incoterms의 각 규칙 또는 인도조건의 하나인 CIF를 "약관"으로 설시하였는데("국제해상매매계약에 있어서 이른바 시아이에프(C.I.F.) 약관이 있는 경우에 매도인은 목적물을 계약 소정의 목적지까지 운송하기 위하여 운송계약을 체결하고 약정된 일자 또는 기간 내에 선적항의 본선상에 물품을 인도하여야 하고,"), 이 판결에서는 'Incoterms의 적용 여부(즉 이 사건에서 CIF의 적용 여부)'가 쟁점이 되지는 않았다. 94다27144 판결(대법원 1996. 2. 9. 선고)에서는 Incoterms의 각 규칙 또는 인도조건의 하나인 FOB를 운송조건으로 지칭하고, 이러한 운송조건은 기본적으로는 수출입계약 당사자 사이의 비용 및 위험부담에 관한 "약정"이라고 설시하였는데("본선인도조건(F.O.B.)과 같은 신용장상의 운송조건은 기본적으로는 수출입계약 당사자 사이의 비용 및 위험부담에 관한 약정이지만"), 이 판결에서도 'Incoterms의 적용 여부(즉 FOB의 적용 여부)'가 쟁점이 되지는 않았다.

31) "If parties want the Incoterms® 2020 rules to apply to their contract, the safest way to ensure this is to make that intention clear in their contract, through words such as "[the chosen Incoterms® rule] [named port, place or point] Incoterms® 2020"

면, 인코텀즈는 특정국의 국내법을 보충하는 법이라기보다는 서로 다른 계약법을 가지는 당사자들 간의 갈등을 조정하는 가교역할을 한다고 본다.[32] 인코텀즈는 국제조약이 아니고, 특정 국가의 국내법도 아니다.[33] 따라서 특정 계약에 자동적으로 적용되지는 않는다. 인코텀즈를 적용하기 위해서는 계약서에 인코텀즈에 따른다고 명시해야 한다.[34] 또한, 인코텀즈는 스스로 매매계약이 될 수는 없고, 이미 존재하는 매매계약에 편입될 때, 그 매매계약의 일부가 된다.[35] 다시 말해, 물품매매계약에서 인코텀즈의 적용을 명시하면, 인코텀즈는 계약에 편입되어 물품매매계약의 일부가 된다.[36]

한편, 관습(또는 관행)으로 보는 입장에 의하면, ICC는 비정부단체이므로 인코텀즈는 국내법이나 국제조약이 될 수 없는바, 인코텀즈는 준거법이 될 수는 없지만, 무역거래의 성문화된 관습(custom)이나 관행(usage)이 된다고 본다.[37] 따라서 계약에서 인코텀즈의 적용을 명시하지 않은 경우에도 인코텀즈는 국제관습의 일부로서 매매계약의 조건이 될 수 있는데, 미국, 독일, 프랑스 법원은 이러한 입장을 취하고 있다.[38] 참고로 미국 연방법원은 St. Paul Guardian Insurance Company et al. v. Neuromed Medical Systems & Support et al. 판결(2002)[39]에서 인코텀즈는 CISG 제9조제2항의

---

32) Ralph H. Folsom et al., *International Business Transactions: A Problem-Oriented Coursebook*, 11th ed, Thomson Reuters, 2012, p.98.; Zwilling-Pinna, "Update of Important Commercial Terms: Revision of The Incoterms as of 2011" , Der Betriebs-Berater, vol. 65, 2010, p.2980.

33) Roberto Bergami, "Incoterms 2010: The Newest Revision of Delivery Terms", Acta Univ. Bohem. Merid. 15(2), 2012, p.34.: Belay Seyoum, *supra* note 16, p.158.

34) Michele Donnelly, *supra* note 6, p.53.

35) Incoterms 2020의 소개문(Introduction to Incoterms 2020)에서도 이를 명확히 밝히고 있다.
Ⅱ. WHAT THE INCOTERMS® RULES DO NOT DO
8. ………… In essence, the Incoterms® 2020 rules <u>are not themselves a contract of sale</u>: they only become part of that contract when they are incorporated into a contract which already exist. …………

36) Jan Ramberg, *supra* note 1, p.16.; 김상만, "Incoterms 2010이 적용되는 국제물품매매거래에서 CISG상 매도인의 물품인도의무 및 서류인도의무에 대한 고찰" 「통상법률」, 통권 제102호, 2011, p.132.; 김상만, "Incoterms 2010 적용상 CISG의 한계", 「국제거래법연구」 제27집 제1호, 국제거래법학회, 2018, p.47.; Roberto Bergami, *supra* note 15, p.35.

37) "Since the ICC is a non-governmental entity, Incoterms is neither a national legislation nor an international treaty. Thus, it cannot be "the governing law" of an contract. Instead, it is a written form of custom and usage in the trade, ……". (Ralph H. Folsom, et al., *International Business Transactions*, 8th ed, West Group, 2009, p.78.); William P. Johnson, "Analysis of Incoterms as Usage under Article of the CISG", Pa. J. Int'l L. 379 (2012), p.403.

38) Ralph H. Folsom, et al., *supra* note 37, p.78.

무역거래의 관행에 해당된다고 판시하였다.[40] 인코텀즈를 관습 또는 관행으로 보는 경우에는 계약에 인코텀즈의 명시 없이 "FOB", "CIF" 등 각 규칙만 명시해도 인코텀즈에 따라 해석할 수 있을 것이다.

한편, 계약서에 인코텀즈의 적용을 명시하는 경우 "FOB", "CIF" 등 각 규칙(또는 인도조건)만 명시하지 말고, "FOB Busan, by Incoterms 2020", "CIF New York, by Incoterms 2020" 등 인코텀즈도 명시하는 것이 필요하다. 참고로 당사자들은 권리의무를 보다 정확하게 규정하기 위하여 인코텀즈 규칙에서 벗어나거나 일부 조항을 변경하거나 추가할 수 있다.[41]

---

39) 2002 WL 465312, 2002 U.S. Dist. LEXIS 5096 (S.D.N.Y. 2002). http://www.cisg.law.pace.edu/cases/020326u1.html.

40) 대상 판결의 매매계약에서 인도조건(Delivery Terms) 조항에는 "CIF New York Seaport, the buyer will arrange and pay for customs clearance as well as transport to Calmut city."라고 명시되어 있었다. 이 조항을 보면, "CIF New York Seaport"라고만 명시되어 있고, Incoterms는 명시되지 않았다. 따라서 "CIF New York Seaport"를 Incoterms 1990에 의하여 해석해야 하는지 다툼이 되었다. 대상 판결에서는 독일 대법원(German Supreme Court)에서는 Incoterms의 명시 없는 "fob"는, Incoterms에서 "fob"조항을 포함하고 있다는 이유만으로 Incoterms에 의해 해석되어야 한다는 판시하였고, 독일 상법전 제346조에 의해 Incoterms는 무역관습으로 독일에서 법적 효력이 있다고 설시하였고, CISG 제9조제2항에 따라 Incoterms의 개념정의가 대상계약에 적용되어야 한다고 판단하였다(참고로 대상 판결은 미국이 독일에서 MRI를 수입하는 매매계약에서 발생한 분쟁사건으로 보험사가 보험금을 지급한 후 보험자대위권자로서 제소하였다. 미국과 독일 모두 CISG 체약국으로 CISG가 적용되었다).
* 독일 상법전 제346조(346. All acts and omissions as between mercantile traders must be interpreted as regards their significance and effect with reference to mercantile usage and customs.)

41) Jan Ramberg, *supra* note 1, p.41.

제2절 Incoterms 2020의 주요 내용

1. 주요 내용

1) 주요 규정 사항

Incoterms는 11개의 각 규칙별로 매도인과 매수인 간의 법률관계를 의무 측면에서 다음과 같이 10개의 항목을 대칭적으로 규정하고 있다.

A. 매도인의 의무	B. 매수인의 의무
A1 일반의무(General obligations)	B1 일반의무(General obligations)
A2 인도(Delivery)	B2 인도의 수령(Taking delivery)
A3 위험의 이전(Transfer of risks)	B3 위험의 이전(Transfer of risks)
A4 운송(Carriage)	B4 운송(Carriage)
A5 보험(Insurance)	B5 보험(Insurance)
A6 인도/운송서류 (Delivery/transport document)	B6 인도/운송서류 (Delivery/transport document)
A7 수출/수입통관(Export/import clearance)	B7 수출/수입통관(Export/import clearance)
A8 점검/포장/화인 (Checking/packaging/marking)	B8 점검/포장/화인 (Checking/packaging/marking)
A9 비용분담(Allocation of costs)	B9 비용분담(Allocation of costs)
A10 통지(Notices)	B10 통지(Notices)

(1) 당사자의 의무

인코텀즈에서는 매도인과 매수인 사이에 누가 무엇을 하는지를 규정한다. 예를 들어, 누가 물품의 운송이나 보험을 주선하는지? 누가 선적서류와 수출허가 또는 수입허가를 취득하는지? 등을 규정한다.

(2) 물품의 인도와 위험의 이전

Incoterms 2020에서는 각 11개 규칙별로 언제 인도가 이루어지는지 규정하고 있다. 그리고 원칙적으로 인도시점에 물품의 멸실 또는 훼손 위험이 매도인으로부터 매수인에게 이전된다고 규정하고 있다. 물품 인도는 매도인의 가장 주된 의무이다. 원칙적으로 인도시점에 물품에 대한 위험이 매수인에게 이전되므로 인도된 후에 발생한 물품의 멸실 또는 훼손은 매수인의 부담이며, 매수인의 대금지급의무는 경감되지 않는다 (예를 들어, FOB나 CIF에서는 위험의 이전시점은 본선 적재이므로 본선 적재 시 매도인은 인도의무를 완료하고, 그 이후에 물품이 멸실 또는 훼손되는 경우에 매수인은 대금을 지급해야 한다).

무역거래에서는 운송인과 운송계약을 체결하기 때문에 물품의 멸실이나 훼손이 운송인의 과실에 의한 경우 인코텀즈 규칙에 따라 누가 운송인에게 손해배상을 청구할 수 있는지 결정된다. 다만, 인코텀즈에서는 물품의 소유권 이전시점에 대하여는 규정하지 않고 있다.[42)]

(3) 비용 배분

무역거래에서는 물품이 최종목적지에 도착할 때까지 운송비, 보험료, 적재비, 하역비, 통관비 등 다양한 비용이 발생한다. 인코텀즈에서는 이러한 비용을 매도인과 매수인 간에 어떻게 배분할 것인지 규정하고 있다. 어느 당사자가 어떤 비용을 부담하는지를 규정한다. 다시 말해, 운송비, 포장비, 적재 또는 양하비, 점검 또는 보안관련 비용 중에서 매도인은 어떤 비용을 부담하고, 매수인은 어떤 비용을 부담하는지? (예: FOB에서는 매도인은 본선 적재비만 부담하고, 운송비, 보험료, 하역비(도착항), 그리고 수입통관비는 매수인이 부담한다. 그리고 CIF에서는 매도인은 본선 적재비, 운송비와 보험료를 부담하고, 매수인은 하역비(도착항)와 수입통관비를 부담한다.) 등을 규정한다.

(4) 매도인의 물품인도 · 서류제공, 매수인의 물품인수 · 대금지급

매도인은 인코텀즈 각 규칙에 따라 물품을 매수인에게 인도해야 한다. 그리고 매도인은 매매계약에 일치하는 물품과 상업송장, 그 밖에 계약에서 요구될 수 있는 일치성에 대한 증거를 제공하여야 한다. 매수인은 매매계약에 규정된 바에 따라 물품의 대금을 지급해야 한다. 다만, 인코텀즈에서는 구체적인 대금지급 방식(결제조건)에 대해서는 규정하지 않고 있다.

---

42) Michele Donnelly, *supra* note 6, p.59.; ICC Publication No. 723E(2019), Introduction to Incoterms 2020, para. 7.

2) 규정하지 않는 사항[43)]

인코텀즈에서는 다음 사항은 규정하지 않는다. 인코텀즈가 규정하지 않는 사항들은 매매계약에서 구체적으로 정할 필요가 있다. 그렇지 않으면, 의무이행 또는 위반 관련 분쟁이 발생하는 경우 심각한 문제를 초래할 수 있다. 인코텀즈는 매매계약 자체는 아니고, 이미 존재하는 매매계약에 편입되는 경우 매매계약의 일부가 될 뿐이다. 인코텀즈는 매매계약의 준거법을 정하지 않는다(매매계약의 준거법은 당사자가 정할 수 있고, 최종적인 것은 소송이 제기된 법원에서 법정지의 국제사법(그 법원 소속국가의 국제사법)에 따라 준거법을 정한다).

(인코텀즈에서 규정하지 않는 사항)

- 매매계약의 존부(whether there is a contract of sale at all)
- 매매물품의 사양(the specification of the goods sold)
- 대금지급시기, 대금지급장소, 대금지급방법, 또는 대금지급통화(the time, place, method or currency of payment of the price)
- 매매계약위반에 대한 구제수단(the remedies which can be sought for breach of the contract of sale)
- 계약상 의무이행의 지체와 그 밖의 위반의 효과/결과(most consequences of delay and other breaches in the performance of contractual obligations)
- 정부의 제재조치의 효과(the effect of sanctions)
- 관세부과(the imposition of tariffs)
- 불가항력 또는 이행가혹(force majeure or hardship)
- 수출금지 또는 수입금지(export or import prohibition)
- 지식재산권(intellectual property rights)
- 의무위반의 경우 분쟁해결의 방법, 장소, 또는 법(the method, venue, or law of dispute resolution in case of such breach)
- 물품의 소유권(재산권) 이전(the transfer of property/title/ownership of the goods)

2. 각 규칙별 주요 내용

Incoterms 2020에는 11개의 규칙(rule)이 있는데, 운송방식에 따라 모든 운송방식용과 수상운송방식용의 두 가지로 분류된다. 모든 운송방식용은 운송수단이 1개인 경우뿐만 아니라 2개 이상인 경우에도 사용 가능하고, 해상운송이 전혀 포함되지 않은 운

43) ICC Publication No. 723E(2019). (Introduction to Incoterms 2020 Ⅱ. WHAT THE INCOTERMS® RULES DO NOT DO).

송에도 사용이 가능하며, 선박이 일부 구간의 운송에 사용되는 경우에도 사용 가능하다. 그리고 수상운송방식용은 해상운송 또는 내수로운송에만 사용 가능하고, 선적항과 도착항의 구간에만 사용이 가능하다.

Incoterms 2020의 11개 규칙 개요

그 룹	규칙 (Rule)	세부명칭(영문)	세부명칭(국문)[44]	인도장소/위험이전장소
모든 운송방식용 (Any Mode or Modes of Transport)	EXW	Ex Works	공장인도	지정인도장소(수출국)
	FCA	Free Carrier	운송인인도	지정인도장소(수출국)
	CPT	Carriage Paid To	운송비지급인도	인도장소(수출국)
	CIP	Carriage and Insurance Paid To	운송비 · 보험료지급인도	인도장소(수출국)
	DAP	Delivered at Place	도착지인도	지정목적지(수입국)
	DPU	Delivered at Place Unloaded	도착지양하인도	지정목적지(수입국)
	DDP	Delivered Duty Paid	관세지급인도	지정목적지(수입국)
수상운송방식용 (Sea and Inland Waterway Transport)	FAS	Free Alongside Ship	선측인도	지정선적항(수출국)
	FOB	Free on Board	본선인도	지정선적항(수출국)
	CFR	Cost and Freight	운임포함인도	선적항(수출국)
	CIF	Cost Insurance and Freight	운임·보험료포함인도	선적항(수출국)

* 모든 운송방식용

- 운송수단이 1개인 경우뿐만 아니라 2개 이상인 경우에도 이용 가능
- 해상운송이 전혀 포함되지 않은 운송에도 이용 가능
- 선박이 일부 구간의 운송에 이용되는 경우에도 이용 가능

* 수상운송방식용

- 해상운송 또는 내수로운송에만 이용 가능
- 인도지점과 물품이 매수인에게 운송되어야 하는 장소가 모두 항구인 경우에만 이용 가능(부산항 → 뉴욕항(O), 대구 → 뉴욕항(X))

한편, Incoterms 각 규칙의 앞글자에 따라 E, F, C 및 D조건(E－terms(EXW), F－terms

44) 11개 규칙의 국문 명칭은 대한상공회의소 번역본에 의하였으나, 이는 절대적이지 않으며, 각 국내의 번역본은 약간의 차이가 있다. 따라서 영문 명칭을 기억하는 것이 필요하고, 국문 명칭을 사용하는 경우에는 반드시 영문 명칭을 병기하는 것이 바람직하다. 참고로 대법원에서는 “Carriage and Insurance Paid To(CIP)”를 “운임 및 보험료 포함”으로 옮긴 바 있고(대법원 2018. 3. 15. 선고 2017다240496 판결), FOB를 “본선인도조건”으로 옮긴 바 있으며(대법원 2012. 10. 11. 자 2010마122 결정), DDP(Delivered Duty Paid) 조건을 “관세지급반입 인도조건”, 그리고 CIF 조건을 “운임보험료 포함 조건”으로 옮긴 바 있는데(대법원 2017. 4. 7. 선고 2015두49320 판결), 이는 대한상공회의소 번역본과 차이가 있다.

(FCA, FAS, FOB), C-terms(CPT, CIP, CFR, CIF), D-terms(DAP, DPU, DDP)) 등 4개의 카테고리로 분류하기도 하는데, 이 경우 F-terms(F조건)에서 "F"는 매도인이 '위험과 운송비 부담 없이(Free of risk and expense)' 지정운송인에게 물품을 인도하는 것을 나타내고, C-terms(C조건)에서 "C"는 물품의 멸실 또는 훼손위험이 이전된 후에도 매도인이 물품이 도착할 때까지 '특정비용(certain Cost)'을 부담하는 것을 나타내며, D-term(D조건)에서 "D"는 물품이 '지정목적지(stated Destination)'에 도착해야만 한다는 것을 나타낸다.[45]

(Incoterms 규칙의 분류)[46]

카테고리 E (출발(Depature))	EXW	Ex Works
카테고리 F (주된 운임 미지급(Main carriage Unpaid))	FCA FAS FOB	Free Carrier Free Alongside Ship Free On Board
카테고리 C (주된 운임 지급(Main carriage Paid))	CPT CIP CFR CIF	Carriage Paid To Carriage and Insurance Paid To Cost and Freight Cost Insurance and Freight
카테고리 D (도착(Delivered))	DAP DPU DDP	Delivered at Place Delivered at Place Unloaded Delivered Duty Paid

Incoterms 2020 각 규칙별 주요 내용 비교

규 칙	주요 내용	위험이전·인도장소	비용분기점	수출통관	주운송비(적재비)(양하비)	보험료	수입통관
EXW	지정인도장소(그 지정인도장소에 합의된 지점이 있는 경우에는 그 지점)에서 수취용 차량에 적재하지 않은 채로 매수인의 처분하에 둠으로써 인도	지정인도장소(수출국)	지정인도장소(수출국)	매수인	매수인(매수인)(매수인)	-	매수인

45) Jan Ramberg, *supra* note 1, p.49.

46) Jan Ramberg, *supra* note 1, p.49.

FCA	지정인도장소(그 지정인도장소에 지정된 지점이 있는 경우에는 그 지점)에서 매수인이 지정한 운송인(또는 제3자)에게 인도(또는 그렇게 인도된 물품 조달)	지정인도장소 (수출국)	지정인도장소 (수출국)	매도인	매수인 (*) (매수인)	–	매수인
CPT	인도장소(그 인도장소에 합의된 지점이 있는 경우에는 그 지점)에서 물품을 매도인과 운송계약을 체결한 운송인에게 교부함으로써 인도(또는 그렇게 인도된 물품 조달) 매도인은 지정목적지까지 운송비 부담	인도장소 (수출국)	지정목적지 (수입국)	매도인	매도인 (매도인) (매수인)	–	매수인
CIP	인도장소(그 인도장소에 합의된 지점이 있는 경우에는 그 지점)에서 물품을 매도인과 운송계약을 체결한 운송인에게 교부함으로써 인도(또는 그렇게 인도된 물품 조달) 매도인은 지정목적지까지 운송비 및 보험료 부담	인도장소 (수출국)	지정목적지 (수입국)	매도인	매도인 (매도인) (매수인)	매도인	매수인
DAP	물품을 지정목적지에서 도착운송수단에 실어둔 채 양하준비된 상태로 매수인의 처분하에 둠으로써 인도(또는 그렇게 인도된 물품 조달)	지정목적지 (수입국)	지정목적지 (수입국)	매도인	매도인 (매도인) (매수인)	–	매수인
DPU	물품을 지정목적지에서 도착운송수단으로부터 양하하여 매수인의 처분하에 둠으로써 인도(또는 그렇게 인도된 물품 조달)	지정목적지 (수입국)	지정목적지 (수입국)	매도인	매도인 (매도인) (매도인)	–	매수인

DDP	수입통관된 물품을 지정목적지에서 도착운송수단에 실어둔 채 양하준비된 상태로 매수인의 처분하에 둠으로써 인도(또는 그렇게 인도된 물품 조달) 매도인이 수입통관·수입관세 납부	지정목적지 (수입국)	지정목적지 (수입국)	매도인	매도인 (매도인) (매수인)	-	매도인
FAS	물품을 지정선적항에서 매수인이 지정한 선박의 선측(예: 부두 또는 바지(barge))에 둠으로써 인도(또는 그렇게 인도된 물품 조달)	지정선적항 (수출국)	지정선적항 (수출국)	매도인	매수인 (매수인) (매수인)	-	매수인
FOB	물품을 지정선적항에서 매수인이 지정한 본선에 적재함으로 인도(또는 본선에 적재된 물품 조달)	지정선적항 (수출국)	지정선적항 (수출국)	매도인	매수인 (매도인) (매수인)	-	매수인
CFR	물품을 선적항에서 매도인이 지정한 본선에 적재함으로써 인도(또는 그렇게 인도된 물품 조달) 매도인은 지정목적항까지 운임 부담	선적항 (수출국)	지정목적항 (수입국)	매도인	매도인 (매도인) (매수인)	-	매수인
CIF	물품을 선적항에서 매도인이 지정한 본선에 적재함으로써 인도(또는 그렇게 인도된 물품 조달) 매도인은 지정목적항까지 운임 및 보험료 부담	선적항 (수출국)	지정목적항 (수입국)	매도인	매도인 (매도인) (매수인)	매도인	매수인

- 보험료: CIP와 CIF만 매도인 의무(기타 다른 규칙은 매도인과 매수인 중에서 위험부담자(즉 피보험이익을 갖는 자)가 보험계약 체결하고 보험료 부담. 그러나 의무사항 아님)
- FCA 적재비
  1) 지정인도장소가 매도인의 영업구내인 경우 – 매도인 부담
  2) 지정인도장소가 매도인의 영업구내가 아닌 경우 – 매수인 부담
- 목적지 양하비: CPT, CIP, CFR, CIF, DAP, DDP에서는 매수인 부담(단, 운송계약 상 매도인이 부담하기로 정한 경우는 매도인 부담)

Incoterms 2020 규칙별 주된 운송비, 보험료, 수출입통관 부담자

규 칙	주된 운송비	보험료	수출통관	수입통관
EXW	매수인	–	매수인	매수인
FCA	매수인	–	매도인	매수인
CPT	매도인	–	매도인	매수인
CIP	매도인	매도인	매도인	매수인
DAT	매도인	–	매도인	매수인
DAP	매도인	–	매도인	매수인
DDP	매도인	–	매도인	매도인
FAS	매수인	–	매도인	매수인
FOB	매수인	–	매도인	매수인
CFR	매도인	–	매도인	매수인
CIF	매도인	매도인	매도인	매수인

- 주된 운송비: 수출국 → 수입국으로의 운송비
- 보험료: CIP와 CIF만 매도인 의무(기타 다른 규칙은 매도인과 매수인 중에서 위험부담자(즉 피보험이익을 갖는 자)가 보험계약 체결하고 보험료 부담. 그러나 의무사항 아님)

제3절 Incoterms 2020의 11개 규칙 세부 내용

1. 11개 규칙 핵심 내용

규 칙	핵심 내용
EXW	• 매도인은 물품을 지정인도장소(그 지정인도장소에 합의된 지점이 있는 경우에는 그 지점)에서 수취용 차량에 적재하지 않은 채로 매수인의 처분하에 둠으로써 인도함 • 물품이 인도된 때로부터 물품의 멸실 또는 훼손의 모든 위험은 매수인이 부담 • 매도인은 물품을 수취용 차량에 적재할 의무 없음 • 지정인도장소는 매도인의 영업구내(예: 공장, 창고 등) 또는 제3의 장소 • 수출통관 → 매수인, 수입통관 → 매수인 • 매도인의 의무가 가장 적음 • 인도지점(지정인도장소)과 비용분기점(지정인도장소) 동일 • 지정인도장소(수출국 소재)에서 위험이전 → 매수인은 보험계약 필요(단 보험계약은 의무 아님) • "그렇게 인도된 물품을 조달(연속매매(string sales) 조항)"한다는 규정 없음
FCA	• 매도인은 물품을 지정인도장소(그 지정인도장소에 지정된 지점이 있는 경우에는 그 지점)에서 매수인이 지정한 운송인(또는 제3자)에게 인도(또는 그렇게 인도된 물품 조달) ① 지정인도장소가 매도인의 영업구내인 경우 → 물품이 매수인이 마련한 운송수단에 적재된 때 인도 ② 지정인도장소가 매도인의 영업구내가 아닌 경우 → 물품이 매도인의 운송수단에 적재되어 지정인도장소에 도착하고 매도인의 운송수단에 실린 채 양하준비상태로 매수인이 지정한 운송인(또는 제3자)의 처분하에 놓인 때에 인도 ③ 매도인은 "①" 또는 "②"에 의해 인도된 물품을 조달할 수 있음 • 물품이 인도된 때로부터 물품의 멸실 또는 훼손의 모든 위험은 매수인이 부담 • 매도인은 매수인에 대하여 운송계약이나 보험계약 체결의무 없음 • 지정인도장소에서 운송수단 적재비 ① 지정인도장소가 매도인의 영업구내인 경우 - 매도인 부담 ② 지정인도장소가 매도인의 영업구내가 아닌 경우 - 매수인 부담 • 수출통관 → 매도인, 수입통관 → 매수인 • 인도지점(지정인도장소)과 비용분기점(지정인도장소) 동일 • 당사자들의 합의로 선적선하증권(On-Board B/L) 요구 가능 • 지정인도장소(수출국 소재)에서 위험이전 → 매수인은 보험계약 필요(단 보험계약은 의무 아님)

CPT	• 매도인은 인도장소(그 인도장소에 합의된 지점이 있는 경우에는 그 지점)에서 물품을 매도인과 운송계약을 체결한 운송인에게 교부함으로써 인도(또는 그렇게 인도된 물품 조달) – 인도장소가 합의되지 않은 경우 물품을 제1운송인에게 교부한 때에 인도(위험이전) • 물품이 인도된 때로부터 물품의 멸실 또는 훼손의 모든 위험은 매수인이 부담 • 매도인은 인도장소로부터 지정목적지까지의 운송계약 체결(운송비 부담) • 매도인은 매수인에 대하여 보험계약 체결의무 없음 • 인도장소(수출국 소재)에서 위험이전 → 매수인은 보험계약 필요(단 보험계약은 의무 아님) • 수출통관 → 매도인, 수입통관 → 매수인 • 인도지점(인도장소)과 비용분기점(지정목적지) 상이
CIP	• 매도인은 인도장소(그 인도장소에 합의된 지점이 있는 경우에는 그 지점)에서 물품을 매도인과 운송계약을 체결한 운송인에게 교부함으로써 인도(또는 그렇게 인도된 물품 조달) – 인도장소가 합의되지 않은 경우 물품을 제1운송인에게 교부한 때에 인도(위험이전) • 물품이 인도된 때로부터 물품의 멸실 또는 훼손의 모든 위험은 매수인이 부담 • 매도인은 인도장소로부터 지정목적지까지 운송계약 체결(운송비 부담) • 매도인은 인도장소로부터 지정목적지의 구간에 대하여 ICC(A) 부보조건으로 보험계약 체결(보험료 부담) · 보험금액은 매매계약 대금의 110% 이상, 보험계약통화는 매매계약통화와 동일 • 수출통관 → 매도인, 수입통관 → 매수인 • 인도지점(인도장소)과 비용분기점(지정목적지) 상이
DAP	• 매도인은 물품을 지정목적지에서 도착운송수단에 실어둔 채 양하준비된 상태로 매수인의 처분하에 둠으로써 인도(또는 그렇게 인도된 물품 조달) • 물품이 인도된 때로부터 물품의 멸실 또는 훼손의 모든 위험은 매수인이 부담 • 매도인은 도착운송수단으로부터 물품을 양하할 필요 없음 • 수출통관 → 매도인, 수입통관 → 매수인 • 인도지점(지정목적지)과 비용분기점(지정목적지) 동일 • 지정목적지에서 위험이전 → 매도인은 보험계약 필요(단, 보험계약은 의무 아님)
DPU	• 매도인은 물품을 지정목적지에서 도착운송수단으로부터 양하하여 매수인의 처분하에 둠으로써 인도(또는 그렇게 인도된 물품 조달) • 물품이 인도된 때로부터 물품의 멸실 또는 훼손의 모든 위험은 매수인이 부담 • 매도인은 지정목적지에서 물품을 양하하는 데 수반되는 모든 위험 부담(도착지에서 매도인에게 물품양하의무를 규정한 유일한 규칙) • 수출통관 → 매도인, 수입통관 → 매수인 • 인도지점(지정목적지)과 비용분기점(지정목적지) 동일 • 지정목적지에서 위험 이전 → 매도인은 보험계약 필요(단, 보험계약은 의무 아님)

DDP	• 매도인은 수입통관하고 물품을 지정목적지에서 도착운송수단에 실어둔 채 양하준비된 상태로 매수인의 처분하에 둠으로써 인도(또는 그렇게 인도된 물품 조달) • 물품이 인도된 때로부터 물품의 멸실 또는 훼손의 모든 위험은 매수인이 부담 • 수출통관 → 매도인, 수입통관 → 매도인(매도인이 수입관세 납부) • 인도지점(지정목적지)과 비용분기점(지정목적지) 동일 • 지정목적지에서 위험 이전 → 매도인은 보험계약 필요(단, 보험계약은 의무 아님)
FAS	• 매도인은 물품을 지정선적항에서 매수인이 지정한 선박의 선측(예: 부두 또는 바지(barge))에 둠으로써 인도(또는 그렇게 인도된 물품 조달) • 물품이 인도된 때로부터 물품의 멸실 또는 훼손의 모든 위험은 매수인이 부담 • 매도인은 매수인에 대하여 운송계약이나 보험계약 체결의무 없음 • 수출통관 → 매도인, 수입통관 → 매수인 • 인도지점(지정선적항)과 비용분기점(지정선적항) 동일 • 지정선적항(수출국 소재)에서 위험이전 → 매수인은 보험계약 필요(단 보험계약은 의무 아님)
FOB	• 매도인은 물품을 지정선적항에서 매수인이 지정한 본선에 적재함으로 인도(또는 본선에 적재된 물품 조달) • 물품이 인도된 때로부터 물품의 멸실 또는 훼손의 모든 위험은 매수인이 부담 • 매도인은 매수인에 대하여 운송계약이나 보험계약 체결의무 없음 • 수출통관 → 매도인, 수입통관 → 매수인 • 인도지점(지정선적항)과 비용분기점(지정선적항) 동일 • 지정선적항(수출국 소재)에서 위험이전 → 매수인은 보험계약 필요(단 보험계약은 의무 아님)
CFR	• 매도인은 물품을 선적항에서 매도인이 지정한 본선에 적재함으로써 인도(또는 그렇게 인도된 물품 조달) • 물품이 인도된 때로부터 물품의 멸실 또는 훼손의 모든 위험은 매수인이 부담 • 매도인은 선적항으로부터 지정목적항까지의 운송계약 체결(운임 부담) • 매도인은 매수인에 대하여 보험계약 체결의무 없음 • 선적항(수출국 소재)에서 위험이전 → 매수인은 보험계약 필요(단 보험계약은 의무 아님) • 수출통관 → 매도인, 수입통관 → 매수인 • 인도지점(선적항)과 비용분기점(지정목적항) 상이
CIF	• 매도인은 물품을 선적항에서 매도인이 지정한 본선에 적재함으로써 인도(또는 그렇게 인도된 물품 조달) • 물품이 인도된 때로부터 물품의 멸실 또는 훼손의 모든 위험은 매수인이 부담 • 매도인은 선적항으로부터 지정목적항까지의 운송계약 체결(운임 부담) • 매도인은 지정목적항까지 운임 부담 • 매도인은 선적항으로부터 지정목적항의 구간에 대하여 ICC(C) 부보조건으로 적하보험계약 체결(보험료 부담) · 보험금액은 매매계약 대금의 110% 이상, 보험계약통화는 매매계약통화와 동일 • 수출통관 → 매도인, 수입통관 → 매수인 • 인도지점(선적항)과 비용분기점(지정목적항) 상이

2. 각 규칙의 세부 내용

1) 공장인도(Ex Works: EXW)

구분	내용
물품 인도 (위험 이전)	• 매도인은 물품을 지정인도장소(그 지정인도장소에 합의된 지점이 있는 경우에는 그 지점)에서 수취용 차량에 적재하지 않은 채로 매수인의 처분하에 둠으로써 인도함 • 물품이 인도된 때로부터 물품의 멸실 또는 훼손의 모든 위험은 매수인이 부담함
매도인의 비용부담	• 물품의 인도를 준비하는데 필요한 최소비용
주요 내용	• 매도인은 물품을 지정인도장소(그 지정인도장소에 합의된 지점이 있는 경우에는 그 지점)에서 수취용 차량에 적재하지 않은 채로 매수인의 처분하에 둠으로써 인도함 • 지정인도장소는 매도인의 영업구내(예: 공장, 창고 등) 또는 제3의 장소 • 매도인은 물품을 매수인이 보낸 수취용 차량에 적재할 의무가 없음 • 매도인이나 매수인은 보험계약 체결의무 없음 • 지정인도장소(수출국)에서 위험이전 → 매수인은 보험계약 필요(단, 보험계약은 의무사항 아님) • 수출통관 → 매수인, 수입통관 → 매수인 • 11개 규칙 중 매도인의 의무가 가장 적고, 매수인의 의무가 가장 큼

	매도인 영업구내 (공장, 창고 등)	CY	선적항	선적		목적항	하역	CY	매수인 장소 (창고 등)
위험의 분기점	(매수인 부담)								
비용의 분기점	(매수인 부담)								

* CY(container yard)

"공장인도(Ex Works)"는 매도인이 물품을 지정인도장소(그 지정인도장소에 합의된 지점이 있는 경우에는 그 지점)에서 수취용 차량에 적재하지 않은 채로 매수인의 처분하에 둠으로써 인도하는 조건이다. 인도된 때로부터 물품의 멸실 또는 훼손의 모든 위험은 매수인이 부담한다.

지정인도장소는 매도인의 영업구내(예: 공장, 창고 등) 또는 제3의 장소가 된다. 매매계약에서 지정인도장소를 정하는데, "EXW" 다음에 지정인도장소를 기재하는 방식으로 한다(예: EXW Seoul Incoterms® 2020). 원칙적으로 지정인도장소(예: EXW Seoul)만 지정하면 되지만, 지정인도장소 내에서 정확한 인도지점을 명확하게 명시하는 것이 바람직하다. 그 이유는 그 인도지점까지의 비용과 위험은 매도인이 부담하고, 그 인도지점으로부터 물품의 수령에 수반되는 모든 비용과 위험은 매수인이 부담하기 때문이다. 당사자들이 인도지점을 정하지 않은 경우에는 매도인이 '그의 목적에 가장 적합한' 지점을 선택할 수 있다.

매도인은 매매계약에 일치하는 물품과 상업송장, 그 밖에 계약에서 요구될 수 있는 일치성에 대한 증거를 제공하여야 한다. 매수인은 매매계약에 규정된 바에 따라 물품의 대금을 지급해야 한다. 매도인 또는 매수인이 제공하여야 하는 서류는 합의에 따라(합의가 없는 경우에는 관행에 따라) 종이서류 또는 전자적 방식이 가능하다.

수출통관과 수입통과 모두 매수인의 부담이다. 매도인은 매수인에 대하여 보험계약을 체결할 의무가 없고, 매수인은 매도인에 대하여 보험계약을 체결할 의무가 없다. 그러나 수출국에서 위험이 이전되므로 매수인은 보험계약을 체결할 필요가 있다.

EXW는 인코텀즈 11개 규칙 중에서 매도인의 의무는 가장 적고, 매수인의 의무는 가장 크다. 이 규칙은 다음과 같이 주의하여 사용하여야 한다.

i) 인도는 물품이 수취용 차량에 적재된 때가 아니라 매수인의 처분하에 놓인 때에 일어나고, 그 때에 물품의 위험이 매수인에게 이전된다.

ii) 원칙적으로 매도인은 수취용 차량에 물품을 적재할 의무가 없다. 따라서 매도인이 물품을 적재하는 경우에는 적재 중 물품의 멸실 또는 훼손 위험을 누가 부담하는지 미리 합의하는 것이 바람직하다. 매도인의 영업구내에서의 적재 중의 위험을 피하고자 하는 경우에는 매수인은 FCA 규칙을 선택하는 것을 고려해야 한다(참고로 FCA에서는 인도장소가 매도인의 영업구내인 경우 물품적재의무는 매도인이 부담한다).

iii) 매도인은 수출통관의무가 없다. 따라서 수출통관과 수입통관은 모두 매수인의 의무이다. EXW는 국내거래에 적합하며, 무역거래에서는 거의 이용되지 않는다.

(EXW, FCA, CPT, CIP, DAP, DPU, DDP - 모든 운송방식용)

이 규칙들은 모든 운송방식에 사용될 수 있고, 둘 이상의 운송방식이 이용되는 경우에도 사용될 수 있다.

- 운송수단이 1개인 경우뿐만 아니라 2개 이상인 경우에도 이용 가능
- 해상운송이 전혀 포함되지 않은 운송에도 이용 가능
- 선박이 일부 구간의 운송에 이용되는 경우에도 이용 가능

2. 운송인인도(Free Carrier: FCA)

물품 인도 (위험 이전)	• 매도인은 물품을 지정인도장소(그 지정인도장소에 지정된 지점이 있는 경우에는 그 지점)에서 매수인이 지정한 운송인(또는 제3자)에게 인도함(또는 그렇게 인도된 물품을 조달함) ① 지정인도장소가 매도인의 영업구내인 경우 → 물품이 매수인이 마련한 운송수단에 적재된 때 인도 ② 지정인도장소가 매도인의 영업구내가 아닌 경우 → 물품이 매도인의 운송수단에 적재되어 지정인도장소에 도착하고 매도인의 운송수단에 실린 채 양하준비상태로 매수인이 지정한 운송인(또는 제3자)의 처분하에 놓인 때에 인도 ③ 매도인은 "①" 또는 "②"에 의해 인도된 물품을 조달할 수 있음 • 물품이 인도된 때로부터 물품의 멸실 또는 훼손의 모든 위험은 매수인이 부담함
매도인의 비용부담	• 지정인도장소에서 물품을 매수인이 지정한 운송인(또는 제3자)에게 인도하는 때까지의 비용 * EXW + 수출통관비 + 적재비용*(지정인도장소가 매도인의 영업구내인 경우)
주요 내용	• 매도인은 물품을 지정인도장소(그 지정인도장소에 지정된 지점이 있는 경우에는 그 지점)에서 매수인이 지정한 운송인(또는 제3자)에게 인도함(또는 그렇게 인도된 물품을 조달함) • 매도인이나 매수인은 보험계약 체결의무 없음 • 지정인도장소(수출국)에서 위험이전 → 매수인은 보험계약 필요(단, 보험계약은 의무사항 아님) • 수출통관 → 매도인, 수입통관 → 매수인 • 인도지점(지정인도장소)과 비용분기점(지정인도장소) 동일 • 당사자들의 합의로 선적선하증권(On-Board B/L) 요구 가능 • 지정인도장소(수출국 소재)에서 위험이전 → 매수인은 보험계약 필요(단, 보험계약은 의무 아님)

"운송인인도(Free Carrier)"는 매도인이 물품을 지정인도장소(그 지정인도장소에 지정된 지점이 있는 경우에는 그 지점)에서 매수인이 지정한 운송인(또는 제3자)에게 인도(또는 그렇게 인도

된 물품을 조달)하는 조건이다. 인도된 때로부터 물품의 멸실 또는 훼손의 모든 위험은 매수인이 부담한다.

① 지정인도장소가 매도인의 영업구내인 경우에는 물품이 매수인이 마련한 운송수단에 적재된 때 인도되고, ② 지정인도장소가 매도인의 영업구내가 아닌 경우에는 물품이 매도인의 운송수단에 적재되어 지정인도장소에 도착하고 매도인의 운송수단에 실린 채 양하준비상태로 매수인이 지정한 운송인(또는 제3자)의 처분하에 놓인 때에 인도된다. 또한, ③ 매도인은 "①" 또는 "②"에 의해 인도된 물품을 조달할 수 있는데, 이는 일차산품거래(commodity trade)에서 수차례에 걸쳐 연속적으로 이루어지는 매매(연속매매(string sale))를 위한 것이다.

매매계약에서 지정인도장소를 정하는데, "FCA" 다음에 지정인도장소를 기재하는 방식으로 한다(예: FCA Seoul Incoterms® 2020). 원칙적으로 지정인도장소(예: EXW Seoul)만 지정하면 되지만, 지정인도장소 내에서 정확한 인도지점을 명확하게 명시하는 것이 바람직하다. 그 이유는 그 인도지점은 매수인의 비용부담의 기준점이 되고, 언제 물품이 인도되는지와 언제 위험이 매수인에게 이전되는지를 명확하게 하기 때문이다. 당사자들이 인도지점을 정하지 않은 경우에는 매도인이 '그의 목적에 가장 적합한' 지점을 선택할 수 있다.

지정인도장소에서 매수인이 마련한 운송수단에의 적재비는 ① 지정인도장소가 매도인의 영업구내인 경우에는 매도인이 부담하고, ② 지정인도장소가 매도인의 영업구내가 아닌 경우에는 매수인이 부담한다.

매도인은 매매계약에 일치하는 물품과 상업송장, 그 밖에 계약에서 요구될 수 있는 일치성에 대한 증거를 제공하여야 한다. 매수인은 매매계약에 규정된 바에 따라 물품의 대금을 지급해야 한다. 매도인 또는 매수인이 제공하여야 하는 서류는 합의에 따라(합의가 없는 경우에는 관행에 따라) 종이서류 또는 전자적 방식이 가능하다.

수출통관은 매도인의 부담이고, 수입통관은 매수인의 부담이다. 매도인은 매수인에 대하여 보험계약을 체결할 의무가 없고, 매수인은 매도인에 대하여 보험계약을 체결할 의무가 없다. 그러나 수출국에서 위험이 이전되므로 매수인은 보험계약을 체결할 필요가 있다.

당사자들이 매매계약에서 합의한 경우 매수인은 운송인에게 본선적재표기가 있는 선하증권(선적선하증권(On-Board B/L))을 발행할 것을 지시할 수 있다. 참고로 ICC 표준

물품매매계약서(ICC Model International Sale Contract (Manufactured Goods))에서는 FCA를 기본으로 하고 있는데[47], 이를 통하여 ICC에서는 FCA를 대표적인 규칙으로 보고 있다는 것을 알 수 있다.

3. 운송비지급인도(Carriage Paid To: CPT)

물품 인도 (위험 이전)	• 매도인은 인도장소(그 인도장소에 합의된 지점이 있는 경우에는 그 지점)에서 물품을 매도인과 운송계약을 체결한 운송인에게 교부함으로써 인도함(또는 그렇게 인도된 물품 조달함) • 물품이 인도된 때로부터 물품의 멸실 또는 훼손의 모든 위험은 매수인이 부담함
매도인의 비용부담	• 매도인이 지정목적지까지 운송비 부담 * EXW + 수출통관비 + 적재비용 + 지정목적지까지 운송비
주요 내용	• 매도인은 인도장소(그 인도장소에 합의된 지점이 있는 경우에는 그 지점)에서 물품을 매도인과 운송계약을 체결한 운송인에게 교부함으로써 인도함(또는 그렇게 인도된 물품 조달함) • 매도인은 지정목적지까지 운송계약 체결하고 운송비 부담 • 매도인이나 매수인은 보험계약 체결의무 없음 • 인도장소(수출국)에서 위험이전 → 매수인은 보험계약 필요 • 수출통관 → 매도인, 수입통관 → 매수인 • 인도지점(인도장소)과 비용분기점(지정목적지) 상이

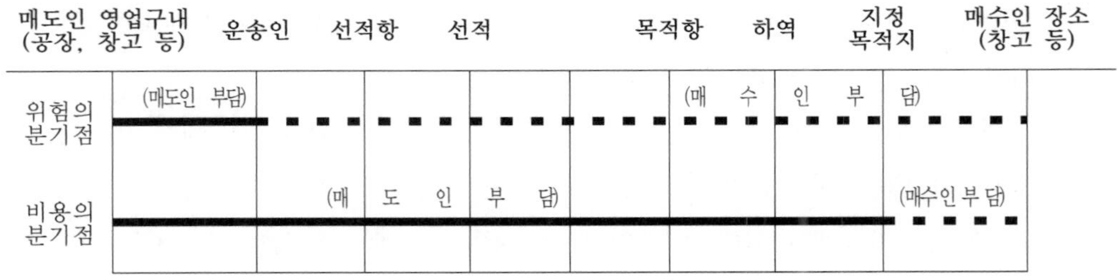

"운송비지급인도(Carriage Paid To)"는 매도인이 인도장소(그 인도장소에 합의된 지점이 있는 경우에는 그 지점)에서 물품을 매도인과 운송계약을 체결한 운송인에게 교부함으로써 인도

---

47) ICC, The ICC Model International Sale Contract (Manufactured Goods), ICC Publication No. 738E, 2013.
Art. 8 Contractual term of delivery
Unless otherwise agreed, delivery shall be at FCA Seller's premises (Incoterms® 2010 rules).

(또는 그렇게 인도된 물품 조달)하는 조건이다. 인도된 때로부터 물품의 멸실 또는 훼손의 모든 위험은 매수인이 부담한다.

매도인은 인도장소(통상 수출국 소재)로부터 지정목적지(통상 수입국 소재)까지 운송하는 계약을 체결하여야 한다. 그러나 물품이 운송인에게 교부됨으로써 인도되면, 위험이 매수인에게 이전된다. 따라서 매도인은 그 물품이 목적지에 양호한 상태로 도착할 것을 보장하지 않는다. 이 규칙에서 그렇게 인도된 물품을 조달할 수 있다는 것은 일차산품거래(commodity trade)에서 수차례에 걸쳐 연속적으로 이루어지는 매매(연속매매(string sale))를 위한 것이다.

매매계약에서 지정목적지를 정하는데, "CPT" 다음에 지정목적지를 기재하는 방식으로 한다(예: CPT Shanghai Incoterms® 2020). 당사자들은 계약에서 인도장소와 인도지점을 가급적 명확하게 해야 한다. 당사자들이 특정인도장소나 인도지점을 합의하지 않은 경우에는 매도인이 선택한 지점에서 물품이 제1운송인에게 교부된 때에 인도가 되고 위험이 매수인에게 이전된다. 그리고 당사자들은 계약에서 목적지와 목적지내의 지점을 가급적 명확하게 해야 한다.

매도인은 매매계약에 일치하는 물품과 상업송장, 그 밖에 계약에서 요구될 수 있는 일치성에 대한 증거를 제공하여야 한다. 매수인은 매매계약에 규정된 바에 따라 물품의 대금을 지급해야 한다. 매도인 또는 매수인이 제공하여야 하는 서류는 합의에 따라(합의가 없는 경우에는 관행에 따라) 종이서류 또는 전자적 방식이 가능하다.

목적지에서 양하비용(unloading cost)은 매수인이 부담한다. 다만, 양하비용 중에서 운송계약상 매도인이 부담하기로 된 비용은 그렇지 아니하다(따라서 매도인이 자신의 운송계약상 지정목적지에서 양하에 관하여 비용이 발생한 경우에 매도인은 당사자 간에 달리 합의되지 않은 한 그 비용을 매수인으로부터 별도로 상환받을 수 없다). 수출통관은 매도인의 부담이고, 수입통관은 매수인의 부담이다.

매도인은 매수인에 대하여 보험계약을 체결할 의무가 없고, 매수인은 매도인에 대하여 보험계약을 체결할 의무가 없다. 그러나 수출국에서 위험이 이전되므로 매수인은 보험계약을 체결할 필요가 있다.

> (CPT, CIP, CFR, CIF)
> 위 규칙에서는 물품이 목적지(또는 목적항)에 도착할 때가 아니고, 매도인이 운송인에게 물품을 교부한 때 매도인의 의무가 완료된다.

4. 운송비 · 보험료지급인도(Carriage and Insurance Paid To: CIP)

물품 인도 (위험 이전)	• 매도인은 인도장소(그 인도장소에 합의된 지점이 있는 경우에는 그 지점)에서 물품을 매도인과 운송계약을 체결한 운송인에게 교부함으로써 인도함(또는 그렇게 인도된 물품 조달함) • 물품이 인도된 때로부터 물품의 멸실 또는 훼손의 모든 위험은 매수인이 부담함
매도인의 비용부담	• 매도인이 지정목적지까지 운송비 · 보험료 부담 * EXW + 수출통관비 + 적재비용 + 지정목적지까지 운송비 · 보험료
주요 내용	• 매도인은 인도장소(그 인도장소에 합의된 지점이 있는 경우에는 그 지점)에서 물품을 매도인과 운송계약을 체결한 운송인에게 교부함으로써 인도함(또는 그렇게 인도된 물품 조달함) • 매도인은 지정목적지까지 운송계약 체결하고 운송비 부담 • 매도인은 지정목적지까지 보험계약 체결(담보조건 - ICC(A)조건, 보험금액 - 매매대금의 110% 이상) • 수출통관 → 매도인, 수입통관 → 매수인 • 인도지점(인도장소)과 비용분기점(지정목적지) 상이

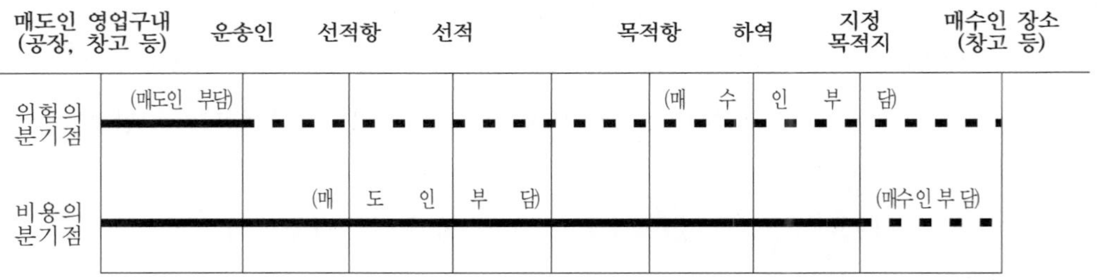

"운송비 · 보험료지급인도(Carriage and Insurance Paid To)"는 매도인이 인도장소(그 인도장소에 합의된 지점이 있는 경우에는 그 지점)에서 물품을 매도인과 운송계약을 체결한 운송인에게 교부함으로써 인도(또는 그렇게 인도된 물품 조달)하는 조건이다. 인도된 때로부터 물품의 멸실 또는 훼손의 모든 위험은 매수인이 부담한다.

매도인은 인도장소(통상 수출국 소재)로부터 지정목적지(통상 수입국 소재)까지 운송하는 계약을 체결하여야 한다. 그러나 물품이 운송인에게 교부됨으로써 인도되면, 위험이 매수인에게 이전된다. 따라서 매도인은 그 물품이 목적지에 양호한 상태로 도착할 것을 보장하지 않는다. 이 규칙에서 그렇게 인도된 물품을 조달할 수 있다는 것은 일차산품거래(commodity trade)에서 수차례에 걸쳐 연속적으로 이루어지는 매매(연속매매(string sale))를 위한 것이다.

매매계약에서 지정목적지를 정하는데, "CIP" 다음에 지정목적지를 기재하는 방식으로 한다(예: CIP Shanghai Incoterms® 2020). 당사자들은 계약에서 인도장소와 인도지점을 가급적 명확하게 해야 한다. 당사자들이 특정인도장소나 인도지점을 합의하지 않은 경우에는 매도인이 선택한 지점에서 물품이 제1운송인에게 교부된 때에 인도가 되고 위험이 매수인에게 이전된다. 그리고 당사자들은 계약에서 목적지와 목적지내의 지점을 가급적 명확하게 해야 한다.

매도인은 매매계약에 일치하는 물품과 상업송장, 그 밖에 계약에서 요구될 수 있는 일치성에 대한 증거를 제공하여야 한다. 매수인은 매매계약에 규정된 바에 따라 물품의 대금을 지급해야 한다. 매도인 또는 매수인이 제공하여야 하는 서류는 합의에 따라(합의가 없는 경우에는 관행에 따라) 종이서류 또는 전자적 방식이 가능하다.

목적지에서 양하비용(unloading cost)은 매수인이 부담한다. 다만, 양하비용중에서 운송계약상 매도인이 부담하기로 된 비용은 그렇지 아니하다(따라서 매도인이 자신의 운송계약상 지정목적지에서 양하에 관하여 비용이 발생한 경우에 매도인은 당사자 간에 달리 합의되지 않은 한 그 비용을 매수인으로부터 별도로 상환받을 수 없다). 수출통관은 매도인의 부담이고, 수입통관은 매수인의 부담이다.

매도인은 매수인의 위험에 대하여 보험계약을 체결할 의무가 있다. 담보조건은 ICC(A) 약관 또는 이와 유사한 약관이어야 한다.[48] 그리고 보험금액은 매매대금의 110% 이상이어야 하고, 보험의 통화는 매매계약의 통화와 동일해야 한다.

---

48) CIP에서의 담보조건은 Incoterms 2010에서는 ICC(C) 약관이었으나, Incoterms 2020에서는 ICC(A) 약관으로 강화되었다.

5. 도착지인도(Delivered at Place: DAP)

물품 인도 (위험 이전)	• 매도인은 물품을 지정목적지에서 도착운송수단에 실어둔 채 양하준비된 상태로 매수인의 처분하에 둠으로써 인도(또는 그렇게 인도된 물품 조달) • 물품이 인도된 때로부터 물품의 멸실 또는 훼손의 모든 위험은 매수인이 부담
매도인의 비용부담	• 매도인이 지정목적지까지 운송비 · 보험료 부담 * EXW + 수출통관비 + 적재비용 + 지정목적지까지 운송비 · 보험료 (단, 보험계약은 의무사항 아님)
주요 내용	• 매도인은 물품을 지정목적지에서 도착운송수단에 실어둔 채 양하준비된 상태로 매수인의 처분하에 둠으로써 인도(또는 그렇게 인도된 물품 조달) • 매도인은 목적지에서 도착운송수단으로부터 물품 양하 의무 없음 • 매도인이나 매수인은 보험계약 체결의무 없음 • 지정목적지(수입국)에서 위험이전 → 매도인은 보험계약 필요(단, 보험계약은 의무사항 아님) • 수출통관 → 매도인, 수입통관 → 매수인 • 인도지점(지정목적지)과 비용분기점(지정목적지) 동일 • 지정목적지에서 위험이전 → 매도인은 보험계약 필요(단, 보험계약은 의무사항 아님)

	매도인 영업구내 (공장, 창고 등)	운송인	선적항	선적		목적항	하역	지정 목적지	매수인 장소 (창고 등)
위험의 분기점		(매	도	인	부	담)			(매수인 부담)
비용의 분기점		(매	도	인	부	담)			(매수인 부담)

"도착지인도(Delivered at Place)"는 매도인이 물품을 지정목적지에서 도착운송수단에 실어둔 채 양하준비된 상태로 매수인의 처분하에 둠으로써 인도(또는 그렇게 인도된 물품 조달)하는 조건이다. 매도인은 물품을 지정목적지(또는 지정목적지 내의 합의된 지점)까지 가져가는 데 수반되는 모든 위험을 부담한다. 따라서 인도와 목적지의 도착은 같다. 한편, 인도된 때로부터 물품의 멸실 또는 훼손의 모든 위험은 매수인이 부담한다.

당사자들은 목적지나 목적지점을 가급적 명확하게 특정하는 것이 바람직하다. 그 이유는 물품의 멸실 또는 훼손 위험은 인도지점/목적지점에서 매수인에게 이전되고, 인도지점/목적지점까지의 비용은 매도인이 부담하고 그 이후의 비용은 매수인이 부담하기 때문이다. 이 규칙에서 그렇게 인도된 물품을 조달할 수 있다는 것은 일차산품 거래(commodity trade)에서 수차례에 걸쳐 연속적으로 이루어지는 매매(연속매매(string sale))를 위한 것이다.

매매계약에서 지정목적지를 정하는데, “DAP” 다음에 지정목적지를 기재하는 방식으로 한다(예: DAP Las Vegas Incoterms® 2020). 매도인은 도착운송수단에서 물품을 양하할 의무가 없고, 목적지에서 양하비용(unloading cost)은 매수인이 부담한다. 다만, 양하비용 중에서 운송계약상 매도인이 부담하기로 된 비용은 그렇지 아니하다(따라서 매도인이 자신의 운송계약상 지정목적지에서 양하에 관하여 비용이 발생한 경우에 매도인은 당사자 간에 달리 합의되지 않은 한 그 비용을 매수인으로부터 별도로 상환받을 수 없다).

매도인은 매매계약에 일치하는 물품과 상업송장, 그 밖에 계약에서 요구될 수 있는 일치성에 대한 증거를 제공하여야 한다. 매수인은 매매계약에 규정된 바에 따라 물품의 대금을 지급해야 한다. 매도인 또는 매수인이 제공하여야 하는 서류는 합의에 따라(합의가 없는 경우에는 관행에 따라) 종이서류 또는 전자적 방식이 가능하다.

매도인이나 매수인은 보험계약 체결의무가 없다. 그러나 지정목적지(통상 수입국 소재)에서 위험이 이전되므로 매도인은 자신을 위하여 보험계약을 체결할 필요가 있다. 수출통관은 매도인의 부담이고, 수입통관은 매수인의 부담이다. 매도인은 물품을 수입통관하거나 수입관세를 부담하거나 수입통관절차를 수행할 의무가 없다. 수입국의 지정목적지까지 수입통관 없이 물품을 운송해야 한다. 즉 도착항(도착공항)에서 지정목적지까지 보세운송을 해야 한다. 따라서 이 구간에 보세운송이 가능한 경우에만 DAP를 사용할 수 있다. 이 구간에 보세운송이 불가하고, 수입통관 후에 운송해야 하는 경우에는 DDP를 사용하는 것을 고려할 수 있다.

6. 도착지양하인도(Delivered at Place Unloaded: DPU)

물품 인도 (위험 이전)	• 매도인은 물품을 지정목적지에서 도착운송수단으로부터 양하하여 매수인의 처분하에 둠으로써 인도(또는 그렇게 인도된 물품 조달) • 물품이 인도된 때로부터 물품의 멸실 또는 훼손의 모든 위험은 매수인이 부담
매도인의 비용부담	• 매도인이 지정목적지까지 운송비 · 보험료 부담 * EXW + 수출통관비 + 적재비용 + 지정목적지까지 운송비 · 보험료 + 지정목적지에서 양하비용(단, 보험계약은 의무사항 아님)

주요 내용	• 매도인은 물품을 지정목적지에서 도착운송수단으로부터 양하하여 매수인의 처분하에 둠으로써 인도(또는 그렇게 인도된 물품 조달) • 매도인은 목적지에서 도착운송수단으로부터 물품 양하 • 매도인이나 매수인은 보험계약 체결의무 없음 • 지정목적지(수입국)에서 위험이전 → 매도인은 보험계약 필요(단, 보험계약은 의무사항 아님) • 수출통관 → 매도인, 수입통관 → 매수인 • 인도지점(지정목적지)과 비용분기점(지정목적지) 동일

	매도인 영업구내 (공장, 창고 등)	운송인	선적항	선적	목적항	하역	지정 목적지	매수인 장소 (창고 등)
위험의 분기점		(매도인 부담)					(매수인 부담)	
비용의 분기점		(매도인 부담)					(매수인 부담)	

"도착지양하인도(Delivered at Place Unloaded)"는 매도인이 물품을 지정목적지에서 도착운송수단으로부터 양하하여 매수인의 처분하에 둠으로써 인도(또는 그렇게 인도된 물품 조달)하는 조건이다. 매도인은 물품을 지정목적지(또는 지정목적지 내의 합의된 지점)까지 가져가서 그곳에서 물품을 양하하는 데 수반되는 모든 위험을 부담한다. 따라서 인도와 목적지의 도착은 같다. 한편, 인도된 때로부터 물품의 멸실 또는 훼손의 모든 위험은 매수인이 부담한다.

당사자들은 목적지나 목적지점을 가급적 명확하게 특정하는 것이 바람직하다. 그 이유는 물품의 멸실 또는 훼손 위험은 인도지점/목적지점에서 매수인에게 이전되고, 인도지점/목적지점까지의 비용은 매도인이 부담하고 그 이후의 비용은 매수인이 부담하기 때문이다. 이 규칙에서 그렇게 인도된 물품을 조달할 수 있다는 것은 일차산품거래(commodity trade)에서 수차례에 걸쳐 연속적으로 이루어지는 매매(연속매매(string sale))를 위한 것이다.

매매계약에서 지정목적지를 정하는데, "DPU" 다음에 지정목적지를 기재하는 방식으로 한다(예: DPU Las Vegas Incoterms® 2020). 매도인은 목적지에서 도착운송수단에서 물품을 양하할 의무가 있다. DPU는 매도인이 목적지에서 물품을 양하하도록 하는 유일한 규칙이다. 목적지에서 매도인이 양하의 위험과 비용을 부담하기를 원하지 않는 경우에는 DPU 대신 DAP를 사용하여야 한다.

매도인은 매매계약에 일치하는 물품과 상업송장, 그 밖에 계약에서 요구될 수 있는 일치성에 대한 증거를 제공하여야 한다. 매수인은 매매계약에 규정된 바에 따라 물품의 대금을 지급해야 한다. 매도인 또는 매수인이 제공하여야 하는 서류는 합의에 따라(합의가 없는 경우에는 관행에 따라) 종이서류 또는 전자적 방식이 가능하다.

매도인이나 매수인은 보험계약 체결의무가 없다. 그러나 지정목적지(통상 수입국 소재)에서 위험이 이전되므로 매도인은 자신을 위하여 보험계약을 체결할 필요가 있다. 수출통관은 매도인의 부담이고, 수입통관은 매수인의 부담이다. 매도인은 물품을 수입통관하거나 수입관세를 부담하거나 수입통관절차를 수행할 의무가 없다. 수입국의 지정목적지까지 수입통관 없이 물품을 운송해야 한다. 즉 도착항(도착공항)에서 지정목적지까지 보세운송을 해야 한다. 따라서 이 구간에 보세운송이 가능한 경우에만 DPU를 사용할 수 있다. 이 구간에 보세운송이 불가하고, 수입통관 후에 운송해야 하는 경우에는 DDP를 사용하는 것을 고려할 수 있다.

7. 관세지급인도(Delivered Duty Paid: DDP)

물품 인도 (위험 이전)	• 매도인은 수입통관하고 물품을 지정목적지에서 도착운송수단에 실어둔 채 양하 준비된 상태로 매수인의 처분하에 둠으로써 인도(또는 그렇게 인도된 물품 조달) • 물품이 인도된 때로부터 물품의 멸실 또는 훼손의 모든 위험은 매수인이 부담
매도인의 비용부담	• 매도인이 지정목적지까지 운송비 · 보험료와 수입관세 부담 * EXW + 수출통관비 + 적재비용 + 지정목적지까지 운송비 · 보험료 + 수입통관비(단, 보험계약은 의무사항 아님)
주요 내용	• 매도인은 수입통관된 물품을 지정목적지에서 도착운송수단에 실어둔 채 양하준비된 상태로 매수인의 처분하에 둠으로써 인도(또는 그렇게 인도된 물품 조달) • 매도인은 목적지에서 도착운송수단으로부터 물품 양하 의무 없음 • 매도인이나 매수인은 보험계약 체결의무 없음 • 지정목적지(수입국)에서 위험이전 → 매도인은 보험계약 필요(단, 보험계약은 의무사항 아님) • 수출통관 → 매도인, 수입통관 → 매도인 • 인도지점(지정목적지)과 비용분기점(지정목적지) 동일 • 11개 규칙 중 매도인의 의무가 가장 적고, 매수인의 의무가 가장 큼

	매도인 영업구내 (공장, 창고 등)	운송인	선적항	선적	목적항	하역	지정 목적지	매수인 장소 (창고 등)
위험의 분기점		(매도인 부담)					(매수인 부담)	
비용의 분기점		(매도인 부담)					(매수인 부담)	

"관세지급인도(Delivered Duty Paid)"는 매도인이 수입통관하고 물품을 지정목적지에서 도착운송수단에 실어둔 채 양하준비된 상태로 매수인의 처분하에 둠으로써 인도(또는 그렇게 인도된 물품 조달)하는 조건이다. 매도인은 물품을 지정목적지(또는 지정목적지 내의 합의된 지점)까지 가져가는 데 수반되는 모든 위험을 부담한다. 따라서 인도와 목적지의 도착은 같다. 한편, 인도된 때로부터 물품의 멸실 또는 훼손의 모든 위험은 매수인이 부담한다.

당사자들은 목적지나 목적지점을 가급적 명확하게 특정하는 것이 바람직하다. 그 이유는 물품의 멸실 또는 훼손 위험은 인도지점/목적지점에서 매수인에게 이전되고, 인도지점/목적지점까지의 비용은 매도인이 부담하고 그 이후의 비용은 매수인이 부담하기 때문이다. 이 규칙에서 그렇게 인도된 물품을 조달할 수 있다는 것은 일차산품거래(commodity trade)에서 수차례에 걸쳐 연속적으로 이루어지는 매매(연속매매(string sale))를 위한 것이다.

매매계약에서 지정목적지를 정하는데, "DDP" 다음에 지정목적지를 기재하는 방식으로 한다(예: DDP Las Vegas Incoterms® 2020). 매도인은 도착운송수단에서 물품을 양하할 의무가 없고, 목적지에서 양하비용(unloading cost)은 매수인이 부담한다. 다만, 양하비용 중에서 운송계약상 매도인이 부담하기로 된 비용은 그렇지 아니하다(따라서 매도인이 자신의 운송계약상 지정목적지에서 양하에 관하여 비용이 발생한 경우에 매도인은 당사자 간에 달리 합의되지 않은 한 그 비용을 매수인으로부터 별도로 상환받을 수 없다).

매도인은 매매계약에 일치하는 물품과 상업송장, 그 밖에 계약에서 요구될 수 있는 일치성에 대한 증거를 제공하여야 한다. 매수인은 매매계약에 규정된 바에 따라 물품의 대금을 지급해야 한다. 매도인 또는 매수인이 제공하여야 하는 서류는 합의에 따라(합의가 없는 경우에는 관행에 따라) 종이서류 또는 전자적 방식이 가능하다.

매도인이나 매수인은 보험계약 체결의무가 없다. 그러나 지정목적지(통상 수입국 소재)에서 위험이 이전되므로 매도인은 자신을 위하여 보험계약을 체결할 필요가 있다. 매도인이 수출통관과 수입통관을 하여야 한다. 매도인은 수입관세를 납부하고 모든 통관절차를 수행하여야 한다. DDP는 인코텀즈 11개 규칙 중에서 매도인의 의무는 가장 크고, 매수인의 의무는 가장 적다.

8. 선측인도(Free Alongside Ship: FAS)

물품 인도 (위험 이전)	• 매도인은 물품을 지정선적항에서 매수인이 지정한 선박의 선측(예: 부두 또는 바지(barge))에 둠으로써 인도(또는 그렇게 인도된 물품 조달) • 물품이 인도된 때로부터 물품의 멸실 또는 훼손의 모든 위험은 매수인이 부담
매도인의 비용부담	• 지정선적항에서 물품을 매수인이 지정한 선박의 선측에 두는 데까지의 비용 * EXW + 수출통관비 + 선적항까지의 내륙운임 + 선측까지의 부두운임
주요 내용	• 매도인은 물품을 지정선적항에서 매수인이 지정한 선박의 선측에 둠으로써 인도(또는 그렇게 인도된 물품 조달) • 매도인이나 매수인은 보험계약 체결의무 없음 • 지정선적항(수입국)에서 위험이전 → 매수인은 보험계약 필요(단, 보험계약은 의무사항 아님) • 수출통관 → 매도인, 수입통관 → 매수인 • 인도지점(지정선적항)과 비용분기점(지정선적항) 동일 • 지정선적항(수출국 소재)에서 위험이전 → 매수인은 보험계약 필요(단, 보험계약은 의무사항 아님)

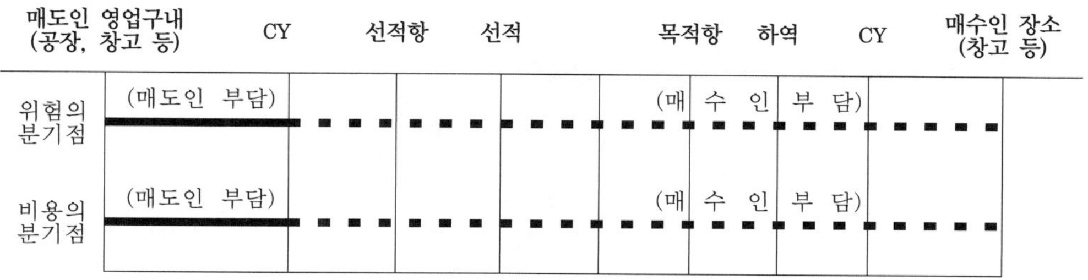

"선측인도(Free Alongside Ship)"는 매도인이 물품을 지정선적항에서 매수인이 지정한 선박의 선측(예: 부두 또는 바지(barge))에 둠으로써 인도(또는 그렇게 인도된 물품 조달)하는 조건이다. 인도된 때로부터 물품의 멸실 또는 훼손의 모든 위험은 매수인이 부담한다.

이 규칙에서 그렇게 인도된 물품을 조달할 수 있다는 것은 일차산품거래(commodity trade)에서 수차례에 걸쳐 연속적으로 이루어지는 매매(연속매매(string sale))를 위한 것이다.

매매계약에서 지정목적지를 정하는데, "FAS" 다음에 지정선적항을 기재하는 방식으로 한다(예: FAS Busan Incoterms® 2020). 당사자들은 지정선적항에서 물품이 부두나 바지(barge)로부터 선박으로 이동하는 적재지점을 가급적 명확하게 명시하는 것이 바람직하다. 그 지점까지의 비용과 위험은 매도인이 부담하고, 이러한 비용과 그것과 관련된 비용은 항구의 관행에 따라 다르기 때문이다.

매도인은 매매계약에 일치하는 물품과 상업송장, 그 밖에 계약에서 요구될 수 있는 일치성에 대한 증거를 제공하여야 한다. 매수인은 매매계약에 규정된 바에 따라 물품의 대금을 지급해야 한다. 매도인 또는 매수인이 제공하여야 하는 서류는 합의에 따라(합의가 없는 경우에는 관행에 따라) 종이서류 또는 전자적 방식이 가능하다.

수출통관은 매도인의 부담이고, 수입통관은 매수인의 부담이다. 매수인은 자신의 비용으로 물품을 지정선적항으로부터 운송하는 계약을 체결하여야 한다. 매도인이나 매수인은 보험계약을 체결할 의무가 없다. 그러나 지정선적항에서 위험이 이전되므로 매수인은 보험계약을 체결할 필요가 있다.

FAS는 물품을 선측에 둠으로써 인도하기로 하는 해상운송이나 내수로운송에만 사용되어야 한다. 따라서 물품이 선측에 놓이기 전에 운송인에게 교부되는 경우(예를 들어, 물품이 컨테이너 터미널에서 운송인에게 교부되는 경우)에는 적절하지 않다. 이러한 경우에는 FAS 대신 FCA를 사용하는 것을 고려할 필요가 있다.

(FAS, FOB, CFR, CIF - 수상운송방식용)

이 규칙들은 해상운송이나 내수로운송에만 사용될 수 있다.

- 인도지점과 물품이 매수인에게 운송되어야 하는 장소가 모두 항구인 경우에만 이용 가능 (부산항 → 뉴욕항(O), 대구 → 뉴욕항(X))

9. 본선인도(Free on Board: FOB)

물품 인도 (위험 이전)	• 매도인은 물품을 지정선적항에서 매수인이 지정한 본선에 적재함으로 인도(또는 본선에 적재된 물품 조달) • 물품이 인도된 때로부터 물품의 멸실 또는 훼손의 모든 위험은 매수인이 부담
매도인의 비용부담	• 지정선적항에서 물품을 매수인이 지정한 선박에 선적하는 데까지의 비용 * EXW + 수출통관비 + 선적항까지의 내륙운임 + 선측까지의 부두운임 + 본선 적재비
주요 내용	• 매도인은 물품을 지정선적항에서 매수인이 지정한 본선에 적재함으로 인도(또는 본선에 적재된 물품 조달) • 매도인이나 매수인은 보험계약 체결의무 없음 • 지정선적항(수입국)에서 위험이전 → 매수인은 보험계약 필요(단, 보험계약은 의무사항 아님) • 수출통관 → 매도인, 수입통관 → 매수인 • 인도지점(지정선적항)과 비용분기점(지정선적항) 동일 • 지정선적항(수출국 소재)에서 위험이전 → 매수인은 보험계약 필요(단, 보험계약은 의무사항 아님)

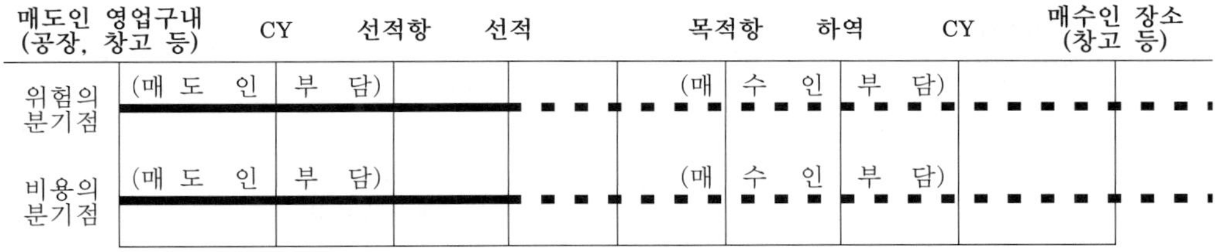

	매도인 영업구내 (공장, 창고 등)	CY	선적항	선적		목적항	하역	CY	매수인 장소 (창고 등)
위험의 분기점	(매 도 인	부 담)				(매	수 인	부 담)	
비용의 분기점	(매 도 인	부 담)				(매	수 인	부 담)	

"본선인도(Free On Board)"는 매도인이 물품을 지정선적항에서 매수인이 지정한 본선에 적재함으로 인도(또는 본선에 적재된 물품 조달)하는 조건이다. 인도된 때로부터 물품의 멸실 또는 훼손의 모든 위험은 매수인이 부담한다.

이 규칙에서 그렇게 인도된 물품을 조달할 수 있다는 것은 일차산품거래(commodity trade)에서 수차례에 걸쳐 연속적으로 이루어지는 매매(연속매매(string sale))를 위한 것이다.

매매계약에서 지정목적지를 정하는데, "FOB" 다음에 지정선적항을 기재하는 방식으로 한다(예: FOB Busan Incoterms® 2020). 매도인은 매매계약에 일치하는 물품과 상업송장, 그 밖에 계약에서 요구될 수 있는 일치성에 대한 증거를 제공하여야 한다. 매수인은 매매계약에 규정된 바에 따라 물품의 대금을 지급해야 한다. 매도인 또는 매수인이 제공하여야 하는 서류는 합의에 따라(합의가 없는 경우에는 관행에 따라) 종이서류 또는 전자적 방식이 가능하다.

수출통관은 매도인의 부담이고, 수입통관은 매수인의 부담이다. 매수인은 자신의 비용으로 물품을 지정선적항으로부터 운송하는 계약을 체결하여야 한다. 매도인이나 매수인은 보험계약을 체결할 의무가 없다. 그러나 지정선적항에서 위험이 이전되므로 매수인은 보험계약을 체결할 필요가 있다.

FOB는 물품을 선박에 적재함으로써 인도하기로 하는 해상운송이나 내수로운송에만 사용되어야 한다. 따라서 물품이 선박에 적재되기 전에 운송인에게 교부되는 경우(예를 들어, 물품이 컨테이너 터미널에서 운송인에게 교부되는 경우)에는 적절하지 않다. 이러한 경우에는 FOB 대신 FCA를 사용하는 것을 고려할 필요가 있다.

10. 운임포함인도(Cost and Freight: CFR)

물품 인도 (위험 이전)	• 매도인은 물품을 선적항에서 매도인이 지정한 본선에 적재함으로써 인도(또는 그렇게 인도된 물품 조달) • 물품이 인도된 때로부터 물품의 멸실 또는 훼손의 모든 위험은 매수인이 부담
매도인의 비용부담	• 매도인이 지정목적항까지 운송비 부담 * EXW + 수출통관비 + 선적항까지의 내륙운임 + 선측까지의 부두운임 + 본선 적재비 + 지정목적항까지 운송비
주요 내용	• 매도인은 물품을 선적항에서 매도인이 지정한 본선에 적재함으로써 인도(또는 그렇게 인도된 물품 조달) • 매도인은 지정목적항까지 운송계약 체결(운송비 부담) • 매도인이나 매수인은 보험계약 체결의무 없음 • 지정선적항(수입국)에서 위험이전 → 매수인은 보험계약 필요(단, 보험계약은 의무사항 아님) • 수출통관 → 매도인, 수입통관 → 매수인 • 인도지점(선적항)과 비용분기점(지정목적항) 상이 • 선적항(수출국 소재)에서 위험이전 → 매수인은 보험계약 필요(단, 보험계약은 의무사항 아님)

	매도인 영업구내 (공장, 창고 등)	CY	선적항	선적		목적항	하역	CY	매수인 장소 (창고 등)
위험의 분기점	(매도인 부담)						(매수인 부담)		
비용의 분기점	(매도인 부담)						(매수인 부담) (운임)		

"운임포함인도(Cost and Freight)"는 매도인이 물품을 선적항에서 매도인이 지정한 본선에 적재함으로써 인도(또는 그렇게 인도된 물품 조달)하는 조건이다. 인도된 때로부터 물품의 멸실 또는 훼손의 모든 위험은 매수인이 부담한다.

CFR에서 그렇게 인도된 물품을 조달할 수 있다는 것은 일차산품거래(commodity trade)에서 수차례에 걸쳐 연속적으로 이루어지는 매매(연속매매(string sale))를 위한 것이다.

매매계약에서 지정목적항을 정하는데, "CFR" 다음에 지정목적항을 기재하는 방식으로 한다(예: CFR New York Incoterms® 2020). 매도인은 매매계약에 일치하는 물품과 상업송장, 그 밖에 계약에서 요구될 수 있는 일치성에 대한 증거를 제공하여야 한다. 매수인은 매매계약에 규정된 바에 따라 물품의 대금을 지급해야 한다. 매도인 또는 매수인이 제공하여야 하는 서류는 합의에 따라(합의가 없는 경우에는 관행에 따라) 종이서류 또는 전자적 방식이 가능하다.

수출통관은 매도인의 부담이고, 수입통관은 매수인의 부담이다. 매도인은 선인도장소로부터(그 인도장소에 합의된 지점이 있는 경우에는 그 지점으로부터) 지정목적항까지의 운송계약을 체결하여야 한다. 매도인이나 매수인은 보험계약을 체결할 의무가 없다. 그러나 지정선적항에서 위험이 이전되므로 매수인은 보험계약을 체결할 필요가 있다.

CFR에서는 선적항과 지정목적항의 두개의 항구가 중요한데, 선적항에서 위험의 이전이 일어나고, 매도인은 지정목적항까지의 운송계약을 체결해야 한다. 따라서 위험의 분기점과 비용의 분기점이 상이하다.

CFR은 물품을 해상운송이나 내수로운송에만 사용되어야 한다. 물품이 컨테이너 터미널에서 운송인에게 교부되는 경우에는 CFR 대신 CPT를 사용하는 것을 고려할 필요가 있다.

11. 운임보험료포함인도(Cost Insurance and Freight: CIF)

물품 인도 (위험 이전)	• 매도인은 물품을 선적항에서 매도인이 지정한 본선에 적재함으로써 인도(또는 그렇게 인도된 물품 조달) • 물품이 인도된 때로부터 물품의 멸실 또는 훼손의 모든 위험은 매수인이 부담
매도인의 비용부담	• 매도인이 지정목적항까지 운송비 · 보험료 부담 * EXW + 수출통관비 + 선적항까지의 내륙운임 + 선측까지의 부두운임 + 본선 적재비 + 지정목적항까지 운송비 · 보험료

주요 내용	• 매도인은 물품을 선적항에서 매도인이 지정한 본선에 적재함으로써 인도(또는 그렇게 인도된 물품 조달) • 매도인은 지정목적항까지 운송계약 체결(운송비 부담) • 매도인은 지정목적항까지 보험계약 체결(담보조건 – ICC(C)조건, 보험금액 – 매매대금의 110% 이상) • 수출통관 → 매도인, 수입통관 → 매수인 • 인도지점(선적항)과 비용분기점(지정목적항) 상이

매도인 영업구내 (공장, 창고 등)	CY	선적항	선적		목적항	하역	CY	매수인 장소 (창고 등)
위험의 분기점	(매도인 부담)					(매수인 부담)		
비용의 분기점	(매도인 부담)				(매수인 부담) (운임 및 보험료)			

"운임·보험료포함인도(Cost Insurance and Freight)"는 매도인이 물품을 선적항에서 매도인이 지정한 본선에 적재함으로써 인도(또는 그렇게 인도된 물품 조달)하는 조건이다. 인도된 때로부터 물품의 멸실 또는 훼손의 모든 위험은 매수인이 부담한다.

CIF에서 그렇게 인도된 물품을 조달할 수 있다는 것은 일차산품거래(commodity trade)에서 수차례에 걸쳐 연속적으로 이루어지는 매매(연속매매(string sale))를 위한 것이다.

매매계약에서 지정목적항을 정하는데, "CIF" 다음에 지정목적항을 기재하는 방식으로 한다(예: CIF New York Incoterms® 2020). 매도인은 매매계약에 일치하는 물품과 상업송장, 그 밖에 계약에서 요구될 수 있는 일치성에 대한 증거를 제공하여야 한다. 매수인은 매매계약에 규정된 바에 따라 물품의 대금을 지급해야 한다. 매도인 또는 매수인이 제공하여야 하는 서류는 합의에 따라(합의가 없는 경우에는 관행에 따라) 종이서류 또는 전자적 방식이 가능하다.

수출통관은 매도인의 부담이고, 수입통관은 매수인의 부담이다. 매도인은 인도장소로부터(그 인도장소에 합의된 지점이 있는 경우에는 그 지점으로부터) 지정목적항까지의 운송계약을 체결하여야 한다.

CFR에서는 선적항과 지정목적항의 두개의 항구가 중요한데, 선적항에서 위험의 이전이 일어나고, 매도인은 지정목적항까지의 운송계약을 체결해야 한다. 따라서 위험의 분기점과 비용의 분기점이 상이하다.

매도인은 매수인의 위험에 대하여 보험계약을 체결할 의무가 있다. 담보조건은 ICC(C) 약관 또는 이와 유사한 약관이어야 한다. 그리고 보험금액은 매매대금의 110% 이상이어야 하고, 보험의 통화는 매매계약의 통화와 동일해야 한다.

CIF는 물품을 해상운송이나 내수로운송에만 사용되어야 한다. 물품이 컨테이너 터미널에서 운송인에게 교부되는 경우에는 CIF 대신 CIP를 사용하는 것을 고려할 필요가 있다. 물품매매계약에서 CIF 규칙이 사용된 경우 이와 상반되는 명시적 합의가 없다면, '물품이 해상운송 중인 경우에도 매도인의 선하증권 인도는 물품의 인도와 동일하게 취급되므로'[49] 물품이 목적항에 도착하기 전이라도 매수인의 대금지급의무가 발생한다.[50] 이는 CFR, CPT, 그리고 CIP에서도 동일하다고 보아야 할 것이다.

---

49) E. Clemens Horst Co. v. Biddell Bros., [1912] A.C. 18, (H.L.) [22] ("[D]elivery of the bill of lading when the goods are at sea can be treated as delivery of the goods themselves . . . .").

50) William P. Johnson, *supra* note 37, p.387.
("Delivery terms provide a shorthand method for assigning to each of the parties various responsibilities to complete specific tasks relating to shipment or transportation of the goods.
……………………………………………………………………
Similarly, the delivery term can indicate how payment is to be made. For example, in the absence of express agreement to the contrary, use of the CIF delivery term requires payment against presentation of documents, even before the goods have reached the buyer. This payment obligation arises even though the contract says nothing about payment against presentation of documents. This is also so even though the buyer would otherwise ordinarily have a right under applicable sales law to inspect the goods prior to tendering payment.")

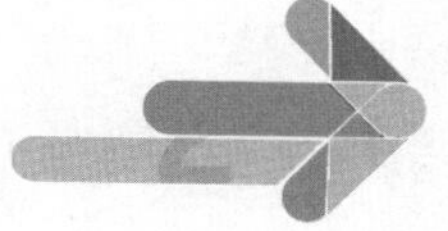

제 6 장

국제물품매매계약에 관한 유엔협약(CISG)

제6장 국제물품매매계약에 관한 유엔협약(CISG)

제1절 협약(CISG) 개요

1. 협약의 성립

1) 헤이그협약의 성립

국제물품매매에 관한 통일법을 제정하려는 노력은 1920년대부터 시작되었으며, 기대 이상의 성과를 달성하였다.[1] UNIDROIT(International Institute for the Unification of Private Law: 사법통일을 위한 국제기구)에서는 일군의 유럽법학자들에게 국제물품매매에 적용할 통일법 작성을 요청하였고, 1935년에 그 예비초안이 발표되었다.[2] 그러나 제2차 세계대전의 발발로 중단되었다가 제2차 세계대전 종료 후 다시 진행되어 1956년과 1963년에 각각 수정 초안이 발표되었고, 같은 기간에 계약 성립에 관한 통일법 작업도 진행되어 1958년에 통일법 초안이 회람되었다.[3]

UNIDROIT에서 작성한 두 가지 통일법 초안인 「국제물품매매에 관한 통일법 협약(Convention Relating to a Uniform Law on the International Sale of Goods: ULIS)」[4]과 「국제물품매매계약의 성립에 관한 통일법 협약(Convention Relating to a Uniform Law on the Formation of Contract for the International Sale of Goods: ULFC[5])」[6]은 1964년 4월 헤이그에서 개최된 28개국 외교회의에서 채택되었다.[7] 이 두 협약은 헤이그회의에서 채택되어 '헤이그협약(the Hague

---

1) Schlechtriem & Schwenzer, *Commentary on the UN Convention on the International Sale of Goods (CISG)*, 4th ed., Oxford University Press, 2016, p.1.

2) Schlechtriem & Schwenzer, *supra* note 1, p.1.; John O. Honnold, *Uniform Law for International Sales under the 1980 United Nations Convention*, 4th ed, Wolters Kluwer, 2009, p.5.

3) John O. Honnold, *supra* note 2, p.5.

4) UNIDROIT 웹사이트 https://www.unidroit.org/의 "Instrument"에서 전문 검색 가능

5) UNIDROIT 웹사이트에서는 "ULFC"라고 함.

6) UNIDROIT 웹사이트 https://www.unidroit.org/의 "Instrument"에서 전문 검색 가능

7) United Nations, *United Nations Convention on Contracts for the International Sale of Goods*, United

Convention)'이라고 불린다. 헤이그협약은 주로 유럽국가들의 지지를 받았고, 1972년에 발효되었으며, 2018년 6월 현재 가입국은 9개국(벨기에, 잠비아, 독일, 이스라엘, 이탈리아, 룩셈부르그, 네덜란드, 샌마리노, 영국)이다.

그러나 이 회의에 참석한 국가가 28개국에 불과하였고, 적용범위가 너무 넓고, 당사자의 자치를 허용하지 않아 유연성이 떨어지고, 서유럽국가의 법을 기초로 하였고, 매도인의 이익을 보호하는데 중점을 두었는데, 무역거래에서는 주로 선진국이 매도인이므로 후진국 및 제3세계의 지지를 받지 못했다. 특히 헤이그협약은 개발도상국의 입장을 고려하지 않았는데, ① 초안작성 과정에서 개발도상국이 참여하지 못했고, ② 초안작성 참여국들의 접근방식은 계약일반원칙에 대해 객관성이 결여되었다.[8] 그 결과 1972년 발효되었지만, 현재까지 총 가입국이 9개국에 불과하여 세계적인 통일법으로 자리를 잡지 못했다. 또한, 서유럽국가들의 법률 전통과 경제 현실을 반영하고 있다는 비판을 받게 되었다.[9]

2) 협약(CISG)의 성립

UNIDROIT의 헤이그협약이 통일매매법의 역할을 못하게 됨에 따라 UNCITRAL에서는 1968년 제1차 회기에서 실체법으로서의 국제매매에 관한 통일법의 제정에 우선순위를 두기로 의결하였고, 1969년의 제2차 회기에서 이를 확인하였다.[10] 그 후 14개국으로 구성된 작업반(working group)을 구성하여 통일법 작성에 착수하였다. 작업반은 1976년에는 '국제물품매매에 관한 통일법 협약(ULIS)'에 기초한 '매매협약 초안(Draft Convention on Sales)'을 작성하였고, 1977년에는 '국제물품매매계약의 성립에 관한 통일법 협약(ULFC)'에 기초한 '계약성립 초안(Draft Convention on Formation)'을 작성하였다.[11]

그리고 1978년 UNCITRAL 전체 회의에서 이 두 개의 협약 초안을 심의하여 "국제물품매매계약에 관한 협약 초안(Draft Convention on Contracts for the International Sale of Goods)"이라는 단일협약으로 통합하였고, 이 협약 초안은 1980년 4월 11일 비엔나에서 열린

Nations Publication Sales No. E.10.v.14, 2010, p.33.; John O. Honnold, *supra* note 2, p.6.

8) Peter Schlechtriem · Petra Butler, *UN Law on International Sales, Springer*, 2009, p.1.

9) United Nations, *supra* note 7, p.33.

10) United Nations, *supra* note 7, p.33.; John O. Honnold, *supra* note 2, p.9.

11) Schlechtriem & Schwenzer, *supra* note 1, p.2.; John O. Honnold, *supra* note 2, p.10.

외교회의에서 「국제물품매매계약에 관한 국제연합협약(United Nations Convention on Contracts for the International Sale of Goods)」으로 채택되었다.[12] 이 협약은 아랍어, 중국어, 영어, 프랑스어, 러시아어, 스페인어 등 6개국어로 작성되었다. 이 협약 제2편 계약의 성립은 '국제물품매매계약의 성립에 관한 통일법 협약(ULFC)'에 기초하였고, 제3편 물품의 매매는 '국제물품매매에 관한 통일법 협약(ULIS)'에 기초하고 있다.[13]

이 협약은 비엔나회의에서 채택되었기 때문에 "비엔나협약(Vienna Convention)"으로 불리고, 약자로 "CISG"라고도 한다. CISG는 1988년 1월 1일에 발효되었다.

3) 협약(CISG) 체약국 현황

2020년 7월 현재 체약국은 93개국[14]이고, 이들 국가의 무역규모는 전체의 80% 이상을 차지하고 있다.[15] 우리나라도 2004년 2월 17일에 동 협약에 가입하여 2005년 3월 1일부터 발효되었다.[16] 우리나라와 무역거래 비중이 높은 중국, 미국, 일본, 베트남은 모두 CISG 체약국이다. 따라서 CISG의 적용을 배제하지 않는다면, 이들 국가와의 물품매매거래에는 CISG가 적용될 가능성이 높다.

2. 협약의 구성 및 특징

1) 협약(CISG)의 구성

CISG는 전문, 총 4편(Part), 101개 조항(Article)로 구성되어 있다. 제2편 계약의 성립은 '국제물품매매계약의 성립에 관한 통일법 협약(ULFC)'에 기초하였고, 제3편 물품의 매매는 '국제물품매매에 관한 통일법 협약(ULIS)'에 기초하고 있다.[17]

---

12) United Nations, *supra* note 7, pp.33-34.; John O. Honnold, *supra* note 2, p.10.

13) John O. Honnold, *supra* note 2, p.10.

14) 참고로 2019. 3월에 북한 가입.

15) 2018년 기준 수출규모 20위권 국가 중에서는 영국, 홍콩, 대만, U.A.E., 인도, 태국 등을 제외한 모든 국가가 CISG의 체약국임.

16) 2003년 8월 18일 국무회의에서 국회에 상정했고, 2004년 2월 9일 제245회 국회 제4차 본회의에서 비준되어, 2005년 3월 1일부터 발효되었다.

17) John O. Honnold, *supra* note 2, p.10.; Schlechtriem & Schwenzer, *supra* note 1, p.2.

제1편 적용범위와 총칙 (13개 조문)	제1장 적용범위(제1조~제6조) 제2장 총칙(제7조~제13조)
제2편 계약의 성립 (11개 조문)	제14조~제24조
제3편 물품의 매매 (64개 조문)	제1장 총칙(제25조~제29조)
	제2장 매도인의 의무(제30조~제52조) 제1절 물품의 인도와 서류의 교부(제31조~제34조) 제2절 물품의 적합성과 제3자의 권리주장(제35조~제44조) 제3절 매도인의 계약위반에 대한 구제(제45조~제52조)
	제3장 매수인의 의무(제53조~제65조) 제1절 대금의 지급(제54조~제59조) 제2절 인도의 수령(제60조) 제3절 매수인의 계약위반에 대한 구제(제61조~제65조)
	제4장 위험의 이전(제66조~제70조)
	제5장 매도인과 매수인의 의무에 공통되는 규정 제1절 이행기전의 계약위반과 분할인도계약(제71조~제73조) 제2절 손해배상액(제74조~제77조) 제3절 이자(제78조) 제4절 면책(제79조, 제80조) 제5절 해제의 효과(제81조~제84조) 제6절 물품의 보관(제85조~제88조)
제4편 최종규정 (13개 조문)	제89조~제101조 CISG의 효력발생, 가입, 탈퇴, 일부조항의 유보 등

2) 협약(CISG)의 특징

CISG의 특징을 정리하면 다음과 같다.

i) 매매당사자의 이익을 균형 있게 보장하고 있다.

☞ UNIDROIT의 헤이그협약: 매도인의 보호에 중점(선진국 입장)

ii) 적용범위를 매매계약의 성립에 관한 문제(제2편)와 매매계약에서 발생하는 매도인과 매수인의 권리 및 의무(제3편)에 한정한다. 계약 자체의 효력이나 소유권에 관하여 계약이 가지는 효력은 규율 대상에서 제외하고 있다.

☞ UNIDROIT의 헤이그협약: 모든 분야를 대상으로 함.

iii) 국제매매법의 절차적인 면과 실체적인 면을 통합하였다.[18] 계약의 성립과 계약의 효과로서의 당사자의 권리·의무를 모두 규율한다.

iv) 당사자자치 보장(party autonomy): 계약자유의 원칙에 입각하여 당사자의 의사로 CISG의 적용을 배제할 수 있도록 하는 등 당사자자치를 보장한다.[19] 또한, 비체약국 당사자도 CISG 적용에 합의함으로써 CISG를 적용할 수 있다.

v) 가입국의 유보허용: 가입국은 유보선언을 통해 일부 조항의 적용을 배제할 수 있다(유보조항: 제1조제1항의 간접적용, 제11조, 제12조 등의 서면성 등).

vi) 자동집행조약(self-executing treaty)으로 별도의 입법 없이도 국내법과 동일한 효력이 있다.[20]

CISG는 다수의 국가가 체결한 통일매매법이라는 점에서 호평을 받고 있으나, CISG가 적용되더라도 계약불이행이 발생하는 경우 각국 법원의 판결이 상이할 수 있고, 계약의 유효성을 규정하지 않고 있으며, 전자상거래도 규정하지 않고 있다는 비판도 있다.[21] 더구나 대부분의 글로벌 판매사(vendor)들은 계약서에서 CISG 적용을 배제하고 있다는 한계가 있다.

3) 협약(CISG)의 성격

직접성	CISG는 국제물품매매계약에 적용되는 직접법이며 실체법이다. CISG는 우리 민법과 마찬가지로 국제물품매매계약에 직접 적용된다.
국제성	CISG는 국제물품매매계약에 적용되는 법이다. (원칙적으로 영업소를 달리하는 당사자 간의 물품매매계약에 적용된다.)
통일법	CISG는 국제물품매매계약에 적용되는 통일법이다. (준거법에 우선하여 적용되어 국제물품매매계약에 적용되는 법을 통일함을 목적으로 한다.)

18) Peter Schlechtriem · Petra Butler, *supra* note 8, p.2.

19) United Nations, *supra* note 7, pp.35-36.; John O. Honnold, *supra* note 2, p.10.

20) Ralph H. Folsom, et. al., *International Business Transactions*, 8th ed, West Group, 2009, p.21.

21) Michele Donnelly, *Certificate in International Trade and Finance*, ifs School of Finance, 2010, pp.31-32.

제2절 적용범위와 총칙(협약 제1편)

1. 협약 적용의 공통조건

CISG의 명칭(국제물품매매계약에 관한 유엔협약)에서 알 수 있듯이 CISG의 적용대상은 '국제물품매매계약(contract of international sale of goods)'이다. 세부적으로 보면, ① 거래 유형은 "매매"이고, ② 매매의 목적물은 "물품"이며, ③ 당사자의 영업소가 서로 다른 국가에 소재하여야 한다. 적용요건은 거래 자체에 대한 요건(① 거래 유형: 매매 ② 매매의 목적물: 물품)과 당사자에 대한 요건(③ 당사자의 영업소가 서로 다른 국가에 소재)으로 구분할 수 있다.[22)]

* 다만, CISG의 적용요건이 충족되는 거래에서도 당사자는 합의로 CISG의 적용을 배제할 수 있다.

> **제1조**
>
> (1) 이 협약은 다음의 경우에, 영업소가 서로 다른 국가에 있는 당사자 간의 물품매매계약에 적용된다.
> (가) 해당 국가가 모두 체약국인 경우, 또는
> (나) 국제사법 규칙에 의하여 체약국법이 적용되는 경우
>
> (2) 당사자가 서로 다른 국가에 영업소를 가지고 있다는 사실은, 계약으로부터 또는 계약체결 전이나 그 체결시에 당사자 간의 거래나 당사자에 의하여 밝혀진 정보로부터 드러나지 아니하는 경우에는 고려되지 아니한다.
>
> (3) 당사자의 국적 또는 당사자나 계약의 민사적·상사적 성격은 이 협약의 적용 여부를 결정하는 데에 고려되지 아니한다.

1) 거래유형은 매매계약일 것

거래유형은 매매계약이어야 한다. 다만, 계약의 민사적·상사적 성격은 고려되지 않으므로 민사계약 및 상사계약 모두 CISG의 적용대상이 된다. 증여, 임대차, 사용대차, 교환 등에 의한 국제적 물품의 이동은 무역거래에는 포함되지만, 매매계약이 아니므로 CISG의 적용대상이 아니다.[23)]

---

22) Peter Schlechtriem · Petra Butler, *supra* note 8, p.11.

23) Schlechtriem & Schwenzer, *supra* note 1, p.10.

2) 매매계약의 목적물은 물품일 것

매매계약의 목적물은 물품이어야 한다. 용역(service) 또는 지식재산권은 적용대상이 아니다.[24] 참고로 CISG는 물품의 개념에 대해 정의하고 있지 않아 물품 여부에 대해 분쟁이 발생할 수 있으므로 모호한 경우에는 계약서에 CISG의 적용 여부를 명시하는 것이 바람직하다.

> **(사례연구)**
> 사례1) 한국과 일본 간의 해양탐사선 리스(임대)계약
> (해설) CISG 미적용(임대차계약은 매매계약이 아님)
>
> 사례2) 한국의 A사는 미국의 Moody's(신용평가사)로부터 신용평가 계약 체결
> (해설) CISG 미적용(물품매매계약만 대상이 되며, 용역은 대상이 아님)

3) 당사자의 영업소가 서로 다른 국가에 소재할 것("국제성")

CISG가 적용되기 위해서는 원칙적으로 '당사자의 영업소가 서로 다른 국가에 소재' 해야 한다. 이것을 CISG의 적용요건으로서의 '국제성(internationality, international character)' 이라고 한다.[25] 국제성은 당사자의 '영업소(place of business)'를 기준으로 하며, '국적(nationality)'을 기준으로 하지 않는다. 이에 따라 당사자의 국적이 다르지만, 영업소가 동일한 국가에 소재하는 경우에는 국제성은 충족되지 않고, 당사자의 국적이 동일하지만 영업소가 서로 다른 경우에는 국제성은 충족된다.[26] 한편, 국제성은 당사자의 영업소가 서로 다른 국가에 있으면 인정되며, 실제로 국경을 넘어 물품 인도가 이루어질 것을 요구하지 않는다.

---

24) UNCITRAL, UNCITRAL Digest of Case Law on the United Nations Convention on the International Sale of Goods, 2016, p.5. (이하, "UNCITRAL Digest on the CISG (2016)")

25) UNCITRAL Digest on the CISG (2016), p.4.; John O. Honnold, *supra* note 2, p.30.; Schlechtriem & Schwenzer, *supra* note 1, p.37.

26) UNCITRAL, Case Law on UNCITRAL Texts(CLOUT) User Guide, 2010, p.5.; John O. Honnold, *supra* note 2, p.34.

(사례연구)

사례1) 한국에 영업소를 두고 있는 매도인과 중국에 영업소를 두고 있는 매수인 간 매매계약에서 물품이 한국 내에서만 이동하는 경우(즉 물품이 중국으로 이동하지 않음) → 당사자의 영업소가 서로 다른 국가에 소재하므로 CISG 적용(다만, 물품이 다른 국가로 이동하지 않기 때문에 이 거래는 무역에 해당되지 않음)

사례2) 한국에 영업소를 두고 있는 매도인과 한국에 영업소를 두고 있는 매수인 간 매매계약에서 물품이 한국에서 중국으로 이동하는 경우 → 당사자의 영업소가 동일한 국가(한국)에 소재하고 있으므로 CISG 미적용(다만, 물품이 중국으로 이동하였으므로 이 거래는 무역에 해당)

(1) 영업소의 개념

CISG에서는 영업소의 개념에 대해 규정하지 않고 있으며, 영업소를 결정하는 기준으로 '설립지', '주소지' 등과 같은 하나의 고정된 기준을 규정하고 있지 않다.[27] 다만, 영업소가 없는 경우 상거소(habitual residence)를 영업소로 본다고 규정하고 있다(제10조(나)호).

제10조

이 협약의 적용상,

(가) 당사자 일방이 둘 이상의 영업소를 가지고 있는 경우에는, 계약체결 전이나 그 체결시에 당사자 쌍방에 알려지거나 예기된 상황을 고려하여 계약 및 그 이행과 가장 밀접한 관련이 있는 곳이 영업소로 된다.

(나) 당사자 일방이 영업소를 가지고 있지 아니한 경우에는 그의 상거소를 영업소로 본다.

(2) 복수의 영업소

당사자가 복수의 영업소를 가지고 있는 경우 "계약과 가장 밀접한 관련이 있는 영업소"를 기준으로 국제성을 결정해야 한다(제10조(가)호). 컨소시엄을 구성하는 계약의 경우 당사자의 영업소가 다수이기 때문에 CISG 적용요건인 국제성을 판단하는데 어려움이 있는데, 통상 컨소시엄을 통한 계약은 그 종류가 많고 내용이 복잡하므로 각 계약서에 CISG의 적용여부 및 준거법에 대해 명시하는 것이 필요하다.[28]

27) John O. Honnold, *supra* note 2, p.31.

1) 영업소(place of business) 해당 여부

CISG에서는 영업소의 개념에 대해 규정하지 않고 있다. 영업소의 개념에 대한 CLOUT Case(판례)를 살펴보면, 영업소를 영업활동(business activity)이 사실상 수행되는 장소로 정의한 판결[29]이 다수 있고, 연락사무소(liasion office)는 포함되지 않는다는 판결[30]이 있다. 영업소로 인정되기 위해서는 고정사업장(permanent establishment: PE)이 요구되며, 창고나 매도인측 대리인의 사무실은 영업소가 되지 않는 것으로 보고 있다.[31]

해외사무소, 해외지사 등은 영업소로 인정되고, 계약 협상을 위해 호텔객실에 상당기간 체류한 경우, 대리인(agent)의 사무실, 창고, 공장, 1개월간 사무실 임차한 경우 등은 영업소로 인정되지 않는다.

2) 사례연구

사례1) 매도인은 A국과 B국에 모두 영업소를 보유하고, 매수인은 B국에만 영업소를 보유하고 있는 경우

i) 매도인의 A국 영업소가 매매계약을 체결한 경우 → CISG 적용

ii) 매도인의 B국 영업소가 매매계약을 체결한 경우 → CISG 미적용

사례2) 한국의 A사와 중국의 B사 간의 물품매매계약에서 A사의 한국 본사와 B사의 중국 본사 간 매매계약 체결 → CISG 적용

사례3) 한국의 A사와 중국의 B사 간의 물품매매계약에서 A사의 중국 지사와 B사의 중국 본사 간 매매계약이 체결되고 계약 이행 → CISG 미적용(당사자 모두 중국의 영업소이므로)

4) 협약의 직접적용 및 간접적용

제1조

(1) 이 협약은 다음의 경우에, 영업소가 서로 다른 국가에 있는 당사자 간의 물품매매계약에 적용된다.

(가) 해당 국가가 모두 체약국인 경우, 또는

(나) 국제사법 규칙에 의하여 체약국법이 적용되는 경우

---

28) John O. Honnold, *supra* note 2, p.33.

29) CLOUT case No. 378 [Tribunale di Vigevano, Italy, 12 July 2000]; CLOUT case No. 608 [Trib. Rimini, Italy, 26 November 2002]; CLOUT case No. 106 [Oberster Gerichtshof, Austria, 10 November 1994].

30) CLOUT case No. 158 [Cour d'appel Paris, France, 22 April 1992].

31) Ralph H. Folsom, et. al, *supra* note 20, p.24.

(1) 직접적용(양당사국이 모두 체약국)

매도인의 영업소와 매수인의 영업소가 상이한 국가에 소재하고 양국이 모두 CISG의 체약국인 경우 CISG가 적용되는데(제1조제1항(가)호), 이를 '직접적용(direct applicability)' 또는 '자동적용(autonomous applicability)'이라고 한다.[32] 이 경우 계약서 등에서 당사자가 CISG의 적용을 배제하지 않았다면, CISG가 적용된다. 직접적용의 요건은 ① 양 당사자의 영업소가 서로 다른 국가에 소재할 것 ② 해당 당사국이 모두 체약국일 것 그리고 ③ CISG의 배제합의가 없을 것이다.

(2) 간접적용(체약국의 법이 준거법인 경우 CISG 적용)

매도인의 영업소와 매수인의 영업소가 소재하는 국가 중 CISG의 체약국이 없는 경우, 또는 하나의 국가만 체약국인 경우에도 체약국의 법이 준거법이 되는 경우 CISG가 적용될 수 있는데, 이를 '간접적용(indirect applicability)'[33] 또는 '국제사법의 규칙에 의한 적용(applicability under rules of private international law)'[34] 이라고 한다. 간접적용에 의한 CISG의 적용을 원하지 않는 체약국은 제95조에 따라 적용을 유보하는 선언을 할 수 있다(간접적용 유보선언국: 미국,[35] 중국, 싱가포르, 아르메니아, 세인트빈센트, 슬로바키아).

(사례연구)

■ 유형 1: 유보선언 없는 경우(간접적용 방식을 배제한 국가가 포함되지 않은 경우)

사례1) 한국(체약국)과 영국(비체약국) 간의 국제물품매매계약에서 한국 법원에 소송이 제기되어 한국법이 준거법으로 결정된 경우: CISG 적용(간접적용)

사례2) 한국(체약국)과 영국(비체약국) 간의 국제물품매매계약에서 한국 법원에 소송이 제기되어 영국법이 준거법으로 결정된 경우: CISG 미적용

사례3) 인도(비체약국)과 영국(비체약국) 간의 국제물품매매계약에서 한국법원에 소송이 제기되어 한국법이 준거법으로 결정된 경우: CISG 적용

---

32) UNCITRAL Digest on the CISG (2016), p.5.

33) UNCITRAL Digest on the CISG (2016), p.5.; United Nations Conference on Contracts for the International Sale of Goods, Vienna, 10 March–11 April 1980, Official Records, Documents of the Conference and Summary Records of the Plenary Meetings and of the Meetings of the Main Committee, 1981, p.15.

34) John O. Honnold, *supra* note 2, p.36.

35) 미국에서 유보를 한 이유는 당시 미국대표자들은 매매법에 대해서는 미국통일상법전이 CISG보다 우월하다고 믿었기 때문이라고 한다(Ralph H. Folsom, et. al, *supra* note 2, p.27.).

■ 유형 2: 유보선언 있는 경우(간접적용 방식을 배제한 국가가 포함된 경우)
사례1) 미국(체약국, 유보선언국)과 영국(비체약국) 간의 국제물품매매계약에서 미국 법원에 소송이 제기되어 미국법이 준거법으로 결정된 경우: CISG 미적용/미국법 적용(미국은 유보선언국이므로 간접적용 불인정)
사례2) 미국(체약국, 유보선언국)과 영국(비체약국) 간의 국제물품매매계약에서 미국 법원에 소송이 제기되어 영국법이 준거법으로 결정된 경우: CISG 미적용/영국법 적용(영국은 비체약국이므로)

2. 협약의 적용배제

CISG 제2조에서는 적용이 배제되는 거래유형을 규정하고 있고, 제6조에서는 합의에 의해 CISG의 전부를 배제하거나 일부의 내용을 변경할 수 있다고 규정하고 있다. 현실적으로 글로벌 벤더들은 표준계약서에서 CISG의 적용배제를 명시하는 경우가 많다. CISG는 강행법규가 아니므로 당사자들이 CISG의 배제를 합의한 경우 CISG는 적용되지 않는다.

1) 거래대상(또는 거래성격)에 의한 적용배제(제2조)

제2조

이 협약은 다음의 매매에는 적용되지 아니한다.
(가) 개인용·가족용 또는 가정용으로 구입된 물품의 매매
다만, 매도인이 계약체결 전이나 그 체결 시에 물품이 그와 같은 용도로 구입된 사실을 알지 못하였고, 알았어야 했던 것도 아닌 경우에는 그러하지 아니하다.
(나) 경매에 의한 매매
(다) 강제집행 그 밖의 법령에 의한 매매
(라) 주식, 지분, 투자증권, 유통증권 또는 통화의 매매
(마) 선박, 소선(小船), 부선(浮船), 또는 항공기의 매매
(바) 전기의 매매

제2조에서는 적용배제되는 거래를 규정하고 있는데, 적용배제되는 유형은 ① 매매의 용도에 의한 배제((가)호) ② 매매의 속성(또는 거래의 유형)에 의한 배제((나)호, (다)호) ③ 물품의 속성(또는 매매의 대상)에 의한 배제((라)호~(바)호)로 구분할 수 있다.[36)]

36) United Nations, *supra* note 7, p.35; John O. Honnold, *supra* note 2, p.48.

(1) 소비자계약((가)호)

개인용, 가정용으로 구입된 물품의 매매에는 적용되지 않는다. 다만, 매도인이 계약의 체결 시 또는 그 이전에 물품이 그런 용도로 구입된다는 사실을 알지 못하였고, 알았어야만 했던 것도 아닌 경우에는 CISG가 적용된다. 적용대상에서 제외시킨 이유는 소비자계약은 각국이 소비자보호를 위해 제정한 강행규정의 적용을 받는 경우가 많기 때문에 이를 통일하는 것이 어렵기 때문이다.[37)]

(2) 경매에 의한 매매((나)호)

경매에 의한 매매에는 적용되지 않는다. 경매의 경우 매도인은 낙찰 시까지는 매수인이 누구로 결정될 지 알 수 없어 CISG의 적용여부가 불확실하고, 각국이 경매에 대한 특별규정을 두고 있기 때문이다.[38)]

(3) 강제집행 그 밖의 법령에 의한 매매((다)호)

강제집행 그 밖의 법령에 의한 매매에는 적용되지 않는다. 배제시킨 사유는 각국의 집행법에 의한 규제를 받고[39)], 당사자 간의 자유로운 계약조건의 협상이 제한되기 때문이다. 또한, 강제집행은 매도인 스스로 매도하는 것이 아니라, 국가기관이 강제적으로 처분하는 것이기 때문이다.[40)]

(4) 주식, 지분, 투자증권, 유통증권, 통화의 매매((라)호)

주식, 지분, 투자증권, 유통증권, 통화의 매매에는 적용되지 않는다. 이러한 것들은 무체물로 대부분의 국가에서 물품의 개념에서 제외하기 때문이다. 참고로 물품의 인도를 지배하는 서류(B/L, warehouse receipt 등)는 여기의 예외에 해당되지 않는다.[41)] 물품을 표창하는 서류(B/L 등)의 매매는 실질적으로는 유통증권의 매매가 아니고 물품 그 자체의 매매로 보아야 할 것이다.[42)]

---

37) John O. Honnold, *supra* note 2, p.49.

38) John O. Honnold, *supra* note 2, p.51.

39) United Nations, *supra* note 7, p.13.

40) 최홍섭, 국제물품매매계약에 관한 유엔협약 해설, 법무부, 2005, p.11.

41) United Nations, *supra* note 7, p.13.; John O. Honnold, *supra* note 2, p.52-53.; Schlechtriem & Schwenzer, *supra* note 1, p.56.

42) Schlechtriem & Schwenzer, *supra* note 1, p.56.

(5) 선박, 부선, 또는 항공기의 매매((마)호)

선박(ship, vessel), 부선(hovercraft), 항공기(aircraft)는 적용되지 않는다. 이러한 목적물은 각국이 선박법, 항공법과 같은 강행법적 성질을 갖는 특별법을 통해 등록, 등기 등 양도 관련 절차를 정하고 있고, 거래의 범위 및 성질이 다르기 때문이다.[43]

(6) 전기의 매매((바)호)

전기의 매매에는 적용되지 않는다. 배제시킨 사유는 전기공급계약은 종종 특별조건을 포함하고 있는데, CISG는 이러한 특별조건에 적합하지 않기 때문이다.[44] 한편, 가스, 원유 기타 에너지 공급계약은 CISG 적용이 배제되지 않는다.[45]

(CISG 적용대상)

- 적용대상: 원유, 가스, 석탄, 중장비, 전차, 이동식건축물(mobile building), 기념주화, 고화, 가축, 선박·항공기의 부품
- 적용배제: 전기, 선박, 부선, 항공기, 주식, 지분, 사채권, 투자증권, 통화, 수표, 환어음, 약속어음, know-how, 부동산

(사례연구)

매도인(한국)과 매수인(일본)은 고가의 촬영장비 매매계약을 체결하였다. 이 장비는 주로 전문가가 사용하는 장비였다. 이 계약에 대해 분쟁이 발생하였고, 매도인은 CISG의 적용을 주장하였으나, 매수인은 개인적 용도로 구매하였기 때문에 CISG가 적용되지 않는다고 항변하였다.

(해설) CISG 제2조(가)호에 의해 개인용의 매매에는 CISG가 적용되지 않는다. 다만, 매도인이 계약체결 전이나 그 체결 시에 개인용도로 구입된 사실을 알지 못하였고, 알았어야 했던 것도 아닌 경우에는 CISG가 적용될 수 있다. 증명책임을 보면, 1) 매수인은 개인용도로 구매했다는 것을 증명해야 하고, 2) 매도인은 이러한 사실을 몰랐다는 것을 증명해야 한다.[46]

---

43) John O. Honnold, *supra* note 2, p.53.

44) Schlechtriem & Schwenzer, *supra* note 1, p.59.

45) Schlechtriem & Schwenzer, *supra* note 1, p.59.; UNCITRAL Digest on the CISG (2016), p.18.

46) John O. Honnold, *supra* note 2, pp.50–51.

2) 재료공급 및 서비스공급에의 적용배제(제3조)

제3조

(1) 물품을 제조 또는 생산하여 공급하는 계약은 이를 매매로 본다. 다만, 물품을 주문한 당사자가 그 제조 또는 생산에 필요한 재료의 중요한 부분을 공급하는 경우에는 그러하지 아니하다.

(2) 이 협약은 물품을 공급하는 당사자의 의무의 주된 부분이 노무 그 밖의 서비스의 공급에 있는 계약에는 적용되지 아니한다.

물품을 제조하거나 생산하여 공급하는 계약도 매매로 보기 때문에 CISG의 적용대상이 되지만, 물품 주문자가 재료의 '중요한 부분(substantial part)'을 공급하는 경우에는 CISG가 적용되지 않는다. 다만, CISG에서는 '중요한 부분(substantial part)'에 대한 기준을 규정하지 않고 있다.[47] 한편, 노무(labor) 또는 서비스가 포함되는 물품공급의 경우 당사자의 의무의 '주된 부분(preponderant part)'이 노무 또는 서비스 공급인 경우 CISG가 적용되지 않는다.[48]

(사례연구)

1) 직물 표백 및 염색 계약

A는 완제품이 아닌 직물을 소유하고 있었는데, 이 직물을 표백 및 염색하여 A에게 반환하는 내용의 계약을 B와 체결하였다. CISG가 적용되는가?

(해설) 이 계약은 제3조제1항에 해당되지 않으며, 비록 가공하는 동안에 B가 직물을 소유하고 있다고 하더라도 마찬가지이다. 그 이유는 중요한 부분을 A가 제공했기 때문이다.[49]

2) 제조기계 인도 및 설치 계약

A는 B와 제조기계 수출계약을 체결하였다. 제조기계를 제조하여 선적하고, 현지에서 이를 설치하여 시운전을 하여 인도하는 방식이었다. 그리고 기술자를 1년간 파견하여 현지직원을 교육시키고 제조기계를 관리하도록 하였다. 전체 계약금액 100만 달러 중에서 제조기계 금액은 70만 달러이고, 설치비용이 10만 달러, 기술자 비용이 20만 달러였다.

(해설) CISG가 적용된다. 제조기계(물품)의 가액이 전체 계약금액의 70%를 차지하고,

47) UNCITRAL Digest on the CISG (2016), p.20.

48) 매도인의 의무 중 용역 또는 노무가 50% 이상을 차지하는 경우 CISG는 적용되지 않는다(UNCITRAL Digest on the CISG (2016), p.20.).

49) John O. Honnold, *supra* note 2, p.64.

설치비용 및 기술자 노무비용은 30% 정도이기 때문에 제3조제2항의 주된 부분에 해당되지 않는다.[50](참고로 플랜트 등을 현지에서 설치하여 시운전 후 인도하는 방식의 수출거래를 턴키(turn-key)방식이라고 한다.)

3) 턴키방식의 플랜트 수출거래[51]
일반적으로 턴키(turn-key)방식의 플랜트 수출거래(예: 발전소건설, 정유공장건설, 석유화학단지건설 등)에서는 CISG가 적용되지 않는다. 이런 계약에도 물품이 공급되지만, 물품은 계약의 핵심이 아니기 때문이다. 매매계약이 아니고 도급계약에 해당된다.

3) 계약의 효력 등에 대한 적용배제(제4조)

제4조
이 협약은 매매계약의 성립 및 그 계약으로부터 발생하는 매도인과 매수인의 권리의무만을 규율한다. 이 협약에 별도의 명시규정이 있는 경우를 제외하고, 이 협약은 특히 다음과 관련이 없다.
(가) 계약이나 그 조항 또는 관행의 유효성
(나) 매매된 물품의 소유권에 관하여 계약이 미치는 효력

CISG는 매매계약의 모든 사항을 규정하는 것이 아니다. CISG는 ⅰ) 매매계약의 성립 ⅱ) 그 계약으로부터 발생하는 매도인과 매수인의 권리의무만을 규율한다. CISG에서 별도의 명시규정이 있는 경우를 제외하고, 계약이나 그 조항 또는 관행의 유효성, 그리고 매매된 물품의 소유권에 관하여 계약이 미치는 효력에는 적용되지 않는다.

① 매매계약의 성립 여부 ② 매매계약상 매도인과 매수인의 권리의무에 대해서는 CISG가 적용된다.[52] 그러나 CISG는 계약성립을 위한 객관적인 요건만 규율하므로 계약이 유효하게 성립되었는지는 국내법의 적용을 받는다.[53] 따라서 계약체결능력, 착오, 강박 및 사기의 효과에는 CISG가 적용되지 않고 해당 계약의 준거법이 적용된다.[54]

50) John O. Honnold, *supra* note 2, pp.66-67.

51) John O. Honnold, *supra* note 2, p.69.

52) UNCITRAL Digest on the CISG (2016), p.24.

53) *Ibid.* p.24.

54) *Ibid.* p.24.

(1) 계약이나 그 조항 또는 관행의 유효성 적용배제

CISG는 계약(또는 그 조항, 또는 관행)의 유효성에 대하여 적용되지 않는다. 이에 따라 당사자의 계약체결능력, 착오, 사기, 강박 또는 공서양속위반 등의 이유로 계약이 무효 또는 취소의 대상이 되는지에 대해서는 CISG가 적용되지 않고 준거법이 적용된다.[55] 특정한 유형의 거래에서 통용되는 관행이 그 계약의 해석과 관련하여 갖는 효력도 CISG에 의하지 않고, 해당 계약의 준거법에 따른다.

(2) 매매된 물품의 소유권에 관하여 계약이 미치는 효력 적용배제

CISG는 매매된 물품의 소유권에 관하여 그 계약이 미치는 효력에 대하여 적용되지 않는다. 그 이유는 협약 문안의 입안 과정에서 이 점에 대한 규칙들을 통일하는 것이 불가능한 것으로 보였기 때문이다.[56] 따라서 계약이 유효하게 성립된 경우 그에 따른 물품의 소유권 이전 시기 또는 소유권의 구체적 내용 등은 CISG가 적용되지 않고 준거법에 의한다.[57]

4) 제조물책임에 의한 인적 손해의 적용배제(제5조)

제5조

이 협약은 물품으로 인하여 발생한 사람의 사망 또는 상해에 대한 매도인의 책임에는 적용되지 아니한다.

물품으로 인하여 발생한 사람의 사망 또는 상해에 대한 매도인의 책임에는 적용되지 않는다. 여기서 피해자는 매수인뿐만 아니라 제3자를 포함한다.[58] 이 조항은 제조물책임(Product Liability: "PL책임") 중에서 인적 손해에 대해서는 CISG가 적용되지 않는다는 것이며, 재산에 대한 피해에 대해서는 CISG가 적용된다.[59]

---

55) *Ibid.* p.24.

56) *Ibid.* p.25.

57) *Ibid.* p.25.

58) UNCITRAL Digest on the CISG (2016), p.32.; Schlechtriem & Schwenzer, *supra* note 1, p.96.

59) Schlechtriem & Schwenzer, *supra* note 1, p.98.; 석광현, "국제물품매매협약(CISG)과 국제사법", 「서울대학교법학」, 2009, p.253.

5) 합의에 의한 적용배제(제6조)

제6조

당사자는 이 협약의 적용을 배제할 수 있고, 제12조에 따를 것을 조건으로 하여 이 협약의 어떠한 규정에 대하여도 그 적용을 배제하거나 효과를 변경할 수 있다.

(1) 당사자자치의 인정

CISG에서는 당사자자치(party autonomy)를 인정하고 있다.[60] 당사자는 계약상 합의에 의하여 CISG의 전체 또는 일부 규정의 적용을 배제하거나 그 규정의 효과를 변경할 수 있다. 또한, 당사국이 비체약국인 경우에도 당사자는 CISG의 적용을 합의할 수 있다. CISG에서 당사자자치를 규정한 것은 CISG가 강행법규가 아님을 인정하는 것으로 볼 수 있다.[61]

(2) 합의에 의한 적용배제

CISG는 강행법규가 아니므로 당사자들은 CISG의 일부 또는 전부를 배제할 수 있다.[62] CISG가 적용되는 거래의 경우에도 당사자들은 CISG의 적용을 전부 배제 또는 일부 배제할 수 있고, 일부 규정을 변경할 수 있다. 다만, 일부를 배제하거나 변경하는 것은 제12조에 의한 제한이 따른다.

합의에 의한 적용배제에는 '명시적 적용배제(express exclusion)'[63]와 '묵시적 적용배제(implicit exclusion)'[64]가 있다. 묵시적 적용배제의 경우 개별 건별로 판단해야 하고[65], CISG의 적용 여부에 대하여 다툼이 될 수 있으므로 주의를 요한다.

---

60) 당사자자치의 원칙은 법률행위 또는 계약의 준거법을 당사자의 합의로 정할 수 있다는 국제사법상의 원칙을 말한다. CISG와 당사자자치의 상세한 내용은 (김상만, "무역거래에서 국제물품매매계약에 관한 유엔협약(CISG)의 적용범위로서 당사자자치의 원칙 및 그 한계에 대한 고찰", 통상법률 통권 제105호, 2012.) 참고 바람.

61) UNCITRAL Digest on the CISG (2016), p.33.

62) Peter Schlechtriem · Petra Butler, *supra* note 8, p.33.

63) 명시적 적용배제 예시: This contract shall not be governed by the CISG.

64) 묵시적 적용배제 예시:
 i) 비체약국법을 준거법으로 지정: This contract shall be governed by the laws of England.
 ii) 체약국법을 준거법으로 지정: This contract shall be governed by the laws of Korea.

65) UNCITRAL Digest on the CISG (2016), p.34.

(3) 합의에 의한 적용

체약국이 아닌 경우에도 당사자들은 계약의 준거법으로 CISG를 선택할 수 있고, 이 경우 CISG가 적용된다.[66] 이는 CISG가 UNIDROIT 원칙, 신용장통일규칙(UCP), 인코텀즈(Incoterms) 등과 마찬가지로 CISG가 국제적 통일규칙의 기능을 하게 되는 것으로 볼 수 있다.

1) CISG의 적용배제는 묵시적으로도 가능한가?[67]

당사자들이 CISG를 전부 적용 배제하는 것은 특별한 제한이 없고, 다수의 판결에서는 묵시적으로도 CISG의 적용을 배제할 수 있다고 판단하였다. 그러나 몇몇 판결에서는 당사자의 의도가 분명히 표시되어야 한다고 판단하였고, 몇몇 법원판결 및 중재판정에서는 묵시적 적용배제를 부정하고 있는데, 그 이유는 CISG에서는 묵시적 적용배제에 대한 명문 규정이 없다는 것이다.

(적용 관련 사례연구)[68]

사례1) 스페인(체약국)과 페루(체약국) 간의 국제물품매매계약에서 영국법(비체약국)을 준거법으로 정한 경우 → 묵시적 적용배제(스페인 판결 등 다수)

사례2) 독일(체약국)과 영국(비체약국) 간의 국제물품매매계약에서 독일법(체약국)을 준거법으로 정한 경우 → CISG 적용(묵시적 적용배제 부정 – 독일 판결, 프랑스 판결, 오스트리아 판결 등 다수)(그러나 스위스 판결, 이탈리아 판결에서는 묵시적 적용배제 인정하여 CISG는 적용배제되고, 독일법만 적용된다고 판단)

사례3) 영국(비체약국)과 태국(비체약국)과의 국제물품매매계약에서 CISG의 적용을 합의한 경우 → CISG 적용

(CISG의 적용 여부 정리)

□ **CISG 적용**

- 매매계약의 성립, 매매계약 당사자의 권리와 의무
- 계약해제의 효과, 손해배상, 위험의 이전, 이자
- 소유권 이전 의무
- 제조물책임(물적손해)
- 제작물공급계약(주문생산계약)

---

66) *Ibid.* p.34.
(문구예시: "This Contract shall be governed by the 1980 Convention on Contracts for the International Sale of Goods.")

67) *Ibid.* p.34.

68) *Ibid.* p.34.

다만, 생산에 필요한 재료의 중요한 부분을 매수인이 공급하는 주문생산계약에는 CISG 적용배제(예: 주문자로부터 제공받은 직물에 특수염색하여 공급하는 계약)

□ **CISG 적용배제**

- 계약의 유효성, 관행의 유효성
- 소유권의 이전
  - 제30조에서 매도인의 소유권 이전의무를 규정하고 있으나, 소유권 이전의 내용에 대해서는 규정하고 있지 않다.
- 소유권에 관한 계약의 효력, 소유권의 이전방식
- 계약당사자의 능력, 사기·강박·착오의 효력
- 제조물책임(인적손해), 분쟁의 재판관할권

□ **CLOUT Case로 본 CISG 적용배제**[69)]

- 법정지 선택조항(choice of forum clause)의 유효성(독일 판결)
- 분쟁해결합의(settlement of agreement)의 유효성(독일 판결)
- 매출채권의 양도(assignment of receivables) (독일 판결, 스위스 판결, 러시아 중재판정 등)
- 계약 양도(assignment of a contract) (독일 판결)
- 소멸시효(statute of limitations) (독일 판결, 스위스 판결, 러시아 중재판정 등)

3. 협약의 해석원칙

1) 협약의 해석원칙 및 흠결시의 보충원칙(제7조)

제7조

(1) 이 협약의 해석에는 그 국제적 성격 및 적용상의 통일과 국제거래상의 신의 준수를 증진할 필요성을 고려하여야 한다.

(2) 이 협약에 의하여 규율되는 사항으로서 협약에서 명시적으로 해결되지 아니하는 문제는, 이 협약이 기초하고 있는 일반원칙, 그 원칙이 없는 경우에는 국제사법 규칙에 의하여 적용되는 법에 따라 해결되어야 한다.

69) *Ibid.* p.25.

(1) 협약의 해석원칙

협약(CISG)의 해석에는 ① CISG의 국제적 성격 ② CISG의 적용상의 통일 ③ 국제거래상의 신의준수 증진필요성을 고려하여야 한다.

(협약 해석시 고려사항)

국제적 성격	현지법원이 국내법에 의해 CISG를 해석하는 것을 방지하기 위함
적용상의 통일	적용상의 통일을 도모하여 당사자들이 '자신에게 유리한 법정지를 선택하는 것(forum shopping)'을 막기 위함
국제거래상의 신의성실	국제거래상의 신의성실을 기준으로(국내법 기준이 아님) 함

(2) 협약흠결시의 보충원칙

협약에 의하여 규율되는 사항으로서 협약에서 명시적으로 해결되지 아니하는 문제는, ① 1차적으로 CISG가 기초하고 있는 일반원칙에 따르고, ② 2차적으로(일반원칙이 없는 경우) 준거법에 따라 해결되어야 한다.

(CISG의 적용(또는 해석) 순위)
① 협약의 명시적 규정 → ② 협약이 기초하고 있는 일반원칙 → ③ 준거법

2) 당사자의사의 해석기준(제8조)

제8조

(1) 이 협약의 적용상, 당사자의 진술 그 밖의 행위는 상대방이 그 당사자의 의도를 알았거나 모를 수 없었던 경우에는 그 의도에 따라 해석되어야 한다.
(2) 제1항이 적용되지 아니하는 경우에 당사자의 진술 그 밖의 행위는, 상대방과 동일한 부류의 합리적인 사람이 동일한 상황에서 이해하였을 바에 따라 해석되어야 한다.
(3) 당사자의 의도 또는 합리적인 사람이 이해하였을 바를 결정함에 있어서는 교섭, 당사자간에 확립된 관례, 관행 및 당사자의 후속 행위를 포함하여 관련된 모든 사항을 적절히 고려하여야 한다.

CISG는 당사자의 진술 그 밖의 행위에 대한 해석의 기준은 ① 주관적 의도 ② 객관적 의도 ③ 관련 상황 고려 등의 순위에 의한다.

(당사자의 진술 등 해석)

① 주관적 의도	당사자의 진술 기타의 행위는 상대방이 그 의도를 알았거나 모를 수 없었던 경우에는 그 의도에 따라 해석되어야 한다.
② 객관적 의도	당사자의 진술 기타의 행위는 상대방과 같은 부류에 속하는 합리적인 사람이 동일한 상황에서 가졌을 이해정도에 따라 해석되어야 한다.
③ 관련 상황 고려	당사자의 의도 또는 합리적인 사람이 이해하였을 바를 결정함에 있어서는 교섭, 당사자 간에 확립된 관례, 관행 및 당사자의 후속 행위를 포함하여 관련된 모든 사항을 적절히 고려하여야 한다.

3) 관행 및 관례의 존중(제9조)

제9조

(1) 당사자는 합의한 관행과 당사자 간에 확립된 관례에 구속된다.

(2) 별도의 합의가 없는 한, 당사자가 알았거나 알 수 있었던 관행으로서 국제거래에서 당해 거래와 동종의 계약을 하는 사람에게 널리 알려져 있고 통상적으로 준수되고 있는 관행은 당사자의 계약 또는 그 성립에 묵시적으로 적용되는 것으로 본다.

CISG에서는 ① 당사자가 합의한 관행 ② 당사자 간에 확립된 관례 ③ 국제거래에서 널리 인정된 관행에 대해 구속력을 인정하고 있다.

(1) 합의한 관행 및 당사자 간 확립된 관례

당사자는 합의한 관행(usage)과 당사자 간의 확립된 관례(practices)에 구속된다. 계약이나 CISG 자체에 명시적인 규정이 없는 경우 당사자들은 그들이 합의한 관행 및 그들 간의 확립된 관례에 구속된다(이는 당사자의 의사가 우선한다는 당사자자치의 연장이라고 볼 수 있다). 당사자들의 합의로 관행을 포함시키는 경우 그 관행은 계약의 일부가 되고, 이러한 합의된 관행은 CISG 보다 우선한다. 이러한 합의는 명시적일 필요는 없고, 묵시적 합의도 가능하다.[70] 국제관행 뿐만 아니라 '국내관행'에 대한 합의도 가능하다. 합의를 통해 관행이 포함되었다면, 그 관행은 명시적 계약 내용의 일부가 되며, 계약의 준거법이 되는 것은 아니라고 보아야 한다.[71]

70) UNCITRAL Digest on the CISG (2016), p.68.

71) Ralph H. Folsom, et. al, *supra* note 20, p.35

(2) 합의되지 않은 관행의 효력

별도의 합의가 없는 한, ① 당사자가 알았거나 알 수 있었던 관행으로서 ② 국제거래에서 당해 거래와 동종의 계약을 하는 사람에게 널리 알려져 있고 ③ 통상적으로 준수되고 있는 관행은 당사자의 계약 또는 그 성립에 묵시적으로 적용되는 것으로 본다. CISG에서는 국제거래에서 널리 인정되고 준수되는 관행의 구속력을 인정하고 있고, 관행은 이와 상충되는 CISG 조항에 우선한다.[72)]

1. Incoterms의 적용

국제물품매매에서 가장 널리 이용되는 국제관행은 Incoterms이다. Incoterms는 CISG 제6조 또는 제9조에 의거 CISG에 우선하여 적용될 수 있다.

1) 계약서에 Incoterms의 적용을 명시한 경우 → 제6조(계약자유의 원칙)[73)]에 의하여 CISG에 우선

2) 계약서에 Incoterms의 적용을 명시하지 않은 경우
   ① 당사자 간 합의한 관행 또는 당사자 간에 확립된 관례로서 적용 가능(제9조제1항)
   ② 국제거래에서 널리 알려지고 통상적으로 준수되는 관행으로서 적용 가능(제9조제2항)

2. Incoterms와 CISG의 관계

CISG와 Incoterms의 적용순위에 대해 살펴보면, 앞에서 살펴본 대로 CISG 제6조에 따라 당사자는 CISG의 적용을 배제하거나 일부 내용을 변경할 수 있는 바, 당사자가 Incoterms의 적용을 합의한 경우 Incoterms가 계약의 내용에 편입되어 CISG에 우선한다고 해석할 수 있고, 아울러 당사자자치의 원칙에 의거 Incoterms는 기타 다른 관행이나 관례보다 우선한다고 볼 수 있다.[74)]

3. CISG의 해석원칙

1) 인정되는 해석원칙
   - 협약의 국제성, 통일적 해석, 신의성실의 준수
   - 협약상 일반원칙에 의한 규정흠결보완의 원칙
   - 당사자자치의 존중

2) 인정되지 않는 해석원칙
   - 절대적 강행규정성
   - 국제사법 우선적용의 원칙

72) UNCITRAL Digest on the CISG (2016), p.64, para.10.

73) UNCITRAL Digest on the CISG (2016), p.128.

74) UNCITRAL Digest on the CISG (2016), pp.65-66.

4) 매매계약의 방식과 입증방법(제11조~제13조, 제96조)

제11조

매매계약은 서면에 의하여 체결되거나 입증될 필요가 없고, 방식에 관한 그 밖의 어떠한 요건도 요구되지 아니한다. 매매계약은 증인을 포함하여 어떠한 방법에 의하여도 입증될 수 있다.

제12조

매매계약, 합의에 의한 매매계약의 변경이나 종료, 청약·승낙 그 밖의 의사표시를 서면 이외의 방법으로 할 수 있도록 허용하는 이 협약 제11조, 제29조 또는 제2편은 당사자가 이 협약 제96조에 따라 유보선언을 한 체약국에 영업소를 가지고 있는 경우에는 적용되지 아니한다. 당사자는 이 조를 배제하거나 그 효과를 변경할 수 없다.

제13조

이 협약의 적용상 『서면』에는 전보와 텔렉스가 포함된다.

(1) 매매계약방식의 자유(서면성 불필요)

CISG에 의하면 원칙적으로 계약방식은 자유이다. 서면에 의하여 체결되거나 입증될 필요가 없으며, 방식에 관한 그 밖의 어떠한 요건도 요구되지 않는다. 따라서 CISG의 적용대상이 되는 매매계약은 낙성계약·불요식계약이다. 그러나 제12조 및 제96조에서는 '당사자가 그 국가에 영업소를 가지고 있는 경우 체약국의 국내법이 매매계약의 형식을 규정'하도록 선언하는 것을 허용하고 있다. 이러한 유보를 하는 국가의 국내법상 '매매계약의 서면성'이 요구되면, 계약은 서면으로 작성되어야 한다.

(2) 유보선언(제96조)

제96조

그 국가의 법률상 매매계약의 체결 또는 입증에 서면을 요구하는 체약국은 제12조에 따라 매매계약, 합의에 의한 매매계약의 변경이나 종료, 청약, 승낙 기타의 의사표시를 서면 이외의 방법으로 하는 것을 허용하는 이 협약 제11조, 제29조 또는 제2편의 어떠한 규정도 당사자 일방이 그 국가에 영업소를 가지고 있는 경우에는 적용하지 아니한다는 취지의 선언을 언제든지 행할 수 있다.

그 국가의 법률상 매매계약의 체결 또는 입증에 서면을 요구하는 체약국은 제12조에 따라 매매계약, 합의에 의한 매매계약의 변경이나 종료, 청약, 승낙 기타의 의사표시를 서면 이외의 방법으로 하는 것을 허용하는 이 협약 제11조, 제29조 또는 제2편(계약의 성립: 제14조~제24조)의 어떠한 규정도 당사자 일방이 그 국가에 영업소를 가지고 있는 경우에는 적용하지 아니한다는 취지의 선언을 언제든지 행할 수 있다. 다만, 국내법에서 계약체결의 서면성이 요구되는 국가만 제96조의 유보선언을 할 수 있다.[75)]

당사자들은 제12조를 배제하거나 그 효과를 변경할 수 없다. 따라서 당사자국 중 1개국이 제96조에서 유보선언을 한 경우 계약은 반드시 서면으로 체결해야 하고, 당사자들의 합의로 서면성 요구를 배제할 수 없다. 유보선언에 의해 서면성을 요구하는 것은, 제11조, 제29조 또는 제2편(계약의 성립: 제14조~제24조)에만 적용된다. 그 이외의 조항에 대해서는 서면성을 필요로 한다는 내용의 유보선언을 할 수 없다.

이상을 종합해 보면, 계약의 서면성을 요구하는 국가가 제96조에 의거 제11조(계약방식의 자유)를 배제한다는 유보선언을 한 경우, 당사자 일방이 이러한 국가에 영업소를 가지고 있는 경우 계약은 서면으로 작성되어야 한다(다만, 비유보선언체약국의 법이 준거법으로 지정되는 경우 제11조가 적용되어 계약의 서면성이 불필요하다고 보는 국가도 있다).

1) 유보선언 가능 조항: 서면성을 요구하는 유보선언을 할 수 있는 조항

제11조: 계약의 방식
제29조: 계약의 변경, 종료
제14조 – 제24조: 계약의 성립(청약, 승낙 등)

2) 제96조 유보선언국 – 서면성 배제 유보

아르헨티나, 칠레, 러시아[76)], 아르메니아, 벨라루스, 파라과이, 우크라이나, 베트남, 북한

※ 미국은 제96조에 의거 제11조의 유보선언을 하지 않았으므로 서면에 의하지 않고도 매매계약을 체결할 수 있다. 그 결과 미국 통일상법전(UCC 2-201)의 사기방지법(Statute of Frauds)[77)] 규정은 CISG의 계약에 적용되지 않는다.[78)]

---

75) UNCITRAL Digest on the CISG (2016), p.74, para.1.

76) 러시아 연방법에서는 무역계약에 대한 엄격한 형식요건을 요구하였고, CISG 입안단계에서 러시아연방은 이를 강조하였다.(John O. Honnold, supra note 2, p.186.)

77) 영미법상 Statute of Fraud(사기방지법)
사기방지법은 일정한 계약은 반드시 서면으로 작성되어야 강행가능(enforceable)하다는 것이다. 1677년 영국의

그러나 서면성의 판단에 있어 유보선언을 한 국가가 텔렉스나 전보의 서면성을 인정하는 지 여부와 관계없이 제13조에 의거 텔렉스와 전보는 서면으로 인정된다. 즉 텔렉스나 전보로 합의된 계약은 유효하다.

(보충설명)[79]

제96조에 의해 유보선언을 하고 제12조의 적용요건이 충족되면, 계약방식의 자유는 적용되지 않는다. 그렇다고 반드시 서면으로 계약을 체결해야 한다는 것을 의미하는 것은 아니다.[80] 제96조의 유보선언과 제12조의 효과에 대해서는 논쟁이 되고 있다.[81] 다시 말해 당사자 중 일방이 제96조의 유보선언국에 영업소를 두고 있는 경우에 서면성 등 계약의 방식이 당연히 요구되는 것인지 다툼이 되고 있다.

법정지의 국제사법에 의해 정해지는 준거법에 따라야 된다고 보는 견해에 법정지의 국제사법에 따라 유보선언국의 법이 준거법으로 정해지면, 그 법에서 정하고 있는 계약방식의 요건이 요구되지만, 제96조에 따라 유보선언을 하지 않은 체약국의 법이 준거법으로 정해지면, 제11조의 계약체결방식의 자유가 적용된다고 본다.[82](예를 들어, A국법에서는 계약은 서면으로 작성되어야 한다고 규정하고 있고, 이에 따라 A국은 제96조에 따라 유보선언을 한 경우, 법정지에서 A국법이 준거법으로 정해지면 계약체결은 서면에 의해야 하지만, 법정지에서 제96조에 따라 유보선언을 하지 않은 B국법이 준거법으로 정해지면, CISG 제11조가 적용되어 계약체결은 서면에 의하지 않아도 된다.)

(사례연구: 계약의 서면성)

1) A국의 법에서는 계약은 서면으로 작성되어야 한다. 이에 따라 A국은 "당사자중 하나가 A국에 영업소를 가지고 있는 경우 계약은 서면으로 작성되어야 한다."고 유보선언을 하였다. A국법상 계약은 서면으로 작성되어야 하므로 A국은 이러한 유보선언을 할 수 있고 이러한 유보선언은 국제물품매매계약에 적용된다.

An Act for the Prevention of Frauds and Perjuries에서 최초로 규정하였고, 이는 미국법에 영향을 주었다. 사기방지법은 1893년의 영국 물품매매법(Sale of Goods Act(1893)) 제4조에 반영되었으나, 1954년 영국에서는 동 조항을 폐지하였다. 미국법에서 규정하고 있는 사기방지법의 대상은 다음과 같다. (1) 토지에 관한 권리의 양도 2) 1년 내에 이행될 수 없는 계약 3) U$500 이상의 물품매매계약(UCC 2-201) 4) 타인의 채무나 의무에 대한 보증계약 등)

78) Ralph H. Folsom, et. al, *supra* note 20, p.37.

79) 김상만, "CISG에서 계약방식자유의 원칙 및 그 제한으로서 제12조에 대한 고찰", 영남법학 제34호, 2012, pp.10-11.

80) Larry A. DiMatteo, Lucien J. Dhooge, Stephanie Greene, Virginia G. Maurer, Marisa Anne Pagnattaro, International Sales Law(A Critical Analysis of CISG Jurisprudence), Cambridge University Press, 2005, p.42.

81) Peter Schlechtriem & Peter Butler, *supra* note 8, p.62.

82) UNCITRAL Digest on the CISG (2016), p.74, para.4.

2) A국은 제96조의 유보선언을 하였고, 당사자 일방은 A국에 영업소를 두고 있다. 그러나 국제사법의 규칙에 따른 준거법은 B국법(유보선언 없음)이다. 이 경우에 계약은 서면으로 작성되어야 하는가?[83)]
   2-1) B국법 및 CISG가 적용된다. 따라서 제11조(계약형식자유의 원칙)가 적용되어 계약은 서면으로 작성될 필요가 없다(네덜란드 판례).
   2-2) 당사자 일방은 A국에 영업소를 두고 있으므로, 제96조의 유보선언에 따라 제11조가 적용되지 않아 계약의 서면성이 필요하다(러시아 판례, 벨기에 판례).
3) B국의 법에서는 계약은 반드시 서면으로 작성되어야 하는 것은 아니다. 이에 따라 B국은 "당사자중 하나가 B국에 영업소를 가지고 있는 경우 계약은 서면으로 작성되어야 한다."고 유보선언을 할 수 없다. 설령 이러한 유보선언을 했다고 하더라도, 이러한 유보선언은 국제물품매매계약에 적용되지 않는다. 다시 말해, 계약은 서면으로 작성되지 않아도 된다.

83) UNCITRAL Digest on the CISG (2016), p.74.

제3절 계약의 성립(협약 제2편)

1. 청약(offer)

1) 개설

계약은 청약과 승낙에 의해 성립된다. 제14조~제24조에는 계약의 성립에 대하여 규정하고 있다. CISG는 대륙법 요소를 많이 반영하였기 때문에 영미법에서의 약인(consideration)은 요구되지 않는다.

2) 청약의 의의(제14조)

> **제14조**
>
> (1) 1인 또는 그 이상의 특정인에 대한 계약체결의 제안은 충분히 확정적이고, 승낙 시 그에 구속된다는 청약자의 의사가 표시되어 있는 경우에 청약이 된다. 제안이 물품을 표시하고, 명시적 또는 묵시적으로 수량과 대금을 지정하거나 그 결정을 위한 조항을 두고 있는 경우에, 그 제안은 충분히 확정적인 것으로 한다.
>
> (2) 불특정 다수인에 대한 제안은 제안자가 반대 의사를 명확히 표시하지 아니하는 한, 단지 청약의 유인으로 본다.

청약(offer)이란, 거래당사자 일방(청약자, offeror)이 일정한 내용의 계약을 체결할 것을 상대방(피청약자, offeree)에게 제의하는 의사표시이다. 이 청약에 대해 상대방이 승낙하여야 계약이 성립된다.

청약은 충분히 확정적이고, 승낙 시 그에 구속된다는 청약자의 의사가 표시되어 있어야 한다. 그리고 청약은 1인 또는 그 이상의 특정인에게 해야 한다. 제14조제1항에서 규정하는 청약의 정의 및 요건은 다음과 같다.

① 계약체결을 위한 제안일 것

청약은 계약체결을 위한 제안이어야 한다.

② 청약의 상대방은 특정인일 것

청약의 상대방은 특정인이어야 한다. 따라서 불특정 다수인에 대한 제안은 청약이 아니며, 제안자가 반대 의사를 명확히 표시하지 않는 한, 단지 청약의 유인(invitation to make offers)[84]으로 본다. 한편, 청약의 상대방은 반드시 1인일 필요는 없으며, 2인 이상의 특정인에 대한 청약도 가능하다.

③ 청약의 내용은 확정적일 것

청약은 충분히 확정적이어야 한다. 제안(청약)에 물품, 수량과 대금이 포함되어 있으면, 충분히 확정적인 것으로 본다. 그러나 청약에 반드시 계약의 모든 조건이 포함되어 있어야 하는 것은 아니다.[85] 예를 들어 청약에서 인도장소 또는 운송수단을 정하지 않았다면, 앞에서 살펴본 CISG의 해석원칙에 의거 그 흠결을 보충할 수 있을 것이다.

(청약의 기본적인 내용)

청약의 가장 기본적인 내용은 물품명세, 수량, 대금 등이고, 구체적으로 살펴보면 다음과 같다.[86]

- 물품명세: 청약에는 물품이 표시되어야 한다. 그러나 품질에 대해서는 규정이 없다. 특별히 기술해야 할 것으로 보이지 않는 물품의 경우 "지정(indicated)"만 해도 청약은 충분히 확정되는 것으로 본다.
- 수량: 수량을 정하고 있거나 이를 정하는 조항을 두고 있어야 한다. 이러한 조항은 명시적 또는 묵시적으로도 가능하다. 예를 들어 '매도인이 생산하는 수량 전체', 또는 '매수인이 요구하는 수량'이라고 기재하는 것도 가능하다.
- 대금: 대금을 지정하거나 결정할 수 있어야 한다. 대금을 확정하지 않고 지정할 수 있는 조항을 두는 것도 가능하다. 또한, 가격신축조항(escalation clause)의 포함도 허용된다.

④ 승낙 시 구속된다는 의사가 표시될 것

청약은 승낙이 있는 경우 그에 구속될 의사표시가 나타나야 한다. 이것은 청약을 일반적인 물품판매 카탈로그나 광고 또는 구매문의와 구별시킨다. 제14조제2항에서는 불특정 다수인에게 발표한 제안은 반대의 의사를 표시하지 않는 한 청약이 아니며,

---

84) 청약의 유인(invitation for offer): 청약은 그에 대응하는 승낙만 있으면 곧 계약이 성립하는 확정적 의사표시이지만, 청약의 유인은 타인으로 하여금 자기에게 청약을 하게 하려는 의도에서 이루어지는 것으로 청약의 유인을 받은 자의 의사표시가 청약이 되고, 이에 대해 청약을 유인한 자가 다시 승낙을 해야 계약이 성립된다(무역거래에서 offer sheet의 발송은 청약으로 볼 수 있으며, 가격표나 견적서, 가격이 적힌 카탈로그의 송부나 전시장 진열은 청약의 유인으로 볼 수 있다).

85) UNCITRAL Digest on the CISG (2016), p.87.

86) UNCITRAL Digest on the CISG (2016), p.87.

청약의 유인이라고 규정함으로써 이를 분명히 하고 있다.

3) 청약의 효력발생시기(도달주의) 및 청약의 회수(제15조)

> **제15조**
>
> (1) 청약은 상대방에게 도달한 때에 효력이 발생한다.
>
> (2) 청약은 철회될 수 없는 것이더라도, 회수의 의사표시가 청약의 도달 전 또는 그와 동시에 상대방에게 도달하는 경우에는 회수될 수 있다.

청약은 상대방에게 도달한 때에 효력이 발생한다(도달주의). 청약은 철회될 수 없는 것이더라도, 회수(withdrawal)의 의사표시가 청약의 도달 전 또는 그와 동시에 상대방에게 도달하는 경우에는 회수될 수 있다. 여기서의 '청약의 회수(withdrawal)'란, 청약의 효력이 발생하기 전(청약은 상대방에게 도달한 때에 효력이 발생하므로 '청약이 상대방에게 도달하기 전')으로 아직 청약의 구속력이 발생하기 전에 취하는 조치이다. 이점에서 청약의 효력이 발생한 후('청약이 상대방에게 도달한 후')에 취하는 조치인 '청약의 철회(revocation)'와 구분된다.

4) 청약의 철회(제16조): 원칙적으로 철회가능

> **제16조**
>
> (1) 청약은 계약이 체결되기까지는 철회될 수 있다. 다만, 상대방이 승낙의 통지를 발송하기 전에 철회의 의사표시가 상대방에게 도달되어야 한다.
>
> (2) 그러나 다음의 경우에는 청약은 철회될 수 없다.
>
> (가) 승낙기간의 지정 그 밖의 방법으로 청약이 철회될 수 없음이 청약에 표시되어 있는 경우, 또는
>
> (나) 상대방이 청약이 철회될 수 없음을 신뢰하는 것이 합리적이고, 상대방이 그 청약을 신뢰하여 행동한 경우

청약은 계약이 체결되기까지는 철회될 수 있다. 단, 상대방이 승낙의 통지를 발송하기 전에 철회(revocation)의 의사표시가 상대방에게 도달되어야 한다. 그러나 다음의 경우에는 청약은 철회될 수 없다. 이를 'firm offer'[87]라고 한다.

i) 승낙기간의 지정 그 밖의 방법으로 청약이 철회될 수 없음이 청약에 표시되어 있는 경우

ii) 상대방이 청약이 철회될 수 없음을 신뢰하는 것이 합리적이고, 상대방이 그 청약을 신뢰하여 행동한 경우

5) 청약의 거절(제17조)

> **제17조**
> 청약은 철회될 수 없는 것이더라도, 거절의 의사표시가 청약자에게 도달한 때에는 효력을 상실한다.

청약은 철회될 수 없는 것이더라도, 거절의 의사표시가 청약자에게 도달한 때에는 효력을 상실한다. 거절의 통지가 청약자에게 도달한 때에 청약의 효력이 상실되므로 피청약자는 더 빠른 수단을 이용하여 승낙의 의사표시를 청약자에게 도달시켜 계약을 성립시킬 수 있다. 피청약자의 거절의 의사표시가 청약자에게 도달한 후에는 피청약자가 다시 승낙해도 계약은 성립되지 않는다. 이 경우 피청약자의 승낙의 의사표시는 반대청약으로서 새로운 청약이 될 수 있을 것이다.

> **(사례연구)**
> 2018.4.2.자에 매도인 A는 매수인 B에게 물품매매를 위한 offer sheet를 발송하였으며, 승낙기간은 2018.4.30.로 지정되었다. 2018.4.4.자에 매수인 B는 offer sheet를 접수하였다.
>
> 1) offer sheet의 효력발생시기는?
>   **(해설)** 2018.4.4.자(청약의 효력발생은 도달주의)
> 2) 매도인 A는 위 청약을 철회할 수 있는가?
>   **(해설)** 철회불가(승낙기간을 지정하였으므로 승낙기간(2018.4.30.) 이전에는 철회 불가)
> 3) 2018.4.16.자에 매수인 B는 위 offer sheet에 대해 거절통지를 발송하였고, 2018.4.19.자에 매도인 A는 이 거절통지를 접수하였다. ① 이 경우 offer sheet의 효력은 언제 소멸되는가? ② 거절통지 발송 후 B는 승낙하여 계약체결할 수 있는가?
>   ① **(해설)** 2018.4.19.자에 효력 소멸(상대방의 거절의 의사표시가 청약자에게 도달한 때, 청약의 효력 소멸)
>   ② **(해설)** 2018.4.19.자에 청약의 효력이 소멸하므로 B는 승낙의 통지가 2018.4.19.자 이

87) "확정청약" 또는 "철회불능청약"

전에 청약자에게 도달하는 경우 계약의 성립이 가능하다.

(청약 종합정리)

1. 청약의 상대방은 특정인일 것(청약의 상대방은 불특정 다수인이 아닐 것)
2. 청약의 상대방은 2인 이상도 가능
3. 청약의 회수(withdrawal) 가능(회수란, 청약이 상대방에게 도달하기 전에 청약을 회수하는 것으로, 청약이 상대방에 도달하기 전에 회수의 의사표시가 상대방에게 도달할 것)
4. 청약의 효력발생: 도달주의
5. 청약은 원칙적으로 철회가능(단, 상대방이 승낙의 통지를 발송하기 전에 철회의 의사표시가 상대방에 도달할 것)
6. firm offer는 철회불가
7. firm offer: 1) 승낙기간을 정함 2) 청약이 철회될 수 없음을 표시 3) 상대방이 확정청약으로 신뢰하여 행동함

2. 승낙(acceptance)

1) 승낙의 의의와 효력발생(제18조, 제19조)

제18조

(1) 청약에 대한 동의를 표시하는 상대방의 진술 그 밖의 행위는 승낙이 된다. 침묵 또는 부작위는 그 자체만으로 승낙이 되지 아니한다.

(2) 청약에 대한 승낙은 동의의 의사표시가 청약자에게 도달하는 시점에 효력이 발생한다. 동의의 의사표시가 청약자가 지정한 기간 내에, 기간의 지정이 없는 경우에는 청약자가 사용한 통신수단의 신속성 등 거래의 상황을 적절히 고려하여 합리적인 기간 내에 도달하지 아니하는 때에는, 승낙은 효력이 발생하지 아니한다. 구두의 청약은 특별한 사정이 없는 한 즉시 승낙되어야 한다.

(3) 청약에 의하여 또는 당사자 간에 확립된 관례나 관행의 결과로 상대방이 청약자에 대한 통지없이, 물품의 발송이나 대금지급과 같은 행위를 함으로써 동의를 표시할 수 있는 경우에는, 승낙은 그 행위가 이루어진 시점에 효력이 발생한다. 다만, 그 행위는 제2항에서 정한 기간 내에 이루어져야 한다.

제19조

(1) 승낙을 의도하고 있으나, 부가, 제한 그 밖의 변경을 포함하는 청약에 대한 응답은 청약에 대한 거절이면서 또한 새로운 청약이 된다.

(2) 승낙을 의도하고 있고, 청약의 조건을 실질적으로 변경하지 아니하는 부가적 조건 또는

> 상이한 조건을 포함하는 청약에 대한 응답은 승낙이 된다. 다만, 청약자가 부당한 지체 없이 그 상위(相違)에 구두로 이의를 제기하거나 그러한 취지의 통지를 발송하는 경우에는 그러하지 아니하다. 청약자가 이의를 제기하지 아니하는 경우에는 승낙에 포함된 변경이 가하여진 청약 조건이 계약 조건이 된다.
> (3) 특히 대금, 대금지급, 물품의 품질과 수량, 인도의 장소와 시기, 당사자 일방의 상대방에 대한 책임범위 또는 분쟁해결에 관한 부가적 조건 또는 상이한 조건은 청약 조건을 실질적으로 변경하는 것으로 본다.

(1) 승낙의 의의(제19조제1항)

승낙(accpetance)이란, 청약에 대한 동의를 표시하는 상대방의 진술 그 밖의 행위이다. 승낙은 청약에 대응하여 계약을 성립시킬 목적으로 피청약자가 청약자에게 행하는 의사표시이다. 계약은 당사자의 의사의 합치로 성립되기 때문에 승낙은 청약에 대한 무조건·절대적 동의이어야 한다. 침묵 또는 부작위는 그 자체만으로 승낙이 되지 아니한다. 승낙의 요건을 살펴보면 다음과 같다.

① 청약에 대한 동의를 표시하는 진술 또는 행위일 것(제18조)

승낙은 청약에 대한 동의를 표시하는 진술 또는 행위이어야 한다. 청약에 의하여 또는 당사자 간에 확립된 관례나 관행의 결과로 상대방이 청약자에 대한 통지 없이, 물품의 발송이나 대금지급과 같은 행위를 함으로써 동의를 표시를 하는 것도 승낙이 된다. 승낙은 청약에 대한 동의를 표시하는 것으로 반드시 진술로 해야 하는 것은 아니며, 기타 청약의 내용을 수락한다는 취지의 행위(예: 물품의 인도, 물품의 수령, 대금 지급, 신용장개설 등)도 승낙이 될 수 있다.

청약은 상대방(피청약자)에게 응답해야 하는 의무를 부과하지 않으므로 상대방(피청약자)의 단순한 침묵 또는 부작위는 그 자체로 승낙이 되지 않는다.

② 청약의 내용과 일치할 것(제19조)

승낙의 내용은 청약의 내용과 일치해야 한다. CISG는 청약의 내용을 변경한 '응답(reply)'[88]에 대해서는 그 변경의 정도에 따라 "실질적 변경"과 "사소한 변경"으로 구분하여 다른 법적효과를 규정하고 있다.

---

88) '승낙(acceptance)'과 구별하기 위해 '응답(reply)'으로 표현함.

가. 실질적 변경(material modifications)의 경우(제19조제1항) → 반대청약, 계약 불성립

승낙을 의도하고 있으나, 부가, 제한 그 밖의 변경을 포함하는 청약에 대한 응답은 청약에 대한 거절이면서, 새로운 청약이 된다. 청약의 내용을 변경한 응답으로는 계약이 성립되지 않고, 이러한 응답은 반대청약(counter offer)[89]으로서 새로운 청약이 된다.

> 대금, 대금지급, 물품의 품질과 수량, 인도의 장소와 시기, 당사자 일방의 상대방에 대한 책임범위 또는 분쟁해결에 관한 부가적 조건 또는 상이한 조건은 '실질적 변경'으로 규정하고 있는 바, 이러한 변경을 포함하는 응답은 승낙이 되지 않는다(제19조제3항).

나. 사소한 변경의 경우(제19조제1항)

승낙을 의도하고 있고, '청약의 조건을 실질적으로 변경하지 아니하는 부가적 조건 또는 상이한 조건'("사소한 변경")을 포함하는 청약에 대한 응답은 승낙이 된다. 다만, 청약자가 부당한 지체 없이 그 상위(相違, discrepancy)에 구두로 이의를 제기하거나 그러한 취지의 통지를 발송하는 경우에는 그러하지 아니하다. 그러나 그 변경(사소한 변경)된 승낙에 대해 청약자가 이의를 제기하지 아니하는 경우에는 승낙에 포함된 변경이 가하여진 청약 조건이 계약조건이 된다(이상 제19조제2항).[90]

> **(사례연구)**
>
> 1. 5.1.자에 매도인 A는 매수인 B에게 물품매매를 위한 offer sheet를 발송하였으며, 물품의 단가는 U$100, 대금지급은 T/T 30 Days로 정하였다. 이에 대해 매수인 B는 5.20.자에 승낙의 통지를 발송하였으며(5.25.자에 매도인 수령), 대금지급은 T/T 60 Days로 수정하였다. 6.10.자에 매도인 A는 T/T 60 Days 조건을 수락한다는 통지를 발송하였다(6.15.자에 매수인 수령). 매매계약은 언제 성립되는가?

---

89) 반대청약(counter offer)이란, 피청약자가 청약의 내용의 일부를 변경해서 원래의 청약자에게 다시 청약하는 것을 말한다. 반대청약은 기존 청약에 대한 거절이면서, 새로운 청약이 된다. 따라서 반대청약에 의해 기존 청약은 효력이 소멸된다.
예) Seller(매도인)가 Buyer(매수인)에게 노트북 100개를 단가 U$500에 팔겠다고 제의하였는데, Buyer가 이에 대해 노트북 100개를 단가 U$400에 사겠다고 통보하였다면 계약은 성립되는가? → 1) Seller가 Buyer에게 제시한 내용(노트북 100개를 단가 U$500에 판매)은 청약이며, 이에 대해 2) Buyer가 Seller에게 제시한 내용(노트북 100개를 단가 U$400에 구매)은 승낙이 아니고 반대청약(counter offer)이 된다.

90) 제19조제2항은 대륙법계 요소를 반영하여 영미법계 계약법원칙인 완전일치의 원칙(mirror image rule)을 수정한 것이다. 영미법계의 완전일치의 원칙에 의하면 청약에 대한 승낙은 거울에 비추듯이 청약내용과 완전히 일치해야 하며, 사소한 변경이 있어도 계약은 성립하지 않는다.

(해설) 6.15.자에 성립(B는 청약의 내용을 변경하여 승낙하였으며, 변경내용은 대금지급에 관한 것이므로 이는 승낙이 아니고 새로운 청약이 된다(counter offer). 이 counter offer에 대해 매도인의 수락의 의사표시가 승낙이 되며, 이 승낙은 6.15.자에 효력이 발생된다(도달주의)).

2. 매도인 A는 매수인 B에게 물품매매를 위한 offer sheet를 발송하였으며, 물품단가 U$100, 대금지급 T/T 30 Days, 수량 1,000개 등으로 정하였고, 기타 매매계약에 필요한 내용들이 모두 포함되어 있었다. 이에 대해 매수인 B는 5.20.자에 승낙의 통지를 발송하였으며(5.25.자에 매도인 수령), 무료견본(free sample) 20개를 요구하였다. 이 승낙의 통지를 받고 매도인 A는 아무런 회신이 없었다.
이 경우 계약은 어떤 내용으로 체결되었는가?

(해설) 무료 견본 20개는 제19조제1항의 청약의 내용의 실질적 변경으로 볼 수 없고, 제19조제2항의 사소한 변경에 해당된다고 볼 수 있다. 따라서 B의 응답은 승낙이 된다. 또한, 무료견본 20개 제공이라는 부가조건이 포함된 승낙의 통지를 받고 매도인 A는 아무런 이의를 제기하지 아니하였으므로 제19조제2항에 의거 무료견본 20개 제공이 포함된 내용대로 계약이 성립된다.

(2) 승낙의 효력발생(제18조): 도달주의

청약에 대한 승낙은 동의의 의사표시가 청약자에게 도달하는 시점에 효력이 발생한다(제18조제2항). CISG에서는 청약과 승낙 모두 도달주의를 취하고 있다. 한편, 청약에 의하여 또는 당사자 간에 확립된 관례나 관행의 결과로 상대방이 청약자에 대한 통지 없이, 물품의 발송이나 대금지급과 같은 행위를 함으로써 동의를 표시를 하는 것도 승낙이 되며, 승낙은 그 행위가 이루어진 시점에 효력이 발생한다(제18조제3항).

1. 사례연구

2018.4.2.자에 매도인 A는 매수인 B에게 물품매매를 위한 offer sheet를 발송하였으며, 승낙기간은 2018.4.30.로 지정하였다. 2018.4.4.자에 매수인 B는 offer sheet를 접수하였다. 매수인 B는 2018.4.16.자에 승낙의 통지를 발송하였고, 2018.4.19.자에 매도인 A는 승낙통지를 접수하였다. 1) 청약의 효력발생시기는 언제인가? 2) 매매계약은 언제 체결되었는가?

해설 1) 2018.4.4.자 (청약이 상대방에 도달한 때)
해설 2) 2018.4.19.자 (승낙의 효력은 청약자에게 도달한 때, 효력이 발생하고, 계약은 승낙의 효력이 발생한 때 성립됨)

2. 민법상 승낙의 효력발생시기

민법에서는 승낙의 효력발생시기 관련 대화자간은 승낙의 의사표시가 상대방에게 도달한 때 효력이 발생하고, 격지자간에는 승낙의 의사표시를 상대방에게 보낸 때 효력이 발생한다고 규정하고 있다(민법 제529조). 즉 대화자간에는 도달주의, 격지자간에는 발신주의를 채택하고 있다. 그러나 CISG에서는 격지자간에도 도달주의로 규정하고 있다.

2) 승낙기간(제18조, 제20조)

제20조

(1) 청약자가 전보 또는 서신에서 지정한 승낙기간은 전보가 발송을 위하여 교부된 시점 또는 서신에 표시되어 있는 일자, 서신에 일자가 표시되지 아니한 경우에는 봉투에 표시된 일자로부터 기산한다. 청약자가 전화, 텔렉스 그 밖의 同時的 통신수단에 의하여 지정한 승낙기간은 청약이 상대방에게 도달한 시점으로부터 기산한다.

(2) 승낙기간 중의 공휴일 또는 비영업일은 기간의 계산에 산입한다. 다만, 기간의 말일이 청약자의 영업소 소재지의 공휴일 또는 비영업일에 해당하여 승낙의 통지가 기간의 말일에 청약자에게 도달될 수 없는 경우에는, 기간은 그 다음의 최초 영업일까지 연장된다.

(1) 승낙기간

승낙기간은 ① 청약자가 승낙기간을 정한 때에는 '청약자가 정한 기간'이고 ② 청약자가 승낙기간을 정하지 않은 경우에는 청약자가 사용한 통신수간의 신속성 등 거래의 상황을 적절히 고려한 '합리적인 기간'이다.

(2) 승낙기간의 기산

① 청약자가 전보 또는 서신에서 지정한 승낙기간은 전보가 발송을 위하여 교부된 시점 또는 서신에 표시되어 있는 일자, 서신에 일자가 표시되지 아니한 경우에는 봉투에 표시된 일자로부터 기산한다. ② 청약자가 전화, 텔렉스 그 밖의 同時的 통신수단에 의하여 지정한 승낙기간은 청약이 상대방에게 도달한 시점으로부터 기산한다.

(3) 공휴일과 비영업일

승낙기간 중의 공휴일 또는 비영업일은 기간의 계산에 산입한다. 다만, 기간의 말일이 청약자의 영업소 소재지의 공휴일 또는 비영업일에 해당하여 승낙의 통지가 기간의 말일에 청약자에게 도달될 수 없는 경우에는, 기간은 그 다음의 최초 영업일까지

연장된다.

3) 지연된 승낙(제21조)

> **제21조**
>
> (1) 연착된 승낙은 청약자가 상대방에게 지체 없이 승낙으로서 효력을 가진다는 취지를 구두로 통고하거나 그러한 취지의 통지를 발송하는 경우에는 승낙으로서의 효력이 있다.
>
> (2) 연착된 승낙이 포함된 서신 그 밖의 서면에 의하여, 전달이 정상적이었다면 기간 내에 청약자에게 도달되었을 상황에서 승낙이 발송되었다고 인정되는 경우에는, 그 연착된 승낙은 승낙으로서의 효력이 있다. 다만, 청약자가 상대방에게 지체 없이 청약이 실효되었다는 취지를 구두로 통고하거나 그러한 취지의 통지를 발송하는 경우에는 그러하지 아니하다.

연착된 승낙은 원칙적으로 승낙의 효력이 없어 계약이 성립되지 않는다. 그러나 예외적으로 다음의 경우에는 연착된 승낙도 효력이 있다.

(1) 청약자의 유효통지

청약자가 상대방에게 지체 없이 승낙으로서 효력을 가진다는 취지를 구두로 통고하거나 그러한 취지의 통지를 발송하는 경우에는 승낙으로서의 효력이 있다(제21조제1항).

(2) 특별한 사정에 의한 연착

연착된 승낙이 포함된 서신 그 밖의 서면에 의하여, 전달이 정상적이었다면 기간 내에 청약자에게 도달되었을 상황에서 승낙이 발송되었다고 인정되는 경우에는, 그 연착된 승낙은 승낙으로서의 효력이 있다. 다만, 청약자가 상대방에게 지체 없이 청약이 실효되었다는 취지를 구두로 통고하거나 그러한 취지의 통지를 발송하는 경우에는 그러하지 아니하다(제21조제2항).

> **(사례연구)**
>
> 1. 5.1.자에 A는 B에게 청약서를 보냈는데, 승낙기한을 5.30.자(도착기준)으로 정하였다. B는 5.29.자에 승낙의 통지를 발송하였고, 6.2.자에 A에게 도착되었다. 다음의 경우 계약이 성립되는가?
>
>   1) A는 B의 승낙이 승낙으로서 효력을 갖는다고 즉시 통보하였다.
>
> **(해 설)** 계약이 성립된다. B의 승낙은 승낙기간을 경과하여 도착하였기 때문에 원칙적으로

효력이 없으나, A는 승낙을 받고 즉시 승낙으로서 효력을 갖는다고 통지하였다.

2) A는 아무런 통지가 없다가 6.30.자에 A는 B에게 계약성립 및 계약이행을 주장하였다. 그러나 B는 계약의 불성립항변을 제기하였다.

(해 설) B의 승낙은 승낙기간을 경과하여 도착하였기 때문에 원칙적으로 효력이 없다. 그리고 A는 B의 승낙을 인정하는 통지를 보내지도 않았다.

4) 승낙의 회수(제22조)

제22조

승낙은 그 효력이 발생하기 전 또는 그와 동시에 회수의 의사표시가 청약자에게 도달하는 경우에는 회수될 수 있다.

승낙은 상대방에 도달하면 효력이 발생하고, 계약이 성립된다. 따라서 승낙은 철회가 불가능하다. 그러나 승낙의 효력이 발생하기 전(즉 승낙의 의사표시가 청약자에게 도달하기 전)에는 승낙의 회수는 가능하다. 다만, 회수의 의사표시는 승낙의 의사표시보다 먼저 또는 동시에 청약자에게 도달해야 한다.

(사례연구)

1. 5.1.자에 B는 승낙의 의사표시를 A에게 발송하였다(5.4.자에 A에게 도달). 그리고 B는 5.2.자에 승낙을 회수하였다(5.3.자에 A에게 도달). → 계약불성립
2. 5.1.자에 B는 승낙의 의사표시를 A에게 발송하였다(5.4.자에 A에게 도달). 그리고 B는 5.2.자에 승낙을 회수하였다(5.5.자에 A에게 도달). → 계약성립
3. 5.1.자에 B는 승낙의 의사표시를 A에게 발송하였다(5.4.자에 A에게 도달). 그리고 B는 5.2.자에 승낙을 회수하였다(5.4.자에 A에게 도달(승낙과 동시에 도달)). → 계약불성립

3. 계약의 성립

1) 계약의 성립(제23조)

제23조

계약은 청약에 대한 승낙이 이 협약에 따라 효력을 발생하는 시점에 성립된다.

계약은 청약에 대한 승낙이 이 협약에 따라 효력을 발생하는 시점에 성립된다. 청약에 대한 승낙은 그 의사표시가 청약자에게 도달한 때에 그 효력이 발생하므로(제18조), 계약은 승낙의 의사표시가 청약자에게 도달한 때에 성립한다.

2) 도달의 의미(제24조)

> **제24조**
> 이 협약 제2편의 적용상, 청약, 승낙 그 밖의 의사표시는 상대방에게 구두로 통고된 때 또는 그 밖의 방법으로 상대방 본인, 상대방의 영업소나 우편주소에 전달된 때, 상대방이 영업소나 우편주소를 가지지 아니한 경우에는 그의 상거소에 전달된 때에 상대방에게 "도달"된다.

제24조는 제2편 계약의 성립에서의 청약, 승낙 등의 의사표시의 '도달주의 원칙(the receipt principle)'을 규정하고 있다. 도달의 의미는 의사표시의 전달방법에 따라 다음과 같다.

1) 구두의 의사표시: 상대방에게 구두로 통보된 때(사실상 발신시점과 도달시점 동일)

2) 구두 이외의 의사표시

- 상대방 본인에게 전달된 때
- 상대방의 영업소나 우편주소에 전달된 때
- 상대방의 영업소나 우편주소가 없는 경우 – 상거소에 전달된 때

(의사표시(청약, 승낙, 기타)의 효력 발생 및 철회)

구 분	내 용
CISG	**1. 청약의 효력발생: 도달주의** ○ 상대방에 도달한 때에 효력이 발생(제15조제1항) **2. 청약의 철회 가능 여부: 원칙적으로 철회가능** ○ 청약은 계약이 체결되기까지는 철회될 수 있다. 단, 청약의 철회가 승낙의 통지 발송전에 상대방에게 도달해야 한다(제16조제1항). ○ 그러나 다음은 철회불가('firm offer')(제16조제2항) i) 승낙기간의 지정 그 밖의 방법으로 청약이 철회될 수 없음이 청약에 표시되어 있는 경우 ii) 상대방이 청약이 철회될 수 없음을 신뢰하는 것이 합리적이고, 상대방이 그

	청약을 신뢰하여 행동한 경우 **3. 승낙의 효력발생: 도달주의** ○ 승낙은 동의의 의사표시가 청약자에게 도달한 때에 효력 발생(제18조제2항) **4. 승낙의 회수 가능 여부: 원칙적으로 회수 가능** ○ 승낙은 그 효력이 발생하기 전 또는 그와 동시에 회수의 의사표시가 청약자에게 도달하는 경우에는 회수될 수 있다(제22조). **5. 기타 의사표시(제3편 물품의 매매)의 효력발생: 발신주의(제27조)**
대한민국 민법	**1. 청약의 효력발생: 도달주의** ○ 청약은 상대방 있는 의사표시이므로 상대방에게 도달한 때에 그 효력이 발생한다.(민법 제111조제1항) **2. 청약의 철회 가능 여부: 철회불가** ○ 계약의 청약은 원칙적으로 이를 철회하지 못한다(민법 제527조). ○ 승낙기간을 정한 청약: 그 기간 내에 승낙의 통지를 받지 못하면 청약의 효력 상실(민법 제528조) ○ 승낙기간을 정하지 않은 청약: 상당한 기간 내에 승낙의 통지를 받지 못하면 청약의 효력 상실(민법 제529조) **3. 승낙의 효력발생** ○ 승낙의 의사표시가 청약자에게 도달한 때에 승낙의 효력이 발생하고 계약 성립(명문규정 없어 도달주의 일반원칙 적용: 도달주의) ○ 그러나 격지자간에는 승낙의 통지를 발송한 때에 효력 발생(발신주의)(민법 제531조)(즉 격지자간에는 미국 보통법상의 mail box rule과 동일한 발신주의) **4. 승낙의 철회 가능 여부: 철회불가** ○ 승낙의 철회가능여부에 대해 명문규정 없음 ○ 격지자간에는 승낙의 효력은 발신주의를 택하므로 이 경우 승낙은 철회할 수 없는 것으로 보아야 함 ○ 대화자간에는 승낙의 효력은 도달주의를 택하는데, 대화자간에는 승낙의 의사표시 즉시 상대방에게 효력이 미치므로 이 경우에도 승낙은 철회할 수 없는 것으로 보아야 함 **5. 기타 의사표시의 효력발생: 도달주의(제111조)**

제4절 물품의 매매(협약 제3편)

1. 총칙

1) 개설

제3편(물품의 매매)은 제2편(계약의 성립)에 따라 성립된 계약에서 매도인과 매수인의 권리의무관계를 규정하고 있다. 구체적으로 보면, 제1장 총칙, 제2장 매도인의 의무, 제3장 매수인의 의무, 제4장 위험의 이전, 제5장 매도인과 매수인의 의무에 공통되는 규정으로 구성되어 있다. 제1장 총칙에서는 본질적 계약위반, 계약해제의 통지, 의사전달에서의 발신주의, 특정이행청구와 법정지의 국내법, 계약의 변경에 대해 규정하고 있다.

2) 본질적 계약위반(제25조)

> **제25조**
>
> 당사자 일방의 계약위반은, 그 계약에서 상대방이 기대할 수 있는 바를 실질적으로 박탈할 정도의 손실을 상대방에게 주는 경우에 본질적인 것으로 한다. 다만, 위반 당사자가 그러한 결과를 예견하지 못하였고, 동일한 부류의 합리적인 사람도 동일한 상황에서 그러한 결과를 예견하지 못하였을 경우에는 그러하지 아니하다.

이 조항에서는 '본질적 계약위반'에 대해 규정하고 있다. '본질적 계약위반(fundamental breach)'이란, 계약에서 상대방이 기대할 수 있는 바를 실질적으로 박탈할 정도의 손실을 상대방에게 주는 것이다. 다만, 예외적으로 i) 위반한 당사자가 그러한 결과를 예측하지 못하였고, ii) 동일한 부류의 합리적인 사람도 동일한 상황에서 그러한 결과를 예견하지 못하였을 경우에는 '본질적 계약위반'을 부정하고 있다.

본질적 계약위반이 되기 위해서는 ① 어느 당사자의 계약위반이 있고, ② 그 계약위반이 피해당사자(aggrieved party)의 기대를 실질적으로 박탈할 정도의 손실을 주고, ③ 위반당사자(breaching party)가 그 기대의 실질적 박탈을 예견할 수 있어야 한다.[91] 참고로 ULIS에서는 예견가능성의 판단시점을 계약체결 시라고 명시하였으나, CISG에서는

91) UNCITRAL Digest on the CISG (2016), p.114.; 석광현, 전게서, p.101.

이를 명시하지 않고 있다. 이에 따라 계약체결 시 기준설[92], 계약위반 시 기준설, 원칙적으로 계약체결 시를 기준으로 하되 계약체결 후 제공된 정보를 고려한다는 절충설 등 다툼이 되고 있다.

CISG에서는 본질적 계약위반의 경우에만 계약해제권(제49조제1항, 제64조제1항), 대체물인도청구권(제46조제2항)을 인정하는 등 본질적 계약위반은 CISG의 다른 조항들의 해석에 필요한 개념이다.

(본질적 계약위반 적용조항)

- 제49조제1항(가)호: 매도인의 본질적 계약위반 시 매수인의 계약해제
- 제64조제1항(가)호: 매수인의 본질적 계약위반 시 매도인의 계약해제
- 제46조제2항: 물품이 부적합하고 그 부적합이 본질적 계약위반 시 매수인의 대체물인도청구
- 제51조제2항: 일부인도 또는 불완전인도가 본질적 계약위반 시 계약해제
- 제72조제1항: 이행기 전에 일방이 본질적 계약위반을 할 것이 명백한 경우에만, 계약해제
- 제73조제1항: 분할인도 시에 일방의 의무이행이 그 분할부분에 본질적 계약위반 시 그 분할부분의 계약해제
- 제73조제2항: 분할부분에 대한 불이행이 장래의 분할부분에 본질적 계약위반 시 장래에 향하여 그 분할부분의 계약해제
- 제70조: 매도인의 본질적 계약위반 시 매수인은 제67조-제69조의 구제권리를 방해받지 않음

(사례연구)[93]

1. 본질적 계약위반에 해당
   1) 최종 미인도(final non-delivery)
   2) 최종 미지급(final non-payment)
   3) 최종적·부당한 이행거절 선언(final and unjustified announcement not to fulfil obligations)
   4) 매수인의 신용장개설 거절[94]

92) 석광현, "국제물품매매계약에 관한 국제연합협약(CISG)상의 본질적 계약위반, 법학논총, 제23집 제2호, 2006, p.448.; 석광현, 전게서, p.106.; 안강현, 「로스쿨 국제거래법」, 제4판, 박영사, 2018, p.48.

93) UNCITRAL Digest on the CISG (2016), pp.114-115.

94) '이 사건 계약의 준거법인 「국제물품매매계약에 관한 국제연합 협약」(United Nations Convention on Contracts for the International Sale of Goods, 이하 '협약'이라고만 한다)에 의하면, 매수인은 계약과 협약에 따라 물품대금을 지급할 의무가 있고(제53조), 매수인의 대금지급의무에는 그 지급을 위하여 계약 또는 법령에서 정한 조치를 취하고 절차를 따르는 것이 포함된다(제54조). 그리고 당사자 일방의 계약위반이 그 계약에서 상대방이 기대할 수 있는 바를 실질적으로 박탈할 정도의 손실을 상대방에게 주는 경우 이는 본질적인 계약위반이 되며(제25조),

5) 분할매매(installment sale)에서 첫 번째 분할인도를 불이행하고, 이것이 매수인으로 하여금 차회의 분할인도가 불이행될 것으로 신뢰하게 한 경우
6) 매수인의 도산(insolvency), 관리절차개시(administration)
7) 이행기한이 확정되어 있는 매매에서 그 기한을 지키지 못하는 경우
8) 물품의 하자가 심하여 사용할 수 없게 된 경우

2. 본질적 계약위반에 미해당
1) 물품에 약간의 하자가 있는 경우로 통상적 목적의 사용이 가능한 경우
2) 수회 인도분 중 1회분만 인도 못한 경우(6회분은 인도)
3) 지연인도(late delivery) (일반적으로 본질적 계약위반 아님. 인도기일이 본질적으로 중요한 경우에만 본질적 계약위반이 됨)
4) 지연결제(late payment) (일반적으로 본질적 계약위반 아님. 지급기일이 본질적으로 중요한 경우에만 본질적 계약위반이 됨))

☞ 참고로 민법에서는 계약의 성질 또는 당사자의 의사표시에 의하여 일정한 시일 또는 일정한 기한 내에 이행하지 아니하면 계약의 목적을 달성할 수 없을 경우에 그 시기에 이행하지 아니한 때에는 이행의 최고 없이 계약을 해제할 수 있다고 규정하고 있다(제545조).

3) 계약해제의 통지(제26조)

제26조
계약해제의 의사표시는 상대방에 대한 통지로 행하여진 경우에만 효력이 있다.

(1) 해제의 의사통지 요구

계약해제의 의사표시는 상대방에 대한 통지로 행하여진 경우에만 효력이 있다. 본질적 계약위반이 있는 경우 당연히 계약이 해제되는 것이 아니고 상대방에 대한 해제의 의사표시가 있어야 계약이 해제된다.[95] 해제의 통지를 요구하는 이유는 상대방으

매도인은 계약 또는 협약상 매수인의 의무 불이행이 본질적인 계약위반으로 되는 경우 계약을 해제할 수 있다[제64조 제1항 제(가)호]. 따라서 협약이 준거법으로 적용되는 국제물품매매계약에서 당사자가 대금의 지급을 신용장에 의하기로 한 경우 매수인은 계약에서 합의된 조건에 따라 신용장을 개설할 의무가 있고, 매수인이 단순히 신용장의 개설을 지체한 것이 아니라 계약에서 합의된 조건에 따른 신용장의 개설을 거절한 경우 이는 계약에서 매도인이 기대할 수 있는 바를 실질적으로 박탈하는 것으로서 협약 제25조가 규정한 본질적인 계약위반에 해당하므로, 매도인은 계약을 해제할 수 있다.' (대법원 2013. 11. 28. 선고 2011다103977 판결).

95) 민법 제544조에서는 계약을 해제하기 위하여 상당기간을 정한 이행의 최고를 요건으로 규정하고 있으나, CISG에

로 하여금 계약의 상태에 대해 알리기 위함이다.[96]

(2) 해제통지의 발신주의

해제의 통지는 '발신주의'를 원칙으로 하고 있다. 이는 제2편(계약의 성립)에서 청약, 승낙 등의 도달주의와는 대조된다. 해제는 특별한 형식을 요구하지 않는바, 서면 또는 구두에 의한 통지도 가능하며, 법원에 소를 제기하는 것도 인정된다.[97]

(3) 해제 시한

제49조제2항 및 제64조제2항에서는 해제통지는 합리적인 시한 내(within a reasonable time)에 이루어져야 한다고 규정하고 있다. 그리고 합리적인 시한 내에 통지를 발송하면 충족되며, 합리적인 시한 내에 상대방에 도달해야 하는 것은 아니다. 참고로 독일 법원에서는 수개월(several months) 후에 통지한 것은 제49조제2항의 합리적인 시한을 벗어난 것으로 판단하였다.[98]

(4) 묵시적 해제

CISG에서는 묵시적 계약해제에 대해서는 규정이 없다. 참고로 독일 법원에서는 '매수인이 단순히 대체물을 구매하는 것', '추가 설명없이 인도된 물품을 반송하는 것'은 유효한 계약해제의 통지가 되지 않는다고 판단한 바 있다.[99]

> ☞ 참고로 민법에서는 상대방 있는 의사표시는 그 통지가 상대방에 도달한 때로부터 그 효력이 생긴다고 규정하고 있는 바(제111조), 이 조항에 의거 계약해제의 의사표시도 도달주의로 보아야 하며, 이 점에서 CISG의 발신주의와는 대조적이다.

서는 계약해제를 위해 이행의 최고를 요건으로 하고 있지 않다.

96) UNCITRAL Digest on the CISG (2016), p.118.

97) *Ibid.* p.118.

98) *Ibid.* p.118.

99) UNCITRAL Digest on the CISG (2016), p.118.

4) 통신의 지연 · 오류 · 미착: 의사통지의 발신주의(제27조)

제27조

이 협약 제3편에 별도의 명시규정이 있는 경우를 제외하고, 당사자가 이 협약 제3편에 따라 상황에 맞는 적절한 방법으로 통지, 청구 그 밖의 통신을 한 경우에, 당사자는 통신의 전달 중에 지연이나 오류가 있거나 또는 통신이 도달되지 아니하더라도 그 통신을 주장할 권리를 상실하지 아니한다.

제27조에서는 통신의 지연, 오류, 미착(도달불능)의 위험을 상대방에게 부담시킴으로써 실질적으로 의사표시에 있어서 발신주의(the dispatch principle)를 채택하고 있다.[100] 제3편에서는 계약의 이행 관련 통지는 발신 후 수신되기 전에 그 위험을 수신인에게 부담시키는 발신주의를 규정하여 제2편(계약의 성립)에서의 도달주의와 대비된다. 제27조의 적용요건으로는 ① 당사자가 제3편에 따라 상황에 맞는 적절한 방법으로 통지할 것 ② 제3편에 별도의 규정이 없을 것이 요구된다.

제27조에서 규정하고 있는 발신주의는 제3편(제25조~제29조)의 통신(communication)에 적용되는 일반원칙이다.[101] 따라서 제3편에서 예외적으로 도달주의를 규정한 경우를 제외하고 일반적 통지는 당사자가 적절한 통신수단으로 발송한 시점에 효력이 발생된다. 발신을 주장하는 당사자에게 발신 및 적절한 수단에 대해 증명책임이 있으나, 상대방에 도달하였다는 것까지 증명할 필요는 없다.[102]

(제3편에서 규정한 도달주의: 제27조의 예외)

① 계약을 위반한 매도인의 부가기간 내 불이행의 통지(제47조제2항)
② 계약을 위반한 매도인의 하자치유의 통지(제48조제4항)
③ 매수인의 부가기간 내 이행거절 통지(제63조제2항)
④ 매도인의 사양지정요구(제65조제1항)
⑤ 매도인의 사양지정통고(제65조제2항)
⑥ 불가항력적 장애의 통지(제79조제4항)

---

100) UNCITRAL Digest on the CISG (2016), p.120.; 석광현, 전게서, p.106.

101) UNCITRAL Digest on the CISG (2016), p.120.

102) *Ibid.* p.120.

5) 특정이행과 법정지주의 국내법(제28조)

제28조

당사자 일방이 이 협약에 따라 상대방의 의무이행을 요구할 수 있는 경우에도, 법원은 이 협약이 적용되지 아니하는 유사한 매매계약에 관하여 자국법에 따라 특정이행을 명하는 판결을 하여야 하는 경우가 아닌 한, 특정이행을 명하는 판결을 할 의무가 없다.

CISG는 계약위반에 대한 구제수단으로 '위반 당사자(breaching party)에게 그 의무를 이행하도록 강제하는 것(specific performance: 특정이행)'을 원칙으로 하고 있다. '특정이행(specific performance)'이란, 법원을 통하여 상대방에게 계약상 의무를 이행할 것을 요구하는 것이다.[103] 한편, 법원은 이 협약이 적용되지 아니하는 유사한 매매계약에 관하여 자국법에 따라 특정이행을 명하는 판결을 하여야 하는 경우가 아닌 한, 특정이행을 명하는 판결을 할 의무가 없다고 규정하여 특정이행에 대한 예외를 인정하고 있다. 이는 체약국에서도 특정이행을 인정하지 않음에도 불구하고 그 체약국 법원으로 하여금 특정이행판결을 강제하는 것은 합당하지 않기 때문이다.

(계약위반시 특정이행과 손해배상)

대륙법계	영미법계	CISG
ㅇ특정이행 원칙	ㅇ손해배상 원칙(손해배상이 곤란한 경우에만 특정이행)	ㅇ특정이행 원칙(법정지에서 특정이행이 인정되지 않는 경우 법원은 특정이행 거부 가능)

6) 계약의 변경 · 종료(제29조)

제29조

(1) 계약은 당사자의 합의만으로 변경 또는 종료될 수 있다.
(2) 서면에 의한 계약에 합의에 의한 변경 또는 종료는 서면에 의하여야 한다는 규정이 있는 경우에, 다른 방법으로 합의 변경 또는 합의 종료될 수 없다. 다만, 당사자는 상대방이 자신의 행동을 신뢰한 한도까지는 그러한 규정을 원용할 수 없다.

103) *Ibid.* p.122.

계약은 당사자의 합의만으로 변경 또는 종료될 수 있다. 따라서 원칙적으로 계약의 변경(또는 종료)은 서면에 의하지 않아도 된다. 다만, 제96조에 따라 유보선언을 한 체약국에 대해서는 계약의 변경·종료는 서면에 의해야 한다.

한편, ① 계약을 서면으로 체결하였고, ② 그 서면계약서에서 합의에 의한 변경 또는 종료는 서면에 의하여야 한다는 규정이 있는 경우, 반드시 서면에 의해 변경 또는 종료해야 한다. 다만, 이 경우에도 신뢰의 이익을 보호하기 위해 당사자는 상대방이 자신의 행동을 신뢰한 한도까지는 그러한 규정을 원용할 수 없다(상대방으로 하여금 자신의 행동을 신뢰하게 한 경우 서면이 없었다는 사유로 합의변경 또는 합의종료가 효력이 없다는 주장을 할 수 없다).

(사례연구)

1. A와 B는 서면으로 매매계약을 체결하였다. 계약서에는 계약변경의 방식에 대한 조항이 없었다. 이 경우 계약변경은 서면에 의해야 하는가?
   (해설) 계약변경의 방식은 자유이므로 서면을 필요로 하지 않는다. 구두변경도 가능하다.

2. A와 B는 서면으로 매매계약을 체결하였다. B의 영업소가 소재하는 국가(Y국)는 제96조에 의해 유보선언을 하였다. 계약서에는 계약변경의 방식에 대한 조항이 없었다. 이 경우 계약변경은 서면에 의해야 하는가?
   (해설) 제29조에 의해 계약변경의 방식은 자유이지만, Y국은 이를 배제하는 유보선언을 했으므로 제29조는 적용되지 않으며, 계약변경은 서면에 의해야 한다.
   다만, 제96조에 의거 유보선언을 한 국가에 대해서는 계약변경은 서면에 의해야 한다.

3. A와 B는 구두로 매매계약을 체결하였다. 구두계약내용에 계약변경은 서면으로 해야 한다는 내용이 포함되어 있었다. 이 경우 계약변경은 서면에 의해야 하는가?
   (해설) 본계약이 서면으로 체결되지 않았기 때문에, 계약변경은 서면을 필요로 하지 않는다(다만, 계약이 변경되기 위해서는 당사자의 합의가 있어야 한다).

4. A와 B는 서면으로 매매계약을 체결하였다. 계약서에는 계약변경은 서면에 의한다고 규정하고 있었다. 이 경우 계약변경은 서면에 의해야 하는가?
   (해설) 본계약이 서면으로 작성되었고, 계약서에 계약변경은 서면에 의한다는 조항이 있으므로 계약변경은 서면에 의해야 한다.

2. 매도인의 의무

1) 개설

CISG 제3편에서는 매도인과 매수인의 기본적인 의무를 규정하고 있다. 매도인의 기본적인 의무에는 ① 물품인도의무 ② 서류의 교부의무 ③ 소유권 이전의무를 규정하고 있고, 매수인의 기본적인 의무에는 ① 대금지급의무 ② 인도수령의무 ③ 물품검사 및 통지의무를 규정하고 있다. 제3편 제5장에서 매도인과 매수인의 의무에 공통되는 의무로 손실경감의무(제77조), 면책사유통지의무(제79조), 계약해제로 인한 대금반환시의 이자지급의무(제84조), 물품보관의무(제85조, 제86조) 등을 규정하고 있는데, 이들 의무는 매매계약 자체에서 발생하는 의무가 아니고 당사자의 계약위반에 따른 효과로서 부수되는 의무이다.

매도인의 의무	매수인의 의무
① 물품인도의무(제30조)	① 대금지급의무(제53조)
② 서류교부의무(제30조, 제34조)	② 물품수령의무(제53조)
③ 소유권이전의무(제30조)	③ 물품검사의무(제38조)
④ 물품의 계약적합의무(제35조, 제41조)	④ 부적합통지의무(제39조)
⑤ 대금반환시 이자지급의무(제84조제1항)	⑤ 물품반환시 이익지급의무(제84조제2항)
매도인과 매수인의 공통 의무	
① 손실경감의무(제77조) ② 면책사유 통지의무(제79조)	
③ 물품보관의무(제85조, 제86조)	

2) 매도인의 의무

제30조

매도인은 계약과 이 협약에 따라 물품을 인도하고, 관련 서류를 교부하며 물품의 소유권을 이전하여야 한다.

매도인은 계약과 CISG의 규정에 따라 매수인에게 ① 물품의 인도 ② 서류의 교부 ③ 소유권 이전을 이행해야 한다. 소유권이 실제 이전되었는지 여부는 CISG가 적용되지 않고, 해당 계약의 준거법에 의한다[104](제4조(나)호).

104) UNCITRAL Digest on the CISG (2016), p.126.

한편, 물품인도의무는 소유권 이전의무와는 별개의 의무이므로 소유권이 매수인에게 이전되었다고 하더라도 물품이 인도되지 않았으면 매도인은 여전히 물품인도의무를 부담한다. 특정물매매의 경우 그 특정물을 인도하면 되고, 불특정물매매의 경우 계약에서 정한 물품과 일반적으로 성질상 같은 종류의 물품을 인도하면 된다.

3) 물품의 인도와 서류의 교부

(1) 인도의 장소와 방법(제31조)

제31조

매도인이 물품을 다른 특정한 장소에서 인도할 의무가 없는 경우에, 매도인의 인도의무는 다음과 같다.

(가) 매매계약에 물품의 운송이 포함된 경우에는, 매수인에게 전달하기 위하여 물품을 제1 운송인에게 교부하는 것

(나) (가)호에 해당되지 아니하는 경우로서 계약이 특정물에 관련되거나 또는 특정한 재고품에서 인출되는 불특정물이나 제조 또는 생산되는 불특정물에 관련되어 있고, 당사자 쌍방이 계약 체결시에 그 물품이 특정한 장소에 있거나 그 장소에서 제조 또는 생산되는 것을 알고 있었던 경우에는, 그 장소에서 물품을 매수인의 처분 하에 두는 것

(다) 그 밖의 경우에는, 계약 체결시에 매도인이 영업소를 가지고 있던 장소에서 물품을 매수인의 처분 하에 두는 것

가. 계약서에서 인도장소를 정한 경우(제31조 본문)

당사자자치의 원칙이 우선하므로, 제31조는 당사자들이 달리 정하지 않은 경우에 적용된다.[105] 계약서에서 인도장소를 정한 경우에는 그 지정된 장소에서 인도해야 한다. 그러나 계약서에서 인도장소를 정하지 않은 경우에는 매매계약이 물품운송을 포함하고 있는지 여부에 따라 달리 규정하고 있다.

실제 대부분의 무역계약에서는 Incoterms의 적용을 명시하는데, 이 경우 Incoterms가 CISG 보다 우선 적용된다.[106] 이런 면에서 CISG 제31조가 적용되는 경우는 많지 않다.

---

105) *Ibid.* p.128.

106) *Ibid.* p.128.; 김상만, “Incoterms 2010이 적용되는 국제물품매매거래에서 CISG 상 매도인의 물품인도의무 및 서류인도의무에 대한 고찰”, 통상법률, 통권 제102호, 2011, p.129.

나. 계약서에서 인도장소를 정하지 않은 경우

① 매매계약이 물품운송을 포함하고 있는 경우(제31조(가)호)

매매계약이 물품운송을 포함하고 있는 경우에는 매도인은 제1운송인에게 물품을 인도함으로써 물품인도의무를 다한 것이 되며, 제1운송인(first carrier)에게 물품을 현실적으로 인도한 장소가 인도장소가 된다. 제1운송인에게 인도함으로써 인도의무를 다한 것이 되기 때문에 다른 명시적 합의가 없는 한, 물품을 목적지에서 인도하거나 또는 물품을 매수인이 처분할 수 있는 상태에 두는 것은 요구되지 않는다. 한편, 여기서 운송인이란, 단순히 운송주선만 하는 운송중개인은 해당되지 않는다.

② 매매계약에서 물품운송을 포함하고 있지 않은 경우(제31조(나)호)

매매계약에서 물품운송을 포함하고 있지 않은 경우에는 특정물은 그 물품이 있는 장소(특정한 재고품에서 인출되는 불특정물이나 제조 또는 생산되는 불특정물에 관련되어 있는 경우에는 제조 또는 생산되는 장소)가 인도장소가 되며, 매도인이 그 장소에서 매수인이 처분할 수 있는 상태(at buyer's disposal)에 두었을 때에 인도의무를 다한 것으로 된다(제37조(나)호). 다만, 당사자 쌍방이 계약체결 시에 그 물품이 있던 특정장소(특정한 재고품에서 인출되는 불특정물이나 제조 또는 생산되는 불특정물에 관련되어 있는 경우에는 제조 또는 생산되는 장소)를 알고 있어야 한다. 매수인이 처분할 수 있는 상태에 둔다는 것은 매수인이 점유취득이 가능한 상태에 두는 것을 의미하는 것으로, 매도인이 점유이전행위 자체를 할 필요는 없고, 물품을 특정하고 포장하는 등 인도에 필요한 준비를 마친 후 매수인에게 통지하는 방법 등을 통하여 매수인이 처분하는 것을 가능하게 하는 것으로 충분하다.

③ 기타의 경우(제31조(다)호)

기타의 경우(불특정물)에는 계약체결 시 매도인의 영업소에서 물품을 매수인의 처분하에 두면 된다. 영업소가 2개 이상이거나 없는 경우에는 제10조에 따라 영업소를 정한다.

(CISG와 Incoterms에서 물품의 인도)

구 분		물품의 인도 규정
CISG 제31조	1. 매도인이 특정장소에서 인도할 의무가 있는 경우 (제31조 본문)	그 특정장소에서 인도
	2. 매도인이 특정장소에서 인도할 의무가 있는 없는 경우	
	① 계약이 물품의 운송을 포함하는 경우 (제31조(가)호)	매수인에게 전달하기 위하여 물품을 제1운송인에게 교부
	② 계약이 물품의 운송을 포함하지 않는 경우 (제31조(나)호)	계약체결 시 그 특정물품의 장소(특정한 재고품에서 인출되는 불특정물이나 제조 또는 생산되는 불특정물에 관련되어 있는 경우에는 제조 또는 생산되는 장소)에서 물품을 매수인의 처분하에 둠
	③ 기타(제31조(다)호)	계약체결 시 매도인의 영업소에서 물품을 매수인의 처분하에 둠
Incoterms 2020	EXW	물품을 지정인도장소(그 지정인도장소에 합의된 지점이 있는 경우에는 그 지점)에서 수취용 차량에 적재하지 않은 채로 매수인의 처분하에 둠으로써 인도
	FCA	물품을 지정인도장소(그 지정인도장소에 지정된 지점이 있는 경우에는 그 지점)에서 매수인이 지정한 운송인(또는 제3자)에게 인도(또는 그렇게 인도된 물품 조달) ① 지정인도장소가 매도인의 영업구내인 경우 → 물품이 매수인이 마련한 운송수단에 적재된 때 인도 ② 지정인도장소가 매도인의 영업구내가 아닌 경우 → 물품이 매도인의 운송수단에 적재되어 지정인도장소에 도착하고 매도인의 운송수단에 실린 채 양하준비상태로 매수인이 지정한 운송인(또는 제3자)의 처분하에 놓인 때에 인도 ③ 매도인은 "①" 또는 "②"에 의해 인도된 물품을 조달할 수 있음
	CPT	인도장소(그 인도장소에 합의된 지점이 있는 경우에는 그 지점)에서 물품을 매도인과 운송계약을 체결한 운송인에게 교부함으로써 인도(또는 그렇게 인도된 물품 조달) • 인도장소가 합의되지 않은 경우 물품을 제1운송인에게 교부한 때 인도
	CIP	인도장소(그 인도장소에 합의된 지점이 있는 경우에는 그 지점)에서 물품을 매도인과 운송계약을 체결한 운송인에

	게 교부함으로써 인도(또는 그렇게 인도된 물품 조달) • 인도장소가 합의되지 않은 경우 물품을 제1운송인에게 교부한 때 인도
DAP	물품을 지정목적지에서 도착운송수단에 실어둔 채 양하준비된 상태로 매수인의 처분하에 둠으로써 인도(또는 그렇게 인도된 물품 조달)
DPU	물품을 지정목적지에서 도착운송수단으로부터 양하하여 매수인의 처분하에 둠으로써 인도(또는 그렇게 인도된 물품 조달)
DDP	수입통관하고 물품을 지정목적지에서 도착운송수단에 실어둔 채 양하준비된 상태로 매수인의 처분하에 둠으로써 인도(또는 그렇게 인도된 물품 조달)
FAS	물품을 지정선적항에서 매수인이 지정한 선박의 선측(예: 부두 또는 바지(barge))에 둠으로써 인도(또는 그렇게 인도된 물품 조달)
FOB	물품을 지정선적항에서 매수인이 지정한 본선에 적재함으로 인도(또는 본선에 적재된 물품 조달)
CFR	물품을 선적항에서 매도인이 지정한 본선에 적재함으로써 인도(또는 그렇게 인도된 물품 조달)
CIF	물품을 선적항에서 매도인이 지정한 본선에 적재함으로써 인도(또는 그렇게 인도된 물품 조달)

☞ **민법상 변제의 장소**

민법에서는 채무의 성질 또는 당사자의 의사표시로 변제장소를 정하지 아니한 때에는 특정물의 인도는 채권성립당시에 그 물건이 있던 장소에서 하여야 하고, 특정물 이외의 채무변제는 채권자의 현주소(영업에 관한 채무의 변제는 채권자의 현영업소, 즉 '지참채무')에서 하여야 한다고 규정하고 있어 CISG와는 차이가 있다(제467조).

(2) 물품인도에 부수하는 의무(제32조)

제32조

(1) 매도인이 계약 또는 이 협약에 따라 물품을 운송인에게 교부한 경우에, 물품이 하인(荷印), 선적서류 그 밖의 방법에 의하여 그 계약의 목적물로서 명확히 특정되어 있지 아니한 때에는, 매도인은 매수인에게 물품을 특정하는 탁송통지를 하여야 한다.

(2) 매도인이 물품의 운송을 주선하여야 하는 경우에, 매도인은 상황에 맞는 적절한 운송수단 및 그 운송에서의 통상의 조건으로, 지정된 장소까지 운송하는 데 필요한 계약을 체결하여야 한다.

(3) 매도인이 물품의 운송에 관하여 부보(附保)할 의무가 없는 경우에도, 매도인은 매수인의 요구가 있으면 매수인이 부보하는데 필요한 모든 가능한 정보를 매수인에게 제공하여야 한다.

계약이 물품운송을 포함하고 있는 경우 제32조에서는 제31조에 규정된 매도인의 의무 이외의 부수적인 의무를 규정하고 있다. 이러한 부수적인 의무에는 매도인의 물품특정 및 탁송통지의무, 운송계약체결의무, 운송보험에 대한 정보제공의무가 있다. (운송계약체결의무, 운송보험에 관련한 정보제공의무 등에 대해서는 Incoterms에서 상세하게 규정하고 있고, 계약서에 Incoterms의 적용을 명시한 경우 Incoterms가 CISG에 우선한다.)

가. 물품특정 및 탁송통지의무

하인, 선적서류, 또는 그 밖의 방법으로 물품이 특정되지 않은(unidentified) 경우 매도인은 매수인에게 보내는 탁송통지서에 물품을 특정해야 한다. 이 의무를 이행하지 않는 경우 위험부담이 매수인에게 이전되지 않으며(제67조제2항, 제69조제3항), 매도인은 매수인에게 계약위반에 따른 손해배상책임을 부담할 수 있다(제45조, 제74조).

나. 운송계약체결의무

매도인에게 운송계약체결의무가 있는 경우(Incoterms에서 CPT, CIP, CFR, CIF) 매도인은 합리적인 운송계약을 체결해야 한다(적절한 운송수단, 통상의 조건 등).

다. 운송보험에 대한 정보제공의무

매도인에게 운송보험계약을 체결할 의무가 없는 경우에도, 매수인의 요구가 있으면, 운송보험부보에 필요한 모든 가능한 정보를 매수인에게 제공해야 한다.

(3) 물품인도 시기(제33조)

제33조

매도인은 다음의 시기에 물품을 인도하여야 한다.

(가) 인도기일이 계약에 의하여 지정되어 있거나 확정될 수 있는 경우에는 그 기일

(나) 인도기간이 계약에 의하여 지정되어 있거나 확정될 수 있는 경우에는 그 기간 내의 어느 시기. 다만, 매수인이 기일을 선택하여야 할 사정이 있는 경우에는 그러하지 아니하다.

(다) 그 밖의 경우에는 계약 체결후 합리적인 기간 내

매도인은 다음의 시기에 물품을 인도하여야 한다.

① 인도기일이 계약에 의하여 지정되어 있거나 확정될 수 있는 경우에는 그 기일

② 인도기간이 계약에 의하여 지정되어 있거나 확정될 수 있는 경우에는 그 기간 내의 어느 시기. 다만, 매수인이 기일을 선택하여야 할 사정이 있는 경우에는 그러하지 아니하다.

③ 그 밖의 경우에는 계약 체결 후 합리적인 기간 내

(보충설명)

1. 인도기일을 4.15.로 정한 경우 그 날짜에 인도해야 한다.
2. 인도기일을 4.30.까지로 정한 경우 그 기간 내에 인도해야 한다.
3. 인도기일을 정하지 않은 경우 "계약체결 후 합리적인 기간" 내[107]
   1) 매도인이 1회의 분할대금수령 후 2주일 후 불도저 인도(O) (스위스 판결)

(4) 서류교부의무(제34조)

제34조

매도인이 물품에 관한 서류를 교부하여야 하는 경우에, 매도인은 계약에서 정한 시기, 장소 및 방식에 따라 이를 교부하여야 한다. 매도인이 교부하여야 할 시기 전에 서류를 교부한 경우에는, 매도인은 매수인에게 불합리한 불편 또는 비용을 초래하지 아니하는 한, 계약에서 정한 시기까지 서류상의 부적합을 치유할 수 있다. 다만, 매수인은 이 협약에서 정한 손해배상을 청구할 권리를 보유한다.

가. 서류의 교부

매도인이 물품에 관한 서류를 교부하여야 하는 경우에, 매도인은 계약에서 정한 시기, 장소 및 방식에 따라 이를 교부하여야 한다.

나. 서류의 부적합 치유(서류교부시한 전에 교부하는 경우)

매도인이 교부하여야 할 시기 전에 서류를 교부한 경우에는, 매도인은 매수인에게 불합리한 불편 또는 비용을 초래하지 아니하는 한, 계약에서 정한 시기까지 서류상의 부적합을 치유할 수 있다. 다만, 매수인은 이 협약에서 정한 손해배상을 청구할 권리

107) UNCITRAL, UNCITRAL Digest on the CISG (2016), p.133.

를 보유한다.

4) 물품의 적합성과 제3자의 권리주장

매도인은 매수인에게 계약에서 정한 수량, 품질, 종류의 물품을 인도해야 하며(제35조), 권리행사에 아무런 지장이 없는 물품을 인도해야 한다(제41조). 전자를 '물품의 적합성', 후자를 '권리의 적합성'이라고 한다.

(1) 물품의 적합성(제35조)

제35조

(1) 매도인은 계약에서 정한 수량, 품질 및 종류에 적합하고, 계약에서 정한 방법으로 용기에 담겨지거나 포장된 물품을 인도하여야 한다.

(2) 당사자가 달리 합의한 경우를 제외하고, 물품은 다음의 경우에 계약에 적합하지 아니한 것으로 한다.

(가) 동종 물품의 통상 사용목적에 맞지 아니한 경우

(나) 계약 체결시 매도인에게 명시적 또는 묵시적으로 알려진 특별한 목적에 맞지 아니한 경우. 다만, 그 상황에서 매수인이 매도인의 기술과 판단을 신뢰하지 아니하였거나 또는 신뢰하는 것이 불합리하였다고 인정되는 경우에는 그러하지 아니하다.

(다) 매도인이 견본 또는 모형으로 매수인에게 제시한 물품의 품질을 가지고 있지 아니한 경우

(라) 그러한 물품에 대하여 통상의 방법으로, 통상의 방법이 없는 경우에는 그 물품을 보존하고 보호하는 데 적절한 방법으로 용기에 담겨지거나 포장되어 있지 아니한 경우

(3) 매수인이 계약 체결시에 물품의 부적합을 알았거나 또는 모를 수 없었던 경우에는, 매도인은 그 부적합에 대하여 제2항의 (가)호 내지 (라)호에 따른 책임을 지지 아니한다.

가. 계약에서 정한 물품의 인도

매도인은 계약에서 정한 수량, 품질 및 종류에 적합하고, 계약에서 정한 방법으로 용기에 담겨지거나 포장된 물품을 인도하여야 한다.

나. 물품부적합의 기준

당사자가 달리 합의한 경우를 제외하고, 물품은 다음의 경우에 계약에 적합하지 아니한 것으로 한다.

① 동종 물품의 통상 사용목적에 맞지 아니한 경우('통상사용목적')

② 계약 체결 시 매도인에게 명시적 또는 묵시적으로 알려진 특별한 목적에 맞지 아니한 경우(다만, 그 상황에서 매수인이 매도인의 기술과 판단을 신뢰하지 아니하였거나 또는 신뢰하는 것이 불합리하였다고 인정되는 경우 제외) ('특별사용목적')

③ 매도인이 견본 또는 모형으로 매수인에게 제시한 물품의 품질을 가지고 있지 아니한 경우('견본품')

④ 그러한 물품에 대하여 통상의 방법으로, 통상의 방법이 없는 경우에는 그 물품을 보존하고 보호하는 데 적절한 방법으로 용기에 담겨지거나 포장되어 있지 아니한 경우('포장')

다. 물품부적합의 면책

매수인이 계약 체결 시에 물품의 부적합을 알았거나 또는 모를 수 없었던 경우에는, 매도인은 그 부적합에 대하여 상기의 ①~④에 대해 책임이 없다.

(2) 위험의 이전과 물품의 적합성 판단시기(제36조)

제36조

(1) 매도인은 위험이 매수인에게 이전하는 때에 존재하는 물품의 부적합에 대하여, 그 부적합이 위험 이전 후에 판명된 경우라도, 계약과 이 협약에 따라 책임을 진다.

(2) 매도인은 제1항에서 정한 때보다 후에 발생한 부적합이라도 매도인의 위무위반에 기인하는 경우에는 그 부적합에 대하여 책임을 진다. 이 의무위반에는 물품이 일정기간 통상의 목적이나 특별한 목적에 맞는 상태를 유지한다는 보증 또는 특정한 품질이나 특성을 유지한다는 보증에 위반한 경우도 포함된다.

매도인은 위험의 이전시점 이전에 존재하였던 물품의 부적합성에 대해서만 책임을 부담하며, 위험의 이전시점 이후에 발생한 물품의 부적합성에 대해서는 책임이 없다(다만, 위험의 이전시점에 물품의 부적합성이 존재하였다면, 위험의 이전 이후에 그 부적합성이 발견된 경우에도 매도인은 부적합성에 대해 책임이 있다). 한편, 위험의 이전 이후에 발생한 물품의 부적합성인 경우에도 이것이 매도인의 의무위반에 기인한 경우에는 매도인은 책임을 진다(예를 들어 포장을 잘못하여 위험의 이전이후에 물품이 손상 또는 변질된 경우). 그리고 이 의무위반에는 일정기간 통상의 목적이나 특별한 목적에 맞는 상태를 유지한다는 보증 또는 특정한 품질이나 특성을 유지한다는 보증에 위반한 경우도 포함된다(예를 들어 품질보증기간을 12개월(또는 10만 마일)로 정한 경우 12개월(10만 마일) 이내에 물품의 부적합사유가 발생하면, 매도인은 물품의 적합성의무를 위반하게 된다).

(보충설명)

1. Incoterms에서는 위험의 이전에 대해 상세하게 규정하고 있다. FOB, CFR, CIF에서는 '물품이 본선에 적재된 때', 위험이 매수인에게 이전되며, FCA, CPT, CIP에서는 '운송인에게 물품을 인도한 때', 위험이 매수인에게 이전된다. 따라서 위험의 이전시점 이후(본선적재 또는 운송인에게 물품을 인도한 이후)에 새로 발생한 물품의 부적합에 대해서는 매도인은 책임이 없다.

2. 계약상의 가격조건은 'FOB Busan Incoterms 2010'이고, 목적지는 미국 LA항이다. 매도인이 물품을 선적한 이후 운송중에 물품이 손상되었다. 이 경우 매도인은 대금을 지급받을 수 있는가?

(해설) FOB 조건이므로 물품이 본선에 적재된 때, 위험이 매수인에게 이전된다. 물품적재시에 물품의 부적합은 없었고, 물품의 손상은 선적 이후에 발생하였으므로 원칙적으로 매도인은 물품부적합에 대해 책임이 없다. 다만, 물품이 손상된 것에 대해 매도인에게 책임이 있다면(포장불량 등), 매도인은 물품의 부적합에 대하여 책임이 있다.

(3) 인도한 물품의 부적합 치유(제37조)

제37조

매도인이 인도기일 전에 물품을 인도한 경우에는, 매수인에게 불합리한 불편 또는 비용을 초래하지 아니하는 한, 매도인은 그 기일까지 누락분을 인도하거나 부족한 수량을 보충하거나 부적합한 물품에 갈음하여 물품을 인도하거나 또는 물품의 부적합을 치유할 수 있다. 다만, 매수인은 이 협약에서 정한 손해배상을 청구할 권리를 보유한다.

인도기일 전에 부적합한 물품을 인도한 경우, 매도인은 인도기일 전에 부족한 수량의 보충 또는 부적합한 물품의 교환 등을 통해 부적합을 치유할 수 있다. 다만, 매수인에게 불합리한 불편이나 비용을 초래하지 않아야 하며, 이로 인해 매수인이 입은 손해도 배상해야 한다. 제34조에서는 서류의 부적합 치유권, 제37조에서는 물품의 부적합 치유권을 규정하고 있다.

(4) 물품의 검사(제38조)

제38조

(1) 매수인은 그 상황에서 실행가능한 단기간 내에 물품을 검사하거나 검사하게 하여야 한다.
(2) 계약에 물품의 운송이 포함되는 경우에는, 검사는 물품이 목적지에 도착한 후까지 연기될 수 있다.
(3) 매수인이 검사할 합리적인 기회를 가지지 못한 채 운송중에 물품의 목적지를 변경하거나 물품을 전송(轉送)하고, 매도인이 계약 체결 시에 그 변경 또는 전송의 가능성을 알았거나 알 수 있었던 경우에는, 검사는 물품이 새로운 목적지에 도착한 후까지 연기될 수 있다.

매수인의 물품검사의무를 부담한다. ① 원칙적으로 매수인은 그 상황에서 실행가능한 단기간 내에 검사해야 한다. ② 계약에 물품의 운송이 포함된 경우 매수인은, 물품이 목적지에 도착한 후까지 검사를 연기할 수 있다. ③ 매수인이 검사의 기회를 갖지 못한 상황에서 매수인에 의한 목적지의 변경 또는 전송(redispatch)이 있고 매도인이 그러한 가능성을 알았거나 알 수 있었던 경우 검사는 새로운 목적지에 도착한 후까지 연기될 수 있다(참고로 CISG 공식번역문에는 '매수인에 의한 목적지의 변경 또는 전송'에서 '매수인에 의한'이 누락되어 있다).

(5) 물품의 부적합 통지(제39조, 제40조, 제44조)

제39조

(1) 매수인이 물품의 부적합을 발견하였거나 발견할 수 있었던 때로부터 합리적인 기간 내에 매도인에게 그 부적합한 성질을 특정하여 통지하지 아니한 경우에는, 매수인은 물품의 부적합을 주장할 권리를 상실한다.
(2) 매수인은 물품이 매수인에게 현실로 교부된 날부터 늦어도 2년 내에 매도인에게 제1항의 통지를 하지 아니한 경우에는, 물품의 부적합을 주장할 권리를 상실한다. 다만, 이 기간제한이 계약상의 보증기간과 양립하지 아니하는 경우에는 그러하지 아니하다.

제40조

물품의 부적합이 매도인이 알았거나 모를 수 없었던 사실에 관한 것이고, 매도인이 매수인에게 이를 밝히지 아니한 경우에는, 매도인은 제38조와 제39조를 원용할 수 없다.

> **제44조**
> 제39조 제1항과 제43조 제1항에도 불구하고, 매수인은 정하여진 통지를 하지 못한 데에 합리적인 이유가 있는 경우에는 제50조에 따라 대금을 감액하거나 이익의 상실을 제외한 손해배상을 청구할 수 있다.

가. 부적합 통지의무

매수인은 합리적인 기간 내에 물품의 부적합을 매도인에게 통지해야 한다. 부적합 통지의무를 규정한 취지는 매수인이 물품을 수취하여 사용하다가 뒤늦게 물품의 부적합을 사유로 계약해제, 대금감액, 대금지급거절, 손해배상청구를 주장하는 경우 매수인의 행위의 정당성을 확인하기 곤란하기 때문이다. 부적합 통지의무의 구체적인 요건 및 방법은 다음과 같다. 그리고 다음 요건을 모두 충족해야 한다.

① 합리적인 기간 내에 통지할 것
　물품의 부적합을 발견하였거나 발견할 수 있었던 때로부터 합리적인 기간 내
② 매수인이 물품의 부적합을 발견하였거나 발견할 수 있었을 것
③ 그 부적합한 성질을 특정하여 통지할 것
④ 물품이 매수인에게 현실로 교부된 날로부터 2년 이내에 통지할 것(다만, 계약상의 보증기간이 2년을 초과하는 경우에는 그 보증기간 내). 이 기간은 제척기간이다.

> ☞ 부적합통지는 늦어도 물품이 교부된 날로 2년 이내에 통지해야 한다. 다만, 보증기간이 2년을 초과하는 경우에는 늦어도 그 보증기간 내에 통지해야 한다.

나. 부적합 통지의무위반의 효과

ㅁ 원칙

매수인은 제39조에 규정된 바에 따라 물품의 부적합을 통지하지 아니한 경우 매수인은 물품의 부적합을 주장할 권리를 상실한다.

> **(상실되는 권리)**
> ① 손해배상청구권(제45조제1항(나)호, 제74조 내지 제77조)
> ② 매도인에 대한 이행청구권(제46조)
> ③ 계약해제권(제49조)
> ④ 대금감액청구권(제50조)

□ 예외

다음의 경우에는 매수인이 물품의 부적합 통지의무를 위반한 경우에도 매수인은 물품의 부적합을 주장할 권리를 상실하지 않는다.

① 물품의 부적합이 매도인이 알았거나 모를 수 없었던 사실에 관한 것이고, 매도인이 매수인에게 이를 밝히지 아니한 경우(제40조)

② 매수인은 정하여진 통지를 하지 못한 데에 합리적인 이유가 있는 경우 매수인은 대금감액청구권(제50조)과 손해배상청구권(단, 이익의 상실 제외)을 보유한다. 이 경우 계약해제권은 인정되지 않는다.

(6) 권리의 적합성(제41조~제44조)

제41조

매수인이 제3자의 권리나 권리주장의 대상이 된 물품을 수령하는 데 동의한 경우를 제외하고, 매도인은 제3자의 권리나 권리주장의 대상이 아닌 물품을 인도하여야 한다. 다만, 그러한 제3자의 권리나 권리주장이 공업소유권 그 밖의 지적재산권에 기초하는 경우에는, 매도인의 의무는 제42조에 의하여 규율된다.

제42조

(1) 매도인은, 계약 체결 시에 자신이 알았거나 모를 수 없었던 공업소유권 그 밖의 지적재산권에 기초한 제3자의 권리나 권리주장의 대상이 아닌 물품을 인도하여야 한다. 다만, 제3자의 권리나 권리주장이 다음 국가의 법에 의한 공업소유권 그 밖의 지적재산권에 기초한 경우에 한한다.
  (가) 당사자 쌍방이 계약 체결 시에 물품이 어느 국가에서 전매되거나 그 밖의 방법으로 사용될 것을 예상하였던 경우에는, 물품이 전매되거나 그 밖의 방법으로 사용될 국가의 법
  (나) 그 밖의 경우에는 매수인이 영업소를 가지는 국가의 법

(2) 제1항의 매도인의 의무는 다음의 경우에는 적용되지 아니한다.
  (가) 매수인이 계약 체결 시에 그 권리나 권리주장을 알았거나 모를 수 없었던 경우
  (나) 그 권리나 권리주장이 매수인에 의하여 제공된 기술설계, 디자인, 방식 그 밖의 지정에 매도인이 따른 결과로 발생한 경우

제43조

(1) 매수인이 제3자의 권리나 권리주장을 알았거나 알았어야 했던 때로부터 합리적인 기간 내에 매도인에게 제3자의 권리나 권리주장의 성질을 특정하여 통지하지 아니한 경우에는, 매수인은 제41조 또는 제42조를 원용할 권리를 상실한다.

> (2) 매도인이 제3자의 권리나 권리주장 및 그 성질을 알고 있었던 경우에는 제1항을 원용할 수 없다.
>
> **제44조**
>
> 제39조 제1항과 제43조 제1항에도 불구하고, 매수인은 정하여진 통지를 하지 못한 데에 합리적인 이유가 있는 경우에는 제50조에 따라 대금을 감액하거나 이익의 상실을 제외한 손해배상을 청구할 수 있다.

가. 권리의 적합성이 있는 물품의 인도(제41조)

매수인이 제3자의 권리나 권리주장의 대상이 된 물품을 수령하는 데 동의한 경우를 제외하고, 매도인은 제3자의 권리나 권리주장의 대상이 아닌 물품을 인도하여야 한다(예: 제3자에게 소유권이 있는 물품이나, 제한물권이 설정된 물품을 인도해서는 안 된다). 이 조항은 매매의 목적이 된 물품 관련 소유권(또는 제한물권)에 대한 분쟁으로부터 매수인을 보호하고 있다.

나. 지식재산권 침해가 없는 물품의 인도(제42조)

지식재산권에 근거한 제3자의 클레임에 대해서는 제42조에서 규정하고 있는데, 이는 제41조에 대한 특칙이다. 매도인은 공업소유권, 기타 지적재산권 등에 기초한 제3자의 권리주장이 없는 물품을 인도해야 한다. 그러나 ① 이러한 권리침해를 매수인이 명백히 알았거나 모를 수 없었던 경우에는 매도인은 책임이 없으며 ② 그 권리나 권리주장이 매수인에 의하여 제공된 기술설계, 디자인, 방식 그 밖의 지정에 매도인이 따른 결과로 발생한 경우에도 매도인은 책임이 없다. 이는 제41조의 일반적인 권리하자에 비해 매도인의 책임을 완화하였다. 지식재산권침해 여부의 판단기준은 ① 당사자 쌍방이 계약 체결 시에 물품이 어느 국가에서 전매되거나 그 밖의 방법으로 사용될 것을 예상하였던 경우에는, 물품이 전매되거나 그 밖의 방법으로 사용될 국가의 법 ② 그 밖의 경우에는 매수인이 영업소를 가지는 국가의 법을 기준으로 한다.

제41조 일반적인 권리하자	권리의 하자에 대한 매도인의 인식 불필요
제42조 지적재산권 등에 의한 권리침해	권리의 하자에 대한 매도인의 인식 필요

다. 매수인의 권리의 부적합성 통지의무(제43조, 제44조)

매수인은 권리의 부적합성에 대해 합리적인 기간 내에 매도인에게 통지해야 한다. 합리적인 기간은 제39조제1항의 내용과 동일하지만, 제39조제2항의 2년의 제척기간은 권리의 부적합 통지에는 적용되지 않는다(즉 2년이 경과했어도 합리적인 기간 내라면 권리의 부적합통지를 할 수 있다). 합리적인 기간 내에 통지를 하지 못한 경우에는 제41조(권리의 부적합성이 없는 물품의 인도)나 제42조(지식재산권침해가 없는 물품의 인도)를 원용할 수 없다. 매수인이 통지의무를 위반한 경우에도 그 위반에 대해 합리적인 이유가 있는 경우에는 매수인에게는 대금감액청구권(제50조)과 손해배상청구권(단, 이익상실 제외)이 인정된다(제44조).

3. 매도인의 계약위반에 대한 매수인의 구제권리

제3절(제45조~제52조)에서는 매도인의 계약위반 시 매수인의 다양한 구제에 대해 규정하고 있다. 제45조에서는 매수인의 구제방법을 목록화하고 그 권리를 인정하고 있으며, 다른 구제권리와의 관계를 규정하고 있다. 매수인의 구제권리는 매도인의 구제권리와 병행한다.

(각 조항별 매수인의 구제권리 개요)

조 항	내 용
제45조	매수인의 구제권리 개요, 다른 구제권리와의 관계
제46조	매수인의 특정이행청구권(specific performance-특정이행청구권)
제47조~제49조	매수인의 계약해제권
제47조	매수인의 부가기간지정권(인도지연에 따른 계약해제권을 명확히 하기 위한 절차)
제48조	매도인의 불이행치유권을 통해 계약해제를 피할 수 있도록 함
제49조	매수인의 계약해제권 근거(사유)
제50조	매수인의 대금감액청구권
제51조	일부에 대해서만 구제권리의 적용(일부불이행 또는 일부부적합)
제52조	이행기 전 인도 또는 초과인도 시의 매수인의 권리

1) 매수인의 구제권리 개관(제45조)

제45조

(1) 매도인이 계약 또는 이 협약상의 의무를 이행하지 아니하는 경우에 매수인은 다음을 할 수 있다.
(가) 제46조 내지 제52조에서 정한 권리의 행사
(나) 제74조 내지 제77조에서 정한 손해배상의 청구
(2) 매수인이 손해배상을 청구하는 권리는 다른 구제를 구하는 권리를 행사함으로써 상실되지 아니한다.
(3) 매수인이 계약위반에 대한 구제를 구하는 경우에, 법원 또는 중재판정부는 매도인에게 유예기간을 부여할 수 없다.

매도인이 계약위반하는 경우 매수인은 제46조~제52조에서 정한 권리를 행사할 수 있고, 제74조~제77조에서 정한 손해배상의 청구도 할 수 있다. 제45조제1항(가)호에서는 매수인이 행사할 수 있는 다른 조항을 언급하는 것에 불과하지만, 제45조제1항(나)호에서는 매수인의 손해배상청구권의 근거가 되고 있다.[108] 다만, 손해배상금액은 제74조~제76조에 따라 조정되어야 한다. 제45조제2항에서는 손해배상청구권과 다른 구제권리의 병합을 인정하고 있다. 한편, 매수인이 계약위반에 대한 구제를 구하는 경우에, 법원 또는 중재판정부는 매도인에게 유예기간을 부여할 수 없다. 참고로 매수인의 구제권리는 제45조에서만 규정하고 있는 것이 아니라, 제71조~제73조, 제81조제1항에서도 규정하고 있다.

□ 매수인의 구제권리

① 특정이행청구권(제46조제1항)
② 대체물인도청구권(제46조제2항)
③ 수리에 의한 부적합치유청구권(제46조제3항)
④ 부가기간지정권(제47조제1항)
⑤ 계약해제권(제49조제1항)
⑥ 대금감액권(제50조)
⑦ 손해배상청구권(제45조제1항, 제74조~제77조)

108) UNCITRAL Digest on the CISG (2016), p.218.

2) 특정이행청구권 · 대체물인도청구권 · 수리에 의한 부적합치유청구권 (제46조)

제46조

(1) 매수인은 매도인에게 의무의 이행을 청구할 수 있다. 다만, 매수인이 그 청구와 양립하지 아니하는 구제를 구한 경우에는 그러하지 아니하다.
(2) 물품이 계약에 부적합한 경우에, 매수인은 대체물의 인도를 청구할 수 있다. 다만, 그 부적합이 본질적 계약위반을 구성하고, 그 청구가 제39조의 통지와 동시에 또는 그 후 합리적인 기간 내에 행하여진 경우에 한한다.
(3) 물품이 계약에 부적합한 경우에, 매수인은 모든 상황을 고려하여 불합리한 경우를 제외하고, 매도인에게 수리에 의한 부적합의 치유를 청구할 수 있다. 수리 청구는 제39조의 통지와 동시에 또는 그 후 합리적인 기간 내에 행하여져야 한다.

(1) 특정이행청구권(의무이행청구권)

매수인은 매도인에게 의무의 이행을 청구할 수 있다. 이는 특정이행청구권(specific performance)을 규정한 것이므로 제28조의 제한을 받는다.[109] 이 청구권을 행사하기 위해서는 매도인의 이행의무가 존재하고, 그 의무가 이행되지 않아야 한다. 제46조제1항은 매도인의 계약상 의무이행을 청구할 수 있는 일반적인 권리를 규정하고 있다.[110] 특정이행청구권은 계약해제권, 대금감액권 등 양립될 수 없는 청구권과 동시에 행사할 수 없다. 그러나 손해배상청구권과는 병행하여 청구할 수 있다.

(2) 대체물인도청구권

물품이 계약에 부적합한 경우 매수인에게 대체물인도청구권이 부여되는데, 대체물인도청구권의 요건은 ① 그 부적합이 본질적 계약위반일 것, ② 물품의 부적합 통지를 하고(물품의 부적합을 발견하였거나 발견할 수 있었던 때로부터 합리적인 기간 내에 통지할 것), ③ 대체물인도청구가 제39조의 부적합 통지와 동시 또는 그 후 합리적인 기간 내에 행하여져야 한다.

(3) 수리에 의한 부적합치유청구권(하자보완청구권)

물품의 부적합이 본질적 계약위반이 되지 않은 경우 매수인에게는 수리(repair)에 의

109) *Ibid.* p.221.

110) *Ibid.* p.221.

한 부적합치유청구권이 인정된다. 이 청구권이 인정되기 위해서는 ① 모든 상황을 고려하여 그 부적합치유청구권이 불합리하지 않아야 하고 ② 물품의 부적합 통지를 하고(물품의 부적합을 발견하였거나 발견할 수 있었던 때로부터 합리적인 기간 내에 통지할 것), ③ 그 청구가 제39조의 부적합 통지와 동시 또는 그 후 합리적인 기간 내에 행하여져야 한다.

3) 부가기간의 지정권(제47조)

제47조

(1) 매수인은 매도인의 의무이행을 위하여 합리적인 부가기간을 정할 수 있다.
(2) 매도인으로부터 그 부가기간 내에 이행을 하지 아니하겠다는 통지를 수령한 경우를 제외하고, 매수인은 그 기간중 계약위반에 대한 구제를 구할 수 없다. 다만, 매수인은 이행지체에 대한 손해배상을 청구할 권리를 상실하지 아니한다.

매수인은 매도인에게 매도인의 의무이행을 위한 합리적인 부가기간을 지정할 수 있다. 매도인이 이행하지 않은 어떠한 의무에 대해서도 매수인은 부가기간을 지정할 수 있다.[111)] 이는 계약이 해제되는 것을 피하기 위한 목적이다. 부가기간 중에는 계약위반에 대한 구제권리를 행사할 수 없다(다만 부가기간 중에 매도인으로부터 이행거절 통지를 수령한 경우에는 계약위반에 대한 구제권리를 행사할 수 있음). 부가기간을 지정한 경우에도 매수인은 이행지체에 대한 손해배상을 청구할 수 있다. 부가기간을 지정한 경우에는 그 기간 중에는 계약을 해제할 수 없다(다만 부가기간 내에 매도인이 이행거절을 통지한 경우에는 계약해제 가능).

4) 매도인의 불이행치유권(제48조)

제48조

(1) 제49조를 따를 것을 조건으로, 매도인은 인도기일 후에도 불합리하게 지체하지 아니하고 매수인에게 불합리한 불편 또는 매수인의 선급 비용을 매도인으로부터 상환받는 데 대한 불안을 초래하지 아니하는 경우에는, 자신의 비용으로 의무의 불이행을 치유할 수 있다. 다만, 매수인은 이 협약에서 정한 손해배상을 청구할 권리를 보유한다.
(2) 매도인이 매수인에게 이행의 수령 여부를 알려 달라고 요구하였으나 매수인이 합리적

111) *Ibid.* p.225.

인 기간 내에 그 요구에 응하지 아니한 경우에는, 매도인은 그 요구에서 정한 기간 내에 이행을 할 수 있다. 매수인은 그 기간중에는 매도인의 이행과 양립하지 아니하는 구제를 구할 수 없다.
(3) 특정한 기간 내에 이행을 하겠다는 매도인의 통지는 매수인이 그 결정을 알려야 한다는 제2항의 요구를 포함하는 것으로 추정한다.
(4) 이 조 제2항 또는 제3항의 매도인의 요구 또는 통지는 매수인에 의하여 수령되지 아니하는 한 그 효력이 발생하지 아니한다.

제48조는 매도인에게 인도기일 후에도 의무불이행을 치유할 수 있는 권리를 인정하고 있는데, 이 치유권을 행사하기 위해서는 ① 인도기일 후에 불합리하게 지체하지 않고 ② 매수인에게 불합리한 불편 또는 매수인이 선급비용을 매수인으로부터 상환받는 데 대한 불안을 초래하지 않아야 하고 ③ 매도인이 자신의 비용으로 치유해야 한다. 매도인의 하자치유권은 제49조의 매수인의 계약해제권에 종속된다. 따라서 매수인이 제49조에 따라 계약을 해제하는 경우에는 매수인은 제48조의 하자치유권을 행사할 수 없다.[112] 매도인이 매수인에게 이행의 수령 여부를 알려 줄 것을 요구하였으나 매수인이 합리적인 기간 내에 그 요구에 응하지 아니한 경우에는, 매도인은 그 요구에서 정한 기간 내에 이행할 수 있다. 매수인은 그 기간 중에는 매도인의 이행과 양립하지 아니하는 구제(예: 계약해제권 행사 불가)를 구할 수 없다. 한편, 매도인이 하자를 치유한 경우에도 매수인은 손해배상청구권을 보유한다.

5) 계약해제권(제49조)

제49조

(1) 매수인은 다음의 경우에 계약을 해제할 수 있다.
(가) 계약 또는 이 협약상 매도인의 의무 불이행이 본질적 계약위반으로 되는 경우
(나) 인도 불이행의 경우에는, 매도인이 제47조 제1항에 따라 매수인이 정한 부가기간 내에 물품을 인도하지 아니하거나 그 기간 내에 인도하지 아니하겠다고 선언한 경우
(2) 그러나 매도인이 물품을 인도한 경우에는, 매수인은 다음의 기간 내에 계약을 해제하지 아니하는 한 계약해제권을 상실한다.
(가) 인도지체의 경우, 매수인이 인도가 이루어진 것을 안 후 합리적인 기간 내
(나) 인도지체 이외의 위반의 경우, 다음의 시기로부터 합리적인 기간 내

112) *Ibid.* p.228.

(1) 매수인이 그 위반을 알았거나 또는 알 수 있었던 때
(2) 매수인이 제47조 제1항에 따라 정한 부가기간이 경과한 때 또는 매도인이 그 부가기간 내에 의무를 이행하지 아니하겠다고 선언한 때
(3) 매도인이 제48조 제2항에 따라 정한 부가기간이 경과한 때 또는 매수인이 이행을 수령하지 아니하겠다고 선언한 때

제49조에서는 매수인이 계약해제권을 행사할 수 있는 경우와 해제권을 상실하는 경우를 규정하고 있다.

(1) 계약의 해제사유

① 매도인의 의무불이행이 제25조에서 규정하고 있는 "본질적 계약위반"이 되는 경우

② 인도불이행의 경우에는 제47조제1항에 따라 매수인이 정한 부가기간 내에 물품을 인도하지 않거나 인도하지 않겠다고 선언한 경우(본질적 계약위반이 아닌 경우에는 매수인이 합리적인 부가기간을 지정하고 그 부가기간이 경과한 경우에만 계약을 해제할 수 있다.)

(2) 해제권의 상실(해제권의 행사 기한)

계약의 해제사유가 충족된 경우로서 매도인이 '물품을 인도한 경우'에는 매수인이 아래의 기간 내에 계약을 해제하지 않으면, 해제권을 상실한다.

가. 인도지체(지연인도-late delivery)의 경우: 매수인이 인도가 이루어진 것을 안 후 합리적인 기간 내

나. 인도지체(지연인도-late delivery) 이외의 경우: 다음의 시기로부터 합리적인 기간 내

① 매수인이 그 위반을 알았거나 또는 알 수 있었던 때

② 매수인이 제47조 제1항에 따라 정한 부가기간(매수인이 매도인의 의무이행을 위하여 지정한 부가기간)이 경과한 때 또는 매도인이 그 부가기간 내에 의무를 이행하지 아니하겠다고 선언한 때

③ 매도인이 제48조 제2항(매도인이 매수인에게 이행의 수령 여부를 알려줄 것을 요청하였으나, 매수인이 합리적인 기간 내에 그 요구에 응하지 않은 경우 매도인은 그 요구에서 정한 기간 내에 이행할 수 있음)에 따라 정한 부가기간이 경과한 때 또는 매수인이 매도인의 의무 이행을 수령하지 아니하겠다고 선언한 때

☞ **이행기일 전의 계약해제권(제72조) (매도인과 매수인 공통)**

원칙적으로 계약해제는 상대방의 계약위반의 의무불이행이 본질적 계약위반이 되는 경우에 한한다. 따라서 이행기일 전에는 아직 의무불이행이 발생하지 않기 때문에 원칙적으로 이행기일 전에는 계약해제가 불가하다. 그러나 이행기일 전이라고 하더라도 상대방의 본질적 계약위반이 확실히 예견되는 경우에는 이행기일까지 기다릴 필요 없이 계약을 해제할 수 있다. 다만, 이 경우에는 계약을 해제하기 전에 상대방에게 적절한 보장을 제공할 기회를 부여해야 한다.

구 분	제49조의 계약해제	제72조의 계약해제
이행기일 전/후	이행기일 후 해제	이행기일 전 해제
계약위반 발생여부	상대방의 계약위반 발생 후	상대방의 계약위반 발생 전(발생 예상)
사전 통지(이행최고) 여부	사전 통지(이행최고) 불필요	사전 통지 필요(상대방이 적절한 보장을 제공할 수 있는 기회 부여)

6) 대금감액권(제50조)

제50조

물품이 계약에 부적합한 경우에, 대금의 지급 여부에 관계없이 매수인은 현실로 인도된 물품이 인도시에 가지고 있던 가액이 계약에 적합한 물품이 그때에 가지고 있었을 가액에 대하여 가지는 비율에 따라 대금을 감액할 수 있다. 다만, 매도인이 제37조나 제48조에 따라 의무의 불이행을 치유하거나 매수인이 동 조항에 따라 매도인의 이행 수령을 거절한 경우에는 대금을 감액할 수 없다.

물품이 계약에 부적합한 경우에, 대금의 지급 여부에 관계없이 매수인은 현실로 인도된 물품이 인도 시에 가지고 있던 가액이 계약에 적합한 물품이 그때(인도 시)에 가지고 있었을 가액에 대하여 가지는 비율에 따라 대금을 감액할 수 있다.

감액금액은 계약에 적합한 물품과 현실로 인도된 물품 간의 가치 차이이며, 가치의 기준시점은 계약체결 시가 아니고 인도 시이다. 그러나 매도인이 자신의 의무의 불이행을 치유하거나 매수인이 동 조항에 따라 매도인의 이행 수령을 거절한 경우에는 대금을 감액할 수 없다. 대금감액청구권은 대륙법계 국가에서만 인정하고, 영미법계 국가에서는 인정하지 않는 제도인데, CISG에서는 대륙법계 국가의 입장을 반영하였다.

☞ **대금감액금액: (C−B)/C × A**

- 계약금액(A)
- 인도시 기준 실제 인도된 물품가액(B)
- 인도시 기준 인도될 정상물품가액(C)

(사례연구)

1) 매도인이 다음과 같은 하자있는 물품을 인도한 경우, 매수인은 얼마의 감액을 청구할 수 있는가?
(계약금액 U$10만, 실제 인도된 물품의 시가 U$9만(인도시 기준), 정상물품의 시가 U$12만(인도시 기준))
해설) (12만−9만)/12만 * 10만 = U$2.5만

2) 무황연료(sulphur free oil)의 계약금액은 32유로인데, 실제 인도된 무황연료의 시가는 15유로이고, 정상 무황연료의 시가는 30유로인 경우 매수인의 감액청구금액은?
해설) (30−15)/30 * 32 = 16유로

7) 물품의 일부불이행 또는 일부부적합, 이행기 전 인도 및 초과인도 (제51조, 제52조)

제51조

(1) 매도인이 물품의 일부만을 인도하거나 인도된 물품의 일부만이 계약에 적합한 경우에, 제46조 내지 제50조는 부족 또는 부적합한 부분에 적용된다.
(2) 매수인은 인도가 완전하게 또는 계약에 적합하게 이루어지지 아니한 것이 본질적 계약위반으로 되는 경우에 한하여 계약 전체를 해제할 수 있다.

제52조

(1) 매도인이 이행기 전에 물품을 인도한 경우에, 매수인은 이를 수령하거나 거절할 수 있다.
(2) 매도인이 계약에서 정한 것보다 다량의 물품을 인도한 경우에, 매수인은 초과분을 수령하거나 이를 거절할 수 있다. 매수인이 초과분의 전부 또는 일부를 수령한 경우에는 계약대금의 비율에 따라 그 대금을 지급하여야 한다.

(1) 물품의 일부 불이행 또는 일부 부적합

물품의 일부 불이행 또는 일부 부적합이 있는 경우에 제46조~제50조의 규정이 적용된다. 불이행부분에 대해서는 특정이행청구권, 부적합부분에 대해서는 대체물인도청구권과 부적합치유청구권(제46조), 부가기간지정권(제47조), 계약해제권(제49조), 대금감

액권(제50조)이 인정되고, 매도인에게는 불이행치유권(제48조)이 인정된다. 일부 불이행 또는 일부 부적합이 본질적 계약위반이 되는 경우 매수인은 계약 전체를 해제할 수 있다(일부 불이행 또는 일부 부적합이 본질적 계약위반이 되는 경우에만 계약 전체를 해제할 수 있다[113]). 본질적 계약위반에 대한 입증책임은 매수인에게 있다.

(2) 이행기 전 인도

매도인이 이행기 전에 물품을 인도한 경우, 매수인은 이를 수령하거나 거절할 수 있으며, 선택권은 매수인에게 있다. 이는 계약에서 이행기일을 특정기간(shipment period: April 1~April 15)으로 정한 경우에만 적용되며, 이행기일을 특정기한(shipment: until April 15)으로 정한 경우에는 적용되지 않는다[114](즉 이 경우에는 4.15.자 이전에 선적 하는 것은 계약위반이 아니다). 이 규정은 서류의 인도기일 전에 서류를 인도한 경우에도 적용된다. 한편, 이행기 전에 인도된 물품을 매수인이 수령하는 경우 매수인은 대금을 지급해야 한다.

(3) 초과인도

매도인이 계약에서 정한 것을 초과하여 인도한 경우, ① 계약에서 정한 양은 수령해야 한다. ② 초과분에 대해서는 수령할 수도 있고 거절할 수도 있다. 다만, 초과분을 수령한 경우에는 계약금액의 비율에 따라 그 대금을 지급해야 한다. 초과분에 대해 수령을 원하지 않는 경우 매수인은 수량의 부정확성을 매도인에게 통지해야 하며(제39조 적용), 제86조에 따라 초과수량을 보관해야 한다.[115]

(사례연구)

1) 매매계약의 목적물이 자동차 100대 인데, 매도인은 80대만 인도함.
   - 매수인은 80대를 인수하고, 20대에 대해 대금감액 청구
2) 동계올림픽 선수단 1,000명의 단체복을 주문하였는데, 800벌만 도착하여 단체복의 사용이 곤란한 경우
   - 본질적 계약위반으로 매수인은 계약 전체를 해제할 수 있다.
3) 선적기일을 2018.4.1. - 4.15.로 정한 경우 2018.3.15.자에 선적이 이루어진 경우
   - 매수인은 물품을 수령할 수 있고, 수령을 거절할 수도 있다.

---

113) UNCITRAL Digest on the CISG (2016), p.241.

114) *Ibid.* p.243.

115) *Ibid.* p.243.

4) 선적기한을 2018.4.1.까지로 정한 경우 2018.3.15.자에 선적이 이루어진 경우
   - 매수인은 수령을 거절할 수 없다.
5) 중고자동차 100대를 계약했는데, 120대를 선적한 경우
   - 매수인은 100대만 수령할 수 있다(이 경우 20대가 초과했다는 사실을 매도인에게 통지하고, 20대를 보관하고 있어야 한다).
   - 매수인은 120대 전체를 수령할 수 있다(계약금액의 비율에 따라 20대분에 대해 추가로 대금을 지급해야 한다. 계약금액이 U$100만인 경우 U$20만(= 20대/100대 * U$100만) 추가지급).

(연습문제)

1. 매도인이 특정장소에서 물품을 인도할 의무가 없는 경우, 물품의 운송이 매매계약에 포함된 때에 물품인도의 장소는? → 제1운송인에게 현실적으로 인도하는 장소
2. 매매계약에서 인도장소를 정하지 않고, 매매계약에서 물품운송을 포함하고 있지 않은 경우 특정물의 물품인도장소는? → 그 물품이 있는 장소
3. 매매계약에서 인도장소를 정하지 않고, 매매계약에서 물품운송을 포함하고 있지 않은 경우 불특정물의 물품인도장소는? → 계약체결 시 매도인의 영업소

4. 매수인의 의무

1) 개설

제3장 매수인의 의무는 제2장의 매도인의 의무(제30조~제52조)와 대칭적으로 규정되어 있다. 따라서 제53조에서는 매수인의 기본적인 의무를 규정하고 있으며, 그 이하에서 3개의 절에서 매수인의 의무를 세부적으로 규정하고 있다.

매수인의 가장 주된 의무는 ① 대금지급의무와 ② 인도수령의무이다. 제53조의 '계약에 따라'의 문구와 '제6조의 당사자자치'에 의하여 CISG와 계약내용이 상이한 경우 계약내용이 우선한다. 계약에서는, 대금지급의무와 인도수령의무 외에 대금지급에 대한 담보제공의무, 제조에 필요한 재료의 공급의무(제3조제1항), 물품의 형태, 규격, 그 밖의 특징을 지정해야 하는 의무(제65조) 등을 정할 수 있다.[116)]

제53조

계약과 이 협약에 따라, 물품의 대금을 지급하고 물품의 인도를 수령하여야 한다.

---

116) *Ibid.* p.245.

2) 대금의 지급

제1절은 제53조에서 규정하고 있는 매수인의 가장 본질적 의무 중 하나인 대금의 지급을 규정하고 있는 6개의 조문으로 구성되어 있다. 매수인이 지급해야 하는 계약금액은 통상 계약서에서 정하지만, CISG에서는 특별한 경우에 계약금액을 정하는 2개의 조항을 두고 있다(계약서에서 대금미정인 경우 대금의 결정(제55조), 대금이 중량에 따라 결정되는 경우의 대금의 결정(제57조)). 기타 4개의 조항은 대금지급을 위한 조치(제54조), 대금지급장소(제57조), 대금지급시기(제58조), 매도인의 공식 지급청구의 불필요(제59조)와 관련된 조항이다.

(1) 대금지급을 위한 조치(제54조)

> **제54조**
> 매수인의 대금지급의무에는 그 지급을 위하여 계약 또는 법령에서 정한 조치를 취하고 절차를 따르는 것이 포함된다.

매수인은 대금지급을 위한 조치를 취하고 절차를 따라야 한다. 여기에는 계약내용에 따른 신용장의 개설, 지급보증서의 제공, 환어음의 인수 등이 포함된다.[117] 매도인이 대금지급을 위한 조치를 취할 최종시한을 지정하여 통지하였음에도 불구하고, 매수인이 그 시한까지 조치를 취하지 않은 경우, 매도인은 계약을 해제할 수 있다(제64조). (이 경우 매수인의 의무불이행이 본질적 계약위반이 된다는 것을 증명할 필요는 없다.)[118]

> **(사례연구)**
> 계약서상 대금지급은 "by irrevocable at sight L/C(일람출급취소불능신용장)"로 정했다. 계약체결 후 30일이 경과해도 매수인이 신용장을 제공하지 않자, 매도인은 20일 이내에 신용장을 제공할 것을 요청하는 내용의 통지서를 매수인에게 송부했다. 그러나 매수인은 그 기한까지 신용장을 제공하지 못했다. 이 경우 매도인이 취할 수 있는 조치는?
>
> **(해 설)** 매수인의 신용장 제공은 제54조의 대금지급을 위한 조치에 해당된다. 이에 따라 매수인이 신용장을 제공하지 못한 것은 의무불이행(또는 계약위반)에 해당된다. 매도인은 제63조제1항에 따라 매수인의 신용장제공을 위한 부가기간을 지정하여 통

117) *Ibid.* p.256.

118) John O. Honnold, *supra* note 2, p.269.

> 지하였나, 매수인이 부가기간 내에 신용장을 제공하지 못하였으므로, 제64조제2항에 의거 매도인은 계약을 해제할 수 있으며, 매수인이 신용장을 제공하지 못한 것이 본질적 계약위반을 구성한다는 것을 증명할 필요도 없다.

(2) 대금미확정계약(제55조)

> **제55조**
>
> 계약이 유효하게 성립되었으나 그 대금을 명시적 또는 묵시적으로 정하고 있지 아니하거나 이를 정하기 위한 조항을 두지 아니한 경우에는, 당사자는 반대의 표시가 없는 한, 계약 체결 시에 당해 거래와 유사한 상황에서 매도되는 그러한 종류의 물품에 대하여 일반적으로 청구되는 대금을 묵시적으로 정한 것으로 본다.

이 조항에서는 대금미정계약(open－price contract)의 경우 대금을 정하는 방법을 규정하고 있다. 대금미정인 계약과 대금에 대한 합의가 없는 계약은 구별되어야 한다. 대금미정인 계약은 제55조에 따라 대금을 정할 수 있지만, 대금에 대한 합의가 없는 계약은 계약불성립으로 전혀 효력이 없다.

계약에서 대금을 정하지 않은 경우(대금을 명시적 또는 묵시적으로 정하고 있지 아니하거나 이를 정하기 위한 조항을 두지 아니한 경우: open－price contract) 계약체결 시를 기준으로 유사한 거래에서 매도되는 물품에 대하여 일반적으로 청구되는 대금을 기준으로 한다. 대금을 정함에 있어서 당사자의 의도를 최우선으로 해야 한다.[119]

(3) 순중량에 의한 대금의 결정(제56조)

> **제56조**
>
> 대금이 물품의 중량에 따라 정하여지는 경우에, 의심이 있는 때에는 순중량에 의하여 대금을 결정하는 것으로 한다.

중량에 의해 대금을 결정하는 경우로서 '중량'이 총중량(gross weight)을 의미하는 것인지, 순중량(net weight)을 의미하는 것인지 명확하지 않은 경우 순중량을 기준으로 한다.

---

119) UNCITRAL Digest on the CISG (2016), p.260.

(4) 대금지급장소(제57조)

제57조

(1) 매수인이 다른 특정한 장소에서 대금을 지급할 의무가 없는 경우에는, 다음의 장소에서 매도인에게 이를 지급하여야 한다.
  (가) 매도인의 영업소, 또는
  (나) 대금이 물품 또는 서류의 교부와 상환하여 지급되어야 하는 경우에는 그 교부가 이루어지는 장소
(2) 매도인은 계약 체결 후에 자신의 영업소를 변경함으로써 발생하는 대금지급에 대한 부수비용의 증가액을 부담하여야 한다.

계약서에서 대금지급장소를 정하지 않은 경우 대금지급장소는 원칙적으로 매도인의 영업소가 된다. 이는 민법(제467조)[120]과 마찬가지로 지참채무의 원칙을 채택한 것이다. 예외적으로 대금이 물품 또는 서류의 교부와 상환하여 지급되어야 하는 경우에는 그 교부가 이루어지는 장소에서 대금을 지급할 수 있다(이 경우에도 매도인의 영업소에서 지급할 수도 있다).

(5) 대금지급시기(제58조, 제59조)

제58조

(1) 매수인이 다른 특정한 시기에 대금을 지급할 의무가 없는 경우에는, 매수인은 매도인이 계약과 이 협약에 따라 물품 또는 그 처분을 지배하는 서류를 매수인의 처분하에 두는 때에 대금을 지급하여야 한다. 매도인은 그 지급을 물품 또는 서류의 교부를 위한 조건으로 할 수 있다.
(2) 계약에 물품의 운송이 포함되는 경우에는, 매도인은 대금의 지급과 상환하여서만 물품 또는 그 처분을 지배하는 서류를 매수인에게 교부한다는 조건으로 물품을 발송할 수 있다.
(3) 매수인은 물품을 검사할 기회를 가질 때까지는 대금을 지급할 의무가 없다. 다만, 당사자 간에 합의된 인도 또는 지급절차가 매수인이 검사 기회를 가지는 것과 양립하지 아니하는 경우에는 그러하지 아니하다.

120) 제467조 (변제의 장소) ① 채무의 성질 또는 당사자의 의사표시로 변제장소를 정하지 아니한 때에는 특정물의 인도는 채권성립당시에 그 물건이 있던 장소에서 하여야 한다.
② 전항의 경우에 특정물인도 이외의 채무변제는 채권자의 현주소에서 하여야 한다. 그러나 영업에 관한 채무의 변제는 채권자의 현영업소에서 하여야 한다.

第59조

매수인은 계약 또는 이 협약에서 지정되거나 확정될 수 있는 기일에 대금을 지급하여야 하며, 이 경우 매도인의 입장에서는 어떠한 요구를 하거나 절차를 따를 필요가 없다.

계약서에서 대금기일을 정하지 않은 경우 매도인이 물품 또는 그 처분을 지배하는 서류(예: 선하증권)를 매수인의 처분 하에 둔 때가 지급기일이 된다. 이에 따라 물품 또는 그 처분을 지배하는 서류가 매수인의 처분 하에 놓일 때까지 매수인은 대금지급을 거절할 수 있으며, 대금이 지급될 때까지 매도인은 물품을 보유할 수 있다. 한편, 매수인은 물품을 검사할 기회를 가질 때까지 대금의 지급을 거절할 수 있는데, 이는 합의된 대금지급방법이 매수인의 사전검사와 양립하지 않아야 한다(예를 들어, “payment against handing over of documents”, 또는 “payment against handing over of the delivery slip”인 경우 매수인이 사전검사를 주장할 수 없다[121]).

매도인의 지급청구, 최고 등과 관계없이 매수인은 정해진 조건에 따라 대금을 지급해야 한다. 매수인이 대금지급을 못한 경우, 매도인은 사전지급청구 없이도 구제수단을 가지며(매수인의 대금미지급 시 최고 없이 계약해제 가능), 제78조에 따라 대금결제기일부터 이자도 가산된다.

2) 인도의 수령(제60조)

第60조

매수인의 수령의무는 다음과 같다.

(가) 매도인의 인도를 가능하게 하기 위하여 매수인에게 합리적으로 기대될 수 있는 모든 행위를 하는 것, 및

(나) 물품을 수령하는 것

제2절에서는 인도의 수령 1개의 조문만 규정하고 있다. 매수인의 인도수령에 대한 많은 내용들은 본절에서 규정하지 않고, 매도인의 인도의무를 규정하는 조항들에서 규정하고 있다. 제31조에서는 매도인의 물품인도장소, 제33조에서는 매도인의 인도시기를 규정하고 있다. 매수인의 인도수령의무는 ① 매도인의 인도를 가능하게 하기 위

---

121) UNCITRAL Digest on the CISG (2016), p.276.

하여 매수인에게 합리적으로 기대될 수 있는 모든 행위를 하는 것(예: FOB 조건에서 선박의 지정의무 등)과 ② 물품을 수령하는 것이다.

5. 매수인의 계약위반에 대한 매도인의 구제권리

제3절(제61조~제65조)에서는 매수인이 계약을 위반한 경우 매도인에게 인정되는 구제방법에 대해 규정하고 있다(특정이행청구권(제62조), 부가기간지정권(제63조제1항), 계약해제권(제64조), 물품명세지정권(제65조), 손해배상청구권(제61조제1항(나)호, 제77조 내지 제77조). 참고로 손해배상청구권은 다른 구제방법과 병존한다.

(매수인의 구제와 매도인의 구제방법 비교)

구 분	매수인의 구제방법(매도인의 계약위반 시)	매도인의 구제방법(매수인의 계약위반 시)
공통	ㅇ 특정이행청구권(제46조제1항) ㅇ 부가기간지정권(제47조제1항) ㅇ 계약해제권(제49조제1항) ㅇ 손해배상청구권(제45조제1항(나)호, 제74조~제77조)	ㅇ 특정이행청구권(제62조) ㅇ 부가기간지정권(제63조제1항) ㅇ 계약해제권(제64조) ㅇ 손해배상청구권(제61조제1항(나)호, 제74조~제77조)
차이	ㅇ 대체물인도청구권(제46조제2항) ㅇ 부적합치유청구권(제46조제3항) ㅇ 대금감액권(제50조) ㅇ 이행기 전 인도 시 수령거절권(제50조) ㅇ 초과인도 시 수령거절권(제50조)	ㅇ 불이행치유권(제48조) (매도인 자신의 채무불이행 치유권) ㅇ 물품명세지정권(제65조)

1) 매도인에게 인정되는 구제(제61조)

제61조

(1) 매수인이 계약 또는 이 협약상의 의무를 이행하지 아니하는 경우에 매도인은 다음을 할 수 있다.
(가) 제62조 내지 제65조에서 정한 권리의 행사
(나) 제74조 내지 제77조에서 정한 손해배상의 청구

(2) 매도인이 손해배상을 청구하는 권리는 다른 구제를 구하는 권리를 행사함으로써 상실되지 아니한다.

(3) 매도인이 계약위반에 대한 구제를 구하는 경우에, 법원 또는 중재판정부는 매수인에게 유예기간을 부여할 수 없다.

제61조제1항에서는 매도인의 원칙적인 구제방법을 규정하고 있다. 제1항(가)호는 독립적인 법적 효력을 부여함이 없이 제62조 내지 제65조의 권리를 행사할 수 있다고 규정하고 있다. 한편, 제1항(나)호는 매도인이 제74조 내지 제77조에서 정한 손해배상청구권을 행사할 수 있다고 규정하여 매도인의 손해배상청구권의 근거를 제공하고 있다. 제74조 내지 제77조에서는 손해배상청구권이 인정되는 경우 손해배상액을 정하는 방법을 규정하고 있다. 제2항에서는 손해배상청구권은 다른 구제권리와 병존할 수 있다고 규정하고 있다.

2) 특정이행청구권(의무이행청구권)

제62조

매도인은 매수인에게 대금의 지급, 인도의 수령 또는 그 밖의 의무의 이행을 청구할 수 있다. 다만, 매도인이 그 청구와 양립하지 아니하는 구제를 구한 경우에는 그러하지 아니하다.

매도인은 매수인에게 대금지급, 물품의 인도수령 등의 의무이행을 청구할 수 있다. 특정이행청구권은 계약해제권이나 부가기간지정권 등 특정이행청구권과 양립할 수 없는 구제를 행사한 경우에는 인정되지 않는다. 그러나 손해배성청구권과는 병행하여 행사할 수 있다.

3) 부가기간지정권(제63조)

제63조

(1) 매도인은 매수인의 의무이행을 위하여 합리적인 부가기간을 정할 수 있다.
(2) 매수인으로부터 그 부가기간 내에 이행을 하지 아니하겠다는 통지를 수령한 경우를 제외하고, 매도인은 그 기간중 계약위반에 대한 구제를 구할 수 없다. 다만, 매도인은 이행지체에 대한 손해배상을 청구할 권리를 상실하지 아니한다.

매도인은 매수인으로 하여금 의무를 이행하게 하기 위해 합리적인 부가기간[122)]을 정할 수 있으며, 부가기간 중에는 계약위반에 대한 구제권리를 행사할 수 없다(다만, 부가

122) CISG에서는 '합리적인 부가기간'에 대해 규정하고 있지 않으며, 이와 관련된 판례는 매우 드물다(UNCITRAL Digest on the CISG (2016), p.291.).

기간 중에 매수인으로부터 이행거절의 통지를 수령한 경우에는 계약위반에 대한 구제권리를 행사할 수 있음). 부가기간을 지정한 경우에도 매도인은 이행지체에 대한 손해배상을 청구할 수 있다. 매도인이 부가기간을 지정한 경우에는 매도인은 그 기간 내에는 계약을 해제할 수 없다(다만 부가기간 내에 매수인이 이행거절을 통지한 경우에는 계약해제 가능).

4) 계약해제권(제64조)

제64조

(1) 매도인은 다음의 경우에 계약을 해제할 수 있다.

(가) 계약 또는 이 협약상 매수인의 의무 불이행이 본질적 계약위반으로 되는 경우

(나) 매수인이 제63조 제1항에 따라 매도인이 정한 부가기간 내에 대금지급 또는 물품수령 의무를 이행하지 아니하거나 그 기간 내에 그러한 의무를 이행하지 아니하겠다고 선언한 경우

(2) 그러나 매수인이 대금을 지급한 경우에는, 매도인은 다음의 기간 내에 계약을 해제하지 아니하는 한 계약해제권을 상실한다.

(가) 매수인의 이행지체의 경우, 매도인이 이행이 이루어진 것을 알기 전

(나) 매수인의 이행지체 이외의 위반의 경우, 다음의 시기로부터 합리적인 기간 내

(1) 매도인이 그 위반을 알았거나 또는 알 수 있었던 때

(2) 매도인이 제63조 제1항에 따라 정한 부가기간이 경과한 때 또는 매수인이 그 부가기간 내에 의무를 이행하지 아니하겠다고 선언한 때

(1) 매도인의 계약해제

이 규정은 매도인이 계약을 해제할 수 있는 경우를 규정하고 있다. 매수인의 해제권을 규정한 제49조에 대응하는 내용이다. 제1항에서는 계약해제의 요건(계약해제사유)을 규정하고 있고, 제2항에서는 계약해제권의 상실사유를 규정하고 있다.

(2) 계약해제의 요건(제1항)

제1항에서는 계약해제의 요건을 규정하고 있다. 다음 중 하나의 요건에 해당되는 경우 매도인은 계약을 해제할 수 있다.

① 본질적 계약위반

매수인의 의무 불이행이 "본질적 계약위반"이 되는 경우

② 부기가간의 경과

매수인이 제63조 제1항에 따라 매도인이 정한 부가기간 내에 대금지급 또는 물품수령 의무를 이행하지 아니하거나 그 기간 내에 그러한 의무를 이행하지 아니하겠다고 선언한 경우(②의 경우에는 매수인의 대금지급의무 위반 또는 물품수령의무 위반의 경우에만 적용되고, 매수인의 계약위반이 본질적 계약위반일 것을 요구하지 않음.)

3) 해제권의 상실(해제권의 행사 기한)

매수인이 대금을 지급한 경우에는 매도인은 다음 기간 내에 계약을 해제하지 않으면 해제권을 상실한다(즉 다음의 기간 내에는 매수인이 대금을 지급한 경우에도 매도인은 계약을 해제할 수 있다).

① 매수인의 이행지체(지연이행－late performance)의 경우, 매도인이 이행이 이루어진 것을 알기 전

② 매수인의 이행지체(지연이행－late performance) 이외의 위반의 경우, 다음의 시기로부터 합리적인 기간 내

- 매도인이 그 위반을 알았거나 또는 알 수 있었던 때
- 매도인이 제63조 제1항에 따라 정한 부가기간(매도인이 매수인의 의무이행을 위하여 지정한 부가기간)이 경과한 때 또는 매수인이 그 부가기간 내에 의무를 이행하지 아니하겠다고 선언한 때

☞ 이행기일 전의 계약해제권(제72조)

원칙적으로 계약해제는 상대방의 계약위반의 의무불이행이 본질적 계약위반이 되는 경우에 한한다. 따라서 이행기일 전에는 아직 의무불이행이 발생하지 않기 때문에 원칙적으로 이행기일 전에는 계약해제가 불가하다. 그러나 이행기일 전이라고 하더라도 상대방의 본질적 계약위반이 확실히 예견되는 경우에는 이행기일까지 기다릴 필요 없이 계약을 해제할 수 있다. 다만, 이 경우에는 계약을 해제하기 전에 상대방에게 적절한 보장을 제공할 기회를 부여해야 한다.

구 분	제64조의 계약해제	제72조의 계약해제
이행기일 전/후	이행기일 후 해제	이행기일 전 해제
계약위반 발생여부	상대방의 계약위반 발생 후	상대방의 계약위반 발생 전(발생 예상)
사전 통지(이행최고) 여부	사전 통지(이행최고) 불필요	사전 통지 필요(상대방이 적절한 보장을 제공할 수 있는 기회 부여)

(사례연구)

1. 매매계약상 대금지급기일이 4.10.이었다. 그러나 매수인은 대금지급기일에 대금을 지급하지 못하였고, 매도인은 대금지급의 최고 없이 4.20.자에 매매계약을 해제하였다. 매도인의 계약해제권은 유효한가?

(해 설) 매수인이 대금지급의무는 가장 중요한 의무이다(제53조). 일반적으로 매수인의 명백한 대금지급거절은 본질적 계약위반에 해당되지만, 단순한 대금지급기일의 경과는 지급지체에 해당되며, 본질적 계약위반에 해당되지 않을 것이다. 따라서 단순한 대금지급기일의 경과를 사유로 계약해제권을 행사하는 것은 정당하지 않다. 그러나 매도인이 대금지급을 위한 부가기간을 지정하였음에도 불구하고 그 부가기간 내에도 대금지급이 없는 경우 매도인은 계약해제권을 행사할 수 있을 것이다.

2. 매매계약상 대금지급기일이 4.10.이었다. 매도인은 매수인에게 4.30.까지 대금을 지급할 것을 독촉하였다.
   1) 매도인은 부가기간(4.30.)을 지정하였으므로 매도인은 4.30.까지는 계약을 해제할 수 없다(제63조제2항).
   2) 매도인은 대금지급독촉에 대하여 4.15.자에 매수인은 위 기간 내에 대금을 지급할 수 없다고 통지하였다. → 매도인이 부가기간을 정하였지만, 매수인이 그 기간 내에 이행거절의 통지를 했으므로, 매도인은 계약을 해제할 수 있다(제64조제2항).

5) 물품명세지정권(제65조)

제65조

(1) 계약상 매수인이 물품의 형태, 규격 그 밖의 특징을 지정하여야 하는 경우에, 매수인이 합의된 기일 또는 매도인으로부터 요구를 수령한 후 합리적인 기간 내에 그 지정을 하지 아니한 경우에는, 매도인은 자신이 보유하는 다른 권리를 해함이 없이, 자신이 알고 있는 매수인의 필요에 따라 스스로 지정할 수 있다.

(2) 매도인은 스스로 지정하는 경우에 매수인에게 그 상세한 사정을 통고하고, 매수인이 그와 다른 지정을 할 수 있도록 합리적인 기간을 정하여야 한다. 매수인이 그 통지를 수령한 후 정하여진 기간 내에 다른 지정을 하지 아니하는 경우에는, 매도인의 지정이 구속력을 가진다.

계약상 매수인이 물품의 명세(형태, 규격 그 밖의 특징 등)를 지정하도록 정하였음에도 불구하고, 매수인이 물품의 명세를 지정하지 않는 경우 매도인은 물품의 명세를 지정할 수 있다.

매도인의 물품명세지정권의 요건은 다음과 같다.

① 계약상 매수인이 물품의 명세를 지정하도록 정할 것
② (합의된 기일 또는 매도인으로부터 요구를 수령한 날로 합리적인 기간 내) 매수인이 지정하지 않을 것
③ 매도인이 알고 있는 매수인의 필요에 따라 지정할 것
④ 매수인에게 상세한 사정을 통보할 것
⑤ 위 통보시 매수인이 다른 지정을 할 수 있도록 합리적인 기간을 정할 것
⑥ 매수인이 위 통보를 수령한 후 정한 기간 내에 다른 지정을 하지 않을 것

6. 위험의 이전

1) 개설

제4장은 물품의 멸실 또는 훼손위험이 매수인에게 이전되는 것을 규정하고 있다. 제66조에서는 이러한 위험이 매수인에게 이전된 경우의 결과를 규정한다. 그리고 제67조~제69조는 위험의 이전시점에 대해 규정하고 있다. 마지막으로 제70조는 매도인의 본질적 계약위반 시 멸실 또는 훼손위험의 배분에 대해 규정하고 있다.[123] 일반적으로 매도인이 물품 또는 서류를 인도할 의무를 이행한 경우, 그 이후에는 매도인은 물품의 멸실 또는 훼손위험을 부담하지 않는다. 위험의 이전에 대한 당사자의 약정은 제6조에 따라 CISG에 우선하므로 당사자가 계약서에 Incoterms의 적용을 명시하면 Incoterms가 CISG에 우선한다.[124] 대부분의 계약서에서 Incoterms의 적용을 명시하고 있고, 위험의 이전에 대해서는 Incoterms에서 상세히 규정하고 있으므로, 실제 무역거래에서 위험의 이전에 대한 제3장의 규정이 적용될 여지는 크지 않다.

2) 위험이전의 내용(제66조)

제66조

위험이 매수인에게 이전된 후에 물품이 멸실 또는 훼손되더라도 매수인은 대금지급의무를 면하지 못한다. 다만, 그 멸실 또는 훼손이 매도인의 작위 또는 부작위로 인한 경우에는 그러하지 아니하다.

---

123) UNCITRAL Digest on the CISG (2016), p.303.

124) *Ibid.* p.303.

위험이 매수인에게 이전된 후에는 물품의 멸실 또는 훼손은 매수인의 부담이며 이에 대해 매도인은 책임이 없으며, 매수인은 대금을 지급해야 한다. 다만, 위험이 매수인에 이전된 후에도 매도인의 책임 있는 사유(예: 포장불량 등)로 물품이 멸실 또는 훼손된 경우에는 매수인은 대금지급의무를 부담하지 않는다. 결론적으로 위험이 매수인에게 이전된 이후 물품이 멸실 또는 훼손되었고, 이에 대해 매도인에게 책임이 있다는 것이 밝혀지지 않았다면, 매수인은 대금지급책임이 있다.

3) 위험의 이전 – 운송계약을 포함한 매매(제67조)

제67조

(1) 매매계약에 물품의 운송이 포함되어 있고, 매도인이 특정한 장소에서 이를 교부할 의무가 없는 경우에, 위험은 매매계약에 따라 매수인에게 전달하기 위하여 물품이 제1운송인에게 교부된 때에 매수인에게 이전한다. 매도인이 특정한 장소에서 물품을 운송인에게 교부하여야 하는 경우에는, 위험은 그 장소에서 물품이 운송인에게 교부될 때까지 매수인에게 이전하지 아니한다. 매도인이 물품의 처분을 지배하는 서류를 보유할 권한이 있다는 사실은 위험의 이전에 영향을 미치지 아니한다.

(2) 제1항에도 불구하고 위험은 물품이 하인(荷印), 선적서류, 매수인에 대한 통지 그 밖의 방법에 의하여 계약상 명확히 특정될 때까지 매수인에게 이전하지 아니한다.

(1) 계약상 특정장소에서 물품을 교부할 의무가 없는 경우

매수인에게 물품을 전달하기 위하여 물품이 제1운송인에게 교부된 때, 위험이 매수인에게 이전된다.

(2) 계약상 특정장소에서 물품을 교부할 의무가 있는 경우

특정장소에서 운송인에게 교부된 때, 위험이 매수인에게 이전된다.

(3) 기타

매도인이 물품의 처분을 지배하는 서류를 보유할 권한이 있다는 사실은 위험의 이전에 영향을 미치지 않는다. 물품의 소유권을 누가 보유하고 있는 지, 운송계약이나 보험계약의 책임이 누구에게 있는 지는 위험의 이전에 영향을 주지 않는다.[125)]

위에서 규정한 내용에도 불구하고, 물품이 특정될 때까지는 위험은 매수인에게 이

125) *Ibid.* p.309.

전되지 않는다. 제68조에서는 운송중의 물품의 매매에 대한 특칙을 규정하고 있는 바, '운송중의 물품의 매매'는 제67조에서의 '물품의 운송을 포함하는 계약'에 포함되지 않는다.[126)]

(보충설명)

CFR, CIF에서는 물품을 본선에 적재 후 매도인이 운송인으로부터 선하증권을 받는다. 그리고 계약에 따라 매도인은 매수인에 선하증권을 교부한다. 이 경우 매도인이 선하증권을 매수인에게 교부하지 않은 상태에 있다고 하더라도 물품이 본선에 적재되면, 위험은 매수인에게 이전된다. 즉 위험의 이전과 물품의 소유권은 별개이다. CISG 제67조에서도 동일한 취지의 내용을 규정하고 있다.

4) 위험의 이전 – 운송중의 물품의 매매(제68조)

제68조

운송중에 매도된 물품에 관한 위험은 계약 체결 시에 매수인에게 이전한다. 다만, 특별한 사정이 있는 경우에는, 위험은 운송계약을 표창하는 서류를 발행한 운송인에게 물품이 교부된 때부터 매수인이 부담한다. 그럼에도 불구하고, 매도인이 매매계약의 체결 시에 물품이 멸실 또는 훼손된 것을 알았거나 알았어야 했고, 매수인에게 이를 밝히지 아니한 경우에는, 그 멸실 또는 훼손은 매도인의 위험으로 한다.

(1) 운송중의 물품이 매매된 경우에는 위험은 원칙적으로 계약체결 시에 매수인에게 이전된다. (2) 운송계약을 표창하는 서류(선하증권 등)를 발행한 운송인에게 물품이 교부된 때로부터 매수인에게 위험이 이전되는 것으로 볼만한 정황이 있는 경우에는 그 시점부터 위험이 이전된다. (3) 다만, 매매계약체결 시에 물품이 멸실 또는 훼손된 것을 매도인이 알았거나 알았어야 했고, 이 사실을 매수인에게 밝히지 않은 경우에는 그 멸실 또는 훼손은 매도인의 위험으로 한다.

---

126) *Ibid.* p.309.

5) 위험의 이전 – 운송을 포함하지 않는 매매(제69조)

제69조

(1) 제67조와 제68조가 적용되지 아니하는 경우에, 위험은 매수인이 물품을 수령한 때, 매수인이 적시에 이를 수령하지 아니한 경우에는 물품이 매수인의 처분 하에 놓여지고 매수인이 이를 수령하지 아니하여 계약을 위반하는 때에 매수인에게 이전한다.

(2) 매수인이 매도인의 영업소 이외의 장소에서 물품을 수령하여야 하는 경우에는, 위험은 인도기일이 도래하고 물품이 그 장소에서 매수인의 처분 하에 놓여진 것을 매수인이 안 때에 이전한다.

(3) 불특정물에 관한 계약의 경우에, 물품은 계약상 명확히 특정될 때까지 매수인의 처분하에 놓여지지 아니한 것으로 본다.

제69조는 제67조 및 제68조가 적용되지 않는 경우 위험의 이전을 규정하고 있다.

(1) 매도인의 영업소에서 물품의 인도가 이루어지는 경우

매도인의 영업소에서 물품의 인도가 이루어지는 경우 다음 시기에 위험이 이전된다. ① 매수인이 물품을 수령한 때 ② 매수인이 적시에 이를 수령하지 아니한 경우에는 물품이 매수인의 처분 하에 놓여지고 매수인이 이를 수령하지 아니하여 계약을 위반하는 때

한편, 불특정물에 관한 계약의 경우에, 물품은 계약상 명확히 특정될 때까지 매수인의 처분하에 놓여지지 아니한 것으로 본다.

(2) 매도인의 영업소 이외에서 물품의 인도가 이루어지는 경우

인도기일이 도래하고 물품이 그 장소에서 매수인의 처분 하에 놓여진 것을 매수인이 안 때에 이전한다. 한편, 불특정물에 관한 계약의 경우에, 물품은 계약상 명확히 특정될 때까지 매수인의 처분하에 놓여지지 아니한 것으로 본다.

(CISG와 Incoterms에서 위험의 이전 시기)

구 분		위험의 이전시기 규정
CISG 제67조~ 제69조	1. 매매계약이 물품의 운송을 포함하는 경우(제67조)	
	① 특정장소에서 물품을 운송인에게 교부할 의무가 없는 경우(제67조제1항)	매수인에게 전달되기 위하여 물품을 제1운송인에게 교부한 때
	② 특정장소에서 물품을 운송인에게 교부할 의무가 있는 경우(제67조제1항)	그 특정장소에서 물품을 운송인에게 교부한 때
	2. 운송중에 매도된 물품(제68조)	
	① 원칙(제68조 본문)	계약 체결 시
	② 특별한 사정(예외)(제68조 단서)	(운송계약을 표창하는 서류를 발행한) 운송인에게 물품이 교부된 때
	3. 그 밖의 경우(운송을 포함하지 않는 경우)(제69조)	
	① 인도장소가 매도인의 영업소인 경우(제69조제1항)	매수인이 물품을 수령한 때(다만, 매수인이 물품을 수령하지 않는 경우 물품이 매수인의 처분하에 놓여지고 매수인이 물품을 수령하지 아니하여 계약을 위반한 때)
	② 인도장소가 매도인의 영업소 이외의 장소인 경우(제69조제2항)	인도기일이 도래하고 물품이 그 장소에서 매수인의 처분하에 놓여진 것을 매수인이 안 때
	EXW	물품을 지정인도장소(그 지정인도장소에 합의된 지점이 있는 경우에는 그 지점)에서 수취용 차량에 적재하지 않은 채로 매수인의 처분하에 둔 때
	FCA	물품을 지정인도장소(그 지정인도장소에 지정된 지점이 있는 경우에는 그 지점)에서 매수인이 지정한 운송인(또는 제3자)에게 인도(또는 그렇게 인도된 물품 조달)한 때 ① 지정인도장소가 매도인의 영업구내인 경우 → 물품이 매수인이 마련한 운송수단에 적재된 때 ② 지정인도장소가 매도인의 영업구내가 아닌 경우 → 물품이 매도인의 운송수단에 적재되어 지정인도장소에 도착하고 매도인의 운송수단에 실린 채 양하 준비상태로 매수인이 지정한 운송인(또는 제3자)의 처분하에 놓인 때

Incoterms 2020	CPT	인도장소(그 인도장소에 합의된 지점이 있는 경우에는 그 지점)에서 물품을 매도인과 운송계약을 체결한 운송인에게 교부한 때(또는 그렇게 인도된 물품 조달) • 인도장소가 합의되지 않은 경우 물품을 제1운송인에게 교부한 때
	CIP	인도장소(그 인도장소에 합의된 지점이 있는 경우에는 그 지점)에서 물품을 매도인과 운송계약을 체결한 운송인에게 교부한 때(또는 그렇게 인도된 물품 조달) • 인도장소가 합의되지 않은 경우 물품을 제1운송인에게 교부한 때
	DAP	물품을 지정목적지에서 도착운송수단에 실어둔 채 양하준비된 상태로 매수인의 처분하에 둔 때(또는 그렇게 인도된 물품 조달)
	DPU	물품을 지정목적지에서 도착운송수단으로부터 양하하여 매수인의 처분하에 둔 때(또는 그렇게 인도된 물품 조달)
	DDP	수입통관하고 물품을 지정목적지에서 도착운송수단에 실어둔 채 양하준비된 상태로 매수인의 처분하에 둔 때(또는 그렇게 인도된 물품 조달)
	FAS	물품을 지정선적항에서 매수인이 지정한 선박의 선측(예: 부두 또는 바지(barge))에 둔 때(또는 그렇게 인도된 물품 조달)
	FOB	물품을 지정선적항에서 매수인이 지정한 본선에 적재한 때(또는 본선에 적재된 물품 조달)
	CFR	물품을 선적항에서 매도인이 지정한 본선에 적재한 때(또는 그렇게 인도된 물품 조달)
	CIF	물품을 선적항에서 매도인이 지정한 본선에 적재한 때(또는 그렇게 인도된 물품 조달)

6) 매도인의 계약위반과 위험의 이전(제70조)

제70조

매도인이 본질적 계약위반을 한 경우에는, 제67조, 제68조 및 제69조는 매수인이 그 위반을 이유로 구할 수 있는 구제를 방해하지 아니한다.

매도인이 본질적 계약위반을 한 경우 위험의 이전에 관한 제67조 내지 제69조는 매수인이 가지는 권리(계약해제(제49조), 손해배상청구권(제45조제1항(나)호), 대금감액권(제50조))에 영향을 주지 않는다. 즉 매도인의 본질적 계약위반 후 물품의 위험이 매수인에게 이전된 경우에도 매수인은 매도인의 본질적 계약위반을 사유로 계약을 해제할 수 있으며,[127] 손해배상청구도 가능하다.

7. 매도인과 매수인의 의무에 공통되는 규정

1) 이행이전의 계약위반과 분할인도계약

본절에서는 매도인과 매수인의 의무에 공통되는 3개의 조항을 규정하고 있다.

(1) 의무이행정지(제71조)

제71조

(1) 당사자는 계약체결 후 다음의 사유로 상대방이 의무의 실질적 부분을 이행하지 아니할 것이 판명된 경우에는, 자신의 의무 이행을 정지할 수 있다.
(가) 상대방의 이행능력 또는 신용도의 중대한 결함
(나) 계약의 이행 준비 또는 이행에 관한 상대방의 행위

(2) 제1항의 사유가 명백하게 되기 전에 매도인이 물품을 발송한 경우에는, 매수인이 물품을 취득할 수 있는 증권을 소지하고 있더라도 매도인은 물품이 매수인에게 교부되는 것을 저지할 수 있다. 이 항은 매도인과 매수인 간의 물품에 관한 권리에 대하여만 적용된다.

(3) 이행을 정지한 당사자는 물품의 발송 전후에 관계없이 즉시 상대방에게 그 정지를 통지하여야 하고, 상대방이 그 이행에 관하여 적절한 보장을 제공한 경우에는 이행을 계속하여야 한다.

계약체결 후 ① 상대방의 이행능력 또는 신용도의 중대한 결함 ② 계약의 이행 준비 또는 이행에 관한 상대방의 행위의 사유로, 상대방에게 의무의 실질적 부분을 이행하지 아니할 것이 판명된 경우에는 자신의 의무이행을 정지할 수 있다. 따라서 제71조에 의해 의무이행의 정지가 정당한 경우에는, 이행정지 당사자(suspending party)는 계약을 위반하지 않는다.[128] 또한, 상기의 ① 또는 ②의 사유가 발생하기 전에 매도인이 물품을 발송한 경우에는 매수인이 물품을 취득할 수 있는 증권(선하증권 등)을 소지하고 있더라도 매도인은 물품이 매수인에게 인도되는 것을 저지할 수 있다.

127) John O. Honnold, *supra* note 2, pp.381-382.

128) UNCITRAL Digest on the CISG (2016), p.320.

상기의 이행정지 당사자(suspending party)는 즉시 상대방에게 자신의 이행정지를 통지하여야 하고, 이에 대하여 상대방이 적절한 보장을 제공한 경우[129)]에는 이행을 계속하여야 한다.

(사례연구)

1) Open Account방식, D/A방식, D/P방식 등의 계약에서 매수인이 지급불능(insolvency)에 처한 경우 매도인은 물품의 선적을 정지할 수 있다. ① 이미 선적이 이루어졌다면, 매도인은 선하증권을 매수인에게 교부하지 않을 수 있다. ② 매수인에게 선하증권이 교부되었다면, 매수인에게 물품이 인도되는 것을 저지할 수 있다(제71조제1항).
2) 선수금방식에서 매도인이 지급불능(insolvency)에 처한 경우 매수인은 선수금의 지급을 정지할 수 있다(제71조제1항).
3) 매도인이 물품을 선적하여 B/L을 매수인에게 송부한 후, 매수인이 지급불능(insolvency)에 처한 경우, 매도인은 운송인에게 물품의 인도정지를 지시할 수 있다(제71조제2항).
4) 대금결제방식을 신용장으로 정한 경우 매수인이 신용장을 제공하지 않는 경우 매도인은 물품의 선적을 정지할 수 있는가?(제54조, 제71조)
5) 매수인이 지급불능(insolvency)에 처해 물품의 선적을 정지한다는 내용을 매수인에게 통지하였다. 이에 대해 매수인이 지급보증서 또는 신용장을 제공한 경우 매도인은 물품의 선적을 정지할 수 없다(제71조제3항).
6) 매도인 甲과 매수인 乙은 국제물품매매계약을 체결하면서 乙이 물품 수령일로부터 30일 후에 대금을 지급하기로 약정하였다. 계약 체결 후 사정의 변경으로 乙의 신용도에 중대한 결함이 발생하였다. 다음의 기술 중 옳지 않은 것은?
   ① 물품의 발송 전이라면, 甲은 물품인도의무의 이행을 정지할 수 있다.
   ② 물품이 발송되었고 乙이 물품을 취득할 수 있는 증권을 소지하고 있는 경우에 甲은 물품의 교부를 저지할 수 없다.
   ③ 乙이 물품대금지급의무를 이행한 경우에 甲은 자신의 의무 이행을 더 이상 정지할 수 없다.
   ④ 신뢰할 수 있는 은행으로부터 발급받은 대금지급보증서를 乙이 제출한 경우에 甲은 물품인도의무를 이행하여야 한다.
   ⑤ 甲이 자신의 의무 이행을 정지한 경우에는 즉시 乙에게 그 정지를 통지하여야 한다.

(정답 ②)

129) "이행의 적절한 보장(adequate assurance of performance)"에 대한 CLOUT Case는 없지만(UNCITRAL Digest on the CISG (2016), p.321.), 매수인의 지급보증서 제공, 매수인의 신용장 제공, 매도인의 계약이행보증서 제공 등은 그 예가 될 수 있을 것이다(John O. Honnold, *op. cit.*, pp.391-393.).

(2) 이행기일 전 계약해제(제72조)

> **제72조**
>
> (1) 계약의 이행기일 전에 당사자 일방이 본질적 계약위반을 할 것이 명백한 경우에는, 상대방은 계약을 해제할 수 있다.
>
> (2) 시간이 허용하는 경우에는, 계약을 해제하려고 하는 당사자는 상대방이 이행에 관하여 적절한 보장을 제공할 수 있도록 상대방에게 합리적인 통지를 하여야 한다.
>
> (3) 제2항의 요건은 상대방이 그 의무를 이행하지 아니하겠다고 선언한 경우에는 적용되지 아니한다.

이행기일 전에라도 상대방이 본질적 계약위반을 할 것이 명백한 경우에는 계약을 해제할 수 있다. 다만, 시간이 허용된다면, 상대방이 이행에 대해 적절한 보장(지급보증서, 신용장 제공 등)을 제공할 수 있도록 상대방에게 합리적인 통지를 해야 한다. 상대방이 이행거절을 선언한 경우에는 이러한 통지 없이 계약을 해제할 수 있다.

> **(제71조와 제72조의 비교)**[130]
>
> 1) 제71조의 이행정지는 당사자의 계약관계 존속을 장려하기 위한 조항으로 제72조의 계약해제와는 구분된다.
>
> 2) 제72조의 계약해제의 요건은 제71조의 이행정지 보다 엄격(중대)하다(제72조에서는 이행불능의 가능성이 제71조 보다 높아야 한다).
>
> 3) 제72조에서는 시간이 허용되는 경우에만 합리적인 통지(해제의 통지)를 요구하지만, 제71조에서는 즉시 통지(이행정지의 통지)할 것을 요구하고 있다.

(3) 분할인도계약과 계약해제(제73조)

> **제73조**
>
> (1) 물품을 분할하여 인도하는 계약에서 어느 분할부분에 관한 당사자 일방의 의무 불이행이 그 분할부분에 관하여 본질적 계약위반이 되는 경우에는, 상대방은 그 분할부분에 관하여 계약을 해제할 수 있다.
>
> (2) 어느 분할부분에 관한 당사자 일방의 의무 불이행이 장래의 분할부분에 대한 본질적 계약위반의 발생을 추단하는 데에 충분한 근거가 되는 경우에는, 상대방은 장래에 향하여 계약을 해제할 수 있다. 다만, 그 해제는 합리적인 기간 내에 이루어져야 한다.

130) UNCITRAL Digest on the CISG (2016), p.320, p.324.

> (3) 어느 인도에 대하여 계약을 해제하는 매수인은, 이미 행하여진 인도 또는 장래의 인도가 그 인도와의 상호 의존관계로 인하여 계약 체결 시에 당사자 쌍방이 예상했던 목적으로 사용될 수 없는 경우에는, 이미 행하여진 인도 또는 장래의 인도에 대하여도 동시에 계약을 해제할 수 있다.

분할인도[131](installment delivery)란, 물품을 수회에 나누어 인도하는 것을 말한다(예를 들어, 1월에 100개, 2월에 100개, 3월에 100개를 인도하는 계약). 어느 분할부분에 관한 의무불이행이 그 분할부분에 본질적 계약위반이 되는 경우 그 분할부분에 관하여 계약을 해제할 수 있다(위의 예시에서 매도인이 2월에 100개를 인도하지 못하는 경우 매수인은 2월분에 대해 계약을 해제할 수 있다). 그 분할부분에 대한 의무불이행이 장래의 분할부분에 대한 본질적 계약위반의 발생을 추단하는 데, 충분한 근거가 되는 경우에는, 장래에 관하여 계약을 해제할 수 있으며, 이 해제는 합리적인 기간 내에 이루어져야 한다(위의 예시에서 매도인의 생산시설 붕괴로 2월에 100개를 인도하지 못하였고, 3월분 100개도 인도하지 못할 것으로 보이는 경우, 매수인은 2월분은 물론 3월분에 대해서도 계약을 해제할 수 있다. 다만, 매수인은 합리적인 기간 내에 해제권을 행사해야 한다).

어느 분할인도분에 대해 매수인이 계약을 해제하는 경우 이미 이행된 인도 또는 장래의 인도가 그 인도와의 상호의존관계로 인하여 계약체결 시에 당사자 쌍방이 예상했던 목적으로 사용할 수 없는 경우에는, 이미 행하여진 인도 또는 장래의 인도에 대하여도 동시에 계약을 해제할 수 있다(위의 예시에서 물품 300개가 모두 인도되어야만 계획했던 목적을 이룰 수 있는 경우, 1~2월분 200개는 인도되었으나, 3월분 100개의 인도가 이루어지지 않는 경우 매수인은 3월분은 물론 이미 인도된 1~2월분에 대해서도 계약을 해제할 수 있다. 또한, 1월분 100개는 인도되었으나, 2월분 100개가 인도되지 않는 경우 매수인은 3월분에 대해서도 계약을 해제할 수 있다).

2) 손해배상

상대방이 의무를 불이행한 경우, 제45조제1항(나)호 및 제61조제1항(나)호에서는 손해를 입은 매수인과 매도인은 각각 제74조 내지 제77조에 따라 손해배상을 청구할 수 있다고 규정하고 있다. 제74조 내지 제77조는 손해를 입은 양당사자에게 적용될 수 있는 손해산정공식을 규정하고 있다. 이 규정은 완전하기 때문에 국내법에 의한

131) CISG 번역본에서는는 "installment"를 "분할"로 번역하였고, 신용장통일규칙에서는 "installment"를 "할부", "partial"을 "분할"로 번역하였다(UCP 600 제31조, 제32조).

청구를 배제한다.[132)]

(1) 계약불이행에 의한 손해배상(제74조)

> **제74조**
> 당사자 일방의 계약위반으로 인한 손해배상액은 이익의 상실을 포함하여 그 위반의 결과 상대방이 입은 손실과 동등한 금액으로 한다. 그 손해배상액은 위반 당사자가 계약 체결 시에 알았거나 알 수 있었던 사실과 사정에 비추어, 계약위반의 가능한 결과로서 발생할 것을 예견하였거나 예견할 수 있었던 손실을 초과할 수 없다.

제74조는 모든 경우에 적용될 수 있는 손해배상의 일반원칙을 규정하고 있다. ① 손해배상은 금전배상을 원칙으로 한다. ② 손해배상액은 계약위반으로 인하여 발생된 모든 손실을 말한다. ③ 손해배상액에는 이익의 상실도 포함된다. ④ 손해배상액은 계약 체결 시에, 상대방(계약위반자)이 알았거나 알 수 있었던 사정에 비추어 계약위반의 가능한 결과로서 발생할 것을 예견하였거나 예견할 수 있었던 손실을 초과할 수 없다.

2) 대체물 매수 또는 재매각의 경우 손해액 산정(제75조)

> **제75조**
> 계약이 해제되고 계약해제 후 합리적인 방법으로, 합리적인 기간 내에 매수인이 대체물을 매수하거나 매도인이 물품을 재매각한 경우에, 손해배상을 청구하는 당사자는 계약대금과 대체거래대금과의 차액 및 그 외에 제74조에 따른 손해액을 배상받을 수 있다.

① 매수인이 대체물을 구매한 경우 손해배상액은 대체물 구매대금과 계약대금과의 차액(대체물 구매대금 - 계약대금)이다. 그리고 손해배상의 요건은 i) 계약이 해제되고, ii) 계약해제 후 합리적인 방법으로 iii) 합리적인 기간 내에 iv) 매수인이 대체물을 구매할 것이다. 한편, 대체물 구매대금과 계약대금과의 차액 외에 추가로 매수인은 제74조에 따른 손해액을 배상받을 수 있다.

② 매도인이 재매각(resale)한 경우의 손해배상액은 계약대금과 재매각대금의 차액(계약대금 - 재매각대금)이다. 그리고 손해배상의 요건은 i) 계약이 해제되고, ii) 계약해

132) UNCITRAL Digest on the CISG (2016), p.331.

제 후 합리적인 방법으로 iii) 합리적인 기간 내에 iv) 매도인이 재매각(resale)할 것이다. 한편, 계약대금과 재매각대금의 차액 외에 외에 추가로 매수인은 제74조에 따른 손해액을 배상받을 수 있다.

(사례연구)

1) 계약금액 U$100, 매수인의 계약불이행으로 매도인이 계약해제, 매도인은 U$90에 재매각(resale)하였고, 재매각비용 U$10 발생, 매도인의 손해배상금액은?
(해설) U$20 = ①(U$100 - U$90)(제75조) + ②U$10(제74조)

2) 계약금액 U$100, 매도인의 계약불이행으로 매수인이 계약해제, 매수인은 U$120에 대체물 매수, 대체물매수비용 U$10 발생, 매수인의 손해배상금액은?
(해설) U$30 = ①(U$120 - U$100)(제75조) + ②U$10(제74조)

(3) 시가에 의한 손해액 산정(제76조)

제76조

(1) 계약이 해제되고 물품에 시가가 있는 경우에, 손해배상을 청구하는 당사자는 제75조에 따라 구입 또는 재매각하지 아니하였다면 계약대금과 계약해제시의 시가와의 차액 및 그 외에 제74조에 따른 손해액을 배상받을 수 있다. 다만, 손해배상을 청구하는 당사자가 물품을 수령한 후에 계약을 해제한 경우에는, 해제시의 시가에 갈음하여 물품 수령시의 시가를 적용한다.
(2) 제1항의 적용상, 시가는 물품이 인도되었어야 했던 장소에서의 지배적인 가격, 그 장소에 시가가 없는 경우에는 물품 운송비용의 차액을 적절히 고려하여 합리적으로 대체할 수 있는 다른 장소에서의 가격을 말한다.

제1항에서는 일반적 손해배상공식을 규정하고 있다. 계약이 해제되고 제75조에 따라 매수인의 구매 또는 매도인의 재매각이 없는 경우 손해배상액은 ① 계약금액과 계약해제 시의 시가(손해배상청구권자가 물품을 수령한 후 계약을 해제하는 경우에는 물품수령 시의 시가)와의 차액 및 ② 제74조에 따른 손해액이다.

☞ **시가의 기준**

물품이 인도되었어야 했던 장소에서의 지배적인 가격(그 장소에 시가가 없는 경우에는 물품 운송비용의 차액을 적절히 고려하여 합리적으로 대체할 수 있는 다른 장소에서의 가격)

(사례연구)

1) 계약금액 U$100, 매도인의 인도불능으로 인해 매수인은 계약해제, 계약해제 시의 시가 U$110(물품인도장소인 선적항에서의 계약해제시점의 시가), 계약해제 조치 등에 대해 U$10 비용발생, 손해배상액은?
(해설) U$20 = ①(U$110 - U$100)(제76조) + ②U$10(제74조)

2) 계약금액 U$100, 매수인은 물품 인수 후 중대한 하자를 사유로 계약 해제, 물품 인수 시의 시가 U$120(물품인도장소인 선적항에서의 시가), 계약해제 시의 시가 U$110(물품인도장소인 선적항에서의 계약해제시점의 시가), 계약해제 등에 대해 U$10 비용발생, 손해배상액은?
(해설) U$30 = ①(U$120 - U$100)(제76조) + ②U$10(제74조)

(4) 손실경감의무(제77조)

제77조
계약위반을 주장하는 당사자는 이익의 상실을 포함하여 그 위반으로 인한 손실을 경감하기 위하여 그 상황에서 합리적인 조치를 취하여야 한다. 계약위반을 주장하는 당사자가 그 조치를 취하지 아니한 경우에는, 위반 당사자는 경감되었어야 했던 손실액만큼 손해배상액의 감액을 청구할 수 있다.

계약위반을 주장하는 자는 자신의 손실을 경감하기 위해 합리적인 조치를 취해야 한다. 이를 위반한 경우에는 상대방은 경감되었어야 하는 손실액 만큼 손해배상액의 감액을 청구할 수 있다.

3) 이자

제78조
당사자가 대금 그 밖의 연체된 금액을 지급하지 아니하는 경우에, 상대방은 제74조에 따른 손해배상청구권을 해함이 없이, 그 금액에 대한 이자를 청구할 수 있다.

당사자가 대금이나 그 밖의 연체된 금액을 지급하지 않는 경우, 상대방은 이자를 청구할 수 있다. 지연이자청구권은 손해배상청구권과는 별개이다. 이자청구권이 발생하기 위해서는 대금의 만기일이 도래하고 당사자가 대금지급을 지체하고 있어야 한다.

> ☞ **이자율**
>
> 제78조에서는 이자율에 대해서는 규정하지 않고 있어 이자율이 CISG 규율대상인지, 국내법 규율대상인지에 대해 다툼이 되고 있다.[133]

4) 면책

면책(exemption)이란, 일정한 사유의 발생 또는 일정한 조건의 충족으로 당사자의 책임이 면제되는 것을 말한다. 제79조는, 본질상 불가항력(force majeure) 조항으로, 일정한 요건을 충족하는 장애(impediment)로 이행을 못하는 경우 불이행당사자(non-performing party)의 손해배상책임을 면제한다.[134]

(1) 불가항력에 의한 면책(제79조)

> **제79조**
>
> (1) 당사자는 그 의무의 불이행이 자신이 통제할 수 없는 장애에 기인하였다는 것과 계약체결시에 그 장애를 고려하거나 또는 그 장애나 그로 인한 결과를 회피하거나 극복하는 것이 합리적으로 기대될 수 없었다는 것을 증명하는 경우에는, 그 의무불이행에 대하여 책임이 없다.
>
> (2) 당사자의 불이행이 계약의 전부 또는 일부의 이행을 위하여 사용한 제3자의 불이행으로 인한 경우에는, 그 당사자는 다음의 경우에 한하여 그 책임을 면한다.
>
> (가) 당사자가 제1항의 규정에 의하여 면책되고, 또한
>
> (나) 당사자가 사용한 제3자도 그에게 제1항이 적용된다면 면책되는 경우
>
> (3) 이 조에 규정된 면책은 장애가 존재하는 기간 동안에 효력을 가진다.
>
> (4) 불이행 당사자는 장애가 존재한다는 것과 그 장애가 자신의 이행능력에 미치는 영향을 상대방에게 통지하여야 한다. 불이행 당사자가 장애를 알았거나 알았어야 했던 때로부터 합리적인 기간 내에 상대방이 그 통지를 수령하지 못한 경우에는, 불이행 당사자는 불수령으로 인한 손해에 대하여 책임이 있다.
>
> (5) 이 조는 어느 당사자가 이 협약에 따라 손해배상 청구권 이외의 권리를 행사하는 것을 방해하지 아니한다.

---

133) UNCITRAL Digest on the CISG (2016), p.364.

134) UNCITRAL Digest on the CISG (2016), p.373.

가. 면책요건

원칙적으로 당사자는 불가항력사유에 의한 의무불이행을 증명한 경우에는 그 의무불이행에 대해 책임이 없다. 면책의 구체적 요건은 다음과 같다.

① 의무불이행이 불이행당사자의 통제할 수 없는 장애(impediment)에 기인할 것
② 불이행당사자가 계약체결 시에 그 장애를 고려하거나 그로 인한 결과를 회피하거나 극복하는 것이 합리적으로 기대할 수 없을 것
③ 불이행당사자가 상기의 조건들을 증명할 것
④ 불이행당사자는 장애가 존재한다는 것과 그 장애가 자신의 이행능력에 미치는 영향을 상대방에게 통지할 것(이 통지는 도달주의이므로 불이행당사자가 장애를 알았거나 알았어야 했던 때로부터 합리적인 기간 내에 상대방이 그 통지를 수령하지 못한 경우에는 불이행당사자는 미수령으로 인한 손해에 대하여 책임이 있다.)

불가항력에 의한 면책은 그 장애가 존재하는 기간 동안에만 효력을 갖는다. 따라서 장애사유가 해소되면 다시 이행의무를 부담한다.

나. 제3자의 이행불능으로 인한 면책(제2항)

계약의 전부 또는 일부의 이행을 위하여 제3자를 사용한 경우, 당사자 및 제3자에게 모두 제1항의 요건(상기의 ①~③)이 충족되면, 당사자는 책임을 면하게 된다. 본래의 제3자는 하청업체(subcontractor)를 의도했던 것이며[135], 원칙적으로 매도인에게 물품을 공급하는 납품업체(supplier)는 제79조제2항의 제3자에 해당되지 않는다.[136] 원칙적으로 매매계약의 당사자(매도인/매수인)와 제3자는 도급 관계에 있는 것으로 보는 것이 타당하다고 본다. 따라서 수출자가 물품을 구매하여 수출하는 경우 납품업체(supplier)가 불가항력 사유로 인하여 물품을 납품하지 못한 경우 수출자는 제79조제2항에 의해 면책되지 않는다. 또한, 독립적인 제3자라도 채무자의 계약채무를 이행하는 자가 아니라면 여기에 해당되지 않는바, 매도인의 사용인(employees)이나 납품업체(supplier)는 제79조제2항의 제3자에 해당되지 않는다.[137] 사용인(employees)에게는 제79조제1항이 적용

---

135) 1975년의 협약 초안에는 "third party" 대신 "subcontractor"를 사용했었다. "2. Where the non-performance of the seller is due to non-performance by a subcontractor, the seller shall be exempt from liability ……" (John O. Honnold, *supra* note 2, p.634.)

136) UNCITRAL Digest on the CISG (2016), para. 14.

된다.

제79조제2항의 제3자에 해당하는 예로는 매도인에게 물품을 인도하는 운송인, 매도인이 할당한 마무리 작업(finish work)을 수행하는 하청업체(subcontractor) 등이 있다.[138]

다. 면책내용

이 조항에서 면책되는 것은 **손해배상책임뿐**이며, 다른 구제수단에는 영향을 미치지 않는다. 이에 따라 불가항력에 의한 불이행당사자에 대해 손해배상청구를 할 수는 없게 되지만, 특정이행청구, 계약해제, 대금감액청구, 이자 청구 등은 행사할 수 있다.

1. 통제할 수 없는 장애 여부

1) 제3의 납품업자(third-party supplier)가 매도인에게 물품을 공급하지 못한 경우[139]
   제3의 납품업자(원재료, 완제품 등의 공급자)의 채무불이행이 매도인의 계약이행에 대한 장애가 되어 제79조에 의해 매도인은 면책되는지에 대해서는 통상 제3의 납품업자(원재료, 완제품 등의 공급자)의 채무불이행의 위험은 매도인이 부담을 하므로 매도인은 제79조에 의해 면책될 수 없음.

2) 제79조제2항의 제3자(third person) 해당 여부[140]
   (1) 제3자에 미해당: 매도인의 사용인(employee), 납품업체(suppliers)
   (2) 제3장에 해당: 매도인에게 물품을 인도하는 운송인, 마무리작업을 수행하는 하청업체(sub-contractor)

2. 당사자의 면책요건

1) 불이행당사자 및 제3자에게 다음의 면책요건이 모두 충족될 것
   (1) 불이행당사자의 면책요건 충족
      ① 의무불이행이 불이행당사자의 통제할 수 없는 장애(impediment)에 기인할 것
      ② 불이행당사자가 계약체결 시에 그 장애를 고려하거나 그로 인한 결과를 회피하거나 극복하는 것이 합리적으로 기대할 수 없을 것
      ③ 불이행당사자가 상기의 조건들을 증명할 것
   (2) 제3자의 면책요건 충족
      ① 제3자의 의무불이행이 자신의 통제할 수 없는 장애(impediment)에 기인할 것
      ② 제3자가 계약체결 시에 그 장애를 고려하거나 그로 인한 결과를 회피하거나

---

137) UNCITRAL Digest on the CISG (2016), para. 21.

138) UNCITRAL Digest on the CISG (2016), para. 21.

139) UNCITRAL Digest on the CISG (2016), p.378, para. 14.

140) UNCITRAL Digest on the CISG (2016), p.378, para. 21.

극복하는 것이 합리적으로 기대할 수 없을 것
③ 제3자가 상기의 조건들을 증명할 것
2) 제3자 계약의 전부 또는 일부의 이행에 참여할 것

3. 기타

1) 불이행당사자와 제3자와의 계약에는 CISG가 적용될 것은 요구되지 않음.
2) 제3자가 불가항력에 의한 면책을 주장할 것을 요구하지 않음(즉 제3자가 불가항력에 의한 자신의 면책을 주장하지 않아도, 불이행당사자는 자신의 면책을 주장할 수 있음).

(2) 자신의 행위에 의한 상대방의 불이행(제80조)

제80조

당사자는 상대방의 불이행이 자신의 작위 또는 부작위에 기인하는 한, 상대방의 불이행을 주장할 수 없다.

상대방의 의무불이행이 자신의 행위로 인한 경우, 상대방의 불이행을 주장할 수 없다. 따라서 상대방의 의무불이행을 전제로 하는 특정이행청구, 손해배상청구, 계약해제를 할 수 없다.

(사례연구)

1) 인도조건이 FOB인 계약에서 매도인은 매수인이 지정한 선박에 적재할 의무가 있다. 그러나 매수인이 선박을 지정하지 못하여 매도인이 본선 적재를 못한 경우 매수인은 의무불이행을 주장할 수 없다(매수인은 특정이행청구, 선적지연에 대한 손해배상청구, 계약해제 불가).
2) 매수인이 인도장소를 잘못 통지하여, 물품이 인도되지 못한 경우 매수인은 매도인의 의무이행을 청구할 수 없다.

5) 해제의 효과

계약이 해제되면, 더 이상의 계약이행의무가 없고, 이미 이행된 부분에 대해서는 원상회복해야 한다. 원상회복 후에도 손해가 남아있는 경우 상대방에 대해 손해배상을 청구할 수 있다.

(1) 이행의무의 면제 및 원상회복(제81조)

제81조

(1) 계약의 해제는 손해배상의무를 제외하고 당사자 쌍방을 계약상의 의무로부터 면하게 한다. 해제는 계약상의 분쟁해결조항 또는 해제의 결과 발생하는 당사자의 권리의무를 규율하는 그 밖의 계약조항에 영향을 미치지 아니한다.

(2) 계약의 전부 또는 일부를 이행한 당사자는 상대방에게 자신이 계약상 공급 또는 지급한 것의 반환을 청구할 수 있다. 당사자 쌍방이 반환하여야 하는 경우에는 동시에 반환하여야 한다.

가. 의무이행의 면제

계약이 해제되면, 당사자 쌍방은 계약상 의무이행이 면제된다. 그러나 손해배상의무는 여전히 남는다.

한편, 해제는 계약상의 분쟁해결조항(중재조항, 재판관할권조항 등) 또는 해제의 결과 발생하는 당사자의 권리의무를 규율하는 그 밖의 계약조항(손해배상의 예정 조항 등)에 영향을 미치지 않는다. 따라서 계약이 해제되었어도 계약조항에 따라 분쟁해결을 할 수 있다.

나. 원상회복(restitution)

계약이 해제되면, 당사자 쌍방에게는 원상회복의무가 있다. 매도인은 지급받은 대금을 환급하고, 매수인은 인도받은 물품, 서류 등을 반환해야 한다.

(사례연구)

1) 매수인 A(한국)와 매도인 B(중국)는 물품매매계약을 체결하였고, 계약내용에 따라 A는 30%를 선수금으로 지급하였다. 그러나 B가 선적기일까지 물품을 선적하지 못하여 A는 매매계약을 해제하였다. 그리고 B의 계약위반으로 인해 A에게는 U$1,000의 손해를 입었다. 이 경우 A와 B가 상대방에게 청구할 수 있는 내용은?

(해 설) B의 본질적 계약위반으로 A가 매매계약을 해제하였으므로 계약은 소급하여 효력이 상실된다. 이에 따라 당사자들은 원상회복의무를 부담하고, 원상회복에 따라 A는 지급한 선수금의 환급을 청구할 수 있다(제84조에 따라 A는 선수금을 지급한 날로부터 선수금에 대한 이자의 반환도 청구할 수 있다). 또한, A는 B의 계약위반으로 인한 손해액 U$1,000의 배상을 청구할 수 있다.

2) 매매계약에서 분쟁은 중재로 정하였다. 매도인의 계약위반으로 매수인이 계약을 해제한

경우 매수인은 계약조항에 따라 손해배상 등에 대하여 중재를 신청할 수 있는가?

(해 설) 매수인의 계약해제로 계약은 소급하여 효력이 상실되고 당사자 간 원상회복의무가 발생한다. 그러나 계약해제로 인해 계약위반에 대한 중재조항은 영향이 없고, 그대로 효력이 남아 있는 바, 매수인은 중재신청을 할 수 있다. 계약이 해제되면 원상회복의무 외에 계약위반자는 손해배상의무를 부담한다.

3) A와 B는 매매계약을 체결하였고, 이 매매계약에 따라 A는 물품을 인도하였다. 그러나 물품에는 중대한 하자가 있었다. 이에 따라 B는 A에게 물품의 반환을 통보하고, 대체물의 인도를 요청하였다. B는 대체물인도를 청구할 수 있는가?

(해 설) 물품에 중대한 하자가 있다면, 이는 제25조에 의한 본질적 계약위반이 될 것이다. 제49조에 따라 매수인은 계약을 해제할 수 있고, 제46조제2항에 따라 대체물의 인도를 청구할 수도 있다. 계약해제와 대체물의 인도청구는 양립할 수 없는 바, 제46조에 따라 매수인은 계약해제와 대체물의 인도청구를 모두 행사할 수 없다. 한편, B의 물품반환 통보는 계약의 해제로 볼 수는 없고, 물품반환 통보와 대체물인도청구는 서로 양립할 수 없는 것도 아니므로, B는 대체물의 인도를 청구할 수 있다.

(2) 물품의 원상회복 불가(제82조, 제83조)

제82조

(1) 매수인이 물품을 수령한 상태와 실질적으로 동일한 상태로 그 물품을 반환할 수 없는 경우에는, 매수인은 계약을 해제하거나 매도인에게 대체물을 청구할 권리를 상실한다.

(2) 제1항은 다음의 경우에는 적용되지 아니한다.

(가) 물품을 반환할 수 없거나 수령한 상태와 실질적으로 동일한 상태로 반환할 수 없는 것이 매수인의 작위 또는 부작위에 기인하지 아니한 경우

(나) 물품의 전부 또는 일부가 제38조에 따른 검사의 결과로 멸실 또는 훼손된 경우

(다) 매수인이 부적합을 발견하였거나 발견하였어야 했던 시점 전에, 물품의 전부 또는 일부가 정상적인 거래과정에서 매각되거나 통상의 용법에 따라 소비 또는 변형된 경우

제83조

매수인은, 제82조에 따라 계약해제권 또는 대체물인도청구권을 상실한 경우에도, 계약과 이 협약에 따른 그 밖의 모든 구제권을 보유한다.

매수인이 물품을 수령한 상태와 실질적으로 동일한 상태로 그 물품을 반환할 수 없

는 경우에는, 매수인은 계약을 해제하거나 매도인에게 대체물을 청구할 권리를 상실한다.

그러나 예외적으로 다음의 경우에는 매수인은 계약해제권 또는 대체물인도청구권을 보유한다. ① 물품을 반환할 수 없거나 수령한 상태와 실질적으로 동일한 상태로 반환할 수 없는 것이 매수인의 작위 또는 부작위에 기인하지 아니한 경우 ② 물품의 전부 또는 일부가 제38조에 따른 검사의 결과로 멸실 또는 훼손된 경우 ③ 매수인이 부적합을 발견하였거나 발견하였어야 했던 시점 전에, 물품의 전부 또는 일부가 정상적인 거래과정에서 매각되거나 통상의 용법에 따라 소비 또는 변형된 경우

한편, 제82조에 따라 계약해제권 또는 대체물인도청구권을 상실한 경우에도, 계약과 이 협약에 따른 그 밖의 모든 구제권을 보유한다.

(사례연구)

매도인 A(한국)와 매수인 B(중국)는 물품매매계약을 체결하였고, A는 계약내용에 따라 물품을 인도하였다. B는 물품의 내용이 계약내용과 상이하여 계약을 해제하려고 한다. 한편, B는 물품인수 후 그 물품을 그대로 방치하여 대부분의 물품이 손상되었다. 이 경우 B는 계약을 해제하거나 대체물의 인도를 청구할 수 있는가? 그 외 B가 청구할 수 있는 권리에는 어떤 것이 있는가?

(해 설) 물품의 내용이 계약내용과 완전히 다르다면, 이는 제25조에 따라 본질적 계약위반이 될 것이며, 매수인 B는 제49조제1항에 따라 계약을 해제할 수 있다. 한편, 매수인인 물품을 그대로 방치하여 물품이 손상되었고, 이에 따라 매수인은 물품을 수령한 상태와 실질적으로 동일한 상태로 반환할 수 없게 되었는 바, 제82조에 따라 계약을 해제하거나 대체물의 인도를 청구할 수 없다.

제83조에 의하면, 매수인이 제82조에 따라 계약해제권 또는 대체물인도청구권을 상실한 경우에도 매수인은 그 밖의 모든 구제권을 보유한다. 따라서 B는 A의 계약위반으로 입은 손해에 대해 배상을 청구할 수 있다.

(3) 이자와 이익의 반환(제84조)

제84조

(1) 매도인은 대금을 반환하여야 하는 경우에, 대금이 지급된 날부터 그에 대한 이자도 지급하여야 한다.

(2) 매수인은 다음의 경우에는 물품의 전부 또는 일부로부터 발생된 모든 이익을 매도인에

게 지급하여야 한다.
(가) 매수인이 물품의 전부 또는 일부를 반환하여야 하는 경우
(나) 물품의 전부 또는 일부를 반환할 수 없거나 수령한 상태와 실질적으로 동일한 상태로 전부 또는 일부를 반환할 수 없음에도 불구하고, 매수인이 계약을 해제하거나 매도인에게 대체물의 인도를 청구한 경우

계약이 해제되면, 매도인은 지급받은 대금과 함께 대금지급일로부터 계산된 이자도 상환해야 한다. 한편, 계약이 해제되면, 매수인은 다음의 경우에는 물품의 전부 또는 일부로부터 발생된 모든 이익을 매도인에게 지급하여야 한다. ① 매수인이 물품의 전부 또는 일부를 반환하여야 하는 경우 ② 물품의 전부 또는 일부를 반환할 수 없거나 수령한 상태와 실질적으로 동일한 상태로 전부 또는 일부를 반환할 수 없음에도 불구하고, 매수인이 계약을 해제하거나 매도인에게 대체물의 인도를 청구한 경우

(사례연구)

매도인 A(한국)와 매수인 B(중국)는 기계수출계약을 체결하였고, 계약내용에 따라 A는 기계를 인도하였다. 그러나 B는 기계를 운영하고 있음에도 불구하고 결제기일에 대금을 지급하지 않았다. 이에 따라 A는 계약을 해제하고 기계의 반환을 청구하였다.

(해 설) B의 대금미지급은 제25조에 따른 본질적 계약위반이 되고, A는 제49조제1항에 따라 계약을 해제할 수 있다. 그리고 제81조제2항에 따라 기계의 반환을 청구할 수 있다. 또한, 매수인은 제84조제2항에 따라 기계운영에 따라 발생한 이익의 반환을 청구할 수 있다.

6) 물품의 보관

(1) 매도인의 물품보관의무(제85조)

제85조

매수인이 물품 인도의 수령을 지체하거나 또는 대금지급과 물품 인도가 동시에 이루어져야 함에도 매수인이 대금을 지급하지 아니한 경우로서, 매도인이 물품을 점유하거나 그 밖의 방법으로 그 처분을 지배할 수 있는 경우에는, 매도인은 물품을 보관하기 위하여 그 상황에서 합리적인 조치를 취하여야 한다. 매도인은 매수인으로부터 합리적인 비용을 상환 받을 때까지 그 물품을 보유할 수 있다.

매수인의 계약불이행으로 인하여 매도인이 물품을 보관하고 있는 경우에도 매도인은 물품보관을 위하여 합리적인 조치를 취해야 한다. 다만, 매도인은 물품보관을 위한 합리적인 비용을 매수인에게 청구할 수 있으며, 매수인이 이를 상환할 때까지 물품을 보유할 수 있다.

(사례연구)

1) COD방식의 수출거래에서 매도인이 물품을 선적하여 수입국에 소재하고 있는 창고에 매수인의 임의처분상태로 보관중인데, 매수인이 물품 인수를 지체한 경우 매도인은 물품보관의무가 있는가?

(해 설) 매수인의 수령지체인 경우에도 제85조에 따라 매도인은 물품을 보관하기 위해 합리적인 조치를 취해야 한다. 다만 매도인은 보관비용을 매수인에게 청구할 수 있으며, 매수인이 보관비용을 지급할 때까지 그 물품의 인도를 거절할 수 있다.

2) D/A방식에서 물품이 목적항에 도착하였음에도 불구하고, 매수인이 선적서류와 환어음의 인수를 거절하였고, 체선료가 발생한 겨우 매도인은 어떤 조치를 취할 수 있는가?

(해 설) ① D/A방식의 거래에서 매수인이 선적서류와 환어음의 인수를 거절하는 것은 본질적 계약위반에 해당되어 매도인은 계약을 해제할 수 있다.

② 계약해제권의 행사는 매도인의 선택이며, 매도인은 부가기간의 지정 등을 통해 매수인의 계약이행을 촉구할 수 있다. 이 경우 제85조에 따라 매도인은 물품보관을 위하여 합리적인 조치를 취해야 하며, 매수인이 선적서류와 환어음의 인수를 원하는 경우 보관에 소요된 비용을 상환받을 때까지 물품을 보유할 수 있다.

(2) 매수인의 물품보관의무(제86조)

제86조

(1) 매수인이 물품을 수령한 후 그 물품을 거절하기 위하여 계약 또는 이 협약에 따른 권리를 행사하려고 하는 경우에는, 매수인은 물품을 보관하기 위하여 그 상황에서 합리적인 조치를 취하여야 한다. 매수인은 매도인으로부터 합리적인 비용을 상환받을 때까지 그 물품을 보유할 수 있다.

(2) 매수인에게 발송된 물품이 목적지에서 매수인의 처분하에 놓여지고, 매수인이 그 물품을 거절하는 권리를 행사하는 경우에, 매수인은 매도인을 위하여 그 물품을 점유하여야 한다. 다만, 대금 지급 및 불합리한 불편이나 경비소요 없이 점유할 수 있는 경우에 한한다. 이 항은 매도인이나 그를 위하여 물품을 관리하는 자가 목적지에 있는 경우에는

적용되지 아니한다. 매수인이 이 항에 따라 물품을 점유하는 경우에는, 매수인의 권리와 의무에 대하여는 제1항이 적용된다.

가. 매수인이 물품수령 후 물품거절권 행사(제1항)

매수인이 물품을 수령한 후 하자 등을 사유로 물품을 거절할 권리를 행사하고자 하는 경우에도 매수인은 물품을 보관하기 위해 합리적인 조치를 취해야 한다. 다만, 매수인은 보관비용을 청구할 수 있으며, 그 비용이 상환될 때까지 물품을 보유할 수 있다(제1항은 매수인이 물품을 수령한 경우에만 적용된다).

나. 물품이 매수인의 처분하에 놓인 상태에서 물품거절권 행사(제2항)

매수인에게 발송된 물품이 목적지에서 매수인의 처분 하에 놓여지고, 매수인이 그 물품을 거절하는 권리를 행사하는 경우에, 매수인은 매도인을 위하여 그 물품을 점유하여야 한다. 다만, 대금지급 및 불합리한 불편이나 경비소요 없이 점유할 수 있는 경우에 한한다. 이 항은 매도인이나 그를 위하여 물품을 관리하는 자가 목적지에 있는 경우에는 적용되지 아니한다. 매수인이 이 항에 따라 물품을 점유하는 경우에는, 매수인의 권리와 의무에 대하여는 제1항이 적용된다.

(사례연구)

1) 매도인은 계약내용에 따라 물품을 인도하였다. 그러나 매수인은 물품에 하자가 있다는 사유로 대금지급을 거절하고, 계약을 해제하였다. 매수인은 창고에 보관하지 않고, 지붕이 없는 작업장에 방치하여 우천으로 인하여 물품이 부패하였다. 이 경우 매도인은 어떤 청구를 할 수 있는가?

(해설) 제86조제1항에 의하면, 매수인은 물품수령 후 그 물품을 거절하는 경우에도 물품을 보관하기 위하여 합리적인 조치를 취해야 한다. 그러나 매수인이 이 보관의무를 위반하였으므로 매수인은 손해배상책임을 부담한다.

2) 매도인은 물품을 선적하고 선하증권을 매수인에게 송부하였다. 선하증권은 기명식으로 발행되어(straight B/L) 매수인만 물품을 수령할 수 있으며, 매도인은 물품의 처분권을 보유하지 않았다. 물품에 심각한 하자가 있어 매수인은 운송인으로부터 물품의 수령을 거절하였고, 대금지급도 거절하였으며, 매수인의 거절사유는 정당하였다. 매수인에게 물품의 보관의무가 있는가?[141)]

(해설) 이 경우에도 매수인은 보통 검사를 위하며 물품을 수령할 수 있으며, 이 경우 제86조제1항이 적용되어, 매수인은 물품수령 후 그 물품을 거절하는 경우에도 물품

141) John O. Honnold, *supra* note 2, p.684.

을 보관하기 위하여 합리적인 조치를 취해야 한다. 비록 물품이 운송인의 점유하에 있다고 하더라도, 이는 간접점유이며, 물품은 매수인 앞으로 탁송되었으므로 매수인이 물품을 수령하기 위해 선하증권이 필요하지 않았는 바, 제86조제2항에서 규정하고 있는 '물품이 목적지에서 매수인의 처분하에 놓여진'에 해당된다고 볼 수 있다. 더구나 매수인은 대금을 지급하지 않았거나, 물품을 점유하기 위해 매수인은 분명히 불합리한 불편이나 불합리한 비용을 부담하지도 않았다. 만약 매수인이 거주하는 도시나 그 인근에 매도인에게 대리인이 없다면, 제86조제2항에서는 매수인이 물품을 점유할 것을 요구하고 있다. 그리고 매수인이 물품의 점유를 취득하는 경우 매수인은 제86조제1항을 적용받으며, 이에 따라 물품을 보관하기 위해 합리적인 조치를 취해야 한다. 여기서 도출할 수 있는 법칙은 '먼 거리에서 물품의 인수가 거절되었을 때, 매도인이 물품을 보관하고 처분하는 것은 곤란하다.'는 것이다.

3) 목적지에서, 매도인의 지시식(to the order of Seller)으로 발행된 선하증권과 상환으로 대금을 지급하는 조건이었다. 매수인은 물품의 인수 및 대금지급을 거절하였다. 매수인에게 물품보관의무가 있는가?[142)]

(해설) 매수인은 물품을 수령하지 않았으므로 제86조제1항이 적용되지 않는다. 선하증권이 매도인의 지시식으로 발행되어 매도인이 물품을 통제하고 있으며, 매수인은 대금을 지급해야만 물품을 수령할 수 있으므로 제86조제2항이 적용되지도 않는다.

(3) 창고임치와 매각(제87조, 제88조)

제87조

물품을 보관하기 위한 조치를 취하여야 하는 당사자는 그 비용이 불합리하지 아니하는 한, 상대방의 비용으로 물품을 제3자의 창고에 임치할 수 있다.

제88조

(1) 제85조 또는 제86조에 따라 물품을 보관하여야 하는 당사자는 상대방이 물품을 점유하거나 반환받거나 또는 대금이나 보관비용을 지급하는 데 불합리하게 지체하는 경우에는, 상대방에게 매각의사를 합리적으로 통지하는 한, 적절한 방법으로 물품을 매각할 수 있다.

(2) 물품이 급속히 훼손되기 쉽거나 그 보관에 불합리한 경비를 요하는 경우에는, 제85조 또는 제86조에 따라 물품을 보관하여야 하는 당사자는 물품을 매각하기 위하여 합리적인 조치를 취하여야 한다. 이 경우에 가능한 한도에서 상대방에게 매각의사가 통지되어야 한다.

142) John O. Honnold, *supra* note 2, pp.684-685.

(3) 물품을 매각한 당사자는 매각대금에서 물품을 보관하고 매각하는 데 소요된 합리적인 비용과 동일한 금액을 보유할 권리가 있다. 그 차액은 상대방에게 반환되어야 한다.

가. 제3자의 창고에 임치

물품을 보관하기 위한 조치를 취하여야 하는 당사자는 상대방의 비용부담으로 물품을 제3자의 창고에 임치할 수 있는데, 그 비용이 불합리하지 아니하여야 한다.

나. 매각

물품을 보관해야 하는 당사자는 상대방이 물품을 점유하거나 반환받거나 또는 대금이나 보관비용을 지급하는 데 불합리하게 지체하는 경우에는, 상대방에게 매각 의사를 합리적으로 통지하는 한, 적절한 방법으로 물품을 매각할 수 있다.

한편, 물품이 급속히 훼손되기 쉽거나 그 보관에 불합리한 경비를 요하는 경우에는, 제85조 또는 제86조에 따라 물품을 보관하여야 하는 당사자는 물품을 매각하기 위하여 합리적인 조치를 취하여야 한다. 이 경우에 가능한 한도에서 상대방에게 매각 의사가 통지되어야 한다.

물품을 매각한 당사자는 매각대금에서 물품을 보관하고 매각하는 데 소요된 합리적인 비용과 동일한 금액을 보유할 권리가 있다. 그 차액은 상대방에게 반환되어야 한다.

(사례연구)

1) 매도인은 물품을 선적하고 선하증권을 매수인에게 송부하였다. 선하증권은 기명식으로 발행되어(straight B/L) 매수인만 물품을 수령할 수 있으며, 매도인은 물품의 처분권을 보유하지 않았다. 물품에 심각한 하자가 있어 매수인은 운송인으로부터 물품의 수령을 거절하였고,대금지급도 거절하였으며, 매수인의 거절사유는 정당하였다. 매수인에게 물품의 보관의무가 있는가?[143)]

(해설) 이 경우에도 제86조제1항에 의하면, 매수인은 물품수령 후 그 물품을 거절하는 경우에도 물품을 보관하기 위하여 합리적인 조치를 취해야 한다. 그러나 매수인이 이 보관의무를 위반하였으므로 매수인은 손해배상책임을 부담한다.

143) John O. Honnold, *supra* note 2, p.684.

(사례형 문제의 접근방법(변호사시험 등))

사례형 문제의 쟁점은 각 문제에 따라 다양하지만, 일반적인 접근방법은 다음과 같음.

1. CISG의 적용 여부
   1) 물품매매계약 해당 여부: 물품 여부, 매매계약 여부
   2) 영업소 확정 및 국제성 충족 여부
      - 복수의 영업소인 경우 가장 밀접한 영업소
      - 서로 다른 국가에 영업소
   3) 직접적용 여부: 양 당사국이 체약국
   4) 간접적용 여부: 체약국법이 준거법, 간접적용 유보 여부(제95조에 의한 유보선언국)
   5) 기타 배제 사유: 협약 적용 대상 제외, 당사자의 배제 합의 등

2. 계약의 성립 여부
   1) 청약의 존재 여부: 청약의 요건
   2) 승낙의 존재 여부: 승낙의 요건, 청약의 실질적 변경/단순한 추가적 조건 여부
   3) 계약의 내용: 청약 내용/변경한 승낙 내용
   4) 계약방식의 자유: 서면성 불필요(제96조에 의한 유보선언국)

3. 당사자의 권리의무(계약체결의 효과)
   1) 매도인의 의무: 물품인도의무, 서류교부의무, 소유권 이전의무, 물품적합의무
   2) 매수인의 의무: 대금지급의무, 인도수령의무, 물품검사의무, 하자통지의무

4. 계약위반 여부
   1) 계약위반 요건, 위험의 이전 여부
   2) 불가항력에 의한 면책 여부(제79조): 불가항력의 범위, 제3자의 이행불능

5. 계약위반에 대한 구제방법
   1) 계약해제
      - 본질적 계약위반 해당 여부(제49조(1)(가))
      - 본질적 계약위반이 아닌 경우의 계약해제(제49조(1)(나))
      - 계약해제권 상실(제49조(2))
      - 계약해제의 효과
      - 특정이행청구와는 병행청구 불가
      - 분할인도계약과 계약해제(제73조)
   2) 특정이행청구
      - 특정이행청구 요건
      - 의무이행을 위한 부가기간의 지정

- 계약해제와 병행청구 불가
- 손해배상청구 가능

3) 부적합치유청구(하자보완청구)
4) 부가기간지정: 부가기간 내 계약해제 불가(예외: 부기가간 내 불이행 선언 시)
5) 손해배상청구
   - 손해배상 범위, 대체물 매수/재매각의 경우 손해배상 범위
6) 대금감액청구: 인도 시 기준 물품가액, 대금감액 산정
7) 대체물인도청구: 부적합이 본질적 계약위반

제 7 장

신용장

제7장 신용장

제1절 신용장 개요

1. 개설

국내거래에서는 목적물의 인도와 동시에 대금지급이 가능하지만, 국제거래에서는 국경을 넘어 목적물이 이동되므로 목적물의 인도와 동시에 대금을 지급하는 것이 쉽지 않다. 매도인(수출자)은 먼저 대금을 받고 목적물을 인도하려고 하고, 매수인(수입자)은 목적물을 인도받은 후 대금을 지급하려고 한다. 선지급방식거래는 매도인에게는 유리하나 매수인은 물품미인수위험에 노출되며, 신용거래(외상거래)는 매수인에게는 유리하나 매도인은 대금미회수위험을 부담하게 된다. 화환신용장(documentary credit, documentary letter of credit)[1]은 이러한 위험을 절충한 것으로 매도인은 물품만 선적하면 대금지급을 보장받고, 매수인은 대금지급에 대하여 물품의 인도를 보장받는다. 매도인과 매수인은 매매계약체결 시에 결제조건을 신용장방식으로 정하고, 매수인은 거래은행에 신용장 개설을 의뢰하며, 개설은행은 매도인을 수익자로 하는 신용장을 개설한다. 그리고 매도인이 신용장조건과 일치하는 서류를 제시하면, 개설은행은 신용장조건에 따라 매도인에게 신용장 대금을 지급한다. 신용장은 대금지급방식이면서 동시에 무역대금결제에 대한 담보장치로서의 역할도 한다.

신용장은 기본거래인 매매계약을 원인으로 발행되는 것이지만, 기본거래인 매매계약과는 별개의 독립적인 지급확약이므로 제시된 서류의 일치 여부만을 기준으로 지급 여부를 결정한다. 이에 따라 제시된 서류가 일치하기만 하면 매수인의 대금지급의사

---

1) 신용장(credit, or letter of credit("L/C"))에는 지급청구의 요건으로서 서류제시 여부에 따라 화환신용장(documentary credit, or documentary letter of credit)과 무화환신용장(non-documentary credit, or non-documentary letter of credit)으로 구분되는데, 통상 무역거래에서 사용되는 신용장은 화환신용장이다. 따라서 통상 화환신용장(documentary credit, or documentary letter of credit)을 줄여서 신용장(credit, or letter of credit)이라고 한다. 이 책에서도 특별한 경우를 제외하고는 "신용장(credit, or letter of credit("L/C"))"이라는 표현은 화환신용장(documentary credit, or documentary letter of credit)을 의미한다.

와는 관계없이 개설은행은 신용장 대금을 지급해야 한다. 또한, 기본거래인 매매계약에서 분쟁이 발생한 경우에도 개설은행은 신용장 대금을 지급해야 한다. 따라서 신용장을 통해 매도인은 대금지급을 보장받을 수 있다. 그러나 서류의 일치 여부에 대해서는 엄격한 기준이 적용되기 때문에 기본거래인 매매계약을 정상적으로 이행하였음에도 불구하고, 제시된 서류에 하자가 있으면 신용장 대금을 지급받지 못한다.

한편, 국제거래에서 신용장의 이용이 높아짐에 따라 신용장에 대해 적용되는 법칙의 통일화 필요성이 제기되었다. ICC에서는 1933년 신용장통일규칙을 제정하였는데, 신용장통일규칙은 거의 모든 신용장에서 사용되고 있어 가장 널리 사용되는 국제적 통일규칙으로 자리잡고 있다.

신용장은 기본거래인 매매계약과는 독립적인 지급확약이기 때문에 원칙적으로 매매계약이 이행되지 않았다고 하더라도 신용장조건에 일치하는 서류가 제시되면, 개설은행은 대금을 지급해야 한다. 그러나 매매계약을 전혀 이행하지 않고 서류를 위조하여 신용장 대금을 청구하는 등 신용장을 악용한 사기적 거래에 대해서도 개설은행의 지급책임을 인정해야 하는지 논란이 되어 왔다. 건전한 국제거래질서를 확립하기 위하여 대다수의 국가에서 이러한 사기적 거래에 대해서는 개설은행의 지급책임을 부정하고 있다.

2. 신용장의 의의

화환신용장(documentary credit, or documentary letter of credit)이란, 신용장조건과 일치하는 서류가 제시되면 신용장 대금을 수익자 앞으로 지급하기로 하는 개설은행의 지급확약이다. 한편, 신용장통일규칙(UCP 600)에서는 '화환신용장(documentary credit)은 그 명칭과 상관없이 개설은행이 일치하는 제시에 대하여 결제(honour)[2]하겠다는 확약으로서 취소가 불가능한 모든 약정을 의미한다.'고 규정하고 있다(UCP 600 제2조).[3] 신용장은 개설의뢰인의 신청과 지시에 의해 개설은행이 발행하고, 개설은행은 신용장조건에 일치하는

2) UCP 600에 의하면, 결제(honour)는 a. 신용장이 일람지급에 의하여 이용가능하다면 일람출급으로 지급하는 것. b. 신용장이 연지급에 의하여 이용가능하다면 연지급을 확약하고 만기에 지급하는 것. c. 신용장이 인수에 의하여 이용가능하다면 수익자가 발행한 환어음을 인수하고 만기에 지급하는 것으로 규정하고 있는 바, 결국 결제라는 것은 신용장 대금을 지급하는 것이다.

3) 'Credit means any arrangement, however named or described, that is irrevocable and thereby constitutes a definite undertaking of the issuing bank to honour a complying presentation.'

서류가 제시되면 신용장 대금을 지급하며, 신용장은 어떤 명칭을 사용하든지 관계없이 이러한 내용을 충족시키면 신용장으로 인정된다.[4)]

신용장은 18세기에 널리 사용된 여행자신용장(traveller's letter of credits)과 관련해서 처음 도입된 것으로 보고 있다.[5)] 여행자신용장은 은행에 의해 발행되었는데, 고객이 외국 여행을 할 때 많은 현금을 가지고 가는 것은 위험부담이 있으므로 고객은 자신의 국가에서 여행자신용장(최대 이용가능금액과 유효기일 기재)을 발급받고, 이 신용장을 제시하여 외국 현지은행으로부터 현금을 지급받을 수 있었다.[6)]

(신용장거래 도해 – sight L/C의 경우)

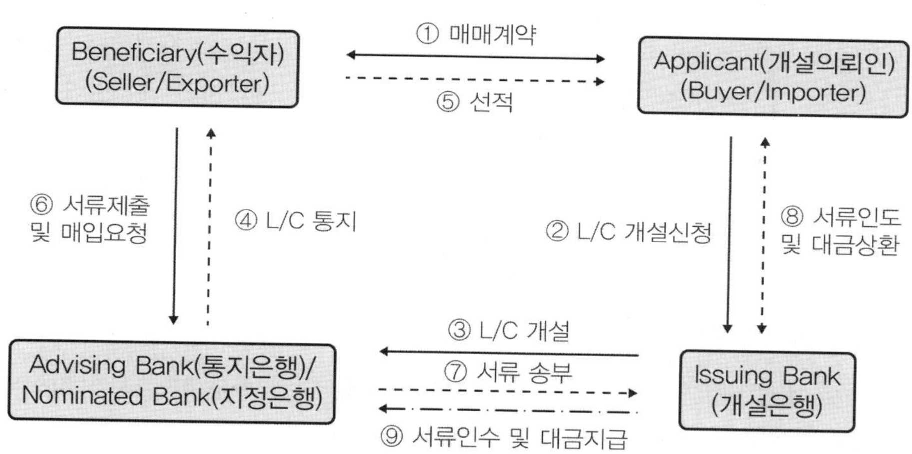

신용장거래의 구조를 단계별로 살펴보면 다음과 같다.

---

4) 신용장의 독립성의 예외를 인정한 미국 최초의 판례인 Sztejn v. J. Henry Schroder Banking Corporation et al.(1941)에서 신용장을 다음과 같이 정의하였다.
'A letter of credit is independent of the primary contract of sale between buyer and seller to whom letter is issued, and issuing bank agrees to pay upon presentation of documents, not goods.'

5) Gary Collyer, *the Guide to Documentary Credits* 3rd *ed*, 2007, the International Financial Services Association, p.2.

6) *Ibid*.

1) 수출자와 수입자 간에는 매매계약을 체결한다. 매매계약에서 대금지급에 대해서는 신용장을 개설하는 것으로 정한다.
2) 수입자, 즉 개설의뢰인(applicant)은 자신의 거래은행에 신용장개설을 의뢰한다. 개설은행은 개설의뢰인의 신용도를 심사하여 신용한도(credit limit) 내에서 신용장을 개설한다. 신용이 부족한 경우에는 담보를 요구한다.
3) 개설은행(issuing bank)은 수출자를 수익자(beneficiary)로 하여 신용장을 개설한다. 신용장의 내용은 신용장조건과 일치하는 서류를 제시하면 개설은행이 신용장 대금을 지급한다는 확약이다. 통상 SWIFT를 통해 신용장을 수출자의 거래은행인 통지은행(advising bank)에 전송한다.
4) 통지은행은 개설은행의 test key를 이용하여 신용장의 진정성 여부를 확인한다. 그리고 신용장을 출력하여 신용장통지서와 함께 신용장을 수익자에게 교부한다.
5) 수출자, 즉 수익자(beneficiary)는 신용장의 내용을 수출계약서와 대조한다. 신용장의 내용에 이상이 있으면, 수입자에게 신용장 조건변경(amendment)을 요청한다. 한편, 신용장의 내용에 이상이 없으면, 물품을 준비하여 선적하고, 운송인으로부터 운송서류를 교부 받는다. 운송인으로부터 받는 선하증권은 운송계약인 동시에 물품의 수령증이 된다.
6) 수익자는 선하증권, 상업송장 등 신용장에서 요구되는 서류("신용장에서 요구되는 서류")를 개설은행 앞 송부한다. 통상 개설은행 앞 직접 송부하지 않고, 자신의 거래은행에 환어음 및/또는 선적서류를 매도(negotiation)한다.
7) 매입은행(negotiating bank)은 개설은행 앞으로 신용장에서 요구되는 서류를 송부한다.
8) 실무적으로 서류가 도착하면 개설은행은 개설의뢰인에게 신용장에서 요구되는 서류의 인수 여부를 문의한다. 그리고 개설의뢰인으로부터 서류 인수증을 받고, 서류를 교부한다.
9) 개설의뢰인으로부터 서류 인수증을 받으면, 개설은행은 매입은행 앞 서류인수통보(acceptance advice: A/A)를 하고, 지급기일에 신용장 대금을 지급한다 개설의뢰인이 인수거절 의사를 표시하면, 선적서류를 면밀히 심사하여 하자가 발견되면 매입은행 앞 인수거절통지(refusal notice)를 한다. 만약 서류에 하자가 없다면, 개설은행은 서류를 인수하고 인수통보를 해야 한다.

3. 신용장의 기능

1) 수출자(수익자)의 입장

수출자(수익자) 입장에서 신용장의 주요 기능은 다음과 같다.

첫째, 신용장조건에 일치하는 서류제시가 이루어지면 대금지급이 보장된다.[7] 즉, 수출대금 미결제위험이 감소한다. 수출대금 미결제위험 감소의 요인은 세부적으로 다음과 같이 정리할 수 있다.

i) 수입자의 신용(credit)이 개설은행의 신용(credit)으로 대체되어 대금미결제 가능성이 낮다. 일반적으로 개설은행은 자산규모가 크고, 정부의 감독을 받기 때문에 지급불능상태(insolvency) 또는 파산(bankruptcy)에 처하는 경우가 드물다. 다만, 영세한 개설은행은 지급불능상태 또는 파산에 처하는 경우가 발생할 수 있다. 따라서 신용장개설 전에 개설은행의 요건에 대한 합의가 필요하다.[8]

ii) 개설은행은 서류만 심사하므로 물품에 대한 클레임으로 대금지급을 거절할 수 없다. 무역거래에서 수입자가 물품에 대한 악의적인 클레임을 제기하여 대금지급을 거절하는 경우가 적지 않다. 그러나 신용장방식에서 개설은행은 서류심사만 하고 물품은 확인하지 않는다. 따라서 물품에 대한 클레임을 제기할 수 없다. 다만, 물품에는 하자가 없으나 서류에 하자가 있는 경우에는 개설은행이 지급거절할 수 있는 바, 수익자는 신용장 서류의 준비에 주의를 기울여야 한다.

둘째, 신용장은 무역금융(trade finance)을 가능하게 한다. 신용장이 개설되는 경우 선적전 무역금융(pre-shipment finance)[9]과 선적후 무역금융(post-shipment finance)[10]이 용이하다.

셋째, 신용장방식의 수출거래는 수출보험 이용한도(인수한도, 보상한도)가 크다. 무신용장방식의 수출거래는 수입자의 신용도에 따라 수출보험 이용한도가 책정되고, 신용장방식의 수출거래는 개설은행은 신용도에 따라 수출보험 이용한도가 책정된다.

---

7) Michele Donnelly, *Certificate in International Trade and Finance*, ifs School of Finance, 2010, p.111

8) 자산규모 세계 100대 은행은 매우 안전하고, 통상 1,000대 은행에서 개설하는 신용장은 수리된다. 참고로 세계 은행 순위는 The Banker(http://www.thebanker.com/) 및 Bankers Almanac에서 발표한다.

9) 수출이행을 위한 운전자금으로 신용장방식의 무역금융, 내국신용장개설 등이 있다.

10) 수출이행(선적)후 수출채권을 현금화하는 금융으로 수출환어음매입(nego), 포페이팅(forfaiting), 수출팩토링(export factoring) 등이 있다.

2) 수입자(개설의뢰인)의 입장

일반적으로 개설은행은 신용장개설을 수입자에 대한 여신으로 취급한다. 따라서 신용장금액에 상당하는 금액이 수입자의 여신한도에서 소진되어 수입자의 현금흐름(cash flow)이 악화될 수 있다. 또한, 수입자는 개설수수료 등 신용장 관련 각종 수수료를 부담한다. 이와 같이 신용장은 수입자에게는 불리한 대금지급조건이 된다. 한편, 수입자는 신용장제공에 대한 대가로 가격 인하 등 유리한 계약조건을 요구할 수 있다. 또한, 신용장제공으로 수입 경쟁이 치열한 물품에 대한 수입계약체결이 가능할 수 있다. 그리고 신용장방식은 선지급방식보다는 유리하다. 선적서류에는 이상이 없으나 실제 계약내용과 일치하지 않는 물품 인수에 대한 위험을 감소시키기 위하여 정교한 서류의 제공을 요구할 수 있다.[11] 또한, 신용장 없이는 신용거래(외상거래)가 어려운 수입자도 신용장 제공에 의해 신용거래(연지급조건)를 제시할 수 있다. 연지급거래의 경우 수입자는 물품수령 후에 물품을 판매하여 그 대금으로 개설은행에 신용장 대금을 상환하고, 개설은행은 그 상환대금으로 신용장 대금을 지급할 수 있어, 수입자나 개설은행의 자금부담을 줄일 수 있다.

3) 개설은행의 입장

개설은행은 개설의뢰인인 수입자의 신용도를 심사하여 신용이 양호한 경우에는 별도의 담보 없이 신용장을 개설하고, 신용이 양호하지 않거나 신용한도에 여유가 없는 경우에는 담보를 제공받고 신용장을 개설한다. 개설은행은 신용장발행 수수료를 받게 되므로 신용장개설은 개설은행의 주요한 수입원이 된다. 또한, 개설은행은 신용장개설 및 신용장 대금지급을 통해 국제금융시장에서 평판을 쌓을 수 있게 된다.

이상과 같이 신용장은 관련 당사자에게 다양한 기능을 제공하여 국제거래의 활성화에 기여하고 있지만, 신용장의 독립·추상성을 악용한 신용장사기(fraud)는 신용장의 활성화에 장애가 되고 있다.

---

11) Michele Donnelly, *supra* note 7, p.111

4. 신용장의 당사자(UCP 600 제2조)

1) 개설의뢰인

개설의뢰인(applicant)은 신용장 개설을 신청한 당사자를 말한다. 통상 매수인이 개설의뢰인이 된다. 개설의뢰인은 자신의 거래은행에 신용장 개설을 의뢰하며, 개설은행은 개설의뢰인의 신용도를 심사하여 신용장개설 여부를 결정한다.

2) 수익자

수익자(beneficiary)는 신용장개설을 통하여 이익을 받는 당사자를 말한다. 다시 말해 신용장 대금을 청구하여 받는 자를 말한다. 통상 매도인이 수익자가 된다. 수익자는 신용장에 일치하는 서류를 개설은행 앞 제시하며 개설은행은 제시된 서류가 신용장과 일치하면 서류를 인수하고 대금을 지급한다. 신용장은 수익자를 위한 것이므로 수익자가 신용장에서 요구되는 서류를 제시하지 않는다고 하여 수익자가 개설은행 앞으로 신용장조건 불이행으로 인한 손해배상책임을 부담하는 것은 아니다. 단지 신용장 대금을 받지 못할 뿐이다.

3) 개설은행

개설은행(issuing bank)은 개설의뢰인의 신청 또는 그 자신을 위하여 신용장을 개설한 은행을 말한다. 개설은행은 개설의뢰인의 요청에 따라 매도인을 수익자로 하여 신용장을 개설하고 수익자가 신용장에 요구되는 서류를 제시하면 서류를 인수하고 신용장 대금을 지급한다. 따라서 개설은행은 신용장에서 채무자가 되고 수익자는 채권자가 된다.

4) 통지은행

통지은행(advising bank)은 개설은행의 요청에 따라 신용장을 통지하는 은행이다. 통지은행은 통상 수익자의 소재국에 있는 은행이 되며, 통지은행에서 선적서류를 매입하는 경우가 많다(통지은행이 매입은행이 되는 경우가 많다).

5) 확인은행

확인은행(confirming bank)은 개설은행의 수권 또는 요청에 의하여 신용장에 확인을 한 은행을 말한다. 그리고 확인(confirmation)이란, 일치하는 제시에 대하여 결제(honor) 또는 매입하겠다는 개설은행의 확약에 추가하여 확인은행이 하는 확약을 의미한다. 확인은행의 지급책임은 개설은행과 동일하다. 수익자가 확인은행 앞 신용장에서 요구하는 서류를 제시하여 신용장 대금의 지급을 청구하면 확인은행은 신용장 대금을 지급해야 한다. 통상 확인은행은 개설은행 보다 신용도가 높고, 개설은행의 신용도를 보완하는 역할을 한다. 개설은행은 통지은행에 확인요청을 하고 통지은행이 이를 수락하면 확인은행이 된다. 신용장이 확인은행에서 매입의 방법으로 이용 가능하다면, 확인은행은 상환청구권(recourse) 없이 매입하여야 한다(UCP 600 제8조제a항 ii)).

통상 개설은행으로부터 확인의 수권 또는 요청을 받은 은행은 통지은행이고, 그 통지은행이 확인을 추가하는 경우 확인은행이 된다. 확인의 수권 또는 요청을 받은 은행은 확인을 추가할 의무는 없지만, 확인을 추가하지 않기로 결정한 경우에는 지체없이 그 사실을 개설은행에 알려야 한다.[12]

(신용장 확인에 대한 보충설명)[13]

1) 49 field(49: Confirmation Instructions)에는 다음 중 하나 기재
   ① CONFIRM:
   - 수신인(통지은행)에게 확인 추가 요청(a request to add confirmation)
   - 확인을 추가하지 않는 경우 그 사실(확인 미추가 사실)을 개설은행에 통지할 것(UCP 600 Art 8(d)).
   ② MAY ADD:
   - 수신인(통지은행)에게 확인 추가 권한 부여(an authorization to add confirmation)
   - 수익자가 확인수수료를 부담하는 경우에 확인을 추가함. (통지은행은 확인을 추가하지 않은 채 신용장을 수익자에게 통지하고, 이후 수익자로부터 확인 추가 요청을 받으면, 수익자로부터 확인수수료를 받고 확인을 추가함)
   - 확인을 추가하지 않는 경우 그 사실(확인 미추가 사실)을 개설은행에 통지할 것(UCP 600 Art 8(d)).
   ③ WITHOUT:
   - 수신인(통지은행)에게 확인 추가 미요청 또는 확인 추가 권한 미부여
   - 확인을 추가할 수 없음.
2) 확인을 추가하는 경우("① CONFIRM"의 경우): covering letter에 다음의 내용을 기재하여 수익자에게 신용장 교부(다음 문안을 stamp로 날인하는 경우도 있음)
   "As requested by the Issuing Bank, we hereby add our confirmation to the Credit in

12) Gary Collyer, *Guide to Documentary Credits*, 5th ed, The London Institute of Banking & Finance, 2017, pp.141-142.

accordance with the stipulations under UCP 600 Art. 8."
3) 확인을 추가하지 않는 경우("① CONFIRM"의 경우): covering letter에 다음의 내용을 기재하여 수익자에게 신용장 교부(다음 문안을 stamp로 날인하는 경우도 있음)
"We have not added our confirmation to this Credit and consequently this Credit conveys no engagement on our part."
4) ② "MAY ADD"의 경우 통지은행은 다음의 내용을 기재하여 수익자에게 신용장 교부(다음 문안을 stamp로 날인하는 경우도 있음)
"We are authorized to add our confirmation to this credit, at your request. Upon our receipt of your request, the matter will receive our further consideration."

6) 지정은행

지정은행(nominated bank)은 일람지급, 연지급, 인수 또는 매입을 할 수 있도록 신용장에서 권한을 받은 은행을 말한다.[14] 신용장에서 이용가능한 은행을 정한 경우[15] 그 은행이 지정은행이 되며, 어느 은행에서나 이용가능하다고 정한 경우[16] 모든 은행이 지정은행이 된다. 지정은행이 정해져 있어도 수익자는 지정은행을 통하지 않고 직접 개설은행에 서류를 제시할 수 있다(UCP 600 제6조제a항).

그러나 지정은행이 반드시 지급, 인수, 또는 매입을 해야 하는 것은 아니다. 지정은행이 확인은행이 아니라면 지정은행이 수익자에게 결제 또는 매입할 것을 명시적으로 동의하고 이를 수익자에게 통지한 경우를 제외하고는 결제 또는 매입에 대한 수권이 지정은행에 결제 또는 매입할 의무를 부과하지는 않는다(UCP600 제12조제a항). 지정은행이 신용장과 일치하는 서류제시에 대하여 결제 또는 매입을 하고 그 서류를 개설은행에 송부하면 개설은행은 지정은행에 동대금을 상환해야 한다. 그리고 개설은행의 지정은행 앞 상환은 지정은행이 만기 이전에 선지급하거나 매입하였는지 여부에 관계없이 만기일에 상환한다(UCP 600 제7조제c항).

7) 매입은행

신용장에서 개설은행 이외의 은행이 추심 전 매입할 수 있다고 정한 경우 환어음

---

13) Gary Collyer, *Guide to Documentary Credits*, 5th ed, The London Institute of Banking & Finance, 2017, pp.138–145.

14) 박세운 외 4인, UCP 600 공식번역 및 해설서, 대한상공회의소, 2007, p.25

15) '~ available with ABC Bank'

16) '~ available with any bank'

또는 선적서류를 추심 전 매입하는 은행이 매입은행(negotiating bank)이다. 지정은행만이 환어음 또는 선적서류를 매입할 수 있으므로 매입은행은 지정은행 중 하나가 된다. 즉 지정은행의 범위가 매입은행의 범위보다 넓다. 그 이유는 지정은행은 매입 외에 지급 또는 인수도 할 수 있기 때문이다.

5. 당사자 간의 법률관계

1) 개설의뢰인과 수익자 간의 법률관계

개설의뢰인과 수익자는 신용장상 직접적인 권리의무관계가 없다. 양당사자는 신용장과 별개의 매매계약서에서 매매대금의 지급을 신용장방식으로 정하며, 매수인은 개설은행에 신용장개설을 의뢰하며, 개설은행은 매도인 앞으로 신용장을 개설한다.

신용장에 기해 매도인은 수출을 이행한 후 개설은행 앞으로 신용장에서 요구되는 서류를 제시하고 신용장 대금을 지급받는다. 매도인이 정상적으로 수출을 이행하였어도 제시된 서류가 신용장의 조건과 일치하지 않는 경우(즉 서류하자 시) 개설은행은 신용장 대금의 지급을 거절할 수 있다.

2) 개설의뢰인과 개설은행의 법률관계

개설의뢰인은 개설은행 앞 신용장 개설 요청을 할 때 신용장 개설약정을 체결한다. 개설의뢰인과 개설은행의 법률관계는 이 약정에 의해 결정된다. 통상 외국환여신거래약정서라는 양식을 이용하여 이러한 약정을 체결한다. 이 약정에 기해 개설의뢰인은 개설은행에 신용장 대금의 상환의무 등을 부담하고, 개설은행은 개설의뢰인의 지시에 따를 의무, 제시된 서류를 심사하고 신용장 대금을 지급할 의무를 부담한다. 개설은행은 개설의뢰인의 수임인의 지위에 있다고 볼 수 있다.

대법원에서는 신용장통일규칙상의 신용장 개설은행의 수익자에 대한 신속한 하자통지의무와 그 위반시의 권리상실에 관한 규정은 신용장 대금이 결제되기 전에 관한 것이고, 한편 개설의뢰인과 개설은행 간의 관계는 개설은행과 수익자 간의 신용장거래와는 본질을 달리하는 별개의 계약일 뿐 아니라 개설은행과 수익자 간의 신용장거래는 원칙적으로 개설의뢰인과 수익자 간의 원인관계로부터는 물론이고 개설의뢰인과 개설은행 간의 관계로부터도 독립하여 규율되고 있는 것이므로, 위 규정을 개설의뢰인과 개설은행 간의 관계에, 그것도 개설은행이 미리 신용장 대금을 지급한 다음 사후에 개설의뢰인에게 선적서류를 송부한 경우에 그대로 적용할 수는 없다고 판시하고 있다(대법원 1998. 6. 26. 선고 97다31298 판결).

3) 수익자와 개설은행의 법률관계

개설은행은 수익자 앞으로 신용장을 개설하는데, 그 내용은 신용장에서 정한 서류를 제시하면 개설은행이 대금을 지급하는 내용이다. 즉 신용장은 개설은행과 수익자간의 계약이며, 주된 당사자는 개설은행과 수익자이다. 그러나 수익자가 개설은행 앞 서류를 제시하는 것은 수익자 자신을 위한 것이므로 서류를 제시하지 않는다고 하여 개설은행이 손해배상책임을 부담하는 것은 아니다.

6. 신용장의 종류

1) 취소불능신용장과 취소가능신용장

취소불능신용장(irrevocable credit)이란, 신용장개설 후에 개설은행이 수익자의 동의 없이 신용장을 취소할 수 없는 신용장을 말한다. 그리고 취소가능신용장(revocable credit)이란, 개설은행이 수익자의 동의 없이 취소할 수 있는 신용장을 말하는 것으로 신용장으로서의 담보력이 없다. 신용장통일규칙 제2조에서도 신용장은 개설은행이 일치하는 제시에 대하여 결제하겠다는 확약으로서 **취소가 불가능한** 모든 약정이라고 규정하고 있어, 취소가능신용장은 신용장으로 인정하지 않고 있다. 신용장에 취소가능 여부에 대한 표시가 없으면 취소불능신용장으로 본다(UCP 600 제3조).[17] 신용장을 받은 경우 신용장문면에 취소가능이라는 문구가 있는지 확인해야 하며, '취소가능(revocable)'이라고 기재되어 있으며, 수입자에게 신용장 조건변경(amendment)을 요구해야 한다.

2) 화환신용장과 무화환신용장

화환신용장(documentary credit)이란, 지급제시의 조건으로 환어음, 운송서류 등 요구하는 신용장을 말하고, 무화환신용장(non-documentary credit)은 이러한 서류를 요구하지 않는 신용장을 말한다. 보증신용장(standby letter of credit)은 대표적인 무화환신용장이다. 한편, 무화환신용장을 클린신용장(clean credit)이라고도 한다.

---

17) "A credit is irrevocable even if there is no indication to that effect."

3) 확인신용장

확인신용장(confirmed credit)이란, 개설은행이 발행한 신용장에 대해 확인은행이 결제를 확인한 신용장을 말한다. 확인신용장에서는 개설은행 뿐만 아니라 확인은행도 결제의 책임이 있다. 통상 개설은행의 신용도자 낮은 경우 신용도가 높은 은행이 확인하여 개설은행의 신용도를 보완하는 역할을 한다. 또한, 수출자가 수출국의 은행에 신용장 대금을 청구하는 것을 원하는 경우 수입국의 은행에서 개설하고 수출국의 은행에서 신용장을 확인한다.

4) 일람지급신용장, 기한부신용장, 연지급신용장, 매입신용장, 인수신용장

신용장통일규칙에서는 신용장은 일람지급, 연지급, 인수 또는 매입에 의하여 이용가능한지 여부를 명시해야 한다고 규정하고 있어(제6조제b항), 신용장은 일람지급신용장, 연지급신용장, 인수신용장, 매입신용장으로 구분될 수 있음을 시사하고 있다.[18)]

일람지급신용장 (sight credit)	환어음 또는 선적서류가 개설은행에 제시되면, 개설은행이 선적서류와 상환으로 즉시 신용장 대금을 지급한다. 환어음이 요구되는 경우도 있고 요구되지 않는 경우도 있는데, 환어음이 요구되는 경우에는 일람출급환어음(sight draft, sight bill)이 요구된다.
인수신용장 (acceptance)	환어음과 선적서류가 개설은행에 제시되면 개설은행이 환어음을 인수하고 환어음의 만기일에 신용장 대금을 지급한다. 인수신용장에서 기한부환어음(time draft, time bill)이 사용되는데, 기한부환어음은 지급시기에 따라 '일람후정기출급환어음(at ○○ days after sight)', '일자후정기출급환어음(at ○○ days after B/L date)', '확정일출급환어음(at July 1, 20XX)'으로 구분할 수 있다. (1) Banker's Usance - 기한부환어음이 발행되지만 실제 대금지급은 at sight로 지급되며 인수수수료와 할인료는 개설의뢰인(buyer)이 부담한다. 결국 수출자 입장에서는 sight L/C와 별 차이가 없다. (문구) • Negotiation under this credit may be effected on at sight basis • Beneficiary's usuance draft must be negotiated on at sight basis • Acceptance commission and discount charge are for buyer's account (2) Shipper's Usance

18) 박세운 외 4인, UCP 600 공식번역 및 해설서, 대한상공회의소, 2007, p.48.

	- 기한부환어음이 발행되고, 수익자는 환어음의 만기일에 환어음상의 금액만 지급되며, 별도로 이자는 지급되지 않는다. 물론 이자를 감안하여 신용장금액 및 환어음금액을 결정하는 것은 별개이다. (3) 인수신용장 예시 41a: Available with ----- By ----- ABC Bank, Korea By Acceptance 42C: Drafts at --- 120 Days from B/L Date 42a: Drawee ABC Bank
연지급신용장 (deferred payment credit)	선적서류가 개설은행에 제시되고 일정기간 경과 후에 개설은행이 신용장 대금을 지급한다. 연지급신용장에서는 환어음이 발행되지 않는다는 점에서 인수신용장과 다르다.
매입신용장 (negotiation credit)	환어음과 선적서류를 매입하는 은행을 지정한 신용장을 말한다. 매입은행을 특정은행으로 제한할 수도 있고, 모든 은행으로 정할 수도 있는데, 전자를 매입제한신용장, 후자를 자유매입신용장이라고 한다.
예시	(예시 1) (인수신용장) 41a: Available with …… By …… Korea Exchange Bank, Korea by acceptance 42C: Drafts at --- 120 Days after Sight 42A: Drawee Korea Exchange Bank (예시 2) (환어음을 요구하는 지급신용장) 41a: Available with …… By …… Korea Exchange Bank, Korea by payment 42A: Drawee Korea Exchange Bank (예시 3) (연지급신용장) 41a: Available with …… By …… Korea Exchange Bank, Korea by deferred payment 42P: Deferred Payment Details 90 Days from B/L Date (예시 4) (환어음을 요구하는 매입신용장-환어음의 지급은행과 매입은행은 동일한 은행이 아닐 것) 41a: Available with …… By …… Korea Exchange Bank, Korea by negotiation 42A: Drawee ABC Bank

* usance credit (usance L/C): "acceptance credit"을 의미하는 것으로 사용하는 기관도 있고, "acceptance credit"과 "deferred payment credit"을 모두 포함하는 의미로 사용하는 기관도 있음.

5) 양도가능신용장, 양도불능신용장

양도가능신용장(transferable credit)이란, 신용장자체에 "양도가능(transferable)"이라고 특정하여 기재하고 있는 신용장을 말한다(UCP 600 제38조제b항). 신용장이 양도가능하기 위해서는 반드시 신용장에 "양도가능"이라고 명시되어야 한다. 그렇지 않으면 양도불능신용장이다. 양도가능신용장은 수익자(제1수익자)의 요청에 의하여 전부 또는 부분적으로 다른 수익자(제2수익자)에게 이용하게 할 수 있다(UCP 600 제38조제b항). 양도시에 달리 명시하지 않으면 양도에 관련된 수수료는 제1수익자가 부담한다. 그러나 신용장양도(transfer of credit)와 신용장 대금양도(assignment of proceed)는 구별해야 한다. 신용장양도는 신용장상의 지위를 모두 이전하는 것이고 신용장 대금양도는 신용장상 지급받을 대금채권만 양도하는 것이다.

6) 내국신용장

내국신용장(Local L/C)은 수출자가 국내에서 생산되는 수출용 완제품 또는 수출용 원자재를 국내의 다른 공급업체로부터 구매할 때, 공급업체를 수익자로 하여 개설되는 신용장이다. 내국신용장은 수출자의 신용도를 보완하는 역할을 하며 수출자가 개설의뢰인이 된다. 국내업체 간 이용된다는 점을 제외하고는 일반신용장과 그 특징이 동일하다. 내국신용장은 그 내용에 따라 원자재 내국신용장과 완제품 내국신용장으로 구분한다. 내국신용장의 기능을 보면, 공급업체인 수익자에게는 ① 수출실적으로 인정받고 ② 은행이 대금지급책임을 부담하므로 대금지급이 확실해 지고 ③ 무역금융의 융자대상으로 인정받고 ④ 부가가치세 영세율을 적용받게 된다. 그리고 구매업체(수출자)인 개설의뢰인에게는 ① 수출용원자재 또는 완제품을 쉽게 조달할 수 있고 ② 무역금융의 하나로 내국신용장이 개설되고 ③ 부가가치세 영세율을 적용받는다.

내국신용장과 유사한 것으로 구매확인서가 있는데, 구매확인서라 함은 내국신용장을 개설할 수 없는 상황 하에서 수출용 원자재구매의 원활을 기하고자 수출자의 거래은행이 내국신용장에 준하여 발급하는 증서를 말한다.

※ 내국신용장(local L/C)과 구매확인서(approval of purchase)

내국신용장에 의하지 아니하고 국내에서 외화획득용 원료 또는 물품을 공급하는 경우에 외국환은행의 장이 내국신용장에 준하여 발급하는 것을 말한다. 내국신용장은 개설의뢰인의 화환신용장을 근거로 하여 발급되지만, 구매확인서는 원료·기재의 구매자의 신청에 의하여 수출신용장, 수출계약서, 외화매입증명서, 내국신용장, 구매확인서 등을 근거로 하여 발급된다. 이는 화환신용장의 결여로 수출지원금융의 융자대상에서 제외되는 데에서 오는 불이익을 보완하기 위한 제도이다. 구매확인서에 의한 공급실적은 내국신용장에 의하여 공급한 것과 동일한 것으로 보아 수출업자에 대한 수출실적으로 인정되며, 부가가치세에 있어서도 영세율의 적용대상으로 규정하고 있다(발급된 구매확인서에 의해 2차 구매확인서를 발급받을 수 있다).

(신용장(L/C), 내국신용장(Local L/C)과 구매확인서(Approval of Purchase) 거래 절차)

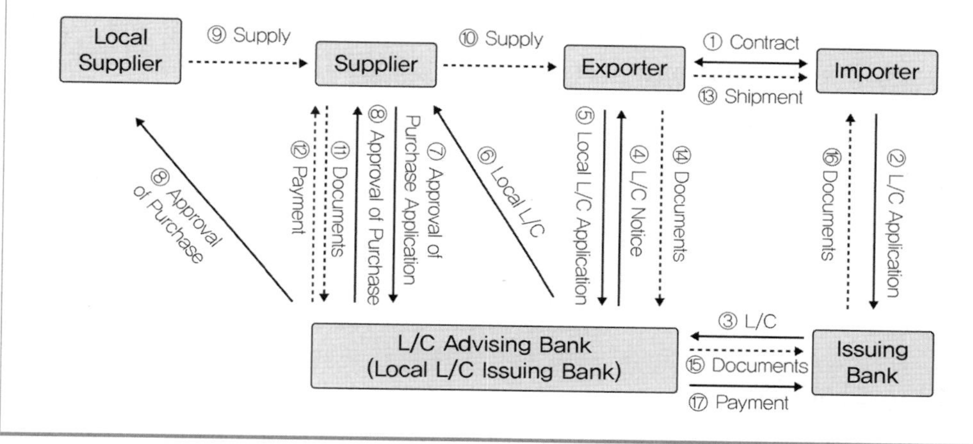

7) 백투백신용장

원신용장의 수익자(수출자)가 수출물품의 생산자가 아닌 경우 원신용장을 담보로 물품공급업체를 수익자로 하는 제2신용장이 제공되는 경우 원신용장을 백투백신용장(back to back credit)이라고 한다.[19] 오늘날에는 국가간의 수출입의 균형을 유지하기 위한 연계무역에 사용되는 신용장을 의미하는 것으로 사용된다(예를 들어, 우리나라에서 수입신용장을 개설하는 경우, 외국에 있는 수출자가 우리나라의 상품을 수입하는 신용장을 개설해야 비로소 우리나라에서 개설된 수입신용장이 유효하다는 조건부신용장을 말한다). "Countervailing credit" 또는 "overiding credit"이라고도 한다.[20]

---

19) Michele Donnelly, *supra* note 7, p.114.

20) Carole Murray, et. al, *Schmittoff's Export Trade: The Law and Practice of International Trade*, 11th ed., Thomson Reuters, 2010, p.227.

(제1유형)

① 개설은행 → 수출자: L/C 제공(Back to Back L/C) ② 수출자 → 공급업체: L/C 제공(Back to Back L/C를 담보로 수출자의 거래은행에서 L/C 개설(Local L/C))

(제2유형)

한국(수입자) → 중국(수출자): 수입 L/C 제공(중국에서도 연계무역용 L/C를 한국(수출자)에게 제공해야 한국(수입자)가 제공한 수입 L/C 유효(이 신용장을 Back to Back L/C)

8) 토마스신용장

토마스신용장(Thomas Credit)은 백투백신용장과 유사하나, 토마스신용장에서는 신용장 개설을 조건으로 하지 않고, 신용장을 개설하겠다는 보증서를 제출하는 조건부로 하는 신용장을 말한다. 'Thomas'란 용어는 최초로 이 방식을 중국과 거래를 성사시킨 일본 무역회사의 전신약호에서 유래되었다.[21)]

예시) 한국(수입자) → 중국(수출자): 수입 L/C 제공(중국에서도 연계무역용 L/C를 개설하겠다는 보증서를 제공해야 수입 L/C 유효)

9) 선대신용장

선대신용장(red clause credit, advance payment credit, packing credit, anticipatory credit[22)])이란, 신용장 통지은행(또는 매입은행)이 수출자에게 선지급하도록 허용하는 조항을 포함하는 신용장을 말한다.[23)] 이러한 선지급조항이 적색으로 기재되어 "red clause credit"라고 부르게 되었다. 수출자가 수출계약을 이행하기 위해서는 물품의 생산, 구매 등에 자금이 소요되므로 자금이 부족한 수출자에게 이러한 자금을 제공하는 신용장이다.

10) 회전신용장

회전신용장은 신용장금액 범위내에서 반복적으로 사용할 수 있는 신용장으로 지속적으로 거래를 하는 수출입자간에 반복적으로 신용장을 개설하는 불편함을 해결하기 위하여 사용된다.[24)] 어느 순간에도 청구금액은 신용장금액을 초과할 수 없으나, 신용

21) 무역실무, 박대위, 법문사, 1997, p.276.

22) Carole Murray, et. al, *supra* note 18, p.226.

23) Michele Donnelly, *supra* note 7, pp.114, 128.

24) Carole Murray, et. al, *supra* note 18, p.225.; Michele Donnelly, *supra* note 7, p.115.

장 청구금액이 결제되면 그 금액만큼 신용장 이용한도가 증액된다. 일종의 신용장 마이너스 한도로 이해할 수 있다.

11) 기업발행신용장(또는 비은행발행신용장)

기업발행신용장이란 비은행(non-bank)에서 발행한 신용장을 말한다. 신용장통일규칙에서 기업발행신용장을 인정할 수 있느냐에 대해 의견이 분분하였으나, 2002년 10월 30일에 ICC 은행위원회 정책서에서 기업발행신용장을 인정할 수 있다는 공식의견을 내렸다.[25] 제6차 신용장통일규칙 개정 초안에서 기업발행신용장을 인정하였으나 최종안에는 반영되지 않았다.

기업발행신용장이 문제가 된 것은 미국에서 SWIFT MT 700(Issue of a Documentary Credit) 포맷을 이용하여 발행한 신용장이 통지은행을 통해 통지되고 있기 때문이었는데, 현재는 SWIFT MT 710(Advise of a third bank's, a nonbank's documentary credit)을 이용하도록 하여 은행발행신용장과 구분하고 있다.[26] MT 710은 기업이 신용장을 발행할 뿐만 아니라 비은행금융기관이 발행하는 경우에도 사용되고 있다(참고로 신용장통일규칙에서는 'Issuing Bank'라는 용어를 사용함에 비해, 보증신용장통일규칙 및 미국 통일상법전에서는 "Issuer"라는 용어를 사용하여 은행 이외의 자도 보증신용장 또는 신용장개설이 가능한 것으로 보인다).

은행보다도 신용이 좋은 기업이 신용장을 발행하는 경우 신용장개설 수수료를 절약할 수 있으며, 신용장 발행금액이 여신으로 계상되지 않아 기업의 재무비율이 좋아지게 된다. 수익자 입장에서도 신용장을 통해 서류가 완벽하면 대금을 지급받게 되므로 신용장의 효용을 그대로 누릴 수 있다. 그러나 신용장을 발행한 기업은 기본거래의 당사자가 되므로 신용장의 독립성을 완전히 보장받을 수는 없다. 그리고 은행은 신용장발행을 전문으로 하고 있기 때문에 신용장거래에서 평판이 매우 중요하다. 그러나 기업은 신용장발행을 전문으로 하는 것이 아니므로 신용장에서의 평판이 상대적으로 덜 중요하다. 이에 따라 신용장 대금지급거절의 가능성이 높다.

---

25) 한국금융연수원, 신용장업무 1, 2007, p.30.
ICC 의견서 '비은행발행신용장이 신용장통일규칙에서 예상되지 않았지만 비은행이 신용장통일규칙이 적용되는 신용장을 발행하는 것은 신용장통일규칙을 위반하는 것은 아니다.'

26) 한국금융연수원, 신용장업무 1, 2007, p.30.

7. 신용장통일규칙

국제거래에서 신용장이 널리 사용되지만 대부분의 국가에서 신용장을 규율하는 법을 별도로 제정하지 않고 있다.[27] 이에 따라 신용장에 적용되는 법률이 국가마다 상이하여 신용장거래의 안정성을 저해하고 있어 공통적으로 적용되는 통일규칙의 제정이 필요하게 되었고, ICC에서는 1933년에 신용장통일규칙을 제정하였다. 실무적으로 모든 신용장에서 신용장통일규칙의 적용을 명시하고 있는 바, 이 경우 신용장통일규칙은 신용장의 내용에 편입되므로 결과적으로 신용장통일규칙은 각국의 법에 우선하여 적용된다.

---

27) 우리나라는 신용장에 적용되는 규정을 별도로 두고 있지 않으며, 미국에서는 통일상법전 제5편에서 신용장에 관해 규정하고 있다.

제2절 신용장의 기본원칙

1. 독립성과 추상성

신용장의 독립성(the principle of the independence, the autonomy of the credit)이란, 신용장은 기본거래인 매매계약이나 기타 거래와는 별개의 독립된 거래라는 것이다.[28] 은행은 이러한 매매계약에 관여되어서도 안 되고, 구속되지도 않는다.[29] 은행은 수익자가 제시한 서류가 신용장과 일치하는지 여부만 심사하며 개설은행은 수익자의 기본계약불이행(즉 수출계약불이행)을 사유로 신용장 대금의 지급을 거절할 수 없다.

신용장통일규칙(UCP 600) 제4조에서는 "신용장은 그 본질상 그 기초가 되는 매매 또는 다른 계약과는 별개의 거래이다. 신용장에 그러한 계약에 대한 언급이 있더라도 은행은 그 계약과 아무런 관련이 없고, 또한 그 계약 내용에 구속되지 않는다. 따라서 신용장에 의한 결제(honour), 매입 또는 다른 의무이행은 개설의뢰인과 개설은행, 수익자 사이에서 발생된 개설의뢰인의 주장이나 항변에 구속되지 않는다. 수익자는 어떠한 경우에도 은행들 사이 또는 개설의뢰인과 개설은행 사이의 계약관계를 원용할 수 없다."고 규정하여 신용장의 독립성을 명시하고 있다. 신용장에서 독립성을 기본원칙으로 하는 이유는 기본거래에서 발생하는 문제를 들어 신용장 대금의 지급을 거절하는 것을 막기 위한 것이다. 신용장에서 독립성이 없다면 결국 신용장의 담보력은 약화되어 신용장 도입의 목적을 달성할 수 없게 될 것이다.

신용장의 추상성이란, 신용장은 서류거래이고, 물품이나 용역으로 거래하는 것이 아니라는 것이다. 즉 신용장 대금의 지급조건으로 서류만 요구하며, 매매계약에서 물품이나 용역의 제공을 요구하는 것과는 다르다. 신용장통일규칙 제5조에서 "은행은 서류로 거래하는 것이며 그 서류가 관계된 물품, 용역, 의무이행으로 거래하는 것은 아니다."라고 규정하여 신용장의 추상성을 명시하고 있다.

---

28) Carole Murray, et. al, *supra* note 18, p.189.

29) Daniel C.K. Chow, Thomas J. Schoenbaum, *International Business Transactions: Problems, Cases, and Materials*, 2nd ed., Wolters Kluwer, 2010, p.242.

(은행의 서류심사)

1) 서류심사 개요

신용장거래는 물품, 용역 또는 기타의 의무이행과 관계없이 서류로 의해 거래하는 것이다(UCP 第5조). 이에 따라 서류가 신용장조건과 일치하는지를 판단하는 것이 매우 중요하다. 은행(개설은행, 지정은행, 확인은행 등)은 서류가 문면상 일치하는지 여부를 심사한다(UCP 第14조a). 그리고 은행은 어떠한 서류이든지 다음에 대하여는 책임을 부담하지 않는다(UCP 第34조).

① 어떤 서류의 방식, 충분성, 정확성, 진정성, 위조 여부 또는 법적 효력 또는 서류에 명시되거나 위에 추가된 일반 또는 특정조건
② 어떤 서류에 나타난 물품, 용역 또는 다른 이행의 기술, 수량, 무게, 품질, 상태, 포장, 인도, 가치 또는 존재 여부
③ 물품의 송하인, 운송인, 운송중개인, 수하인 또는 보험자 또는 다른 사람의 선의 또는 작위 또는 부작위, 지불능력, 이행 또는 지위(standing)

2) 지급거절

개설은행(또는 확인은행)은 서류접수일 다음날로 기산하여 최장 5은행영업일 이내에 서류하자통지를 해야 한다(UCP 第14조). 서류하자 통지는 단 1회만 가능하므로 한 번에 모든 하자를 기재하여 통보하여야 한다. 2회 이상 하자통지한 경우 첫 번째 통지만 유효하다.

(독립성과 추상성)

독립성	신용장은 기본계약(매매계약)과는 별개 신용장은 기본계약의 영향을 받지 않음
추상성	개설은행은 제시된 서류만 심사하여 지급 여부 결정 물품검사, 기본계약의 이행 여부 심사 없음

2. 엄격일치의 원칙

1) 의의

엄격일치의 원칙(strict compliance rule, doctrine of strict compliance[30])은 신용장에서 요구되는 서류는 신용장조건과 엄격하게 일치해야 한다는 것이다. 신용장은 실물거래가 아닌 서류만의 거래이므로 신용장을 악용한 사기적 거래가 이루어질 가능성이 높다. 이

30) Carole Murray, et. al, *supra* note 18, p.189.

에 따라 신용장에서 요구되는 서류는 신용장조건과 엄격하게 일치하여야 한다. 이는 형식적으로 일치해야 한다는 것을 의미할 뿐이므로 서류의 진정성 여부는 따지지 않는다.

2) 엄격일치의 정도

개설은행은 물품을 보지 않고 서류만 보게 되므로 신용장 서류가 신용장조건과 '완전일치(perfect tender)' 또는 '엄격일치(strict compliance)'할 것을 주장한다.[31] 신용장통일규칙 제14조제a항에서는 은행은 '서류에 대하여 문면상 일치하는 제시가 있는지 여부를 단지 서류만에 의해서 심사하여야 한다.'고 규정하고 있을 뿐, "일치(compliance)"에 대해서는 별도로 정의하지 않고 있다. 즉 어느 정도의 일치를 요구하는지는 명확히 규정하고 있지는 않다. 이에 따라 "일치"의 정도는 국제은행표준관습에 맡겨져 있다(대법원 2003. 11. 14. 선고 2002다7770 판결).[32] 물품의 명세를 나타내는 가장 주된 서류는 상업송장이므로 상업송장상의 물품의 명세는 구체적이고 신용장상의 물품명세와 일치해야 한다. 상업송장상의 물품, 서비스 또는 의무이행의 명세는 신용장상의 그것과 일치하여야 한다(UCP 600 제18조제c항). 그러나 여기에는 영미 보통법상의 "경상의 법칙(mirror image rule)"은 적용되지 않으며, 거울에 비치듯이 일치해야 하는 것은 아니다.[33]

영국 법원은 J.H. Rayner & Co. Ltd. v. Hambro's Bank, Ltd(1943)사건[34]에서 비록 각 라벨에 동일한 물품이 사용되기도 하지만 "machine shelled groundnut kernels"와 "Coromandel groundnuts"은 동일한 물품명세가 아니라고 판결한 바 있다.[35] 그리고 미국 법원에서는 Hanil Bank v. Pt. Bank Negara ndonesia(1998)사건에서는 신용장에서 실수로 수익자를 "Sung Jin Electronics"라고 기재하였고, 제시된 서류에서는 정확

---

31) Ralph H. Folsom, et. al, *International Business Transactions: A Problem Oriented Coursebook, 11th ed,* West Group, 2012, p.230.

32) '신용장 첨부서류가 신용장조건과 문언대로 엄격하게 합치하여야 한다고 하여 자구 하나도 틀리지 않게 완전히 일치하여야 한다는 뜻은 아니며, 자구에 약간의 차이가 있더라도 은행이 상당한 주의(reasonable care)를 기울이면 그 차이가 경미한 것으로서 문언의 의미에 차이를 가져오는 것이 아니고 또 신용장조건을 전혀 해하는 것이 아님을 문면상 알아차릴 수 있는 경우에는 신용장조건과 합치하는 것으로 보아야 하고, 그 판단은 구체적인 경우에 신용장조건과의 차이가 국제적 표준은행거래관습에 비추어 용인될 수 있는지 여부에 따라야 할 것인데,'

33) "There is no requirement for a mirror image." (ISBP 745, C3).

34) J.H. Rayner & Co. Ltd. v. Hambro's Bank, Ltd, 1 K.B.36 (1943)

35) Ralph H. Folsom, et. al, *International Business Transactions*, 8th ed, West Group, 2009, p.136.

하게 "Sung Jun Electronics"라고 기재한 사건에서도 서류가 신용장조건과 일치하지 않는다고 판시하였다.[36)]

한편, 신용장에서는 "FOB Shimonoseki"로 정하고 있는데, 상업송장에서 "FOB Japan"으로 기재된 사안에서 ICC의 은행위원회에서는 비록 위원 전원일치의 의견이 아니고 다수의견이지만 이 상업송장은 불일치하지 않는다고 보았다.[37)](이 사건에서 제시된 선하증권 상 선적항이 "Shimonoseki"로 기재되었고, 이 선하증권으로 선적항이 "Shimonoseki"임을 알 수 있기 때문에 불일치가 아니라고 보았다. 만약, 선하증권 상에도 선적항이 "Japan port"으로 기재되었다면, 불일치로 보았을 것이다.)

(엄격일치 관련 대법원 판결)

1) 2003다63883 판결

신용장의 수익자이자 상업송장의 송하인 및 보험증권의 피보험자로 되어 있는 'SIN YOUNG TEXTILE LTD.'와 상업송장의 서명과 보험증권의 백지식 배서에 기재된 'SIN YOUNG TEXTILE CO., LTD.'는 회사 명칭의 기재에 일부 차이가 있기는 하나, 신용장의 요구서류들을 대조하여 보면 같은 주소를 가지는 동일한 회사임을 쉽게 알 수 있어 불일치하지 않는다(대법원 2004. 6. 11. 선고 2003다63883 판결).

2) 2005다6327 판결

신용장의 상품명세란에 기재된 포장상태가 상업송장에 기재된 상품명세에는 누락되어 있는 경우, 별도의 첨부서류인 포장명세서에 신용장과 동일한 포장에 관한 사항이 기재되어 있다고 하더라도 상업송장이 아닌 다른 서류에 의하여 상업송장의 하자를 보완할 수는 없으므로 신용장 조건과 상업송장 사이에 불일치가 있다(대법원 2006. 4. 28. 선고 2005다6327 판결).

3) 2002다7770 판결

'국제표준은행관행{International Standard Banking Practice (ISBP) for the examination of documents under documentary credits, ICC Publication No. 645(2003)}'은 신용장 선적서류의 심사와 관련하여 선적서류상의 철자오류 또는 타자 실수 등에 대한 국제표준은행관행으로서 선적서류에 단어나 문장에 있어서의 철자 오류 그리고(또는) 타자 실수에 의하여 그 의미에 영향을 주지 않는 기재의 차이가 있는 경우 그러한 오류는 해당 문서를 하자서류로 만들지 않지만, 상품 명세에 대한 기재의 오류(예를 들어 "model

36) Ralph H. Folsom, et. al, *supra* note 33, p.138.

37) ICC, ICC Banking Commission Collected Opinions 1995-2001, 2002, ICC Publishing S.A. p.368.

321" 대신 "model 123"이라고 기재되어 있는 경우)는 타자상의 오류로 간주되지 않을 것이고 동 문서는 하자서류로 인정될 것이라고 규정하고 있는바, 위와 같은 국제표준은행관행에 비추어 신용장에 첨부된 선적서류상에서 신용장 조건과 불일치가 있는 경우 그와 같은 기재상의 불일치가 신용장과 해당 서류의 성격상 요구되는 기본적 사항이 아니거나 문서를 작성하는 과정에서 발생한 단순하고 명백한 기재상의 실수로 인정되는 경우에는 선적서류와 신용장 조건의 불일치로 볼 수 없으나, 그와 같은 기재상의 불일치에 대하여 서류심사를 하는 은행의 입장에서 오류임이 명백하지 않거나 그 기재상의 차이로 인하여 의미상의 중요한 변화가 있을 수 있는 경우에는 신용장 조건과 선적서류상의 불일치에 해당한다고 보는 것이 타당하다(대법원 2003. 11. 14. 선고 2002다7770 판결).

제3절 신용장의 독립성의 예외

1. 독립성의 문제점

신용장거래는 원칙적으로 서류에 의한 거래이고, 그 기본계약인 매매계약과는 독립적이다. 따라서 신용장에서 요구한 서류가 제시되면 기본계약의 이행과는 별개로 개설은행은 신용장 대금을 지급해야 한다. 이러한 신용장의 독립성은 신용장의 담보력을 강화시키는데 큰 기여를 하였지만, 서류를 위조하거나, 실물거래 없이 서류만 작성하거나, 서류가 실물거래와 전혀 일치하지 않는 등 수익자가 신용장의 독립성을 악용하는 사례가 늘어나게 되어 국제거래의 문제로 남게 되었다. 이에 따라 신용장의 독립성의 예외를 인정해야 한다는 주장이 제기되었으며, 많은 국가에서 일정한 경우에 이에 대한 예외를 인정하고 있다. 다만, 아직도 신용장통일규칙에서는 독립성의 예외를 규정하지 않고 있는바, 이는 각국의 국내법 및 법원에 맡겨져 있다.[38)]

2. 독립성의 예외(Fraud Exception, Fraud Rule)

신용장의 독립성의 원칙은 신용장거래에서 서류위조 등 신용장사기를 초래하였다. 비록 신용장과 엄격히 일치된 서류가 제시되었다고 하더라도 서류가 위조되었거나 기본거래에서 사기가 있는 경우까지 개설은행에 신용장 대금지급책임을 인정하는 것은 지나치다는 인식이 널리 퍼졌다. 이에 따라 독립성에 대한 사기예외(fraud exception, frude rule)는 일반적으로 인정되고 있다. 다만 사기예외의 범위를 어느 정도까지 인정할 것인지에 대해 다툼이 되고 있을 뿐이다.[39)]

신용장에서 사기의 관념은 1952년 이후 널리 확대되었으며, 이에 따라 그 전에는 소송에서 다툴 수 없었던 건들도 소송에서 다투어지고 있다. 사기와 계약위반은 다른 개념이다. 신용장 사기는 매도인의 심리상태를 고려하지만, 계약위반은 객관적인 기준에 의해 정해진다. 그러나 현대에 와서는 매도인의 심리상태를 넓게 인정하고 있어, 매도인의 나쁜 의도뿐만 아니라 특정 사실이 진실이 아닌 것을 알면서도 진술하는

---

38) ICC, *supra* note 35, p.53-55.

39) Ralph H. Folsom, et. al, *supra* note 33, p.157.

것, 특정 사실이 진실이 아님에도 불구하고 진실이라고 믿는 것까지 포함되는 것으로 보고 있다.[40)]

통상 수입자가 신용장사기를 주장하는데, 수입자가 아무런 증거제시 없이 서류가 위조되었다고 주장하는 경우 개설은행은 신용장 대금을 지급해야 할 것이다. 한편, 서류가 위조된 것으로 밝혀졌지만, 제3자의 위조로 인하여 수익자가 이를 모르는 경우 신용장 대금을 지급해야 하는지 논란이 되고 있다.

3. 미국에서의 독립성의 예외

미국에서는 Sztejn v. J. Henry Schroder Banking Corporation et al.[41)] 판례(1941)에서 신용장은 기본거래와는 독립적이고, 신용장의 독립성은 신용장의 무역금융장치(the instrument for the financing of trade)로서 효율성을 제고하기 위해 필요하다고 보았다. 그리고 매도인은 매수인이 주문한 강모(britles)를 선적하지 않고 소털, 기타 쓰레기(rubbish) 등을 선적하였는데, 이는 단지 물품의 담보책임 문제와는 달리 매도인의 기망행위를 인정할 수 있으므로 신용장의 독립성을 부정하였다. 그러나 서류가 위조되거나 사기적인 경우 개설은행이 이를 모르고 신용장 대금을 지급한 경우, 개설은행이 주의의무를 다하였다면 개설은행은 보호받아야 한다고 판시하였다(다시 말해 이 경우 개설은행은 개설의뢰인에 대해 신용장 대금의 상환을 청구할 수 있다).

한편, 개정 미국 통일상법전에서는 요구된 서류가 위조(forgery) 또는 중대한 사기

---

40) Ralph H. Folsom, et. al, *supra* note 33, p.163.

41) 31 N.Y.S. 2nd 631(1941)
원고 미국의 Sztejn은 1941.1.7.자에 인도의 Transea Traders로부터 강모(bristles) 구매계약을 체결하였다. 그리고 대금지급을 위해 피고 J. Henry Schroder Banking Corporation앞 신용장개설을 의뢰하였다. 매도인 Transea Traders는 계약상의 물품인 강모(bristles) 대신 소털 기타 쓸모없는 재료 및 쓰레기(cowhair, other worthless material and rubbish)를 선적하였으나, 서류상으로는 강모를 선적한 것으로 기재하였다. 그리고 자신의 거래은행인 Chartered Bank에게 환어음과 위조된 서류를 제시하여 추심의뢰하였고, Chartered Bank는 환어음과 서류를 개설은행에 제시하였다. 매수인은 서류의 위조사실을 알고 개설은행 지급거절을 요청하였으나 개설은행은 신용장 대금을 지급하였다.
법원에서는 신용장은 독립성을 본질로 하고 있어 서류만 일치하면 물품이 불일치하더라도 개설은행이 대금을 지급해야 하지만, 전혀 다른 물품을 선적하고 서류를 위조한 경우 개설은행은 서류가 제시되기 전에 이러한 사실을 통지받았다면 신용장 대금을 지급하지 않아야 한다고 판시하였다. 다시 말해 신용장사기인 경우에는 신용장의 독립성의 예외를 인정하였다. 그러나 개설은행이 이러한 사실을 모르고 대금을 지급하였다면 개설은행에 책임을 물을 수 없으며 이 경우 개설은행은 개설의뢰인에게 신용장 대금의 상환을 청구할 수 있다고 보았다.
한편, 추심의뢰은행인 Chartered Bank에 대해 동 은행은 환어음을 양도받은 것이 아니고 단지 추심을 의뢰받은 것이므로 환어음의 정당한 소지인(holder in course)은 아니라고 판시하였다.

(material fraudulent)인 경우 신용장 대금의 지급을 거절할 수 있다고 규정하고 있다(UCC 5-109).[42] 그리고 서류의 위조는 누구에 의해 위조되어도 지급정지가 인정될 수 있지만, 기본거래에서의 사기는 오직 수익자에 의해 행해진 경우에만 지급정지가 인정될 수 있다. 그러나 '어느 정도의 사기'가 있는 경우에 독립성을 부정할 것인지 논란이 되고 있다. 또한 통일상법전에서는 사기(fraud)에 대해서는 정의하고 있지 않으므로 이는 판례법에 따라 해결해야 할 것이며 각 주마다 약간의 차이는 있을 것이다.

미국 통일상법전에 따른 사기의 예외의 적용에 있어서는 다음과 같은 한계가 있다.[43] 첫째, '중대한 사기(material fraudulent)'에서 '중대한(material)'에 대해 정의하지 않아 어느 정도가 중대한 것인지 다툼이 되고 있다. 그 의미에 대해서는 사안별로 달리 접근해야 하는 것으로 보고 있다. 둘째, 주채무자(개설의뢰인)는 단지 사기의 주장에 그쳐서는 안 되며, 사기에 대한 증거를 제시해야 한다. 셋째, 지급정지명령에 대한 절차적 요건들을 갖추어야 한다. 넷째, 당사자들이 적정하게 보호받지 않으면 구제요청은 부인되어야 하며, 확인은행이나 통지은행이 대금을 지급했으면 구제수단이 인정되면 안 된다. 즉 이러한 확인은행이나 통지은행에 대해서는 기지급한 대금을 상환해야 한다.

42) 미국 통일상법전(Uniform Commercial Code) 제5편 (신용장)의 제109조(사기 및 위조)에서는 사기적인 청구 및 지급거절사유에 대해 다음과 같이 규정하고 있다.
(a) 문면상으로는 신용장의 조건에 엄격히 일치하는 것처럼 보이지만 요구된 서류가 위조(forgery) 또는 중대한 사기(material fraudulent)이거나 제시된 서류의 인수·지급이 수익자의 개설인(issuer) 또는 개설의뢰인(applicant)에 대한 중대한 사기를 용이하게 하는 경우
(1) 개설인은 다음의 하나에 해당하는 경우 지급할 의무가 있다. i) 위조 또는 중대한 사기의 통지없이 선의로 대가를 지급한 지정인(nominated person), ii) 선의로 지급을 확약한 자 iii) 신용장에 따라서 발행된 환어음, 즉 개설인 또는 지정인이 인수한 후의 환어음의 정당한 소지인 iv) 연지급의 양수인으로서 개설인 또는 지정인의 의무를 부담한 후 대가를 주고 위조 또는 중대한 사기를 모르고 그 의무를 부담하는 양수인
(2) 그 외의 경우에 선의로 행하는 개설인은 그 서류와 상환으로 지급하거나 또는 지급을 거절할 수 있다.
(b) 만약 개설의뢰인이 요구된 서류가 위조 또는 중대한 사기가 있거나 또는 제시의 인수·지급이 수익자의 개설인 또는 의뢰인에 대한 중대한 사기를 용이하게 한다고 주장하는 경우에는 관할권이 있는 법원은 다음과 같은 요건이 충족된 경우에 한하여 임시적으로 또는 영구히 개설인으로 하여금 제시를 인수·지급하는 것을 금지시키거나 개설인 또는 다른 당사자에 대한 유사한 구제수단을 허용할 수 있다.
(1) 그 구제수단이 인수된 환어음이나 개설인이 부담하는 연지급의무에 적용될 준거법에 의하여 금지된 것이 아닐 것
(2) 구제수단이 허용됨으로 인하여 불이익을 보게 될 수익자, 개설인 또는 지정인이 그로 인하여 입을 지도 모르는 손실로부터 적절히 보호될 수 있을 것
(3) 미국법상 구제수단을 허용하는 모든 조건이 충족될 것
(4) 법원에 제출된 정보에 근거하여, 위조나 중대한 사기를 주장함에 있어서 의뢰인이 성공하지 못할 가능성이 확실하지 않고 지급을 청구하는 당사자가 위 (a)(1)에 규정된 보호를 받을 자격이 없을 것

43) Ralph H. Folsom, et. al, *supra* note 33, p.160.

4. 영국과 캐나다에서의 독립성의 예외

영국이나 캐나다 법원은 기본적으로 미국의 판례를 기초로 하여 사기예외에 대한 판결을 하였다. 그러나 원칙적으로 수익자 자신이 사기를 행하였거나 사기에 대해 책임이 있어야 한다고 보고 있다. 수익자가 아닌 제3자가 행한 사기에 대해서는 원칙적으로 지급정지를 인정하지 않고 있다. 따라서 영국 판례 United City Merchants Ltd. v. Royal Bank of Canada(1983)에서는 제3자(여기서는 운송주선인)에 의해 서류가 위조[44] 되었고 수익자가 이 사실을 모르고 있었다면 개설은행은 지급해야 한다고 판시하였다.[45]

영국이나 캐나다 법원에서의 사기예외에 대한 원칙을 정리하면 다음과 같다.[46] i) 신용장에서 선적기한을 5월 15로 정했는데, 선하증권상 선적일이 5월 16일로 기재된 경우 은행은 지급거절해야 한다. ii) 신용장에서 선적기한을 5월 15일로 정했는데, 쉽게 확인할 수 없는 방법으로 수익자가 선하증권상의 날짜를 조작하여 선적기한을 맞춘 경우 은행은 지급거절해야 한다. iii) 신용장에서 선적기한을 5월 15일로 정했는데, 쉽게 확인할 수 없는 방법으로 운송주선인이 날짜를 조작한 경우 은행은 지급해야 한다.

5. 우리나라에서의 독립성의 예외[47]

대법원에서는 서류위조 등 신용장 사기의 경우 지급거절을 인정하고 있다. 주로 매입은행의 지급청구에 대한 개설은행의 상환책임 여부가 쟁점이 되었는데, 매입 당시, 매입은행이 신용장 대금의 지급이나 매입 당시 자신이 사기행위의 당사자로서 관련되어 있거나 사기 사실을 알고 있었거나 또는 의심할 만한 충분한 이유가 있다고 인정되지 않는다면 개설은행에 신용장 대금의 상환을 청구할 수 있으나, 만일 은행에 의한 신용장의 매입이 적법한 것이 아닌 경우에는 그 대가를 지급하였다고 하더라도 개

44) 이 사건에서는 신용장상 선적기한이 1976.12.15.까지인데, 실제 선적은 그 이후에 이루어 졌지만, 운송중개인의 직원이 선하증권상 선적일자를 1976.12.15.로 기재하였고 이 사실을 매도인이 모르고 있었다.

45) Carole Murray, et. al, *supra* note 18, p.238.

46) Ralph H. Folsom, et. al, *supra* note 33, p.161.

47) Sang Man Kim, "The Fraud Exception in a Documentary Credit under Korean Law", The Banking Law Journal, Vol.136, No.10, LexisNexis, 2019.

설은행은 신용장 대금의 지급을 거절할 수 있다고 판시하였다(대법원 2017. 11. 14. 선고 2017다216776 판결; 대법원 2003. 1. 24. 선고 2001다68266 판결; 대법원 2002. 10. 11. 선고 2000다60296 판결; 대법원 1997. 8. 29. 선고 96다43713 판결). 이에 따라 매입은행은 서류가 위조되었다는 사실을 알고 있거나 의심할 만한 충분한 이유가 있으면 매입하지 말아야 한다. 이런 경우에 매입한 은행은 개설은행으로부터 신용장 대금을 상환받을 수 없다.

한편, 대법원에서는 신용장개설은행은 상당한 주의로서 그 선적서류가 문면상 신용장의 조건과 일치하는지 여부만 확인하면 되고 그 선적서류에 대한 실질적 심사의무를 부담하지는 아니하나, 그 선적서류의 문면 자체에 하자가 있거나 또는 그 선적서류가 위조된 문서라는 사실을 사전에 알았거나 위조된 문서라고 의심할 만한 충분한 이유가 있는 경우에는 그 신용장 대금을 지급하여서는 안 된다고 판시하였다(대법원 1993. 12. 24. 선고 93다15632 판결).

제4절 신용장 기재사항 및 사례연구

1. 신용장 기재사항

신용장상의 주요 기재사항은 다음과 같다(이해의 편의를 위해 다음에 예시한 SWIFT로 개설된 신용장을 기준으로 기술).

① 신용장의 종류: 신용장의 종류를 기재한다. 화환신용장(documentary credit), 취소불능(irrevocable) 등을 기재한다. 만약 '취소가능(REVOCABLE)'으로 기재되어 있으면, 주의를 기울여야 한다. 이러한 신용장은 개설은행이 언제든지 취소할 수 있으므로 신용장으로서의 담보력이 떨어지기 때문이다.

② 개설은행: 개설은행과 개설은행의 주소를 기재한다. SWIFT로 개설되는 경우 'Sender'란에 개설은행을 기재한다.

③ 신용장번호(Documentary Credit Number): 신용장번호를 기재한다. 신용장번호는 각 은행마다 고유한 번호를 기재한다.

※ 신용장통지번호: 통지은행(수출국 소재은행으로 수출자에게 신용장을 통지하는 은행)은 신용장을 통지할 때 통지번호를 기재한다.[48)]

④ 개설일(Date of Issue): 신용장 개설일을 기재한다. 개설은행은 신용장 개설일부터 유효기일까지 수익자에게 대금지급을 확약한다.

⑤ 적용규칙(Applicable Rules): 적용되는 신용장통일규칙을 기재한다. 신용장통일규칙은 1933년 제정 이후 6회 개정되었으므로 어느 개정분이 적용되는지 구체적으로 기

48) 신용장 통지번호 기재요령
국내은행의 신용장 통지번호는 한국은행에서 제정한 '수출입승인서 및 신용장 등의 번호 기재요령'에 따라 다음과 같이 부여된다.

①	②	②	③	③	④	⑤	⑤	⑥	⑥	⑥	⑥	⑦

(예시: A-0668-306-26267)
① 신용장 통지번호: 신용장통지이므로 'A'로 기재.
② 통지은행 고유번호: 통지은행의 고유번호는 2자리
③ 통지은행취급점 고유번호: 통지은행의 해당 지점 고유번호이며, 고유번호는 2자리
④ 통지연도 표시: 통지하는 연도의 끝자리를 표시, 위의 예시의 통지연도는 2003년
⑤ 통지월 표시: 통지월을 2자리로 표시, 위의 예시는 6월
⑥ 통지일련번호: 신용장통지의 일련번호이며, 통지순서대로 4자리 기재
⑦ 검증번호(check digit): 검증하기 위한 번호이며 1자리

재한다. 'UCP 600' 처럼 구체적으로 개정분을 명시할 수도 있고, '최신 개정분(UCP LATEST VERSION)'이 적용된다고 기재할 수도 있다.

⑥ 유효기일과 장소(Date of Place of Expiry): 신용장의 유효기일과 장소를 기재한다. 수익자가 개설은행(또는 매입은행)에 신용장에서 요구되는 서류를 제시할 수 있는 최종유효기일을 말하며, 신용장유효기일은 약자로 'E/D'라고도 한다. 이 기일이 지나면 신용장은 효력을 상실한다. 장소가 수출국인 경우 서류가 지정은행 또는 매입은행에 제시되어야 하는 시한을 말하고, 장소가 수입국인 경우 서류가 개설은행에 제시되어야 하는 시한을 의미하므로 우편일수를 감안하여 서류를 지정은행 또는 매입은행에 제시해야 한다. 따라서 이 경우에는 유효기일이 더 짧다고 보면 된다.

⑦ 개설의뢰인(Applicant): 개설의뢰인을 기재한다. 개설의뢰인의 상호 및 주소를 정확히 기재하며, 약호는 사용하지 않는 것이 좋다.

⑧ 수익자(Beneficiary): 수익자를 기재한다. 수익자의 상호 및 주소를 정확히 기재하며, 약호는 사용하지 않는 것이 좋다.

⑨ 통화코드 및 금액(Currency Code, Amount): 신용장금액과 통화를 기재한다. 신용장금액이란 개설은행이 지급해야 하는 금액을 말한다.

⑩ 지정은행(Available With … By …): 지정은행 또는 매입은행을 기재한다.

⑪ 결제조건: 신용장 대금의 결제조건을 기재한다. 일람지급, 기한부지급, 연지급 등을 기재한다.

⑫ 분할선적(Partial Shipment): 분할선적의 허용 여부를 기재한다.

⑬ 환적(transhipment): 환적 허용 여부를 기재한다.

⑭ 선적항(Port of Loading): 선적항을 기재한다. 매도인의 소재국 항구가 된다.

⑮ 양륙항(Port of Discharge): 양륙항을 기재한다. 매수인의 소재국 항구가 된다.

⑯ 선적기일(Latest Date of Shipment): 선적기일이란 최종 선적허용일을 말하며, 약자로 'S/D'라고도 한다. 선적기일 이후에 선적한 경우에 신용장조건위반이 된다.

⑰ 물품명세(Description of Goods): 물품명, 명세, 수량, 단가, 가격조건, 금액 등 물품의 명세를 기재한다. 매도인이 제시해야 하는 상업송장은 신용장의 물품명세와 일치해야 한다.

⑱ 요구서류(Documents Required): 신용장에서 요구되는 서류이다. 신용장 대금을 받기 위해서는 이 서류를 모두 제시해야 한다.

⑲ 추가조건(Additional Conditions): 신용장의 추가적인 조건들을 기재하고 있다. 여기의 조건 중 조건 충족 여부가 개설의뢰인의 의사에 달려 있는 조건들은 신용장의 독립성을 훼손하게 되므로 조심해야 한다.

⑳ 수수료(Charges): 신용장 관련 수수료를 누가 부담하는지 기재한다. 예를 들어 수익자가 부담하는 경우에는 'FOR ACCOUNT OF BENEFICIARY'라고 기재한다.

2. 신용장 사례 해설

(신용장 예시)

\-\-\-\-\-\-\-\-\-\-\-\-\-\-\-\-\- Message Header \-\-\-\-\-\-\-\-\-\-\-\-\-\-\-\-\-

Swift Output: MT 700 Issue of a Documentary Credit

② Sender: DUIBAEADLCS

DUBAI ISLAMIC BANK

(DEPARTMENT LETTERS OF CREDIT)

DUBAI AE

Receiver: SAABKRSXXXX

SAUDI BRITISH BANK SEOUL BR KR

\-\-\-\-\-\-\-\-\-\-\-\-\-\-\-\-\- Message Text \-\-\-\-\-\-\-\-\-\-\-\-\-\-\-\-\-\-

27: Sequence of Total

1/1

① 40A: Form of Documentary Credit

IRREVOCABLE

③ 20: Documentary Credit Number

AIL001-9042

④ 31C: Date of Issue

091008

⑤ 40E: Applicable Rules

UCP LATEST VERSION

⑥ 31D: Date and Place of Expiry

100121 SOUTH KOREA

⑦ 50: Applicant

JOINT TRADING L.L.C

P.O.BOX ○○○, DUBAI, U.A.E.

⑧ 59: Beneficiary – Name & Address

ANJIN TRADING CO

P.O.BOX ○○○, SEOUL, KOREA

⑨ 32B: Currency Code, Amount

Currency: USD (US DOLLAR)

Amount : #167,734.36#

39B: Maximum Credit Amount

NOT EXCEEDING

⑩ 41A: Available With...By... – Name&Addr

CREDIT AVAILABLE WITH ANY BANK

BY DEF PAYMENT

⑪ 42P: Deferred Payment Details

90 DAYS FROM SHIPMENT DATE

⑫ 43P: Partial Shipments

ALLOWED

⑬ 43T: Transhipment

ALLOWED

⑭ 44E: Port of Loading/Airport of Dep.

ANY PORT IN KOREA

⑮ 44F: Port of Dischrge/Airport of Dest

JEBEL ALI PORT, U.A.E. BY SEA

⑯ 44C: Latest Date of Shipment

100101

⑰ 45A: Descriptn of Goods &/or Services

LITHUM BATTERRIES.

ALL OTHER DETAILS AS PER BENEFICIARY'S PROFORMA INVOICE NO: AJB2009-01 RV1 DATED 04-10-2009 AND ORDER OF JOINT TRADING L.L.C, P.O.BOX 124 DUBAI, U.A.E.

SHIPMENT TERMS: CFR JEBEL ALI PORT, U.A.E. (INVOICE TO CERTIFY THE SAME)

⑱ 46A: Documents Required

1) SIGNED COMMERCIAL INVOICES IN 3 ORIGINALS STATING THE NAME AND ADDRESS OF MANUFACTURERS/PROCESSORS, CERTIFYING ORIGIN OF GOODS AND CONTENTS TO BE TRUE AND CORRECT.
2) FULL SET OF CLEAN SHIPPED ON BOARD OCEAN BILLS OF LADING ISSUED TO THE ORDER OF DUBAI BANK, MARKED FREIGHT PREPAID AND NOTIFY JOINT TRADING L.L.C., P.O. BOX 124, DUBAI, U.A.E.
3) CERTIFICATE OF ORIGIN IN 1 ORIGINAL PLUS 1 COPY SHOWING THE NAME AND ADDRESS OF MANUFACTURERS/PROCESSORS AND STATING THAT THE GOODS ARE OF SOUTH KOREA ORIGIN ISSUED BY CHAMBER OF COMMERCE.
4) PACKING LIST IN 3 ORIGINALS.
5) SHIPMENT ADVICE QUOTING L/C NO. AND REFERRING TO OPEN POLICY NO: 26/MOI1/2009/00184 MUST BE SENT BY FAX WITHIN THREE BANKING DAYS AFTER SHIPMENT TO QATAR GENERAL INSURANCE AND REINSURANCE CO, P.O.BOX 8080, DUBAI, U.A.E FAX:00971 4 2688118.

⑲ 47A: Additional Conditions

1) B/L MUST BE ISSUED BY THE CARRIER OR THEIR AGENT'S ON THEIR OWN B/L AND B/L MUST EVIDENCE THE SAME.
2) B/L SHOULD BEAR NAME, ADDRESS AND TELEPHONE NO. OF CARRIER VESSELS' AGENT AT THE PORT OF DESTINATION.
3) ALL REQUIRED DOCS TO BE PREPARED IN ENGLISH.
4) B/L SHOWING COST ADDITIONAL TO FREIGHT CHARGES AS MENTIONED IN ARTICLE 26(C) OF UCPDC 2007 REVISION ARE NOT ACCEPTABLE.
5) CORRECTION IN ANY DOCUMENT MUST BE PROPERLY AUTHENTICATED AND STAMPED BY ISSUER.
6) IN CASE OF DISCREPANCIES, WE SHALL DEDUCT OR CLAIM A SUM OF USD:60 FOR SWIFT.

7) IF THE DOCUMENTS PRESENTED UNDER THIS CREDIT DETERMINED TO BE DISCREPANT, WE MAY IN OUR SOLE JUDGEMENT AND DISCRETION APPROACH THE BUYER FOR A WAIVER OF THE DISCREPANCY(IES). IN CASE THE WAIVER IS OBTAINED, WE MAY RELEASE THE DOCUMENTS AND EFFECT PAYMENT IN ACCORDANCE WITH THE CREDIT TERMS NOTWITHSTANDING ANY PRIOR COMMUNICATION TO THE PRESENTER THAT WE ARE HOLDING DOCUMENTS AT THEIR DISPOSAL, UNLESS WE HAVE RECEIVED ANY INSTRUCTIONS TO THE CONTRARY FROM THEM PRIOR TO OUR RELEASE OF DOCUMENTS.

⑳ 71B: Charges

ALL BANK CHARGES ARE FOR BENEFICIARY'S ACCOUNT
EXCEPT ISSUING BANK'S L/C ISSUANCE CHARGES
AND DEFERRED PAYMENT CHARGES.

48: Period for Presentation

DOCUMENTS TO BE PRESENTED WITHIN 21 DAYS AFTER THE DATE OF SHIPMENT BUT
WITHIN THE VALIDITY OF THE CREDIT

49: Confirmation Instructions

WITHOUT

78: Instr to Payg/Accptg/Negotg Bank

1) UPON RECEIPT OF CREDIT COMPLIANT DOCUMENTS AT THE COUNTERS OF DUBAI BANK, CENTRAL OPERATIONS DEPT. FOR TRADE SERVICES, AL SHOLA BLDG., 7TH FLOOR, P.O.BOX 1080, DEIRA, DUBAI, TEL:00971-4-2114210/2114225 WE SHALL REMIT THE PROCEEDS AS PER YOUR INSTRUCTIONS AT MATURITY.
2) DOCUMENTS PROCESSING BANK MUST CONFIRM ON THE DOCS COVERING SCHEDULE THAT ALL CHARGES OF THE ADVISING BANK HAVE BEEN PAID
3) REIMB.IS SUBJECT TO ICC URR 725.
4) NEGOTIATING BANK'S COVERING SCHEDULE MUST CERTIFY THAT "ALL AMENDMENT/S UNDER THIS CREDIT HAS/HAVE BEEN ACCEPTED/REJECTED BY THE BENEFICIARIES".

72: Sender to Receiver Information

1) PLEASE ACKNOWLEDGE RECEIPT.

2) PLS COLLECT YOUR CHARGES IN ADVANCE ARTICLE 37(C) OF UCP 600 NOT APPLICABLE UNDER THIS CREDIT.

------------------ Message Trailer ------------------

(신용장 해설)

------------------- Message Header -------------------

Swift Output: FIN 700 Issue of a Documentary Credit

② Sender: DUIBAEADLCS

DUBAI ISLAMIC BANK (신용장 개설은행)

(DEPARTMENT LETTERS OF CREDIT)

DUBAI AE

Receiver: SAABKRSXXXX

SAUDI BRITISH BANK SEOUL BR KR (신용장 통지은행)

☞ DUBAI ISLAMIC BANK가 신용장을 개설하여 SWIFT로 SAUDI BRITISH BANK 서울지점으로 전송한다. SAUDI BRITISH BANK 서울지점은 신용장을 출력하여 수출자에게 교부한다.

MT 700 (신용장), MT 710 (비은행발행신용장), MT 760 (보증, 보증신용장)

MT (message type)

------------------- Message Text -------------------

27: Sequence of Total

1/1

① 40A: Form of Documentary Credit

IRREVOCABLE

☞ 취소불능신용장 (공란으로 되어 있으면, 취소불능임 – UCP Art.3))

☞ SWIFT의 field

40A, 20, 31C 등을 SWIFT의 field라고 한다. SWIFT 매뉴얼에서는 각 field 번호별 기재할 내용을 정하고 있다((상세한 내용은 "4. 신용장 관련 서류의) 신용장발행을 위한 SWIFT Message Type" 참조).

③ 20: Documentary Credit Number

AIL001-9042 (신용장번호 - 각 은행마다 번호를 기재하는 방식을 정하고 있다.)

④ 31C: Date of Issue

091008 (개설일)

⑤ 40E: Applicable Rules

UCP LATEST VERSION (UCP 최신판이 적용된다. 즉 UCP 600 적용)

⑥ 31D: Date and Place of Expiry

100121 SOUTH KOREA (신용장의 유효기일은 2010.1.21.이고 장소는 한국이다.)

☞ 한국이 수출국이므로 종료날짜는 한국의 지정은행(매입은행, 인수은행 등)에 서류가 제시되어야 하는 시한을 의미한다. 서류가 한국의 지정은행에 2010.1.21.까지 제시되면 충분하며, 지정은행이 개설은행에 서류를 송부하는 것은 그 이후이어도 된다.

⑦ 50: Applicant

JOINT TRADING L.L.C (개설의뢰인, 즉 수입자)

P.O.BOX ○○○, DUBAI, U.A.E.

⑧ 59: Beneficiary - Name & Address

ANJIN TRADING CO (수익자, 즉 수출자)

P.O.BOX ○○○, SEOUL, KOREA

⑨ 32B: Currency Code, Amount

Currency: USD (US DOLLAR)

Amount: #167,734.36# (신용장금액)

39B: Maximum Credit Amount (최대신용장금액)

NOT EXCEEDING

⑩ 41A: Available With...By... - Name & Addr

CREDIT AVAILABLE WITH ANY BANK

BY DEF PAYMENT (모든 은행에서 연지급 가능)

☞ BY 이하에 지급(payment)을 정하고 있으므로, 이 신용장은 지급신용장이다. 지급방식은 연지급(외상지급)이다(DEF → deferred payment - 연지급). 즉 지정은행이 지급할 수 있는 은행이다. 따라서 이 신용장은 한국에 있는 모든 은행에 지급청구할 있고, 그 은행은 지급할 수 있다. 참고로 'credit available with any bank by negotiation'이라고 기재되어 있는 경우, 모든 은행에서 매입할 수 있다. 즉 자유매입신용장이다.

⑪ 42P: Deferred Payment Details (연지급 세부내용)

90 DAYS FROM SHIPMENT DATE (선적일로부터 90일)

⑫ 43P: Partial Shipments

ALLOWED

⑬ 43T: Transhipment

ALLOWED

☞ 환적(Transhipment) 허용 여부(UCP 600 Art. 19)
1) L/C에 환적에 대한 문구가 없는 경우: 선적지~도착지까지 전체의 운송구간이 하나의 동일한 운송서류에 의해 커버되는 경우에만 환적 가능. 그 외는 금지
2) L/C에 환적허용 문구가 있는 경우: 환적 가능
3) L/C에 환적금지 문구가 있는 경우: 선적지~도착지까지 전체 운송구간이 하나의 동일한 운송서류로 커버되면서 컨테이너, 트레일러, lash barge에 의해 선적되는 경우에 예외적으로 환적 가능

⑭ 44E: Port of Loading/Airport of Dep.

ANY PORT IN KOREA

⑮ 44F: Port of Dischrge/Airport of Dest

JEBEL ALI PORT, U.A.E. BY SEA

⑯ 44C: Latest Date of Shipment

100101

☞ 최종선적일은 2010.1.1.이다. 그 이후에 선적하는 경우 지급거절된다.

⑰ 45A: Descriptn of Goods &/or Services (물품명세)

LITHUM BATTERRIES.

.

ALL OTHER DETAILS AS PER BENEFICIARY'S PROFORMA INVOICE NO:

AJB2009-01 RV1 DATED 04-10-2009 AND ORDER OF JOINT TRADING L.L.C,

P.O.BOX 124 DUBAI, U.A.E.

SHIPMENT TERMS: CFR JEBEL ALI PORT, U.A.E. (INVOICE TO CERTIFY THE SAME)

☞ 품목은 리튬전지이고, 기타 세부내용은 수익자의 견적송장에 기재되어 있다.

⑱ 46A: Documents Required (요구서류 - 신용장 대금을 받기 위해 제시해야 하는 서류)

1) SIGNED COMMERCIAL INVOICES IN 3 ORIGINALS STATING THE NAME AND ADDRESS OF MANUFACTURERS/PROCESSORS, CERTIFYING ORIGIN OF GOODS AND CONTENTS TO BE TRUE AND CORRECT.

1) 서명된 상업송장 원본 3장, 상업송장에는 제조자와 가공자의 상호와 주소가 기재되고, 물품의 원산지 및 내용(상업송장에 기재된 내용)이 진정하고 정확하다고 확인할 것
2) '물품의 원산지 및 내용(상업송장에 기재된 내용)이 진정하고 정확하다고 확인할 것'의 의미는 상업송장에 다음의 문구를 기재하라는 것이다(WE CERTIFY THAT ORIGIN OF GOODS AND CONTENTS ARE TRUE AND CORRECT).
3) UCP 600에 의하면, 상업송장은 서명될 필요는 없으며, 이에 따라 서명되지 않은 상업송장을 제시할 수 있다(UCP Art 18-a-iii). 그러나 위 사례에서와 같이 신용장에서 서명된 서류를 상업송장을 요구하면 서명된 상업송장을 제시해야 한다.
4) ① Commercial Invoices(or Certificate of Origin 등) in 3 Copies ② Commercial Invoices(or Certificate of Origin 등) in 3 Folds, ③ Commercial Invoices(or Certificate of Origin 등) in triplicate: 원본 1부, 사본 2부를 제시하면 된다(UCP 600 Art. 17).

2) FULL SET OF CLEAN SHIPPED ON BOARD OCEAN BILLS OF LADING ISSUED TO THE ORDER OF DUBAI BANK, MARKED FREIGHT PREPAID AND NOTIFY JOINT TRADING L.L.C., P.O. BOX 124, DUBAI, U.A.E.

1) 두바이은행의 지시식으로 발행된 무고장본선적재 선적선하증권 전통, 운임선지급이 표시되고, Joint Trading사를 통지처로 기재될 것
(두바이은행 지시식이란, B/L의 기재항목 2번의 Consignee란에 'TO ORDER OF DUBAI BANK', 또는 'DUBAI BANK OR ORDER'라고 기재하는 것)
2) 선적선하증권의 다른 표현: shipped on board ocean B/L, shipped ocean B/L
3) 고장선하증권(사고선하증권, foul B/L, dirty B/L): 선하증권에 "three cartons broken", "two cases in dispute" 등 화물에 문제가 있다는 내용이 기재된 선하증권

3) CERTIFICATE OF ORIGIN IN 1 ORIGINAL PLUS 1 COPY SHOWING THE NAME AND ADDRESS OF MANUFACTURERS/PROCESSORS AND STATING THAT THE GOODS ARE OF SOUTH KOREA ORIGIN ISSUED BY CHAMBER OF COMMERCE.

1) 원산지증명서 원본 1통 및 사본 1통, 제조자와 가공자의 상호와 주소가 기재되고 물품의 원산지가 한국임을 나타내고, 상공회의소에서 발행될 것("issued" → "certified" 대체 가능)
2) 원산지증명서 관련 다른 표현
(CERTIFICATE OF ORIGIN ISSUED BY LOCAL CHAMBER OF COMMERCE/COMPETENT AUTHORITY IN 3 COPIES.)

4) PACKING LIST IN 3 ORIGINALS. (포장명세서 원본 3통)

5) SHIPMENT ADVICE QUOTING L/C NO. AND REFERRING TO OPEN POLICY NO:26/MOI1/2009/00184 MUST BE SENT BY FAX WITHIN THREE BANKING DAYS AFTER SHIPMENT TO QATAR GENERAL INSURANCE AND REINSURANCE CO, P.O.BOX 8080, DUBAI, U.A.E FAX:00971 4 2688118.

1) 선적 후 3은행영업일 내에, 신용장번호를 표시하고 예정보험증권을 언급하고 있는 선적통지서를 팩스로 카타르종합보험회사에 송부할 것
2) 선적통지서(shipment advice, shipping notice): 물품의 선적 전/후에 seller가 buyer 등에게 선적사항을 통지하여 buyer로 하여금 물품의 수입준비를 할 수 있도록 한다.

⑲ 47A: Additional Conditions (추가조건)

1) B/L MUST BE ISSUED BY THE CARRIER OR THEIR AGENT'S ON THEIR OWN B/L AND B/L MUST EVIDENCE THE SAME.

☞ 선하증권은 운송인 또는 운송대리인에 의해 그들의 선하증권양식으로 발행될 것

2) B/L SHOULD BEAR NAME, ADDRESS AND TELEPHONE NO. OF CARRIER VESSELS' AGENT AT THE PORT OF DESTINATION.

☞ 선하증권에는 도착항의 운송대리인의 상호, 주소 및 전화번호가 표시될 것

3) ALL REQUIRED DOCS TO BE PREPARED IN ENGLISH.

☞ 모든 서류는 영어로 준비될 것(DOCS → Documents)

4) B/L SHOWING COST ADDITIONAL TO FREIGHT CHARGES AS MENTIONED IN ARTICLE 26(C) OF UCPDC 2007 REVISION ARE NOT ACCEPTABLE.

☞ UCP 제26조에 규정된 바와 같은 운임 외에 추가비용을 나타내는 선하증권은 수리 거절됨.

5) CORRECTION IN ANY DOCUMENT MUST BE PROPERLY AUTHENTICATED AND STAMPED BY ISSUER.

☞ 어떠한 수정도 적정하게 인증받아야 하고 발행자에 의해 날인(수정용 날인)되어야 함.

6) IN CASE OF DISCREPANCIES, WE SHALL DEDUCT OR CLAIM A SUM OF USD:60 FOR SWIFT.

☞ 서류에 하자가 있는 경우 매 SWIFT당 60달러의 금액을 차감하거나 또는 상환청구한다(신용장 대금을 지급하기 전이라면, 60달러 상당을 차감한 후 지급하고, 신용장 대금을 기지급했다면, 60달러의 상환을 청구하겠다는 의미임).

7) IF THE DOCUMENTS PRESENTED UNDER THIS CREDIT DETERMINED TO BE DISCREPANT, WE MAY IN OUR SOLE JUDGEMENT AND DISCRETION APPROACH THE BUYER FOR A WAIVER OF THE DISCREPANCY(IES). IN CASE THE WAIVER IS OBTAINED, WE MAY RELEASE THE DOCUMENTS AND EFFECT PAYMENT IN ACCORDANCE WITH THE CREDIT TERMS NOTWITHSTANDING ANY PRIOR COMMUNICATION TO THE PRESENTER THAT WE ARE HOLDING DOCUMENTS AT THEIR DISPOSAL, UNLESS WE HAVE RECEIVED ANY INSTRUCTIONS TO THE CONTRARY FROM THEM PRIOR TO OUR RELEASE OF DOCUMENTS.

1) 이 신용장하에 제시된 서류에 하자가 있다고 결정되면, 우리는, 우리의 독자적인 판단으로 하자의 포기여부를 확인하기 위해 수입자에게 연락할 수 있다. '제시자의 처분에 맡기며, 우리가 서류를 보관하고 있겠다'는 내용을 서류의 제시자에게 전달했음에도 불구하고, 우리가 서류를 인도하기 전에 그와 다른 지시를 받지 않는 한, 수입자로부터 하자포기를 받으면, 우리는 서류를 수입자에게 인도하고 신용장조건에 따라 대금을 지급할 수 있다.
2) UCP Art 16.: 개설은행은 제시가 일치하지 않는다고 판단되는 때에는 독자적인 판단으로 하자에 대한 권리포기를 위하여 개설의뢰인과 교섭할 수 있다.

(L/C 하자통지서 기재사항)

1) 결제 또는 매입을 거절하였다.
2) 하자사항을 명시해야 한다.
3) 서류의 현황에 대하여 다음 중 하나를 명시해야 한다(UCP 제16조).
   ① We are holding the documents pending your further instructions.(귀사(제시자)로부터 추가지시를 기다리며 서류를 보류한다.)
   ② We are holding the documents pending receipt of an acceptable waiver from the applicant or until we receive further instructions.(개설의뢰인으로부터 권리포기를 받거나 추가지시를 받을 때까지 서류를 보류한다.)
   ③ We are returning the documents.(우리는 서류를 반송한다.)
   ④ We are acting in accordance with previous instructions.(사전에 제시자로부터 받은 지시에 따라 행동한다.)

(하자통지서 예시)

MT 734 Advice of Refusal

LC No.
Bank Ref. No.
Date and Amount of Utilisation
  03/25/2012 USD 200,000
Total Amount Claimed
  USD 200,000
Discrepancies
  LC Expired
Disposal of Documents
  We are holding the documents pending your further instructions

(하자의 종류)

- DOCS Inconsistent with each other(서류상호 간 불일치)
- Late Shipment(선적지연)
- Credit Expired(L/C유효기일 경과)
- Late Presentation(제시기일 경과)
- Received B/L Presented(수취선하증권의 제시)
- Goods shipped on deck(갑판선적)
- Insurance not effective from the date of shipment(선적일부터 부보되지 않음)
- Description of goods on invoice differ from that in the credit(상업송장의 물품명세와 신용장의 물품명세 불일치)
- Under Insured(보험금액 미달)

- Over Drawing(신용장금액 초과발행)
- Short Shipment(선적부족)
- Insurance risks covered not as specified in the credit(신용장에 명시한 대로 부보되지 않음)
- Different Consignee(수하인 상이)
- Weights differs between DOCS(서류 상호 간 중량 불일치)

⑳ 71B: Charges

ALL BANK CHARGES ARE FOR BENEFICIARY'S ACCOUNT EXCEPT

ISSUING BANK'S L/C ISSUANCE CHARGES

AND DEFERRED PAYMENT CHARGES.

☞ 개설은행의 신용장 개설수수료와 연지급수수료를 제외하고는 모든 은행수수료는 수익자의 부담이다.

48: Period for Presentation

Documents to be presented within 21 days after the date of shipment but within the validity of the credit

☞ 서류는 선적일로 21일 이내에 그리고 신용장의 유효기일 이내에 제시되어야 한다. (UCP 14(c), 즉 이 신용장에서 기재된 문구 '48: period for presentation ~'는 UCP 14조를 확인하는 내용임.)

49: Confirmation Instructions

WITHOUT

☞ 49: Confirmation Instructions(p.286~287의 '신용장 확인에 대한 보충설명' 참조)

78: Instr to Payg/Accptg/Negotg Bank

1) UPON RECEIPT OF CREDIT COMPLIANT DOCUMENTS AT THE COUNTERS OF DUBAI BANK, *CENTRAL OPERATIONS DEPT. FOR TRADE SERVICES, AL SHOLA BLDG., 7TH FLOOR, P.O. BOX 1080, DEIRA, DUBAI, TEL:00971-4-2114210/2114225* WE SHALL REMIT THE PROCEEDS AS PER YOUR INSTRUCTIONS AT MATURITY.

   ☞ 일치하는 서류를 두바이은행(주소 ~)의 창구에서 수령하면, 만기일에 귀행의 지시에 따라 우리는 대금을 송금할 것이다.

2) DOCUMENTS PROCESSING BANK MUST CONFIRM ON THE DOCS COVERING SCHEDULE THAT ALL CHARGES OF THE ADVISING BANK HAVE BEEN PAID

3) REIMB. IS SUBJECT TO ICC URR 725.

4) NEGOTIATING BANK'S COVERING SCHEDULE MUST CERTIFY THAT "ALL AMENDMENT/S UNDER THIS CREDIT HAS/HAVE BEEN ACCEPTED/REJECTED BY THE BENEFICIARIES".

☞ URR(Uniform Rules for Bank to Bank Reimbursement under Documentary Credits: 은행간 대금상환에 대한 통일규칙)

URR 525(1995년 제정, 1996년 7월 시행) → URR 725(2008년 10월 시행)

COVERING SCHEDULE: 표지서류(UCP Art. 29(b))

1) PLEASE ACKNOWLEDGE RECEIPT.

☞ 수령했다는 것을 확인해 달라(즉 통지은행이 이 신용장을 수신한 경우 수신했다는 내용의 회신을 개설은행에 송부하라는 의미).

2) PLS COLLECT YOUR CHARGES IN ADVANCE ARTICLE 37(C) OF UCP 600 NOT APPLICABLE UNDER THIS CREDIT.

-------------------- Message Trailer --------------------

☞ UCP 37(C)

다른 은행에게 서비스의 이행을 요청하는 은행은 그러한 지시와 관련하여 발생하는 다른 은행의 수수료에 대해 책임이 있다.

(신용장개설신청서)

취소불능화환신용장발행신청서
(Application for Irrevocable Documentary Credit)

TO : WOORI BANK

* 표시가 있는 항목은 필수 입력사항입니다.

외환거래점 *	D101 선택 영업부	신청일자	2013 년 02 월 25 일
신용장번호	MD101-302-NU	용도코드 *	N - 일반내수용
BIC CODE			
Advising Bank	BANK OF AMERICA, N.A		
Applicant *	DAE CHANG GREEN TECH CO., LTD 104 SOTO-RI SANG BUK-MYUN SANSI		
Beneficiary *	HOLLINGSWORTH AND VOSE COMPANY 112 WASHINGTON STREET 02032, USA TEL : 508 668 0295 FAX : 508 668 4046		

32B	AMOUNT *	USD 18812 . 40
39A	Credit Amount Tolerance	More 05 % / Less 03 %
31D	Date and Place of Expiry *	2013 년 02 월 25 일 IN BENEFICIARY'S COU
44C	Latest Date of Shipment *	2013 년 02 월 25 일
42C	Drafts at... *	☐ At Sight ☐ Reimbursement(상환방식) ☐ Remittance(송금방식) ☑ usance : ☑ Banker's ☐ Shipper's 90 DAYS AFTER SIGHT
46A	Document Required	☑ FULL SET of clean on board ocean of lading made out to THE ORDER OF WOOR marked Freight (☐ collect / ☑ prepaid) and Notify APPLICANT ☐ Airway bills consigned to marked Freight (☐ collect / ☐ prepaid) and Notify ☑ Insurance policy or certificates in duplicate, endorsed in blank for 110 percent of the invoice value, stipulating that claims are payable in the curency of the draft and also indicating a claim-setting agent in korea coveriong institute cargo clauses ALL RISK ☑ Signed Commercial Invoice in TRIPLICATE ☑ Packing List in TRIPLICATE ☑ Other Documents (100 Line 까지 가능) CERTIFICATE OF ORIGIN IN TRIPLICATE
45A	Description of goods and/or seevice	HS-CODE 1111 - 11 - 1111 HS code는 관세청 통계자료로 해외발송 전문에 미반영 되오니, 필요시 상품명세 내에 입력 바랍니다. Country of Origin USA Price Term CIF BUSAN PORT Commodity Description (100 Line까지 가능) FILTER PAPER FA 6279 1) WIDTH : 655MM 3,000KG USD5.14/KG USD15,420.00 2) WIDTH : 695MM 666KG USD5.14/KG USD 3,392.40

Port of Loading/ Airport *	NORTH AMERICAN PC	Port of Discharge/Airport *	BUSAN PORT
Place of Taking in charge		Place of Final destination	

43P	Partial Shipments *	☐ Allowed ☑ Prohibited
43T	Transhipment *	☐ Allowed ☑ Prohibited
49	Confirmation Instructions	Without Confirmation charge is for account of ☐ Beneficiary ☐ Prohibited
Transferable		☐ Allowed (Transfering Bank :) Documents must be presented within days after the date of shipment but within the expiry date of this credit
71B	Charges *	All banking charges outside korea are for account of ☑ Beneficiary ☐ Applicant ☐ Other
47A	Additional Conditions	☐ Late presentation(Stale) B/L acceptable ☐ T/T Reimbursement : ☐ Allowed ☐ Prohibited ☐ The number of this credit must be indicated in all documents ☑ Other Documents (100 Line 까지 가능) IF SHIPPER SEND US THE SAMPLE, THE SAMPLES TO BE NICLUDED IN THE SAMPLE B/L.

위와 같이 신용장 발행을 신청함에 있어서 따로 제출한 외국환거래약정서의 해당 조항을 따를 것을 확약하며, 아울러 위 수입물품에 관한 모든 권리를 귀행에 양도하겠습니다.
(THIS CREDIT IS SUBJECT TO THE ICC UCP600.)

인감 및 원본확인

승인신청번호 :　　　주 소 :
고 객 번 호 :　　　신청인 :　　　(인)

접 수 번 호 :

주식회사 우리은행

(신용장통지서)

ORIGINAL

TELEX: K23293 CITIBKS BIC CODE: CITIKRSX

TEL : FAX :

ADVICE OF IRREVOCABLE DOCUMENTARY CREDIT

DATE :

ADVICE NUMBER :	LETTER OF CREDIT NO. :
BENEFICIARY :	ISSUING BANK :
APPLICANT :	TRANSFER BANK :
EXPIRY DATE :	AMOUNT :

At the request of the issuing bank indicated above, we enclose herewith the original letter of credit.

Please check the terms and conditions of the letter of credit carefully and if you are unable to comply, please immediately arrange with applicant for suitable amendment.

Documents showing shipment or the origin of merchandise related to the countries covered by U.S. govt . restrictions are not acceptable by us for negotiation / payment.

Under the U.S. Treasury's Office of foreign assets control regulations, a.U.S. person, including Citibank N.A. subject to the jurisdiction of the United States are prohibited from engaging directly of indirectly with any person(s) or specifically designated national(s) or country(s) subject to those regulations, unless otherwise authorized by the u.s. treasury's office of foreign assets control by means of a general or specific licence. presentation of document implies that the transaction conforms in every respect with all existing U.S. goverment regulations currently in effect in this matter. Any document received and found not to conform to those regulations will not be processed by us and in most circumstances be siezed and placed in safekeeping with notice to all parties concerned.

Please quote our reference no in all future communications. for L/C advising related inquiries, please call us at above tel no.

Except as otherwise provided herein, this advice is subject to (i) the version of ICC's Uniform Customs and Practice for Documentary Credit that is the governing rule of this LC or (ii) the latest version of UCP in force as of the date of this advice only if UCP is not the governing rule of this LC. This is merely an advice of the above and conveys no engagement by us.

Citibank Korea Inc.

AUTHORIZED SIGNATURE

Citibank Korea Inc.

LC-I-002 (2007.6) ①

(Fields in MT 700 SWIFT message type[49])

Status	Tag	Field Name
M	27	Sequence of Total
M	40A	Form of Documentary Credit
M	20	Documentary Credit Number
O	23	Reference to Pre-Advice
O	31C	Date of Issue
M	40E	Applicable Rules
M	31D	Date and Place of Expiry
O	51a	Applicant Bank
M	50	Applicant
M	59	Beneficiary
M	32B	Currency Code, Amount
O	39A	Percentage Credit Amount Tolerance
O	39B	Maximum Credit Amount
O	39C	Additional Amounts Covered
M	41a	Available With ... By ...
O	42C	Drafts at ...
O	42a	Drawee
O	42M	Mixed Payment Details
O	42P	Deferred Payment Details
O	43P	Partial Shipments
O	43T	Transshipment
O	44A	Place of Taking in Charge/Dispatch from .../ Place of Receipt
O	44E	Port of Loading/Airport of Departure
O	44F	Port of Discharge/Airport of Destination
O	44B	Place of Final Destination/For Transportation to .../Place of Delivery
O	44C	Latest Date of Shipment
O	44D	Shipment Period
O	45A	Description of Goods and/or Services
O	46A	Documents Required
O	47A	Additional Conditions
O	71B	Charges
O	48	Period for Presentation
M	49	Confirmation Instructions
O	53a	Reimbursing Bank
O	78	Instructions to the Paying/Accepting/Negotiating Bank
O	57a	'Advise Through' Bank
O	72	Sender to Receiver Information
		O: Optional M: Mandatory

49) SWIFT User Handbook (https://www2.swift.com/uhbonline/books/public/en_uk/usgf_20160722/index.htm?subpage=finmt700.htm); Letter of Credit Consultancy Services http://www.letterofcredit.biz/at_sight_letter_of_credit_sample.html.

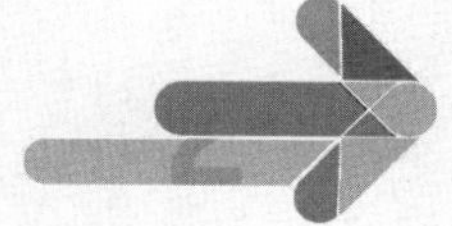

제 8 장

신용장통일규칙 (UCP 600)

제8장 신용장통일규칙(UCP 600)

제1절 개설

1. 개요

국제거래에서 신용장이 널리 사용되지만 대부분의 국가에서 신용장을 규율하는 법을 별도로 제정하지 않고,[1] 민상법 등에 의해서 규율하고 있다. 신용장에 적용되는 법이 국가마다 상이하여 신용장거래의 안정성을 저해하므로 모든 신용장에 공통적으로 적용되는 통일규칙의 제정이 필요하게 되었고, ICC에서는 1933년에 신용장통일규칙(the Uniform Customs and Practice for Commercial Documentary Credits: UCP)을 제정하였다.

신용장통일규칙은 당사자의 권리·의무를 명확히 하여 건전한 거래관행을 확립하고 나아가 국제거래의 발전을 도모함을 목적으로 하고 있다. 실무적으로 모든 신용장에서 신용장통일규칙의 적용을 명시하고 있어, 신용장통일규칙은 Incoterms와 함께 국제물품매매거래에 적용되는 대표적인 통일규칙으로 자리잡고 있다.

2. 연혁 및 법적 성질

1) 제정

신용장은 고객이 해외여행중에 외국은행으로부터 현금을 취득할 수 있는 방법을 제공하기 위한 여행자신용장(traveller's letter of credit)과 관련해서 최초로 사용되었고, 18세기에 널리 보급되었다.[2] 국제거래에서 신용장의 이용은 급속히 증가하였으나, 신용장에 관한 법률과 관습이 국가나 지역마다 상이하여 신용장의 해석에 대한 분쟁이 증가

---

1) 우리나라는 신용장에 적용되는 별도의 입법이 없으나, 미국에서는 통일상법전 제5편에서 신용장에 관해 규정하고 있다.

2) Gary Collyer, *the Guide to Documentary Credits 3rd*, 2007, the International Financial Services Association, p.2.

하였고 그 해결이 용이하지 않아 국제거래의 장애가 되었다. 이에 따라 신용장거래에 적용되는 통일규칙의 제정이 필요하게 되었다.

ICC에서는 1926년 신용장 법규의 국제적 통일에 대한 미국의 권고안을 심의하기로 결정하고 국제금융 및 법률전문가로 구성된 법규통일에 관한 상설위원회를 설치해 통일규칙의 작업에 들어갔다. 그리하여 1927년 7월에 「Uniform Regulation Commercial Documentary Credit」이 작성되어 ICC 암스테르담회의에서 채택되었다. 그러나 1930년 12월 독일의 수정안 제출을 계기로 1931년 3월 ICC 워싱턴회의에서 각국의 수정안이 추가로 제출되어 암스테르담에서 채택된 통일규칙을 재검토하게 되었다. 그 결과 1933년 5월에 「the Uniform Customs and Practice for Commercial Documentary Credits(UCP)」이 제정되었으며, 1933년 6월 3일 ICC Wien 총회에서 정식으로 채택되었다(ICC Brochure No. 82). 이를 국내에서는 '신용장통일규칙' 또는 간단히 'UCP'라고 한다. 신용장통일규칙의 명칭은 제2차 개정 시(1962년) 현재의 명칭인 「the Uniform Customs and Practice for Documentary Credits」으로 변경되었다.[3)]

1933년의 제정 신용장통일규칙은 총칙, 신용장의 형식(제1조~제9조), 책임(제10조~제14조), 서류(제15조~제34조), 용어의 해석(제35조~제48조), 양도(제49조) 등 총 5장 49개 조문으로 구성되었다.

2) 개정경과

신용장통일규칙의 제정 이후 기존의 관행이 변경되었고, 새로운 관행의 발생으로 신용장통일규칙의 개정이 필요해졌다. 이에 따라 제정 이후 1951년(1차 개정), 1962년(2차 개정), 1974년(3차 개정), 1983년(4차 개정), 1993년(5차 개정), 2007년(6차 개정) 등 6차에 걸쳐 개정되었다. 제정 신용장 및 개정 신용장 마다 ICC에서는 Brochure No. 82(제정 신용장통일규칙), Brochure No. 151(신용장통일규칙 1차 개정), Brochure No. 222(신용장통일규칙 2차 개정), Publication No. 290(신용장통일규칙 3차 개정), Publication No. 400(신용장통일규칙 4차 개정), Publication No. 500(신용장통일규칙 5차 개정), Publication No. 600(신용장통일규칙 6차 개정) 등의 발행번호를 부여하고 있다.[4)]

---

3) 제정 신용장통일규칙에서는 현재의 명칭과는 달리 "commercial"이라는 단어가 추가되었으나, 제2차 개정에서 현재의 명칭으로 변경되었다.
☞ 'the Uniform Customs and Practice for <u>Commercial</u> Documentary Credits'(제정 시) → 'the Uniform Customs and Practice for Documentary Credits'(제2차 개정 시)

신용장통일규칙은 운송수단과 통신수단의 발달, 정보처리기술의 발달에 따라 거의 10년을 주기로 개정되었다.

(신용장통일규칙의 변천 내역)

구 분	제·개정 년도	발효시기	ICC 간행물 번호
제 정	1933년	1933.6.3	Brochure No. 82
제1차 개정	1951년	1952.1.1	Brochure No. 151
제2차 개정	1962년	1963.7.1	Brochure No. 222
제3차 개정	1974년	1975.10.1	Publication No. 290
제4차 개정	1983년	1984.10.1	Publication No. 400
제5차 개정	1993년	1994.1.1	Publication No. 500
제6차 개정	2007년	2007.7.1	Publication No. 600

(1) 제1차 개정(1951년)

제1차 개정에서는 신용장의 표준양식(standard forms for the opening of documentary)을 제정하고, 항공운송의 경우 제시해야 할 서류를 신설하였다. 통신수단에 있어서도 기존의 전신(cables), 전보(telegrams), 우편(letters) 외에 '기타 기계적으로 송달된 메시지'를 추가하였다.

(2) 제2차 개정(1962년)

제2차 개정에서는 통신수단에 텔렉스(telex)를 추가하였고, 신용장통일규칙의 준거조항을 신용장에 삽입토록 하였다. 신용장통일규칙의 명칭에서 "Commercial"을 삭제하여 「the Uniform Customs and Practice for Commercial Documentary Credits」에서 현재와 같이 「the Uniform Customs and Practice for Documentary Credits」으로 변경되었으며, 신용장통일규칙의 원문이 불어에서 영어로 변경되었다.

(3) 제3차 개정(1974년)

제2차 개정 이후 새로운 무역형태의 출현, 복합운송과 컨테이너운송의 발전, 컴퓨터의 발달로 인해 신용장통일규칙의 개정이 요구되었다. 제3차 개정에서는 UNCITRAL이

4) 어느 개정분의 신용장통일규칙이 적용되는지 명확히 하기 신용장에서는 'UCP ICC Publication No. 600' 또는 'UCP 600' 등 UCP와 함께 발행번호를 명시하는 것이 필요하다.

개정작업에 참여하고 동유럽국가들도 적극 의견을 개진하였다. 컨테이너를 이용한 복합운송의 본질에 적합하도록 하기 위해 운송인이 선하증권상에 부지약관을 기재하여 면책하는 조항, 컨테이너선하증권(container B/L)의 수리성 및 선하증권상의 갑판적 유보문언의 수리성, 복합운송서류의 수리성 등을 각각 규정하였다.

(4) 제4차 개정(1983년)

제3차 개정에서 복합운송에 관한 규정이 신용장통일규칙에 삽입되었으나 적용과정에서 예기치 못하였던 문제점이 발행하였고, 운송에 관한 기술이 다양화되어 이를 반영하기 위해 제4차 개정을 하게 되었다. 주요 변경내용은 다음과 같다.

i) UCP 적용대상에 보증신용장을 새로 추가하였다(제1조).

ii) 신용장거래에 물품 외에 서비스와 기타 이행을 추가하여 적용범위를 확대하였다(제4조).

iii) 복사 및 사본서류도 원본으로 인정하였다(제22조제c항).

iv) 선적서류(shipping documents)를 운송서류(transport documents)로 확대하였다(제23조).

v) 수량과부족인용한도를 ±3%에서 ±5%로 확대하였다(제43조).

vi) 신용장의 일자를 표시할 때 「to, until, till, from」등의 표시가 있으면 그 다음에 언급된 일자까지를 포함하나, 「after」라는 표시가 있으면 그 다음에 언급된 일자는 제외된다(제51조).

(5) 제5차 개정(1993년)

제4차 개정 이후 복합운송이 일반화되고 무역업체, 금융기관, 운송업체 등 대부분이 전산망을 구축하고, 금융기관간 전산망인 SWIFT라는 전산망이 도입되는 등 무역환경이 변화되었다. 이러한 환경에 부응하기 위해 신용장통일규칙의 개정이 요구되었다. 그리고 EDI의 사용에 대비하여 서명에 관한 탄력적인 규정을 신설하였다. 주요 개정내용은 다음과 같다.

i) 다른 국가에 소재한 은행의 지점은 본점과는 별개의 은행으로 본다(제2조).

ii) 취소가능 또는 취소불능의 표시가 없는 신용장은 취소불능인 것으로 개정하였다(제6조제c항).

iii) 매입신용장의 경우 개설의뢰인을 지급인으로 하는 환어음의 발행을 금지하였다(제9조제a, b항).

iv) 매입(negotiation)의 정의를 새로 규정하였다(제10조제a항).

v) 제시되는 서류의 심사기준은 국제표준은행관행(international standard banking practice)을 따른다는 규정을 신설하였다(제13조제a항).

vi) 은행의 서류심사기간은 서류접수일로 7은행영업일을 초과하지 않는 범위내로 제한하였다(제13조제b항).

vii) 제시해야 하는 서류를 명시하지 않는 조건은 무시한다고 규정하였다(제13조제c항).

viii) 비유통성해상운송장에 관한 규정을 신설하였다(제24조).

ix) 항공운송서류에 관한 규정을 신설하였다(제27조).

□ SWIFT

SWIFT(Society of Worldwide Interbank Financial Telecommunications)는 각국의 금융거래메시지 전송을 통해 1973년 5월 벨기에 브뤼셀에서 은행들에 의해 설립된 비영리기구이다. SWIFT에서는 이러한 전송메시지는 통일된 형태 및 표준화된 요소를 취할 것으로 요구하고 있다. 대부분의 국제금융거래에서는 SWIFT의 전산망을 이용하고 있다. 해외송금, 신용장개설, 신용장 서류인수 통지, 신용장 서류하자 통지, 보증신용장 개설 등은 대부분 SWIFT를 이용하고 하고 있다. 2017년 기준 1일 평균 2,800만 개 이상의 메시지가 SWIFT를 통해 전송된다. (SWIFT 웹사이트 https://www.swift.com/)

(6) 제6차 개정(2007년)

ICC는 1999년부터 UCP 500에 대한 개정의 필요성을 인식하였으나 개정의 중대한 사유를 발견하지 못했다는 이유로 개정논의가 지연되었다. 그 후 2003년 3월 UCP 500 개정을 위한 그룹을 구성하여 작업을 진행하여 2005년 11월 5일에 제1차 개정초안을 제시하였다. 그리고 각국 국내위원회의 의견을 반영하여 2006년 3월 6일에 제2차 초안을 작성하였으며, 2006년 5월 13일 비엔나에서 개최된 ICC 은행위원회를 통해 2006년 6월 6일에 최종초안을 발행하였다. 이 초안에 대한 약간의 수정작업을 거친 후 2006년 10월 25일 파리에서 개최된 ICC 은행위원회(Banking Commission)에서 91대 0의 만장일치의 표결로 UCP 600이 승인되어 2007년 7월 1일부터 발효되었다. UCP 600은 UCP 500에 비해 대폭 개정되었으며, 주요 개정 내용은 다음과 같다.

i) 전체 조항수가 49개 조항에서 39개 조항으로 축소되었다.

ii) 용어 및 해석조항 신설: UCP에서 사용되는 용어들이 일관성 있게 사용되고 불필요한 반복을 피하기 위해 제2조에 용어의 정의를 신설하였으며, UCP에서 사용되는 단어의 의미를 명확히 하기 위해 제3조에 해석을 신설하였다.

iii) 은행의 서류심사기간을 7영업일에서 5영업일로 단축하였다.

iv) '결제(honor)'라는 개념을 도입하였는데, 이는 '지급' 및 '인수'를 모두 포함하는 의미로 정의하고 있다. 국내에서는 'honor'을 '결제'로 번역하고 있다.

v) 매입(negotiation)의 정의를 새로 규정하였다(제10조제a항).

vi) 제시되는 서류의 심사기준은 국제표준은행관행(international standard banking practice)을 따른다는 규정을 신설하였다(제13조제a항).

vii) 은행의 서류심사기간은 서류접수일로 5은행영업일을 초과하지 않는 범위내로 제한하였다(제13조 제b항).

viii) 제시해야 하는 서류를 명시하지 않는 조건은 무시한다고 규정하였다(제13조제c항).

ix) 비유통성해상운송장에 관한 규정을 신설하였다(제24조).

x) 항공운송서류에 관한 규정을 신설하였다(제27조).

3) 법적 성질

신용장통일규칙은 비정부단체인 ICC에서 제정한 규칙이다. 따라서 법(또는 조약이나 협약)이 아니고, 신용장에서 신용장통일규칙의 적용을 명시하는 경우에 한하여 신용장에 편입되어 당사자를 구속한다.[5] 통상 신용장에서 신용장통일규칙을 따른다고 명시한다.[6] 신용장통일규칙 제1조에서도 신용장에서 이 규칙을 적용하기로 명시한 경우에만 적용된다고 규정하고 있다.[7] 따라서 신용장통일규칙은 일종의 약관으로 보는 것이 타당하다고 본다. 미국 통일상법전 제5편(신용장)에서도 신용장통일규칙이 적용되는 신용장에는 그 범위내에서 통일상법전 제5편이 적용되지 않는다고 규정하고 있다.[8]

---

5) Carole Murray, et. al, *Schmittoff's Export Trade: The Law and Practice of International Trade*, 11th ed., Thomson Reuters, 2010, p.187.; Royal Bank of Scotland v Cassa di Risparmio delle Province Lombard [1992] 1 Bank L.R. 251.; Daniel C.K. Chow, Thomas J. Schoenbaum, *International Business Transactions: Problems, Cases, and Materials*, 2nd ed., Wolters Kluwer, 2010, p.257.

6) 예시1) This Documentary Credit is subject to UCP 600(ICC Publication No. 600)
예시2) Applicable Rules: UCP LATEST VERSION

7) The Uniform Customs and Practice for Documentary Credits, 2007 Revision, ICC Publication no. 600 ("UCP") are rules that apply to any documentary credit ("credit") when <u>the text of the credit expressly indicates that it is subject to these rules</u>.

8) Daniel C.K. Chow, Thomas J. Schoenbaum, *supra* note 5, p.257.(UCC § 5-103).

한편, 신용장에서 신용장통일규칙을 따르기로 정한 경우에도 당사자는 합의로 신용장통일규칙의 일부 조항의 적용을 배제 또는 변경할 수 있다. 신용장에 신용장통일규칙의 일부 조항의 적용배제를 명시할 수 있고, 신용장에 신용장통일규칙과 상이한 내용을 기재한 경우 이는 신용장통일규칙에 우선한다.

신용장에서 신용장통일규칙의 적용을 명시하지 않는 경우에도 신용장통일규칙을 적용할 수 있는지에 대해 검토할 필요가 있다. 일반적으로 SWIFT 시스템을 이용하여 신용장이 개설되는 경우 해당 신용장에 신용장통일규칙이 적용되는 것으로 보고 있다.[9] ICC Banking Commission(은행위원회)에서도 SWIFT지침서에서는 SWIFT를 통해 전송되는 모든 신용장은 자동적으로 신용장통일규칙의 적용을 받는다고 기술하고 있으므로 SWIFT로 전송되는 신용장은 신용장통일규칙의 적용을 명시하지 않아도 신용장통일규칙이 적용된다고 보고 있다.[10] 나아가 SWIFT로 전송되는 신용장에서 신용장통일규칙의 적용을 원하지 않는 당사자는 이러한 자동적용을 배제해야 한다고 보고 있다.

우리 대법원에서도 SWIFT 사용편람에 의하면 SWIFT방식에 의하여 개설되어 통지된 신용장에는 개설 당시 시행중인 신용장통일규칙이 적용되도록 되어 있으므로, 비록 신용장의 문언상 ICC가 제정한 신용장통일규칙이 적용된다는 명문의 기재가 없다고 하더라도, 다른 특별한 사정이 없는 한 당해 신용장에는 그 신용장이 개설될 당시 시행중인 신용장통일규칙이 적용된다고 판단한 바 있다(대법원 2003. 1. 24. 선고 2001다68266 판결).[11]

---

9) Carole Murray, et. al, *supra* note 5, p.187.

10) ICC, *ICC Banking Commission Collected Opinions 1995-2001*, 2002, ICC Publishing S.A. p.39.; Carole Murray, et. al, *supra* note 5, p.187.

11) 이 판결에서는 비록 신용장상 신용장통일규칙의 적용을 명시하지 않았아도 SWIFT 사용편람상 신용장통일규칙의 적용을 명시하도록 되어 있음에도 불구하고 이를 누락하였으므로 신용장상 신용장통일규칙적용을 명시한 것과 동일시 한 것으로 인정한 것으로 보인다. 이 판례에서는 신용장이 SWIFT로 개설되었기 때문에 신용장통일규칙의 적용을 인정한 것이므로 만약 이 판결에서 신용장이 SWIFT로 발행된 것이 아니라면 신용장통일규칙적용을 인정하지 않았을 것으로 보인다. 다시 말해 이 판결은 신용장상 신용장통일규칙의 적용을 명시하지 않은 경우에도 신용장통일규칙이 당연히 적용된다는 취지는 아니다. 다만, 요즈음에는 대부분의 신용장이 SWIFT로 되기 때문에 이 판결은 의미가 있다.

제2절 주요 조항 해설

1. 구성

제6차 개정 신용장통일규칙(UCP 600)은 제1조 신용장통일규칙의 적용범위부터 제39조 대금의 양도까지 총 39개의 조문으로 구성되어 있다. 이하에서는 주요 조항에 대해 살펴보기로 하자.

2. 조항별 주요 내용

1) 적용범위(제1조)

신용장의 문면에 신용장통일규칙의 적용을 명시한 모든 화환신용장(documentary credit)에 적용되며, 적용가능한 범위내에서 보증신용장(standby letter of credit)에도 적용될 수 있다. 그리고 달리 적용을 배제하지 않는 한 신용장의 모든 당사자를 구속한다. 이에 따라 신용장의 당사자인 개설은행, 수익자, 개설의뢰인, 지정은행, 확인은행, 매입은행, 상환은행은 신용장통일규칙의 적용을 받는다.

신용장통일규칙은 화환신용장(documentary credit)을 규율할 목적으로 제정되었으나, 보증신용장의 이용이 증가함에 따라 제4차 개정부터는 보증신용장에도 적용가능토록 그 적용범위를 확대하였다. 신용장통일규칙은 보증신용장과는 어울리지 않는 규정들이 많다. 따라서 ICC에서는 1998년에 보증신용장통일규칙(International Standby Practices: ISP 98)을 제정하였다.

신용장통일규칙이 적용되기 위해서는 신용장의 문면에 신용장통일규칙의 적용을 명시해야 한다. 그리고 신용장은 지속적으로 개정되고 있는바, 신용장통일규칙의 개정분을 명시하는 것이 필요하다.[12)]

한편, 신용장통일규칙이 신용장 관련 모든 법률문제를 해결할 수는 없기 때문에 신

12) 예시1) This Documentary Credit is subject to UCP 600(ICC Publication No. 600)
예시2) Applicable Rules: UCP LATEST VERSION
(SWIFT로 개설시, '40E Applicable Rule: UCP LATEST VERSION'으로 표시하는 경우 문안 그대로 이는 가장 최근에 개정된 신용장통일규칙을 적용하게 된다. 그러면 어느 시점을 기준으로 최근 개정 신용장을 적용할 것이냐가 문제가 되는데, 이는 신용장 개설일자 기준 최근 개정신용장통일규칙이 적용된다. 신용장 대금 청구시점의 최근 개정 신용장통일규칙이 아니다.)

용장통일규칙으로 해결되지 않는 법률문제는 결국 신용장의 준거법에 따라 해석하게 된다. 신용장에 준거법을 명시하지 않는 경우 법정지의 국제사법에 의해 준거법이 지정되는데, 대부분의 법정지에서는 개설은행 소재국의 법을 준거법으로 규정하고 있다. 참고로 ICC Banking Commission Collected Opinions에서는 신용장통일규칙에서 규정하지 않는 사항에 대해서는 신용장개설은행 소재국의 법을 준거법으로 정한다고 신용장에서 명시할 수 있다고 기술하고 있다.[13)]

2) 정의(제2조)

정의조항에서는 화환신용장(documentary credit), 일치하는 제시(complying presentation), 결제(honour), 매입(negotaition) 등 신용장 용어와 통지은행(advising bank), 개설의뢰인(applicant), 수익자(beneficiary), 확인은행(confirming bank), 개설은행(issuing bank), 지정은행(nominated bank) 등 신용장 관련 당사자들에 대하여 정의하고 있다.

제2조에서는 **신용장은 그 명칭과 상관없이 개설은행이 일치하는 제시에 대하여 결제**(honour)**하겠다는 확약으로서 취소가 불가능한 모든 약정**을 의미한다고 규정하고 있다. 따라서 신용장은 반드시 그 명칭이 '신용장'이라고 기재된 것만을 의미하는 것이 아니고 서류제시 시 기본계약과는 독립적으로 개설은행이 결제하겠다는 확약만 포함되어 있으면 신용장으로 볼 수 있다.[14)] 제2조의 정의는 다음과 같다.

- **통지은행(Advising Bank)**
  통지은행(Advising Bank)은 개설은행의 요청에 따라 신용장을 통지하는 은행을 의미한다.
- **개설의뢰인(Applicant)**
  개설의뢰인(Applicant)은 신용장 개설을 신청한 당사자를 의미한다.

---

13) ICC, *supra* note 10, p.43.

14) 신용장의 명칭으로는 'letter of credit', 'commercial credit', 'documentary credit' 등이 사용되며, 모두 신용장상 요구된 서류가 제시되면 개설은행이 지급책임을 지는 것으로 실질적으로 동일하다. 다만, 각각의 미묘한 차이점에 대해 부연설명하면 다음과 같다.
- letter of credit: 신용장은 letter 양식으로 개설은행이 발행하여 수익자에게 교부하기 때문에 letter of credit이라는 용어를 사용하며, 가장 널리 사용된다.
- commercial credit: 상사거래(commercial transaction)의 결제를 위해 개설은행이 신용장을 개설하여 commercial credit이라는 용어를 사용한다.
- documentary credit: 신용장조건의 일치 여부를 결정하기 위해 신용장에 기재된 서류의 제시를 요구하므로 documentary credit이라는 용어를 사용한다.

(Gary Collyer, *supra* note 2, p.4.)

- 은행영업일(Banking day)

  은행영업일(Banking day)은 이 규칙이 적용되는 행위가 이루어지는 장소에서 은행이 통상적으로 영업하는 날을 의미한다.
- 수익자(Beneficiary)

  수익자(Beneficiary)는 신용장 개설을 통하여 이익을 받는 당사자를 의미한다.
- 일치하는 제시(Complying presentation)

  일치하는 제시(Complying presentation)는 신용장 조건, 적용 가능한 범위 내에서의 이 규칙의 규정, 그리고 국제표준은행관행(international standard banking practice)[15)]에 따른 제시를 의미한다.
- 확인(Confirmation)

  확인(Confirmation)은 일치하는 제시에 대하여 결제(honour) 또는 매입하겠다는 개설은행의 확약에 추가하여 확인은행이 하는 확약을 의미한다.
- 확인은행(Confirming bank)

  확인은행(Confirming bank)은 개설은행의 수권 또는 요청에 의하여 신용장에 확인을 한 은행을 의미한다.
- 신용장(Credit)

  신용장(Credit)은 그 명칭과 상관없이 개설은행이 일치하는 제시에 대하여 결제(honour)하겠다는 확약으로서 취소가 불가능한 모든 약정을 의미한다.
- 결제(honour)[16)]

  다음과 같은 내용을 의미한다.

  a. 신용장이 일람지급에 의하여 이용가능하다면 일람출급으로 지급하는 것

  b. 신용장이 연지급에 의하여 이용가능하다면 연지급을 확약하고 만기에 지급하는 것

  c. 신용장이 인수에 의하여 이용가능하다면 수익자가 발행한 환어음을 인수하고 만기에 지급하는 것
- 개설은행(Issuing bank)

  개설은행(Issuing bank)은 개설의뢰인의 신청 또는 그 자신을 위하여 신용장을 개설한 은행을 의미한다.
- 매입(Negotiation)

  매입(Negotiation)은 일치하는 제시에 대하여 지정은행이, 지정은행에 상환하여야 하는 은행영업일 또는 그 전에 대금을 지급함으로써 또는 대금지급에 동의함으로써 환어음(지정은행이 아닌 은행 앞으로 발행된) 및/또는 서류를 매수(purchase)하는 것을 의미한다.[17)]

---

15) 여기서 국제표준은행관행은 ICC에서 발간한 '국제표준은행관행(International Standard Banking Practice: ISBP)'만을 한정하는 것이 아니다. 그래서 소문자로 표기한 것이다.

16) 다시 말해, 결제란, 1) 일람지급신용장의 경우 신용장에 일치하는 서류가 제시되면 신용장 대금을 지급하는 것 2) 연지급신용장의 경우 신용장에 일치하는 서류가 제시되면 연지급을 확약하고 만기에 지급하는 것 3) 인수신용장의 경우 신용장에 일치하는 서류가 제시되면 환어음을 인수하고 만기에 지급하는 것을 말한다. 그러나 결제에는 매입은 포함되지 않는다.

- **지정은행(Nominated bank)**
  지정은행(Nominated bank)은 신용장이 이용가능한 은행을 의미하고, 어느 은행에서나 이용가능한 경우 모든 은행을 의미한다.
- **제시(Presentation)**
  제시(Presentation)는 신용장에 의하여 이루어지는 개설은행 또는 지정은행에 대한 서류의 인도 또는 그렇게 인도된 그 서류 자체를 의미한다.[18)]
- **제시자(Presenter)**
  제시를 하는 수익자, 은행 또는 다른 당사자를 의미한다.[19)]

3) 해석(제3조)

제3조의 주요 내용은 다음과 같다.

① 취소불능

신용장은 '취소불능(irrevocable)'이라는 표시가 없어도 취소불능이다. 그러나 '취소가능(revocable)'이라고 표시되어 있으면, 취소가 가능하다. 따라서 신용장을 받으면, 취소가능(revocable)이라고 표시되어 있는 지 확인하고, 취소가능이라고 표시되어 있다면, 수입자에게 신용장 조건변경(amendment)을 요청해야 한다.

② 서류 서명

서류는 자필, 팩시밀리서명, 천공서명, 스탬프, 상징 또는 그 외 기계식 또는 전자식 확인방법으로 서명될 수 있다.

③ 은행지점

서로 다른 국가에 소재하고 있는 지점은 다른 은행으로 간주된다. 동일국가에 소재하고 있는 지점은 동일은행으로 본다.

예) KB은행 뉴욕지점 → KB은행(한국 본점)과 서로 다른 은행임
　　KB은행 거제지점 → KB은행(본점)과 동일은행임

---

17) 매입은 지정은행이 신용장과 일치하는 제시에 대하여 환어음 및/또는 서류를 매수하는 것이다. 매입의 주체는 지정은행이므로 지정은행이 아닌 은행의 매입은 정당한 매입으로 볼 수 없다. 그리고 매입하기 위해서는 서류제시가 신용장과 일치해야 한다. 매입에는 환어음에 반드시 포함되어야 하는 것은 아니며, 신용장에서 제시서류로 환어음을 정한 경우에만 요구되어진다.

18) 제시의 기준시점은 발송이 아니고 개설은행이나 지정은행에 도착이다.

19) 제시자는 반드시 수익자만을 의미하는 것이 아니고, 서류를 인도하는 당사자를 말한다.

④ **일자계산**

- on or about
  - 특정일자를 포함하여 전 5일부터 후 5일까지 포함한다.
    예) on or about June 20 → 6/15 ~ 6/25

- 선적일자 계산
  - to, until, from, between: 명시된 일자를 포함한다.
  - before, after: 명시된 일자를 제외한다.
    예시 1) Shipment should be effected from March 10.
    → 선적은 3월 10일부터 이루어져야 한다(3월 10일 선적 가능).
    예시 2) Shipment should be effected after March 10.
    → 선적은 3월 10일 이후부터 이루어져야 한다(3월 10일 선적 불가).
    예시 3) Shipment should be effected before March 10.
    → 선적은 3월 10일 이전에 이루어져야 한다(3월 10일 선적 불가).

- (대금지급) 만기의 결정
  - from, after: 명시된 일자를 제외한다.
    예시 1) draft: 30 days from B/L date (B/L date: March 1)
    → Maturity Date(만기일): March 31
    예시 2) draft: 30 days after B/L date (B/L date: March 1)
    → Maturity Date(만기일): March 31

- first half, second half in month
  - first half: 1~15일(1월 1~15일, 2월 1~15일)
  - second half: 16~말일(1월 16~31일, 2월 16~28(또는 29)일)
  - beginning: 1~10일
  - middle: 11~20일
  - end: 21~말일

⑤ 서류의 발행자를 표현하기 위하여 사용되는 "first class(일류)", "well known(저명한)", "qualified(자격있는)", "independent", "official(공적인)", "competent(능력 있는)", "local (현지의)" 등의 용어들은 수익자를 제외하고는 해당 서류를 발행하는 모든 서류발행자가 사용할 수 있다. 서류발행자의 자격을 어느 정도 제한하려는 의도인 경우에는 이와 같은 모호한 표현을 쓰지 말고, 서류 발행자를 구체적으로 명시해야 한다.
예시 1) "Inspection Certificate issues and signed by first class inspector."(X)
예시 2) "Inspection Certificate issued and signed by MS. Jasmine, President of Tina Corp.(O)

4) 신용장과 원인계약(제4조)

신용장은 그 본질상 그 기초가 되는 매매 또는 다른 계약과는 별개의 거래이다. 신용장에 그러한 계약에 대한 언급이 있더라도 은행은 그 계약과 아무런 관련이 없고, 또한 그 계약 내용에 구속되지 않는다. 따라서 신용장에 의한 결제(honour), 매입 또는 다른 의무이행은 개설의뢰인과 개설은행, 수익자 사이에서 발생된 개설의뢰인의 주장이나 항변에 구속되지 않는다. 수익자는 어떠한 경우에도 은행들 사이 또는 개설의뢰인과 개설은행 사이의 계약관계를 원용할 수 없다.

이 조항에서는 "신용장의 독립성"을 명시하고 있다. 신용장은 기본계약인 수출계약과는 별개의 독립적인 계약이다. 신용장이 수출계약에 의해 영향을 받는다면 신용장의 담보력은 떨어지게 되어 개설은행(또는 확인은행)의 신용도를 기준으로 사용되는 신용장의 가치가 없어지게 된다.

5) 서류와 물품, 서비스 또는 의무이행(제5조)

은행은 서류로 거래하는 것이며, 그 서류가 관계된 물품, 서비스 또는 의무이행으로 거래하는 것이 아니다. 이 조항에서는 "신용장의 추상성"을 규정하고 있다. 신용장거래는 서류상의 거래로 은행은 서류상의 내용으로 결제 여부를 결정해야 한다. 수출자가 기본계약과 불일치하는 물품을 선적한 경우에도 이 조항에 의거 개설은행은 대금을 지급해야 한다. 다만, 불일치의 정도가 중대하여 사기(fraud)에 해당되는 경우 각 준거법에 따라 은행의 지급책임이 면제될 수 있다.

6) 이용가능성, 유효기일 그리고 제시장소(제6조)

i) 신용장은 그 이용가능한 은행[20]을 명시하거나 모든 은행에서 이용가능한지 여부를 명시하여야 한다. 지정은행에서 이용가능한 신용장은 또한 개설은행에서도 이용할 수 있다. 신용장은 일람지급, 연지급, 인수 또는 매입에 의해 이용가능한지 여부를 명시하여야 한다.

"이용가능하다(available)"는 것은 서류를 제시하고 지급청구를 할 수 있다는 것을 말하며, '이용가능한 은행'이란, 지정은행(nominated bank)을 말한다. 물론 지정은행

---

20) '이용가능하다'는 것은 'available'로 표기하는데, 'available with ABC Bank'라고 기재된 경우 ABC 은행이 지정은행이 되며, 'available with any Bank'라고 기재된 경우 모든 은행이 지정은행이 된다.

에서 이용가능한 신용장은 개설은행에서도 이용가능하다. 지정은행이 단순히 신용장을 수익자에게 통지했다는 사실 자체가 지정은행이 지정을 수락한 것으로 간주하지는 않는다.[21] 지정은행이 결제(honour) 또는 매입에 대하여 명백하게 동의하고 이를 수익자에게 통보한 경우에만 지정은행은 결제 또는 매입의무를 부담한다 (UCP 600 제12조(a)항).

(지정은행과 역할)

지정은행이란, 개설은행으로부터 지급, 연지급, 인수, 매입을 할 수 있도록 권한을 부여받은 은행을 말한다. 지정은행의 구체적인 역할은 신용장에서 정해진다(지정은행의 지급, 매입 등은 지정은행의 권한일 뿐이며, 지정은행에게 지급, 매입 등의 의무가 있는 것은 아니다).

- 지정은행의 표시방법 및 역할: 'available with ABC Bank by ~' 'by ~'이하에 기재되는 것이 지정은행의 역할이다.

  예시 1) 'available with ABC Bank by negotiation': ABC Bank가 지정은행이며, 지정은행의 역할은 매입(negotiation)이다. 이 신용장의 경우 ABC Bank에서만 매입이 가능하며, 이를 **"제한매입신용장"**이라고 한다.

  예시 2) 'available with any bank by negotiation': '모든 은행(any bank)'이 지정은행이 될 수 있으며, 지정은행의 역할은 매입(negotiation)이다. 이 신용장의 경우 모든 은행에서 매입이 가능하며, 이를 **"자유매입신용장"**이라고 한다.

  예시 3) 'available with ABC Bank by payment': ABC Bank가 지정은행이며, 지정은행의 역할은 지급이며, 이를 **"지급신용장"**이라고 한다.

  예시 4) 'available with ABC Bank by deferred payment': ABC Bank가 지정은행이며, 지정은행의 역할은 연지급이며, 이를 **"연지급신용장"**이라고 한다.

  예시 5) 'available with ABC Bank by acceptance': ABC Bank가 지정은행이며, 지정은행의 역할은 인수(환어음인수)이며, 이를 **"인수신용장"**이라고 한다.

ii) 신용장은 개설신청인을 지급인으로 하는 환어음에 의하여 이용가능하도록 개설되어서는 안 된다. 신용장거래에서 환어음은 수익자가 발행하고 개설은행(또는 확인은행 포함)이 인수 및 지급책임을 진다. 개설의뢰인이 지급책임을 진다면 신용장의 지급여부가 개설은행이 아니고 개설의뢰인의 신용도에 의존하게 되어 신용장의

---

21) 지정은행 관련, 대법원에서는 '연지급신용장이 개설된 사안에서 당해 연지급신용장은 대금의 지급이나 선적서류 매입을 위한 지정은행을 특별히 지정하지 않고 그 문면상 자유 매입에 대한 명확한 수권도 없는 반면, 오히려 명확히 대금의 지급은 개설은행에서만 가능하다는 점과 그 선적서류의 제시 장소와 신용장의 유효기간의 기준장소도 개설은행이 소재하고 있는 곳으로 기재되어 있는 사실에 비추어 신용장에 관하여 대금의 지급이나 선적서류 매입을 위한 개설은행에 의한 은행의 지정이나 수권은 이루어지지 않았다.'고 판시하였다(대법원 2003. 1. 24. 선고 2001다68266 판결).

본래의 취지에 반하게 된다.

iii) ① 신용장은 제시를 위한 유효기일을 명시하여야 한다. 신용장 대금의 결제(honour) 또는 매입을 위한 유효기일은 제시를 위한 유효기일로 본다. ② 신용장의 이용가능한 은행의 장소가 제시를 위한 장소이다. 모든 은행에서 이용가능한 신용장에서의 제시장소는 그 모든 은해의 소재지가 된다. 개설은행이 소재지가 아닌 제시장소는 개설은행의 소재지에 그 장소를 추가한 것이다.

신용장에서 유효기일은 정하는 사유는 기본계약인 매매계약에서도 통상 그 유효기일을 정하고 있으므로 신용장에서도 매매계약의 유효기일과 맞추는 것이 필요하기 때문이다. 신용장의 법적 성격이 매매계약과 독립적이기는 하지만, 신용장은 매매계약을 기본계약으로 하고 매매계약에 따라 개설된다. 지급, 인수, 매입을 위하여 명시된 유효기일은 제시를 위한 유효기일로 간주된다. 유효기일은 서류가 제시되어야 하는 기한을 의미하는 것이며, 개설은행의 지급시한을 의미하는 것이 아니다.[22)]

신용장에서 유효기일은 정하는 사유는 기본계약인 매매계약에서도 통상 그 유효기일을 정하고 있으므로 신용장에서도 매매계약의 유효기일과 맞추는 것이 필요하기 때문이다. 신용장의 법적 성격이 매매계약과 독립적이기는 하지만, 신용장은 매매계약을 기본계약으로 하고 매매계약에 따라 개설된다. 지급, 인수, 매입을 위하여 명시된 유효기일은 제시를 위한 유효기일로 간주된다. 유효기일은 서류가 제시되어야 하는 기한을 의미하는 것이며, 개설은행의 지급시한을 의미하는 것이 아니다.

(한국의 수출거래에서의 신용장에서)

31D: Date and Place for Expiry
　　20170530 in Korea
41A: Available With ---- By -----
　　Available with ABC Bank for Negotiation
(2017.5.30.은 매입(Negotiation) 시한이 아니고, 매입은행앞 서류제시 시한임.)

---

22) 유효기간 내 서류제시 관련, 대법원에서는 선적서류가 서류제시를 위한 유효기간 내에 제시되었으나 은행에 의하여 유효기일 경과 후에 선적서류가 개설은행에 송부된 경우, 확인은행, 지정은행이 언제 서류를 접수하였는지 혹은 언제 서류를 매입하였는지에 관한 어떠한 요구도 규정되어 있지 않으므로 선적서류를 제시받은 은행이 그 표지(Covering letter)에 '서류는 유효기일 이내에 제시되었음' 또는 '서류는 신용장 조건과 일치함'이라는 표시를 하고 있는 경우, 다른 특별한 사정이 없는 한 신용장의 선적서류는 신용장 서류제시를 위한 유효기간 내에 제시된 것으로 보는 것이 상당하다.'고 판시하였다(대법원 2005. 5. 27. 선고 2002다3754 판결).

ⅳ) 第29조 (a)항에 규정된 경우를 제외하고, 수익자에 의한 또는 수익자를 위한 제시는 유효기일 또는 그 전에 이루어져야 한다. 신용장 서류는 신용장 유효기일 내에 지정은행 또는 개설은행에 제시되어야 한다.

(신용장에서 주의를 요하는 기한(또는 기간))

1) 선적기한(Latest Date of Shipment)
선적기한 내에 선적이 이루어 져야 한다.

2) 운송서류 제시기한
운송서류는 선적일 후 21일 이내에 제시되어야 한다(UCP 제14조제c항).
* 신용장에서 운송서류의 제시기한을 별도로 정한 경우에는 그 제시기한 내에 제시되어야 한다(참고로 신용장에서 신용장통일규칙과 달리 정한 경우에는 신용장의 내용이 우선한다).
* 일자는 선적일 다음날부터 기산한다(예: 선적일이 10월 1일이면, 서류제시기한은 10월 22일이 된다).

3) 신용장 유효기일(Date of Expiry)
신용장에서 요구하는 서류(운송서류 포함)는 신용장 유효기일 이내에 제시되어야 한다.
* 운송서류는 선적일 후 21일 이내(신용장에서 달리 정한 경우에는 그 기한 이내) 그리고 신용장 유효기일 이내에 제시되어야 한다. 두 가지 기한을 모두 총족해야 한다(예를 들어, 1월 1일에 선적되고 신용장 유효기일이 1월 15일이면, 서류제시기한은 1월 22일이 아니고 1월 15일이다).
* 여기서 "제시"라 함은 서류의 송부시점이 아니고 지정은행(또는 개설은행)의 도착시점을 기준으로 한다.

4) 제시장소
제시기한은 제시장소를 기준으로 한다. 예를 들어 한국에 있는 지정은행에 서류를 제시하는 경우에는 제시기한은 한국 시간을 기준으로 하며, 브라질에 있는 개설은행에 서류를 제시하는 경우에는 브라질 시간을 기준으로 한다.

7) 개설은행의 의무(제7조)

신용장에서 규정된 서류들이 지정은행 또는 개설은행에 제시되고, 그것이 신용장조건에 일치하는 제시일 경우 개설은행은 결제(honour)의 의무를 부담한다. 그리고 개설은행은 신용장의 개설시점으로부터 취소가 불가능한 결제(honour)의 의무를 부담한다.

개설은행은 일치하는 제시에 대하여 지정은행이 결제(honour) 또는 매입을 하고, 그 서류를 개설은행에 송부한 지정은행에 대하여 신용장 대금을 상환할 의무를 부담한다. 인수신용장 또는 연지급신용장의 경우 일치하는 제시에 대응하는 대금의 상환은 지정은행이 먼저 만기 이전에 대금을 먼저 지급하였거나 또는 매입하였는지 여부와 관계없이 만기에 이루어져야 한다. 개설은행의 지정은행에 대한 상환의무는 개설은행의 수익자에 대한 의무로부터 독립적이다.

개설은행은 신용장 대금을 결제할 의무가 있다. 그리고 지정은행이 지정된 내용에 따라 결제를 하지 않는 경우 개설은행은 결제할 의무를 부담한다. 지정은행이 일치하는 서류제시에 대해 결제 또는 매입을 하고, 그 서류를 개설은행에 송부하면, 개설은행은 지정은행에 신용장 대금을 상환해야 한다. 수익자는 지정은행을 경유하지 않고 개설은행에 직접 결제청구를 할 수도 있다. 한편, 지정은행은 확인하지 않는 한, 결제하거나 매입할 의무가 없다. 개설은행의 지정은행에 대한 상환의무는 수익자에 대한 의무로부터 독립적이다. 이에 따라 수익자가 서류를 위조한 경우 개설은행은 사기를 이유로 수익자에게 대금지급을 거절할 수 있지만, 지정은행에는 상환을 거부할 수 없다. 이는 순전히 서류만 심사하는 지정은행을 보호하기 위한 것이다.

8) 확인은행의 의무(제8조)

신용장에서 규정된 서류들이 확인은행(confirming bank) 또는 다른 지정은행에 제시되고, 그것이 신용장 조건에 일치하는 제시일 경우, 확인은행은 다음과 같은 경우 결제(honour)의 의무를 부담하며, 신용장이 확인은행에서 매입의 방법으로 이용 가능하다면 확인은행은 "**상환청구권 없이**(without recourse)" 매입하여야 한다.

확인은행은 신용장에 확인을 추가하는 시점으로부터 취소가 불가능한 결제(honour) 또는 매입의 의무를 부담한다. 확인은행은 일치하는 제시에 대하여 결제(honour) 또는 매입을 하고 그 서류를 확인은행에 송부한 다른 지정은행에 대하여 신용장 대금을 상환할 의무를 부담한다. 인수신용장 또는 연지급신용장의 경우 일치하는 제시에 대응하는 대금의 상환은 다른 지정은행이 그 신용장의 만기 이전에 대금을 먼저 지급하였거나 또는 매입하였는지 여부와 관계없이 만기에 이루어져야 한다. 확인은행의 다른 지정은행에 대한 상환의무는 확인은행의 수익자에 대한 의무로부터 독립적이다.

어떤 은행이 개설은행으로부터 신용장에 대한 확인의 권한을 받았거나 요청 받았음에도 불구하고, 그 준비가 되지 않았다면, 지체 없이 개설은행에 대하여 그 사실을 알려주어야 하고, 이 경우 신용장에 대한 확인 없이 통지만을 할 수 있다.

신용장은행 개설은행의 요청에 의해 신용장 대금의 결제를 확약하는 은행으로 개설은행에 추가하여 신용장 대금을 결제할 책임이 있다. 확인은행은 개설은행이 부담하는 것과 동일한 의무를 부담한다. 이에 따라 지정은행이 일치하는 서류제시에 대해 결제 또는 매입을 하고, 그 서류를 확인은행에 송부하면 확인은행은 지정은행에 신용장 대금을 상환해야 한다. 확인은행은 개설은행과 마찬가지로 신용장 대금의 지급책임이 있는 자이므로 확인은행이 매입하는 경우 "without recourse(상환청구불능조건)"로 매입해야 한다.

49: Confirmation Instructions

여기에 기재되는 표현은 다음의 세 가지임.
1) CONFIRM: 수신인(통지은행)에 대해 확인을 요청한다는 의미
2) MAY ADD: 수신인(통지은행)은 확인할 수 있다는 의미
3) WITHOUT: 수신인(통지은행)에게 확인을 요청하지 않는다는 의미

- 'CONFIRM' 또는 'MAY ADD'에서와 같이 수신인(통지은행)이 확인요청(또는 확인수권)을 받은 경우 확인준비가 되지 않았다면, 지체 없이 개설은행에 그 사실을 통지해야 한다(UCP 8(d)). 확인하는 경우 covering schedule(표지서류)에 다음 사항을 기재하여 신용장을 수익자에게 교부한다. ("As requested by the Issuing Bank, we hereby add our confirmation to the Credit in accordance with the stipulations under UCP 600 Art. 8.)
- Silent Confirmation(비수권확인): "WITHOUT"으로 기재되어 확인(confirmation)을 할 수 없음에도 불구하고 통지은행이 수익자에게 확인(confirmation)한 경우를 말함. 이 경우 통지은행은 수익자에게 지급책임은 있으나, 개설은행에 대하여는 확인은행의 지위를 주장할 수 없음.

9) 신용장의 조건변경(제10조)

신용장은 개설은행, 확인은행이 있는 경우에는 그 확인은행, 그리고 수익자의 동의가 없이는 조건변경되거나 취소될 수 없다. 개설은행은 신용장에 대한 조건을 변경한 경우 그 시점으로부터 변경 내용에 대하여 취소 불가능하게 구속된다.

원신용장(또는 이전에 조건변경이 수락된 신용장)의 조건은 수익자가 조건변경을 통지한 은행에 대하여 변경된 내용을 수락한다는 뜻을 알려줄 때까지는 수익자에 대하여 효력을 가진다. 수익자는 조건변경 내용에 대한 수락 또는 거절의 뜻을 알려주어야 한다. 수익자가 위 수락 또는 거절의 뜻을 알리지 않은 경우, 신용장 및 아직 수락되지 않고 있는 조건변경 내용에 부합하는 제시가 있으면 수익자가 그러한 조건변경 내용을

수락한다는 뜻을 알린 것으로 간주한다. 이 경우 그 순간부터 신용장은 조건이 변경된다.

조건변경에 대하여 일부만을 수락하는 것은 허용되지 않으며, 이는 조건변경 내용에 대한 거절의 의사표시로 간주한다. 수익자가 일정한 시간 내에 조건변경을 거절하지 않으면 조건변경이 효력을 가지게 된다는 내용[23)]이 조건변경에 포함된 경우 이는 무시된다.

10) 지정(제12조)

지정은행이 확인은행이 아닌 경우, 결제(honour) 또는 매입에 대한 수권은 지정은행이 결제(honour) 또는 매입에 대하여 명백하게 동의하고 이를 수익자에게 통보한 경우를 제외하고는 그 지정은행에 대하여 결제(honour) 또는 매입에 대한 어떤 의무도 부과하지 않는다. 개설은행은 어떤 은행이 환어음을 인수하거나 연지급의 의무를 부담하도록 지정함으로써 그 지정은행이 대금을 먼저 지급하거나 또는 인수된 환어음을 매수(purchase)하거나, 또는 그 지정은행이 연지급의 의무를 부담하도록 권한을 부여한다. 확인은행이 아닌 지정은행이 서류를 수취하거나 또는 심사 후 서류를 송부하는 것은 그 지정은행에게 결제(honour) 또는 매입에 대한 책임을 부담시키는 것이 아니고, 또한 그것이 결제(honour) 또는 매입을 구성하지도 않는다.

원칙적으로 지정은행은 결제나 매입할 의무가 없다. 또한, 지정은행이 서류를 수취하거나 서류심사 후 서류를 개설은행에 송부한 경우에도 지정은행은 결제 또는 매입할 책임을 부담하지 않는다. 지정은행에서만 매입이 허용되는 매입제한신용장에서도 지정은행이 아닌 은행을 통하여 서류가 개설은행에 제시된 경우 개설은행은 지정은행이 아닌 은행을 통하여 서류가 제시되었다는 사유로 지급거절할 수 없다.

- 원칙적으로 지정은행은 결제나 매입할 의무가 없다.
  개설은행이 지정은행에 결제 또는 매입하도록 권리를 부여한 경우
  1) 지정은행이 동의를 명백히 표시하지 않은 경우 → 지정은행은 결제 또는 매입의무가 없다.
  2) 지정은행이 명백히 동의하고 이를 수익자에게 통보 시 → 지정은행은 결제 또는 매입의무가 있다.

23) 예시) This amendment shall be in force unless rejected by beneficiary on or before Dec. 20, 2018.)

ㅇ 확인은행이 아닌 지정은행이 서류를 수취하거나 심사 후 서류를 송부하는 것은 그 지정은행에게 결제(honour) 또는 매입에 대한 책임을 부담시키는 것이 아니고, 또한 그것이 결제(honour) 또는 매입을 구성하지도 않는다.
- 지정은행이 서류를 수취하거나 서류심사 후 서류를 개설은행에 송부한 경우에도 지정은행은 결제 또는 매입할 책임을 부담하지 않는다.

11) 은행 간 상환약정(제13조)

신용장에서 지정은행(이하 "청구은행(claiming bank)"이라 한다)이 다른 당사자(이하 "상환은행(reimbursing bank)"이라 한다)에게 청구하여 상환을 받도록 규정하고 있다면, 그 신용장은 상환과 관련하여 신용장 개설일에 유효한 은행 간 상환에 대한 국제상업회의소 규칙[24]의 적용을 받는지 여부를 명시하여야 한다.

신용장이 상환과 관련하여 은행 간 상환에 대한 국제상업회의소 규칙의 적용을 받는다는 사실을 명시하지 않으면, 다음이 적용된다.

i) 개설은행은 신용장에 명시된 이용가능성에 부합하는 상환권한을 상환은행에 수여하여야 한다. 상환권한은 유효기일의 적용을 받지 않아야 한다.

ii) 청구은행은 신용장의 조건에 일치한다는 증명서를 상환은행에 제시하도록 요구받아서는 안 된다.

iii) 신용장의 조건에 따른 상환은행의 최초 지급청구시에 상환이 이루어지지 않으면, 개설은행은 그로 인하여 발생한 모든 비용과 함께 모든 이자 손실에 대하여도 책임을 부담한다.

iv) 상환은행의 수수료는 개설은행이 부담한다. 그러나 그 수수료를 수익자가 부담하여야 한다면, 개설은행은 신용장과 상환수권서에 그러한 사실을 명시할 책임을 부담한다. 상환은행의 수수료를 수익자가 부담하여야 한다면, 그 수수료는 상환이 이루어질 때에 청구은행에 지급하여야 할 금액으로부터 공제된다. 상환이 이루어지지 아니한다면, 상환은행의 수수료는 개설은행이 부담하여야 한다.

최초 지급청구 시에 상환은행에 의한 상환이 이루어지지 아니한 경우 상환을 제공할 개설은행 자신의 의무는 면제되지 아니한다. 상환은행은 개설은행으로부터 신용장

---

24) "은행간대금상환에대한통일규칙(ICC Uniform Rules for Bank-to-Bank Reimbursement under Documentary Credits)"을 의미한다. 이 규칙은 1995년에 제정(URR 525)되어 1996년 7월에 시행되었다. 그리고 UCP 600에 맞추어 2008년 4월 개정(URR 725)되어 2008년 10월부터 시행되고 있다.

대금지급을 위임받아 지급·인수·매입은행이 상환은행 앞 신용장 대금의 상환을 청구하는 경우 지급·인수·매입은행앞으로 신용장 대금을 상환해주는 은행이다. 상환은행은 개설은행의 예치환거래은행이며, 개설은행의 예금계정에서 신용장 대금을 인출하여 지급·인수·매입은행앞으로 지급(송금)한다.

신용장 개설시에 개설은행은 상환은행에게 상환에 대한 권한을 부여해야 한다. 이러한 상환수권이 없으면, 상환은행은 매입은행 등의 상환청구에 응하지 않기 때문이다.[25] 개설은행은 매입은행 등이 상환청구를 할 때 제출한 선적서류가 일치하는 제시를 하였다는 일치증명서를 요구해서는 안 되는데, 그 이유는 일치증명을 요구하면 매입은행과 상환은행에 이의 발송과 검사에 따른 비용과 시간이 소요되어 신속한 대금상환을 저해하기 때문이다. URR 525는 UCP 500 이후에 제정되었기 때문에, UCP 500에서는 관련 조항이 없었고, UCP 600에서 추가되었다.

- 상환은행은 개설은행으로부터 신용장 대금지급을 위임받아 지급·인수·매입은행이 상환은행 앞 신용장 대금의 상환을 청구하는 경우 지급·인수·매입은행앞으로 신용장 대금을 상환해주는 은행이다.
- 상환은행은 개설은행의 예치환거래은행이며, 개설은행의 예금계정에서 신용장 대금을 인출하여 지급·인수·매입은행앞으로 지급(송금)한다.
- 상환은행의 비용: 개설은행이 부담
  * 지정은행(nominated bank) = 청구은행(caliming bank)
  상환은행(reimbursing bank)
  1) 지정은행 → 수익자: 지정은행은 서류를 매입하거나 신용장 대금을 지급함
  2) 상환은행 → 지정은행: 상환(지정은행이 지급한 대금의 상환)
  3) 개설은행 → 상환은행: 보상(상환은행이 상환한 신용장 대금 보상)

12) 서류심사의 기준(제14조)

개설은행(지정은행, 확인은행 포함)은 서류심사에 대하여 문면상 일치 여부만 심사하며, 서류의 진정성에 대해서는 심사하지 않는다. 서류심사 기간은 제시일의 다음날로부터 최장 5영업일 이내이다. 그리고 이 기간은 유효기일 내의 제시일자나 최종제시일 또는 그 이후에 발생하는 사건에 의해서 단축되거나 달리 영향을 받지 않는다. UCP 500에서는 7영업일 이내에서 합리적인 기간이었으나, UCP 600에서 5영업일로 단축하였다.

25) 박세운 외 4인, UCP 600 공식번역 및 해설서, 대한상공회의소, 2007, p.90.

기간이 5영업일로 단축되었을 뿐만 아니라, "합리적인 기간(reasonable time)"이라는 수식어도 삭제되었다. 한편, 신용장은 선적 후 며칠 이내에 서류가 제시되어야 하는지 명시되지 않은 경우 운송서류의 제시는 선적일 후 21일 이내에 제시되어야 하며, 어떠한 경우에도 신용장의 유효기일 보다 늦게 제시되어서는 안 된다. 선적일 후 21일이 지난 운송서류를 "stale B/L"이라고 하며, 수리 거절된다(상세한 내용은 앞의 '6) 이용가능성, 유효기일 그리고 제시장소(제6조)'의 표 "신용장에서 주의를 요하는 기한(또는 기간)" 참조).

신용장에서 요구되지 않은 서류가 제시된 경우 그 서류는 무시되며 개설은행은 이러한 서류를 제시인에게 반환할 수 있다. 그리고 신용장에서 제시해야 할 서류를 정하지 않고 단지 조건만 명시한 경우 이러한 조건은 무시한다. 그 이유는 신용장은 서류상의 거래이므로 신용장조건의 충족 여부를 서류로만 파악할 수 있는데, 서류가 없는 조건은 파악할 수 없기 때문이다. 서류는 신용장개설일 이전일자에 작성된 것일 수 있으나 제시일자 보다 늦은 일자에 작성된 것이어서는 안 된다.

신용장, 서류 그 자체 그리고 국제표준은행관행의 문맥에 따라 읽을 때의 서류상의 정보(data)는 그 서류나 다른 적시된 서류 또는 신용장상의 정보와 반드시 일치될 필요는 없으나, 그들과 저촉되어서는 안 된다. 상업송장 이외의 서류에서, 물품, 서비스 또는 의무이행의 명세는, 만약 기재되는 경우, 신용장상의 명세와 저촉되지 않는 일반적인 용어로 기재될 수 있다. 신용장에서 누가 서류를 발행하여야 하는지 여부 또는 그 정보의 내용을 명시함이 없이 운송서류, 보험서류 또는 상업송장 이외의 다른 어떠한 서류의 제시를 요구한다면, 그 서류의 내용이 요구되는 서류의 기능을 충족하는 것으로 보이고 또한 그밖에 제14조에 부합하는 한 은행은 제시된 대로 그 서류를 수리한다.

수익자와 개설의뢰인의 주소가 어떤 요구서류에 나타날 때, 그것은 신용장 또는 다른 요구서류상에 기재된 것과 동일할 필요는 없으나 신용장에 기재된 각각의 주소와 동일한 국가 내에 있어야 한다. 수익자 및 개설의뢰인의 주소의 일부로 기재된 세부연락처(팩스, 전화, 이메일 및 이와 유사한 것)는 무시된다. 그러나 개설의뢰인의 주소와 세부연락처가 제19조, 제20조, 제21조, 제22조, 제23조, 제24조 또는 제25조의 적용을 받는 운송서류상의 수하인 또는 통지처의 일부로서 나타날 때에는 신용장에 명시된 대로 기재되어야 한다.

어떠한 서류상에 표시된 선적인(shipper) 또는 송하인(consignor)은 신용장의 수익자일 필요는 없다. 운송서류가 이 신용장통일규칙의 다른 요건을 충족하는 한, 그 운송서류는 운송인, 소유자, 선장, 용선자 아닌 어느 누구에 의해서도 발행될 수 있다. 이에 따라 운송주선업자(freight forwarder)도 운송서류를 발행할 수 있다.

참고로 UCP 500에서는 운송주선업자가 선장의 대리인으로서 운송서류를 발행하는 경우 반드시 선장이름을 표기해야 했으나, UCP 600에서는 선장의 이름을 표기하지 않아도 된다.[26)]

o 문면심사: 진정성 심사의무 없음
- 개설은행(지정은행, 확인은행 포함)은 서류심사에 대하여 문면상 일치 여부만 심사하며, 서류의 진정성에 대해서는 심사하지 않는다.

o 신용장에서 요구된 서류만 심사
- 신용장에서 요구된 서류만 심사한다. 따라서 신용장에서 요구되지 않은 서류가 제시된 경우 그 서류에 신용장의 조건과 다른 내용이 있다고 하더라도 서류하자가 아니다.
예) 신용장에서 원산지를 일본으로 기재하였으나, 원산지증명서를 요구하지 않은 경우
→ 비록 원산지 증명서상에 원산지가 중국으로 기재되어 있어도 서류하자 아님.

o 서류심사 기간: 최장 5영업일
- 서류심사 기간은 제시일의 다음날로부터 최장 5영업일 이내이다.
- 서류심사기간으로 항상 5영업일이 보장되는지 여부에 대해서는 불명확하다.
- UCP 500에서는 7영업일 이내에서 합리적인 기간이었으나, UCP 600에서 최장 5영업일로 단축하였다. 기간이 5영업일로 단축되었을 뿐만 아니라, "합리적인 기간(reasonable time)"이라는 수식어도 삭제되었다.

o 서류제시기한
- 신용장은 선적 후 며칠 이내에 서류가 제시되어야 하는지 명시되지 않은 경우 운송서류의 제시는 선적일 후 21일 이내에 제시되어야 한다.
- 어떠한 경우에도 신용장의 유효기일 보다 늦게 제시되어서는 안 된다.
- 신용장에서 서류제시기한을 별도로 정한 경우에는 신용장에서 정한 서류제시기한을 준수해야 한다.

o 신용장에서 요구되지 않은 서류가 제시된 경우 그 서류는 무시되며 개설은행은 이러한 서류를 제시인에게 반환할 수 있다.

26) "ABC 운송중개인, 선장 대리인"(UCP 500(불허), UCP 600(허용)), UCP 500에서의 정확한 표현: "ABC 운송중개인, 선장 Hong, Ghil Dong의 대리인" (박세운 외 4인, UCP 600 공식번역 및 해설서, 대한상공회의소, 2007, p.102.)

- 서류는 신용장개설일 이전일자에 작성된 것일 수 있으나 제시일자 보다 늦은 일자에 작성된 것이어서는 안 된다.

- 상업송장 이외의 서류에서, 물품, 서비스 또는 의무이행의 명세는, 만약 기재되는 경우, 신용장상의 명세와 저촉되지 않는 일반적인 용어로 기재될 수 있다.

13) 일치하는 제시(제15조)

개설은행은 제시가 일치된다고 판단하는 경우 결제(honour)하여야 한다. 확인은행은 제시가 일치한다고 판단되는 경우 결제(honour) 또는 매입하고 그 서류들을 개설은행에 송부하고, 지정은행은 제시가 일치한다고 판단하고 결제 또는 매입할 경우 그 서류들을 확인은행 또는 개설은행에 송부하여야 한다.

개설은행이나 확인은행은 제시가 일치되는 경우 반드시 결제(확인은행은 결제 또는 매입)하여야 한다. 그러나 지정은행은 반드시 결제 또는 매입해야 한다고 규정하지 않은 이유는 지정은행은 원칙적으로 지급책임이 없기 때문이다.

14) 하자있는 서류, 권리포기 및 통지(제16조)

(1) 서류하자의 판단

지정에 따라 행동하는 지정은행, 확인은행이 있는 경우의 확인은행 또는 개설은행은 제시가 일치하지 않는다고 판단하는 때에는, 결제(또는 매입)를 거절할 수 있다(개설은행 또는 확인은행은 서류제시가 신용장의 조건과 일치하는 경우에만 신용장 대금의 지급책임이 있다).

(2) 하자권리의 포기

개설은행은 제시가 일치하지 않는다고 판단하는 때에는, 자신의 독자적인 판단으로 하자에 대한 권리포기(waiver)를 위하여 개설의뢰인과 교섭할 수 있다. 그러나 이로 인하여 서류심사기한이 연장되지는 않는다. 개설은행은 서류제시가 신용장의 조건과 일치하는 경우에만 신용장 대금의 지급책임이 있으므로 불일치한 서류가 제시되면 원칙적으로 신용장 대금을 지급하면 안 된다. 이 경우 반드시 개설의뢰인에게 하자있는 서류의 인수여부를 확인해야 한다. 개설의뢰인에게 하자있는 서류의 인수여부에 대해 문의하지 않고 신용장 대금을 지급하는 경우 개설은행은 개설의뢰인에게 신용장 대금의 상환을 청구할 수 없다.

(3) 하자통지의 내용

지정에 따라 행동하는 지정은행, 확인은행이 있는 경우의 확인은행 또는 개설은행이 결제(또는 매입)를 거절하기로 결정하는 때에는, 제시자에게 그러한 취지로 한 번에 통지하여야 한다. 그리고 통지에는 다음 사항을 기재하여야 한다.

i) 은행이 결제(honour) 또는 매입을 거절한다는 사실

ii) 은행이 결제(honour) 또는 매입을 거절하는 각각의 하자

iii) a) 제시자의 추가지시가 있을 때까지 은행이 서류를 보관할 것이라는 사실 또는,

b) 개설의뢰인으로부터 권리포기를 받고 이를 받아들이기로 동의하거나, 또는 권리포기를 받아들이기로 동의하기 이전에 제시자로부터 추가지시를 받을 때까지, 개설은행이 서류를 보관할 것이라는 사실 또는

c) 은행이 서류를 반환할 것이라는 사실 또는

d) 은행이 사전에 제시자로부터 받은 지시에 따라 행동할 것이라는 사실(하자있는 서류가 제시되는 경우 개설은행 등은 제시은행에 하자통보를 해야 하는데, 하자통보는 한 번에 해야 하며, 어떤 하자를 통보한 후에 추가로 발견된 하자를 통보하면, 추가적인 하자통보는 무시된다.)

(4) 하자통지시한

하자통지는 서류가 제시된 날의 다음날로부터 5영업일의 개설은행 마감시간 이전에 제시은행에 거절통보를 보내야 한다. 개설은행 또는 확인은행이 이 조항의 규정에 따라 행동하지 못하면, 그 은행은 서류에 대한 일치하는 제시가 아니라는 주장을 할 수 없다. 개설은행이 결제(honour)를 거절하거나 또는 확인은행이 결제(honour) 또는 매입을 거절하고 이 조항에 따라 그 취지의 통지를 한 때에는, 그 은행은 이미 지급된 상환 대금을 이자와 함께 반환 청구할 권리를 갖는다.

(L/C 하자통지서 기재사항)

1) 결제 또는 매입을 거절하였다.
2) 하자사항을 명시해야 한다.
3) 서류의 현황에 대하여 다음 중 하나를 명시해야 한다(UCP 제16조).
   ① We are holding the documents pending your further instructions.(귀사(제시자)로부터 추가지시를 기다리며 서류를 보류한다.)
   ② We are holding the documents pending receipt of an acceptable waiver from

the applicant or until we receive further instructions.(개설의뢰인으로부터 권리포기를 받거나 추가지시를 받을 때까지 서류를 보류한다.)

③ We are returning the documents.(우리는 서류를 반송한다.)

④ We are acting in accordance with previous instructions.(사전에 제시자로부터 받은 지시에 따라 행동한다.)

(하자통지서 예시)

MT 734 Advice of Refusal

LC No.

Bank Ref. No.

Date and Amount of Utilisation

03/25/2012 USD 200,000

Total Amount Claimed

USD 200,000

Discrepancies

LC Expired

Disposal of Documents

We are holding the documents pending your further instructions

(하자의 종류)

- DOCS Inconsistent with each other(서류 상호 간 불일치)
- Late Shipment(선적지연)
- Credit Expired(L/C유효기일 경과)
- Late Presentation(제시기일 경과)
- Received B/L Presented(수취선하증권의 제시)
- Goods shipped on deck(갑판선적)
- Insurance not effective from the date of shipment(선적일부터 부보되지 않음)
- Description of goods on invoice differ from that in the credit.(상업송장의 물품명세와 신용장의 물품명세 불일치)
- Under Insured(보험금액 미달)
- Over Drawing(신용장금액 초과발행)
- Short Shipment(선적부족)
- Insurance risks covered not as specified in the credit(신용장에 명시한 대로 부보되지 않음)
- Different Consignee(수하인 상이)
- Weights differs between DOCS.(서류 상호간 중량 불일치)

15) 원본 서류와 사본(제17조)

적어도 신용장에서 명시된 각각의 서류의 원본 한 통은 제시되어야 한다. 서류자체에 원본이 아니라고 표시하고 있지 않은 한, 은행은 명백하게 원본성을 갖는 서류 발행자의 서명, 마크, 스탬프 또는 라벨이 담긴 서류를 원본으로 취급한다.

서류에 다른 정함이 없다면 서류가 달리 표시하지 않으면, 은행은 또한 다음과 같은 서류를 원본으로 수리한다. i) 서류 발행자의 손으로 작성, 타이핑, 천공서명 또는 스탬프된 것으로 보이는 것 또는 ii) 서류 발행자의 원본 서류용지 위에 작성된 것으로 보이는 것 또는 iii) 원본이라는 표시가 제시된 서류에는 적용되지 않는 것으로 보이지 않는 한, 원본이라는 표시가 있는 것

신용장이 서류 사본의 제시를 요구하는 경우, 원본 또는 사본의 제시가 모두 허용된다. 그리고 신용장이 "in duplicate", "in two folds" 또는 "in two copies"와 같은 용어를 사용하여 복수의 서류의 제시를 요구하는 경우, 이 조건은 그 서류 자체에 달리 정함이 없는 한 적어도 한 통의 원본과 나머지 수량의 사본을 제시함으로써 충족된다. 참고로 신용장에서 carbon copy를 요구한 경우 photocopy를 제시한 경우에 ICC에서는 수리할 수 없다고 밝힌 바 있다.[27)]

16) 상업송장(제18조)

신용장이 양도된 경우가 아니면 상업송장(commercial invoice)은 원칙적으로 수익자가 발행한 것으로 보여야 하며, 개설의뢰인 앞으로 발행되어야 한다. 그리고 신용장과 같은 통화로 발행되어야 한다. 상업송장은 수익자가 서명할 필요는 없지만, 수익자가 명시되어야 한다. (수익자의 명판이 기명된 명판을 상업송장에 표시를 하거나, 수익자의 영문명칭이 서류의 상단에 표시되어 있으면 수익자가 명시된 것으로 본다.[28)])

지정에 따라 행동하는 지정은행, 확인은행이 있는 경우의 확인은행 또는 개설은행은 신용장에서 허용된 금액을 초과하여 발행된 상업송장을 수리할 수 있고, 이러한 결정은, 문제된 은행이 신용장에서 허용된 금액을 초과한 금액을 결제(honour) 또는 매입하지 않았던 경우에 한하여, 모든 당사자를 구속한다. 상업송장상의 물품, 서비스 또는 의무이행의 명세는 신용장상의 그것과 일치하여야 한다.

---

27) 박세운 외 4인, UCP 600 공식번역 및 해설서, 대한상공회의소, 2007, p.119.

28) 박세운 외 4인, UCP 600 공식번역 및 해설서, 대한상공회의소, 2007, p.122.

신용장금액을 초과하는 상업송장을 개설은행 등이 결제할 수는 있지만, 신용장금액 범위내에서만 결제하고 초과금액은 결제하지 않아야 다른 당사자들에게 구속력이 있다는 것이다. 즉 신용장금액내에서만 결제해야 개설의뢰인에게 상환청구를 할 수 있다. 그리고 상업송장은 물품을 표시하는 가장 기본적인 서류이므로 신용장에서 물품에 대해 명시한 대로 명시되어야 한다. 상업송장은 신용장의 내용과 엄격하게 일치해야 하는데, 거울에 비치는 것과 같이 똑같을 것을 요구하는 것은 아니다.

송장의 명칭을 신용장에서 특별히 요구하지 않았다면, 모든 명칭의 송장(예: commercial invoice, tax invoice, customs invoice 등)이 가능하다. 그러나 확정되지 않은 송장인 pro-forma invoice나 provisional invoice는 수리되지 않는다(ISBP para. 57). 그러나 신용장에서 상업송장(commercial invoice)을 요구한 경우, "송장(invoice)"이라는 명칭의 서류는 수리된다(ISBP para. 57).

17) 선하증권(제20조)

선하증권(bill of lading)은 어떠한 명칭의 사용도 가능하지만, 다음과 같이 보여야 한다.

i) 운송인(carrier)의 명칭이 표시되고 다음의 자에 의하여 서명되어야 한다.

- 운송인, 또는 운송인을 위한 또는 그를 대리하는 기명대리인
- 선장, 또는 선장을 위한 또는 그를 대리하는 기명대리인

운송인, 선장 또는 대리인의 서명은 운송인, 선장 또는 대리인의 서명으로서 특정되어야 한다. 대리인의 서명은 그가 운송인을 위하여 또는 대리하여 또는 선장을 위하여 또는 대리하여 서명한 것인지를 표시하여야 한다.

ii) 물품이 신용장에서 명시된 선적항에서 기명된 선박에 본선적재 되었다는 것을 다음의 방법으로 표시하여야 한다.

- 미리 인쇄된 문구 또는
- 물품이 본선적재된 일자를 표시하는 본선적재표기

선하증권이 선적일자를 표시하는 본선적재표기를 포함하지 않는 경우에는 선하증권 발행일을 선적일로 본다. 선하증권에 본선적재표기가 된 경우에는 본선적재표기에 기재된 일자를 선적일로 본다. 선하증권이 선박명과 관련하여 "예정선박" 또는 이와 유사한 표시를 포함하는 경우에는 선적일과 실제 선박명을 표시하는 본선적재표기가 요구된다.

iii) 신용장에 기재된 선적항으로부터 하역항까지의 선적을 표시하여야 한다. 선하증권이 신용장에 기재된 선적항을 선적항으로 표시하지 않는 경우 또는 선적항과 관련하여 "예정된"이라는 표시 또는 이와 유사한 제한을 포함하는 경우에는, 신용장에 기재된 선적항과 선적일 및 선적선박명을 표시하는 본선적재 표기가 요구된다. 이 조항은 기명된 선박에의 본선적재 또는 선적이 미리 인쇄된 문구에 의하여 선하증권에 표시된 경우에도 적용된다.

iv) 유일한 선하증권 원본이거나 또는 원본이 한 통을 초과하여 발행되는 경우 선하증권에 표시된 전통(full set)이어야 한다.

v) 운송조건을 포함하거나 또는 운송조건을 포함하는 다른 출처를 언급하여야 한다(약식 또는 뒷면 백지 선하증권). 운송조건의 내용은 심사되지 않는다.

vi) 용선계약에 따른다는 어떤 표시도 포함하지 않아야 한다. 환적과 관련하여, 선하증권은 전운송이 하나의 동일한 선하증권에 의하여 포괄된다면 물품이 환적[29]될 것이라거나 환적될 수 있다는 것을 표시할 수 있다. 환적이 될 것이라거나 될 수 있다고 표시하는 선하증권은, 물품이 컨테이너, 트레일러, 래시 바지에 선적되었다는 것이 선하증권에 의하여 증명되는 경우에는 비록 신용장이 환적을 금지하더라도 수리될 수 있다. 운송인이 환적할 권리를 갖고 있음을 기재한 선하증권의 조항은 무시된다.

(UCP 500에서는 선하증권을 Marine/Ocean Bill of Lading이라고 불렀으나 개정된 UCP 600에서는 특별한 명칭 없이 Bill of Lading으로 개정하였다. 따라서 선하증권은 특별한 명칭이 표시되어야 하는 것은 아니다. 위에서 언급한 대로 선하증권에는 운송인이 표시되어야 하는데, 운송인 명칭은 반드시 선하증권 앞면에 표시되어야 한다. 이 경우 단순히 운송인 명칭만 표시되어서는 안 되며 "운송인(carrier)"이라는 단어와 함께 운송인 명칭이 표시되어야 한다.[30] "운송인(carrier)"이라는 단어 없이 운송인 명칭만 표시되면, 제3자는 그 명칭이 운송인인지 여부를 알 수 없기 때문이다.[31])

29) 환적은 신용장에 기재된 선적항으로부터 하역항까지의 운송 도중에 하나의 선박으로부터 양하되어 다른 선박으로 재적재되는 것을 의미한다.

30) 예: Carrier, ABC Shipping Company

31) 박세운 외 4인, UCP 600 공식번역 및 해설서, 대한상공회의소, 2007, p.149.

18) 항공운송서류(제23조)

항공운송서류(air transport document)는 어떤 명칭을 사용하든 간에 다음과 같이 보여야 한다.

i) 운송인의 명칭을 표시하고 다음의 자에 의하여 서명되어야 한다.

- 운송인 또는
- 운송인을 위한 또는 그를 대리하는 기명대리인

운송인 또는 대리인의 서명은 운송인 또는 대리인의 서명으로 특정되어야 한다. 대리인의 서명은 그 대리인이 운송인을 위하여 또는 운송인을 대리하여 서명한 것인지를 표시하여야 한다.

ii) 물품이 운송을 위하여 수리되었다는 것을 표시하여야 한다.

iii) 발행일을 표시하여야 한다. 항공운송서류가 실제 선적일에 대한 특정한 부기를 포함하지 않는 경우에는 이 일자를 선적일로 본다. 항공운송서류가 실제 선적일에 대한 특정한 부기를 포함하는 경우에는 부기에 기재된 일자를 선적일로 본다. 운항번호와 일자와 관련하여 항공운송서류에 나타나는 그 밖의 모든 정보는 선적일을 결정할 때 고려되지 않는다.

iv) 신용장에 기재된 출발공항과 도착공항을 표시하여야 한다.

v) 비록 신용장이 원본 전통(full set)을 규정하더라도 송하인 또는 선적인용 원본이어야 한다.

vi) 운송조건을 포함하거나 또는 운송조건을 포함하는 다른 출처를 언급하여야 한다. 운송조건의 내용은 심사되지 않는다.

항공운송서류는 전운송이 하나의 동일한 항공운송서류에 의하여 포괄된다면 물품이 환적[32)]될 것이라거나 환적될 수 있다는 것을 표시할 수 있다. 환적이 될 것이라거나 환적될 수 있다고 표시하는 항공운송서류는 비록 신용장이 환적을 금지하더라도 수리될 수 있다.

19) 갑판적재, 내용물 부지약관과 운임에 관한 추가비용(제26조)

운송서류는 물품이 갑판에 적재되거나 적재될 것이라는 표시를 하여서는 안 된다.

---

32) 환적은 신용장에 기재된 출발공항으로부터 도착공항까지의 운송 도중 하나의 항공기로부터 양하되어 다른 항공기로 재적재되는 것을 의미한다.

물품이 갑판에 적재될 수도 있다고 기재하는 운송서류상의 조항은 수리될 수 있다. "선적인이 적재하고 검수하였음(shipper's load and count)"과 "선적인의 내용신고에 따름(said by shipper to contain)"과 같은 조항[33]이 있는 운송서류는 수리될 수 있다. 운송서류는 스탬프 또는 다른 방법으로 운임에 추가되는 요금을 언급할 수 있다.

운송물의 안정을 위해 갑판적에 적재된 운송서류를 수리되지 않는다. 그러나 단지 "갑판적에 적재될 수도 있다(may be loaded on deck)"만 기재된 운송서류는 수리된다. 그 이유는 만일의 사태에는 갑판적에 적재하는 것이 최선일 수도 있기 때문이다.

20) 무고장 운송서류(제27조)

은행은 단지 무고장 운송서류만을 수리한다. 무고장 운송서류는 물품 또는 포장의 하자상태(defective conditions)를 명시적으로 선언하는 조항 또는 부기가 없는 운송서류를 말한다. "무고장"이라는 단어는 비록 신용장이 운송서류가 "무고장 본선적재"일 것이라는 요건을 포함하더라도 운송서류상에 나타날 필요가 없다.

21) 유효기일 또는 최종제시일의 연장(제29조)

신용장의 유효기일 또는 최종제시일이 제시가 되어야 하는 은행이 영업을 하지 않는 날인 경우, 유효기일 또는 경우에 따라 최종제시일은 그 다음 첫 은행영업일까지 연장된다. 그러나 최종선적일은 이런 사유로 연장되지 않는다.

22) 신용장 금액, 수량 그리고 단가의 허용치(제30조)

신용장 금액 또는 신용장에서 표시된 수량 또는 단가와 관련하여 사용된 "about" 또는 "approximately"라는 단어는, 그것이 언급하는 금액, 수량 또는 단가에 관하여 10%를 초과하지 않는 범위 내에서 많거나 적은 편차를 허용하는 것으로 해석된다. 이러한 과부족 허용단어가 수량에만 사용되고 금액에는 사용되지 않은 경우 수량에 대한 10% 과부족은 가능하나 금액에는 과부족이 적용되지 않는다.

신용장이 수량을 포장단위 또는 개별단위의 특정 숫자로 기재하지 않고 청구금액의 총액이 신용장의 금액을 초과하지 않는 경우에는 신용장에 "about" 또는 "approximately"의 단어가 없는 경우에도, 물품의 수량에서 5%를 초과하지 않는 범위 내의 많거나 적

33) 이러한 조항을 부지약관 또는 부지문구라고 한다.

은 편차는 허용된다.

이는 곡물 등의 벌크(Bulk)화물의 거래를 원만하게 하기 위함이다. 그러나 이 경우에도 환어음 발행금액 또는 청구금액이 신용장금액을 초과해서는 안 된다. 이러한 과부족은 수량을 중량단위나 용적단위 또는 길이단위로 표시한 경우에만 적용된다. 그리고 위 "about"나 "approximately"는 금액, 수량, 단가에만 적용되며, 일자나 일수에는 적용되지 않는다.[34)]

예시1) L/C amout: U$10,000 → Commercial Invoice: U$11,000
→ 서류하자(상업송장상의 금액이 L/C 금액을 초과했으므로)

예시2) L/C amount: about U$10,000 → Commercial Invoice: U$11,000
→ 서류하자 아님(상업송장상의 금액이 L/C 금액의 10% 이내이므로)

예시3) L/C: 100 PCS → Commercial Invoice: 110 PCS
→ 서류하자(상업송장상의 수량이 L/C상의 수량과 불일치(수량이 개수인 경우 과부족 허용불허)

예시4) L/C: 100 M/T → Commercial Invoice: 105 M/T
→ 서류하자 아님(상업송장상의 수량이 L/C상의 5% 이내(수량이 중량인 경우 5% 이내 과부족 허용. 다만, 이 경우에도 청구금액은 신용장금액을 초과할 수 없음))

예시5) L/C: about 100 PCS → Commercial Invoice: 110 PCS
→ 서류하자 아님(상업송장상의 수량이 L/C상의 수량의 10% 이내이므로)

예시6) L/C: about 100 PCS, Amount U$10,000
Commercial Invoice: 110 PCS, U$11,000
→ 서류하자(수량만 10% 과부족 가능, 청구금액은 신용장금액을 초과할 수 없음)

23) 분할청구 또는 분할선적(제31조), 할부청구 또는 할부선적(제32조), 제시시간(제33조)

분할청구(partial drawing) 또는 분할선적(partial shipment)은 허용된다. 다시 말해, 신용장에서 분할청구나 분할선적을 금지하지 않으면, 분할청구나 분할선적이 가능하다. 신용장에서 할부청구(drawing by instalment) 또는 할부선적(shipment by instalment)이 일정한 기간 내에 이루어지도록 명시된 경우 동 할부 거래를 위하여 배정된 기간 내에 할부청구나 할부선적이 이루어지지 않으면 동 신용장은 해당 할부분과 향후 할부분에 대하여 더 이상 이용될 수 없다. 할부청구 또는 할부선적은 신용장에서 허용된 경우에만

34) 박세운 외 4인, UCP 600 공식번역 및 해설서, 대한상공회의소, 2007, p.221.

가능하다.

24) 서류의 유효성과 은행의 면책(제34조)

은행은 서류의 형식, 충분성, 진정성 등 서류 자체에 대해 면책된다. 또한 서류에 부기된 조건, 상품의 상태, 서류작성자에 대한 면책 등에 대하여도 책임과 의무를 부담하지 않는다. 은행은 개설의뢰인의 요청으로 신용장을 발행하여 수익자에게 전달해 주는 과정에서 전신이나 서류의 내용이 훼손, 분실 또는 지연되어도 은행으로서는 책임을 지지 않는다.

25) 불가항력(제36조)

천재지변, 소요, 전쟁 등 불가항력이나 동맹파업 및 직장폐쇄 등으로 인한 은행업무의 중단으로 발생하는 결과에 대하여도 책임이나 의무를 부담하지 않는다.

또한, 은행은 업무를 재개할 때 업무중단기간 중에 유효기간이 만료된 신용장에 대하여 책임지지 않는다.

26) 지시받은 당사자의 행위에 대한 면책(제37조)

개설의뢰인의 지시를 이행하기 위하여 다른 은행의 서비스를 이용하는 은행은 개설의뢰인의 비용과 위험하에 하는 것이다. 개설은행이나 통지은행은 비록 자신의 판단하에 다른 은행을 선정하였더라도 그가 다른 은행에 전달한 지시가 이행되지 않은 데 대하여 어떤 책임도 지지 않는다. 다른 은행에게 서비스의 이행을 요청하는 은행은 그러한 지시와 관련하여 발생하는 다른 은행의 요금, 보수, 경비 또는 비용에 대하여 책임이 있다.

27) 양도가능신용장(제38조)

은행은 자신이 명시적으로 승낙하는 범위와 방법에 의한 경우를 제외하고는 신용장을 양도할 의무가 없다. 양도가능신용장은 수익자(이하 "제1 수익자"라 한다)의 요청에 의하여 전부 또는 부분적으로 다른 수익자(이하 "제2 수익자"라 한다)에게 이용하게 할 수 있다. 신용장이 양도가능하기 위해서는 신용장에 명시적으로 "양도가능(transferable)"이라고 표시되어 있어야 한다.

양도가능신용장이란 신용장 자체가 "양도가능(transferable)"이라고 특정하여 기재하고 있는 신용장을 말한다. 양도은행이라 함은 신용장을 양도하는 지정은행, 또는 어느 은행에서나 이용할 수 있는 신용장의 경우에는 개설은행으로부터 양도할 수 있는 권한을 특정하여 받아 신용장을 양도하는 은행을 말한다. 개설은행은 양도은행이 될 수 있다. 양도된 신용장이라 함은 양도은행이 제2 수익자가 이용할 수 있도록 한 신용장을 말한다.

양도시에 달리 합의된 경우를 제외하고, 양도와 관련하여 발생한 모든 수수료(요금, 보수, 비용 또는 경비 등)는 제1 수익자가 지급해야 한다. 분할청구 또는 분할선적이 허용되는 경우에 신용장은 두 사람 이상의 제2 수익자에게 분할양도될 수 있다. 양도된 신용장은 제2 수익자의 요청에 의하여 그 다음 수익자에게 양도될 수 없다. 제1 수익자는 그 다음 수익자로 간주되지 않는다.

모든 양도 요청은 제2 수익자에게 조건변경을 통지하여야 하는지 여부와 그리고 어떠한 조건 하에서 조건변경을 통지하여야 하는지 여부를 표시하여야 한다. 양도된 신용장은 그러한 조건을 명확하게 표시하여야 한다. 신용장이 두 사람 이상의 제2 수익자에게 양도되면, 하나 또는 둘 이상의 수익자가 조건변경을 거부하더라도 다른 제2 수익자의 수락은 무효가 되지 않으며, 양도된 신용장은 그에 따라 변경된다. 조건변경을 거부한 제2 수익자에 대하여는 양도된 신용장은 변경되지 않은 상태로 남는다.

양도된 신용장은 만일 있는 경우 확인을 포함하여 신용장의 조건을 정확히 반영하여야 한다. 참고로 다음의 내용은 일부 또는 전부 감액되거나 단축될 수 있다.: 신용장의 금액, 그곳에 기재된 단가, 유효기일, 제시기간 또는, 최종선적일 또는 주어진 선적기간

한편, 부보되어야 하는 백분율은 신용장 또는 이 규칙에서 명시된 부보금액을 규정하기 위하여 높일 수 있다. 신용장의 개설의뢰인의 이름을 제1 수익자의 이름으로 대체할 수 있다. 만일 신용장이 송장을 제외한 다른 서류에 개설의뢰인의 이름이 보일 것을 특정하여 요구하는 경우, 그러한 요건은 양도된 신용장에도 반영되어야 한다.

제1 수익자는 신용장에서 명시된 금액을 초과하지 않는 한 만일 있다면 자신의 송장과 환어음을 제2 수익자의 그것과 대체할 권리를 가지고, 그러한 대체를 하는 경우 제1 수익자는 만일 있다면 자신의 송장과 제2 수익자의 송장과의 차액에 대하여 신용장 하에서 청구할 수 있다. 제1 수익자가 만일 있다면 자신의 송장과 환어음을

제시하려고 하였으나 첫번째 요구에서 그렇게 하지 못한 경우 또는 제1 수익자가 제시한 송장이 제2 수익자가 제시한 서류에서는 없었던 하자를 발생시키고 제1 수익자가 첫 번째 요구에서 이를 정정하지 못한 경우, 양도은행은 제1 수익자에 대하여 더 이상의 책임이 없이 제2 수익자로부터 받은 그대로 서류를 개설은행에게 제시할 권리를 갖는다.

이것은 제1 수익자가 원신용장 수입상에게 물품을 누가 파는지(제2수익자), 얼마에 파는지가 알려지는 것을 피하기 위함이다. 제2수익자가 제시한 서류중 제1 수익자는 환어음과 상업송장을 교체한 후 원신용장 개설은행으로 발송한다.[35)]

제1 수익자는 양도 요청에서, 신용장이 양도된 장소에서 신용장의 유효기일 이전에 제2 수익자에게 결제 또는 매입이 이루어져야 한다는 것을 표시할 수 있다. 제2 수익자에 의한 또는 그를 위한 제시는 양도은행에 대하여 이루어져야 한다.

28) 대금의 양도(제39조)

신용장이 양도가능하다고 기재되어 있지 않다는 사실은, 수익자가 신용장 하에서 받거나 받을 수 있는 어떤 대금을 준거법의 규정에 따라 양도할 수 있는 권리에 영향을 미치지 않는다. 즉, 신용장이 양도불가신용장이라고 하더라도 신용장 대금을 양도하는 것은 가능하다. 이 조항은 오직 대금의 양도에 관한 것이고 신용장 하에서 이행할 수 있는 권리를 양도하는 것에 관한 것은 아니다.

"대금의 양도(assignment of proceeds)"는 신용장에서 받게 되는 대금의 청구권만 양도한다는 점에서 신용장에 대한 권리와 의무를 모두 양도는 신용장 "양도(transfer)"와 구별된다.

(신용장양도와 대금의 양도)

구 분	신용장 양도	대금의 양도
양도의 형태	신용장 자체를 양도	대금을 받을 권리만 양도
'Transferable' 기재 여부	L/C에 'Transferable' 기재될 것	L/C에 'Transferable' 기재될 필요없음
UCP 적용 조항	제38조	제39조

35) 박세운 외 4인, UCP 600 공식번역 및 해설서, 대한상공회의소, 2007, p.255.

제3절 신용장 관련 기타 규칙

1. ICC 국제표준은행관행(ISBP)

2000년 5월 ICC 은행위원회 회의에서 국제표준은행관행을 제정하기 위한 Task Force가 구성하였고, ICC 은행위원회로부터 공식 발표된 의견(Opinions), 결정(Decisions), DOCDEX의 결정 등의 자료를 면밀히 검토하여, 2000. 10. 30. 국제표준은행관행(International Standard Banking Practice for the Examination of Documents under Documentary Credits: ISBP 645)을 채택하였다.[36)]

ISBP는 신용장통일규칙의 실무적용상 보완서로 제정된 것으로, 신용장통일규칙을 개정하는 것은 아니고 신용장통일규칙을 실무에서 어떻게 적용할 지 설명하는 것이다. ISBP는 신용장통일규칙의 해설서, 신용장 서류작성을 위한 지침서로 볼 수 있다. 신용장통일규칙의 적용은 신용장에 명시되어 있어 신용장에 반드시 적용되지만, 신용장에서 ISBP의 적용을 명시하지 않으므로 ISBP가 반드시 적용된다고는 볼 수 없다. 신용장통일규칙 제2조에서는 "일치하는 제시(Complying presentation)는 신용장 조건, 적용 가능한 범위 내에서의 이 규칙의 규정, 그리고 국제표준은행관행(international standard banking practice)에 따른 제시를 의미한다."고 규정하고 있으므로, ISBP는 국제표준은행관행의 하나로 신용장에 적용될 수 있다. (참고로 신용장통일규칙 제2조의 '국제표준은행관행(international standard banking practice)'은 ISBP만을 의미하는 것이 아니고 통상의 국제표준은행관행을 말하는 것이다.) 한편, UCP 600의 시행에 맞추어 ICC에서는 ISBP를 개정하여 2007년 7월 1일부터 적용하고 있으며, 이를 "ISBP 681"(ICC Publication No. 681: International Standard Banking Practice for the Examination of Documents under UCP 600)이라고 한다. 그리고 2013년 7월 ISBP 745로 개정되었다.

2. eUCP

UCP는 종이서류의 제시에 의한 대금결제에 관하여 규정하고 있는데, 정보통신기술의 발달로 인해 전자무역이 확산됨에 따라 전자적 신용장 개설 및 전자서류 제시에

36) 강원진, "2007 국제표준은행관행에 반영된 업데이트 내용의 검토", 「무역상무연구」, 제38권, 2008, p.98.

빈번하게 이루어지게 되었다. 이러한 전자적 무역관행을 반영하기 위해 ICC에서는 2000년 5월 24일 eUCP 제정의 필요성을 제기하였고, 작업반을 구성하여 18개월에 걸친 작업의 결과 UCP의 추록으로 '전자적 제시를 위한 UCP 보충판(UCP Supplement for Electronic Presentation(eUCP))'을 제정하여 2002년 4월 1일부터 시행하였다. eUCP는 UCP의 추록으로 UCP와 함께 사용되면서 신용장거래에서 종이문서에 상응하는 전자적 제시를 위하여 필요한 규칙들을 규정하고 있으며, 총 12개 조항으로 구성되어 있다. 2007년 7월 1일부터 시행되는 UCP 600을 위해 약간의 용어 수정을 하였는데, eCUP 2002년 판은 'Version 1.0'이라고 하고, 2007년 판을 'Version 1.1'이라고 한다.

eUCP는 UCP와는 별개의 것이 아니고 UCP의 추록으로서 UCP와 함께 이용된다. eUCP는 전자기록의 단독 제시 또는 종이서류와 결합된 전자기록의 제시에 적용할 목적으로 UCP를 보충하는 기능을 하고 있다. 신용장에서 eUCP 적용을 명시하고 있으면, UCP 적용을 명시하지 않아도 UCP가 적용된다. eUCP와 UCP와 상충되는 경우 eUCP가 우선한다.

3. 은행 간 대금상환에 대한 통일규칙

ICC에서는 1995년에 화환신용장에 따른 은행 간 대금상환에 대한 통일규칙(ICC Uniform Rules for Bank－to－Bank Reimbursement under Documentary Credits: URR 525)을 제정하였다. 이 통일규칙은 모두 17개 조로 구성되어 있으며, 1996년 7월에 시행되었다. 신용장통일규칙 제13조에서는 은행 간 대금상환에 대한 통일규칙을 적용받는다는 사실을 명시해야 한다고 규정하고 있으며, 이를 명시하지 않는 경우에 적용되는 특칙을 두고 있다.

4. 화환결제수단분쟁해결전문가(DOCDEX) 규칙

화환결제수단분쟁해결전문가(Documentary Instruments Dispute Resolution Expertise: DOCDEX)규칙은 1997년 ICC에서 제정하였는데, 신용장거래, 추심거래, 보증서거래와 관련된 분쟁을 해결하는 하나의 수단으로 이용이 증가하고 있다. 이 규칙은 화환신용장에만 적용되었으나 2002년 개정되면서 추심에 관한 통일규칙과 청구보증통일규칙까지 그 적용범위가 확대되어 DOCDEX 규칙에 따라 전문가가 내린 결정은 당사자 간 특별한 합의가 없으면 법적 강제력을 갖는 것은 아니다. 한편, 2015년 5월 1일부터 적용되는 총 12개 조문과 5개 조문으로 구성된 부록으로 구성되어 있다.[37)]

---

37) ICC 웹사이트에서 전문 검색 가능
https://iccwbo.org/dispute-resolution-services/docdex/docdex-rules/#preamble

제 9 장

독립적 은행보증(청구보증)과 보증신용장

제9장 독립적 은행보증(청구보증)과 보증신용장

제1절 개설

국제거래에서 주채무자의 채무이행에 대한 담보로 독립적 은행보증(청구보증, 독립보증)[1)]이 사용된다. 독립적 은행보증(independent bank guarantee, first demand bank guarantee) 또는 청구보증(demand guarantee)이란, 주채무자의 채무이행에 대한 담보로 제공되는 것으로 수익자가 보증서에 기재된 조건에 따라 단순히 지급청구를 하면 보증서에 정해진 금액을 기본계약(underlying contract)과는 독립적으로 지급하기로 하는 보증인(보증은행)의 확약이다.

독립적 은행보증은 주로 수출자의 수출계약이행에 대한 담보로 제공되지만, 수입자의 대금지급 또는 차주의 대출금 상환에 대한 담보로 제공되기도 한다. 수출자의 계약이행에 대한 담보로 사용되는 독립적 은행보증을 '이행성보증(performance type guarantee)'이라고 하고, 매수인의 대금지급(또는 차주의 차입금 상환)에 대한 담보로 사용되는 독립적 은행보증을 '대금지급보증(payment guarantee)'이라고 한다. 독립적 은행보증에 적용되는 통일규칙으로는 ICC가 제정한 "청구보증통일규칙(Uniform Rules for Demand Guarantees)"[2)]이 있고, 협약에는 UNCITRAL에서 1995년에 제정한 「독립적 보증 및 보증신용장에 관한 유엔협약(United Nations Convention on Independent Guarantees and Standby Letter of Credit)」이 있다.

한편, 미국에서는 연방법상 은행의 보증서 발행이 금지되는 것으로 인식하여 독립적 은행보증의 대용으로 보증신용장(standby letter of credit)을 발행하게 되었는데, 보증신용장은 독립적 은행보증과 명칭과 다를 뿐 실질적으로 동일한 것이다.[3)]

---

1) 국제거래에서 독립적 은행보증, 독립보증, 독립적 보증, 청구보증 등 다양한 용어가 사용되는데, 실질적으로는 동일한 용어이다.

2) "Uniform Rules for Demand Guarantees"은 국내에서는 주로 청구보증통일규칙으로 번역하고, 대법원에서는 "독립적 보증에 관한 통일규칙"으로 번역하였다(대법원 2014. 8. 26. 선고 2013다53700 판결).

3) Roeland F. Bertrams, *Bank Guarantees in International Trade, 4th ed,* Kluwer Law International, 2013, p.7.; Georges Affaki, *Guide to ICC Uniform Rules for Demand Guarantees URDG 758,* ICC, 2011, p.1.;

제2절 독립적 은행보증(청구보증)

1. 의의

1) 개념

독립적 은행보증(independent bank guarantee)은 주채무자의 채무이행에 대한 담보로 제공되는 것으로 수익자가 보증서에 기재된 조건에 따라 단순히 지급청구를 하면 보증인은 보증서에 정해진 금액을 기본계약(underlying contract)과는 독립적으로 지급하기로 하는 보증인(보증은행)의 확약이다.

수익자에게 지급한 경우(또는 지급청구를 받은 경우) 보증인(보증은행)은 주채무자에게 상환청구권을 행사한다. 독립적 은행보증은 기본거래와 독립적이고, 단순서면지급청구만으로 지급하기 때문에 수익자의 부당한 지급청구 가능성이 높다. 따라서 독립적 은행보증의 법리는 주로 '부당한 지급청구'의 판단에 맞추어져 있다.

독립적 은행보증은 1차적이고 주된 의무라는 점에서 2차적 의무인 "전통적인 보증서[4)]"와는 차이가 있다.[5)]

2) 명칭

독립적 은행보증(청구보증, 독립보증)의 명칭은 실로 다양하며, 국내에서도 "독립보증", "독립적 보증", "청구보증" 등 다양하게 번역하고 있다. 국제수출보험연맹(the berne union)[6)]에서는 주로 'bond', 'guarantee'라는 용어를 사용하고, 세부적으로 'bid bond', 'advance payment bond', 'progress payment bond', 'performance bond', 'retention payment bond', 'surety bond', 기타로 구분하고 있다.[7)] 국내에서 수출 관련 발급되

Carole Murray et al, *Schmitthoff's Export Trade: The Law And Practice of International Trade*, 11th ed, Thomson Reuters, 2010, pp.242, 245.

4) 전통적인 보증서는 "traditional guarantee", 또는 "surety"라고 부른다(Matti S. Kurkela, *Letters of Credit and Bank Guarantees under International Trade Law*, 2nd ed., Oxford University Press, 2008, p.11.).

5) Matti S. Kurkela, *supra* note 4, p.12.

6) 세계 각국의 수출보험기관으로 구성된 비영리 사단법인으로 본부는 스위스 Berne에 있어 'Berne Union'이라 약칭한다(https://www.berneunion.org/).

7) BERNE UNION, The Berne Union Yearbook 2006.; BERNE UNION, EIC Handbook, 2004.; 김상만, 「국제

는 독립적 은행보증서에 대한 수출보험지원을 하고 있는 기관인 한국무역보험공사에서는 '수출보증(export bond)'이라는 용어를 사용하고, 이러한 보증서와 관련된 수출보험을 '수출보증보험(export bond insurance)'이라고 한다.

국제거래에서는 'bond', 'bank guarantee', 'independent guarantee', 'demand guarantee', 'letter of guarantee' 등 다양한 명칭이 사용된다.[8] 「독립보증 및 보증신용장에 관한 유엔협약(United Nations Convention on Independent Guarantees and Standby Letter of Credit)」에서는 'independent guarantee(독립적 보증 또는 독립보증)'라는 용어를 사용하며, 'standby letter of credit(보증신용장)'도 같은 것으로 취급하고 있다.[9] 그리고 ICC에서는 1992년 「Uniform Rules for Demand Guarantee」[10]를 제정하였는데, 이 규칙에서는 "demand guarantee(청구보증)"[11]라는 용어를 사용하고 있다. 참고로 이 규칙은 2010년 제1차 개정되었는데, 이를 "URDG 758"이라고 한다. 참고로 우리 대법원에서는 '독립적 은행보증(first demand bank guarantee)'이라고 부르고 있다(대법원 1994. 12. 9. 선고 93다43873 판결, 대법원 2014. 8. 26. 선고 2013다53700 판결, 대법원 2015. 2. 12. 선고 2014다 228228 판결, 대법원 2015. 7. 9. 선고 2014다6442 판결).

거래에서의 독립적 은행보증서」, 신인류, 2002, p.19.

8) Carole Murray et al, *supra* note 3, pp.241-250.; Roeland F. Bertrams, *supra* note 3, p.4.; George Affaki, *supra* note 3, p.1.

9) 유엔협약 제2조
(1) For the purposes of this Convention, an undertaking is an independent commitment, known in international practice as an independent guarantee or as a stand-by letter of credit, given by a bank or other institution or person ("guarantor/issuer") ……

10) 1992년 제정 "Uniform Rules for Demand Guarantee"은 약칭 URDG 458이라고 한다.

11) 국내에서는 "Demand Guarantee"를 "청구보증"으로 번역하고 있다. 따라서 이 책에서도 "청구보증"으로 부르고자 한다.

(독립적 은행보증 도해)

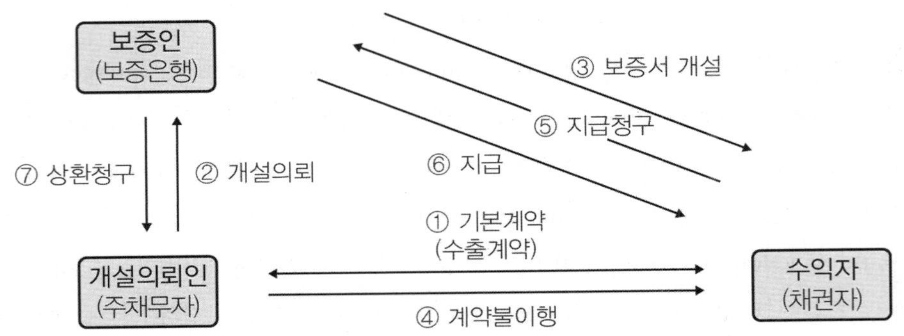

3) 보증신용장과의 관계

미국에서는 독립적 은행보증의 대용으로 보증신용장(standby L/C)을 사용해 왔는데[12], 그 이유는 미국 연방법상(Title 12. U.S.C(seventh))[13] 은행의 보증서발급이 금지되는 것으로 이해되어 독립적 은행보증서 대신에 보증신용장을 발급하게 되었다.[14] 미국 연방법상 은행의 보증서 발급은 은행의 능력외(ultra vires)로 인식되어 편법적인 수단으로 독립적 은행보증과 명칭만 다르고 내용은 동일한 보증신용장을 사용해왔다.[15] 그러나 이는 보증신용장이 독립적 은행보증(또는 청구보증)과는 다르다는 널리 잘못 알려진 인식 때문인데, 보증신용장은 청구보증의 또 하나의 명칭에 불과하다.[16] 즉, 보증신용장

12) Howard Palmer, *International Trade and Pre-export Finance*, Euromoney Institutional Investor PLC, 1999, p.55.

13) 미국 연방법원 code화 되어 있으며, Title 1. General Provisions~Title 50. War and National Defense ; and Appendix)로 구성되어 있다. 이 중 'Title 12. Banks and Banking'은 은행의 업무 및 규율에 관한 것으로 '연방은행법'이라고 통한다.
Title 12.는 Chapter 1. The Comptroller of the Currency~Chapter 54. State Small Business Credit Initiative로 구성되어 있다.

14) Ralph H. Folsom, Michael Wallace Gordon, John A. Spanogle, *International Business Transactions*, 8th Ed, West Group, 2009, p.151.

15) 미국 연방법원은 Global Network Technologies, Inc., v. Regional Airport Authority 사건(1997)에서 '보증신용장'을 '독립적 은행보증'과 동일한 것으로 판시하고 있다(122 F.3d 661; 1997).
'Global Network Technologies, Inc. ("Global"), submitted a bid accompanied by <u>a bid guaranty, consisting of an irrevocable standby letter of credit</u> in the amount of $ 85,000 issued by Commerce Bank of Kansas City and payable to RAA as beneficiary.'

은 유럽의 독립적 은행보증과 다르다는 것은 잘못된 인식이며, 그 본질은 유럽의 독립적 은행보증과 동일하다.[17] 실무에서도 보증신용장은 독립적 은행보증서와 차별 없이 사용되고 있으며, 어떤 보증서는 표제에 'Standby L/C'와 'letter of guarantee'를 병기하는 것도 있다. 한편, 1996. 2. 9. 미국 통화감사원장(the Comptroller of the Currency)은 최종 유권해석(the final revised Interpretive Ruling 7.1016)을 통해 은행의 보증서발급권능을 인정하였다.[18] 그러나 미국에서는 현재에도 보증신용장이 더 일반적이다.

2. 국제적 통일규칙과 협약

1) ICC의 계약보증통일규칙(URCG, 1978)

국제거래에서 독립보증의 이용이 날로 증대되자 ICC에서는 12년간 연구한 결과 1978년에 계약보증통일규칙(Uniform Rules for Contract Guarantees: URCG)[19]을 제정하였다. 이 규칙의 목적은 수익자의 부당한 지급청구(unfair calling)를 처리하기 위한 것이었다. 이에 따라 지급청구의 조건으로 법원의 판결, 중재판정, 나아가 주채무자의 보상금액 인정 등을 요구하고 있는데, 이는 국제거래에서 주로 사용하고 있는 독립보증의 관행에 부합하지 않았다.[20] 이 통일규칙은 독립보증에 대한 최초의 국제적 통일규칙으로서 의미를 가지나, '독립성'을 상당히 완화하여 널리 사용되지 못하고 있다.

2) ICC의 청구보증통일규칙[21](URDG 758, 2010)

1978년의 계약보증통일규칙이 보증서에 대한 '독립성' 완화로 인하여 국제거래에서

---

16) Roeland F. Bertrams, *supra* note 3, p.7.; Roy Goode, *Guide to the ICC Uniform Rules for Demand Guarantees*, ICC Publication No.510, 1995, p.16.

17) Roeland F. Bertrams, *supra* note 3, p.7.; Roy Goode, *supra* note 16, p.16.

18) Roeland F. Bertrams, *supra* note 3, p.6.
(통화감사원장의 유권해석 'American banks are allowed to issue security both in the form of standby letters of credit and independent bank guarantees.')

19) ICC Publication No. 325

20) Roy Goode, *supra* note 16, p.6.

21) 대법원에서는 "Uniform Rules for Demand Guarantees"를 "독립적 보증에 관한 통일규칙"이라고 옮긴 바 있음(대법원 2014. 12. 9. 선고 2013다53700 판결). ("이 사건 보증서가 계약의 내용으로 원용하고 있는 국제상업회의소의 독립적 보증에 관한 통일규칙(Uniform Rules for Demand Guarantees, ICC Publication No. 458) 제2조에 따르면").

호응을 받지 못하자 ICC에서는 국제적 은행보증의 관행을 반영하고 은행보증의 '독립성'을 살리는 동시에 부당한 지급청구로부터의 보호장치를 갖추는 방향으로 다시 통일규칙의 제정을 추진하였다. ICC 은행위원회(Banking Commission)와 국제상무위원회(International Commercial Practice Commission)는 10년간(1981년-1991년)의 작업을 거쳐 1992년에 청구보증통일규칙(Uniform Rules for Demand Guarantees: 'URDG 458')을 제정하였다.[22] 이 통일규칙은 적용범위를 포함한 6개 절(section), 28개 조항으로 구성되어 있는 비교적 간단한 통일규칙이다. 세부적으로는 Section A(이 규칙의 범위와 적용)에서 제1조, Section B(정의와 일반적인 규정)에서 제2조~제8조, Section C(의무와 책임)에서 제9조~제16조, Section D(청구)에서 제17조~제21조, Section E(유효기일)에서 제22조~제26조, Section F(준거법과 재판관할권)에서 제27조~제28조를 규정하고 있다. 이 통일규칙은 계약보증통일규칙 보다는 다소 '독립성'을 부각시켰다. 지급청구의 요건으로 수익자에 대해 위험의 발생에 대한 입증자료의 제공을 요구하지는 않고 수익자는 일방적인 선언(declaration)에 의한 지급청구를 규정하고 있다. 그러나 지급청구를 위해 수익자는 상대방의 계약상 의무위반을 주장하고 위반의 종류를 기술해야 하는 등 '독립성'을 완전히 보장하지는 못해 처음에는 크게 호응을 받지는 못했다.

한편, ICC에서는 청구보증통일규칙의 이용을 높이기 위해 2010년 청구보증통일규칙을 개정(URDG 758)하여 2010년 7월 1일부터 시행하고 있다. URDG 758은 조문수를 종전의 28개 조문에서 35개 조문으로 확대하였으며, 규정 내용도 상세해졌다.

(청구보증통일규칙 주요 조문별 내용)

제1조 URDG의 적용(application of URDG) 제2조 용어정의(definitions) 제3조 해석(interpretation) 제4조 발행과 발효(issue and effectiveness) 제5조 보증과 구상보증의 독립성 (independence of guarantee and counter-guarantee) 제6조 서류 v 물품, 서비스 또는 의무이행 (documents v. goods, services or performance) 제7조 비서류적 조건(non-documentary	제18조 각 지급청구의 독립성(separateness of each demand) 제19조 서류심사(examination) 제20조 지급청구의 심사기간; 지급(time for examination of demand; payment) 제21조 지급통화(currency of payment) 제22조 일치하는 지급청구서 사본의 전달 (transmission of copies of complying demand) 제23조 연장 또는 지급(extend or pay) 제24조 불일치한 지급청구, 권리포기 및

22) Roy Goode, *supra* note 16, p.7.

conditions) 제8조 지시와 보증의 내용(content of instructions and guarantees) 제9조 발행신청을 수리하지 않는 경우 (application not taken up) 제10조 보증과 조건변경의 통지(advising of guarantee or amendment) 제11조 조건변경(amendments) 제12조 보증상 보증인의 의무의 범위 (extent of guarantor' liability under guarantee) 제13조 보증금액의 변경(variation of amount of guarantee) 제14조 제시(presentation) 제15조 지급청구서의 요건(requirements for demand) 제16조 지급청구에 관한 통지(information about demand) 제17조 일부청구와 수차청구; 청구금액(partial demand and multiple demands; amount of demands)	통지(non-complying demand, waiver and notice) 제25조 감액과 종료(reduction and termination) 제26조 불가항력(force majeure) 제27조 서류의 효력에 대한 면책(disclaimer on effectiveness of documents) 제28조 전달과 번역에 대한 면책(disclaimer on transmission and translation) 제29조 타인의 행위에 대한 면책(disclaimer for acts of another party) 제30조 면책에 관한 제한(limits on exemption from liability) 제31조 외국의 법률과 관행에 관한 보상 (indemnity for foreign laws and usages) 제32조 수수료에 관한 의무(liability for charges) 제33조 보증의 양도와 보증금채권의 양도 (transfer of guarantee and assignment of proceeds) 제34조 준거법(governing law) 제35조 재판관할(jurisdiction)

3) ICC의 신용장통일규칙

보증신용장은 형식적으로 화환신용장과 동일하고 화환신용장에서 적용되는 독립성, 추상성이 그대로 적용되는 등 화환신용장과 유사점이 많아, ICC에서는 1983년 신용장통일규칙(UCP 400)을 개정하여 적용범위를 보증신용장으로 확대하였고, 현행 신용장통일규칙(UCP 600)에서도 적용범위에 보증신용장이 포함됨을 명시하고 있다.[23)]

이에 따라 신용장통일규칙은 보증신용장에도 적용가능하다. 물론 화환신용장과 마찬가지로 보증신용장에서 신용장통일규칙을 따를 것을 정하고 있어야 한다. 위에서 설명한 바와 같이 독립보증은 보증신용장과 동일한 것이며, 신용장통일규칙이 보증신용장에도 적용될 수 있으므로 결국 독립보증에도 신용장통일규칙이 적용된다고 말할 수 있

23) UCP 600 제1조 적용범위
'제6차 신용장통일규칙(2007년 개정, 국제상업회의소 간행물 제600호, "신용장통일규칙")은 신용장의 문면에 위 규칙이 적용된다는 것을 명시적으로 표시한 경우 모든 화환신용장(위 규칙이 적용가능한 범위내에서 보증신용장)을 포함한다. 이하 "신용장"이라 한다.)에 적용된다. 이 규칙은 신용장에서 명시적으로 수정되거나 그 적용이 배제되지 않는 한 모든 당사자를 구속한다.

다. 다만, 신용장통일규칙에서 독립보증이라는 용어를 사용하지 않고 '보증신용장'이라는 용어를 사용하고 있으므로 보증신용장이라는 명칭으로 개설되어야 할 것이다.

보증신용장은 화환신용장과는 여러 가지 면에서 차이가 있는데, 신용장통일규칙은 화환신용장의 적용을 목적으로 하였으므로 신용장통일규칙의 모든 조항이 적용되는 것이 아니고 적용가능한 범위내에서만 적용된다.

4) ICC의 보증신용장통일규칙(ISP 98)

신용장통일규칙의 적용범위를 보증신용장까지 적용범위를 확대하였지만, 보증신용장은 화환신용장과는 상이한 점이 많아 보증신용장에만 적용되는 별도의 통일규칙의 필요성이 대두되었다. 이에 따라 ICC에서는 1998년 4월 6일 보증신용장통일규칙(International Standby Practice: 'ISP 98')을 제정하였고, 이 통일규칙은 1999년 1월 1일부터 시행되었다. 이 통일규칙은 보증신용장에 대한 일반적으로 승인된 실무, 관습 및 관행을 반영하였다.

이 통일규칙의 적용대상은 원칙적으로 보증신용장이며, 이에는 이행보증신용장, 금융보증신용장, 그리고 직불보증신용장이 포함된다. 또한, 보증신용장 외에 이와 유사한 확약(undertaking)에도 적용되며,[24] 그 명칭, 국내용인지 국제용인지 관계없다. 이에 따라 독립보증이라는 표제로 발급되는 보증서도 적용가능하다. 신용장통일규칙에서는 그 적용범위를 보증신용장까지 확대한다고만 정하고 있으나, 보증신용장통일규칙은 그 적용범위에 대해 상세하게 규정하고 있다.

5) 독립보증 및 보증신용장에 관한 유엔협약

독립보증에 대한 통일규칙을 마련하기 위한 ICC의 노력과는 별도로 UN에서도 이에 대한 통일규칙의 제정을 추진하였다. 1988년 유엔총회에서 독립보증에 관한 통일규칙의 제정이 필요하다는 결정을 하였으며, 독립보증을 규율하는 규칙의 제정 작업을 진행하여 UNCITRAL에서 초안을 마련하였으며 1995년 12월 11일 제50차 유엔총회[25]에서 「독립적 보증과 보증신용장에 관한 유엔협약」을 채택하였다. 유엔협약은

---

24) 대법원에서는 "Uniform Rules for Demand Guarantees"을 "독립적 보증에 관한 통일규칙"으로 번역하였다("이 사건 보증서가 계약의 내용으로 원용하고 있는 국제상업회의소의 독립적 보증에 관한 통일규칙(Uniform Rules for Demand Guarantees, ICC Publication No. 458) 제2조에 따르면" (대법원 2014. 8. 26. 선고 2013다53700 판결)).

25) 보증신용장 이외의 확약에도 적용되기 때문에 규칙의 명칭을 "Standby"라고 한 것이며, 제1.01조에서 이 규칙의

2000. 1. 1. 발효되었고, 2018. 7월 현재 체약국은 7개국(에콰도르, 파나마, 엘살바도르, 쿠웨이트, 튀니지, 가봉, 라이베리아, 벨라루스)이다.

유엔협약은 총 7개의 장에 27개 조문으로 구성되어 있다. 유엔협약은 독립보증(independent guarantee) 및 보증신용장(Standby L/C)에 대한 일반적인 원칙을 규정하기 위한 것이며, 독립보증 및 보증신용장 양자에 공통적으로 적용시키기 위해 협약에서는 중립적 용어인 'undertaking'이라는 용어를 사용하고 있다.

유엔협약에서는 적용대상 '보증'을 국제적 관습상 독립보증 또는 보증신용장으로 알려진 독립확약이며, 수익자의 보증서상의 조건에 일치하는 단순지급청구 또는 주채무자의 채무불이행 또는 다른 위반 또는 차입금 내지는 선수금 또는 지급지체로 인하여 지급채무가 발생하였다는 것을 나타내거나 추론할 수 있는 서류를 수반하며 보증서상의 조건에 일치하는 청구시에 수익자에게 정해진 금액을 지급하기 위해 은행, 다른 기관 또는 자연인("보증인/발행인")이 발행하는 보증이라고 규정하고 있다. 한편, 유엔협약 제19조에서는 서류가 위조된 경우 등 지급거절사유를 규정하고 있다.

3. 분류 및 종류

1) 주채무의 성질에 따른 분류

독립적 은행보증(independent bank guarantee)은 금전채무(financial (or payment) obligations)에 대한 담보로 제공되는 보증과 비금전적 채무(non-financial obligations)에 대한 담보로 제공되는 보증으로 구분할 수 있다.[26)] 전자는 "대금지급보증(payment guarantee)", 후자는 "이행보증(performance guarantee)"[27)]이라고 하고,[28)] "대금지급보증"을 "bank guarantee procured by the buyer", "이행보증"을 "bank guarantee procured by the seller"로

적용을 받는 확약(undertaking)을 이하에서는 "standby"라고 부른다고 규정하고 있다.(James E. Byrne, *The Official Commentary on the International Standby Practices*, The Institute of International Banking Law & Practice, 1998, pp.1–2.)

26) Roeland F. Bertrams, *supra* note 3, p.35.

27) 해외건설에서 사용된 보증서에 대해 대법원에서는 "독립적 은행보증"이라고 부른 바 있고(대법원 1994. 12. 9. 선고, 93다43873 판결), 국내건설에서 사용된 보증서에 대해서는 "공사이행보증", "계약이행보증", 또는 "이행보증계약"이라고 부른 바 있다(대법원 1997. 10. 24. 선고 97다28704 판결, 대법원 2010. 2. 25. 선고 2009다22778 판결).

28) 김상만, "플랜트수출에서 이행성보증의 특성 및 실무적 유의점에 대한 고찰", 법학연구, 제16권 제1호, 인하대학교 법학연구소, 2013, p.147.

구분하기도 한다.[29] 국제거래에서 이행보증은 수출자의 수출이행에 대한 담보로 제공되고, 대금지급보증은 수입자의 대금지급에 대한 담보로 제공된다.

2) 당사자 구조에 따른 분류[30]

(1) 직접보증(3당사자 보증)

직접보증(direct guarantee) 은 주채무자인 개설의뢰인의 요청에 의해 보증인(보증은행)이 수익자 앞으로 직접 보증서를 발급하는 것이다. 직접보증의 당사자는 개설의뢰인, 보증인(보증은행), 수익자의 3당사자이므로 이를 '3당사자 보증(three－party guarantee)'이라고도 부른다. 기본계약상의 채무자가 개설의뢰인이 되고, 기본계약상의 채권자가 수익자가 된다. 수출계약에서 수출자의 수출이행에 대한 담보로 제공되는 이행성보증의 경우 매도인(수출자)이 개설의뢰인이 되고, 매수인(수입자)이 수익자가 된다. 반면에 매수인(수입자)의 대금지급에 대한 담보로 제공되는 지급보증의 경우 매수인이 개설의뢰인이 되고 매도인이 수익자가 된다.

(직접보증(3자 보증))

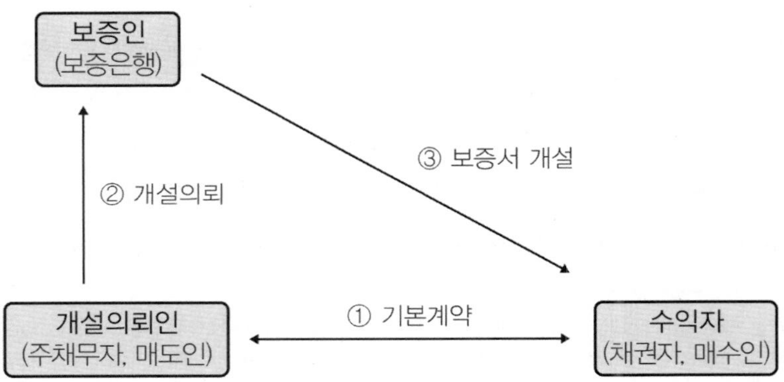

보증인(보증은행)이 현지은행(수익자 소재지국에 소재하는 은행)이 아닌 경우, 수익자의 편의를 위해 현지은행을 통지은행(advising bank)으로 지정하는 경우가 있는데, 통지은행은

29) Carole Murray, *supra* note 3, pp. 246-247.

30) Roeland F. Bertrams, *supra* note 3, pp.15-20.

보증서발행 사실통지나 수익자로부터 받은 통지나 서류를 보증인(보증은행)에게 전달하는 역할을 한다.

(2) 간접보증(4당사자 보증)

간접보증(indirect guarantee)은 개설의뢰인이 자신의 거래은행(1차 지시은행)에게 개설의뢰를 하고, 동 은행이 수익자가 지정한 은행(2차 개설은행)앞으로 구상보증서(counter guarantee)를 발급하고, 동 보증서에 기해 2차 개설은행이 수익자앞으로 주보증서(primary guarantee)를 발행하는 방식이다. 개설의뢰인, 1차 지시은행, 2차 개설은행, 수익자의 4당사자가 존재하기 때문에 4당사자 보증(four-party guarantee)이라고도 한다.

(간접보증(4자 보증))

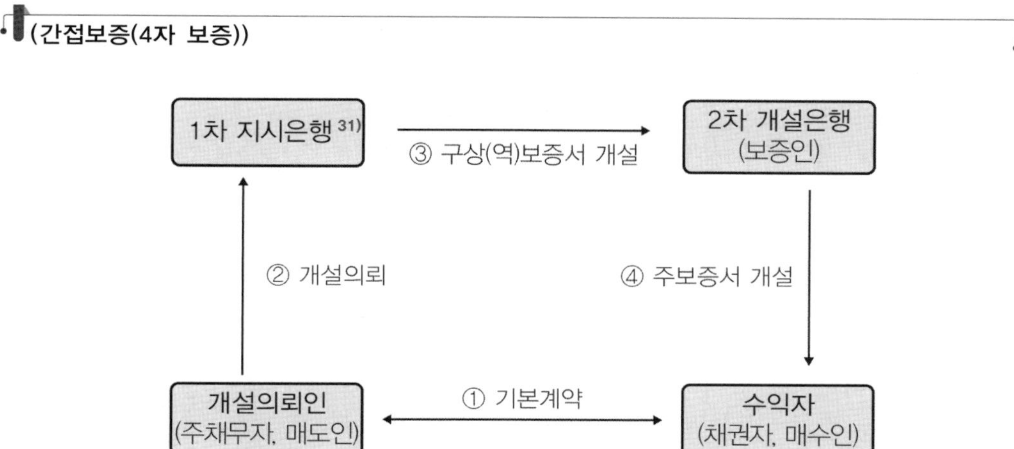

간접보증에서 수익자가 지급청구할 수 있는 보증서는 자신이 지정한 은행 즉 2차 개설은행이 발급한 주보증서(primary guarantee)이다. 한편, 주채무자의 거래은행인 1차 지시은행(first instructing bank)이 발행한 보증서를 역보증[32](counter guarantee) 또는 간접보증(indirect guarantee)이라고 부르며, 수익자가 지정한 은행이 수익자앞으로 발급한 보증서를 주보증서(primary guarantee)라고 부른다.

주채무자의 채무불이행 등 지급청구사유 발생시, 수익자는 주보증서(primary guarantee)에 기해 2차 개설은행(second issuing bank)에게 지급청구하고, 2차 개설은행(second issuing

---

31) 이는 구상보증서의 개설(보증)은행이 된다.

32) 서울고등법원 1993. 7. 9. 선고 92나18377 판결.

bank)은 1차 지시은행(first instructing bank)에 상환청구를 하고, 1차 지시은행(first instructing bank)은 주채무자에 구상권을 행사하며, 보증수익자는 1차 지시은행(first instructing bank)에 지급청구할 수 없다.

2차 개설은행이 1차 지시은행에 대해 지급청구할 수 있는 것은 구상보증[33](counter guarantee)에 기한 것인데, 구상보증의 보증금액은 주보증서의 보증금액이 일치하는 것이 일반적이지만, 금액을 달리할 수도 있다. 이 경우 1차 지시은행과 2차 개설은행이 주보증서의 보증금액을 분담한 것으로 볼 수 있다.

33) '역보증' 또는 '간접보증'이라고 부르기도 한다(서울고법 2001. 2. 27. 선고 2000나8863 판결).

(ICC의 Counter Guarantee 모델양식[34])
Our reference number ______________________ .

At the request of ______________________, please issue on our responsibility in favor of ______________________ your guarantee in the following wording:

Quote

We have been informed that ______________________, (hereinafter called "the Principal"), has entered into contract No. ______________ dated ______________ with you, for the supply of (description of goods and/or services)

Furthermore, we understand that, according to the conditions of the contract, a performance guarantee is required.

At the request of the Principal, we(name of bank) ______________________ hereby irrevocably undertake to pay you any sum or sums not exceeding in total an amount of ______________(say: ______________) upon receipt by us of your first demand in writing and your written statement stating:
i) that the Principal is in breach of his obligation(s) under the underlying contract;and
ii) the respect in which the Principal is in breach.

Your demand for payment must be accompanied by the following document(s): (specify document(s) if any, or delete)

This guarantee shall expire on ______________ at the latest.

Consequently, any demand for payment under it must be received by us at this office on or before that date.

This guarantee is subject to the Uniform Rules for Demand Guarantees, ICC Publication No. 758.

Unquote

In consideration of your issuing your guarantee as above, we hereby give you our irrevocable counter-guarantee and undertake to pay you any sum or sums not exceeding in total an amount of______________(say:______________) upon receipt by us at this office no later than ____________ of your first written demand. Such a demand shall be supported by your written statement that you have received a demand for payment under your guarantee in accordance with its terms and with Article 20 of the Uniform Rules for Demand Guarantees.

This counter-guarantee is subject to the Uniform Rules for Demand Guarantees, ICC Publication No.458.
Please confirm to us the issuance of your guarantee.

Note:
Instruction are given, usually by authenticated teletransmission or tested electronic data interchange(EDI) message equivalent thereto, by banks acting as Instructing Parties for the issue of Guarantee by other banks acting as Guarantors. Alternatively, instructions may be given on paper.

34) 출처: "ICC Model Forms for Issuing Demand Guarantees", ICC Publication No. 503(E)

3) 주채무의 내용에 따른 분류

(1) 입찰보증

입찰보증(Bid Bond, Tender Guarantee)이란, 입찰방식의 거래에 있어서 입찰참가자가 발주자앞으로 제출하는 보증서로, 입찰참가자가 낙찰된 후 계약체결에 응하지 않거나 계약체결 후 일정기한 내에 계약이행보증서(Performance Bond)를 제출하지 못하는 경우에 발주자가 지급청구를 할 수 있도록 하는 보증이다. 보증금액은 통상 입찰금액의 1~2% 상당이다.

(2) 계약이행보증

계약이행보증(performance bond, performance guarantee)이란, 플랜트 수출계약이나 해외건설공사계약을 체결한 채무자(수출자, 수주자)가 계약상의 의무를 이행하지 않음으로써 채권자(발주자)가 입게 되는 손해를 보상받기 위해서 채권자(발주자)가 요구하는 보증서로, 보증기간은 통상적으로 설치공사를 완료하는 시점까지이다.

최근에는 별도의 하자보수보증서의 발급대신에 계약이행보증서의 기간을 하자보수보증기간까지 포함토록 하는 경우가 늘어나고 있다. 이는 보증서 재발행에 따른 행정비용을 줄이기 위한 것이다. 당사자가 달리 정하지 않는 이상 계약의 일부이행에 따라 보증금액이 감액되지 않는다.[35)]

계약이행보증은 통상 계약금액의 10%이나, 계약이행보증은 채권자(발주자)의 입장에서 기회비용적 성격을 가지는 것으로 프로젝트의 성격에 따라 보증비율이 상이하다. 특히 프로젝트의 특성상 공기가 제한되어 있고, 대리 시공이 곤란한 경우에는 기회비용이 크기 때문에 보증비율이 높다. 당사자가 달리 정하지 않는 이상 계약의 일부이행에 따라 보증금액이 감액되지 않는다.[36)]

35) ICC, Uniform Rules for Contract Guarantees, ICC Publication No. 325, p.20.

36) ICC, Uniform Rules for Contract Guarantees, ICC Publication No. 325, p.20.

(계약이행보증 예시: 간접보증, Counter Guarantee)

Our reference number....................
At the request of ...., please issue on our responsibility in favor of .... your guarantee in the following wording:

QUOTE
We have been informed that you have concluded on .... a contract No.................... (hereinafter called the "Contract") with Messrs.................... (hereinafter called the "Principal") for the supply of .... at a total price of .... According to the Contract, The Principal is required to provide you with **a performance guarantee** in the amount of .... (....................% of the total price).

This being stated, we, (name of issuing bank and address), irrespective of the validity and the legal effects of the Contract and waiving all rights of objection and defense arising from the principal debt, hereby irrevocably undertake to pay immediately to you, upon your first demand, any amount up to (currency / maximum amount) (in full letters: ....) upon receipt of your written request for payment and your written confirmation stating that The Principal is in breach of his obligation(s) under the Contract and explaining in which respect the Principal is in breach.

Our guarantee is valid until
....
Consequently, any demand for payment under this guarantee must be received by us at this office on or before expiry date.
This guarantee is subject to the Uniform Rules for Demand Guarantees, ICC Publication No. 758.

UNQUOTE

In consideration of issuing your guarantee as above, we hereby give you our irrevocable counter-guarantee and undertake to pay you any sum or sums not exceeding in total amount of (currency / maximum amount) (in full letters: ....) upon receipt by us at this office no later than .... of your first written demand. Such a demand shall be supported by your written statement that you have received a demand for payment under your guarantee in accordance with its terms and with article 15 of the Uniform Rules for Demand Guarantees.

This counter-guarantee is subject to the Uniform Rules for Demand Guarantees, ICC Publication No. 758.

Please confirm to us the issuance of your guarantee.
.... KXX BANK

(Place, date)

(3) 선수금환급보증

매수인은 물품인도 전 또는 공사완공 전에 소정의 대금을 미리 지급하는데 이를 '선수금(downpayment, advance payment)'이라고 한다. 선수금환급보증(Advance Payment Bond, Advance Payment Guaranteee)이란, 매도인의 계약불이행시 기지급한 선수금의 반환을 보상하기 위한 보증이다. 'Advance Payment Bond'라는 용어 대신에 'Repayment Guarantee'라는 용어를 사용하기도 한다. 선수금비율은 통상적으로 계약금액의 15~30% 정도이며, 기성고방식(progressive payment method, or miles stone payment method)[37]의 수출거래에 있어서는 공정율에 따라 보증금액이 감액된다.

한편, 선박수출거래에서는 선박건조단계별(계약체결(signing of contract) → 착공(steel cutting) → 용골거치(keel laying) → 진수(launching) → 인도(delivery))에 따라 계약금액을 지급한다. 표준형태는 각 단계별로 계약금액의 20%씩을 지급한다. 선박수출거래에서는 'Advance Payment Bond' 대신에 'Refund Guarantee'[38]라는 용어를 사용하나, 이것도 광의의 선수금환급보증으로 볼 수 있다.

(4) 유보금환급보증

유보금환급보증(Retention Bond)이란, 기 지급한 유보금의 상환을 보증하는 것이다. 기성고방식의 수출거래에 있어서 발주자는 각 기성단계별로 기성대금중에서 일부를 시공자(Constructor)의 완공불능위험에 대비하기 위하여 지급하지 않고 유보한다. 이에 시공자는 유보금 상당의 유보금환급보증서를 제출한 후 동 유보금을 받는다. 유보금은 통상 5~10% 정도이며, 그 목적에 있어서 계약이행보증과 중복되는 측면이 있으므로 최근에는 계약이행보증서가 발급되는 경우에는 유보금환급보증은 별도로 요구하지 않고 있다.

---

37) 기성고방식은 공사의 진척도에 따라 대금을 결제하는 방식이다.

38) 실무에서는 '알지(R/G)' 또는 "환급보증"이라고 부른다. 환급보증에 대한 상세한 내용은 저자의 논문 참조(김상만, "선박수출거래에서 환급보증(Refund Guarantee)의 특성과 문제점에 대한 연구", 「서울대학교 법학」 제52권 제3호, 서울대학교 법학연구소, 2011.; 김상만, "선박수출거래에서 환급보증(Refund Guarantee) 주요 조항의 법적·실무적 고찰", 「무역상무연구」 제72권, 한국무역상무학회, 2016.; Sang Man Kim, "Why is a Refund Guarantee Independent from a Shipbuilding Contract?", International Journal of Economic Research, Vol.15, No.2, 2018.)

(5) 하자보수보증

하자보수보증(Maintenance Bond, Warranty Guarantee)이란, 하자발생시 일정금액을 보증금으로 지급하는 보증이다. 외관상 산업설비의 설치 또는 해외건설공사가 완료되었으나, 공사에 대한 하자 여부는 일정기간이 경과해야 확인할 수 있다. 따라서 발주자(채권자)는 완공 후에도 일정기간(통상 1~2년) 하자보증을 요구하며, 하자보증조로 일정금액의 대금을 하자보증기간이 완료되는 기간까지 지급하지 않는다. 이에 시공자가 하자보수보증서를 제공하는 경우에는 동 금액을 지급한다. 통상 하자보증금액은 5~10%이며, 최근에는 별도의 하자보수보증서의 발급대신에 계약이행보증서의 기간을 하자보수보증기간까지 포함토록 하는 경우가 늘어나고 있는데, 그 이유는 보증서 재발행에 따른 비용을 줄이기 위한 것이다.

〈공사진행도에 따른 독립적 은행보증의 종류[39]〉

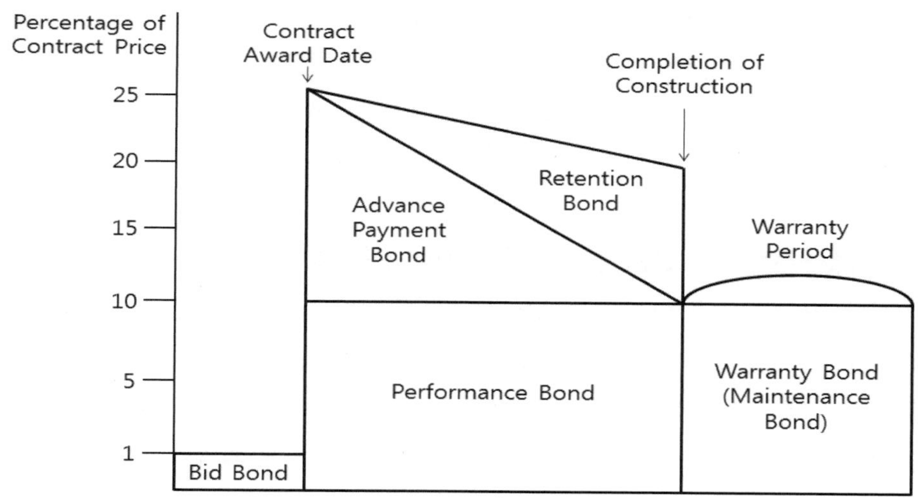

39) 김상만, 「국제거래에서의 독립적 은행보증서」, 신인류, 2002, p.67.

4. 당사자 간 법률관계

1) 당사자

독립적 은행보증의 기본적인 당사자는 개설의뢰인(채무자), 보증인(보증은행), 그리고 수익자이다. 기본계약의 채무자의 개설의뢰에 따라 보증인(보증은행)이 채권자를 위해 보증서를 개설하는 것으로 채무자가 개설의뢰인, 개설은행이 보증인(보증은행), 그리고 채권자가 수익자가 된다.

통상적으로 채무자의 의뢰에 따라 채무자의 거래은행에서 보증서를 개설하는데, 개설은행은 상업은행(commercial bank)에 국한되는 것이 아니라 국책은행은 물론 보증보험회사, 손해보험회사, 해상보험회사, 종합금융회사에서도 개설한다. 국제거래에서는 통상적으로 매수인(또는 발주자)이 수익자가 되나, 플랜트수출거래나 해외건설공사에서 매수인에게 자금을 대출하는 대주은행(lending bank)을 수익자로 하는 경우도 있다.

한편, 매수인이 현지은행 또는 제3국 은행이 발급하는 보증서를 요구하는 경우에는 매도인의 거래은행이 지정은행앞으로 보증서를 발행하고 지정은행이 수익자를 위해 다시 보증서를 발행하는 간접보증방식이 사용된다. 앞에서 설명한 바대로 매도인의 거래은행이 지정은행앞으로 개설하는 보증서를 구상보증 또는 역보증(Counter Guarantee)이라고 한다.

2) 개설의뢰인과 보증인(보증은행)과의 관계

개설의뢰인과 보증인(보증은행)과의 관계는 위임이라고 볼 수 있다.[40] ICC의 청구보증통일규칙에서는 그 적용대상을 보증인(보증은행)이 제3자의 계산으로 하는 보증만으로 한정하고 있기 때문에 이를 위임으로 보고 있다(제2조 a). 이에 따라 보증인(보증은행)은 개설의뢰인에 대해 수임인으로서의 선량한 관리자의 주의의무를 부담하며, 개설의뢰인은 위임사무처리에 따른 보상의무를 부담한다.

보증인(보증은행)은 위임에 따른 일반적인 선관의무 이외에 수익자에 대한 보증금지급, 개설의뢰인의 이익을 보호하기 위한 주의의무를 부담한다. 특히 수익자의 지급요구가 보증서에 제시된 요건에 일치하는가에 대한 심사에 있어서는 신용장과 같은 엄격일치의 원칙이 적용된다.

---

40) 대법원 1994. 12. 9. 선고 93다43873 판결.

수익자에게 보증금을 지급한 경우, 보증인(보증은행)은 개설의뢰인에게 구상권이 있다. 개설의뢰인의 구상의무는 기본계약상의 분쟁 또는 항변과는 무관하지만, 보증인(보증은행)이 개설의뢰인에게 수임의무를 다했음을 전제로 한다.

3) 개설의뢰인과 수익자의 관계

개설의뢰인과 수익자는 기본계약의 한 내용으로 보증서의 발급에 합의하지만 보증서상으로는 양자는 직접적인 관계에 있지 않다. 개설의뢰인은 보증서의 발급만으로는 기본계약상의 이행의무가 소멸되지 않으며 보증인(보증은행)이 보증금을 지급해야 기본계약상 채무가 소멸한다. 기본계약에 포함될 보증서에 관한 내용으로는 보증의 형태와 보증금액, 지급조건으로 요구되는 서류의 종류와 내용, 유효기일 등에 관한 사항이 있다.

4) 보증인(보증은행)과 수익자의 관계

보증인(보증은행)이 보증서를 발행하면 수익자와의 관계에서 보증관계가 성립하고 수익자는 보증서에 기한 권리를 행사할 수 있게 된다. 보증서상 지급청구권자는 수익자인 것이 보통이나 보증서가 양도된 경우에는 양수인도 지급을 청구할 수 있다. 이와 관련하여 수익자의 법인격이나 형식적 지위에 변화가 생긴 경우에는 곤란한 문제가 발생한다. 1978년 이란혁명 후 혁명정부가 구정부를 대신하여 이란의 현지은행이 개설한 보증서의 지급을 청구한 사건에서 원보증서에 수익자로 지정되지 아니한 자의 청구권 인정 여부가 쟁점이 되었으나 대부분 청구권이 있는 것으로 판단되었다.

수익자는 보증조건, 즉 보증서에서 제시를 요구하고 있는 서류를 갖추어 지급청구해야 한다. 제시해야 할 서류는 보증서의 내용에 따라 다르며 보증서의 독립·추상성을 강조하여 일체의 첨부 서류 없이 지급청구를 할 수 있다는 내용의 보증서도 있지만, 최근에는 부당한 지급청구를 제한하는 방향으로 개선되고 있다.

보증인(보증은행)은 제시된 서류가 보증조건에 문면상 일치하면 보증금을 지급해야 한다. 제시된 서류가 보증서조건에 일치하는가를 심사함에 있어서는 화환신용장에서 발전된 엄격일치의 원칙이 적용된다. 즉 청구서와 기타 청구를 위하여 제출된 서류가 일치하지 않으면 보증인(보증은행)은 지급을 거절해야 하며, 보증인(보증은행)이 지급거절하기로 결정하면 신속하게 수익자에게 통지해야 한다. 개설의뢰인은 문면상 명백하지 않은 사기, 위조 또는 기타 하자의 주장만으로는 보증인(보증은행)으로 하여금 지급을 거절하게 할 수 없다.

5. 특성

1) 독립성

독립적 은행보증은 원칙적으로 기본계약(underlying contract)과는 독립적이며, 기본계약의 영향을 받지 않는다. 즉 보증인(보증은행)은 기본계약상의 사유를 들어 지급거절 할 수 없다. 예를 들어 수출계약을 원인으로 독립적 은행보증이 발행된 경우 독립적 은행보증의 지급청구사유는 독립적 은행보증 상의 조건충족 여부만을 기준으로 하며, 수출계약상의 수출이행여부를 기준으로 하지 않는다. 이에 따라 수익자의 지급청구가 독립적 은행보증의 조건을 충족하는 경우 보증인(보증은행)은 수출자가 수출계약을 이행하였기 때문에 지급청구사유가 되지 않는다는 항변을 할 수 없다.

또한, 독립적 은행보증은 원칙적으로 부종성 및 보충성이 없다. 일반보증에서는 보증인(보증은행)은 주채무가 무효 또는 취소되었다는 이유로 보증채무도 효력이 없다는 항변을 하거나 주채무자가 채권자에 대하여 가지는 항변권을 원용하여 채권자의 보증채무이행청구 시 이의를 제기할 수 있고, 주채무자에게 먼저 이행청구를 하거나 집행할 것을 요구할 수 있다. 그러나 독립적 은행보증은 일반보증에서 인정되는 부종성과 보충성이 없어 보증수익자는 보증인(보증은행)에 대하여 일정한 사유가 발생하였다는 주장만으로써 지급청구가 가능하며 보증인(보증은행)은 그 주장의 당부에 관계 없이 즉시(forthwith on demand), 무조건적으로(unconditionally) 지급해야 한다.[41] 이에 따라 보증인(보증은행)은 사실상 주채무자의 지위에 서게 된다.

---

41) 대법원 1994. 12. 9. 선고 93다43873 판결.; 대법원 2014. 8. 26. 선고 2013다53700 판결.
"은행이 보증을 함에 있어서, 보증금 지급조건과 일치하는 청구서 및 보증서에서 명시적으로 요구하고 있는 서류가 제시되는 경우에는 그 보증이 기초하고 있는 계약이나 그 이행제공의 조건과 상관없이 그에 의하여 어떠한 구속도 받지 않고 즉시 수익자가 청구하는 보증금을 지급하겠다고 약정하였다면, 이는 주채무에 대한 관계에서 부종성을 지니는 통상의 보증이 아니라, 주채무자인 보증의뢰인과 채권자인 수익자 사이의 원인관계와는 독립되어 그 원인관계에 기한 사유로는 수익자에게 대항하지 못하고 수익자의 청구가 있기만 하면 은행의 무조건적인 지급의무가 발생하게 되는 이른바 독립적 은행보증(first demand bank guarantee)이라고 할 것이다. 이러한 독립적 은행보증의 보증인으로서는 수익자의 청구가 있기만 하면 보증의뢰인이 수익자에 대한 관계에서 채무불이행책임을 부담하게 되는지 여부를 불문하고 그 보증서에 기재된 금액을 지급할 의무가 있으며, 이 점에서 독립적 은행보증에서는 수익자와 보증의뢰인 사이의 원인관계와는 단절되는 추상성 및 무인성이 있다."(대법원 2014. 8. 26. 선고 2013다53700 판결.)

2) 추상성

독립적 은행보증서에는 지급청구요건으로 단순서면청구 또는 서면진술서 등만 요구한다. 이에 따라 보증인(보증은행)은 그 제출된 서류만 심사하며, 기본계약의 당사자가 실제 수출계약을 이행하였는지 여부를 심사하지 않는다.

독립적 은행보증에 따라 일정한 증빙서류의 제출을 요구하는 경우도 있고, 수익자의 절대적 판단에 따라 지급청구를 하면 무조건적으로 지급해야 하는 경우가 있다. 즉 보증인(보증은행)은 주채무의 이행여부와는 관계없이 수익자가 제출한 서류가 독립적 은행보증의 조건과 일치하면 지급을 해야 한다. 다만, 이러한 서면청구가 특정한 자가 작성하거나 특정한 표현을 요구하는 경우에 있어서는 그와 같은 요구를 충족해야 한다. 이에 따라 보증인(보증은행)은 요건이 충족되었는지 여부를 심사하고 판단하여 그 요건이 충족되지 않은 경우에는 그 대금의 지급을 거절해야 한다. 다만 보증인(보증은행)의 서류심사는 화환신용장 개설은행의 심사와 마찬가지로 제시된 서류가 문면상 보증의 조건과 일치하는 지 여부만을 판단하며, 서류가 실질적으로 진정한 것인지 또는 채무자가 기본계약에 따른 의무를 이행하지 않았는지 여부 등을 조사할 의무는 없다.

(독립성과 추상성)

독립성	독립적 은행보증은 기본계약(매매계약, 건설계약 등)과 별개 독립적 은행보증서 자체의 조건 충족여부만을 기준으로 지급심사
추상성	청구서류만 심사 즉 '서류성'

3) 화환신용장과의 비교

화환신용장(documentary credit)은 기본거래인 매매계약과는 독립적이며 서류상의 청구에 의해 지급을 하는 추상성면에서는 독립적 은행보증과 공통점을 갖지만, 다음의 면에서 차이가 있다(수출자의 수출이행에 대한 담보로 제공되는 전형적인 이행보증서 기준).

i) 화환신용장에서는 수출자가 수익자가 되며 수입자가 개설의뢰인이 된다. 그러나 이행보증서에서는 수출자가 개설의뢰인이 되며 수입자는 수익자가 된다.

ii) 화환신용장은 수입자의 대금지급에 대한 담보로 제공되며 수출자의 정상적인 수출이행 시 지급청구할 수 있다. 그러나 이행보증서에서는 수출자의 수출이행에 대한 담보로 제공되며 수출자의 수출불이행시에 지급청구할 수 있다. 수출자입장에서 화환신용장에서 지급받을 신용장 대금은 수출계약에서 지급받기로 한 수출대금과 실질적으로 차이가 없다. 그러나 수입자입장에서 이행보증에서 지급받을 금액은 실질적으로 금전으로 수출계약에서의 이익과는 전혀 다르다.

iii) 화환신용장에서 수익자는 지급청구를 위해 선하증권, 상업송장 등 신용장에서 요구하는 각종의 서류를 제출해야 한다. 그러나 이행보증서에서는 일반적으로 매도인이 계약을 불이행하였다는 단순한 서면진술서의 제출만으로 지급청구가 가능하다.

iv) 화환신용장에서 개설은행은 대금지급 또는 환어음의 인수와 동시에 물품과 동일한 가치가 있는 선하증권 등 선적서류를 받는다. 이에 따라 개설의뢰인이 개설은행에게 대금을 상환하지 않는다면 물품을 처분하여 만족을 얻을 수 있다. 그러나 이행보증서에서 보증인(보증은행)은 아무런 담보장치가 없다.

v) 화환신용장에서 개설은행은 개설의뢰인의 대금상환능력이 주된 심사사항이지만, 이행보증서에서는 수출자의 수출이행능력(시공능력, 건조능력, 물품조달 능력 등)이 주된 심사사항이다.

vi) 화환신용장에 적용되는 국제규칙(또는 협약)에는 ICC의 신용장통일규칙(UCP 600)이 있고[42], 이행보증서에 적용되는 국제규칙(또는 협약)에는 ICC의 청구보증통일규칙(URDG 758), 독립보증 및 보증신용장에 관한 유엔협약, ICC의 보증신용장통일규칙(ISP 98)이다.

vii) 이행보증서에서는 부당한 지급청구(사기적 청구)의 가능성이 화환신용장보다 높다. 그 이유는 화환신용장에서는 선하증권, 상업송장, 포장명세서, 검사증명서 등 다수의 서류를 제시해야 하고, 이러한 서류 중에는 제3자가 작성해야 하는 서류도 있지만, 이행보증서에서는 단순한 지급청구만으로도 지급청구가 가능하기 때문이다.

---

42) 신용장통일규칙은 화환신용장의 규율을 목적으로 제정되었지만, 그 적용범위를 확대하여 보증신용장도 적용가능하다.
UCP Article 1
The Uniform Customs and Practice for Documentary Letter of Credits, 2007 Revision, ICC Publication no. 600("UCP") are rules that apply to any documentary credit("credit")(including, to the extent to which they may be applicable, any standby letter of credit) when the text of the credit expressly indicates that it is subject to these rules.

(화환신용장과 이행보증서의 비교)

구 분	화환신용장	이행보증서
개설의뢰인(채무자)	수입자	수출자
수익자	수출자	수입자
지급사유	수출자의 계약이행 시	수출자의 계약불이행 시
제출서류	선하증권, 상업송장, 포장명세서, 검사증명서 등	단순서면지급청구
담보기능	수입자의 대금지급	수출자의 계약이행
개설은행의 담보	물품에 대한 권리취득 (서류인수와 동시에 물품과 동일한 선하증권 취득)	물품에 대한 권리 없음
국제적 통일규칙	신용장통일규칙(UCP 600)	· 청구보증통일규칙(URDG 758) · 독립보증 및 보증신용장에 관한 유엔협약 · 보증신용장통일규칙(ISP98)
SWIFT MT	MT 700 (신용장 개설) * MT: Message Type	MT 760 (보증신용장/지급보증서 개설) * MT: Message Type

6. 독립성의 예외(Fraud Exception)

독립적 은행보증은 독립성·추상성을 기본적인 속성으로 하고 있다. 따라서 원칙적으로는 수익자의 서면지급청구만 있으면 기본계약과는 독립적으로 보증금액을 지급해야 한다. 국제거래에서 독립적 은행보증은 수출자의 채무불이행에 대한 담보수단으로서 중요한 기능을 하고 있으나, 보증수익자가 독립성을 악용하여 지급청구를 하는 경우가 있어 문제가 되고 있다. 이러한 부당한, 악의적인, 권리남용적인 청구에 대해서도 보증인(보증은행)은 예외 없이 지급청구에 응해야 하는지가 논란이 되어 왔다.

영국, 미국 등 대부분의 국가에서는 사기적 청구, 부당한 지급청구에 대해서는 지급거절을 인정하고 있다. 우리 대법원에서도 1994년 판결[43)]에서 최초로 권리남용의 원칙에 따라 지급거절을 인정하였고, 그 후 2014년 판결[44)]에서도 이를 확인하였다. 한

43) 대법원 1994. 12. 9. 선고 93다43873 판결.

44) "다만 독립적 은행보증의 경우에도 신의성실의 원칙이나 권리남용금지의 원칙의 적용까지 완전히 배제되는 것은 아니라고 할 것이므로, 수익자가 실제로는 보증의뢰인에게 아무런 권리를 가지고 있지 못함에도 불구하고 위와 같

편, 유엔협약에서는 이와 관련하여 지급거절할 수 있는 사유[45]들을 규정하고 있으며, 미국 통일상법전에서도 사기적 청구에 대한 지급거절(fraud exception)에 대해 규정하고 있다.[46](이 조항은 보증신용장(즉 독립적 은행보증)에도 적용가능하다. 동 조항에서는 사기적 청구 시 개설은행의 지급거절을 제한하는 경우도 규정하고 있다. 즉 사기적 청구가 있어도 개설은행이 지급해야 하는 경우를 규정하고 있다. 사기를 모르고 지급을 한 지정인이 지급청구하는 경우 개설은행은 대금을 지급해야 한다.[47])

은 은행보증의 추상성과 무인성을 악용하여 보증인에게 청구를 하는 것임이 객관적으로 명백할 때에는 권리남용에 해당하여 허용될 수 없는 것이고, 이와 같은 경우에는 보증인으로서도 수익자의 청구에 따른 보증금의 지급을 거절할 수 있다고 할 것이나(대법원 1994. 12. 9. 선고 93다43873 판결 참조), 앞서 본 원인관계와 단절된 추상성 및 무인성이라는 독립적 은행보증의 본질적 특성을 고려하면, 수익자가 보증금을 청구할 당시 보증의뢰인에게 아무런 권리가 없음이 객관적으로 명백하여 수익자의 형식적인 법적 지위의 남용이 별다른 의심 없이 인정될 수 있는 경우가 아닌 한 권리남용을 쉽게 인정하여서는 아니 될 것이다."(대법원 2014. 8. 26. 선고 2013다53700 판결).

45) 유엔협약 제19조 제1항에서는 1) 제출서류가 진정한 것이 아니거나 위조된 경우 2) 지급청구서류나 부속서류에 의하면 지급할 시기가 되지 않은 경우 3) 보증의 유형이나 목적에 비추어 지급청구가 납득할 만한 근거가 없는 경우를 지급거절사유로 규정하고 있으며, '3)'에 해당하는 구체적인 사유로
a) 보증서가 담보하는 위험이 의심할 여지없이 실현되지 아니한 경우 b) 기본계약상의 주채무자(개설의뢰인)의 의무가 법원이나 중재판정부에 의해 무효로 선언된 경우. 다만, 보증서가 이러한 경우까지 포함시키는 경우는 제외 c) 기본계약상의 주채무자의 의무가 의심할 여지없이 수익자에게 만족할 정도로 이행된 경우 d) 기본계약상의 의무의 이행이 수익자의 악의적인 부당행위에 의하여 이행되지 못하였다는 것이 확실한 경우 e) 역보증(counter guarantee)의 수익자가 악의로 지급한 경우를 규정하고 있다.
한편, 제3항에서는 제1항의 상황이 존재하는 경우 지급을 막기 위해서 주채무자가 법원에 임시조치를 취하는 것을 허용하고 있다. 일반적으로 보증인이 지급거절할 수 있는 사유는 (1) 보증의 유효성, 즉 서류의 위조, 허위 등 (2) 보증기간 경과, 제출서류의 불일치 (3) 기타 상계권과 같은 개인적인 방어권 등을 들 수 있다.

46) UCC 제5편 (신용장)의 제109조(사기 및 위조)에서는 사기적인 청구 및 지급거절사유에 대해 다음과 같이 규정하고 있다.
(a) 문면상으로는 신용장의 조건에 엄격히 일치하는 것처럼 보이지만 요구된 서류가 위조(forgery) 또는 중대한 사기(material fraudulent)이거나 제시된 서류의 인수·지급이 수익자의 개설인(issuer) 또는 개설의뢰인(applicant)에 대한 중대한 사기를 용이하게 하는 경우
(1) 개설인은 다음의 하나에 해당하는 경우 지급할 의무가 있다. i) 위조 또는 중대한 사기의 통지없이 선의로 대가를 지급한 지정인(nominated person), ii) 선의로 지급을 확약한 자 iii) 신용장에 따라서 발행된 환어음, 즉 개설인 또는 지정인이 인수한 후의 환어음의 정당한 소지인 iv) 연지급의 양수인으로서 개설인 또는 지정인의 의무를 부담한 후 대가를 주고 위조 또는 중대한 사기를 모르고 그 의무를 부담하는 양수인
(2) 그 외의 경우에 선의로 행하는 개설인은 그 서류와 상환으로 지급하거나 또는 지급을 거절할 수 있다.
(b) 만약 개설의뢰인이 요구된 서류가 위조 또는 중대한 사기가 있거나 또는 제시의 인수·지급이 수익자의 개설인 또는 의뢰인에 대한 중대한 사기를 용이하게 한다고 주장하는 경우에는 관할권이 있는 법원은 다음과 같은 요건이 충족된 경우에 한하여 임시적으로 또는 영구히 개설인으로 하여금 제시를 인수·지급하는 것을 금지시키거나 개설인 또는 다른 당사자에 대한 유사한 구제수단을 허용할 수 있다.
(1) 그 구제수단이 인수된 환어음이나 개설인이 부담하는 연지급의무에 적용될 준거법에 의하여 금지된 것이 아닐 것
(2) 구제수단이 허용됨으로 인하여 불이익을 보게 될 수익자, 개설인 또는 지정인이 그로 인하여 입을 지도 모르는 손실로부터 적절히 보호될 수 있을 것
(3) 미국법상 구제수단을 허용하는 모든 조건이 충족될 것
(4) 법원에 제출된 정보에 근거하여, 위조나 중대한 사기를 주장함에 있어서 의뢰인이 성공하지 못할 가능성이 확실하지 않고 지급을 청구하는 당사자가 위 (a)(1)에 규정된 보호를 받을 자격이 없을 것

(독립성의 예외를 인정한 최초 판결: 대법원 1994. 12. 9. 선고 93다43873 판결)

가. 사안의 개요

유원건설(주)(수급인)는 1984. 2. 25.자에 사우디아라비아의 보건성(도급인)과 병원신축 공사계약을 체결하였고, 보건성의 요청에 따라 유원건설(주)는 외환은행에 계약금액의 5%에 해당하는 계약이행보증서(Performance Bond) 및 10%에 해당하는 선수금환급보증서(Advance Payment Bond) 발급을 요청하였다. 한편, 외환은행은 유원건설(주)와 보증금의 지급에 관하여 보증의뢰인이 지급금지가처분 등 어떠한 이의제기도 하지 않겠다는 부제소특약[48]을 조건으로 사우디 보건성을 수익자로 하는 계약이행보증서 및 선수금환급보증서를 각각 1984. 1. 21. 및 1984. 3. 7.에 발급하였다.

각 보증서에 의하면 수익자(사우디 보건성)의 절대적 판단으로 수급인의 공사계약조건의 어느 것이라도 불이행하였다고 판단되는 경우에는 수익자의 서면에 의한 청구를 받는 즉시 보증은행은 보증금을 지급해야 하며 각 보증서에 기재된 확약사항은 무조건적이고 취소불능(Unconditional and Irrevocable)이라고 기재되어 있었다. 한편, 원유가 하락으로 인한 사우디정부의 재정악화로 기성지급이 지연되었고 이에 따라 공사도 지연되었으며 각 보증서는 수차례 연장되었다. 또한 걸프전 발발로 인하여 유원건설(주)는 공사중단 및 현장인원을 철수시켰고 '천재지변·전쟁으로 인한 불가항력상황에서 발생된 추가비용은 발주자가 부담한다'는 공사계약조항(Excepted Risk)에 따라 추가비용 보상조로 발주처에게 U$750만을 청구하였으나, 사우디정부는 이를 거절하였다. 더구나, 수익자는 1991. 11. 13.자에 보증은행측에 1992. 9. 11.까지의 보증기간연장을 요청하였고, 연장하지 않으면 보증금액을 지급하여 줄 것을 요청하였다. 유원건설(주)는 수익자의 보증이행청구가 신의성실에 반하고 권리남용적 청구라고 보고 외환은행을 상대로 보증금액의 지급을 금지하는 가처분신청을 제소하였다.

나. 법원의 판결

1심 판결(서울지방법원 1992. 2. 14. 선고 91카134326 판결)에서는 사우디 보건성의 청구가 기망적인 청구라 하여 지급금지가처분결정을 인가하는 판결을 내렸다. 그러나 2심 판결(서울고판 1993. 7. 9. 선고 92나18377 판결)에서는 사우디 보건성의 지급청구가 기망적인 청구에 해당하는지 여부에 관하여 판단하기 이전에 가처분을 신청인과 피신청인 사이의 부제소특약에 위반되어 그 권리보전의 이익이 없다는 이유로 원심판결을 파기하고 1심의 가처분결정을 취소하였다. 그러나 대법원에서는 2심에서 유효하다고 인정한 부제소특약의 효력을 부정하고 고등법원의 판결을 파기환송하였다.

다. 판결의 요지

외환은행이 수급인인 유원건설(주)의 보증의뢰에 따라 도급인인 사우디 보건성을 수익자로 발행한 보증서가 그 문언상 보증의뢰인이 수익자와의 계약조건의 그 어느 것이라

47) Ralph H. Folsom, et. al, *supra* note 14, p.158.

48) 일정한 경우에 법적 절차나 조치를 취하지 않기로 계약당사자가 약정하는 것.

도 불이행하였다고 수익자가 그 절대적 판단에 따라 결정한 때에는 보증인(보증은행)은 수익자의 서면에 의한 청구가 있으면 보증의뢰인의 어떤 반대에도 불구하고 즉시 수익자가 청구하는 보증금액을 지급하겠다는 것이라면, 그 의무의 성질이 무조건적이고 보증인(보증은행)이 주장할 수 있는 어떠한 면책사유로도 대항하지 않겠다는 것이 분명하므로, 이는 주채무에 대한 관계에 있어서 부종성을 지니는 통상의 보증이 아니라, 주채무관계(보증의뢰인과 수익자)인 원인관계와는 독립되어 그 원인관계에 기한 사유로서는 수익자에게 대항하지 못하고 수익자의 청구가 있기만 하면 보증인(보증은행)의 무조건적인 지급의무가 발생하게 되는 이른바 **독립적 은행보증(first demand bank guarantee)**이라고 할 것이고, 따라서 이러한 은행보증의 보증인(보증은행)으로서는 수익자의 청구가 있기만 하면 보증의뢰인이 수익자에 대한 관계에 있어서 채무불이행책임을 부담하게 되는 지의 여부를 불문하고 그 보증서에 기재된 금액을 지급할 의무가 있다고 할 것이며, 이점에서 이 은행보증은 수익자와 보증의뢰인과의 **원인관계와는 단절된 추상성 내지는 무인성**을 가진다고 판시하였다.

독립적 은행보증의 경우에도 신의성실의 원칙 내지 권리남용금지의 원칙의 적용까지 배제되는 것은 결코 아니라고 할 것이므로 **수익자가 실제에 있어서는 보증의뢰인에게 아무런 권리를 가지고 있지 못함에도 불구하고 위와 같은 은행보증의 추상성 내지 무인성을 악용하여 보증인(보증은행)에게 청구를 하는 것임이 객관적으로 명백할 때에는 이는 권리남용에 해당하여 허용될 수 없는 것**이고, 위와 같은 경우에는 보증인(보증은행)으로서도 수익자의 청구에 따른 보증금의 지급을 거절할 수 있다고 판시하였다.

보증의뢰인과 보증은행 사이의 은행보증서의 발행을 위한 보증의뢰계약은 민법의 위임계약에 해당하며, 보증인(보증은행)은 그 수임인으로서 보증의뢰인의 당해 보증서에 관한 이익을 보호하여야 할 의무를 부담하게 되고, 따라서 보증인(보증은행)은 특히 수익자의 보증금 지급청구가 권리남용임이 객관적으로 명백할 때에는 보증의뢰인에 대한 관계에 있어서 마땅히 그 지급을 거절하여야 할 보증의뢰계약상의 의무를 부담하고, 그 반면에 보증의뢰인으로서도 보증인(보증은행)에 대하여 위와 같이 수익자의 청구가 권리남용이 명백하다는 것을 입증하여 그 보증금의 지급거절을 청구할 수 있는 권리를 가진다고 판시하였다.

라. 판결의 의미

이 판결은 국제거래에서의 독립적 은행보증에 대한 우리나라 최초의 대법원판결이다. 대법원에서는 독립적 은행보증은 보증인(보증은행)과 보증의뢰인과의 원인관계와는 단절된 추상성 내지는 무인성을 가지며 이에 따라 원인관계와는 단절되어 그 원인관계로 인한 사유로 수익자에게 대항할 수 없고 수익자의 청구가 있기만 하면 보증인(보증은행)의 무조건적인 지급의무가 발생한다고 보았다. 그러나 신의성실의 원칙 내지 권리남용의 원칙이 배제되는 것은 아니라고 보았다. 즉 **추상성 및 무인성을 가진다고 하더라도 수익자의 지급청구가 추상성 및 무인성을 악용한 청구라는 것이 객관적으로 명백할 때에는 이는 권리남용에 해당되어 허용될 수 없다고 보았다.** 또한, 보증의뢰인과 보증인(보증은행) 사이의 보증의뢰계약을 민법상 위임계약에 해당되어 보증인(보증은행)은 그 수임인으로서 위임인인 보증의뢰인의 이익을 보호하여야 할 의무를 부담하게 되고 따라서 보증인(보증은행)은 특히 수익자의 지급청구가 보증의뢰인에게 아무런 권리를 가지고 있지 못함에도 불구하고 청구한 것이면 지급거절할 의무를 가진다고 보았다.

7. 주요 내용

1) 표제(Title)

통상 보증서의 맨 상단 중앙에 지급보증서를 나타내는 표제(title)를 명시한다. 이에 대한 영문표현은 'Letter of Guarantee'가 가장 많이 사용된다. 그러나 그 외 Payment Guarantee, Guarantee, Standby Letter of Credit 등의 표제를 사용하기도 한다. 독립적 은행(청구보증)인지 여부는 표제만으로 결정되는 것이 아니고 보증서의 내용에 따라 결정된다.

2) 발행일

통상 보증이라는 표제(title)하에 보증서 번호와 발행일자가 기재된다. 물론, 보증서 말미에 발행일을 기재하는 경우도 있다. 보증인의 의무가 구체적으로 언제부터 발생하는지가 다툼이 될 수 있는데, 발행일은 일반적으로 보증서의 효력이 개시되는 시점으로 볼 수 있다. 그러나 보증서에 조건이나 기한이 붙어있는 경우가 있는데, 이 경우에는 각 조건의 성취 또는 기한의 도래시점에 보증서의 효력이 개시된다. 표제밑에 보증서 번호와 발행일자가 기재된다. 그러나 보증서 번호가 서문에 나오거나, 발행일자가 보증서 하단에 기재되는 경우도 있다.

3) 지급보증의 성격(절대적, 무조건적, 취소불가능) 명시

보증서에 보증서의 성격을 명시하는데, 단순한 보증인이 아닌 주채무자이며, 절대적(absolutely), 무조건적(unconditionally), 취소불가능(irrevocably)이라고 명시하는 경우가 많다. 절대적, 무조건적 보증이라는 것은 주채무자에게 먼저 청구할 것을 항변할 수 없고, 주채무자의 채무불이행이 있고, 수익자의 지급청구가 있으면, 즉시 보증채무를 이행하겠다는 의미이다. 절대적, 무조건적 지급이라는 문구가 있는 경우에도 보증서상 지급청구를 위해 일정한 조건을 정하는 경우가 있는데, 이 경우 보증인은 보증서상의

조건이 충족되어야 지급한다.[49)]

4) 청구사유

주채무자가 주채무를 이행하지 못하는 경우 지급청구사유가 된다. 그 외 주채무자의 이행능력에 중대한 문제가 발생한 경우도 지급청구사유로 명시하는 경우가 많다.

5) 유효기간: 효력발생일, 보증종료일

일반적으로 보증서상 보증서의 유효기간에 명시된다. 유효기간이라 함은 보증서의 효력이 발생하는 날부터 종료되는 날까지를 의미한다. 보증서상 별도로 효력발생일을 정하지 않으면, 통상 발행일부터 효력이 발생된다. 그렇지만 준거법에 따라 발행일이 효력발생일이 되지 않을 수도 있으므로 보증서상 효력발생일을 별도로 명시하거나 보증서상 발행일부터 효력이 발생된다고 명시하는 것이 바람직하다. 보증서상 발행일과 별도로 효력발생일을 정하는 경우가 있는데, 대표적인 것이 효력발생을 위해 일정한 조건을 부과하는 경우이다. 보증종료일(유효기간)은 대금지급보증서와 이행성보증서가 차이가 있는데, 대금지급보증서는 대금이 전액 지급될 때까지 유효하다고 정하고, 이행성보증서는 보증종료일을 명시하는 경우가 많다. 보증종료일은 특정일자로 정하는 경우도 있지만, 수입자의 인수증명서(acceptance certificate)발급 등 특정사건으로 정하는 경우도 많다.

6) 보증채무 이행청구(calling) 시한

보증서상 보증종료일 즉 보증서 유효기간만 정하고, 보증채무 이행청구 시한에 대해 정하지 않은 경우 다툼이 될 수 있다. 즉 보증서 유효기간 내에 보증채무 이행청구 사유(예: 차주의 채무불이행, 수출자의 계약불이행, 수출자의 파산 등)가 발생해야 하는 것인지, 유효기간내에 보증채무 이행청구를 제기해야 하는 것인지, 유효기간 내에 보증채무 이행청구서가 도달해야 하는 것인지 등에 대해 다툼이 발생할 수 있다. 지급보증서에서는 전액이 지급될 때까지 보증서가 유효하다고 정하고 있으므로 보증채무 이행청구 시한이 큰 문제가 되지 않는다. 소멸시효에 의해 청구권이 소멸될 수 있으므로 이행

49) 예시) the undersigned, as primary obligor and not merely as surety, hereby irrevocably, absolutely and unconditionally guarantees the full, prompt and punctual payment when due

청구를 한없이 지연하는 것은 위험하다.

그러나 이행성보증서는 위에서 설명한 대로 보증종료일을 명시하고 있으므로 이행청구 없이 보증서의 효력이 종료되는 일이 발생할 수 있다. 이에 따라 보증서상 보증채무 이행청구 시한을 명시하는 것이 바람직하다. 통상적으로 보증종료 전(10~20일 이내의 우편일수를 더하는 경우도 있다.)에 보증채무 이행청구가 제기되어야 한다고 정한다. 이러한 문구가 없는 경우 이를 명시하도록 요청하는 것이 바람직하다.[50)]

(보증채무 이행청구 시한을 명시하지 않은 경우)

문제는 보증서상 보증채무 이행청구 시한을 정하지 않는 경우의 해석이다. 일반적인 보증에서 보증기간(보증서 유효기일을 의미)의 의미는 보증기간 내에 주채무가 발생하는 것을 담보하는 것이며, 보증채무 이행청구 시한을 의미하는 것은 아니다. 따라서 보증기간 내에 주채무가 발생하면 수익자(보증상대방)는 보증채무 이행청구를 할 수 있으며, 반드시 보증기간 내에 보증채무 이행청구를 제기해야 하는 것은 아니다. 물론 이 경우 소멸시효의 제한을 받을 수는 있다.

그러나 독립적 은행보증에서는 보증기간 내에 청구가 제기되어야 하는 것이 국제적인 관행으로 보이며(URDG 758 제14조[51)], ISP98 제3.05조[52)] 참조), 이를 보증서에 명기하는 경우도 많다. 그 이유는 주채무자의 채무불이행을 조속히 확정하여 보증은행이 보증채무을 이행하고 주채무자에게 구상권을 행사하게 하기 위한 것으로 보인다. 그러나 독립적 은행보증에서 보증기간 내에 보증채무 이행청구가 제기되어야 할 것을 명기하지 않고, 청구보증통일규칙이나 보증신용장통일규칙의 적용을 명시하지 않는 경우 결국 보증기간 내에 보증이행청구가 제기되어야 하는 것인지에 대한 해석은 독립적 은행보증서의 준거법에 따라 결정된다.

---

50) 예시1) Demand for payment may be made by you under this Letter of credit prior to the Expiration Date hereof at any time prior to 5:00 p.m., New York time, at our address set forth above on any Business Day.

예시2) This guarantee will expire on (expire date) and any claims must be received by us in writing on or before (expiry date including 20 days mail date) after which date this guarantee shall be null and void

51) URDG 758 Article 14(Presentation)

a. A presentation shall be made to the guarantor :

i. at the place of issue, or such other place as is specified in the guarantee, and

ii. on or before expiry.

52) ISP98 3.05 When Timely Presentation Made

a. A presentation is timely if made at any time after issuance and before expiry on the expiration date.

b. A presentation made after the close of business at the place of presentation is deemed to have been made on the next business day.

제3절 보증신용장

1. 의의[53)]

보증신용장(standby letter of credit)은 주채무자의 채무이행에 대한 담보로 제공되는 것으로 수익자가 보증신용장에 기재된 조건에 따라 단순히 지급청구를 하면 개설은행(issuing bank)은 보증신용장에서 정한 금액을 기본계약(underlying contract)과는 독립적으로 지급하는 약정이다.

국제거래에서는 수출자(매도인)의 계약이행에 대한 담보장치로 보증신용장(standby letter of credit)이 사용되지만,[54)] 수입자의 대금지급에 대한 담보장치로 사용되기도 한다. 보증신용장은 독립적 은행보증(independent bank guarantee)[55)]과 법적이나 기능적으로 거의 동일한 것으로 보고 있고,[56)] 실무에서도 양자는 차별 없이 사용되고 있다.[57)] 독립적 은행보증은 주로 유럽국가에서 사용되어 왔고, 보증신용장은 미국에서 고안되어 사용되어 왔는데, 그 이유는 미국 은행은 이행성보증서를 포함한 보험증권의 발행이 금지되었는바, 그 대안으로 제2의 신용장인 보증신용장을 개발했기 때문이다.[58)]

보증신용장에도 화환신용장의 가장 기본적인 성격인 "독립성(independence principle)"과 "추상성(abstractness)"이 적용되고,[59)] 그 성격은 독립적 은행보증의 독립성 및 추상성과

---

53) 김상만, "국제거래에서 보증신용장의 사기의 지급예외(Fraud Exception)에 관한 최근 미국 연방법원 판결에 대한 고찰" 선진상사법률, 통권 제73호, 법무부, 2016.

54) Daniel C.K. Chow, *International Business Transactions (Problems, Cases, and Materials)*, 2nd ed., Aspen Publishers, 2010, p.281.; Ray August et al., *International Business Law*, Pearson Education, 2002, p.654.

55) 독립보증은 국제거래에서 "independent guarantee(독립보증)", "demand guarantee(청구보증)", "independent bank guarantee(독립적 은행보증)", "bank guarantee(은행보증)" 등 다양한 용어로 사용되고 있다(George Affaki, *op. cit.*, p.1.). 독립보증 및 보증신용장에 관한 유엔협약에서는 "independent guarantee"이라고 규정하고, 우리 대법원에서는 "독립적 은행보증(first demand bank guarantee)"이라고 부르고 있다(대법원 1994. 12. 9. 선고 93다43873 판결; 대법원 2014. 8. 26. 선고 2013다53700 판결).

56) Roeland Bertrams, *supra* note 3, p.7.; Carole Murray et al., *supra* note 3, p.224.

57) 박세운 · 한기문 · 김상만 · 허해관, 「보증신용장통일규칙 공식번역 및 해설」, 대한상공회의소, 2008, 12면; 김상만, "국제거래에서 대금지급보증서(payment guarantee)의 주요 조항에 대한 연구", 「무역상무연구」 제58권(2013), p.183.

58) Ralph H. Folsom et al., *supra* note 14, p.151.; Carole Murray et al., *supra* note 3, p.225.

59) Ralph H. Folsom et al., *Principles of International Business Transactions, Trade and Economic Relations,*

거의 동일하다. 그리고 보증신용장은 1차적이고 주된 의무라는 점에서 2차적 의무인 "전통적인 보증서[60)]"와는 차이가 있다.[61)]

화환신용장(documentary L/C)이 지급청구를 위해 환어음, 선하증권 등의 화물의 가치를 지니는 서류를 요구함에 비해, 보증신용장에서는 단순한 지급청구만으로 대금을 지급하므로 '무화환신용장'으로 부르기도 하는데, 이는 정확한 명칭은 아니다.

> ☞ **독립적 은행보증(청구보증)과 보증신용장은 다른 것인가? → 다르지 않다.**
>
> 미국에서는 독립적 보증의 대용으로 보증신용장(standby letter of credit)이 이용되어 왔다. 미국법에서는 보증서 발행이 금지되는 것으로 해석되어 왔기 때문에, 이러한 제한을 우회하기 위하여 보증서 대신 관행적으로 보증신용장을 발행해왔다. 따라서 실질적으로 보증신용장은 청구보증(또는 독립적 보증)과 차이가 없다. 그러나 현재는 미국법상으로 은행의 보증서 발행이 허용된다.

2. 분류 및 종류

1) 당사자의 구조에 따른 분류

(1) 직접보증신용장

직접보증신용장은 가장 기본적인 보증신용장으로 당사자는 개설의뢰인, 개설은행, 수익자 3당사자이다. 이에 따라 "3당사자 보증신용장"이라고도 한다. 기본계약상의 채무자가 개설의뢰인이 되고, 기본계약상의 채권자가 수익자가 된다. ① 수출계약에서 수출자의 수출이행에 대한 담보로 제공되는 보증신용장의 경우 수출자가 개설의뢰인이 되고, 수입자가 수익자가 된다. 반면에 ② 수입자의 대금지급에 대한 담보로 제공되는 보증신용장의 경우 수입자가 개설의뢰인이 되고 수출자가 수익자가 된다.

Thomson/West, 2005, p.161.; Carole Murray et al., *supra* note 3, p.225.

60) 전통적인 보증서는 "traditional guarantee", 또는 "surety"라고 부른다(Matti S. Kurkela, *op. cit.*, p.11.).

61) Matti S. Kurkela, *supra* note 4, p.12.

(직접보증신용장 도해)

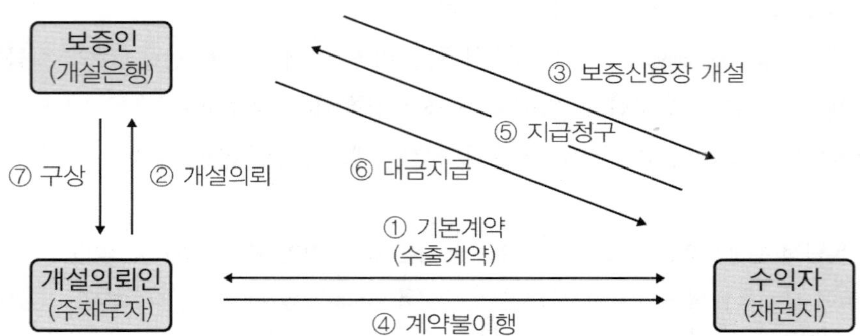

(2) 간접보증신용장

간접보증신용장은 직접보증신용장의 변형된 형태로 당사자는 개설의뢰인, 1차 지시은행(first instructing bank), 2차 개설은행(second issuing bank), 수익자의 4당사자이다. 이에 따라 "4당사자 보증신용장"이라고도 한다. 개설의뢰인이 자신의 거래은행(1차 지시은행)에게 개설의뢰를 하고, 동 은행이 수익자가 지정한 은행(2차 개설은행)앞으로 구상보증신용장(counter standby L/C)을 발급하고, 동 보증신용장에 기해 2차 개설은행이 수익자앞으로 주보증신용장(primary standby L/C)을 개설한다.

간접보증신용장(4당사자 보증) 도해

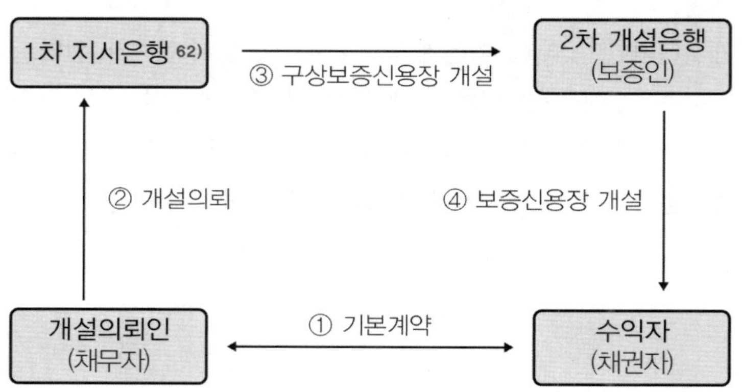

62) 이는 구상보증서의 개설은행(보증은행)이라 할 수 있다.

2) 주채무의 성질에 따른 분류

보증신용장에는 기본계약상 보증신용장 제공의무자에 따라 이행보증신용장(performance－guarantee type standby L/C)과 금융보증신용장(financial－guarantee type standby L/C)의 두 가지로 구분할 수 있다.

이행보증신용장은 수출자의 수출이행에 대한 담보로 제공되며, 수출자가 수출계약을 이행하지 않는 경우 수입자가 개설은행앞으로 지급청구를 하면, 개설은행은 보증신용장에서 정한 금액을 수출계약과는 별개로 수입자앞으로 지급한다.

금융보증신용장은 수입자의 대금지급(또는 차입자의 차입금 상환)에 대한 담보로 제공된다. 수입자가 대금지급을 불이행하는 경우 개설은행이 수출자에게 대금을 지급하고, 차입자가 차입금을 상환하지 못하는 경우 개설은행이 대주에게 지급한다.

국제거래에서 보증신용장은 수입자의 대금지급에 대한 담보로 사용되기보다는 수출자의 계약이행에 대한 담보로 더 많이 사용된다.[63] 통상 해외건설, 플랜트수출, 선박수출 등에서 이행보증서 또는 이행보증신용장이 요구된다.

3. 보증신용장 예시

예시 1) 단순한 직접보증신용장(simple straight standby L/C)

Standby Letter of Credit

[Issuer's Letterhead]

[Name and address of Beneficiary] [Date of Issue]

At the request of **[Name and Address of Applicant]** ("Applicant"), we **[Name and Address of Issuer at place of Issuance]** ("Issuer") issue this Standby Letter of Credit No. __ ("Standby") in favour of **[Name and Address of Beneficiary]** ("Beneficiary") in an amount not exceeding **[Currency /Amount}. [Partial and multiple drawings are permitted.]**

Issuer undertakes to Beneficiary to pay at sight the amount of each complying demand presented to

63) Ralph H. Folsom et al., *supra* note 14, p.151.; Daniel C.K. Chow, *supra* note 51, p.281.; Ray August et al., *supra* note 51, p.654.

Issuer at [Address of Place for Presentation] on or before our close of business on the expiration date. Each demand must be in the form of Attachment A, completed as indicated.

Payment shall be effected by wire transfer to an account of Beneficiary [as follows Name, Routing No. of Beneficiary's Bank and Beneficiary's account number or to another Beneficiary's account] as Beneficiary directs in writing (with an advice of payment sent to Beneficiary at the above address). [Each such payment shall reduce the amount available under this Standby.]

This Standby expires on [Date].

This Standby is subject to the International Standby Practices (ISP98) (International Chamber of Commerce Publication No. 590)

[Issuer's Name]
(By its undersigned officer)
Signature
Name: ______________
Title: ______________

(해 석)

개설의뢰인 OO사의 요청에 따라, 우리, OO사("개설인")는 OO사("수익자")를 수익자로 하는 보증한도 (**금 액**)의 이 보증신용장(**번호:**)을 개설한다.
(분할 및 복수의 청구가 허용된다.)

개설인은, 유효기일의 업무종료시간전에 (**장 소**)로 제시된 일치하는 청구의 금액을 일람불로 수익자에게 지급할 것을 확약한다. 각 청구는 첨부 A의 양식으로 그리고 그 지시사항에 따라 작성되어야 한다.

대금지급은 수익자의 서면지시에 따라 수익자의 계좌(**계좌번호**)로 (**수익자의 상기의 주소로 지급통지하며**) 전신으로 송금된다. (각 대금은 이 보증신용장에서 적용되는 금액이 감액될 수 있다.)
이 보증신용장은 (**종료일**)자에 종료된다.

이 보증신용장은 보증신용장통일규칙(ISP 98, ICC Pub. No. 590)을 따른다.

(첨부: 지급청구서 양식)

Straight Standby: Demand Applicant Obligated [Attachment A]
Attached Form of Demand for Sight Payment [Attachment A]

[Issuer's Name and Address] [Date]

Re: Standby Letter of Credit No. [Reference], Dated [Date], issued by [Issuer's name] ("Standby").

The undersigned Beneficiary demands payment of [currency/amount] under the above Standby. Beneficiary states that Applicant is obligated to pay to Beneficiary the amount demanded under or in connection with the Agreement between Beneficiary and Applicant titled ________ and dated __________.

Beneficiary directs payment be made [as provided in the Standby] [by wire transfer to Beneficiary's account number __________ at Bank __________ [City, State, Country]

[Beneficiary further states that the proceeds from this demand will be used to satisfy theabove-identified obligations and that Beneficiary will account to Applicant for any proceeds that are not so used.]

This demand and statement are made as of the date hereof.

[Beneficiary's name]
(By its undersigned officer)
Signature ______________
Name: ______________
Title: ______________

(해 석)

제 목: OO사에 의해 OO자에 개설된 보증신용장(번호)

아래에 서명된 수익자는 상기의 보증신용장에 대해 (금액)의 지급을 청구한다.
수익자와 개설의뢰인간의 OO자 (계약서 제목)계약과 관련하여 개설의뢰인은 수익자에게 상기의 지급청구금액에 대해 지급할 채무가 있다는 것을 수익자는 밝히는 바이다.
수익자는 이 보증신용장에서 기재된 바 대로 (상기의 주소로 수익자에게 대금지급통지하고, 전신송금으로 수익자의 OO은행 OO계좌로) 지급할 것을 지시한다.

(수익자는 지급대금은 상기의 개설의뢰인의 채무의 충당에 사용될 것이며, 그렇게 사용되지 않은 대금은 개설의뢰인의 계좌로 처리할 것이다.)

예시 2) 간접보증신용장(Counter Standby L/C)

Counter Standby Letter of Credit

[Issuance's Letterhead]

[Name and address of Beneficiary] [Date of Issuance]

Re: Standby Letter of Credit No. [Reference]

At the request of **[name and address of Applicant]** ("Applicant"), **[name and address of Issuer at place of issuance]** ("Issuer") issues this Standby Letter of Credit No. [Reference] ("Counter Standby") in favour of **[name of Beneficiary]** ("Beneficiary"[64])in an amount not exceeding the aggregate[Currency/Amount]. This Counter Standby supports Beneficiary's issuance of its separate local undertaking in the attached form (Attachment B)[65] to be issued on or before **[Date]**.

---

64) 여기에서의 beneficiary는 구상보증신용장 개설의뢰인의 상대방 (이를테면 공사발주자) 소재국의 은행이다. 이 은행은 구상보증신용장에 터잡아 앞의 구상보증신용장 개설의뢰인의 상대방을 수익자로 하는 보증신용장을 발행한다.

65) 통상 beneficiary (보증신용장발행은행)의 양식이-사전에 준비-첨부된다.

Issuer undertakes to Beneficiary to pay the amount of each[66] demand presented to Issuer at **[Address of Place for Presentation]** on or before our close of business on the expiration date, [Date]. Each demand must refer to this Counter Standby by number and be in the form of Exhibit A, completed as indicated and signed by the Beneficiary, as an original document or as an authenticated SWIFT message (MT 799) received at **[SWIFT address]**.

We will remit the proceeds in accordance with your instruction.[67]

This Counter Standby expires on **[Date]**. This Counter Standby is subject to the International Standby Practices 1998 (ISP98)(International Chamber of Commerce Publication 590) and the laws of [ ][68].

[Issuer's Name]
(By its undersigned officer)
Signature ___________
Name: ___________
Title: ___________

(해 석)

제 목: 보증신용장 번호 ( )

개설의뢰인 OO사의 요청에 따라, OO사("개설인")는 OO사("수익자")를 수익자로 하는 보증한도 (**금 액**)의 이 보증서 번호 ( )의 이 보증신용장(**"구상보증서"**)을 개설한다. 이 구상보증서는 수익자가 OO자 또는 그 이전에 개설하는 첨부양식의 별개의 현지 지급확약서를 지지한다.

개설인은 유효기일의 업무종료시간 전에 (**제시장소**)로 제시된 청구금액을 수익자에게 지급할 것을 확약한다. 각 청구는 이 보증신용장을 명시(번호 기재)하고, 별첨 A의 양식으로 제시되어야 하며, 지시된 대로 완성하여 수익자가 서명하고, 원본 또는 진정성이 확인된 SWIFT 메시지(MT 799)로

66) 한 번의 청구를 의도한다면 "multiple demands are prohibited" 라 명기하고 'each'는 지워져야 한다. 부분이 아닌 전 금액 청구를 의도한다면 "partial drawings are prohibited"라 보증신용장에 명기하여야 한다.

67) 은행간 거래에 있어서는 통상 대금청구은행의 지시대로 대금지급이 이루어 진다.

68) 준거법을 기재한다.

(SWIFT 주소)에 수신되어야 한다.
우리는 귀사의 지시대로 대금을 송금할 것이다.
이 구상보증서는 (날 짜)에 종료된다.
이 보증신용장은 보증신용장통일규칙(ISP 98, ICC Pub. No. 590) 및 (국가명)법을 따른다.

(첨부 A: 지급청구서 양식)

Demand for Counter Standby Letter of Credit [Attachment A]
[SWIFT Message Form MT799]

<u>[Issuer Name and Address]</u> <u>[Date]</u>

Re: Counter Standby Letter of Credit No. [ ] dated [date], issued by you ["Counter Standby Letter of Credit"].

[Alternative A]: The undersigned Beneficiary demands payment of [currency/amount] under the above Counter Standby Letter of Credit.

[Alternative B]: This demand represents funds due us as we have received a complying demand to pay under our separate [Local] Undertaking No. [ ] issued in the form as requested in your Counter Standby.

Beneficiary certifies that:

(1) Beneficiary duly and timely issued its separate Undertaking in the form attached to the Counter Standby Letter of Credit, [received a complying demand thereunder]5, honoured that demand by [wire] payment to [the account of] [Applicant's Counterparty/Beneficiary of Local Undertaking], and now claims reimbursement for the amount paid7, which is the amount demanded hereunder.

(2) Beneficiary will use the proceeds from this demand under the Counter Standby Letter of Credit to satisfy its claim for reimbursement and will account to Issuer for any proceeds that are not so used.

[Overseas Bank Name]
(By its undersigned officer)
Signature ____________
Name: ____________
Title: ____________

(해 석)

제 목: OO자 귀사가 개설한 구상보증서 번호 (   ) 관련

(선택 A): 아래에 서명된 수익자는 상기의 구상보증서에 의해 (금 액)의 지급을 청구한다.
(선택 B): 이 청구는, 귀사의 구상보증서에서 요구된 대로 개설된 우리의 별개의 현지보증서 번호(   )에 일치하는 지급청구를 우리가 받았고, 대금지급기일이 도래했다는 것을 나타낸다.

수익자는 다음을 확인하다.

(1) 구상보증서에 첨부된 양식에 의거 수익자는 정당하게 적시에 별개의 보증서를 개설하였고, (그 보증서에 따라 일치하는 청구를 받았고), (개설의뢰인의 상대방/현지보증서의 수익자)의 계좌로 대금을 전신으로 송금하였고, 아래에 청구된 금액인 지급금액에 대한 상환을 청구한다.

(2) 수익자는 구상보증서에 따른 이 청구로부터 지급받는 대금을 상환청구를 충족하기 위해 사용할 것이며, 사용되지 않은 대금은 개설인의 계좌로 처리할 것이다.

(첨부 B: 현지보증서 양식)

Local Undertaking [Attachment B]
[Overseas Local Bank Letterhead]

[Date]

[Counter Standby Applicant's Counterparty Name and Address]

Re: [Local Undertaking] No. [ ]

The undersigned, [name and address of Overseas Local Bank] ("Local Bank"), hereby issues this [Local Undertaking] in favor of you, [CounterStandby Applicant's Counterparty], in support of the [name and address of Counter Standby Applicant] under [insert name of agreement] numbered [ ] and dated [dd/mm (in letters)/yyyy] ("Local Undertaking"). The amount available3 under this Local Undertaking is [currency/amount].

Local Bank undertakes to honour each4 demand made by you in the form attached, completed as indicated and signed by you as indicated, and presented to us before [am/pm] on the expiration date at the above stated address. Honour of complying demand(s) shall be effected by [wire transfer] [payment] to [name and address of bank and routing number and number of account].

This Local Undertaking expires on [dd/mm (in letters)/yyyy].

This Local Undertaking is issued subject to the International Standby Practices 1998 (ICC Publication No. 590).

[Overseas Bank Name]
(By its undersigned officer)
Signature ___________
Name: ___________
Title: ___________

(해 석)

제 목: 현지보증서 번호 (   )

서명인(상호 및 주소) (“현지은행”)은 계약서 번호 OO과 OO자에 체결된 OO계약에서의 OO사(보증신용장의 개설의뢰인)를 지원하기 위하여, 귀사(개설의뢰인의 상대방)를 수익자로 하여 이 현지보증서를 개설한다. 이 현지보증서에서의 이용가능금액은 (금액)이다.

현지은행은, 첨부양식에 의한 귀사의 각 청구(청구는 지시된 대로 완성되고 귀사에 의해 서명되며, 종료일 전에 상기의 주소에 제시될 것)를 결제할 것을 확약한다.
일치하는 청구에 대한 결제는 (은행명 및 계좌번호)로 전신송금될 것이다.

이 현지보증서는 (날짜)에 종료된다.

이 현지보증서는 보증신용장통일규칙(ISP 98, ICC Pub. No. 590)을 따른다.

제 10 장

플랜트수출(해외건설)

제10장 플랜트수출(해외건설)

제1절 개설

1. 개설

이 장에서의 '플랜트수출'에 대해 기술하였지만, 그 내용은 해외건설에도 거의 동일하게 적용된다. 그리고 실무에서 플랜트수출과 해외건설의 영역은 상당부분 중복되어 있다. 해외건설 중에서 순수한 토목공사(도로건설, 교량건설, 주택건설 등)를 제외하고는 거의 모두 플랜트수출에 해당된다. 따라서 이 장에서 기술된 내용은 대부분 해외건설에도 적용된다고 볼 수 있다.

플랜트수출은 외화가득효과가 높고, 고도의 기술·지식집약적인 종합수출거래로 부가가치가 높고, 산업연관효과도 크다. 더구나 개발도상국 등 신흥시장(New Emerging Market)에서는 시장선점효과까지 기대할 수 있고, 수입국과의 무역마찰도 적고, 오히려 수입국에 기술이전, 고용증대, 생산증대의 효과를 주어 수입국에 대한 경제협력 강화, 그리고 무역의 확대 및 그 구조의 고도화에 기여하게 되는 등 일반 소비재 수출에 비해 그 역할과 효과가 크다. 이에 따라 각국은 플랜트수출 확대에 주력하고 있다. 그러나 플랜트수출에는 기술력 및 시장선점 효과 등으로 인해 선진국에 의해 주도되고 있어 진입장벽이 높은 것이 현실이다. 우리나라에서는 1973년 정부의 '중화학공업화의 선언'을 계기로 본격적으로 플랜트수출을 시작하였고, 1978년에는 산업설비촉진법의 제정을 통하여 합리·자율화된 관리체제가 확립되면서 꾸준히 증가하였다.

한편, 플랜트수출은 대규모 프로젝트로서 이행기간이 장기이며, 거액의 자금이 소요되기 때문에 발주자로서는 자금부담 문제로 통상 5년 이상의 연불조건을 요구하거나, 선수금 지급이나 기성고방식의 결제를 약정하는 대신 수출국의 수출신용기관(export credit agency)[1]의 지원을 요구한다. 이에 따라 플랜트수출에서는 기술력 이상으로

1) 수출신용(export credit)은 수출보험(또는 수출신용보증), 수출금융을 말하며, 수출신용을 운영하는 기관을 수출신용기관(export credit agency)이라고 한다. 그리고 수출신용기관이 정부 또는 정부의 지원을 받는 공적기관에 의해

금융조달이 수주여부의 관건이 되고 있으며, 수주에 성공했어도 금융조달이 이루어지지 않는 경우 플랜트수출은 불가능하게 된다. 이와 같이 플랜트수출에 있어 금융조달이 중요하고 기술력과 함께 수주여부의 관건이 되고 있는데, 우리나라는 금융부문의 국제경쟁력이 취약하기 때문에 우리나라의 플랜트수출임에도 불구하고 국내금융기관의 참여는 거의 없고, 미국, 영국, 독일, 프랑스, 네덜란드 등 금융선진국의 금융기관에 의존하고 있다.

2. 플랜트수출의 정의

플랜트수출(plant export)이란, 제품을 제조·가공하는 데 필요한 각종의 설비·기계·장치 등과 이러한 설비 등의 설치에 필요한 기술·용역·시공 등이 결합된 종합수출이다. 간단히, '발전소나 정유공장과 같이 기계와 장치를 기술적으로 설치하여 생산자가 목적으로 하는 원료 또는 중간재, 최종 제품을 제조할 수 있는 생산설비'를 의미하는 것으로 정리하기도 한다.[2] 실무에서는 '플랜트수출'과 '산업설비수출'을 혼용되고 있는데, '플랜트수출'이라는 용어의 사용이 늘어나고 있다. 대외무역법에서는 '산업설비수출'이라는 용어를 사용하다가 2010.4.5.자 개정법률(법률 제10231호, 2010.10.6. 시행)에서는 '플랜트수출'로 용어를 변경하여 본장에서는 '플랜트수출'이라는 용어를 사용하였는바, '산업설비수출'과 '플랜트수출'은 동일한 용어이다.

한편, 플랜트수출이란, '개발계획을 구체화하거나 사업을 유지 또는 확대해나가는 데 필요한 관련자재와 기술을 포괄적으로 수출하는 거래에 관한 계약을 말하며, 실제로 도급받은 내용에 따라 단체기기수출, 건설수출, 용역수출이라고 불리기도 한다'고 보는 견해[3]도 있고, 플랜트수출은 넓게는 댐, 교량, 도로, 항만시설 등 국토개발플랜트와 학교, 병원, 주택, 대학, 도시건설 등 사회개발플랜트까지 포함하는 것으로 보는 견해[4]도 있다.

실무상 플랜트수출은 냉동설비, 저장탱크 등 단순산업설비수출부터 정유공장, 발전

운영되는 경우 이를 공적수출신용기관(official export credit agency)이라고 한다.

2) 한국플랜트산업협회 · 아서디리틀 · 매일경제TV, G5 대한민국 플랜트 강국 보고서, 라이트북닷컴, 2007, p.11.

3) 이태희, 「국제계약법」, 법문사, 2002, p.433.

4) 오원석, 「국제비지니스 계약」, 경영법무, 2003, p.171.

소건설 등 건설공사까지 포함하는 개념으로 사용되고 있다. 이에 따라 해외건설 중 도로공사, 교량건설 등 순수한 토목공사를 제외하고는 대부분 플랜트수출에 포함되는 개념으로 사용되고 있어 플랜트수출은 단순한 매매계약형태에서 공사도급계약형태까지 그 계약형태도 다양하다.

그러나 국제거래에서 주된 관심이 되는 것은 정유공장, 발전소건설 등 엔지니어링·조달·시공(engineering,[5] procurement[6] and construction: EPC)까지 포함하는 플랜트수출이다. 한편, 플랜트수출은 설비 제작자, 건설회사, 상사, 엔지니어링기업 등의 유기적인 협조에 의해서 이루어지며, 이것을 뒷받침하는 기술과 자금의 효율적인 관리기능 등 무형의 기법을 필요로 한다.

3. 플랜트수출의 특징

1) 대규모

플랜트수출은 일반적으로 대규모거래로서 부가가치가 높아 거액 건 하나만 수주하면 연간 매출액 이상의 실적을 기록할 수 있다. 반면, 막대한 자금이 소요되어 거액의 자금을 어떻게 조달하느냐가 발주자는 물론 수주자에게 큰 과제가 되며, 수주자를 결정하는데 있어 금융조달방법은 기술력 이상으로 큰 영향을 미친다.

플랜트수출은 대규모 프로젝트이고 발주자에게는 중요한 사업이기 때문에 그 프로젝트의 완공여부는 물론 이행기일 준수여부는 발주자의 사운을 결정하는 경우가 많다. 따라서 통상 발주자는 계약이행에 대한 담보로 수주자에게 금융기관이 발행한 입찰보증서(Bid Bond), 계약이행보증서(Performance Guarantee), 선수금환급보증서(Advance Payment Guarantee), 하자보수보증서(Warranty Bond) 등을 요구한다.

---

5) 엔지니어링(engineering): 인력과 자재 및 자본을 수단으로 하여 목적하는 기계 또는 시설을 가장 경제적이고 효율적으로 제작 또는 건설하는 기술과 관리기능이라고 정의할 수 있다. 간단히 '설계 및 감리'라고도 한다. 플랜트수출에 있어 엔지니어링의 기능은 설계 전 컨설팅으로부터 기본설계 또는 시스템설계를 거쳐, 상세설계 및 자재의 조달, 구매, 이들 기계자재의 선적감리, 현지에 있어서의 건설, 설치, 시운전 등의 프로젝트 전반에 관한 기술 및 관리상의 기능을 담당하게 된다.

6) 조달(procurement): 설계단계에서 결정된 사양에 따라 프로젝트 수행에 필요한 기기, 자재 혹은 용역 등을 외부에서 구입하는 업무를 비롯하여 검사에 합격한 기기, 자재를 건설 현장으로 운송, 반입할 때까지의 일련의 업무를 말한다.

2) 소요기간 장기

플랜트수출은 타당성조사, 입찰참가서 작성, 입찰, 계약교섭, 계약체결, 설계, 착공, 기기제작 및 공급, 장치 및 건설공사, 시운전 및 요원훈련완성, 인도, 조업지도 등 복잡한 단계로 진행된다. 또한, 사업타당성 검토를 위해 전문 컨설팅사의 자문도 필요하고, 자금조달을 위한 금융기관의 참여 등 다수당사자의 참여, 새로운 제조설비 건설 등 대규모 건설공사 등으로 수출계약체결 및 이행에 상당한 기간이 소요된다. 그리고 공사완공 후에도 일정기간 하자보수의무를 부담하며 발주자(수입자)는 장기연불결제조건(長期延拂決濟條件)을 요구하여 수출이행 후에도 상당기간이 경과해야 당사자 간의 권리·의무가 종결된다.

3) 참여자의 다수

플랜트수출에는 발주자, 수주자 외에 경쟁입찰에서 다수의 입찰참가자, 사업성 분석을 위한 전문 컨설팅사, 금융조달을 위한 다수의 금융기관, 지급보증기관, 스폰서, 주간사은행, 기술·재무·법률전문가, 발주자 또는 수주자의 자금상환을 담보하는 수출신용기관, 사업권을 양허하는 정부 등 다수의 관계자가 참여한다. 이에 따라 권리·의무관계가 복잡하고 방대한 분량의 계약서, 약정서, 각종의 담보서류가 작성된다.

4) 연불결제조건(延拂決濟條件)

거액 프로젝트이기 때문에 발주자는 완공된 산업설비를 가동하여 발생된 수익으로 구매대금을 결제하기를 원하기 때문에 장기의 연불조건(deferred payment)[7)]을 요구한다. 통상 5년 이상의 연불조건을 요구하며, 특히 발전플랜트, 프로젝트 파이낸스의 프로젝트는 10년 이상의 연불조건을 요구하는 경우가 많다. 또한, 프로젝트에 소요되는 금융을 수주자로 하여금 주선하도록 요구하여 수주자의 기술력 이상으로 금융조달능력이 수주 여부를 좌우하는 경우도 많다.

---

7) 연불결제조건에 상대되는 개념으로 기성고방식(Progressive Payment 또는 Milestone Payment)이 있다. 기성고방식은 공정율에 따라 대금을 받으므로 공사완공시점에서는 전액 결제받게 되어 수출자는 대금미회수위험으로부터 벗어날 수 있다. 그러나 개도국의 프로젝트에서는 대부분 자금부담문제로 연불조건이 많다. 다만, 공적수출신용기관이 구매자신용으로 지원하는 경우에는 수출자는 기성고 방식으로 대금을 결제받을 수 있다.

5) 종합수출거래

플랜트수출은 조사, 설계, 조달, 조립, 시공, 현지 기술자훈련까지 일관된 시스템으로 시행되는 종합적이고 유기적인 수출거래로서 기술력, 수주경험, 이행경험이 필요하다. 이에 따라 단시일 내에 성장이 어렵고 시장진입장벽도 매우 높다. 또한, 기계장치, 설비 등 물리적 설비외에 그 이용에 관한 노하우나 기술지식 등이 종합적으로 요구되며 이를 추진하기 위해서는 전문적인 관리능력이 필요하다. 실제 수주자를 선정함에 있어서는 이행경험, 관리능력에 대한 평가가 큰 비중을 차지한다.

6) 국제금융의 수반

국제금융(International Finance)이란, 무역, 해외투자, 자금의 대차 등에 수반하여 금융자산(financial assets)의 이동이 국제적으로 이루어지는 일련의 현상을 말한다. 국제금융은 국제간 상품거래나 자본거래에 수반되어 국제간 채권과 채무의 결제를 원활하게 만들어 주는 기능을 하고 있다. 플랜트수출에서는 발주자가 다른 국가에 소재하는 수주자에게 대금을 결제하거나, 또는 발주자가 차주가 되어 다른 국가에 소재하는 금융기관으로부터 소요자금을 대출받아 수주자 앞 결제하므로 국제금융이 수반된다.

7) 기술 · 지식 집약적

플랜트수출은 발주자의 특정 요구에 따라 설치가 이루어지는 것으로 기술면에서 설계, 엔지니어링, 건축, 토목, 전기, 인간공학, 관리 등 모든 분야에 걸쳐 전문적 지식과 기술을 필요로 한다. 기기생산을 위한 기술자도 필요로 하지만, 산업설비 설치 후에 산업설비의 가동을 위한 기술자도 필요로 한다. 그리고 산업설비 설치완료 후에도 발주자의 직원이 가동할 수 있도록 일정기간 교육훈련을 실시한다.

8) 경제외교의 역할 필요

플랜트수출은 프로젝트 규모가 크고 부가가치가 높으며, 신시장 선점 효과 등이 있어 산업설비 프로젝트를 수주하기 위해서 업계는 물론 정부에서도 많이 노력하고 있다. 정부는 경제외교적인 측면에서 자국의 기업이 수주에 참여하는 경우 양국간의 경제외교까지 동원하여 프로젝트 수주를 지원하는 경우가 많다.

9) 다양한 위험요소[8)]

상기의 특징으로 인해 플랜트수출(또는 해외건설)에서는 각 당사자별로 다양한 위험을 부담하게 된다. 수출자(수주자)입장에서는 대금미회수위험, 금융조달위험, 이행성보증서 미발급위험 등을 부담하고, 수입자(발주자)입장에서는 완공위험, 금융조달위험, 운영위험, 원재료공급 및 완제품판매 위험 등을 부담한다.

4. 플랜트수출의 중요성

1) 고부가가치

플랜트수출은 기술과 지식 집약적이고 엔지니어링을 수반하는 종합수출거래인데, 기술, 엔지니어링, 경험 등의 경쟁력을 갖춘 업체는 제한적이고 진입장벽도 높기 때문에 일반 소비재에 비해 부가가치가 높다.

2) 고생산성

플랜트수출은 기술과 지식 집약적 산업으로 가공도가 높고 소프트웨어부문의 비중이 커서 생산성 증가에 수반되는 자원소비의 효율이 높다. 기기생산을 위해 기술자 및 엔지니어가 필요한데, 이들은 고도의 기술과 경험을 가진 자들로 일반 단순 노무자들에 비해 임금과 생산성이 높다.

3) 외화가득효과

일반 소비재의 경우 원재료가 차지하는 비중이 높으며 부가가치가 낮다. 특히 부존자원이 부족한 우리나라는 대부분의 원재료를 수입에 의존하기 때문에 외화가득효과가 적다. 그러나 플랜트수출은 기술, 노하우 등이 차지하는 비중이 높고 이윤도 크기 때문에 외화가득효과가 높다.[9)]

---

8) 상세한 내용은 저자의 다음 졸저 참조.
김상만, "해외건설 프로젝트의 성공적 수행을 위한 위험요소 및 대처방안에 대한 연구", 무역상무연구, 제50권, 2011.

9) 이태희, 전게서, p.435.

4) 산업연관효과

플랜트수출은 종합적인 기계시스템의 수출로서 관련 업종이 광범위하며 생산 및 고용 등에서 경제적·기술적으로 큰 파급효과를 가져와 산업구조의 고도화를 선도하여 산업구조 조정에 따른 노후설비 및 기술이전을 촉진시켜 산업연관효과가 크다. 특히 원자재부품의 생산으로 의하여 중소기업에의 생산파급효과도 크다.

5) 지속적 수주 가능

플랜트가 성공적으로 설치·가동되면 발주국에서는 수출국에 대해 좋은 이미지를 갖게 되어 타제품에 대한 수출효과를 유발하게 된다. 또한, 개도국 등 신흥시장에서는 거래경험이 있는 수주자와 거래를 계속하기를 원하기 때문에 개도국에서 플랜트수출 거래를 수주하여 성공적으로 이행하면 그 이후에도 계속하여 동종의 플랜트는 물론 유사 플랜트수출거래를 수주하는데 유리한 지위를 점할 수 있어 수입국에 대하여 지속적인 수주가 가능해진다.

6) 신시장개척효과

플랜트수출은 제품생산을 위해 가동되는 생산수단인 설비의 수출이므로 플랜트수출 후에도 그 가동 및 유지를 위해 원자재, 각종 부품 등 관련 상품의 공급이 계속적으로 이루어진다. 또한, 수입국에서 완공된 플랜트에 대해 만족하는 경우 수출국에 대해 긍정적인 이미지를 갖게 되어 그 수출국의 타상품 수출에도 상당한 영향을 미치게 되어 신시장개척의 효과도 기대할 수 있다.

7) 수입국의 경제발전에 기여

플랜트는 주로 생산을 위해 사용되므로 플랜트를 수입한 경우 수입국은 생산 및 고용이 증가하게 된다. 플랜트수출은 수입국과의 무역마찰이 적으며, 오히려 플랜트수입에 따라 운영에 필요한 기본적인 기술을 전수받기 때문에 수입국의 기술력도 향상된다. 수입국의 고용증대 및 기술향상은 수입국의 산업고도화를 가져오게 되며, 수출국 입장에서는 무역의 확대 및 그 구조의 고도화에 기여하게 된다.

제2절 플랜트수출(해외건설)계약

1. 플랜트수출계약의 법적 성격

플랜트수출은 단품설비수출로부터 발전소건설까지 다양하므로 플랜트수출계약의 법적 성격도 각 수출유형별로 살펴보아야 한다. 플랜트수출계약에서는 설비가 물품으로서 매매될 뿐만 아니라 현지에서의 설비의 조립, 운전 및 부속시설의 건설공사, 관련 공업소유권, 노하우 기타 기술지식의 허여, 기술자의 역무제공 등 여러 가지 사항이 정해지므로 그 내용이 복잡하다.[10] 플랜트수출계약은 매매계약으로서의 수출계약과 외국에 있어서의 공장도급계약이라는 두 가지 관점에서 파악할 수 있는데, 기계장치의 수출에 대해서는 대체로 매매계약상의 원리가 적용되나, 공사도급에 대해서는 계약의 준거법이 한국법인 경우에는 민법의 도급에 관한 규정 등이 적용된다.[11] 한편, 산업설비 설치과정에서 발주자가 관리·감독을 하는 경우가 있는데, 모든 공정을 발주자가 진행하고 수주자는 자재, 기술, 노무만 제공하는 경우에는 그 법적 성격은 위임계약이다.

따라서 단순설비수출에 대해서는 매매계약상의 법리가 적용되며, 일괄수주방식(또는 턴키방식)수출에서는 도급계약상의 법리가 적용되며, 발주자가 모든 공정을 관리·감독하는 수출에서는 위임계약상의 법리가 적용된다. 특히 도급계약의 법적 성격을 가지는 일괄수주방식(또는 턴키방식)수출계약의 경우 수출물품으로서의 산업설비의 매매에 관한 사항뿐만 아니라 플랜트의 조립, 설치 및 시운전과 부대시설의 건설공사, 관련 지적재산권, 노하우 기타 기술지식의 양도 그리고 기술자의 노무제공 등 여러 가지 사항도 함께 규정되므로 그 내용이 복잡하다.

2. 플랜트수출계약의 유형

1) 개설

플랜트수출계약은 위에서 살펴본 특징으로 인하여 계약체결방식, 계약형태 등에서

10) 이태희, 전게서, p.434.

11) *Ibid.*

일반 물품수출과는 차이가 있다. 플랜트수출계약은 수의계약 보다는 공개경쟁입찰 내지는 제한경쟁입찰방식으로 진행되는 경우가 많다. 특히 정부발주인 경우 계약자 선정과정의 공정성을 위해 경쟁입찰방식을 채택하는 경우가 많다. 수출자가 플랜트를 제작하여 선적하는 것으로 수출자의 의무를 끝내는 것으로 정하기도 하지만, 수입자가 지정한 장소에 설치를 완료하여 시운전까지 마친 후 수입자에게 인도하는 방식('턴키방식')으로 정하기도 한다. 또한, 계약금액을 확정하는 경우도 있지만, 실제투입된 비용을 계약금액에 추가하는 방식으로 정하는 등 그 계약내용이 일반 물품수출계약에 비해 다양하고 복잡하다. 게다가 국경을 넘어선 거래로 양 당사자가 속하는 국가의 법체계, 관습, 언어 등이 상이하여 법적 분쟁이 발생할 소지가 높으므로 계약서 작성 시 세심한 검토가 요구된다.

2) 경쟁입찰계약과 수의계약

경쟁입찰계약(competition bid contract)이란, 공개입찰을 하여 가격, 기술, 품질 등에서 발주자에게 가장 유리한 조건을 제시한 입찰자를 선정하여 계약을 체결하는 것을 말한다. 경쟁입찰은 누구에게나 입찰참가자격을 주는 경우도 있지만, 입찰과정에 소요되는 시간과 비용 때문에 통상 사전에 입찰자의 자격요건을 정하거나 특별조건을 제시하는 경우가 많다. 발주자 측면에서 보면 비교적 낮은 가격으로 계약을 체결할 수 있다는 장점이 있으나, 목적을 달성하기 위해서는 사전에 면밀한 검토가 필요하며 수주자 선정에 있어 많은 시간과 비용이 소요된다는 단점도 있다. 입찰방식에는 크게 제한경쟁입찰과 공개경쟁입찰이 있는데, 전자는 어느 정도의 기술능력과 실적이 있는 업체들을 대상으로 점수로 환산하여 최고의 점수에 해당하는 입찰참가자로 결정하는 것이고, 후자는 모든 업체가 자격만 되면 참가할 수 있고 입찰참가자들을 대상으로 자체 심사기준에 따라 심사하여 가장 유리한 조건을 제시한 업체를 선정하는 것이다.

한편, 수의계약(negotiated contract)이란, 발주자가 입찰과정없이 수주자를 정하여 계약을 체결하는 것을 말한다. 수의계약은 당사자 간 과거 거래경험이 있는 경우, 일련의 프로젝트(series projects)인 경우 첫 단계 사업추진결과 형성된 신뢰관계를 기초로 하는 경우, 또는 고도의 기술과 경험을 요하는 프로젝트이기 때문에 세계적으로 시공사가 하나밖에 없는 경우에 주로 채택된다. 이를 발주자측에서 보면 수주자로부터 사전에 조언을 얻을 수 있고, 입찰과정이 없어 입찰과정에 소요되는 시간과 비용을 절감할 수 있다는 장점이 있으나, 일반적으로 경쟁입찰에 비하여 계약금액이 높은 단점이 있으며, 계약자 선정과정에서 부정이 개입될 수 있다.

2000년 이후에는 산업설비 입찰방식에서 소수의 자격심사를 거친 업체들에게만 입찰참여 자격을 주는 제한경쟁입찰방식 내지는 과거의 경험이나 기업의 규모, 시공경험의 평판 등을 고려하여 단독 혹은 극히 제한된 업체와의 수의계약이 주류를 이루고 있다.[12)]

3) FOB형계약과 턴키형계약

FOB형계약이란, 일반물품수출과 같이 수출자가 산업설비를 수입자에게 인도함으로써 수출자의 계약상 의무가 완료되는 계약으로 그 법적 성격은 매매이다. 설치가 불필요하거나 산업설비의 설치에 큰 어려움이 없고 산업설비를 선적하기 전에 수입자가 테스트를 하는 경우에는 선적으로 수출자의 의무가 완료되지만, 그렇지 않은 경우 수출자가 수입국 현지에서 설치까지 완료해 주는 내용을 포함하는 경우가 많다. 거래조건(trade terms)에 따라 세부적으로 FOB형계약, FAS형계약, CFR형계약, CIF형계약 등으로 구분할 수 있다.

반면, 턴키(turnkey)형계약이란, 수출자가 설계·조달·시공 및 시운전책임까지 부담하며, 시운전을 마친 후 수입자에게 인도하는 거래로 통상 수입자로부터 인수증명서(acceptance certificate: AC)를 발급받아야 수출자의 이행의무가 완료된다. 턴키형계약은 '일괄수주계약'이라고 부르기도 하며, 어원은 열쇠만 돌리면 설비나 공장을 곧바로 작동할 수 있는 상태에서 인도한다는 것에서 유래했다.[13)] 수입자로부터 인수증명서를 받은 경우에도 일정기간의 하자보수책임은 남아 있어 하자보수책임까지 완료되어야 수입자는 최종인수증명서(final acceptance certificate: FAC)를 발급한다. 따라서 공급범위는 산업설비의 설치와 시운전에까지 미치게 되며 법적 성격은 도급계약의 일종이다. 수출자는 기계·기재·재료의 수입 및 발송과 현지에서의 건설, 기계·기재·재료의 조립 그리고 시운전을 마친후 발주자에게 인도할 의무를 부담한다.

---

12) 산업자원부, "해외 플랜트 수주동향 및 지원시책", 2007.4, p.5.

13) 산업자원부, 「산업자원용어 약어해설」, 2005, p.86.

4) 확정가격형 계약과 실비정산형 계약

확정가격(lump-sum fixed price)형 계약은 '고정가격형 계약'이라고도 부르는데, 계약체결 시 계약금액을 확정하는 계약이다. 이러한 계약은 계약체결 시에 총계약금액을 확정하므로 실제의 공사비용이 계약금액을 초과한 경우에 수출자는 손해를 볼 수 있는 반면, 수출자의 수출범위를 명확히 규정하고 계약금액도 확정하여 수출자로서는 비용의 지출을 예상하여 동범위내에서 자기책임하에 프로젝트를 관리할 수 있고, 계약금액 범위내에서 공사를 수행한 경우에는 그 차액이 수출자의 이익으로 돌아간다. 따라서 수출자는 총비용을 정확히 예측하여 계약금액을 협의해야 한다. 이러한 계약은 계약시에 계약목적의 범위를 명확히 하고 수입자는 프로젝트에 소요되는 비용을 확정하여 사업성을 평가할 수 있고, 수출자는 수익을 늘리기 위해 불필요한 비용을 줄이고 프로젝트 이행에 있어 수입자의 간섭을 줄일 수 있다.

그러나 플랜트수출계약 시에 비용을 잘못 예상하거나 물가상승, 환율변동 등으로 인하여 예상보다 비용이 초과되는 경우 수출자는 손실을 보게 된다. 수출자에게 지나치게 불리하게 계약금액을 정하게 되면 수출자의 부도 내지는 이행불능의 사태를 초래할 수 있어 적정한 금액으로 계약금액을 정하는 것이 바람직하며, 물가변동이 큰 자재의 경우 가격변동조항(escalation clause)으로 이러한 문제점을 보충할 수 있다.

실비정산(cost plus fee)형 계약은 계약 시에 계약금액을 고정시키지 아니하고 산업설비 시공에 소요되는 실제비용에 수출자의 마진을 더하여 계산된 금액을 지급받는 계약이다. 즉 수출계약서에 정해진 바에 따라 발주자의 지시대로 공사를 이행하면 발주자는 실제 소요된 비용과 수출자가 제공한 용역에 대한 대가를 지불하는 계약이다. 이러한 계약은 계약이행기간이 장기이거나 물가상승 위험이 많은 경우 또는 위임계약에서와 같이 수입자가 수출자에게 감독과 지시를 하여 수입자가 원하는 방식대로 산업설비의 시공을 원하는 경우에 많이 이용된다. 특히 중동에서는 완공시기를 앞당길 때 실비정산형 계약을 사용한다. 확정가격형 계약방식의 경우 프로젝트 관리회사가 프로젝트 초기단계부터 개입하여 라이센서 선정, 입찰용 기본설계, 입찰초청장 작성, 입찰, 기술적 입찰 분석, 상업적 입찰 분석, 최종계약자 선정 등과 같은 과정을 거쳐 사업구상에서 계약자 선정까지 1년 이상의 기간이 소요되나, 실비정산형 계약으로 진행하는 경우 계약자에게 공사착수 지시를 할 수 있어 사업공기가 짧아지고 프로젝트 총투자금액에 큰 부담을 느끼지 않는 중동국가에서 선호된다.[14]

---

14) 한국외환연구원, "우리나라 해외플랜트 수출금융 실태 및 과제", 2006.8, p.6.

실비정산형 계약은 수출자는 물가상승의 위험으로부터 벗어날 수 있는 장점이 있지만, 자신의 조달능력, 시공능력에 따른 충분한 마진을 얻기가 어렵고, 수입자로부터 지나친 간섭을 받을 수 있는 단점이 있다.

5) 단독계약과 컨소시엄계약

플랜트수출은 수출자가 수입자와 단독으로 계약을 체결하는 경우도 있지만, 계약금액이 거액이고 공사기간도 장기이며 고도의 기술을 필요로 하는 종합수출거래이므로 1개 회사만으로는 공사를 감당하기 어렵거나 각각 특화된 분야가 있는 경우 공동참여로 시너지효과를 기대할 수 있는 경우 수개의 회사가 참여하는 경우가 많다. 이 경우 참여하는 회사간에 일종의 조합인 컨소시엄(consortium)을 구성하여 참여하는 회사 간에 공동 또는 분담하여 시공한다. 컨소시엄의 목적은 금융조달의 문제를 해결하고, 경험과 기술 협력을 하고 위험을 분담하기 위한 것이다. 1개 회사가 리스크를 분석하고 특히 대형 플랜트 프로젝트에서 국제경쟁입찰의 경우 참여회사 간의 기술, 노동력, 자본의 협력을 통하여 가장 유리한 조건을 제시하여 경쟁회사를 이기고 낙찰받을 수 있으므로 많이 사용된다.

컨소시엄의 법적 성격은 조합으로서 컨소시엄을 구성한 업체는 각각 발주자에 대하여 연대책임을 진다. 이에 따라 컨소시엄을 구성하는 회사들은 상호 간에 신뢰를 필요로 한다.

6) 일람지급형계약과 연지급형계약

플랜트수출대금을 산업설비의 인도 시에 받는 방식을 일람지급(sight payment)형 또는 현금지급(cash payment)형이라고 한다. 그리고 산업설비 인도 후 일정기간 후에 수출대금을 결제하는 방식을 연지급형이라고 한다. 연지급형(deferred payment)계약에서는 인도 후 일정기간 후에 전액을 결제하는 방식[15]이 있고, 인도 후에 일정기간 동안 분할결제하는 방식도 있다. 대형 프로젝트인 경우 연불기간 5년 이상의 거래가 대부분이며, 결제방식은 인도일로부터 매 6개월 또는 3개월 원금균등분할 지급방식이 보편적이다. 특히 OECD 공적지원수출신용협약에서는 공적수출신용지원에 대해 최장 신용기간,

15) 참고로 이러한 방식을 bullet payment라고 하며, 만기 전까지는 소액으로 일정액을 균등분할상환하고 최종기에는 종전의 균등분할상환액 보다 큰 잔금을 상환하는 경우 이 최종상환금을 balloon payment라고 한다.

연불원리금분할상환방식 등에 대해 규제를 하므로 공적수출신용지원을 받는 수출건은 어느 정도 표준화되어 있다. 한편, 기성단계별로 발주자가 대금을 지급하는 방식을 기성고방식(progressive payment)이라고 하는데, 이는 넓은 의미에서 현찰지급방식에 속한다. 기성고방식 또는 일람지급형방식의 경우에도 실제로는 수출자가 자국의 수출신용기관의 지원을 받는 금융을 주선하고 발주자는 주선된 금융기관으로부터 차입하여 기성고별 또는 일람지급형으로 지급하고 금융기관앞으로 연불분할상환하는 경우가 많다.

3. 플랜트수출계약 체결과정

1) 수주과정

플랜트수출계약의 체결과정은 크게 수주과정과 계약체결과정으로 나눌 수 있으며, 수주과정은 경쟁입찰방식과 수의계약방식으로 구분된다. 수의계약은 당사자들이 협상을 통해 계약을 체결하므로 수주과정이 복잡하지 않으나, 경쟁입찰방식의 계약체결은 다음의 과정을 통해 이루어진다.

(경쟁입찰방식 계약체결과정)

i) 입찰공고: 발주자는 인터넷·신문·잡지를 통하여 입찰공고를 한다.

ii) 사전자격심사: 발주자는 입찰실시 전에 시공능력을 판단할 수 있는 관련 자료의 제출을 요구하는 것이 일반적이다. 발주자의 공고에 의해 사전자격 심사 안내를 하고, 입찰자는 자신의 조직, 경험, 능력, 신용도 등을 기재한 자격심사서류를 제출한다. 발주자는 사전자격심사(Prequalification: PQ)를 통해 입찰참가자를 몇 개의 업체로 압축한다.

iii) 입찰안내서 또는 입찰초청장(Invitation to Bidding) 송부: 사전자격심사를 통과한 업체 또는 미리 대상기업으로 선정한 업체 앞으로 입찰초청장 또는 입찰안내서[16)]를 송부한다.

iv) 입찰참가서 제출: 입찰참가자는 견적서를 작성하여 응찰한다. 발주자가 금융조달을 요구하는 경우 입찰참가자는 금융조달방안도 제시해야 한다. 그리고 통상 발주자앞으로 입찰보증서(bid bond)를 제출해야 한다.

16) 입찰안내서에는 일반적으로 입찰안내문, 일반계약조건, 특별계약조건, 입찰서식, 일반시방서식, 기술시방서식, 도면, 계약서식, 계약이행보증서식 등이 포함된다.

v) 낙찰자 선정: 사전자격심사를 통과한 수개의 업체를 대상으로 입찰평가[17]를 실시하고 구체적으로 계약조건을 협의한 후 유리한 조건을 제시한 업체를 낙찰자로 선정하고 낙찰통보서(letter of award)를 준다.

vi) 협의 및 계약체결: 발주자의 입찰액 및 제반조건 조정 이후 낙찰된 내용에 의거 계약을 체결하게 되며 수주자는 계약서에 의거 약정된 계약이행보증 및 선수금환급보증을 취득하여 발주자에게 송부한다.

vii) 금융계약의 체결[18]: 수출계약이 체결된 후 구매자신용에서는 발주자, 공급자신용에서는 수주자가 대주(lender)와 금융계약을 체결한다.

2) 계약서 작성과정

경쟁입찰방식에서 낙찰자를 선정하거나 수의계약방식에서 당사자를 정한 경우 계약서 작성 과정에 들어가는데, 플랜트수출계약은 수출물품으로서의 산업설비의 매매에 관한 사항뿐만 아니라 산업설비의 조립, 설치 및 시운전과 부대시설의 건설공사, 관련 산업재산권, 노하우 기타 기술의 양도 그리고 기술자의 파견, 유지보수, 교육훈련 등 여러 가지 사항도 포함되어야 하므로 그 내용이 방대하고 복잡하다.

플랜트수출계약은 고도의 기술적인 내용을 포함하고 그 양이 방대하고 복잡하기 때문에 분쟁발생 가능성이 높다. 따라서 계약체결과정에서는 세심한 주의가 필요하며, 특히 계약서 작성 과정에서는 주의를 기울여야 당사자가 원하는 사항들을 빠짐없이 정확히 반영할 수 있다. 계약서 작성 과정의 주요 내용을 살펴보면 다음과 같다.

(1) 계약내용협의서 작성

계약내용협의서(Term Sheet)란, 본격적인 협상의 개시를 위하여, 당해 거래의 주요내용 또는 조건을 어느 일방이 설정하여 상대방에게 제시하는 문서로서 offer, proposal, agenda 등과 같은 용도이다. 통상 당해 거래를 주도하거나 경험 및 준비에서 앞선 당사자가 작성하여 시간과 비용을 절감하고, 협상의 내용을 공식화하는 의미에서 효율적인 협상을 위하여 필요하다. 그러나 본 계약 체결 시까지는 법적 구속력이 없는 것

17) 입찰 평가시 고려요인으로는 핵심인재의 자질, PM 능력, 건설능력, 상세설계 능력, 가격, 유사시공 경험, 프로젝트 관리 시스템, 지질학적 지역 경험, 조달능력, 제안능력, 대응능력과 유연성, 회사규모 및 위치 등이 있다.

18) 수출계약체결과 금융계약체결의 순서는 정해져 있지 않다. 모두 체결되지 않는다면 플랜트수출거래는 이행될 수 없다. 따라서 금융계약이 먼저 체결되는 경우 플랜트수출계약의 체결을 금융계약의 효력발생 조건으로 정한다.

이 일반적이다.

(2) 비밀보장 약정서의 작성

협상과정에서 비밀정보가 불가피하게 공개되는 경우가 있다. 특히 플랜트수출은 기술, 지식, 노하우 등이 집약된 거래로서 지적재산권 등의 보호가 더욱 필요하다. 비밀보장약정서(confidential agreement)[19]는 협상과정에서 공개된 비밀정보에 대한 비밀유지의무를 약속하는 문서이다. 형식은 구애받지 않으며, 비망록(memorandum) 또는 서신(letter) 형태로도 가능하며, 본 계약에 통합시키거나 별도의 비밀보장 약정서를 작성할 수도 있다. 계약내용협의서(Term Sheet)와는 달리 비밀보장 약정서 위반 시에는 본 계약 체결 여부와 관계없이 비밀보장 약정서에 기해 별도로 소송 등 법적 대응을 할 수 있기 때문에 중요한 서류 중 하나이다.

(3) 의사록 작성

플랜트수출과 같이 복잡한 국제계약서를 체결하기 위해서는 당사자는 수차례 회의와 협상을 하게 된다. 의사록(Minutes of Meetings)은 이러한 협상과정에서 주장된 내용들을 기록한 문서이다. 의사록이 법적 구속력이 있는 지 여부에 대해 다툼이 될 수 있는데, 일률적으로 판단할 수는 없으며, 개별건마다 판단해야 할 것이다. 일반적으로 국제거래에서 법적 구속력 여부를 판단하기 위한 요소로는 의사의 합치, 서명, 약인, 적법성, 계약체결능력, 서면합의 등이 있다. 따라서 의사록에 이러한 요소들이 어느 정도 포함되어 있는 지 여부를 기준으로 판단해야 한다.

(4) 의향서 작성

의향서(Letter of Intent 또는 Letter of Interest)는 통상적으로 '엘아이' 또는 '엘오아이'라고 부르며 약어로 'L/I' 또는 'LOI'로 표기한다. 의향서는 당사자 간에 계약 초기단계에서 계약체결에 대해 의향이 있음을 표시하는 것으로 일방의 입장 또는 의사를 전달하는 일방적인 의사표시이다. 플랜트수출에서는 금융조달이 중요하기 때문에 수주자는 금융기관 또는 수출신용기관으로부터 금융 또는 수출신용지원의 의향이 있다는 의향서를 받아 발주자에게 제출한다.

의향서의 법적 구속력 여부에 대해 일반적으로 의향서는 법적 구속력이 없는 것으

19) 비밀유지계약(Non-Disclosure Agreement: NDA)이라고 부르기도 한다.

로 이해되고 있으나, 의향서의 문안에 따라 법적 구속력이 인정될 수도 있으므로 통상 의향서상 법적 구속력이 없음을 명시한다.

(5) 양해각서 작성

의향서 작성 이후에 양해각서(Memorandum of Understanding)를 작성할 수 있는데, 양해각서란 정식 계약체결하기에 앞서 쌍방의 의견을 미리 조율하고 확인하는 상징적 차원에서 이루어지는 문서를 의미한다. 국가 간의 양해각서는 뜻이 합치하는 당사국들이 의도하는 바, 공동노선·정책·행위를 명확히 하기 위하여 작성하는 비구속적 법적 문서를 말하는데, 이는 국가들이 법적의무가 부과되는 구속력 있는 조약이나 협약으로 규율하는데 부담스러운 경우에 흔히 사용된다.[20]

양해각서의 법적 구속력 여부가 쟁점이 되고 있는데, 일반적으로 법적 구속력은 없으나, 위반했을 경우에는 도덕적 책임을 면하기 어렵다고 한다.[21] 그러나 경우에 따라서는 부분적 구속력을 갖기도 하는데, 이러한 부분적 구속력을 갖는 양해각서(partially binding MOU)의 내용들 중 전형적인 것들은 협상내용이 외부로 공개되는 것을 방지하기 위한 비밀유지합의나 협상을 통해 알게 된 내용의 공개금지에 대한 합의, 언론에 노출금지, 계약체결까지의 신의성실에 입각한 계약협상을 담보할 수 있는 의무, 우선협상대상의 지정을 포함하여 협상의 독점성, 계약체결 시한, 협상비용, 협상에 관한 준거법과 관할권의 합의 등이다.

(6) 컴포트레터 작성

컴포트레터(Comfort Letter)는 계약체결을 약정하는 것으로 주로 당사자의 모기업 또는 사업주가 발급한다. 컴포트레터는 주로 금융계약에서는 차주측에서 발급하는데, 이를 '보장장'이라고 부르기도 한다.[22] 특히 계약당사자가 특수목적회사인 경우 특수목적회사는 사실상 실체가 없는 신설회사로 특수목적회사가 어떠한 약정을 하여도 실효성이 없게 된다. 이에 따라 특수목적회사의 모기업 또는 당해 사업을 추진하는 사업주의 약정이 필요하다.

---

20) 류병운, "양해각서(MOU)의 법적 성격(비지니스계약 중심으로)", 홍익법학 제8권 제1호, 2007, p.177.

21) *Ibid.* at 181.
Rupert Lescher, Commentary, Letter of Intent and Confidentiality, in International Business Transactions, 8th Ed, Vol. Ⅶ(Dennis Campbell & Reinhard Proksch eds., 2005), Ch. 31, A p.5.

22) 한국수출입은행, 「영문국제계약해설」, 2004, p.760.

컴포트레터는 일반적으로 법적 구속력이 없으며 이에 따라 채권자가 법적 확인을 원하는 경우에는 적합하지 않다. 그럼에도 불구하고 컴포트레터는 그 발급의 전후사정과 문안내용에 따라 상대방에 대하여 법적 책임을 부담[23)]하는 결과를 초래할 수도 있으므로 그 작성문안에 주의를 기울여야 한다. 컴포트레터가 실무에서 사용되는 대표적인 사유를 보면 다음과 같다.

첫째, 그 발급자가 법적 구속력의 지급보증서 발급을 꺼려하는 경우: 지급보증서가 발급되면 우발채무로 대차대조표상 부외계정으로 계상되므로 이를 원하지 않는 경우가 있다.

둘째, 자료는 부족하나 신속한 의사결정이 필요한 경우: 프로젝트 초기단계에서 자료부족, 사업타당성, 각종 담보장치 등의 추가적인 세부검토사항이 필요하나, 신속한 의사결정이 필요한 경우에 컴포트레터가 사용된다.

셋째, 정부의 지원약정이 필요한 경우: 정부나 공공기업 발주의 경우 재무부 등 관련정부부처가 자금의 적정한 사용, 각종 인허가 허용 등을 보장하기 위한 방식으로 컴포트레터가 사용되기도 한다.

(7) 수출계약서 작성

발주자와 수주자는 입찰과정 및 계약체결과정에서 주고 받은 문서, 의향서, 양해각서 등을 기초로 계약내용에 대해 구체적 협상을 진행한다. 그리고 발주자와 수주자 간에 수출계약의 내용에 대해 구체적으로 합의가 이루어지면 계약서 문안을 작성한다.

계약서 문안을 작성하는 경우에는 우선 문안을 정확하게 작성하여 해석에 대해 분쟁이 없도록 하고, 계약서 각 조항의 내용 및 계약서 전체가 통일적이며 상충되지 않도록 해야 한다. 그리고 계약서에서 사용되는 용어는 하나의 의미만 갖도록 하고, 용어에 대한 개념정의가 필요한 경우에는 정의조항에 용어에 대한 정의를 명확히 하며 그 후에 반복되는 경우에는 용어의 정의에서 정의된 용어를 사용한다. 계약서 문안이

---

23) 대법원에서도 컴포트레터의 법적 구속력의 가능성을 판시하고 있다(대법원 2006. 8. 25. 선고 2004다26119 판결). '자회사의 자력 또는 이행능력을 뒷받침할 방침의 선언 등을 담은 서면(이하 'Letter of Comfort'라 한다)의 작성·교부에 그칠 수도 있을 것이고, 그 주된 내용은 위와 같이 여러 가지가 있을 수 있으며, 그 내용과 보장 문언의 해석에 따라서는 자회사의 계약상 채무에 관한 모회사의 보증책임을 인정할 수 있는 경우도 전혀 없다고는 단정할 수 없겠으나, 적어도 보증의 의사를 추단할 문구가 전혀 없이 단지 모회사가 자회사의 지분을 보유하고 있다는 사실의 확인과 자회사의 계약 체결을 인식 혹은 승인하였다는 등의 내용만으로는, 자회사가 모회사를 대리하여 계약을 체결하였다거나 자회사가 체결한 계약상 채무를 모회사가 보증하였다고 해석하기는 곤란할 것이다.'

완성되고 당사자의 검토 후에 더 이상의 수정사항이 없으면 각 당사자(회사인 경우 권한 있는 자)가 계약서에 서명한다.

4. 플랜트수출계약의 주요 내용

1) 개설

플랜트수출은 단품수출 뿐만 아니라, 원유시추설비, 담수화설비, 정유공장건설, 발전소건설 등 다양하기 때문에 플랜트수출계약의 내용도 다양하다. 그러나 플랜트수출계약에 일반적으로 들어가는 내용에는 정의(definition), 공급의 범위(scope of supply 또는 work scope), 계약금액(contract price), 대금지급(payment), 공정계획(project schedule), 하자보증(warranty), 준거법(governing law), 중재(arbitration), 불가항력(force majeure), 검사(inspection), 시험(testing), 손실보상(indemnity), 계약의 종료(termination), 시운전(commissioning), 검수(acceptance), 계약발효일(effective date) 등이 있다.

플랜트수출에 대한 위험으로는 기술·설계상의 위험, 완공 및 건설상의 위험, 운영 및 관리상의 위험, 환경 기타 제3자 관련 위험, 금융·시장·가격 위험, 법률상 위험, 국가적·정치적 위험을 들 수 있다.[24] 이상의 위험들을 가지고 어떻게 플랜트수출계약서를 작성할 것인가를 고민해야 하는데, 위험의 유형별 분석에 입각한 당해 프로젝트의 특성을 이해하고, 각 위험 및 그 관리방안 상호 간의 유기적 관계를 관련 계약서간에 잘 구성하는 것이 효율적인 위험관리에 도움을 준다.

2) 정의조항

플랜트수출계약은 정의조항을 두는 경우가 일반적이다. 정의조항을 두는 이유는 플랜트수출계약은 내용이 방대하고 고도의 전문적인 분야이므로 계약서에서 사용되는 용어가 일반적으로 이해되는 의미 외의 특별한 의미를 갖거나, 전문용어라서 그 의미를 파악해야 계약서를 이해할 수 있거나, 긴 문구로서 반복적으로 사용되는 경우에 있어 용어의 정의조항에서 용어를 정의하여 그 의미를 명확히 하고 통일적인 의미를 갖도록 하기 위함이다.

---

24) 고훈, "해외건설 프로젝트에 있어서의 위험: 유형, 분배, 관리 및 최소화에 대하여, 해외건설", 2007.1, p.18.

3) 수출자의 계약이행 범위(또는 공급의 범위)

계약이행 범위는 수출자(매도인)가 수입자(발주자)에게 제공하는 업무의 범위이며, 계약가격의 대상이 되는 것이므로 신중히 정해야 한다. 그리고 추상적인 표현을 사용하면, 후일 당사자 간에 분쟁의 여지가 있으므로, 가급적이면 구체적이고도 명확히 규정해야 한다.[25)]

연불조건의 수출거래인 경우 수출자가 수출이행을 완료한 이후에 수입자가 연불로 결제를 하게 되므로 결제기일이 도래하면 수입자는 계약서상의 여러 가지 사유를 들어 지급을 거절하려는 경향이 있다. 따라서 계약서 작성 시에는 수입자가 지급거절할 빌미가 될 수 있는 내용을 피하는 것이 바람직하다.

4) 계약금액

통상 계약금액을 일정 금액으로 명시한다. 그러나 변동성이 많은 설비의 경우 실제 지출된 비용을 기준으로 계약금액을 정하거나 계약금액을 정해놓고 가격인상 조항(escalation clause)을 두어 계약금액을 인상할 수 있도록 정하는 경우도 있다.

5) 대금지급

일반적으로 턴키방식의 수출거래에서는 시운전(commissioning) 완료일 또는 수입자의 인수증명서 발급일을 신용기산일로 정하여 연불결제하며, 이자기간도 시운전시점을 기준으로 한다. 한편, FOB방식의 수출거래에서는 선적일을 기준으로 신용기산 및 이자를 계산한다.

6) 결제조건

결제조건에서는 지급방식, 지급통화, 지급지, 지급시기 등의 기본조건을 포괄적으로 지칭하는데, 특히 지급방식에 관하여는 현금지급방식과 연지급방식으로 구분할 수 있고, 지급시기에 관하여는 선수금지급, 계약이행도중지급, 공사완성후지급 등으로 구별할 수 있다.[26)]

---

25) 이태희, 전게서, p.451.

26) 이태희, 전게서, p.456.

7) 계약이행보증서 제출

플랜트수출이행의 담보로서 수출자는 은행이 발급하는 보증서(Letter of Guarantee)를 계약서 서명일로부터 일정한 기간 이내에 수입자에게 제출해야 한다. 이 보증서는 독립적 은행보증의 일종인 계약이행보증서(Performance Guarantee)인데, 수출자가 계약내용에 따른 이행을 하지 않는 경우 수입자는 보증이행청구를 하여 계약이행보증금을 받게 된다. 수출자가 계약이행보증서를 제출하기 때문에 수입자는 계약금액의 15%에 해당하는 금액을 선수금으로 지급하며, 수출자는 수출이행에 동 자금을 사용한다.

8) 지급보증서 발행

대금지급을 보장하기 위해 수입자로 하여금 금융기관 또는 모기업이 발행한 대금지급보증서를 수출자에게 제출토록 정하는 경우가 있다. 플랜트수출에서 수입자의 신용도가 부족한 경우 공급자신용에서의 수출자 또는 구매자신용에서의 대출은행은 수입국의 정부, 신용이 양호한 금융기관, 또는 모기업의 지급보증서를 요구한다.

통상 지급보증서의 문안의 내용은 지급보증인은 단순한 보증인이 아니고 주채무자의 지위에 있음을 정하고 있다. 이는 주계약상의 분쟁을 이유로 지급보증기관이 대금지급을 거절하는 것을 차단하기 위한 것으로 통상의 독립적 은행보증에서 명시되는 문안이다. 또한 무조건적이며 취소불능적이라는 내용을 명시하고 있다. 그리고 만기일에 매수인이 지급하지 않는 경우에는 서면청구만 있으면 요구된 금액을 지급하고 서면지급청구 이외에는 어떠한 서류도 요구되지 않음을 정한다.

9) 하자보증

장비의 품질은 계약서 또는 부속서류에서 기재된 기술적 조건과 일치해야 하며, 하자보증기간은 인수증명서 발급일로 12개월[27]로 정하고 있다. 하자보증기간 내에 장비에 하자가 있다는 것이 입증되면 수입자로부터 하자통보를 받은 날로부터 45일내에 수출자는 자신의 비용과 선택으로 하자있는 부품을 수리하거나 새로운 부품으로 교체해야 하는 것으로 정하고 있다. 하자를 치유하거나 하자있는 부품을 교체하는 경우 하자보증기간은 하자를 치유하는데 소요된 기간만큼 연장된다. 추후 분쟁발생 시에

27) 하자보증기간 내에 하자가 발생한 경우 하자보증기간은 중단이 되어 하자를 치유하면 잔여기간동안 다시 계속되는지 아니면 하자를 치유한 날로부터 새로 12개월의 하자보증기간이 시작되는지 다툼이 되었다.

수입자는 하자가 발생하였기 때문에 하자를 치유한 날로부터 하자보증기간이 새로이 기산하며, 또 수출자가 하자를 치유하지 않았기 때문에 하자보증기간은 계속 남아 있고, 이에 따라 대금을 지급할 수 없다고 주장하였다.

10) 중재조항 및 준거법

당사자 간의 분쟁은 중재에 의하여 해결되어야 하며, 중재는 스웨덴 스톡홀름에서 ICC의 중재규칙에 따른다고 정하고 있다. 플랜트수출거래는 고도로 기술적이고, 전문적인 내용이 포함되고, 이러한 기술에 대해 비밀을 유지할 필요가 있어 분쟁해결을 소송에 의하지 않고, 중재에 의하는 경우가 많다. 이에 따라 플랜트수출계약서에 중재조항을 두게 되는데, 중재조항에 반드시 포함되어야 하는 내용은 중재기관, 중재규칙, 중재지, 중재결정의 최종성이다.[28] 본 계약서에서는 중재조항의 필수적인 내용이 모두 포함되어 있고, 스웨덴법을 준거법으로 정하고 있다. 플랜트수출계약에서 준거법은 수출국법, 수입국법, 또는 제3국의 법중 하나를 준거법으로 정할 수 있는데, 수출에 대해 다수의 기업이 경쟁하거나 수입자시장(buyer's market)의 경우 수입국의 법을 준거법으로 정하는 경우가 많다.

11) 계약서 변경 및 계약 양도

계약서 변경은 서면으로 이루어지고 당사자 모두 서명해야 유효하다고 정하고 있다. 그리고 타방당사자의 서면동의 없이 계약상의 권리와 의무를 양도할 수 없다고 정하고 있다. 플랜트수출계약은 기술능력, 경험 등이 매우 중요하기 때문에 수출자가 계약상의 지위를 양도하는 것은 차주에게 심각한 손실을 초래할 수 있고, 또한, 거액의 거래이고 연불조건이기 때문에 수입자의 신용도가 중요하다. 이에 따라 계약서를 임의로 변경하거나 계약상 지위를 임의로 양도하는 것은 상대방에게 치명적인 손실을 초래할 수 있어 계약서를 임의로 변경하거나 계약상 지위를 임의로 양도하는 것을 제한하는 내용을 계약서에 명시하는 것이 바람직하다.

---

28) ICC 표준중재조항(Arbitration Clause)
All Disputes arising out of or in connection with the contract shall be finally settled under the Rules of Arbitration of the International Chamber of Commerce by one or more arbitrators appointed in accordance with the said Rules. (이 계약으로부터 또는 이 계약과 관련하여 발생하는 모든 분쟁은 ICC 중재규칙에 따라 그리고 동 중재규칙에 의해 선정된 1인 이상의 중재인에 의해 최종 해결한다.)

제3절 플랜트수출(해외건설)에서의 금융조달[29)]

1. 개설

일반적으로 기업이 신규 사업을 시작하거나 사업을 확장하는 경우 자금이 필요한데, 여유자금을 사용하는 경우 보다는 신용(외상)으로 구매하거나 금융기관으로부터 자금차입을 통해 필요한 자금을 조달하는 경우가 많다. 국제거래에서도 자금조달면에서는 별 차이가 없다.

플랜트 발주자(수입자)는 거액의 프로젝트를 발주할 때, 자신이 적립한 자금을 사용하기 보다는 수출자로부터 장기신용으로 구매한 후, 위 산업설비 운영을 통해 발생한 수익금으로 수출자 앞 장기분할결제하거나, 이에 필요한 자금을 금융기관으로부터 차입하여 수출자앞 기성단계로 결제한 후 위 산업설비 운영을 통해 발생한 수익금으로 금융기관앞으로 장기분할상환한다. 결국 플랜트수출에서는 막대한 자금이 소요되며 공사기간도 수년이 소요되고 발주자는 장기의 연불조건을 요구하기 때문에 기술력 이상으로 금융조달이 중요하다.

금융조달이 중요해짐에 따라 금융기관들은 플랜트수출에서 새로운 금융기법을 고안해 내고 있다. 종래에는 주로 기업금융(corporate finance)에 의존하였는데, 최근에는 프로젝트 파이낸스(project finance), 스트럭처드 파이낸스(structured finance), 리스금융(lease finance), 수출보험(export insurance) 등 다양한 금융기법이 도입되고 있다. 또한, 수출금액이 수억 달러를 상회하는 경우에는 수개의 금융기관이 공동으로 대출하는 신디케이티드론(syndicated loan)이 많이 이용되고 있다.[30)] 그 이유는 대출은행입장에서는 수 개의 금융기관이 공동으로 대출하여 단독대출에 따른 위험을 분산시키기 위한 것이다.

한편, 차입자가 자국의 금융기관으로부터 차입하는 소위 국내금융을 이용하는 경우도 있지만, 차입국의 자금부족 내지는 높은 조달금리로 인하여 외국금융기관으로부터 차입하는 국제금융을 더 많이 이용한다. 특히 차입금액이 거액이거나 신디케이티드론의

---

29) Sang Man Kim, *A Guide to Financing Mechanisms in International Business Transactions*, Cambridge Scholars Publishing, England, 2019, Chapter 4. Financing an Overseas Construction Project.

30) Harry M. Venedikian, Gerald A. Warfield, *Export-Import Financing, 4th Edition*, John Wiley & Sons, Incl, 1996, p.21.

경우 국제금융을 이용하는 것이 일반적이다. 또한, 금융조달능력이 풍부한 경우를 제외하고는 플랜트수출에서 자금을 조달하기 위해 특수목적회사(Special Purpose Company: SPC)[31)]를 설립하는 경우도 있다. 한편, 산업설비 프로젝트 완공에는 상당한 시간이 소요되며, 프로젝트가 거액이므로 자금부담을 가지고 있는 발주자 입장에서는 5년 이상의 연불조건을 요구하거나, 자신이 금융을 조달하여 기성고방식으로 결제하는 대신 수출자로 하여금 발주자를 차주로 수출국의 수출신용지원을 얻도록 요구한다. 이 경우 수출자는 스스로 금융을 조달하거나 수출신용지원을 받는 금융을 주선해야 한다. 또한, 프로젝트 파이낸스방식도 이용되는데, 이 방식에서 수입자(차주)는 기존의 회사가 아니라 당해 프로젝트를 위하여 사업주(sponsor) 등이 신설한 회사로 신용도가 매우 낮으며, 상환재원은 당해 사업을 통한 장래의 현금흐름(Cash Flow) 및 프로젝트 관련 자산이다.

2. 공급자신용과 구매자신용에 의한 금융조달

1) 개설

금융제공방식은 금융조달주체에 따라 공급자신용(supplier credit)과 구매자신용(buyer credit)으로 구분된다. 공급자신용은 공급자(supplier, 수출자)가 자신의 신용으로 자금을 조달하는 방법이고, 구매자신용은 구매자(buyer, 수입자)가 자신의 신용으로 자금을 조달하는 방법이다. 플랜트수출은 일반 소비재 수출거래와는 다른 특징을 지니고 있으므로 수출거래에 있어 장애 요소가 많다. 우선 수출자 또는 대주은행의 입장에서는 장기간의 신용에 의해 대금미회수위험이 높고, 거래규모가 대형이기 때문에 단 한건의 사고로 회복불능의 상태에 빠질 수 있으며, 대주은행은 대출에 필요한 자금을 장기로 조달해야 하는데, 5년 이상의 금융조달에는 많은 비용이 초래된다.

31) 특수목적회사를 설립하는 이유는, 첫째, 대규모 프로젝트의 경우 발주처의 자체 신용으로 소요자금을 조달하기 어려운 경우, 둘째, 투자사업의 위험을 분산시키기 위한 경우, 셋째, 소요자금을 조달할 수 있더라도 산업설비 프로젝트를 완공한 시설물을 효율적으로 운영할 능력이 없는 경우, 넷째, 생산제품의 마케팅 능력이 없는 경우, 다섯째, 원부자재나 기술지원이 지속적으로 요구되는 경우 등에서 사업위험을 최소화하기 위한 것이다. 특수목적회사를 통한 자금조달은 발주처가 신용으로 차입하거나 제3자가 보증하여 차입하는 것과는 달리 미래 현금흐름(cash flow)을 담보로 하는 것이 특징이다.

2) 공급자신용

공급자신용(supplier credit)이란, 공급자(수출자, 매도인)가 계약이행에 필요한 자금을 자신의 신용으로 조달하는 금융조달방법으로, 통상 단기신용거래에서 이용된다.[32] 매매계약에서는 목적물의 제작에 필요한 자금을 매도인이 조달하고, 도급계약에서는 일의 완성에 필요한 자금을 수급인이 조달하는 것이다.

플랜트수출에서는 산업설비의 제작·설치에 필요한 자금을 수출자가 자신의 신용으로 금융기관으로부터 차입하여 플랜트수출이행을 완료하여 수입자앞으로 인도하고, 수입자로부터 대금을 결제 받으면, 동 결제대금으로 금융기관과의 대출계약에 따라 차입금을 상환한다. 물론, 수입자가 대금을 결제하지 않는 경우에도 수출자는 금융기관앞으로 그 차입금을 상환해야 한다. 공급자신용에서는 수출신용기관이 수출자에게 수출보험을 지원하는데, 중장기신용거래에서는 통상 수입자가 선수금을 지급하고, 환어음을 발행하거나, 미결제 금액에 대해 약속어음(promissory note)을 발행한다.[33]

(공급자신용 도해)

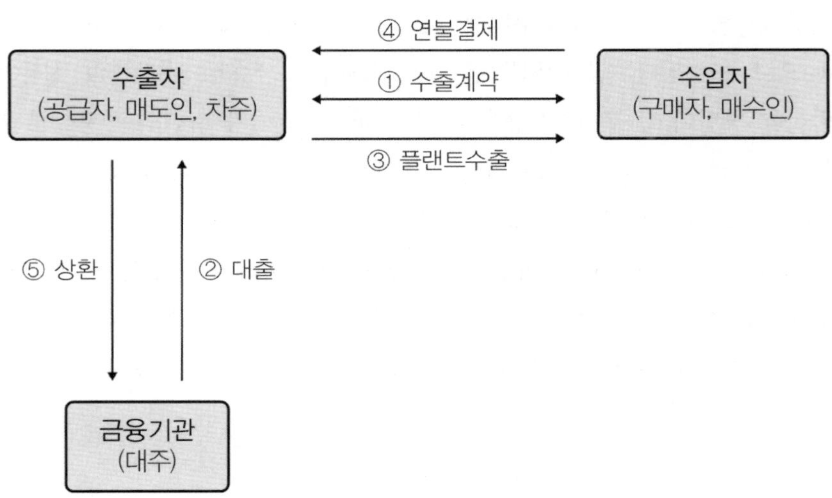

32) Malcolm Stephens, *The Changing Role of Export Credit Agencies*, IMF Washington, 1999, p.110.

33) Malcolm Stephens, *supra* note 35, p. 110.

플랜트수출에서 공급자신용의 일반적인 진행절차를 살펴보면 다음과 같다.

(1) 수출자와 수입자는 플랜트수출계약을 체결하며, 결제조건은 연불조건으로 산업설비의 제작에 필요한 자금은 수출자가 조달해야 한다.

(2) 수출자는 플랜트수출에 필요한 자금을 자신의 신용으로 금융기관으로부터 차입한다. 상환조건은 플랜트수출의 연불결제조건과 일치시킨다.

(3) 수출자는 금융기관으로부터 차입한 자금을 이용하여 산업설비를 제작 · 설치 · 시공한다.

(4) 산업설비 시공완료 후에 수입자는 수출계약상의 조건에 따라 수출자앞 연불로 결제한다.

(5) 수출자는 수입자로부터 플랜트수출대금을 연불로 결제 받으면 동 대금으로 금융기관앞 차입금을 상환한다. 그러나 실제로는 수입자가 직접 금융기관앞으로 연불결제대금을 송금토록 한다.

3) 구매자신용

구매자신용(buyer credit)이란, 공급자의 계약이행에 필요한 자금을 구매자(buyer, 수입자)가 자신의 신용으로 조달하는 금융조달방법으로 중장기신용조건으로 추진되는 자본재 또는 프로젝트에서 주로 이용된다.[34] 따라서 매매계약에서는 목적물의 제작에 필요한 자금을 매수인이 조달하고, 도급계약에서는 일의 완성에 필요에 자금을 도급인이 조달한다.

플랜트수출에서는 플랜트수출이행에 필요한 자금을 수입자가 자신의 신용으로 금융기관으로부터 차입하여 수출자에게 현찰로 지급하거나 기성단계별로 지급하고, 플랜트수출이행이 완료되면 이를 운영하여 발생한 수익으로 금융기관앞 차입금을 상환한다. 구매자신용의 특징은 산업설비 운영에서 수익금이 발생하지 않는다고 해도 수입자는 금융기관앞으로 위 차입금을 상환해야 하며, 차주인 수입자가 수출계약과 무관하게 구매자신용의 모든 대출금을 상환해야 한다는 것이다. 따라서 수출자가 계약을 제대로 이행하지 못하는 경우에도 차주는 대출금을 상환해야 하며, 이를 사유로 대출금의 상환을 거절할 수 없다. 금융기관의 대출을 담보하기 위해 수출국에 소재하고

34) Malcolm Stephens, *supra* note 35, p.73.
Richard Willsher, *Export Finance*, Macmillan Press 1995, p.67.

있는 수출신용기관은 이러한 금융거래에 대해 자금을 공여하는 금융기관앞으로 수출보험(또는 수출신용보증)을 제공한다.[35]

(구매자신용 도해)

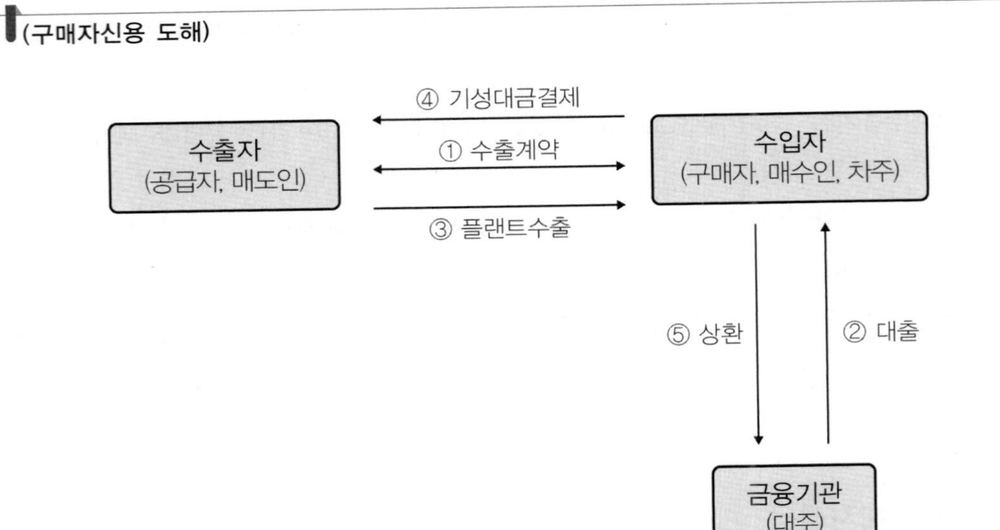

플랜트수출에서 구매자신용의 일반적인 진행절차를 살펴보면 다음과 같다.

(1) 수출자와 수입자는 플랜트수출계약을 체결하며, 결제조건은 기성고방식으로 산업설비의 제작·설치에 필요한 자금은 수입자가 조달해야 한다.

(2) 수입자는 플랜트수출에 필요한 자금을 자신의 신용으로 금융기관으로부터 차입한다. 상환조건은 연불분할상환이다.

(3) 수입자로부터 받은 기성대금을 이용하여 수출자는 산업설비를 제작·설치한다.

(4) 기성단계별로 수출자는 수입자로부터 기성확인을 받으며 동 확인서를 근거로 금융기관은 수입자에게 기성대금을 대출하거나 직접 수출자앞으로 송금한다.

(5) 산업설비 시공완료 후에 수입자는 대출계약에 따라 연불분할조건으로 금융기관앞으로 상환한다.

---

35) Malcolm Stephens, *supra* note 35, p.73.
'The export credit agency in the exporting country typically provides its facilities to the lending bank.'

4) 플랜트수출에서의 역할

플랜트수출금융을 금융조달의 주체면에서 분류하면, 공급자신용 또는 구매자신용중 하나로 분류된다. 수입자(발주자)와 수출자의 자금여력, 자금차입능력, 차입비용 등을 감안하여 두 가지 금융조달방법 중에서 정하게 된다.

공급자신용과 구매자신용은 차주가 서로 반대라는 측면에서 상대적인 개념으로 볼 수 있는데, 각각 장단점이 있어 거래여건에 따라 선택적으로 이용된다. 수출자의 입장에서는 구매자신용이 유리하다고 볼 수 있는데, 우선 수출이행완료 후에는 수출거래가 수출자의 대차대조표상 자산과 부채로 계상되지 않고 거래이익만 계상되어 수출자의 재무구조가 개선된다.

자본 100, 부채 100인 수출기업이 계약금액이 100, 마진이 10인 수출거래의 경우 아래의 표에서 보는 바와 같이 공급자신용으로 진행시 부채비율은 200%로 악화되지만, 이를 구매자신용으로 진행시 부채비율은 91%로 개선된다.

(공급자신용과 구매자신용 거래 후의 대차대조표 변화)

거래 전

자산 200	부채 100
	자본 100
계 200	계 200

•부채비율: 100%

거래 후(공급자신용)

자산 300	부채 200
	자본 100
계 300	계 300

•부채비율: 200%

거래 후(구매자신용)

자산 210	부채 100
	자본 110
계 210	계 210

•부채비율: 91%

또한, 공급자신용에서 수출자는 수입자의 대금미결제위험에 노출되지만, 구매자신용에서는 수출자는 선수금 또는 기성대금으로 수출대금을 지급받기 때문에 현찰거래와 동일한 효과가 있으며, 수입자의 대금미결제위험으로부터 벗어난다. 한편, 구매자신용에서는 수입자(차주)는 산업설비가 계약내용대로 완공되지 않거나 하자가 발생하는 경우에도 대주인 금융기관앞 차입금을 상환해야 하는 부담이 있다. 대주인 금융기관은 이러한 경우에 수입자인 차주가 상환을 거절하지 못하도록 수출이행과 금융계약상의 채무는 별개라는 이사벨라 조항(Isabella Clause[36])을 금융계약서에 명시한다.

---

36) Malcolm Stephens, *supra* note 35, p.91.
'이사벨라 조항(Isabella Clause)이란 수출(공급)계약상의 권리, 의무, 책임과 금융계약상의 권리, 의무, 책임을 서로 분리하여 적용한다는 내용의 조항이다. 주로 구매자신용에서 사용되는데, 이사벨라 조항에 의해 차주의 상환의무는 수출계약과 상관없이 확정된다. 즉 차주는 수출(공급)계약과 관련하여 발생하는 문제를 근거로 상환을 거절

구매자신용의 단점은 금융(대출)계약서를 작성해야 하는 등 부대비용이 발생하여 일정 규모 이상의 거래에서만 이용된다는 점이다. 금융기관(대주)과 수입자(차주) 사이에 대출계약 내용을 정할 필요가 있는데 통상 각국의 법률이 상이하여 법적집행이 곤란할 수 있으므로 금융계약서를 작성할 때에는 사전에 법률검토를 거치게 된다. 법률검토는 법적 유효성, 조세, 채권보전 문제 등을 주로 검토하게 되는데, 이 때 발생하는 법률비용(변호사 비용, 인지대 등)이 금융비용 상승의 한 원인이 된다. 또한, 인쇄비, 통신비, 여행비, 서명식 관련 비용 등도 모두 수입자(차주) 부담이 관행이므로 차입비용을 상승시키는 결과를 초래하게 되어 일정 규모 이상의 거래가 아닌 한 쉽게 구매자신용을 이용할 수 없다는 단점을 지니게 된다.

공급자신용과 구매자신용의 장단점을 수출자 및 대주은행입장에서 간략하게 정리하면 다음과 같다.[37] 수출자입장에서 공급자신용은 수출자 자신의 신용으로 차입하며, 수출자는 기술력 및 재무능력을 갖춘 국내 우량기업이므로 차입이 용이하다는 장점이 있는 반면에, 수출자는 자신이 직접 차입자가 되어 수출대금의 결제와 관계없이 차입금을 상환해야 하므로 수입자의 대금미결제위험을 부담하며, 부채비용이 증가한다는 단점이 있다. 그리고 구매자신용은 수입자가 차주가 되며, 대주(금융기관)는 기성고방식에 의거 자금을 인출하여 수출자에게 지급하므로 수출자는 대금미회수위험이 없고, 수출자의 부채비율 감소로 재무구조가 개선되어 향후 자금조달시 차입비용이 낮아진다는 장점이 있는 반면, 수출자는 자신의 신용으로 차입하는 것이 아니라 차입능력이 상대적으로 낮은 수입자의 신용으로 차입해야 하므로 대주(금융기관)는 수출신용기관의 수출보험지원, 수입국정부의 보증 등을 요구하여 대출조건이 엄격하다는 단점이 있다.

한편, 대주인 금융기관입장에서 공급자신용은 기술력 및 재무능력을 갖춘 국내 우량기업인 수출자에 대한 대출로 신용위험이 낮고, 국내수출자에 대한 대출로 채권보전이 용이하다는 장점이 있는 반면, 기술력 및 재무능력을 갖춘 우량 수출자에 대한 대출로 가산금리가 구매자신용에 비해서 낮고, 수출자는 자기신용으로 차입하고 대금미회수위험에 노출되므로 수출지원효과가 낮다는 단점이 있다. 그리고 구매자신용은 신용도가 낮은 수입자에 대한 신용으로 높은 가산금리가 적용되어 수익률이 높고, 수

하거나 지급지체 또는 유예할 권리가 없게 된다.'

37) 수출자는 신용이 양호한 기업이고, 수입자는 신용이 낮은 전형적인 대 개도국 플랜트수출 또는 프로젝트 파이낸스 거래를 가정

출자는 대금을 기성고방식으로 지급받고 대금미회수위험을 극복하므로 수출지원효과가 높다는 장점이 있는 반면, 신용도가 낮은 수입자에 대한 대출로 대출위험이 높고, 차주인 수입자는 해외에 소재하므로 채권보전이 용이하지 않다는 단점이 있다.

3. 프로젝트 파이낸스에 의한 금융조달

1) 개설

요즘 들어 사업주가 신규 프로젝트를 추진하는 경우 자신이 직접 자금을 조달하여 프로젝트를 진행하는 방식, 즉 기업금융을 통한 자금조달 보다는 프로젝트를 위한 신설회사를 설립하고 그 신설회사가 자금을 차입하여 프로젝트를 진행하는 프로젝트 파이낸스를 선호한다. 그 이유는 기업금융을 통한 자금조달은 사업 실패시 기업 자체의 생존을 위협할 가능성을 배제할 수 없으나,[38] 프로젝트 파이낸스를 이용하는 경우 사업주는 마치 주식회사의 주주처럼 사업에서 발생하는 채무로부터 벗어나고 자신의 출자분에 대해서만 책임을 부담하면서 사업에 대한 지배권을 보유하기를 원하기 때문이다.

이에 따라 플랜트수출에서 프로젝트 파이낸스에 의해 금융이 조달되는 경우가 많은데, 프로젝트 파이낸스에서는 사업주 또는 정부의 지급보증 등 확실한 담보가 없고 미래의 현금흐름 및 장기판매계약 등 간접적인 담보장치들만 있어 관련자가 많고 각종 서류도 다양하고 복잡하여 심도 있는 검토가 필요하다.

2) 플랜트수출에서의 역할

최근 초대형 산업설비 발주는 프로젝트 파이낸스로 진행되는 경우가 많다. 과거에는 중동의 유전개발사업의 경우 정부가 직접 발주를 하거나 정부가 지급보증하는 방식이 많았으나, 요즈음 산유국 정부는 재정부담을 덜기 위해 지급보증을 피하고 사업주를 선정하여 프로젝트 파이낸스로 추진하고 있다. 그 외 발전, 통신 등 공공서비스 분야도 정부의 지급보증부 거래방식이 줄고 정부가 사업주를 선정하여 프로젝트 파이낸스로 진행한 후 약정기간이 경과하면 사업권을 정부가 다시 양도받는 방식의 거래가 많다. 이에 따라 프로젝트 파이낸스는 대규모 플랜트수출에서는 보편적이라고 볼 수 있다. 프로젝트 파이낸스는 다수당사자가 참가하고 수개의 금융패키지가 사용되며

38) 김민형, "해외건설 40년 성과와 지속성장을 위한 과제", 해외건설, 2007.6, p.27.

다양한 담보관련 서류들이 요구되기 때문에 법률심사가 절실히 요구된다.

또한, 최근에는 사업주가 금융기관으로부터 차입하는 형식 대신, 자본시장에서 국제채를 발행하여 자금을 조달하는 방법도 금융조달방법으로 이용되고 있다. 그리고 프로젝트 컴퍼니를 상장시켜 그 주식으로 투자자금을 확보하거나 회사채를 발행하여 금융을 조달하는 방법도 활용되고 있다.

4. 신디케이티드론에 의한 금융조달

1) 개설

플랜트수출은 대규모 프로젝트로 거액의 자금이 소요된다. 특히 수 억 달러를 초과하는 거래의 경우 하나의 금융기관이 대출을 하게 되면 자금부담 뿐만 아니라 여신한도관리의 어려움이 있고 위험부담도 크기 때문에 수개의 금융기관이 차관단(syndication)을 구성하여 대출을 하는 신디케이티드론(syndicated loan)을 이용하는 경우가 많다.[39] 신디케이티드론이란, 수개의 금융기관이 차관단을 구성하여 이 차관단에 참여한 각 금융기관이 자금을 분담하여 차주에게 공통의 조건으로 자금을 대출하는 것을 말한다. 이를 '신디케이티드 대출' 또는 '차관단 대출'로 부르기도 한다. 다수의 금융기관이 대주로서 차주에게 각자 정해진 금액을 대출한다. 신디케이티드론은 원래 미국에서 오래전부터 이용되던 대출방식인데, 유럽에서는 1960년대 말부터 이용되었으며 오늘날 거액의 국제대출건에서 많이 이용되고 있다.[40]

신디케이티드론은 거액의 대출건에서 이용되는 것으로 대규모의 공모 또는 모집을 통하여 광범위한 은행들이 참여한다. 주로 거액의 국제적 자금대출을 위해 이용되는 것으로 국내금융시장 보다는 국제금융시장에서 활성화되고 있으며 주로 유로달러[41]자금이 이용된다. 또한, 국제적이고 관련자가 다수이기 때문에 시간과 비용이 많이 소요되므로 소액 또는 단기자금 보다는 거액의 중장기자금 대출에 많이 이용된다.

신디케이티드론은 주간사은행(lead arranger 또는 lead manager)의 역할이 중요한데, 주간

---

39) Harry M. Venedikian, Gerald A. Warfield, *supra* note 33, p.21.

40) 한국금융연수원, 「국제금융관계 법률」, 2003, p.97.

41) 미국 이외의 국가 또는 금융기관이 보유하고 있는 달러화를 유로달러라고 한다. 유로달러화가 발생하게 된 요인 중 하나는 미국은행에 예치된 예금에 대해 지불준비금을 적립토록 하는 Regulation D, 미국은행에 예치된 예금에 대해 이자율 상한선을 적용하는 Regulation Q로 인해 미국이외의 국가에 달러화가 예치되었기 때문이다.

사은행은 신디케이티드론 구성을 위해 차주와 교섭을 진행하고 차주로부터 기채의뢰서(mandate)를 받아 간사은행단(lead arranger group)을 구성하고 참여은행들(participating banks)을 모집하는 작업을 진행하고, 참가자들 사이의 공통된 조건을 모아 대출계약의 내용을 협의·작성하고, 서명식(signing ceremony)을 진행하는 작업 등 신디케이티드론 성립을 위한 모든 작업을 수행한다.

2) 플랜트수출에서의 역할

플랜트수출거래는 거액의 프로젝트가 많아 막대한 자금이 소요된다. 이에 따라 구매자신용에서는 수입자가, 공급자신용에서는 수출자가 금융기관으로부터 거액의 자금을 차입해야 하며, 이러한 자금의 차입여부가 프로젝트 수행의 가장 중요한 과제가 된다.

그러나 금융기관의 입장에서도 거액의 자금을 전부 대출하는 경우에는 자금조달의 문제도 있고, 특히 차주의 미상환위험, 차주국의 비상위험 등 다양한 위험을 단독으로 부담을 하게 되는 경우 하나의 대출사고건이 금융기관의 영업실적에 결정적인 영향을 미칠 수 있고, 파산에 이르게 되는 경우가 있다.

이에 따라 금융기관은 위험을 분담하기 위해 다른 금융기관들을 참가시켜 대출하기를 원한다. 다른 금융기관들이 각각 별개의 대출계약을 통해 금융을 조달할 수도 있지만, 이 경우에 각 대출계약마다 조건이 상이하여 금융기관간에 대출조건, 담보물 처리 등에 있어 분쟁이 발생할 수 있으므로 각 금융기관이 하나의 공통된 대출계약서에 당사자로 참여하거나 주간사은행이 단독으로 대출계약을 체결한 후 자신의 대출금을 다른 참여은행들에게 양도하는 방식으로 다른 금융기관과 분담하는 신디케이티드론을 사용하는 것이 편리하다.

신디케이티드론을 사용하는 경우에는 거액의 대출이 가능하며, 다수의 금융기관들이 각자 대출심사를 하게 되어 하나의 금융기관이 심사하는 것 보다는 안전하다고 볼 수 있다. 따라서 신디케이티드론은 위험이 높다고 인식되고 있는 거액의 프로젝트 파이낸스에서도 금융조달이 가능하게 한다.

제 11 장

국제금융과 해외투자

제11장 국제금융과 해외투자

제1절 국제금융

1. 개설

1) 국제금융의 의의

국제금융(international finance)이란, 무역, 해외투자, 자금의 대차 등에 수반하여 금융자산(financial assets)의 이동이 국제적으로 이루어지는 일련의 현상을 말한다. 국제금융은 각국의 투자자나 차입자가 수익성, 유동성, 안정성 및 경제성을 극대화하기 위하여 자신들의 금융자산이나 금융부채를 국내외금융시장, 유로시장 및 외환시장에 연계적으로 거래하여 금융자산이나 금융부채가 범세계적 차원에서 효율적으로 배분되도록 한다.

국제금융은 1) 거래 시 항상 환위험(exchange risk)에 노출되고 2) 특정통화로 표시된 거래는 해당 통화를 발행한 국가의 규제나 통제로부터 분리되며 3) 각국의 금융시장이 상호 간에 부분적으로만 연계되어 있거나 분할되어 있는 경우 이들 시장에서의 국제금융거래는 국내시장에서 보다 큰 재정거래(arbitrage)의 기회가 존재한다.

2) 국제금융의 기능

(1) 국제대차결제

국제금융은 무역거래나 자본거래에 수반되어 발생하는 국제 간 채권·채무를 원활하게 결제해 주는 기능을 한다. 국제 간 결제를 원활하게 수행하기 위해서는 이종통화 간 교환을 위한 외환시장이 필요하며, 세계일류은행들과의 거래계약체결 및 계좌개설이 필요하다.

(2) 무역거래 증진

국제금융은 무역거래의 대금결제대금의 송금을 가능하게 하고, 수입자에게 무역대금결제에 필요한 자금을 공여하거나 신용장을 개설하는 등의 방법으로 무역대금결제를 가능하게 한다. 국제금융이 없다면, 무역거래 당사자들은 직접 만나서 물품과 대금을 교환해야 하는데, 이는 현실적으로 곤란하다. 다시 말해, 국제금융 없이는 무역거래는 현실적으로 불가능하다.

(3) 국제유동성 과부족 조정

국제금융은 국제투자 및 시설금융 등을 통하여 만성적인 국제유동성 과부족을 조정하는 기능을 한다. 국제수지의 불균형으로 인하여 자금이 어느 특정지역 또는 국가에 편중될 때, 국제금융시장의 수급균형 조절기능을 통해 이를 시정하게 된다. 무역수지 흑자 또는 투자유치로 유동성이 풍부한 국가에서는 자금의 수요에 비해 공급의 초과로 금리가 내려가게 된다. 이 경우 국제금융을 통하여 유동성이 부족한 국가에 더 높은 금리로 대출함으로써 국제유동성 과부족이 조정되고 대주국(높은 금리 대출 가능)과 차주국(유동성 부족 해소) 모두 이득을 보게 된다.

(4) 금융시장통합

국제금융의 발달은 한 국가의 금융변화가 타 국가로 즉각적으로 파급되는 금융시장의 동조화, 범세계화가 되어 금융시장의 통합이 촉진되는 결과를 초래한다.

3) 국제금융시장

(1) 국제금융시장의 의의

국제금융시장이란, 국경을 넘어 자금거래가 이루어지는 시장을 말한다. 국제금융시장은 전통적으로 국가 간 자금거래를 원활히 함으로써 실물경제 성장을 뒷받침하고 기업의 생산활동을 효율적으로 수행하게 하는 기능을 하였다. 그러나 금융시장의 자유화 및 세계화에 따라 오늘날에는 실물경제와 무관하게 금융자산의 운용을 통한 이익창출 및 자본의 생산성 증대, 투자확대 등이 중시되고 있다. 이러한 경향은 각종 투기적 파생금융상품을 탄생시켰고, 그 결과 2008년도에는 글로벌금융위기가 초래되어 국제금융시장의 역할에 대해 재조명하게 되었다.

전통적으로 국제금융센터는 런던과 뉴욕[1)]이며, 그 외 유럽에서는 파리, 프랑크푸르트, 취리히, 아시아에서는 싱가포르, 홍콩, 도쿄 등이 주요한 국제금융시장이 되고 있다. 국제금융시장으로 발전하기 위해서는 해당국 통화의 국제교환성, 고도의 금융상품 및 시장의 발달, 시장의 개방 및 규제완화, 정보통신기술의 발전 등이 요구된다.

(2) 국제금융시장의 분류

국제금융시장은 적용법규에 따라 외국금융시장과 유로시장으로 구분된다. **외국금융시장**(Foreign Financial Market)이란, 어떤 특정 국가의 금융시장에서 외국차입자가 그 국가의 발행통화로 금융거래를 할 때 그 국가의 법규와 금융시장의 관행에 따라 지배를 받는 시장을 말한다(예를 들면, 삼성전자가 미국에서 미달러화로 표시된 채권('양키본드')을 발행하는 경우 미국시장은 외국금융시장이 된다). **유로시장**(Euro Market)이란, 금융거래의 표시통화 발행국의 관할권 밖에서 금융거래가 일어나서 해당 통화발행국의 법적 규제나 관행이 적용되지 않는 시장을 말한다(예를 들어, 삼성전자가 유럽에서 미달화로 표시된 채권('유로채')을 발행하는 경우 유럽금융시장은 유로시장이 된다).

국제금융시장은 자금의 조달방법에 따라 직접금융시장과 간접금융시장으로 구분된다. **직접금융시장**(Direct Financial Market)이란, 자금의 대차거래가 수요자와 공급자 사이의 직접적인 거래에 의해 이루어지는 시장을 말한다. 자금의 수요자가 자신의 명의로 증권을 발행하여 자금대여자로부터 직접 차입하는 시장을 말한다(예: 주식발행이나 채권발행을 통하여 투자자로부터 직접 자금 차입).

간접금융시장(Indirect Financial Market)이란, 자금의 대차가 금융기관을 통해 이루어지는 시장이다. 자금의 수요자가 금융기관으로부터 자금을 차입하는데, 금융기관은 예금자로부터 예금을 받아 대출을 하므로 자금의 실질적 공급자인 예금자와 자금의 실질적 수요자 사이에 금융기관이 개입하게 되어 간접금융시장이라고 한다.

국제금융시장은 금융상품의 만기에 따라 단기금융시장과 자본시장으로 구분된다. **단기금융시장**(Money Market)이란, 1년 이내에 만기가 도래하는 금융상품이 거래되는 시장을 말한다. 단기금융시장에서 거래되는 금융상품에는 기업어음(commercial paper), 은

1) 뉴욕시장이 국제금융센터가 되는 사유
(1) 미국 국내통화인 미달러화는 국제금융시장에서 가장 활발히 거래되는 기축통화(key currency)임.
(2) 미국은 외환관리를 채택하지 않음. 미국금융시장은 거주자예금과 비거주자예금 간에 차별이 없음.
(3) 뉴욕시장은 국제결제의 장소이며, 세계에서 가장 큰 자금운용의 장소임. 이에 다양한 금융상품이 있으며 투자자는 쉽게 다른 금융상품으로 바꿀 수 있음.

행인수어음(banker's acceptance), 단기재정증권(treasury bill), 양도성예금증서(certificate of deposite) 등이 있다. 자본시장(Capital Market)이란 1년 이상의 만기를 갖는 금융상품이 거래되는 시장을 말한다. 자본시장에서는 주식, 채권, 중기어음 등이 거래된다.

2. 국제대출계약

1) 개념

대출계약은 금전의 대차관계에 관한 계약으로 대주(lender)와 차주(borrower)의 권리·의무를 정한다. 대출계약은 차주의 입장에서 볼 때에는 자금을 차입하는 수단이므로 "차관계약"이라고 하며, 국제적 영문명칭은 "Loan Agreement", "Facility Agreement", "Credit Facility"이라고 한다. 국제금융에서 "Term Loan"이라는 용어도 사용되는데, 이는 1년 이상의 장기대출을 말한다.

수개의 금융계약이 존재하는 경우 각 금융계약의 공통적인 내용을 Common Terms Agreement에 기재하고, 기타는 개별 대출계약서(예: ECGD Covered Facility Agreement)에 기재하며, 각 금융별 이해관계 조정을 위하여 Intercreditor Agreement를 체결한다. 이 경우 Common Terms Agreement(CTA), Intercreditor Agreement(ICA), 개별 대출계약서(Specific Facility Agreement) 모두 대출계약을 구성한다.

> 참고로 대출계약의 영문명칭으로는 'Loan Contract'는 거의 사용되지 않고, 'Loan Agreement'가 사용된다. 영미법상 'contract'와 'agreement'의 차이점을 살펴보면, 'agreement'가 단순히 당사자 간의 합의를 의미함에 비해, 'contract'는 법률효과의 발생을 목적으로 하는 당사자 간의 합의를 의미하는 것으로 'agreement'가 'contract' 보다 넓은 의미이다. 그렇다고 loan agreement는 법률효과가 없다는 것은 아니다. 사전적 의미로 볼 때, loan agreement 보다는 loan contract라는 명칭을 사용하는 것이 타당할 것 같은데, loan agreement가 더 널리 사용되기 시작했고, 이것이 관행이 된 것으로 보인다. 법률효과나 법적구속력 여부는 그 명칭이 중요한 것이 아니고, 그 내용에 따라 결정되는 것이다.

2) 대출계약의 성립

(1) 청약과 승낙

보통의 계약은 당사자 일방이 청약을 하고 상대방이 이를 승낙함으로써 체결된다. 대출계약도 계약이므로 위에서 언급한 청약과 승낙이 있어야 성립된다. 금융기관이 대출계약의 기본적인 내용을 담은 Term Sheet를 차주에게 송부하고, 차주가 이를 승낙하는데, 차주의 승낙으로 곧 대출계약이 성립하는 것은 아니다. 여기서 차주의 승낙은 Term Sheet에 정해진 기본내용에 따라 대출계약을 작성하는데 합의했다고 보는 것이 옳을 것이다.

Term Sheet에 대해 합의가 이루어지면, 차주와 대주는 대출계약서 작성에 들어간다. 대출계약의 내용이 복잡하고 방대하기 때문에 오랜 기간 당사자가 대출계약의 문안을 협의하여 작성한다. 대출계약서 작성에는 통상 차주와 대주의 각 변호사가 참여한다.

(2) 약인 및 항변사유의 부존재(영미법상)

영미법상 유효한 계약의 성립을 위해 약인(consideration)이 요구되어 진다. 약인은 'bargained－for exchange(교환을 위해 거래된)'와 'legal value(법적 가치)'를 요건으로 한다. 간단히 말해서 약인은 법적 가치가 있는 것으로 교환을 위해 거래된 대가라고 할 수 있다.

외견상 유효하게 보이는 계약이 성립되었어도, 항변사유가 있으면 계약이 법적으로 유효하게 성립되지 않거나 집행가능하지 않게 된다. 이러한 항변사유로는 영미법상 1) 상호합의의 부존재(absence of mutual assent) 2) 약인의 부존재(absence of consideration) 3) 공서약속(public policy) 위반 등이 있다.

(3) 대출계약서 작성 시 기본사항

대출계약서는 차주, 대주 등 관련 당사자의 의도를 정확히 반영해야 하며, 어느 일방에게 유리하게 작성되기 보다는 국제금융시장의 여건에 비추어 관련 당사자 모두를 만족시키고, 분쟁이 발생하지 않도록 서로간의 이해와 신뢰의 바탕위에 합리적으로 작성되어야 한다. 플랜트수출 관련 대출계약서는 플랜트수출계약을 전제로 하므로 특별한 사정이 없는 한, 분쟁을 줄이기 위해 플랜트수출계약서상의 용어를 그대로 사용하는 것이 바람직하다.

대출계약서 작성 시 검토해야 하는 기본적인 사항을 정리하면 다음과 같다.

ⅰ) 먼저 당사자의 의도를 정확히 숙지해야 한다.

ⅱ) 대출계약에 대하여 장래 발생할 분쟁을 예측하고, 그 방지책을 반영해야 한다.

ⅲ) 계약체결을 위한 협상과정에서 주고받은 문서·각종 회의록을 충분히 검토해야

한다.

iv) 당사자 의도의 합법성 및 강행가능성(enforceability)을 검토해야 한다.

v) 계약당사자는 계약체결능력 및 권한이 있는지 검토해야 한다.

vi) 계약서 문안을 명확하게 작성하여야 한다.

3) 대출계약서 주요 내용

(1) 당사자

차주인 수입자, 대주인 금융기관, 금융기관을 위한 대리은행(agent bank), 주간사은행(lead arranger) 등이 당사자(parties)가 된다. 당사자의 동일성을 명확히 하기 위해서 당사자의 정확하고 완전한 명칭(full name), 설립등록지, 및 주소를 기재해야 한다. 플랜트수출에 참가하는 기업은 외국에 동일한 회사명의 현지법인을 보유하고 있는 경우가 많고, 프로젝트 파이낸스에서는 사업주가 자신의 회사명과 동일한 명칭의 프로젝트 컴퍼니를 설립하는 경우가 많으므로, 설립등록지와 주소지를 기재하지 않는 경우 당사자를 확정하는데 분쟁이 발생할 수 있다.

(2) 설명조항

계약서에서 당사자를 표시한 후, 일반적으로 설명조항(Whereas Clause)이 시작된다. 설명조항은 계약체결의 동기, 당사자의 의도나 목적을 나타낸다. 설명조항이 법적으로 엄격히 당사자를 구속하는지에 대해서는 다툼이 있으나, 상대방이 설명조항에 표시된 계약체결동기를 신뢰한 경우, 이러한 표시를 한 당사자는 『표시에 의한 금반언의 법리(estoppel by representation)』에 의하여 소송에서 그 동기에 반하는 주장을 할 수 없고, 설명조항은 계약체결동기와 당사자의 의도나 목적을 나타낸 것이므로 분쟁발생시 합의내용을 해석하는데 중요한 자료가 될 수 있다.

(3) 정의

계약서에서 i) 용어의 의미가 일반적으로 이해되는 의미 외의 특별한 의미를 갖거나 ii) 전문용어라서 그 의미를 파악해야 계약서를 이해할 수 있다고 판단되는 경우 iii) 용어의 해석에 이견이 예상되어 명확히 할 필요가 있는 경우 iv) 긴 문구로서 반복적으로 사용되는 경우, 계약서의 정의조항(definition clause)에서 미리 정의를 해 둠으로써 그 의미를 명확히 하고 통일적인 의미를 갖도록 하며, 긴 문구가 반복적으로 사용되어 계약서가 복잡해지는 것을 피할 수 있다. 정의조항에서 정의된 용어가 본문에서 사용될 때에는 고유명사처럼 반드시 첫 글자는 대문자로 시작하여 일반적인 용어가 아니고 정의된 용어임을 나타내야 한다.

(4) 대출약정

대출약정(Facility, Commitment)조항에서는 대출통화, 대출한도, 대출금의 용도[2]를 정한다. 대출통화를 나타내는 경우에 통화표시 약호를 사용하지 않고, 국가 및 통화를 함께 표시해야 한다. 예를 들어 미달러화의 경우 '$'라고만 표시하지 않고, 'U.S. Dollars' 표기하거나, 정의조항에서 "US$" 또는 "$"는 '미국에서의 법정통화(the lawful currency for the time being of the United States of America)'라고 정의를 하고, 그 이후에는 "US$" 또는 "$"로 표기해야 한다.

(5) 인출선행조건

대출약정이 체결되었다고 하여도 무조건 대출이 실행되는 것은 아니며, 차주가 인출선행조건에 정해진 조건들을 충족시킬 때에만, 대주는 대출을 실행할 의무가 발생한다.[3] 특히 프로젝트 파이낸스에서는 프로젝트에 대한 통제 및 채권보전을 위하여 일반대출보다 많은 선행조건을 요구하고 있다. 일반적으로 요구되는 인출선행조건(conditions precedent)은 다음과 같다.

i) 차입 관련 차주의 이사회 의결서 등 차입권한 확인서류, 서명하는 자의 서명권한 수여를 증명하는 위임장(power of attorney) 및 서명감

ii) 차입관련 당국의 인허가서

iii) 보증서 기타 담보관련 서류

iv) 차주국 법령상 차주의 차입능력, 권한 등에 문제가 없다는 내용의 계약의 유효성을 확인하기 위한 변호사의 법률의견서

---

2) 산업설비 프로젝트에 대한 대출은 다른 용도로 전용하지 않고, 그 프로젝트 이행에만 사용토록 용도를 한정한다. 이렇게 대출금의 용도를 제한하는 금융을 '타이드론(tied loan)'이라고 하며, 용도를 제한하지 않는 금융을 '언타이드론(untied loan)'이라고 한다.

3) Richard Willsher, *Export Finance,* Macmillan Press 1995, p.70.

(6) 이자

이자기간(interest period)에 있어서는 신축성 있는 이자기간을 선호하는 차주와 편리한 이자기간을 선호하는 대주와의 이해관계가 대립하는데, 통상적으로 3개월 또는 6개월로 정하며, 후불이 원칙이다. 통상 이자지급일은 원금상환일과 일치시켜 송금 및 잔액관리를 용이하게 한다. 차주가 기한 내에 원리금을 상환하지 못하는 경우 미상환금액에 대한 연체이자(default interest)를 상환 시까지 지급해야 하는데, 연체이자율은 통상적으로 상환이자율(또는 정상이자율)에 1~2%를 가산한다. 그 이유는 첫째, 금융기관은 자금의 수급을 맞추어야 하므로, 통상 원리금 상환일에 원리금이 정상적으로 상환되는 것을 전제로 다른 대출약정을 하는데, 그 원리금이 정상적으로 상환되지 않는 경우 다른 금융기관으로부터 단기자금을 차입해야 하며, 이 경우 차입비용이 높기 때문에 이를 보전받기 위한 목적이고, 둘째, 연체이자를 부과함으로써 차주로 하여금 적기에 상환을 하도록 압박하기 위한 목적이다.

(7) 상환

대출금은 "만기일시 상환(bullet payment)" 보다는 "분할상환(installment)"이 일반적이다. 물론 조기상환(prepayment)에 대해서도 규정하는 것이 일반적이다. 신디케이티드론에서는 차주는 대리은행을 통하여 지정된 통화로 국제금융시장에 소재하는 은행에 상환한다. 한편, 분할상환기간은 3개월 또는 6개월로 정하는 것이 관례이다(참고로 OECD 공적지원수출신용협약에서는 연불기간 2년 이상의 플랜트수출관련 공적수출신용의 거래에 대해서는 거치기간을 인정하지 않으며 6개월 이내의 간격으로 원금균등분할상환을 정하고 있고, 이자의 원금화(capitalization)를 금지하고 있다).

(8) 조기인출 및 취소

원리금상환조항에도 불구하고 차주는 기한 전에 일정금액 이상을 상환할 수 있다고 정하는 것이 일반적이다. 조기상환에 대해서는 위약금(penalty)이 문제되므로, 위약금 여부에 대해서도 명시해야 한다. 대주인 금융기관은 대출심사에 비용이 소요되고, 대출을 위해 금융기관이 자금을 조달하는 경우도 있기 때문에 당초의 원리금상환일정보다 조기상환(prepayment)되는 경우 예상했던 이자를 받을 수 없게 되어 손해를 보게 된다. 이에 따라 조기상환 시에 위와 같은 손해를 보전받기 위해 위약금을 정할 수 있는데, 금융기관이 대출 시에 일정 수준 이상의 약정수수료를 받은 경우에는 금융기관은 조기상환에도 불구하고 손해는 없을 것이므로 위약금 없이 조기상환할 수 있다고 정한다.

조기상환금액을 제한할 수 있다(예를 들어 100만 달러 이상 또는 100만 달러의 정수배의 금액으로 조기상환금액을 제한할 수 있는데,[4] 이는 소액 조기상환에 따른 번거로움 및 잔액 관리 측면에서 제한하는 것이다).

(9) 수수료 및 비용

수수료에는 약정수수료(committment fee), 대리은행 수수료(agency fee), 주간사은행 수수료(arrangement fee), 수출보험료(export insurance premium) 등이 있다. 약정수수료는 대주가 자금을 대출가능한 상태로 준비하는 것에 대한 대가로, 대출약정 후 미인출금액에 대하여 부과하는 수수료인데, 통상 0.25~0.75%를 적용하며, 당사자 간의 협상력에 따라 차이가 있다.[5] 대리은행 수수료는 대주은행들을 대리하는 은행에 대해 지급하는 수수료이고, 주간사은행 수수료는 신디케이티드론에서 차주로부터 대출주선위임장(mandate letter)을 받아 대출조직작업을 하는 주간사은행에게 지급하는 수수료이다. 그리고 수출보험의 지원을 받는 대출인 경우 보험계약자는 대주은행이 되어 형식상 대주은행이 수출보험료를 납부하는데, 이러한 수출보험료도 결국에 차주에게 부담시킨다. 차주는 그 외에 금융관련 변호사 수수료, 담보권 설정 비용 등을 부담하며, 이를 대출원금에 포함시키는 것이 일반적이다. 이러한 수수료 및 비용은 차주에게 부담시키는 것이 국제금융관례이며, 이러한 비용도 대출원금에 포함시키는 경우가 많다.

(10) 진술 및 보장

진술 및 보장(Representation and Warranties)조항은 대주가 차주 앞 신용공여를 결정함에 있어서 그 판단근거가 되는 일정한 사실관계 혹은 차주의 채무부담의 적법성 등에 대하여 차주가 그 내용을 진술하고 그 내용의 진실성을 보장하는 조항이다. 진술 및 보장조항에서 표명한 내용이 허위로 판명되는 경우에는 채무불이행사유가 될 수 있다.[6]

---

4) 이러한 내용의 예를 들면 다음과 같다.
'The Borrower may prepay the Loan in whole or in part being U$1,000,000 or any larger sum which is an integral multiple of U$1,000,000'.

5) Richard Willsher, *supra* note 3, p.73.

6) 이를 채무불이행사유 조항에 명시하는 것이 바람직하다.

진술 및 보장조항은 주로 차주에 관련된 사항인데, 차주는 금반언의 원칙에 의거 자신이 진술한 내용이 허위였음을 주장할 수 없다. 그러나 대주는 허위라는 것을 주장할 수 있어, 사기 또는 착오에 기해 대출계약을 해제할 수 있고, 채무불이행을 주장하여 인출중단 또는 기인출금액의 기한의 이익상실조치(accelaration) 등을 주장할 수 있다. 일반적으로 진술 및 보장을 하여야 할 사항을 살펴보면 다음과 같다.

i) 차주의 회사가 적법하게 설립되었고 존재한다는 사실(Due Incorporation)
ii) 차주가 금융계약, 담보계약, 프로젝트계약을 체결하고 수행할 정당한 권한과 위임을 받았다는 사실(Corporate Power)
iii) 그러한 계약들이 법적으로 유효하고 그 계약조건에도 차주에 대하여 이행을 강제할 수 있다는 사실
iv) 차주국의 법률상 요구되는 허가, 승인을 득하고 대외송금에 관한 허가를 받았다는 사실
v) 대출계약체결시점에서 다른 계약건에서 채무불이행 또는 연체가 없다는 사실
vi) 파산, 강제집행절차 등이 없다는 사실
vii) 법적 집행 면제대상이 아니라는 사실(No Immunity)
viii) 회계감사보고서(Audited Financial Statements)

(11) 완전조항

당사자들이 협의과정에서 주고 받은 합의사항 중에 일부가 계약서에서 누락되거나, 주고 받은 사항을 수정하여 계약서에 최종적으로 기입하게 되는데 계약서 작성 전에 주고 받은 사항과 계약서가 상충되는 경우 다툼이 발생할 수 있다. 따라서 그러한 문제들을 피하기 위하여 완전조항(Entire Agreement Clause)이 필요한데, 완전조항의 내용은 계약서가 유효한 계약서의 전부이며, 계약서작성 전에 있었던 기타의 합의는 구속력이 없다는 것이다.

(12) 약속조항

대주가 일단 자금을 공여한 후에는 상환이 완료될 때까지 차주의 상환능력이 유지되도록 관리할 필요가 있다. 따라서 상환능력 유지 및 채권보전을 목적으로 대출계약상 차주에게 작위(affirmative covenants) 및 부작위(negative covenants)의 약정을 요구할 수 있다.

약속조항중 담보제공금지(negative pledge)란, 차주가 다른 채권자들을 위하여 자기의 재산이나 수입에 담보권(예를 들면, 저당권, 유치권, 질권 등)을 설정하지 않겠다는 약속이며[7], 채권자동등대우(pari passu)는 대주의 차주에 대한 무담보채권에 대하여 차주가 자기의 다른 무담보채무와의 관계에서 다른 채무를 우선적으로 상환하지 않고 동등하게 취급하겠다는 약속이다. 일반적으로 담보제공금지와 채권자동등대우는 함께 규정되는데, 양자의 차이점은 전자는 담보채무에 관계되고 후자는 무담보채무에 관계된다는 것이다. 채권자동등대우 조항을 두더라도 국가에 따라서는 법률상 조세권, 임금채권, 소액채권등에 대해서는 우선권을 인정하므로 이러한 경우는 부득이 동등대우를 받지 못한다. 그리고 재무관계약속(financial covenants)은 차주가 자기의 재무상황을 일정한 상태로 유지하겠다는 약속이다. 재무관계약속은 차주의 재무상태의 건전화를 유도하여 상환능력을 유지시키고 재무상태가 악화되는 경우에는 채무불이행을 주장하여 기한의 이익을 상실시킴에 있다. 재무관계유지의 주요내용은 다음과 같다.

i) 유동비율유지(current ratio)

ii) 순자산에 대한 부채의 비율(debt－equity ratio)

iii) 최소 운전자금(working capital minimum)

iv) 최소 순자산(net worth minimum)

v) 채무상환비율(DSCR[8]) 유지

(13) 채무불이행

채무불이행(Event of Default) 조항은 차주가 원리금의 상환을 이행하지 않거나, 기타 금융계약상 명시된 약속조항이나 진술 및 보장조항 등을 채무불이행사유로 규정하는데, 채무불이행사유 발생 시 채권보전을 위하여 대주는 미인출금액의 취소나 대출잔액에 대한 기한의 이익을 상실시킬 수 있다. 채무불이행사유는 각 대출계약 마다 차이가 있지만 주요한 내용은 다음과 같다.

i) 원리금의 상환지체(Payment Default)

---

7) Richard Willsher, *supra* note 3, p.70.

8) DSCR(Debt Service Coverage Ratio)은 프로젝트의 현금수지가 충분한 차입원리금 상환능력이 있는가를 검증하는 대표적인 지표로 '현금흐름/(요상환액 + 요지급이자)'로 산출한다. 그 비율이 1.0 이하이면 프로젝트의 현금수지가 상환계획에 지장을 초래할 위험이 있으며, 1.0이면 경우 차입원금을 충당하는 수준이 된다. 통상 1.2 이상이면 양호하고 1.4 이상이면 상환계획에 여유가 있는 것으로 본다.

ii) 약속조항 위반(Breach of Covenants)

iii) 진술 및 보장조항 위반(Breach of Representation and Warranty)

iv) 교차채무불이행(Cross Default)[9]

v) 파산, 해산 등(Bankruptcy, Insolvency, Dissolution)

vi) 타채권자에 의한 법적절차진행(Creditors' Processes)

vii) 중대한 사정변경(Material Adverse Change)[10]

(14) 준거법

준거법을 정하지 않은 경우에는 분쟁발생시 이에 대하여 추가적인 다툼이 생길 수 있으므로 미리 정하여 추가적인 분쟁을 방지하는 것이 필요하다. 대주국의 법을 준거법으로 정하는 것이 대주에게 편리하겠지만, 반드시 유리하다고 볼 수는 없다. 준거법을 정함에 있어서 고려해야 할 사항은 첫째, 국제금융거래를 규율할 정도로 법이 잘 발달되어 있고, 둘째, 법적 편파성이 없고, 셋째, 집행이 편리해야 하고, 넷째, 법률의 변경가능성이 적은 곳이어야 한다. 국제금융계약에서는 미국 뉴욕주법이나 영국법을 준거법으로 정하는 경우가 많은데,[11] 이는 미국 뉴욕이나 영국의 런던이 국제금융의 중심지이고 그동안 미국 뉴욕주법이나 영국법을 준거법으로 정한 경우가 많아서 널리 알려져 있기 때문이다. 비록 당사자의 합의로 준거법을 정했지만, 해당 준거법이 공서양속에 반하거나, 그 준거법을 당사자가 정할 합리적인 근거가 없는 경우에 관할법원에서 준거법의 적용을 거부할 수 있으므로 주의를 요한다.

(15) 재판관할권

준거법이나 재판관할권을 정하지 않은 경우에는 분쟁발생시 재판관할권에 대해 분쟁이 생길 수 있고, 자신에게 불리한 법정지에서 재판을 받아야 하는 부담이 있으므로 계약서에서 미리 정하여 분쟁을 방지하는 것이 필요하다. 준거법과 마찬가지로 국

---

9) 교차채무불이행(Cross Default)이란 차주의 어느 다른 채무가 채무불이행사유로 인하여 기한의 이익을 상실하고 기한 전에 상환해야 하는 때에는 본건 채무도 채무불이행사유가 발생한 것으로 간주하여 기한의 이익을 상실케 하는 것을 말한다.

10) 차주국의 정치, 군사, 경제상의 중대한 변경, 차주의 재무상태의 중대한 변화 기타 중대한 사정변경이 있는 경우를 말한다.

11) Richard Willsher, *supra* note 3, p.71.

제금융에서는 미국 뉴욕주나 영국으로 재판관할권을 정하는 경우가 많은데, 이는 미국 뉴욕이나 영국의 런던이 국제금융의 중심지이고, 그동안 미국 뉴욕주나 영국으로 재판관할권을 정한 경우가 많아서 널리 알려져 있고 소송사례도 많기 때문이다. 그러나 판결에 기한 강제집행은 차주국에서 이루어지므로 여전히 해결되어야 할 문제는 남는다.

국제금융계약에서 당사자는 합의로 재판관할권을 정할 수 있다. 합의로 재판관할권을 정하는 경우 전속관할(exclusive jurisdiction)로 정하는 것보다는 임의관할(non-exclusive jurisdiction)로 정하는 것이 바람직하다. 그 이유는 특정법원을 전속관할로 정했는데 그 법원에서 재판관할권을 인정하지 않는다면, 결국 재판을 할 수 없게 되고, 결국 소송을 통한 법적 구제를 받을 수 없게 될 가능성이 있기 때문이다.

한편, 상대국 정부를 당사자로 하는 국제금융계약서에서는 상대방에서 주권면제(soverign immunity)[12]를 주장하여 외국법원의 재판이나 집행을 거부할 가능성이 있으므로 주권면제를 포기한다는 내용을 계약서에 명시하는 것이 필요하다.

(16) 중재

플랜트수출계약(해외건설공사계약)은 중재로 분쟁을 해결하는 것이 일반적이나, 국제대출계약은 소송에 의해서 분쟁을 해결하는 것이 일반적이다. 이는 대출계약은 플랜트수출계약(해외건설공사계약) 보다 당사자 간의 권리·의무가 명확하기 때문에 중재에 회부할 실익이 적으며, 대주의 입장에서는 판결 전의 압류절차 등 재판에 고유한 제도를 활용할 수 있기 때문이다. 그러나 중재조항을 삽입하는 경우 중재지, 중재기관, 중재인수 및 선정방법, 중재언어, 준거법을 명시하여 추후 중재절차에서 분쟁이 없도록 해야 한다.

(17) 항변의 절단

항변권의 절단 조항은 실물거래와 금융거래는 별개의 거래이므로, 수출거래에서 발

---

12) 국가는 일정한 조건하에서 외국의 재판관할권이나 강제집행의 대상에서 면제된다는 국제법상의 원칙이 주권면제이다. 각 국가마다 면제의 대상이나 범위에는 약간의 차이가 있다. 주권을 행사하는 국가, 정부, 국가기관 등이 국제금융계약에서 주권면제를 주장하여 소송 및 강제집행을 거부하는 경우가 있기 때문에 이를 사전에 차단해야 한다. 대법원에서도 '본래 국가는 국제관례상 외국의 재판권에 복종하지 아니하게 되어 있으므로 특히 조약에 의하여 인정한 경우나 스스로 외교상의 특권을 포기하는 경우를 제외하고는 외국국가를 피고로 하여 우리나라가 재판관할권을 행사할 수 없는 것이라 할 것이다.'고 판시하고 있다(대법원 1975. 5. 23.자 74마281 결정).

생한 사유는 대출계약에 영향을 미치지 않는다는 것이다. 플랜트수출에서 수출자의 채무불이행이 있다고 해서 구매자신용의 차주는 그 대출금의 상환을 거절할 수 없도록 해야 대주의 지위가 보장되고, 대주는 당사자 간의 분쟁에서 벗어나게 된다.

4) 신디케이티드론

(1) 개념

신디케이티드론(syndicated loan)이란, 수개의 금융기관이 차관단(syndication)을 구성하여 이 차관단에 참여한 각 금융기관이 자금을 분담하여 차주에게 공통의 조건으로 자금을 대출하는 것을 말한다. 이를 '신디케이티드 대출' 또는 '차관단 대출'로 부르기도 한다. 다수의 금융기관이 대주로서 차주에게 각자 정해진 금액을 대출한다. 공동융자 또는 차관단구성방식 대출로 부르는 경우도 있다. 다수의 금융기관이 대주로서 차주에게 각자 정해진 금액을 대출한다. 특히 프로젝트 파이낸스는 주로 거액의 거래이기 때문에 하나의 금융기관이 대출을 하는 경우 보다는 신디케이티드론으로 대출하는 경우가 많다.

신디케이티드론은 원래 미국에서 오래전부터 이용되던 대출방식인데, 유럽에서는 1960년대 말부터 이용되었으며 오늘날 거액의 국제대출건에서 많이 이용되고 있다. 신디케이티드론은 거액의 대출건에서 이용되는 것으로 대규모의 공모 또는 모집을 통하여 광범위한 은행들이 참여한다. 주로 거액의 국제적 자금대출을 위해 이용되는 것으로 국내금융시장 보다는 국제금융시장에서 활성화되고 있으며 주로 유로달러[13)]자금이 이용된다. 신디케이티드론의 경우 시간과 비용이 많이 소요되므로 소액 또는 단기자금 보다는 거액의 중장기자금 대출에 많이 이용된다.

(2) 신디케이티드론의 유형

가. 직접대출형 신디케이티드론(Direct Loan Syndicate)

직접대출형은 차관단을 대주로 하나의 대출계약서가 작성되고 차관단을 구성한 다수의 금융기관이 그 대출계약서에 서명하고 대출계약서의 조건에 따라 대출하는 방식

13) 미국 이외의 국가 또는 금융기관이 보유하고 있는 달러화를 유로달러라고 한다. 유로달러화가 발생하게 된 요인 중 하나는 미국은행에 예치된 예금에 대해 지불준비금을 적립토록하는 Regulation D, 미국은행에 예치된 예금에 대해 이자율 상한선을 적용하는 Regulation Q로 인해 미국 이외의 국가에 달러화가 예치되었기 때문이다.

이다. 대출계약상의 각 금융기관의 의무는 연대채무가 아니므로 각 금융기관은 자신의 약정액에 대해서만 대출하면 된다. 다시 말해 각 대주와 차주 간의 수개의 대출계약이 존재하는 것과 마찬가지인 것이다. 이러한 내용을 대출계약서에 명시하는 것이 바람직하다. 다수의 금융기관이 차주와 개별적으로 협상을 진행하면 복잡할 뿐만 아니라 과도한 시간과 비용이 소요되므로 통상 주간사은행(lead manager)을 정하여 주간사은행이 각 금융기관들을 대표해서 차주와 협상을 진행하게 된다.

나. 참가형 신디케이티드론(Participation Syndicate)

참가형은 주간사은행만이 차주와 대출계약의 조건을 협상하고 그 계약서에 서명하되 실제로는 주간사은행과 다른 은행들 사이에 참가계약을 체결하고 이에 따라 신디케이티드론을 구성하는 방식이다. 따라서 참가은행은 실제로 그 대출자금의 일부를 대출하지만 간사은행만이 차주가 제출한 약속어음을 포함한 모든 대출서류를 보유하는 대출계약의 당사자가 되고 참가은행은 그들이 그 대출금중 일부를 부담하였다는 취지의 간사은행발급 참가증명서를 보유하게 된다. 다만, 참가형의 경우에도 주간사은행이 자기의 대출채권의 일부를 참가은행에게 양도하는 경우 참가은행은 차주에 대하여 직접 대출채권을 취득하고 주간사은행은 양도한 대출금액의 범위내에서는 대출관계에서 탈피하게 된다. 참가형은 그 형태에 따라 주간사은행이 자신의 대출금 중 일부를 다른 은행들에게 재대출하는 방식, 주간사은행이 자신의 대출채권을 다른 은행들에게 양도하는 방식 등이 있다.

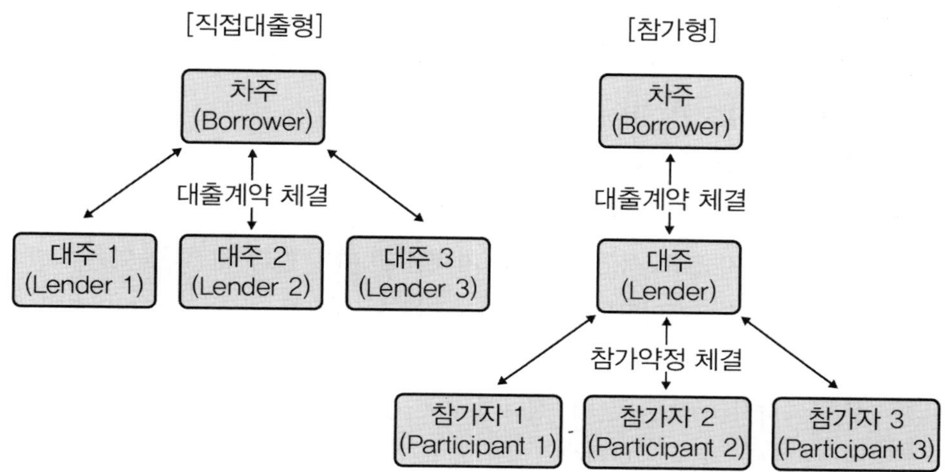

다. 혼합형

혼합형은 직접대출형과 참가형을 혼합한 것으로 간사은행 또는 간사은행단이 대출주선 위임장(mandate)을 차주로부터 받은 다음 많은 다른 은행들과 직접대출형 신디케이트를 결성하고, 그들 중 일부 은행들은 그 대출계약 체결 후 그 약속대출금에 대한 이익의 일부를 다른 참가은행들에게 매각하는 방식을 취한다.

[혼합형]

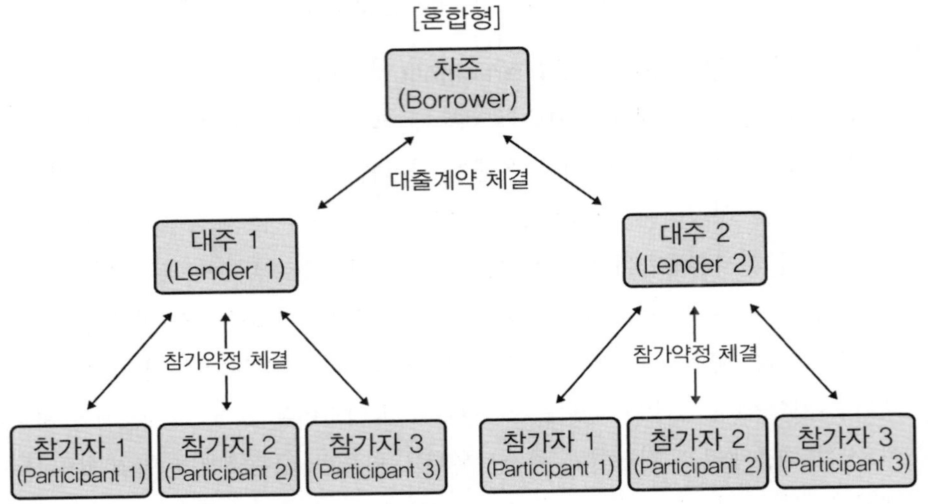

(3) 당사자 간의 법률관계

신디케이티드론에서 대주는 다수인데 차주는 하나이다. 대주단과 차주와의 법률관계가 대주단인 단체와 하나의 차주인 일방 당사자 간의 하나의 신디케이티드론 계약인지, 아니면 하나의 일방 대주와 하나의 일방 차주 간의 대출계약이 수개 존재하는 것인지에 대한 검토가 필요하다.

우선, 직접대출형은 다수의 금융기관이 각각 당사자로 신디케이티드론 계약서에 기재되고 각 금융기관의 대출금액도 특정되며, 각 금융기관은 다른 금융기관의 대출여부에 영향을 받지 않고 독립적이라고 기재된다. 이에 따라 직접대출형은 수개의 대출계약이 하나의 신디케이티드론 계약서에 기재된 것으로 보는 것이 타당하다.

이에 비해, 참가형은 대주단중 주간사은행만이 차주와 금융조건을 협의하여 신디케이티드론 계약서를 작성하는데, 신디케이티드론 계약서상 당사자는 주간사은행과 차주뿐이며, 주간사은행은 신디케이티드론 계약서상의 약정된 금액을 자신의 책임으로 대출해야 한다. 다만, 주간사은행은 자신이 신디케이티드론 계약서에서 약정한 대출금의 일부를 별도의 계약을 통해 다수의 참여은행들에게 할당하고, 다수의 참여은행은 자신의 참여분을 주간사은행앞 또는 차주앞 대출한다. 따라서 참가형은 주간사은행인 하나의 일방 대주와 하나의 일방 차주 간의 하나의 대출계약이라고 보는 것이 타당하다.

신디케이티드론에 있어서는 간사은행과 대리은행이 필요하다. 신디케이티드론을 위해서 주간사은행(lead manager)은 차주로부터 대출주선 위임장(mandate letter)을 받고 대출주선위임장에 따라 대출을 주선하게 된다. 대출주선위임장을 받은 주간사은행은 대출계약을 체결하기 전 단계에서 대출을 주선하는 역할 등을 담당한다. 통상 주간사은행은 대출을 주선하는 역할을 할 뿐이므로 대출에 대해서는 책임을 부담하지 않으며 이를 대출계약서에 명시하는 경우가 많다. 차주로부터 대출주선 위임장을 받게 되면 주간사은행은 다른 금융기관들과 대출자금의 분배를 시도하게 된다. 주간사은행은 그 대출의 기본계약사항을 기술하고 있는 '계약내용협의서(term sheet)'를 배포하고 이에 더하여 차주의 재정적·정치적·경제적 상황에 관한 정보를 제공하는 대출안내서(information memorandum)와 대출계약서초안 등을 다른 참가은행들에게 작성·배포하게 된다.

한편, 대출계약이 체결되면 주간사은행으로서의 역할은 종료되고 대리은행(agent bank)이 대출은행의 대리인의 지위에서 대출계약체결 후의 대출실행 및 사후관리 임무를 수행한다. 참여하는 은행 중 하나에게 일정한 사무를 담당시키기 위해 대리은행을 정하는 것이 일반적이다. 대리은행은 대출은행들의 대리인이며 차주의 대리인이 아니다. 일반적인 단독대출과는 달리 대주은행들은 차주 및 다른 은행들과 직접 접촉하지 않고 대리은행을 통해서 접촉한다. 대리은행의 역할은 대리은행계약서에서 정해지는데, 주로 자금의 지급 및 모집, 대출 선행조건(conditions precedent)의 확인, 차주의 재무상태에 대한 감시, 수출보험관계의 역할 등을 담당하게 된다.

그 외 일반참여은행이 있는데, 일반참여은행은 대출금의 분담을 약정하고 대출을 하는 은행을 말한다. 통상 일반참여은행의 대출금액은 주간사은행단에 소속된 은행들에 비해 소액이다.

(4) 당사자

가. 대리은행(Agent Bank)

신디케이티드론에서 다수의 대주들이 모두 한자리에 모이거나 접촉하는 것은 번잡하므로 신디케이티드론에 참가하는 은행들 중 하나를 대주들의 대리인으로 선정하여 대리은행이 대주들과 접촉하고 각종 통지를 한다. 대리은행은 대주들의 대리인이며 차주의 대리인이 아니다. 대리은행은 대출계약서에 규정된 바에 따라 그 계약이 이행되도록 집행할 명시적 의무를 신디케이티드론 구성원들에게 부담한다. 통상 대리은행의 의무에는 자금의 지급 및 모집, 선행조건의 확인, 차주의 재무상태에 대한 감시 등이 포함된다. 대리은행은 통상 중장기수출보험약관상의 '보험업무 대행자'가 된다.

나. 주간사은행(Mandated Lead Arranger)

신디케이티드론에서 다수의 대주들로부터 대출받을 때, 차주가 다수의 대주들을 접촉하여 개별적으로 대출협상을 하는 것은 번잡하기 때문에 차주는 주간사은행을 정하여 차주를 위하여 대주들을 소집하여 협상할 수 있는 대출주선위임장(mandate letterr)[14] 을 준다. 주간사은행은 신디케이티드론 구성을 위해 차주와 교섭을 진행하고 차주로부터 기채의뢰서(mandate)[15]를 받아 간사은행단(lead arranger group)을 구성하고 참여은행들(participating banks)을 모집하는 작업을 진행하고, 참가자들 사이의 공통된 조건을 모

---

14) 대출주선위임장에는 차입조건과 대출주선권한의 위임내용이 기재된다. 대출주선위임장을 얻어내기 위해 주간사은행이 되고자 하는 은행은 그 당시의 금융시장 형편이나 차입자의 필요를 고려하여 차주에게 offer를 하게 된다. 이 offer에는 대출규모, 상환기한, 이자율, 간사은행수수료 등과 같은 재무조건 뿐만 아니라 대출계약서에 정형화되어 있는 기타 중요한 조항들을 요약된 형식으로 포함된다. 이 offer의 법적 구속력을 피하기 위해 통상 '추후 계약하는 조건으로(subject to~)'라는 문구를 포함한다.

15) <u>Mandate 예시</u>

Dear Sirs,

RE: USD xxx million Loan Facility for AAA Oil & Gas USA corp.

Thank you for the proposal dated March 8, 2007. Based on the proposal and subsequent meetings, we are pleased to mandate you to act as a Co-Lead Arranger for the ECA covered financing. The major terms and conditions for the financing are shown below.

1. Project:	Oil Field Acquisition in the Gulf of Mexico
2. Borrower:	AAA Oil & Gas USA Corp.
3. Co-Lead Arranger:	A Bank and B Bank
4. Export Credit Agency:	Korea Export Insurance Corporation
5. Amount:	USD XXX
6. Tenor:	10 years
7. Interest Rate:	Libor (6m)+
8. Management Fee:	USD XXX
9. Repayment:	semi-annual installments
10. Availability Period:	1 month

We are delighted to have the opportunity to work with your fine institution for the financing and look forward to continuing the relationship on a long-term basis.

Sincerely yours,

아 대출계약의 내용을 협의·작성하고, 서명식을 진행하는 작업 등 신디케이티드론 성립을 위한 모든 작업을 수행한다.

통상 최대 대주가 주간사은행 역할을 하며, 수 개의 은행이 주간사은행단(Mandated Lead Arrangers)을 결성하기도 한다. 주간사은행은 차주의 위임을 받아 대주단과 대출계약을 주선하며, 대출안내서(Information Memorandum: I/M, 또는 Prospectus)를 준비하여 각 대주은행에게 배포한다. 통상 주간사은행은 대주단을 주선하지만, 책임은 없는 것으로 정한다.

주간사은행의 역할은 각 당사자가 대출계약에 서명하여 대출계약이 체결됨으로써 끝난다. 한편, 주간사은행이 대리은행까지 겸임하는 경우가 많은데, 이 경우 대출계약이 체결된 이후에도 대리은행으로서의 의무는 남게 되며, 구체적인 내용은 대출계약에서 정한다.

다. 신디케이티드론에서의 대주(Lender)

신디케이티드론의 대주는 대출형태에 따라 다르다. i) 직접대출형 신디케이티드(Direct Loan Syndicate)에서는 신디케이티드론에 서명한 은행들이 당사자(대주)가 되며, ii) 참가형 신디케이트(Participation Syndicate)에서는 간사은행만이 대출계약에 서명하는 당사자(대주)가 되며, 각 참여자들은 대출계약의 대주가 아니다. iii) 혼합형 신디케이티드론에서는 대출계약에 서명한 은행들이 당사자(대주)가 되며, 이 은행들과 참가계약을 한 참가은행들은 당사자(대주)가 아니다.

3. 프로젝트 파이낸스

1) 개설

국제거래에서 신규 프로젝트를 추진하는 경우 사업주(sponsor)가 자신의 신용으로 자금을 차입하는 것이 보편적이었지만, 1990년대부터는 프로젝트를 위한 신설회사인 프로젝트 컴퍼니(project company)를 설립하여 프로젝트 컴퍼니가 사업성을 바탕으로 자금을 차입하는 방식이 널리 확대되었는데, 이러한 자금조달방식을 프로젝트 파이낸스(project finance)라고 한다.[16] 최근에는 프로젝트 파이낸스는 대규모 신규 프로젝트에서 중심적인 사업추진 방식으로 자리를 잡고 있는데, 그 이유는 기업금융을 통한 자금조

---

16) Graham Vinter, *Project Finance*, London Sweet & Maxwell, 1998, p.vii.

달은 사업 실패시 기업 자체의 생존을 위협할 가능성을 배제할 수 없으나, 프로젝트 파이낸스를 이용하는 경우 사업주는 마치 주식회사의 주주처럼 사업에서 발생하는 채무로부터 벗어나고 자신의 출자분에 대해서만 손실을 부담하면서 사업에 대한 지배권을 보유하기를 원하기 때문이다.[17)]

프로젝트 파이낸스는 사업주가 자금을 차입하는 것이 아니고, 당해 프로젝트를 위해 신규로 설립된 프로젝트 컴퍼니가 자금을 차입하는 것이기 때문에 이러한 자금을 공여하는 금융기관은 차주의 신용도 보다는 미래의 현금흐름(cash flow)을 바탕으로 자금을 공여한다. 이에 따라 현금흐름이 예상했던 것에 미치지 못하는 경우 대출금을 회수하지 못하게 되며, 현금흐름이 예상대로 실현된다고 하더라도 프로젝트 유치국에서의 전쟁, 환거래제한, 수용 등 비상위험(political risk)이 발생하는 경우 금융기관은 대출금을 회수하지 못하게 된다. 프로젝트 파이낸스에서는 사업주 또는 정부의 지급보증 등 확실한 담보가 없고 미래의 현금흐름 및 장기판매계약 등 간접적인 담보장치들만 있어 관련자가 많고 각종 서류도 다양하고 복잡하여 심도 있는 검토가 필요하다.

2) 프로젝트 파이낸스의 의의

(1) 개념

프로젝트 파이낸스는 대주인 금융기관이 특정 프로젝트로부터 발생하는 미래의 현금흐름과 프로젝트 자체의 자산가치(asset value)에 기초하여 융자하는 금융기법이다.[18)] OECD 공적지원수출신용협약(Arrangement on Officially Supported Export Credits)에서는 당해 사업으로부터 창출되는 현금흐름 및 수익, 그리고 사업체의 자산이 대출금 상환의 재원이 되는 것을 프로젝트 파이낸스로 보고 있다.[19)]

17) 김민형, 해외건설 40년 성과와 지속성장을 위한 과제, 해외건설, 2007.6, p.27.

18) E.R. Yescombe, Project Finance, Academic Press, 2002, p.1.
'Project finance is a method of rasing long-term debt financing for major projects through "financial engineering," based on lending against the cash flow generated by the project alone.'

19) APPENDIX 1: ELIGIBILITY CRITERIA FOR PROJECT FINANCE TRANSACTIONS
I. BASIC CRITERIA
The transaction involves/is characterised by:
a) The financing of a particular economic unit in which a lender is satisfied to consider the cash flows and earnings of that economic unit as the source of funds from which a loan will be repaid and to the assets of the economic unit as collateral for the loan.
b) Financing of export transactions with an independent (legally and economically) project company,

프로젝트 파이낸스 이외의 일반적인 프로젝트에서는 사업주(sponsor)가 프로젝트에 소요되는 자금을 전액 출자하거나 직접 차입하여 사업을 추진한다. 그러나 프로젝트 파이낸스에서는 사업주는 사업에 필요한 자금을 직접 차입하지 않고, 프로젝트 컴퍼니(project company)를 설립하여 프로젝트 컴퍼니가 직접 차주가 되도록 하며, 프로젝트 컴퍼니의 차입에 대하여 사업주는 상환책임이 없거나 제한된다.[20] 프로젝트 파이낸스에서는 소요 자금을 전액 출자금으로 조달하지 않고 기본적으로 미래에 창출되는 수입을 바탕으로 소요자금을 조달한다.[21] 이에 따라 프로젝트 파이낸스에서 대주는 현금흐름과 프로젝트 자체의 자산을 우선적으로 검토한다.[22] 프로젝트 파이낸스는 거래구조가 복잡하고 많은 당사자들이 참여하기 때문에 많은 비용과 시간이 소요되는 바, 주로 대규모의 장기금융조달 프로젝트에서 이용된다.[23] 프로젝트 파이낸스에서는 미래의 현금흐름 확보가 가장 중요하기 때문에 대출금의 상환에 필요한 현금흐름의 확보를 위하여 수많은 당사자들이 참여하고 다양한 직간접적인 담보장치들이 요구된다.

프로젝트 파이낸스에서 대주인 금융기관은 현금흐름과 프로젝트 자체의 자산을 우선적으로 검토한다.[24] 프로젝트 파이낸스의 가장 중요한 특징은 사업주가 프로젝트 컴퍼니를 신설하고, 이 프로젝트 컴퍼니가 금융기관으로부터 소요자금을 차입하며, 사업주는 이에 대해 보증을 하지 않기 때문에 금융기관은 사업주에게 대출금 상환청구 내지는 구상청구를 할 수 없다는 것이다. 즉 금융기관은 사업주에게 상환청구불능조건(without recourse) 내지는 상환청구권제한조건(limited recourse)조건으로 대출한다는 것이다. 사업주는 프로젝트 파이낸스에 따른 부채를 재무제표상의 부외계정(off-balance

---

e.g. special purpose company, in respect of investment projects generating their own revenues.

c) Appropriate risk-sharing among the partners of the project, e.g. private or creditworthy public shareholders, exporters, creditors, off-takers, including adequate equity.

d) Project cash flow sufficient during the entire repayment period to cover operating costs and debt service for outside funds.

h) Limited or no recourse to the sponsors of the private sector shareholders/sponsors of the project after completion.

20) Scott L. Hoffman, *The Law and Business of International Project Finance*, Cambridge University Press, 2008, p.4.

21) Graham Vinter, *supra* note 17, p.xxxi.

22) Peter K Nevitt, *Project Finance*, Euromoney Publications, 1995, p.3.

23) E.R. Yescombe, *supra* note 19, p.1.

24) Peter K Nevitt, *supra* note 23, p.3.

sheet)으로만 계상하였으므로 재무적 부담이 적다. 프로젝트 파이낸스에서 사업주는 대출금에 대해 상환책임이 없기 때문에 이를 보완하는 다양한 담보장치들을 요구하여 그 구조가 복잡하다. 이에 따라 프로젝트 파이낸스의 구조화(structuring)는 프로젝트 파이낸스 성공의 열쇠가 된다.[25)]

(프로젝트 파이낸스 도해)

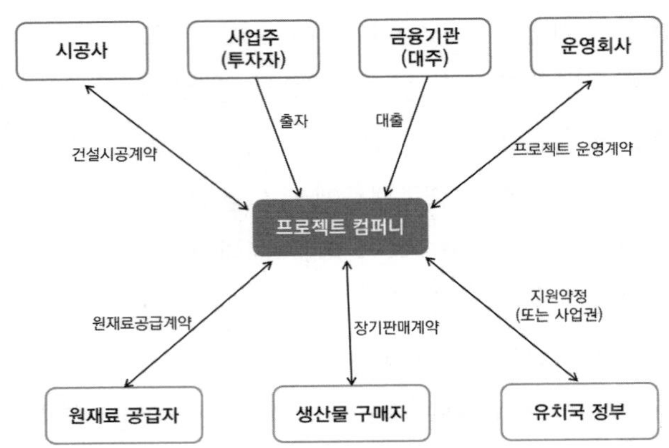

(2) 연혁

프로젝트 파이낸스는 1856년 수에즈운하 개발사업에서 최초로 도입되었지만,[26)] 소위 진정한 의미에서의 프로젝트 파이낸스는 1930년대의 미국 텍사스주를 중심으로 활발하게 진행되었던 원유개발사업이라고 할 수 있으며,[27)] 널리 보급된 것은 1990년대에 들어서부터다.

1, 2차 석유파동을 겪은 후, 1980년대에는 원유, 가스 등 자원개발에 대한 투자수요가 급증하였고, 이러한 사업에는 막대한 자금이 소요되고 프로젝트 수행과정에서 다양한 위험이 존재하였다. 이러한 위험으로부터 단절되기를 원하는 사업주로서는 자신이 차입하거나 지급보증(또는 물적 담보 제공)을 통한 자금조달방법 대신, 당해 사업자체의 현금흐름을 상환재원으로 하는 자금조달방법을 원했다. 이에 따라 프로젝트 파이낸스 금융기법이 적절한 자금조달방법으로 관심을 끌었다. 특히 1980년대 말부터 시

25) Peter K Nevitt, *supra* note 23, p.3.

26) 반기로, 「프로제트 파이낸스」, 한국금융연수원, 2007, p.4.

27) 김영기, 최근 국제 프로젝트 파이낸스 시장 동향과 시사점, 수은해외경제연구, 2002.11, p.12.

작된 각국의 민영화 바람 및 개도국의 경제성장은 프로젝트 파이낸스를 일정궤도에 올려 놓았고, 1990년대 들어서는 서방유수의 기업들조차도 기존기업의 위험부담없이 신규 프로젝트를 추진하기를 원했으므로 종래의 기업금융(corporate finance) 대신 프로젝트 파이낸스 기법을 선호하게 되었다.

(3) 프로젝트 파이낸스의 요건

프로젝트 파이낸스는 미래의 현금흐름 즉 사업성을 바탕으로 자금을 조달하는 금융조달방식이기 때문에 그 대상 프로젝트는 다음과 같은 요건을 필요로 한다.

i) 미래의 현금흐름을 예측할 수 있어야 한다. 프로젝트의 성패는 결국 미래의 현금에 달려 있다. 미래의 현금흐름 예측을 위해서는 다양한 가정이 불가피하지만, 이러한 가정의 불확실성이 높을수록 위험이 크게 된다.

ii) 생산물의 판매가 장기적(예: 대출금 상환기간)으로 안정적이어야 한다. 현금흐름은 생산물의 판매를 통해 이루어지므로 안정적인 현금흐름을 위해서는 생산물의 장기적 판매가 안정적이어야 한다. 안정적인 장기판매를 위해서는 프로젝트 추진단계에서 장기판매계약을 체결하는 것이 필요하다.

iii) 자원의 매장량이나 생산기술이 확실해야 한다. 자원개발프로젝트에서는 자원의 매장량이 확인되어야 한다. 물론 자원의 양뿐만 아니라 질도 확인된 것이어야 한다. 그리고 생산프로젝트의 경우 생산기술이 상업적으로 증명된 것이어야 하며, 라이프 사이클이 짧은 것은 적합하지 않다.

3) 프로젝트 파이낸스의 특징

(1) 특징

프로젝트 파이낸스의 가장 두드러진 특징은 차주는 신설회사인 프로젝트 컴퍼니이며, 금융기관은 사업주에 대해 대출금 상환청구 내지는 구상청구를 할 수 없다는 것이다. 이에 따라 프로젝트 파이낸스는 사업주가 위험부담을 기피하는 대규모 프로젝트에 대한 자금조달수단으로 많이 이용되고 있다. 종래의 기업금융(corporate finance)과의 주된 차이점은 다음과 같다.

i) 기업금융은 신용도가 있는 기존 기업에 대한 대출로서 기업의 용도를 바탕으로 대출이 이루어지는 반면, 프로젝트 파이낸스는 신용도가 없는 신설회사에 대한

대출로서 상환의 주재원은 당해 프로젝트의 미래 현금흐름이다. 따라서 프로젝트가 실패하여도 사업주에 대한 상환청구권이 없거나 제한되어, 자금을 공여하는 금융기관에게는 리스크가 매우 높다.

ii) 기업금융에서는 사업주가 대출금의 상환의무를 부담하지만, 프로젝트 파이낸스에서는 프로젝트 컴퍼니가 차주로서 원리금상환의무를 부담한다. 따라서 프로젝트 컴퍼니의 차입금은 사업주의 대차대조표상 부외(Off Balance)채무로 표시되거나 아예 표시되지 않으므로, 사업주의 재무제표는 악화되지 않는다.

iii) 기업금융에서는 사업주가 차주가 되어 대출금의 상환의무를 부담하게 되거나 차주가 지급보증을 하게 되어 사업주에게 이행을 청구할 수 있다. 그러나 프로젝트 파이낸스에서는 사업주는 차주도 아니며, 대출에 대한 보증도 하지 않으므로 사업주에게 상한청구권을 행사할 수 없다.

iv) 프로젝트 파이낸스는 기업금융에 비해서 대출금이 대규모이다. 이에 따라 당해 소요자금을 용이하게 조달하기 위하여 컨소시엄(consortium)을 구성하고, 대주인 금융기관은 자금부담 및 위험분산 차원에서 단독대출(single loan) 보다는 신디케이티드론(syndicated loan)을 통해 자금을 공여하는 경우가 많다.

v) 기업금융에 비해서 프로젝트 파이낸스에는 다수의 당사자가 참여하고 그 구조가 복잡하기 때문에 준비에 상당한 시간이 소요되며, 프로젝트의 객관성 및 신뢰성을 유지하기 위해서 금융자문기관, 변호사, 회계사, 세무전문가, 보험회사, 기술자, 환경전문가 등 외부전문가들의 참여가 필수적이다.

vi) 금융기관은 대출금의 회수를 확실하게 하기 위하여 프로젝트 유치국 정부, 사업주, 원재료공급자, 생산물구매자 등 제3자로부터 다양한 보장을 요구한다.

vii) 기업금융에 비해 리스크가 높기 때문에 금융기관은 대출금에 대해 높은 가산금리(spread)를 받게 된다. 프로젝트 파이낸스는 대표적인 'High Risk High Return' 금융이라고 할 수 있다.

(2) 장점

프로젝트 파이낸스를 결정하는 당사자는 금융을 필요로 하는 사업주와 금융을 제공하는 금융기관인데, 각 당사자 입장에서의 장점은 다음과 같다.

(사업주입장에서 장점)

i) 사업위험을 분산시킬 수 있다. 사업주는 사업을 추진하는 주체이므로 사업실패 시 소요자금 전액에 대해 손실을 보는 것이 일반적이겠지만, 사업주는 지분출자만 하며, 직접 차주가 되지 않으며, 상환보증도 하지 않으므로 대출금에 대해서는 상환책임이 없다.

ii) 사업주는 적은 투자자금으로 높은 레버리지 효과(leverage effect)를 얻을 수 있다. 일정금액의 지분출자만 하고 소요자금의 상당부분을 금융기관이 프로젝트 컴퍼니 앞으로 대출하게 되므로 높은 투자효과를 얻을 수 있다.

iii) 금융기관의 대출금이 사업주의 차입금으로 계상되지 않으므로 사업주의 재무건전성에 영향을 미치지 않는다. 프로젝트 파이낸스방식을 취하지 않고 사업주가 직접 차입하면 사업주의 대차대조표상 차입금으로 계상되어 차입금 및 부채비율이 높아져 재무건전성이 악화된다.

iv) 사업주는 차입금액을 늘릴 수 있다. 프로젝트 파이낸스는 사업주의 신용한도와는 별개로 사업성을 바탕으로 금융을 제공하는 것이므로 사업주는 자신의 신용한도(credit line)에 영향 없이 추가로 금융을 일으킬 수 있다.

v) 사업주는 합작투자로 위험을 분산시킬 수 있다. 대규모 프로젝트에서는 다수의 사업주의 합작투자를 하여 프로젝트 컴퍼니를 설립하여 프로젝트를 추진하므로 위험을 분담할 수 있다.

vi) 일반적으로 기업금융에서는 5년 이상의 장기차입이 곤란하나 프로젝트 파이낸스는 미래의 현금흐름 및 사업성을 기초로 대출하는 것으로 장기의 대출이 일반적이다.

vii) 신용도가 향상될 수도 있다. 프로젝트 파이낸스는 미래의 현금흐름을 기초로 하는데, 이는 생산물의 판매를 통해 이루어진다. 통상 생산물에 대해 장기판매계약을 체결하며, 현금흐름은 구매자의 대금지급을 통해 이루어진다. 따라서 구매자의 신용도가 사업주보다 높은 경우 대출금에 대한 신용도가 향상되는 결과가 된다.

(금융기관입장에서 장점)

i) 금융기관은 높은 이자수익을 얻을 수 있다. 프로젝트 파이낸스는 기업대출에 비해 가산금리(spread)가 높아 금융기관은 높은 이자수익을 얻을 수 있다.

ii) 미래현금흐름 즉 사업성을 기초로 금융을 제공하는 것이므로 사업성 분석만 정확히 한다면 기업금융에 비해 안전할 수 있다.

iii) 금융기관은 프로젝트 파이낸스 추진에 참여하여 주간사수수료, 대리은행수수료, 약정수수료 등 각종 수수료를 받는다.

(3) 단점

프로젝트 파이낸스에서 사업주 및 금융기관입장에서의 단점은 다음과 같다.

(사업주입장에서의 단점)

i) 사업성 분석을 위한 다양한 기법이 필요하고 관련 당사자들도 많아서 금융비용이 높다.

ii) 프로젝트 추진에 장시간이 소요된다. 위험요소가 많고 면밀한 사업성 검토가 필요하며, 다수의 관련 당사자들의 이해조정이 필요하므로 프로젝트 추진에 장시간이 소요된다.

iii) 부대비용이 높다. 사업성 분석, 각 참여기관의 수수료 등은 모두 프로젝트 비용에 포함되어 부대비용이 매우 높다. 이에 따라 소규모 프로젝트는 프로젝트 파이낸스방식이 적합하지 않으며, 일정 규모 이상의 프로젝트에서만 적합하다.

(금융기관입장에서의 단점)

i) 대출위험이 높다. 차주는 신용도가 없는 신설회사이므로 차주의 자산을 통한 회수는 어렵고, 사업주의 상환청구권도 행사할 수 없다.

ii) 금융기관이 사업위험을 부담한다. 통상 금융기관의 대출금이 사업주의 출자금에 비해 높기 때문에 금융기관의 사업위험 부담이 사업주 보다 높다.

4) 프로젝트 파이낸스의 당사자

(1) 사업주

사업주(sponsor)는 프로젝트를 실질적으로 추진하는 주체이다. 사업주가 자금을 직접 차입하여 신규 프로젝트를 추진하는 경우 그 프로젝트가 실패해도 사업주는 차입금을 상환해야 하기 때문에 사업주는 회복하기 힘든 피해를 입을 수 있다. 이에 따라 사업주가 직접 차입하는 방식 대신 프로젝트 컴퍼니를 설립하여 프로젝트 컴퍼니가 차주가 되는 방식으로 진행한다. 사업주가 직접 진행하는 경우에는 프로젝트에서 발생하는 채무에 대해 사업주가 책임을 부담하게 되지만, 프로젝트 파이낸스방식으로 진행하는 경우 사업주는 출자금(equity) 또는 후순위대출금(subordinated loan)[28]만 손실을 보며 기타 채무에 대해서는 책임을 부담하지 않는데, 이는 마치 주식회사에서 주주의 지위에 있는 것과 유사하다. 사업주는 단독으로 프로젝트를 추진하기도 하지만, 다수의 사업주가 컨소시엄을 구성하여 공동으로 프로젝트를 추진하는 경도 있다. 특히 프로젝트 규모가 크거나 위험요소가 많은 프로젝트는 다수의 사업주가 공동으로 추진하는 경우가 많다.

사업주는 대출금에 대해 직접 상환할 의무를 부담하지는 않지만 프로젝트에 대해

28) 후순위대출금은 상환순위가 금융기관의 대출금 보다 후순위이다. 따라서 이를 준자본금(quasi capital)으로 분류하기도 한다.

아무런 책임이나 의무가 없는 것은 아니다. 사업주가 대출금에 대해 지급보증을 하지는 않으나, 프로젝트 완공보증, 프로젝트 컴퍼니에 대한 출자, 프로젝트 컴퍼니에 대한 일정한 상태의 유지 등에 대해 보장을 하는 등의 책임을 부담한다.

(2) 프로젝트 컴퍼니

프로젝트 컴퍼니(project company)는 사업주가 새로운 사업을 위해 신규로 설립한 회사로 재무제표가 없을 뿐만 아니라 신용등급도 받을 수 없다. 프로젝트 컴퍼니는 프로젝트 파이낸스에서의 모든 자산의 소유자가 되며, 모든 부채의 채무자가 된다. 프로젝트에서 발생하는 모든 비용을 부담하며, 프로젝트에서 발생하는 모든 현금흐름은 일단 프로젝트 컴퍼니에 귀속된다. 프로젝트 컴퍼니는 통상 프로젝트 파이낸스에서 제공되는 금융의 차주(borrower)가 된다.

(3) 금융기관

프로젝트 파이낸스에서 금융기관은 금융자문역할과 소요자금 대출기능을 한다. 사업추진단계에서부터 사업주는 금융자문기관(financial advisor)을 고용하여 금융에 대한 자문을 받는다. 프로젝트에 소요되는 자금을 공여하는 금융기관은 실질적으로 프로젝트에 대한 위험을 부담하게 되므로 사업주 이상으로 심도 있게 사업성 검토를 한다. 금융기관은 이러한 업무를 오랜 기간 처리해왔기 때문에 많은 경험과 지식이 축적되어 있으므로 금융기관의 참여는 사업성을 심사하는데 그치지 않고 위험요소를 제거하여 안전한 프로젝트로 발전시키는 역할도 하고 있다.[29] 금융문기관은 프로젝트 예비사업성 검토(preliminary feasibility study), 계획수립(planning), 금융주선업무(arranging finance), 금융모니터링(monitering the financing) 등의 역할을 수행한다.[30] 사업주는 금융자문기관에게 대출주선위임장을 주어 금융조달에 대한 일체의 권한을 부여하는 경우가 많다. 한편, 프로젝트 파이낸스는 규모가 크고 리스크가 높기 때문에 하나의 금융기관이 자금을 공여하는 경우 보다는 다수의 금융기관이 신디케이션을 구성하여 대출하는데, 이러한 대출을 신디케이티드론 또는 차관단대출이라고 한다.[31] 신디케이티드론에서는 주간사은행(mandated lead arranger)이 정해지는데, 주간사은행은 금융기관을 모집하고, 금융구조

29) Eric Bishop, *Finance of International Trade*, Intellexis plc, Elsevier Ltd, 2006, p.7.

30) Peter K Nevitt, *supra* note 23, p.23-25.

31) 홍대희, 「국제채 및 해외 포트폴리오」, 한국금융연수원, 2006.2, p.243.

를 만든다. 대출주선위임장을 받은 금융기관은 신디케이티드론에서 주간사은행의 역할도 수행한다.

금융기관은 소요자금을 대출하는데, 프로젝트 파이낸스는 사업성을 주된 상환재원으로 하기 때문에 금융기관은 프로젝트 파이낸스의 사업성을 면밀히 검토하고 각종 담보장치를 요구한다. 금융기관이 프로젝트 컴퍼니앞 직접 대출하여 프로젝트 운영을 통한 현금흐름을 통해 회수하는 것이 본질적이며, 또한 사업주가 출자하는 자금을 금융기관이 사업주 앞 대출할 수도 있다. 금융기관은 해외건설 프로젝트에 소요되는 자금을 공여하며, 이행보증서 등 보증서를 발급하기도 한다.

(4) 프로젝트 시공사

프로젝트 시공사(EPC contractor)는 건설시공을 수행하는 당사자이다. 건설시공은 프로젝트의 본질적인 부분이기 때문에 사업주는 엄격한 심사를 통해서 시공사(contractor, construction company)를 선정한다. 시공사가 엔지니어링까지 맡을 수도 있고, 별도의 엔지니어링회사를 정할 수도 있다. 엔지니어링회사는 프로젝트 설비건설을 위한 기초설계 및 본 설계를 담당하며, 공정을 점검하는 역할을 수행한다. 시공사 선정방식은 공개경쟁입찰 또는 제한경쟁입찰 방식을 이용하는 경우가 많다. 사업주는 입찰참가자로 하여금 금융기관을 접촉하여 금융제공에 대한 의향서(letter of intent)를 받아 제출할 것으로 요구하는데, 이 경우 입찰참가자 소재국 수출보험기관의 수출보험 지원 또는 수출입은행의 수출금융 지원이 있으면 입찰경쟁에서 유리하다. 대규모 프로젝트에서는 한 개의 업체가 단독으로 입찰에 참가하는 경우는 드물며, 분야별로 경쟁력을 보유하고 있는 수개의 업체가 컨소시엄을 구성하여 입찰에 참가하는 경우가 많다. 물론 국적을 달리하는 수개의 업체가 컨소시엄을 구성하는 경우도 흔하다.

(5) 프로젝트 유치국

프로젝트 파이낸스는 발전, 통신, 도로 등 사회인프라를 위한 사업이 많은데, 이러한 사업은 프로젝트 유치국입장에서도 절실한 사업이므로 유치국 정부에서 세제혜택, 송금보장 등 일정한 약정을 한다.

(6) 수출신용기관

상업금융기관은 해외건설 프로젝트에 소요되는 자금을 전부 공여하기 보다는 그 중 일부는 수출신용기관(export credit agency: ECA)[32]이 참여하는 것을 선호한다. 그 이유는 위험을 분담하고, 수출신용기관이 참여하는 경우 해당 국가의 공적채권으로 되어 채무불이행발생 시 외교적인 해결도 가능하기 때문이다. 수출신용기관도 해외건설 프로젝트에서 자국기업이 시공사로 참여하는 경우 수출증진을 위해 수출신용지원을 하고 있다.[33] 수출신용기관이 참여하는 방식에는 소요자금의 일부를 직접 대출하는 방식과 상업금융기관이 대출하고 수출신용기관이 수출보험으로 지원하는 방식이 있다. 우리나라에서는 수출금융 대출은 한국수출입은행에서 담당하고, 수출보험은 한국무역보험공사에서 담당하고 있다.

(7) 당사자 간의 법률관계

프로젝트 파이낸스에서의 가장 주된 당사자는 차주인 프로젝트 컴퍼니, 즉 특수목적회사(special purpose company)와 대주인 금융기관이다. 금융기관은 프로젝트 컴퍼니와 금전소비대차계약인 대출계약를 체결한다. 그런데, 프로젝트 파이낸스에서는 금융기관이 주로 당해 프로젝트의 사업성을 보고 신용을 공여하므로 대출심사의 주된 초점은 현금흐름의 예상 및 예상된 현금흐름의 유지·확보에 있다. 이에 따라 프로젝트의 타당성, 자금조달, 기타 다른 금융수단의 이용가능성을 검토한 후, 프로젝트 관련 위험을 분석하고 이를 최소화할 수 있는 방안을 모색해야 한다. 이를 확보하기 위해 프로젝트 사업주, 시공사, 원재료 공급자, 생산물구매자, 정부 등 참가자들의 각종 보장·보증을 문서화하고, 프로젝트 관련 자산에 대해 담보권을 설정해야 한다. 법률체제가 미비한 개도국에서 프로젝트 파이낸스가 추진되는 경우에는 특히 법률문제에 대하여 주의를 기울여야 한다. 왜냐하면, 유치국에서의 각종 담보설정 및 집행이 용이하지 않고, 불합리한 판결도 있고, 외국의 준거법선택을 인정하지 않거나, 외국판결을 승인하지 않으며, 상사중재의 범위가 제한되는 등 전체적으로 사법제도의 신뢰성이 매우 낮기 때문이다. 따라서 대주들은 현지 변호사들의 자문을 얻고 가능하면 현지 관계정부기관의 보장(government support agreement) 내지는 양허계약(concession agreement)을 문서형태로 확보하여 초기부터 법률위험을 배제하는 것이 바람직하다.

---

32) 우리나라에서는 한국수출입은행과 한국무역보험공사가 수출신용기관의 역할을 하고 있다. 전자는 대출업무를, 후자는 수출보험업무를 취급하고 있다.

33) Richard Willsher, *supra* note 3, p.80.

5) 프로젝트 파이낸스에서의 금융조달방법

(1) 개설

프로젝트 파이낸스는 주로 대규모 프로젝트에서 사용되는 금융기법이므로 소요자금이 대규모이며, 금융조달이 가장 중요하다. 소요자금은 사용용도에 따라 시설자금과 운영자금으로 구분되며, 시설자금은 발전소 건설, 도로건설 등 프로젝트 파이낸스의 대상 시설을 완성하는데 소요되는 자금이며, 운영자금은 프로제트 시설이 완공된 후 사업을 운영하는데 소요되는 자금이다.

또한, 소요자금은 조달방법에 따라 사업주의 지분출자, 금융기관으로부터의 차입, 자본시장에서의 채권발행, 금융리스 등으로 구분할 수 있다. 여기서 사업주의 출자금은 자본(equity)이 되며, 그 외의 조달은 부채(debt)가 된다. 사업주는 사업위험을 줄이면서 자기자본이익율(return on equity)을 극대화하기 적게 출자하기를 원하나, 금융기관 등 소요자금 제공자는 금융위험을 줄이고 사업주의 책임있는 운영을 위해 사업주가 많이 출자하기를 원한다. 프로젝트 파이낸스에서 금융종결(financial close)[34)]까지 사업주와 금융기관은 지속적으로 협의하여 양당사자의 입장 차이를 좁혀간다.

(2) 사업주의 출자

프로젝트 파이낸스에서 사업주의 자본금 형식으로 소요자금의 일부를 조달한다. 프로젝트 마다 자본금 출자규모는 차이가 있지만, 통상 전체 소요자금의 30% 정도는 자본금으로 조달한다. 사업주는 최소 자본금 비율만큼은 프로젝트 위험을 부담하게 된다. 사업주는 자신의 여유자금으로 자본금을 조달할 수도 있고, 금융기관으로부터 직접 차입하여 조달할 수도 있다. 그러나 이 경우 사업주는 그 자금에 대해서는 차주가 되므로, 프로젝트 파이낸스에서 금융기관이 대출하는 자금과는 그 법적 성격이 다르다.

그 외 사업주는 후순위채권(subordinated debt)으로 소요자금의 일부를 조달하기도 한다. 후순위채권은 자본금과는 성격이 다르다. 자본금은 각국 회사법에 따라 출자 후 임의로 회수할 수 없고, 지분양도를 통해 회수해야 한다. 그러나 후순위채권은 그 법적 성격이 대출이므로 선순위채권자를 해하지 않는 범위내에서 회수할 수 있다.

---

34) 각종 프로젝트 계약서, 대출계약, 기타 금융서류 등이 체결되고 최초인출조건이 충족되는 시점을 말한다.

(3) 금융기관의 대출

일반적으로 금융기관의 대출은 프로젝트 파이낸스에서 소요되는 자금의 가장 큰 비중을 차지한다. 다시 말해 사업주는 소요자금의 상당부분을 금융기관으로부터 차입하게 된다. 금융기관으로부터 차입할 때, 프로젝트 소재지의 현지금융기관이 대출하는 것이 가장 바람직하다. 그 이유는 현지금융기관은 현지 상황에 대해 가장 잘 알고 있고, 현지금융기관은 현지통화로 대출할 수 있어 환율위험을 피할 수 있기 때문이다. 이에 따라 선진국에서 진행되는 프로젝트 파이낸스의 경우 현지금융기관의 참여가 매우 높다. 그러나 개발도상국의 경우 현지금융기관은 자금력이 없기 때문에 거액의 장기대출을 하는데 어려움이 많다. 이에 따라 주로 20여개의 세계일류은행들이 금융조달에 주도적으로 참여하고 있으며, 그 이하의 은행들은 세계일류은행들 대출분의 일부를 대출하는 방식으로 참여하고 있다.

(4) 자본시장에서의 채권발행

프로젝트 컴퍼니가 채권을 발행하는 방식으로 자금을 조달할 수도 있다. 채권을 발행한 프로젝트 컴퍼니는 채권만기일에 채권금액을 지급해야 한다는 점에서 금융기관의 대출과 유사하다. 채권은 만기일에 원금과 이자를 상환하는 내용으로 발행할 수도 있고, 일정기간마다 원금과 이자를 분할상환하는 내용으로 발행할 수도 있다. 금융기관의 대출은 채권자가 몇몇의 금융기관이지만, 채권발행은 다수의 채권투자자가 채권자이므로 이해관계자가 많다. 이러한 측면에서 채권발행은 대출에 비해 규제가 많고 절차가 복잡하다. 이런 점으로 인해 채권발행은 금융기관 대출에 비해 그 비중이 적다.

(5) 기타

리스금융을 통해 자금을 조달할 수도 있다. 프로젝트 파이낸스에서는 각종 설비나 장비가 필요한데, 자본금이나 금융기관 대출금으로 이러한 설비나 장비를 구입하지 않고, 리스회사로부터 리스하는 방법이다. 리스금융의 장점을 보면, 리스금융제공자(lessor, 임대인)입장에서는 장비에 대한 소유권을 보유하고, 리스금융이용자(lessee, 임차인)입장에서는 장비를 단기간 이용한 후 반환할 수 있어 편리하다. 리스금융은 세제혜택도 주고 있다. 리스금융제공자는 리스대상물에 대한 감가상각을 통해 절세를 할 수 있고, 리스금융이용자는 리스대상물에 대한 소유권이 없어 취득세나 재산세를 피할 수 있으며, 리스료에 대해 비용처리가 가능하다.

6) 프로젝트 파이낸스의 다양한 위험 및 감소방안[35)]

(1) 개설

프로젝트 파이낸스는 사업주가 자금을 차입하는 것이 아니고, 당해 프로젝트를 위해 신규로 설립된 프로젝트 컴퍼니가 자금을 차입하는 것이기 때문에 금융기관은 차주의 신용도 보다는 미래의 현금흐름을 바탕으로 자금을 공여한다. 완공위험, 프로젝트위험, 원재료 조달위험, 생산위험, 판매위험 등의 상업위험(commercial risk)으로 인하여 현금흐름이 예상했던 것에 미치지 못하는 경우 대출금을 회수하지 못하게 된다. 또한, 현금흐름이 예상대로 실현된다고 하더라도 프로젝트 유치국에서의 전쟁, 환거래제한, 수용 등 비상업적 위험(noncommercial risk)이 발생하는 경우 금융기관은 대출금을 회수하지 못하게 된다. 특히 비상위험은 예측하기 곤란하며 동시에 다발적으로 발생하기 때문에 금융기관으로서는 감당하기 곤란하다. 수출보험은 비상업적 위험 등 통상 상업보험으로 부보가 곤란한 거래를 담보하므로 이러한 위험에 대해서는 수출보험에 부보하는 것이 바람직하다.[36)] 프로젝트 파이낸스가 성공적으로 마무리되기 위해서는 이러한 상업위험 및 비상업적 위험에 대한 담보장치를 강구하여 이러한 위험을 최소화시키는 것이 필요하다. 이하에서는 다양한 상업위험과 그 감소방안에 대해 살펴보고자 한다.

(2) 완공위험 및 감소방안

프로젝트 완공위험에는 공사비초과, 완공지연, 성능저하 등의 위험이 있다. 프로젝트 설비건설이 완공되어야 설비운영을 통해 현금을 창출할 수 있고, 프로젝트 설비건설이 완공되지 못하면 대출금을 회수하는 것은 불가능해진다. 공사완공을 위해서는 우선 공사허가(construction permit)를 취득해야 하는 바, 일반적으로 대주들은 공사허가의 취득을 '인출선행조건(condition precedent)'[37)]으로 요구한다. 그리고 금융계약 효력발생 전에 투자 및 금융허가를 받아야 한다. 그리고 유치국정부의 지원약정(government support agreement)은 이러한 허가와 관련된 위험을 경감시키는데 도움이 된다. 완공위험

---

35) 김상만, "글로벌 프로젝트 파이낸스 최근 동향 및 상업위험 분석", 「무역상무연구」제61권, 2014, pp.288-293.

36) Carol Murray et. al, *Schmitthoff's, Export Trade: The Law And Practice Of International Trade*, 11th ed., London Steven & Sons, 2010, p.441.

37) "condition precedent"은 민법 제147조제1항의 "정지조건"에 해당되는 개념인데, 국제금융계약 및 실무계에서는 통상 "인출선행조건"이라는 용어를 사용하였다.

에 가장 직접적인 것은 건설시공사(EPC contractor)[38]의 시공능력이다. 건설시공사를 선정할 때, 완공능력을 면밀히 분석해야 하며, 완공위험에 대비하여 이행성보증서(계약이행보증서, 선수금환급보증서 등)를 요구해야 한다. 일반적으로 계약이행보증서의 보증금액은 계약금액의 10%인데, 공사완공이 중요한 계약의 경우 그 이상의 보증금액을 요구해야 한다. 프로젝트가 계획대로 완공되지 못하는 경우 사업주가 대출원리금을 상환하겠다는 보증을 하는 경우가 많은데, 이것은 실질적으로는 사업주의 완공보증과 같다.[39]

사업주가 건설시공사인 경우도 있는데(또는 다수의 사업자들 중의 일부가 건설시공사인 경우도 있음), 이 경우 투자자(사업주)로서의 이익과 건설시공사로서의 역할 및 이익이 충돌될 수도 있다. 완공위험을 감소시키기 위해서는 건설시공사가 아닌 사업주들은 건설시공사의 과업을 특정하고 건설시공계약의 협상에 적극 참여해야 한다. 그러나 건설시공사로 참여하는 사업주가 주된 사업주인 경우 건설시공사를 사업주로부터 분리하는 것에는 한계가 있다. 이 경우 건설시공사는 투자(사업주)와 건설시공사의 역할이 내부적으로 적절하게 분리되었다는 것을 대주들에게 설득해야 한다.[40]

한편, 건설시공사는 공사대금에 대한 담보를 필요로 하여 건설시공 중인 자산에 대한 담보를 요구할 수 있다. 그러나 통상 건설시공 중인 자산에 대해서는 대주가 담보권을 취득하는 바,[41] 건설시공사는 건설시공 중인 자산에 대한 담보권을 취득하기는 곤란하고, 사업주로 하여금 대금지급에 대한 대금지급보증서를 요구해야 할 것이다.[42] 통상 프로젝트 파이낸스에서 건설시공에 대한 대금결제조건은 기성고방식이기 때문에 공사대금에 대한 미지급위험은 낮다.

---

38) EPC방식의 해외건설이나 플랜트수출계약의 경우 통상 턴키방식(turn-key)으로 진행되는데, 여기에는 매매계약, 도급계약, 라이센스계약 등의 내용을 포함하기도 한다(김경옥 · 김대환, "ICC모델 턴키 계약의 쟁점에 관한 연구", 무역상무연구, 한국무역상무학회, 제54권, 2012, p.202.).

39) 최봉석, "해외자원개발 프로젝트 파이낸스 활성화 전략 연구", 에너지경제연구원, 2012, p.5.

40) E.R. Yescombe, *supra* note 19, p.114.

41) E.R. Yescombe, *supra* note 19, p.145.

42) 김상만, "국제거래에서 대금지급보증서의 주요 조항에 대한 연구", 무역상무연구, 한국무역상무학회, 제58권, 2013, p.180.

(3) 프로젝트 운영위험 및 감소방안

프로젝트 설비가 완공된 후에는 이를 운영하여 수익(revenue)을 창출해야 한다. 그러나 운영 및 관리가 소홀한 경우, 수입은 감소하고 운영비용은 증가할 위험이 있다. 프로젝트 컴퍼니는 신설된 회사이므로 직접 운영하는 것은 쉽지 않은 바,[43] 경험이 많은 전문 운영회사와 운영·관리계약(Operation & Maintenance Contract)을 체결하여 프로젝트를 운영하도록 하는 것이 필요하다. 특정 운영회사가 책임지고 직접 운영을 맡을 수도 있고, 경영진을 포함하여 전문 운영인력을 파견하는 방법으로 운영을 할 수도 있다.

그러나 운영·관리회사(O&M Contractor)가 프로젝트의 수익이나 비용에 대해 보증을 하는 것은 아니며, 통상 운영·관리 부실에 대한 배상금은 1~2년분의 운영·관리 수수료 정도로 제한된다.[44] 운영·관리회사에 지급되는 수수료는 전체 사업비에 비해 매우 적은 금액이므로 운영·관리회사에 프로젝트 컴퍼니의 손실에 대한 책임을 부과하는 것은 합당하지 않다. 따라서 프로젝트의 성공적인 운영을 위해서는 유능한 운영·관리회사를 선정해야 한다. 대주는 관련 경험이 있는 하나 또는 둘 이상의 사업주와 지원서비스약정(기술지원, 부품공급 등)을 체결하는 것을 요구하기도 한다. 이러한 약정이 없어도 사업주가 일정 지원은 하겠지만, 사업주의 지원서비스약정의 체결 자체가 어떤 비용을 초래하는 것은 아니므로 이러한 약정을 체결하는 것은 바람직하다.

(4) 원재료 조달위험 및 감소방안

제조·가공플랜트 프로젝트에서는 연료 및 원재료의 안정적 공급이 필요하다. 생산시설을 완성했어도 연료나 원재료의 안정적인 공급이 없으면 프로젝트의 운영은 사실상 불가능하게 되며, 예상했던 수익은 창출되지 않는다. 자원개발 프로젝트를 보면, 원유나 가스의 탐사, 개발, 생산 등에는 원재료 조달이 문제가 되지 않지만, 원유나 가스의 정제 등에서는 원재료인 원유나 가스의 안정적 공급이 필요하다. 한편, 연료가 원재료의 가격이 상승하는 것도 수익 창출에 악영향을 주게 된다. 따라서 연료나 원재료의 안정적 공급 및 가격변동위험을 줄이기 위해서는 장기구매계약을 체결하는 것이 필요하다. 장기구매계약을 체결함에 있어서 공급자의 신용도, 공급의 원천, 가격변동성, 공급의 시기 및 수량, 공급의 품질, 공급 이행불능의 효과, 제3자의 인도불능위

43) 김상만, "해외건설 프로젝트의 성공적 수행을 위한 위험요소 및 대처방안에 대한 연구", 무역상무연구, 한국무역상무학회, 제50권, 2011, p.228.

44) E.R. Yescombe, *supra* note 19, p.56.

험 등을 고려해야 한다.

(5) 판매위험 및 감소방안

프로젝트를 완공하고 원재료도 확보하여 생산이 계획대로 진행된다고 하더라도 판매처를 확보하지 않으면, 현금흐름을 확보하기 힘들다. 특히 가격이 급락하는 경우 손실을 보게 되는 바, 'take or pay 장기판매계약'[45] 등을 체결하여 미리 판매처를 확보하고 안정적인 현금흐름을 확보하는 것이 필요하다. 'take or pay 장기판매계약'에서는 생산량 및 가격위험이 모두 구매자에게 이전되는 바, 원칙적으로 수익에 대한 중대한 위험은 구매자가 부담한다. 결국 프로젝트 컴퍼니가 부담하는 위험은 구매자의 대금미지급위험으로 볼 수 있다. 이에 따라 구매자의 신용도를 면밀하게 분석하는 것이 필요하다. 구매계약의 기간이 장기이기 때문에 구매자의 재무제표분석으로는 충분하지 않다. 결국에는 당해 프로젝트가 사업성이 좋아야 한다. 사업성이 좋은 경우에는 구매자의 대금미지급의 발생가능성이 낮으며, 대금미지급이 발생하더라도 생산물을 다른 구매자에게 판매하는 것이 용이하기 때문이다.

(6) 법률위험 및 감소방안

프로젝트 파이낸스에서는 수많은 종류의 계약, 약정, 보장이 체결된다. 프로젝트 파이낸스 관련 당사자의 권리와 의무가 이러한 서류에 반영되므로 이러한 내용은 법적으로 유효하고 실행가능하게 반영되었는지에 대해 변호사의 법률의견을 받아야 한다. 변호사는 거래에 대해 종합적인 자문을 주고, 서류의 법적 유효성을 확인하는 법률의견을 준다.[46] 그러나 변호사의 법률의견서는 특정사항에 대한 법률의견일 뿐이며, 보증서가 아니다.[47] 변호사의 법률의견서의 보호대상은 법률의견서상 상대방으로 기재된 자로 제한되므로 관계있는 당사자는 의견서상 상대방에 기재할 것을 요청하는 것이 필요하다.[48] 법률의견서는 변호사가 자신의 국가의 법에 근거하여 의견을 주는 것

---

45) "Take or Pay 계약"은 구매자가 자신의 귀책으로 목적물을 수령하지 않아도 대금을 지급해야 하는 계약이다. 이에 따라 무조건적 구매계약이라고 부르기도 한다.

46) Phillip Wood, *Law and Practice of International Finance,* London Sweet & Maxwell, 1998, p.412.

47) 박휜일, 『국제거래법』, 한국경영법무연구소, 1996, p.1.

48) 예를 들면, 'This opinion is addressed to you and the Lenders and is for each of your benefit and, except with our express consent, is not to be transmitted to, nor to be relied upon by, any other person or for any purpose other than in connection with matters addressed herein.'

이므로 모든 관련 국가의 변호사로부터 법률의견을 받는 것이 필요하다.[49)]

(7) 프로젝트 유치국 비상위험

프로젝트 유치국에서 전쟁, 내란 등이 발생하면, 프로젝트의 운영이 불가능해질 수 있다. 또한, 프로젝트가 정상적으로 운영되어 현금흐름이 창출된다고 하더라도 프로젝트 유치국에서의 외환부족으로 송금제한조치를 취하는 경우 대출금의 상환이 불가능해진다. 이러한 위험은 상업은행에서 부담하기 어려운 위험이며,[50)] 프로젝트 당사자로서는 가장 해결하기 힘든 문제이고, 예측도 어렵다. 금융기관이 수출보험의 지원을 요구하는 가장 중요한 이유라고 볼 수 있다.

4. 국제증권거래

1) 개설

증권(securities)은 주식(stock)과 채권(bond)으로 대별되는데, 주식은 상환만기가 없어 투자자가 투자자금을 회수하기 위해서는 유통시장에서 매도해야 한다. 매도가격은 시세에 따라 결정되므로 투자원금이 보장되지 않는다. 채권은 발행자가 채권의 소지인에게 일정기간에 걸쳐 약정이자를 지급하고 만기에 원금을 상환하는 것(또는 만기에 원금과 이자 상환)이므로 원금이 보장되며 이자수익도 얻게 된다. 채권은 'bond', 'debenture', 'note' 등으로 불리는데, 보통 만기 5년 이내의 중단기채권을 'note'라고 하고, 'bond'는 총체적으로 사용되며, 특히 만기 5년 이상의 기간으로 발행되는 채권을 의미하기도 한다. 그 외 미국에서 발행되는 무담보채권을 'debenture'라고 한다.

국제채(international bond)란, 자국 이외의 지역에서 외화표시로 발행되는 채권을 말하는 것으로, 국내자본시장에서 자국통화로 발행되는 국내채(domestic bond)와 구별된다.

2) 국제채의 분류

(1) 유로채와 외국채

유로채(euro bond)[51)]란, 채권의 표시통화국 이외의 지역에서 발행되는 채권을 말한다

49) 예를 들면, '대한민국 이외의 다른 지역의 법에 의하여 규율되거나 그에 따르거나 그에 따라 해석되어야 할 사항들에 관하여 어떠한 법률적인 의견도 제시하지 않습니다.'

50) Malcolm Stephens, *The Changing Role of Export Credit Agencies,* IMF Washington, 1999, p.110.

(예를 들어 한국기업이 유럽시장에서 미달러화로 채권을 발행하는 것, 한국기업이 미국시장에서 유로화로 채권을 발행하는 것, 한국기업이 한국에서 미달러화로 채권을 발행하는 것이 유로채에 해당된다).

외국채(foreign bond)란, 차입자가 외국시장에서 그 외국통화로 발행하는 채권을 말한다(예를 들어 한국기업이 미국시장에서 달러화로 채권을 발행하는 것, 한국기업이 유럽시장에서 유로화로 채권을 발행하는 것이 외국채에 해당된다). 외국채는 발행지역에 따라 별칭이 붙는데, 미국에서 발행되는 외국채(외국기업이 미국에서 미달러표시 채권발행)는 'Yankee Bond', 일본에서 발행되는 외국채(외국기업이 일본에서 엔화표시 채권발행)는 'Samurai Bond', 영국에서 발행되는 외국채(외국기업이 영국에서 파운드표시 채권발행)는 'Bulldog Bond', 호주에서 발행되는 외국채(외국기업이 호주에서 호주달러표시 채권발행)는 'Kangaroo Bond'라 한다.

유로채는 표시통화국 이외의 지역에서 발행되어 채권발행과 유통에 있어 표시통화국의 감독과 규제를 벗어날 수 있어 발행형태, 조건, 발행시기 등이 비교적 자유롭다. 그러나 외국채는 표시통화국에서 발행되므로 표시통화국에서 자국의 통화정책, 국제수지 관리, 국내투자자 보호를 위해 감독당국의 규제가 있어 그 국가의 거래관행을 따라야 하는 등 여러 가지 제약이 따른다.

(2) 고정금리채와 변동금리채

액면이자율(coupon rate)의 표시방법에 따라 고정금리채와 변동금리채로 구분되는데, 고정금리채(straight bond)는 액면이자율이 특정 이자율로 고정된 채권(예: 이자율 3.0%)을 말하고, 변동금리채(floating rate note: FRN)은 액면이자율이 LIBOR, EURIBOR 등 변동되는 이자율로 표시된 채권을 말한다. 변동금리채권에서는 통상 '기준금리(LIBOR, EURIBOR 등) + spread(가산금리)'로 이자율을 표시하며, 각 이자계산기간에 적용되는 기준금리를 적용하며, 가산금리(spread)는 채권발행자의 신용도에 따라 정해진다.

(3) 전환채과 신주인수권부채

전환채(convertible bond: CB)는 일정한 조건하에 보통주로 전환할 수 있는 선택권이 부

---

51) 유로(Euro)라는 용어는 유로달러(Euro Dollar)에서 유래되었다. 유로달러는 미국 이외의 은행에 예치되어 있는 달러를 말하는데, 일반예금과는 달리 어느 나라의 통제도 받지 않고 국경을 넘은 예입 및 대출이 비교적 자유롭다. 이에 따라 유로달러는 유럽 각지의 금리차나 환차익을 목적으로 이동하는 핫머니의 성향을 띠고 있다. 유로달러는 1950년대 미 · 소냉전시대에 미국에 예치된 달러예금을 미국정부에서 동결처리 또는 몰수할 것을 우려해 공산권은행이 달러예금을 유럽소재은행에 예치한 것에 기원을 두고 있다. 그 후 미국의 적자로 대규모의 달러가 유럽소재 은행에 예치되었다.

여된 채권이다. 통상 전환채권은 고정금리채 보다 이자율이 낮으나 발행기업의 주식 가격이 상승하면 자본이득을 얻을 수 있다는 장점이 있다.

신주인수권부채(bond with warranty: BW)는 발행기업의 주식을 일정기간 내에 일정가격으로 매입할 수 있는 권리를 부여한 채권으로 고정금리채에 주식매입권을 더한 형태의 채권이다. 전환채와의 차이점은 주식매입권(option)이 분리되어 유통될 수 있으며, 주식매입원 행사시 주식매입자금을 추가로 납입해야 한다는 것이다.

(4) 기타

합성채(synthetic bond)란, 고정금리채와 이자율 스왑(interest rate Swap)을 결합하여 만들어진 가공의 변동금리채를 말한다. 여기에는 투자자가 고정금리채 매입과 이자율 스왑거래를 동시에 행하는 방법이 있다. 이자율 스왑은 고정금리를 스왑상대방에게 지급하고 변동금리를 상대방으로부터 받는 거래를 하여 결과적으로는 변동금리채에 투자한 효과를 얻게 된다. 또 다른 방법은 금융기관이 중간에서 합성의 주체가 되는 것이다. 금융기관이 고정금리채 발행자와 스왑상대방과 동시에 거래하여 투자자에게 변동금리채를 주는 것이다.

주식예탁증서(depository receipts: DR)란, 외국인 투자자를 대상으로 해외시장에서 발행되는 주식대체증권을 말한다. 주로 국제간에 주식의 유통수단으로 이용되는 대체증권이다. 일반적으로 외국주식을 자국시장에서 유통시키는 경우 국외수송이나 언어 관습, 표시통화 등의 차이로 문제가 발생할 소지가 많아 수탁기관이 투자자를 대신해 원주식의 보관과 주주권행사에 이르는 모든 것을 대행해 주고 이러한 계약내용을 표시한 증서가 주식예탁증서이다. 발행기업의 원주식은 발행국 내의 은행에 보관시키고, 은행이 현지에서 해외투자자를 위하여 예탁증서를 발행·유통시킨다. 예탁증서 소지인은 은행을 통하여 국내주주와 동일한 권리행사를 할 수 있다. 주식 원소유주의 소유권을 표시하기 때문에 원주식 자체를 이동하지 않고도 외국주식을 자유롭게 거래할 수 있다.

3) 발행시장 및 유통시장

채권시장은 발행자(issuer), 투자자(investor), 양자를 연결시켜주는 발행주선기관, 유통중개기관 등으로 이루어진다. 발행자는 자금의 수요자이고 투자자를 채권구입을 통해 수익을 얻으려는 자이고, 발행주선기관은 양자의 중간에서 채권발행을 돕고, 유통중개기관은 발행된 채권의 유통을 돕다. 발생주선기관이 채권발행을 돕는 시장을 발행시장(primary market)이라고 하고, 유통중개기관이 채권유통을 돕는 시장을 유통시장(secondary market)이라고 한다. 발행시장을 통하여 발행된 유가증권은 최초의 투자자에게 이전된 후 무수한 투자자 사이에 유통되면서 유통시장을 형성한다.

유로채 발행 절차는 발행교섭 → 발행공고 → 가격결정 → 종료로 진행된다. 발행교섭에서 발행공고일까지를 준비기간, 발행공고일에서 가격결정일까지를 모집기간, 가격결정일에서 종료일까지를 판매기간, 그 이후를 종료단계로 구분한다.

제2절 해외투자

1. 개설

1) 해외투자의 개념

해외투자는 장래의 수익을 목적으로 외국에 자본을 투하하는 것이다. 해외투자는 경영참가목적 여부에 따라 해외직접투자(foreign direct investment)와 해외간접투자(foreign indirect investment 또는 portfolio investment)로 구분된다. 해외직접투자는 외국기업이나 외국사업에 대한 소유, 경영지배나 경영참여를 목적으로 투자하는 것이고, 해외간접투자는 경영참가의 목적 없이 이자, 이익배당, 시세차익 등을 목적으로 하는 투자이다.[52)]

외국기업에 대한 소유나 지배는 매우 복잡한 문제를 발생시킨다. 최근에는 각국의 해외투자개방에 따라 소유주가 다수의 국가에 소재하는 기업인 다국적기업(multinational corporation)이 증가하고 있다. A국에서 설립등록, B국에 본점이 있고, 소유자는 C국에 있는 등 관련 당사국이 다수일 때 복잡한 법률문제가 발생한다. 보통 설립등록지는 법인등기부등본이나 정관(articles of incorporation 또는 charter)을 통해 쉽게 파악할 수 있으나, 소유자나 지배자를 파악하는 것은 쉽지 않다.[53)]

각국은 외국자본유치를 위해 해외직접투자유치를 허용하지만, 소유나 지배에 있어 제한을 두기도 하므로 해외직접투자시에는 투자유치국의 투자유치정책에 대한 검토가 필요하다. 더구나 투자유치국에서 투자유치를 위해 외국직접투자를 허용하면서도 차후에는 정책을 변경하여 외국직접투자를 제한하며, 기 유치된 투자에 대한 수용, 소득세율 인상, 배당금이나 지분처분대금의 송금제한 등 제한조치를 하는 경우가 있어 이에 대한 검토가 필요하다. 특히 해외직접투자자금을 공여하는 금융기관은 투자유치국에서 발생하는 이러한 위험에 대한 담보장치를 요구한다. 이에 대한 안전장치로는 국가간의 투자보장협정, 해외투자보험이 있다.

---

52) M. Sornarajah, *The International Law on Foreign Investment Law*, 3rd ed., Cambridge University Press, 2010, pp.8-10.

53) Ralph H. Folsom, et. al., *International Business Transactions*, 8th ed, West Group, 2009, p.212.

2) 해외투자의 유형

(1) 해외직접투자와 해외간접투자

해외투자는 경영참가목적 여부에 따라 해외직접투자(foreign direct investment)와 해외간접투자(foreign indirect investment 또는 portfolio investment)로 구분된다. 해외직접투자는 외국기업이나 외국사업에 대한 소유, 경영지배나 경영참여를 목적으로 투자하는 것이고, 해외간접투자는 경영참가의 목적 없이 이자, 이익배당, 시세차익 등을 목적으로 하는 투자이다. 해외직접투자는 외국기업의 경영에 참가하기 위한 목적으로 외국에 투자하는 것으로 정의할 수 있다. 그런데 경영참가목적은 실제거래에서 쉽게 구분되지 않으므로 각국은 일정기준을 정하여 동 기준에 부합하는 해외투자를 해외직접투자로 간주하고 있다.

해외직접투자의 유형으로는 ⅰ) 현지법인을 설립하거나 이미 설립된 외국법인의 지분을 인수하거나 신규 출자하는 방법 ⅱ) 외국법인의 경영권을 행사하기 위해 사업수행에 필요한 자금을 장기 대출하는 방법 ⅲ) 외국에 영업소를 설치하거나 해외부동산을 보유하는 방법이 있다. 해외직접투자는 외국자본이 투자유치국 기업을 지배하기 때문에 해외간접투자에 비해 많은 규제와 감독을 받게 된다. 그리고 사업성 여부에 따라 실패와 성공의 명암이 교차하기도 한다. 따라서 국제거래법에서 주로 연구의 대상이 되는 것은 해외직접투자이므로 본절에서는 해외직접투자에 대해 다루고자 한다.

(2) 단독투자와 합작투자

해외투자는 투자형태에 따라 단독투자와 합작투자로 구분된다. 단독투자란 외국에 현지법인을 설립하는데 있어 100% 출자하거나 외국기업의 지분을 100% 인수하는 것을 말하고, 합작투자란 둘 이상이 공동으로 현지법인을 설립하거나 공동으로 외국기업의 지분을 인수하는 것을 말한다. 단독투자는 독자적으로 경영방침을 정하고, 독자적으로 사업을 중단할 수 있고, 기술유출을 막을 수 있고, 수익을 전액 갖게 되는 이점이 있다. 합작투자는 자금부담이 적으며, 위험을 분담할 수 있고, 다국적 기업인 경우 투자유치국의 특혜보장이 유지될 수 있는 이점이 있다.

2. 해외직접투자의 동기 및 효과

1) 해외직접투자의 동기

해외직접투자의 동기는 크게 기업의 전략적 동기와 국민경제적 필요성으로 나누어 볼 수 있다.

(1) 기업의 전략적 동기

해외직접투자에 대한 기업의 전략적 동기에는 다음과 같은 것이 있다.

첫째, 통상 및 무역마찰을 피하여 시장을 확보하기 위한 것이다. 수입국이 자국시장 보호를 위해 높은 수입관세율을 부과하는 경우 수입국에 현지법인을 설립하여 제품을 생산한 후 현지에서 판매하면 높은 수입관세를 피할 수 있다.

둘째, 생산원가 절감이다. 노동집약적인 산업의 경우 인건비가 싼 국가에 생산시설을 신설하거나 기존 시설을 이전하여 생산원가를 줄일 수 있다. 또한, 원재료 의존도가 높은 산업의 경우 원재료 공급지에 생산시설을 설치하여 원재료 비용을 줄일 수 있다.[54)]

셋째, 원자재의 원활한 공급이다. 원자재의 확보 및 원자재의 이동에 따른 물류비절감을 위해 원자재 산출국에 생산시설을 갖추어 원자재를 확보하는 것이다.

넷째, 선진기술과 경영기법을 습득하는 것이다. 외국기업이 기술이나 경영기법을 이전하지 않는 경우 외국기업인수를 통해 기술이나 경영기법을 자연스럽게 습득할 수 있다.

다섯째, 안정된 정치 및 사회적 환경 때문이다. 전쟁, 국유화 등의 위험이 없는 국가에 생산시설을 갖추어 이러한 위험을 제거하는 것이다.

(2) 국민경제적 필요성

해외직접투자에 대한 국민경제적 필요성에는 다음과 같은 것이 있다.

첫째, 해외시장기반의 구축 및 확장이다. 국내생산기지의 해외이전을 통해 선진국과의 통상마찰 없이 계속적인 사업활동을 전개토록 하여 현지시장진출을 용이하게 하고 수입제한 등과 같은 무역장벽을 회피하여 해외시장을 확보할 수 있게 한다.

둘째, 경제협력의 강화이다. 해외직접투자는 피투자국의 외국인투자유치를 위한 각종 인센티브의 활용과 피투자국과의 경제협력 강화를위한 수단으로 활용되고 있다.

---

54) Ralph H. Folsom, et. al., *supra* note 55, p.214.

셋째, 산업구조의 조정촉진이다. 경쟁력이 떨어지는 산업시설을 개도국으로 이전하여 제품의 수명주기를 연장하고, 첨단기술의 개발을 통해 국내산업구조를 고도화 등 국내산업구조의 조정촉진을 위한 중요한 정책수단으로 활용되고 있다.

2) 해외직접투자의 효과

해외직접투자의 효과는 투자국과 투자유치국으로 나누어 볼 수 있다. 먼저 투자국에 미치는 긍정적 효과로는 국제시장의 확보, 경제 및 정치협력 강화, 장기적 국제수지개선 등이 있으며, 부정적 효과로는 기술수출에 의한 기술경쟁력 악화, 국내고용의 감소, 단기적 국제수지악화, 조세감소 등이 있다.

투자유치국에 미치는 긍정적 효과로는 자본형성, 고용창출, 기술경쟁력 강화, 단기적 국제수지개선, 투자보장에 따른 대외인지도 향상 등이 있으며, 부정적인 효과로는 국내기업의 자생력 악화, 외국자본에 의한 지배, 장기적 국제수지악화, 경제주권의 악화 등이 있다. 각국 정부는 해외직접투자의 복합적 효과를 고려하여 해외직접투자정책을 결정해야 한다.

3. 해외직접투자 관련 법규

1) 국내법

해외직접투자 관련 국내법으로는 외국환거래법(동 시행령, 외국환거래규정), 외국인투자촉진법(동 시행령)이 있다. 외국환거래법은 외국환거래와 그 밖의 대외거래의 자유를 보장하고 시장기능을 활성화하여 대외거래의 원활화 및 국제수지의 균형과 통화가치의 안정을 도모하기 위한 것이고, 외국인투자촉진법은 외국인투자를 지원하고 외국인투자에 편의를 제공하여 외국인투자 유치를 촉진하기 위한 것이다. 외국환거래법은 해외직접투자의 실시를 규율하고 있고, 외국인투자촉진법은 해외직접투자의 유치를 규율하고 있다.

2) 국제조약

해외직접투자에 대한 국제조약으로는 투자보장협정이 있다. 투자보장협정은 주로 양국 간에 체결하며, 이중과세방지조약으로 체결하는 경우도 있다. 우리나라는 2010

년 10월 현재 80여 개국과 이중과세방지조약을 체결하고 있다.

해외직접투자에 대한 분쟁을 해결하기 위한 국제협약으로는 1966년 「체약국과 상대방 체약국 국민간의 투자분쟁해결에 관한 협약(Convention on the Settlement of Investment Disputes Between States and Nationals of Other States: ICSID 협약)」이 있다. 우리나라는 1966년에 이 협약에 가입하였으며, 2020년 8월 현재 체약국은 163개국이다.[55] 이 협약은 "ICSID 협약(ICSID Convention)" 또는 워싱턴협약이라고 하는데, 이 협약에 의거 세계은행에 비영리기구로서 「국제투자분쟁해결센터(International Center for the Settlement of Investment Disputes: ICSID)」가 설립되었다. ICSID는 투자유치국 정부와 외국국민 간의 해외투자 관련 분쟁에 대해 조정과 중재를 위한 법정역할을 수행한다. 그리고 ICSID는 기관중재 체계를 가지고 있는데, 당사자가 ICSID 중재인단 또는 다른 곳에서 선정한 중재인이 중재절차에 관한 ICSID 규칙에 따라 중재를 수행한다. 중재는 당사자 간에 다른 합의가 없으면 미국 워싱턴 D.C.에서 열린다. 이 협약에 따라 어느 체약국(투자유치국)과 다른 체약국 국민(해외투자자) 사이에서 해외투자 관련 법적 분쟁이 발생한 경우에 그 해외투자자는 투자유치국을 상대로 ICSID에 중재를 제기할 수 있다.[56]

3) 외국법

해외직접투자에는 투자유치국의 법이 주로 적용된다. 투자유치국에는 해외투자법이라는 독립된 법이 있는 경우도 있지만 그렇지 않은 경우도 있다. 해외직접투자는 회사법, 노동법, 환경법 등에서 간접적으로 규제받을 수도 있으므로 해외직접투자 시에는 투자유치국의 관련 법규를 꼼꼼히 따져 보는 것이 필요하다.[57] 거액의 투자인 경우 현지 변호사의 법률검토를 받는 것이 필요하다.

4. 해외직접투자의 절차

1) 계획수립

해외직접투자를 위해서는 가장 먼저 사업계획을 수립해야 한다. 해외투자의 대상국

55) ICSID 홈페이지 http://icsid.worldbank.org/ICSID/Index.jsp 참조.
(한국은 1966.4.18. 서명하였고, 1967.3.23.에 발효되었다.)

56) 서경, 'ICSID 중재와 UNCITRAL 중재의 중재철차에 관한 연구', 무역상무연구, 제43권, 2009.8, p.482.

57) Ralph H. Folsom, et. al., *supra* note 55, p.217.

과 업종을 정하여 해외투자 사업계획을 수립해야 한다. 사업계획에는 경영관리계획, 부동산 취득, 생산설비건설, 인력수급, 생산계획, 원자재조달계획 등이 포함된다.

2) 사업타당성 검토

해외투자를 통해 수익을 올릴 수 있는지는 사업타당성 검토(feasibility study)를 통해서 예측할 수 있다. 그러므로 사업타당성 검토는 해외투자를 실시함에 있어 매우 중요하다. 사업타당성 검토는 미래의 결과에 대해 예측하는 것이기 때문에 다양한 가정이 포함되며, 이러한 가정이 실제 실현되지 않는 경우 예측했던 것과 전혀 다른 결과가 발생하게 된다. 이에 따라 실현가능한 가정별로 민감도분석을 해야 한다. 그리고 해외투자에서 발생할 수 있는 다양한 위험을 분석하고 이를 경감 또는 제거할 수 있는 장치에 대한 검토도 필요하다. 또한, 해외직접투자 시 정부의 허가 또는 신고 등 정부의 승인요건과 승인 가능성에 대해서도 검토해야 한다.

3) 해외투자계약체결

현지 업체와 합작투자법인을 설립하는 경우 현지 업체와 해외투자계약을 체결한다. 또는 현지 업체로부터 지분을 인수하는 경우 지분인수계약을 체결한다. 이러한 해외투자계약을 체결하고 자금조달이 안 되는 경우에 대비하여 금융기관의 대출승인을 해외투자계약서의 효력발생요건으로 명시하는 것이 필요하다. 이것이 불가능하다면, 금융기관으로부터 대출승인을 받은 후 해외투자계약을 체결해야 한다.

4) 해외투자신고

사업성 검토를 마치면 주거래은행에 해외투자신고를 해야 한다. 경우에 따라서는 자금조달을 확보한 후에 해외투자신고를 할 수도 있다.

5) 자금조달

해외투자를 위해서는 막대한 자금이 필요하다. 이러한 자금은 기업이 축적한 이익금으로 충당하는 것이 가장 유리하겠지만, 해외투자에 필요한 자금을 충분하게 보유하지 못하는 경우가 더 많을 것이다. 이에 따라 금융기관으로부터 해외투자자금을 차입해야 할 것이다. 해외투자자금의 용도도 결정해야 한다. 현지법인을 설립하는 경우 사업을 위해 필요한 자금을 자본금과 대출금으로 처리할 수 있다. 자본금은 현지법인에 대한 지분을 취득하는 것으로 이 지분을 제3자에게 처분하기 전에는 회수할 수 없으며, 제3자에게 처분해야 하기 때문에 처분가액이 불확실하다. 이에 비해 대출금은 현지법인에게 대출하는 것이므로 현지법인의 여유자금을 통해서 상환하게 할 수 있으며 해외투자자가 현지법인의 경영권을 확보하고 있으므로 이 결정도 사실상 해외투자자 자신이 하게 된다. 이처럼 자금의 회수면에서는 자본금 보다는 대출금이 유리하지만, 자본금이 적은 경우 현지법인의 부채비율이 높아지게 되고, 자본금의 출자비율이 낮은 경우 해외투자자금을 금융기관으로부터 차입하는 것이 어려워진다.

해외투자 시 금융기관으로부터의 차입이 필요한 경우 한국수출입은행의 해외투자금융을 이용하는 것이 유리하다. 한국수출입은행의 해외투자금융은 정책금융으로 이자율이 낮고, 대출기간이 길며, 고정금리부 대출이 가능하며, 차입자의 신용 및 사업성이 양호한 경우 무담보대출도 가능하다.

6) 투자자금 송금 및 사업시작

자금이 확보되면 투자자금을 투자유치국에 송금하여 생산시설을 설치하거나 지분을 인수한다. 그리고 계획대로 사업을 시작한다.

7) 투자자금회수

해외투자사업이 종료되면 지분이나 생산시설을 처분하여 투자자금을 회수한다. 사업계속기간 중에도 현지에서 받은 배당금을 국내로 회수할 수 있다.

5. 해외직접투자의 위험요소 및 담보장치

1) 개설

해외직접투자는 투자유치국에서 사업을 하는 것이므로 투자유치국의 정치, 경제, 정책, 법률의 영향을 많이 받는다. 투자유치국에서는 투자유치를 위해 다양한 혜택을 약정하지만, 더 이상의 투자유치가 필요 없게 되면 약정한 혜택을 축소하거나 약정을 이행하지 않는 경우가 많다. 투자유치국에서 생산설비를 수용하거나 배당금 또는 주식처분대금의 송금을 제한하며, 투자유치국에서 전쟁, 내란 등이 발생할 수도 있다.

투자자 입장에서는 이러한 위험을 충분히 평가하여 해외투자여부를 결정해야 한다. 그렇지만 일반적으로 위험이 많을 수록 수익이 크기 마련이며, 경우에 따라서는 전략적 필요에 의해 위험을 감수하고 해외직접투자를 하기도 한다. 이에 따라 이러한 위험에 대한 적절한 담보장치를 확보할 필요가 있는데, 담보장치로 가장 많이 활용되는 것이 수출보험기관에서 운영하는 해외투자보험이다.

2) 해외직접투자의 위험요소

(1) 전쟁(또는 내란)위험

전쟁위험(또는 내란)위험이란, 투자유치국에서 전쟁이나 내란이 발생하는 위험을 말한다. 전쟁이나 내란으로 생산시설이 파괴될 수도 있고, 경제시스템의 마비로 생산시설가동이 불가능해질 수도 있다.

(2) 수용위험

수용위험이란, 투자유치국 정부가 생산시설을 수용(expropriation)하거나 국유화(nationalization)하는 위험을 말한다. 혁명으로 정권이 교체되는 경우 전정부와 우호적인 관계국에서 보유하고 있는 현지법인을 수용하거나 몰수하는 경우가 많다.

(3) 송금제한위험

외환위험이란, 투자유치국의 외환보유고 부족 등으로 환전이나 외국으로의 송금을 제한하는 위험을 말한다. 투자유치국의 외국환거래법 등 외환 관련 법규를 늘 모니터링할 필요가 있다.

(4) 약정불이행위험

약정불이행위험이란, 투자유치국 정부가 해외투자를 유치하기 위해 약정한 사항을 일방적으로 파기하는 위험을 말한다. 해외직접투자에서 가장 빈번히 발생하는 위험이 투자유치국의 투자보장약정파기이다. 투자유치국에서는 해외투자의 유치를 위해 세제혜택, 용지제공, 전력공급, 송금보장 등 다양한 혜택을 약정한다. 그러나 해외투자가 더 이상 필요없게 되는 경우 이러한 혜택을 축소하거나 폐지한다.

3) 해외직접투자의 담보장치

(1) 해외투자보험

해외투자보험은 해외투자에서 발생하는 전쟁(또는 내란), 수용, 송금제한, 투자보장약정 위반 등 비상위험(political risk)으로부터 발생하는 손실을 담보하는 보험이다. 통상 각국의 수출보험기관에서 수출보험의 하나로 해외투자보험을 운영하고 있다. 우리나라에서는 한국무역보험공사에서 해외투자보험을 운영하고 있다. 해외투자보험은 주로 비상위험만 담보하며, 사업성 악화로 초래되는 위험인 신용위험(또는 경영위험)은 담보하지 않는다.

해외투자보험은 투자자가 비상위험으로 발생하는 손실을 보전받기 위한 것이 주된 목적이지만, 해외투자보험의 보험금수취권을 금융기관에 양도하여 금융기관으로부터 해외투자자금을 조달하는 금융적 기능도 중요시 되고 있다.

(2) 투자보장협정

투자보장협정은 전쟁, 수용, 송금제한, 약정불이행위험으로부터 투자자를 보호하기 위해 양국 간에 체결한 협정을 말한다. 투자보장협정에서는 최혜국대우, 내·외국인 차별금지, 투자재산 및 수익보장, 국유화제한, 분쟁해결 등을 규정하고 있다. 그러나 혁명에 의한 정권교체 시 투자보장협정이 파기될 수 있고, 투자보장협정의 내용에 대한 해석도 자국에 유리하게 하려고 하기 때문에 투자보장협정을 통한 충분한 보장이 어려울 수도 있다.

4) 해외투자 관련 분쟁해결

해외투자자와 투자유치국 정부 간에 해외투자 관련 분쟁이 발생하는 경우가 있다. 투자유치국은 외국자본의 유치를 위해 각종 투자보장약정을 하지만, 외국자본을 충분히 유치하게 되면, 기존의 투자보장약정을 조금씩 무시하려고 한다. 이러한 분쟁은 당사자 간에 해결하는 바람직하겠지만, 개인투자자 또는 투자기업이 투자유치국 정부를 상대로 협상을 하는 것은 쉽지 않다. 당사자 간에 해결되지 않는 경우 중재를 제기할 수 있다. 해외투자 관련 협약으로는 ICSID 협약(또는 '워싱턴 협약')이 있고, 전문중재기관으로는 ICSID 협약에 따라 설립된 ICSID가 있으며, ICSID에 의한 중재는 기관중재가 된다. 또한, 당사자들은 UNCITRAL 중재규칙에 따른 중재제기도 가능한데, UNCITRAL에서는 별도의 중재기관이 없기 때문에 이는 임의중재가 된다.

제 12 장

수출금융과 수출보험

제12장 수출금융과 수출보험

제1절 개설

1. 개요

수출금융(export financing)이란, 수출이행에 필요한 자금을 조달하는 것을 의미한다. 수출금융은 수출거래를 성공적으로 수행하기 위한 핵심 요소가 되는 경우가 많다.[1] 한편, 무역금융(trade finance)은 무역거래(수출입거래)에 필요한 자금을 조달하는 것을 의미하는 것으로 수출금융(export financing)과 수입금융(import financing)을 모두 포함한다. 그러나 대부분의 무역거래는 신용(외상)으로 진행되어 수입금융보다는 수출금융이 보편적인 바, "수출금융"의 의미로 "무역금융"이라는 용어를 사용하는 경우가 많다.

수출금융은 분류기준에 따라 다양하게 구분할 수 있다. 자금의 필요시기에 따라 선적전금융(pre-shipment finance)과 선적후금융(post-shipment finance)으로 구분할 수 있고, 자금조달의 주체에 따라 공급자신용(supplier credit)과 구매자신용(buyer credit)으로 구분할 수 있다.

선적전금융(pre-shipment finance)은 수출이행을 위한 물품구매, 원재료 구매, 기타 물품 조달(또는 용역 개발) 등에 필요한 자금을 조달하는 것을 말한다. 이를 수출운전자본금융(export working capital financing)이라고도 한다.[2] 선적후금융(post-shipment finance)은 수출이행 후에 수출채권을 매각 또는 담보로 제공하여 자금을 조달하는 것을 말한다. 대표적인 선적후금융에는 수출환어음매입(Nego), 포페이팅(forfaiting), 수출팩토링(export factoring) 등이 있다. 통상 동일한 금융기관에서 선적전금융과 선적후금융을 제공한다. 수출계약 체결 후 선적전금융을 제공하고, 물품선적후에는 선적후금융을 제공하는데, 선적후금융으로 선적전금융을 대환처리한다.

---

1) Doug Barry, *A Basic Guide to Exporting*, 11th ed, the U.S. Department of Commerce, 2015, p.169.

2) U.S. Department of Commerce/International Trade Administration, *Trade Finance Guide: A Quick Reference for U.S. Exporters*, 2012, p.15.

선적전금융을 제공받은 수출자가 수출이행을 못하는 경우 금융(대출)사고가 발생하게 되는데, 영세한 중소기업의 경우 상대적으로 대출사고율이 높다. 따라서 은행은 선적전금융을 제한하거나 담보를 요구하는데, 영세한 중소기업의 경우 마땅한 담보제공이 불가하여 선적전금융에 어려움을 겪는다. 수출보험은 선적전금융을 위한 매우 유용한 담보역할을 한다. 선적전금융에 대한 수출보험으로는 한국무역보험공사의 수출신용보증(선적전), 미국 US EXIM Bank의 "Export Working Capital Guarantee", 영국 UKEF(U.K. Export Finance)의 "Export Working Capital Scheme" 등이 있다.[3]

한편, 선적후금융의 경우에도 수출대금이 결제되지 않고, 수출자도 선적후금융을 상환하지 못하는 경우 금융(대출)사고가 발생하게 된다. 통상 선적후금융은 수출채권이 담보역할을 하므로 금융(대출)사고의 가능성이 선적전금융보다는 낮다. 수출보험은 선적후금융을 위한 유용한 담보장치로 한국무역보험공사의 수출신용보증(선적후), 수출신용보증(Nego), 단기수출보험의 보험금청구권·수취권 양도, 미국 US EXIM Bank의 "Export Credit Insurance", 영국 UKEF의 "Supplier Credit Bills and Notes Facility" 등을 활용할 수 있다.

수출보험은 수출대금미결제위험을 담보하기 위해 도입되었지만, 무역거래에서 수출금융이 중요해짐에 따라 수출금융을 원활하게 하기 위한 담보장치로서의 역할이 강조되고 있다. 따라서 수출보험도 수출금융의 하나로 볼 수 있으며, 수출거래에서 매우 중요한 역할을 하고 있다. 우리나라의 경우 전체 수출의 20% 이상이 수출보험지원을 받고 있다.

공급자신용(supplier credit)이란, 공급자(매도인)가 계약이행에 필요한 자금을 자신의 신용으로 조달하는 금융조달방법으로, 통상 단기신용거래에서 이용된다. 매매계약에서는 물품 생산 또는 구매에 필요한 자금을 매도인이 조달하고, 도급계약에서는 일의 완성에 필요한 자금을 수급인이 조달한다. 수출거래에서는 수출이행에 필요한 자금을 수출자가 자신의 신용으로 금융기관으로부터 차입하여 수출이행을 하고, 수입자로부터 대금을 받으면, 금융기관과의 대출계약에 따라 차입금을 상환한다. 물론, 수입자가 대금을 결제하지 않는 경우에도 수출자는 금융기관앞으로 그 차입금을 상환해야 한다.

구매자신용(buyer credit)이란, 공급자의 계약이행에 필요한 자금을 구매자(매수인)가 자신의 신용으로 조달하는 금융조달방법이다. 따라서 매매계약에서는 물품 생산 또는 구

3) U.S. Department of Commerce/International Trade Administration, *supra* note 2, p.17.

매에 필요한 자금을 매수인이 조달하여 매도인에게 지급하고, 도급계약에서는 일의 완성에 필요에 자금을 도급인이 조달하여 수급인에게 지급한다. 수출거래에서는 수입자가 자신의 신용으로 금융기관으로부터 수입에 필요한 자금을 차입하여 선수금 또는 기성대금으로 수출자에게 지급한다. 따라서 수출자는 자금이 없어도 수출을 이행할 수 있다. 수입자는 수입물품을 처분하여 그 대금으로 금융기관에 차입금을 상환한다. 구매자신용은 일반 상품무역거래에서는 거의 사용되지 않고, 주로 플랜트수출, 해외건설, 선박수출, 프로젝트 파이낸스방식의 프로젝트 등 대규모 거래에서 사용된다.

2. 수출금융조달시 고려사항[4)]

수출금융의 필요성은 대금결제조건과 밀접한 관련이 있다. 예를 들어 선지급방식의 경우 수출금융이 필요하지 않을 것이고, open account 방식에서는 선적전금융 및 선적후금융이 모두 필요할 것이다. 수출금융을 결정하기 전에 수출자는 다음 사항을 고려해야 한다.

i) 수출금융 필요성: 수입자에게 유리한 결제조건을 제시하는 것은 수출경쟁력을 제고시킨다. 한편, 수입자에게 유리한 결제조건은 수출자에게 자금부담을 준다. 따라서 수출계약을 체결하기 전에 수출금융 조달의 부담을 감수하면서 수출거래를 할 필요가 있는지, 수출금융 조달은 가능한 지 검토해야 한다.

ii) 수출금융기간: 수출금융기간은 외상결제기간을 정하게 한다. 수출금융기간이 길면, 그 만큼 외상결제기간을 길게 정할 수 있다. 반대로 외상결제기간은 수출금융기간을 정하기도 한다. 수출금융기간을 협의한 후에 외상결제기간을 정하는 것이 바람직하다.

iii) 다양한 금융조달방법과 금융비용: 수출금융에는 다양한 방법(또는 유형)이 있고, 각 방법별로 금융비용에 차이가 있다. 따라서 금융비용이 가장 낮은 방법을 찾는 것이 필요하다.

iv) 수출거래위험과 금융조달: 위험한 수출거래일수록 금융조달은 어렵고 금융비용은 높다. 또한, 수입자의 신용위험뿐만 아니라, 수입국의 정치적·경제적 불안정성도 수출거래위험 및 금융조달에 적지 않은 영향을 준다.

---

4) Doug Barry, *supra* note 1, p.169.

제2절 수출금융

1. 선적전금융

선적전금융(pre-shipment finance)은 수출이행을 위한 물품구매, 원재료 구매, 기타 물품 조달(또는 용역 개발) 등에 필요한 자금을 조달하는 것을 말한다. 이를 수출운전자본금융(export working capital financing)이라고도 한다.[5] 통상 물품의 선적으로 수출계약이 이행되므로 물품의 선적까지 필요한 자금을 의미하는 것으로 이해할 수 있다. 무역거래는 주로 신용(외상)방식에 의하므로 선적전금융이 필요하다. 선적전금융으로는 수출이행을 위한 자금을 차입하는 것이 전형적이지만, 원자재나 완제품 구매를 위하여 내국신용장(local L/C)을 개설하는 방법을 이용할 수도 있다. 선적전금융에는 수출계약서 또는 수출신용장 그 자체가 담보적 기능을 하고, 수출보험도 선적전금융을 위한 매우 유용한 담보역할을 한다. 선적전금융에 대한 수출보험으로는 한국무역보험공사의 수출신용보증(선적전), 미국 US EXIM Bank의 "Export Working Capital Guarantee", 영국 UKEF(U.K. Export Finance)의 "Export Working Capital Scheme" 등이 있다.[6]

2. 수출환어음매입(수출채권매입)[7]

1) 의의

(1) 개념

수출환어음매입(negotiation)이란, 은행이 수출자로부터 수출환어음 및 선적서류 등 수출채권을 매입하여 그 대금을 수출자에게 지급하고, 수출환어음의 지급인인 수입자(또는 신용장방식의 수출거래에서는 개설은행)에게 수출환어음의 지급을 청구하여 수출환어음의 대금을 받으며, 수출환어음을 지급받지 못하는 경우 수출자에게 기 지급한 대금을 반환받는 것을 말한다. 간단히 은행이 수출자로부터 수출환어음과 서류를 매입하는 것

5) U.S. Department of Commerce/International Trade Administration, *supra* note 2, p.15.

6) U.S. Department of Commerce/International Trade Administration, *supra* note 2, p.17.

7) 김상만, "국제거래에서 수출환어음 매입의 법률관계 및 수출환어음 부도 시 매입은행의 권리에 대한 법적 연구", 「서울法學」 제19권 제1호, 2011.

으로 정의할 수 있다.[8)] 수출환어음매입은 간단히 "네고(Nego)"라고도 불린다.

참고로 UCP 600에서는 '매입(negotiation)은 신용장에 일치하는 서류가 제시되면 지정은행이 신용장 대금을 지급하거나 지급에 동의하면서 환어음 또는 서류를 매수하는 것을 말한다'고 규정하고 있는데(UCP 600 제2조), 일반적인 선적후금융에서의 수출환어음매입과 동일하지는 않다.

매입은행은 수출환어음매입 후 신용장개설은행이나 수입자로부터 대금을 지급받지 못할 수도 있다. 이 경우 매입은행은 수출자에게 매입대금의 상환을 청구해야 한다. 이에 따라 수출환어음매입은 수출자에게 대한 신용공여(여신행위)로 간주하여 수출환어음매입 시 매입은행은 수출자와 수출환어음거래약정(또는 여신거래약정)을 체결하는데, 주요 내용은 다음과 같다.

- 부대서류 및 화물은 매입외국환은행의 어음채권 및 부대비용의 지급
- 환어음 및 부대서류의 우송 중 사고에 관한 처리방법 및 책임소재
- 환어음이 부도 또는 인수 거절되는 경우 처리절차
- 기타 필요한 경우 담보의 제공 또는 환어음대금의 상환 및 제비용의 부담문제

(2) 절차

(수출환어음매입(nego) 흐름)

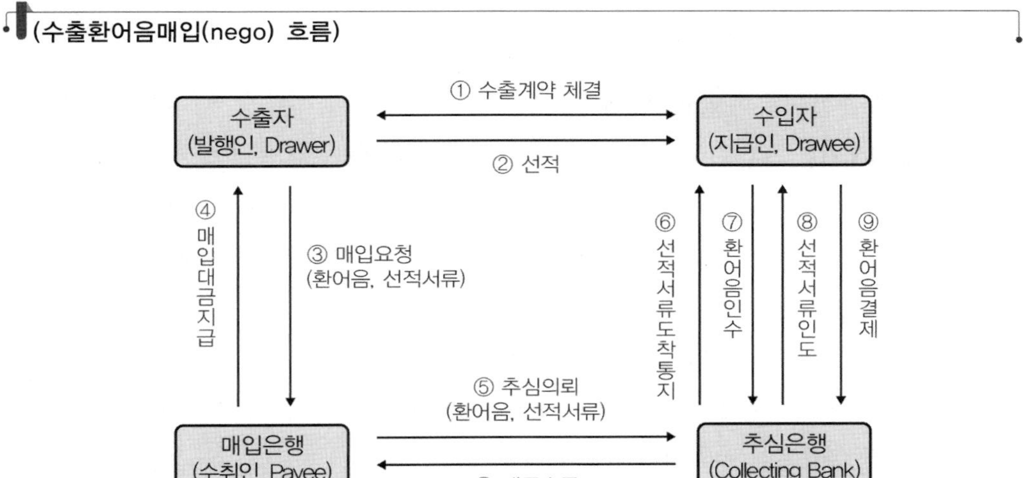

8) Michele Donnelly, Certificate in International Trade and Finance, ifs School of Finance, 2010, p.126.

대법원에서는 외국환거래약정을 맺은 거래은행에게 매수인으로부터 받은 신용장을 담보로 환어음 등을 매도한 뒤 신용장 개설은행이 신용장 대금을 지급하지 아니함으로써 거래은행에 대하여 외환거래약정에 따른 환어음 등 환매채무를 부담하게 되었다고 하더라도, 매매계약상 매도인으로서의 지위나 매매대금채권을 거래은행에 양도하였다는 등의 특별한 사정이 없는 한, 매수인에 대한 매매대금채권은 여전히 매도인이 가진다고 판시하고 있다(대법원 2002. 11. 13. 선고 2002다42315 판결).

2) 법적 성질 및 당사자 간의 법률관계

(1) 개설

국제거래에서 수출환어음 매입의 주요 당사자를 살펴보면, 발행인(drawer)은 환어음을 발행하는 자로 수출자가 되고, 지급인(drawee)은 환어음의 지급을 위탁받은 자로 수입자(신용장방식거래에서는 개설은행)가 되며, 수취인은 환어음대금을 지급을 받는 자로 매입은행(또는 매입은행이 지시하는 자)이 된다. 수출환어음 매입의 법적 성질은 발행인과 매입은행 간의 법률관계를 말하는 것이고, 그 외 매입은행과 지급인, 발행인과 지급인, 그리고 신용장방식에서 수입자는 각각 서로 다른 법률관계를 갖게 된다. 수출환어음 매입의 법적 성질 및 기타 당사자 간의 법률관계는 수출환어음 부도 시 매입은행의 권리를 결정하는 근거가 된다.

(2) 수출환어음매입의 법적 성질

대법원에서는 수출환어음 매입의 법적 성질은 기본적으로는 수출환어음 매입 시 매입은행과 수출자 간에 체결되는 외국환거래약정서(또는 여신거래약정서)에 의해 정해지는데, 통상 외국환거래약정에서 은행이 수출환어음 매입대금을 수출자에게 지급하며, 수출환어음 부도 등 일정한 사유의 발생 시 환매규정을 두고 있는 바, 수출환어음 매입은 환매조건부 매매이며, 대출이 아니라고 보고 있다(대법원 1996. 6. 11. 선고 96다2064 판결, 대법원 2002. 11. 13. 선고 2002다42315 판결). 다만 대부분의 외국환거래약정에서는 대출로 규정하고, 여신한도에 포함시킨다.

한편, 영국 법원에서는 수출환어음 매입을 본질적으로 은행의 대출로 보고 있고, 수출자가 매도대금을 상환하지 못하는 경우 매입은행은 수출환어음을 담보로 보유하고 있는 담보채권자로 취급되어 그 환어음에 기해 우선 변제를 받을 수 있는 것으로 보

고 있다.[9]

수출환어음 매입에서 매입은행은 어음금액에서 환가료(exchange commission)를 공제한 금액을 수출자에게 지급하는 것으로 법적 성격은 일반적인 어음할인과 동일한 것으로 볼 수 있는 바,[10] 수출환어음 매입의 법적 성질에 대해서는 어음할인의 법리를 원용할 수 있을 것이다. 대법원에서는 어음할인이 대출에 해당하는지 어음의 매매에 해당하는지는 약정의 내용과 거래의 실태 등을 종합적으로 고려하여 결정하여야 한다고 일관되게 판시하고 있다(대법원 2002. 4. 12. 선고 2001다55598 판결,[11] 대법원 2008. 1. 18. 선고 2005다10814 판결 등). 또한, 신용장통일규칙에서도 매입(negotiation)은 지정은행이 환어음(또는 서류)을 매수하는 것이라고 규정하여 수출환어음 매입의 법적 성질을 '어음(또는 서류)의 매매'로 보고 있다.

수출환어음매입의 법적 성질을 정리하면, 수출환어음매입의 법적 성질은 수출환어음매입 시 은행과 체결하는 여신거래약정의 내용에 따라 정해지는데, 통상 여신거래약정에서는 수출환어음 부도 시에 수출자는 환매채무를 부담하는 것으로 정하고 있어 수출환어음매입은 대출이 아니고 수출환어음의 매매이며, 환매조건부약정이 있으므로 환매조건부매매라고 볼 수 있다. 그러나 이는 여신거래약정의 내용에 따라 결정되는 것이므로 여신거래약정에서 환매조건이 없다면 보통의 매매가 될 것이다.

(3) 매입은행과 지급인 간의 법률관계

무신용장방식의 수출거래에서 매입은행과 수입자는 아무런 법률관계가 없는 바, 수입자는 매입은행에 대해 수출환어음을 인수할 의무를 부담하지 않는다. 그러나 수입자가 수출환어음을 인수한 후에는 수입자는 수출환어음의 주채무자가 되어 수취인인

---

9) Carole Murray, et. al, *Schmittoff's Export Trade: The Law and Practice of International Trade*, 11th ed, Thomson Reuters, 2010, p.175. (Plein & Co Ltd v. Inland Revenue Commissioners(1946) 175 L.T. Rep. 453.)

10) 정찬형, 「상법(하)」 제17판, 박영사, 2015, p.176.

11) '통상 어음할인이라 함은, 아직 만기가 도래하지 아니한 어음의 소지인이 상대방에게 어음을 양도하고 상대방이 어음의 액면금액에서 만기까지의 이자 기타 비용을 공제한 금액을 할인의뢰자에게 교부하는 거래를 말하는 것인데, 수표의 경우에는 만기가 없으므로 어음할인과 같은 엄격한 의미에서의 수표할인은 존재할 수 없으나 특정기일 전까지 지급제시를 하지 않기로 하고 수표금액에서 그 기간까지의 이자를 공제하는 방법에 의한 수표할인은 가능한 바, 그와 같은 형태의 어음 또는 수표의 할인이 금융기관이 아닌 사인 간에 이루어진 경우 그 성질이 소비대차에 해당하는 것인지 아니면 어음의 매매에 해당하는 것인지의 여부는 그 거래의 실태와 당사자의 의사에 의하여 결정되어야 할 것이다.'

매입은행에 대해 어음금지급채무를 부담하게 된다.[12]

한편, 신용장방식거래에서는 매입은행이 신용장에 따라 선적서류를 매입한 경우 개설은행은 신용장통일규칙에 따라 매입은행에 신용장 대금을 지급할 책임이 있다. 그 근거는 신용장 및 신용장통일규칙에 있는 바, 신용장통일규칙은 법규가 아니고 신용장에 편입되어 신용장을 구성하게 되는 바, 결국 그 근거는 신용장에 있다고 볼 수 있다. 이에 따라 개설은행의 매입은행 앞 신용장 대금지급채무는 계약채무이며 이를 이행하지 않는 경우 채무불이행책임이 발생한다. 따라서 개설은행의 지급능력은 별론으로 하고, 매입은행의 입장에서는 무신용장방식거래 보다는 신용장방식거래에서 더 유리한 지위에 있다고 볼 수 있다. 한편, 대법원에서는 매입은행이 아닌 환어음의 소지인은 선의의 소지인이라고 하더라도 신용장에 기한 법률관계에 따라 개설은행에 신용장 대금을 청구할 수 없다고 판시하고 있다(대법원 2002. 8. 23. 선고 2000다66140 판결).

(4) 발행인과 지급인 간의 법률관계

무신용장방식거래에서 수출환어음은 수출계약을 근거로 수출자가 발행하는 것으로 수출환어음 발행의 자금관계는 수출계약이다. 수출자가 수출계약에 따라 물품을 선적한 후 수출환어음을 발행하는 경우, 수출자는 수출계약상의 채무를 이행하였으므로, 지급인인 수입자도 수출계약상 수출환어음을 인수해야 한다. CISG에 따르면, 수입자의 수출환어음 인수의무는 수출계약에 근거한 것이므로 수출자의 수출계약이행에도 불구하고 수입자가 수출환어음을 인수하지 않는 경우 수출자는 채무불이행에 근거하여 손해배상청구권, 이행청구권(수출환어음 인수, 또는 대금지급청구), 부가기간지정권, 계약해제권 등을 행사할 수 있으며(제62조~제64조, 제74조~제78조), 그 외 치유청구권의 행사가 가능하다고 보는 견해도 있다.[13]

한편, 신용장방식의 거래에서는 개설은행이 수출환어음의 지급인이 된다. 수입자와 발행인(수출자)과의 관계를 살펴보면, 수출계약에서 대금지급은 신용장에 의한다고 정하였으므로 동 계약에 의하여 수입자는 신용장을 개설해 주어야 할 채무를 부담하며, 이는 수출계약상의 선행의무이므로 이를 이행하지 않는 경우 수출자는 수출계약을 해제할 수 있다.[14] 그리고 수출자가 신용장조건에 일치하여 수출환어음을 발행하였음에

12) Belay Seyoum, *Export-Import Practices, and Procedures*, 2nd ed, Routledge, 2009, p.246.

13) 허해관, "국제물품매매협약상 매수인의 신용장에 의한 대금지급", 「무역상무연구」 제41권, 2009, p.107.

도 불구하고 개설은행이 수출환어음을 인수(또는 지급)하지 않는 경우 개설은행은 신용장에 기해 채무불이행책임을 부담한다.[15] 또한, 신용장상 개설은행의 채무는 수출계약과는 독립적이므로 개설은행은 수출계약에 기한 수입자의 항변을 들어 수출환어음의 인수(또는 지급)를 거절할 수 없다.

(5) 수입자와 지급인과의 법률관계(신용장방식에서)

신용장방식거래에서 수입자와 지급인(개설은행)과의 관계를 살펴보면, 개설은행은 수입자의 부탁에 의해 신용장을 개설하고 신용장 대금을 지급하는 것으로 양자관계는 위임관계로 볼 수 있으며, 실질적으로 물품의 수요자는 수입자이고 물품도 수입자가 인수하므로 수입대금은 최종적으로 수입자가 부담해야 한다. 통상 신용장방식의 수출환어음에서는 수입자를 계정인(accountee, accounty party)으로 기재하여[16] 이러한 관계를 표시한다. 수입자가 최종적인 부담자이기 때문에 개설은행은 수입자의 신용도를 심사하여 신용장개설 여부를 결정하고, 수입자로부터 신용장 대금을 상환받기 위해 신용장을 개설하기 전에 수입자와 여신거래약정, 외국환거래약정 등을 체결한다.[17]

(6) 매입은행의 주의의무

대법원에서는 환어음 매입은행은 그 매입서류를 조사함에 있어서 실질적 조사의무가 면책되어 있는 것이지만 제시된 서류가 신용장에 기재된 사항과 문면상으로 일치되는지 여부 혹은 관계서류가 상태성과 정규성을 갖추었는지 여부를 조사할 의무까지 면제되는 것은 아니고, 신용장에 필요서류로서 신용장 개설은행 보관의 것과 일치하는 서명이 된 검사증명서를 요구하고 있는 경우, 매입은행은 그 서명 일치 여부를 확인할 의무가 있다고 판단하였다(대법원 2002. 5. 28. 선고 2000다50299 판결).

한편, 대법원에서는 신용장의 적법한 매입이 있은 후에 그와 같은 신용장 거래가

---

14) 정찬형, 전게서, p.177.

15) 정찬형, 전게서, p.177.

16) 계정인으로 수입자를 기재하는 환어음의 예) 'PAY TO XXX BANK OR ORDER THE SUM OF SAY US DOLLARS XXX ONLY VALUE RECEIVED AND CHARGE THE SAME TO ACCOUNT OF 수입자명 및 주소 ……'

17) Ralph H. Folsom, et. al., *International Business Transactions*, 8th ed, West Group, 2009. p.130.; Michele Donnelly, *supra* note 8, p.130.; 오원석, "계약을 중심으로 하는 국제무역거래과정의 이해", 「무역상무연구」 제41권, 2009, p.12.

선적서류의 위조 등으로 인한 사기 거래로 밝혀진다고 하더라도, 그 매입은행은 그 신용장 대금의 지급이나 매입 당시 그 은행 자신이 위조 등 사기행위의 당사자로서 관련이 되어 있거나 매입 당시 서류가 위조된 문서라는 등의 사기 사실을 알고 있었거나 또는 의심할 만한 충분한 이유가 있다고 인정되지 아니하는 한 개설은행에 대하여 신용장 대금의 상환을 구할 수 있다고 할 것이나, 만일 은행에 의한 신용장의 매입이 적법한 것이 아닌 경우에는 그 대가를 지급하였다고 하더라도 이는 신용장통일규칙상의 '매입'이 될 수 없는 것이고, 개설은행으로서는 그 신용장의 만기에 서류를 제시하는 위 은행에 대하여 수익자에게 대항할 수 있는 모든 사유로 대항할 수 있고, 따라서 신용장 거래에 있어 수익자의 사기 행위가 밝혀진 경우 개설은행은 이를 이유로 신용장 대금의 지급을 거절할 수 있다'고 판단하였다(대법원 2003. 1. 24. 선고 2001다68266 판결).

3) 수출환어음 부도 시 매입은행의 구제권리

(1) 개설

수출환어음 매입 시 매입은행은 지급인이 수출환어음 대금을 지급하기 전에 수출자 앞으로 수출환어음 매입대금을 선지급한다. 이에 따라 추후에 수출환어음이 부도(일람불환어음에서 지급인이 수출환어음을 인수하지 않거나 기한부환어음에서 지급인이 인수 후 어음만기일에 환어음대금을 지급하지 않음)처리되면, 매입은행은 수출환어음 매입대금에 대해 손실을 입게 된다. 이 경우 매입은행이 행사할 수 있는 권리로는 수출자에 대한 환매청구권, 상환청구권, 지급인에 대한 어음대금청구권 등이 있다.

(2) 발행인에 대한 권리

수출환어음 부도 시 매입은행의 발행인에 대한 권리로는 다음과 같다.

i) 수출환어음 매입 시 체결한 외국환거래약정 등에 의거 매입은행은 발행인에게 수출환어음 매입대금의 반환을 청구할 수 있다(대법원 2003. 10. 9. 선고 2002다2249 판결[18]).
위에서 살펴본 바와 같이 통상적으로 수출환어음 매입의 법적 성질은 환매조건부

---

18) 신용장에 의한 화환어음 및 선적서류를 매입한 은행이 개설은행에 대하여 신용장 대금의 지급을 구하였는데 개설은행이 그 대금의 지급을 거절한 경우, 위 매입은행은 수익자와 사이의 약정에 의하여 개설은행의 지급거절이 정당한지의 여부와 관계없이 수익자를 상대로 그 신용장 매입대금의 반환을 구할 수 있다(대법원 2003. 10. 9. 선고 2002다2249 판결).

환어음매매이며, 수출환어음의 부도는 매입은행의 환매청구권 행사사유가 된다.

ii) 매입은행은 발행인에게 상환청구권을 행사할 수 있다. 발행인은 수출환어음의 주채무자는 아니지만, 수출환어음을 발행하였으므로 어음의 상환의무를 부담한다. 한편, 신용장방식거래에서 수입자를 지급인으로 하여 환어음이 발행된 경우 이 환어음의 법률상 성질은 보통의 환어음과 다를 바가 없으므로, 이 경우에도 신용장에 기한 법률관계와는 별도로 어음법에 의한 법률관계가 병존하고, 따라서 선적서류 및 환어음을 매입한 매입은행은 개설은행에 의한 신용장금액의 상환이 거절되고, 또한 환어음상 지급인에 의한 지급도 거절된 경우에는 특별한 사정이 없는 한, 개설은행의 상환거절이 정당한지 여부와 상관없이 어음법에 따라 그 환어음의 발행인에게 소구권을 행사할 수 있다(대법원 2000. 1. 21. 선고 97다41516 판결). 그 외 담보권 등 수출환어음매입 시 매입은행이 강구한 장치에 따라 다양한 권리를 행사할 수 있다.

iii) 외국환거래약정서상 수출환어음매입을 대출로 규정한 경우 대출금의 상환을 청구할 수 있다.

(3) 지급인에 대한 권리

신용장방식거래에는 개설은행이 신용장 대금의 주채무자이고 통상 개설은행이 수출환어음의 지급인이 된다. 신용장통일규칙에 의거 자유매입신용장에서의 모든 매입은행, 그리고 매입제한신용장에서의 지정은행인 매입은행은 개설은행에게 신용장 대금의 지급을 청구할 수 있다(UCP600 제7조제c항[19]). 매입은행이 신용장통일규칙과 신용장조건에 따라 매입을 하였을 때에는 개설은행은 신용장 대금을 매입은행 앞으로 지급해야 한다.[20] 그러나 매입은행은 신용장통일규칙과 신용장조건에 따른 서류인수 시에만 신용장 대금청구가 가능하며, 매입은행이 아니고 단지 환어음의 선의의 소지인이

---

19) Article 7 Issuing Bank Undertaking
c. An issuing bank undertakes to reimburse a nominated bank that has honoured or negotiated a complying presentation and forwarded the documents to the issuing bank. Reimbursement for the amount of a complying presentation under a credit available by acceptance or deferred payment is due at maturity, whether or not the nominated bank prepaid or purchased before maturity. An issuing bank's undertaking to reimburse a nominated bank is independent of the issuing bank's undertaking to the beneficiary.

20) Richard Willsher, *Export Finance*, Macmillan Press, 1995, p.15.

라는 사실만으로는 개설은행에 대하여 단순한 어음관계에 기한 청구가 아닌 신용장에 기한 법률관계에 따라 신용장 대금을 청구할 수 없다(대법원 2002. 8. 23. 선고 2000다66140 판결).

한편, 무신용장방식에서 지급인(수입자)이 수출환어음을 인수하고 만기일에 어음대금을 결제하지 않는 경우 매입은행은 수출환어음의 수취인이므로 수입자에게 직접 어음대금의 지급청구를 할 수 있다. 그러나 수출계약상 수출자의 지위나 수출대금채권을 매입은행에 양도하였다는 등의 특별한 사정이 없는 한, 수입자에 대한 수출대금채권은 여전히 수출자에게 있다고 보아야 하는 바(대법원 2002. 11. 13. 선고 2002다42315 판결[21]), 수입자가 수출환어음을 인수하지 않았다면, 매입은행은 수입자에게 직접 수출환어음의 인수나 수출대금의 지급을 청구할 수 없을 것이다.

3. 포페이팅(Forfaiting)

1) 의의

포페이팅(forfaiting)은 현금을 대가로 채권을 포기 또는 양도한다는 불어의 "a forfait"에서 유래된 용어이다. 포페이팅(forfaiting)이란, 포페이터(forfaiter)가 수출자로부터 수출채권을 "상환청구권 없이(without recourse)"[22] 매입하는 것을 말한다(ICC의 포페이팅통일규칙 제2조).[23] 한편, 포페이팅은 포페이터(forfaiter)가 환어음(bill of exchange) 또는 약속어음(promissory note) 등 유통증권(negotiable instrument)상의 채권을 상환청구권 없이(without recourse)매입하는 금융기법을 말한다고 정의하기도 한다.[24]

기한부신용장(usance L/C)에서 개설은행이 수출자가 발행한 환어음과 선적서류를 인수하여 인수통보한 후(또는 인수통보를 조건으로) 금융기관인 포페이터가 위 환어음을 포

---

21) 물품을 수출한 매도인이 외환거래약정을 맺은 거래은행에게 수입자로부터 받은 신용장을 담보로 환어음 등을 매도한 뒤 신용장 개설은행이 신용장 대금을 지급하지 아니함으로써 거래은행에 대하여 외환거래약정에 따른 환어음 등 환매채무를 부담하게 되었다고 하더라도, 매매계약상 매도인으로서의 지위나 매매대금채권을 거래은행에 양도하였다는 등의 특별한 사정이 없는 한, 수입자에 대한 매매대금채권은 여전히 매도인이 가진다(대법원 2002. 11. 13. 선고 2002다42315 판결).

22) "상환청구권 없이 또는 상환청구불능조건(without recourse)"이라 함은, 수입자가 수입대금을 결제하지 않는 경우(또는 개설은행이 신용장 대금을 결제하지 않는 경우)에 수출자에게 상환청구하지 않는 것을 의미한다.

23) ICC의 포페이팅통일규칙(Uniform Rules for Forfaiting: URF 800)
"Forfaiting transaction means the sale by the seller and the purchase by the buyer of the payment claim on a without recourse basis on the terms of these rules." (URF 800 Article 2)

24) Carole Murray, et. al, *supra* note 9, p.262.

함한 수출채권을 할인매입하여 수출자에게 대금을 지급하고, 포페이터는 만기일에 개설은행으로부터 신용장 대금을 지급받으며, 만기일에 개설은행이 신용장 대금을 지급하지 않는 경우에도 포페이터는 수출자에게 상환청구권을 행사하지 않는다. 포페이팅은 주로 자본재(capital goods) 수출거래에서 사용되며, 포페이터가 수출자에게 상환청구하지 않으므로 수출대금미회수위험은 포페이터인 금융기관이 부담한다. 이에 따라 포페이팅은 주로 신용장거래에서 이용되며, 무신용장거래에서는 수입자 거래은행의 지급보증이 요구된다.[25)]

(포페이팅 거래 절차)

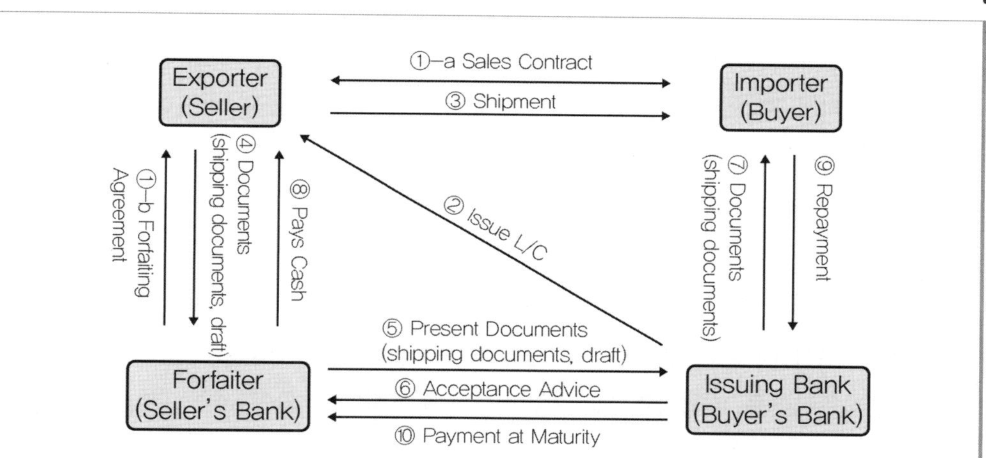

① 수출입자 간 수출계약을 체결한다. 그리고 수출자는 금융기관과 포페이팅 약정을 체결한다. (포페이팅 약정은 수출계약 체결전 또는 신용장 개설후에 할 수도 있다.)
② 수출자의 거래은행은 수출자에게 신용장(또는 대금지급보증서)을 개설한다. 신용장은 수출자의 거래은행(통지은행)을 통해 통지된다.
③ 수출자는 신용장 조건에 따라 물품을 선적한다.
④ 수출자는 포페이터(금융기관)에게 신용장 서류(선적서류, 환어음 등)를 교부한다.
⑤ 포페이터는 위 서류를 검토한 후 개설은행에 송부한다.
⑥ 개설은행은 신용장 서류를 심사한 후 서류에 이상이 없으면, 서류를 인수하고 포페이터에게 인수통지(Acceptance Advice: A/A)를 한다.
⑦ 개설은행은 수입자에게 선적서류를 교부한다.
⑧ 포페이터는 포페이팅 수수료 등을 공제한 후 신용장 대금을 수출자에게 지급한다.

25) Victor Murinde, *Development Banking and Finance*, Athenaeum Press, Ltd, 1996, p.303.

⑨ 신용장 대금의 결제기일에 수입자는 개설은행에게 신용장 대금을 상환한다.
⑩ 신용장 대금의 결제기일에 개설은행은 포페이터에게 신용장 대금을 결제한다.

포페이팅에서는 수출자는 금융기관으로부터 수출채권을 상환청구불능조건으로 매도하기 때문에 만기일에 수입자가 대금을 결제하지 않아도 수출자는 금융기관에 상환해야할 의무가 없는 바, 포페이팅을 통해 수출자는 수출대금미회수위험으로부터 벗어날 수 있다.[26] 포페이팅에서는 금융기관이 주로 환어음을 매입하는 방법을 이용하기 때문에 통상 환어음이 발행되는 거래를 대상으로 한다.

포페이팅비용(forfaiting cost)은 환어음 할인율로 볼 수 있고, 수출환어음매입에서 환가료와 유사하다. 포페이팅의 환어음할인율은 수출환어음 환가료보다 높기 때문에 금융기관 입장에서는 포페이팅이 수익률이 높다. 그러나 금융거래는 수익성 외에 안전성도 중시되기 때문에 통상 금융기관은 신용장거래에서만 포페이팅을 한다. 물론 포페이팅은 무신용장방식 수출거래에서도 사용될 수 있는데[27], 수입자의 신용도가 매우 높거나 신용이 양호한 금융기관이 어음보증한 거래에 제한적으로 사용된다.

2) 수출환어음매입과 포페이팅의 비교

수출환어음매입에서는 통상 매입은행(negotiating bank)은 상환청구조건(with recourse) 또는 환매조건부로 매입하기 때문에 환어음 부도시에는 환어음의 발행인인 수출자에게 상환청구권을 행사하거나 환매권을 행사하여 환어음을 수출자에게 다시 매도하여 이미 지급한 매입대금을 회수한다.

포페이팅과 수출환어음매입의 주요 차이점을 살펴보면, 매입형태면에서 포페이팅은 상환청구불능조건의 수출환어음매입이나, 수출환어음매입은 환매조건부 (또는 상환청구조건) 수출환어음매입이다. 그리고 대상거래에 있어 포페이팅은 연지급신용장거래(또는 지급보증부거래)를 대상으로 하나, 수출환어음매입은 신용장 및 무신용장방식의 거래 모두 가능하다.

---

26) Richard Willsher, *supra* note 20, p.43.

27) Piet Sercu & Raman Uppal, *International Financial Markets and The Firm*, South-Western College Publishing, 1995, p.539.

(포페이팅과 수출환어음매입 비교)

구 분	포페이팅	수출환어음매입
금융형태	상환청구불능조건 수출환어음 매입	환매조건부(또는 상환청구조건) 수출환어음 매입
취급기관	금융기관	금융기관
대상거래	연지급신용장거래 (인수통지조건)	신용장 및 무신용장거래
수출자의 대차대조표	자산 · 부채 미계상	자산 · 부채 계상
수수료	어음할인율	환가료
대금미결제시	수출자앞 상환청구불가	수출자앞 상환청구 또는 환매권 행사

4. 국제팩토링(Factoring)

1) 의의

국제팩토링(factoring)이란, 공급자(수출자)가 수출거래에서 발생하는 외상매출채권을 팩터(factor)에게 양도하거나 양도할 것을 약정하고, 팩터는 공급자(수출자)에게 금융의 제공, 매출채권에 관한 계정의 유지, 매출채권의 회수, 채무자의 채무불이행으로부터의 보호 등의 금융서비스를 제공하는 것을 말한다.[28] 통상 팩터(팩토링회사)는 수출자를 대신하여 수입자에 대한 신용조사 및 신용위험의 인수, 매출채권의 기업관리 및 대금회수, 금융제공 기타 회계처리 등의 업무를 대행하므로 국제팩토링은 무신용장방식의 연지급거래에서 주로 이용된다.

국제팩토링은 통상 전세계 팩토링회사의 회원망을 통하여 수입자의 신용을 바탕으

---

28) UNIDROIT 팩토링협약 제2조 (UNIDROIT Convention on International Factoring)
 2. For the purposes of this Convention, "factoring contract" means a contract concluded between one party (the supplier) and another party (the factor) pursuant to which:
 (a) the supplier may or will assign to the factor receivables arising from contracts of sale of goods made between the supplier and its customers (debtors) other than those for the sale of goods bought primarily for their personal, family or household use;
 (b) the factor is to perform at least two of the following functions:
 - finance for the supplier, including loans and advance payments;
 - maintenance of accounts (ledgering) relating to the receivables;
 - collection of receivables;
 - protection against default in payment by debtors;
 (c) notice of the assignment of the receivables is to be given to debtors.

로 이루어지는 무신용장방식의 새로운 무역거래방식이다. 국제거래에서 팩토링회사는 수출자를 위하여 수출채권과 관련된 대금회수를 보장하고 회계업무를 대신한다. 그리고 수입자에게는 수입을 위한 신용을 공여해줌으로써 해외로부터 신용으로 물품과 용역을 수입할 수 있게 한다.

(수출팩토링 도해)

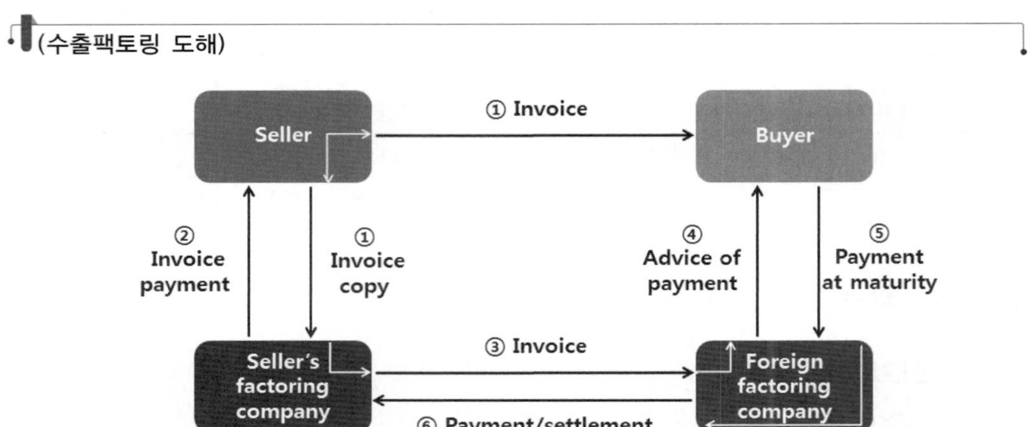

2) 포페이팅과 국제팩토링의 비교

일반적으로 포페이팅과 국제팩토링의 주요 차이점은 다음과 같다.

i) 포페이팅은 신용장거래 또는 금융기관의 지급보증부 거래를 대상으로 하고, 국제팩토링은 무신용장거래를 대상으로 한다.

ii) 포페이팅은 수출대금의 100%까지 지급하며, 국제팩토링은 80~100%까지 지급하는데 기업에 따라 해외 입금시까지 유보금으로 보관하는 경우도 많고, 유럽은 통상 90% 수준이다.

iii) 포페이팅에서 수출거래의 결제기간에 대해 특별한 제한은 없으나 통상 6개월 이상의 거래를 대상으로 하고, 국제팩토링은 6개월 이내의 단기거래를 대상으로 한다.

iv) 포페이팅은 상환청구불능조건이나, 국제팩토링은 상환청구불능을 원칙으로 하되 상환청구하는 경우도 있다.

v) 포페이팅은 관련 당사자들에 대한 정보를 비밀로 하는 것이 관례이므로 비밀성이 보장되나, 국제팩토링은 팩터가 매출채권의 매입을 수입자에게 통지하는 것

이 일반적이므로 비밀성이 보장되지 않는다.

vi) 부가서비스측면에서 포페이팅은 채권의 할인매입과 관련된 제한적 업무수행을 하나, 국제팩토링은 채권추심, 회계 서비스 등을 하는 경우가 많다.

(포페이팅과 팩토링 비교)

구 분	포페이팅(Forfaiting)	국제팩토링(Factoring)
개 념	신용장거래에서 환어음을 상환청구 불능조건으로 할인매입하는 금융상품	무신용장거래에서 수출채권을 기업으로부터 상환청구불능조건으로 매입하는 금융상품
대상거래	신용장거래(또는 금융기관의 지급보증 거래)	무신용장거래
대상채권[29]	유통증권(negotiable instrument): 환어음, 약속어음	비유통증권(non-negotiable instrument): 외상매출채권
지 급 율	100%까지	80~100% (기업에 따라 해외 입금시까지 유보금으로 보관하는 경우도 많으며, 유럽은 통상 90% 수준)
기 간	특별한 제한은 없으나 통상 6개월 이상의 거래	6개월 이내의 단기거래
운영기관	대부분 은행	전문 팩터 또는 은행
상환청구	상환청구불능조건	상환청구불능조건(예외적 상환청구)
부가서비스	채권의 할인매입과 관련된 제한적 업무수행	채권추심, 회계 서비스 등 일부 존재 (특히 유럽)
거래 비밀성	포페이팅 관련 당사자들에 대한 정보를 비밀로 하는 것이 관례이므로 비밀성이 보장됨	팩터가 매출채권의 매입을 수입자에게 통지하는 것이 일반적이므로 비밀성이 보장되지 않음

29) 오원석 · 박세훈, "국제대금결제에서의 신용위험과 대처방안에 관한 연구", 「무역상무연구」 제39권, 2008, p.162.

제3절 수출보험

1. 개설

국제거래는 상대방에 의한 신용위험이 높고, 상대국의 국가위험(전쟁, 혁명, 송금제한, 수용 등)에도 노출된다. 당사자들은 이러한 위험을 제거 또는 감소시킬 수 있는 담보장치를 필요로 하는데, 수출보험은 이러한 담보장치의 하나로 국제거래에서 널리 이용되고 있다. 최초 수출보험은 이러한 위험을 담보하여 수출을 지원하기 위하여 도입되었다.[30)]

특히, 개발도상국이나 저개발국가의 경우 국가위험(또는 비상업위험)의 발생할 가능성이 높은데, 이러한 위험은 통상의 상업보험에서는 담보하지 않는 것이 일반적이다. 그러나 수출보험은 비영리정책보험(대부분의 국가에서 비영리정책보험으로 운영)으로 국가위험 또는 비상위험도 담보하여 국제거래에서의 위험담보장치로 선호되고 있다. 우리나라에서는 한국무역보험공사에서 수출보험을 운영하고 있다.

2010년 7월 수출보험법의 개정(수출보험법 → 무역보험법)에 따라 현행 무역보험법에서는 '수출보험'이라는 용어 대신 '무역보험'이라는 용어를 사용하고 있다. 주된 개정 이유는 수출보험 외에 수입보험을 추가하기 위한 것이다. 이에 따라 무역보험법에서의 '무역보험'은 '수출보험'과 '수입보험'을 포괄하는 개념이다. 수입보험은 국민경제에 중요한 자원 및 물품의 수입에 한하며, 무역보험의 주된 영역은 수출보험이므로 본 절에서는 주로 수출보험에 맞추어 기술하였다.

2. 수출보험개요

1) 수출보험의 의의

수출보험(export insurance, export credit insurance)[31)]이란, 수출거래에서 주채무자(수입자, 신

---

30) Malcolm Stephens, *The Changing Role of Export Credit Agencies,* International Monetary Fund, 1999, p.1.

31) 세계수출신용시장에서 '수출보험(export insurance)'과 '수출신용보험(export credit insurance)'은 혼용되고 있는데, 우리나라에서는 1968년 수출보험법 제정 시부터 '수출보험(export insurance)'으로 규정하였다(2010. 7월 수출보험법은 무역보험법으로 개정되어, 현행 무역보험법에서는 '무역보험'이라는 용어를 사용하고 있는데, 무역보험

용장 개설은행 등)의 채무불이행(payment default) 또는 비상위험(political risk, non-commercial Risk)으로 인한 주채무자의 채무이행불능으로 인하여 피보험자에게 발생한 손실을 담보하는 신용보험(credit insurance)이다.[32] (국가에 따라 'export insurance' 대신 'export guarantee' 또는 'export credit guarantee'라는 용어를 사용하기도 한다.)

수출보험에는 보험계약자면에서 1) 수출거래에서 신용위험 또는 비상위험으로 인하여 수입자가 수출대금을 미결제하는 경우 그로 인한 손해를 보험계약자인 수출자에게 보상하는 보험과 2) 수출거래에서 수입대금을 금융기관으로부터 차입한 차주(통상적으로 수입자)가 신용위험 또는 비상위험으로 인하여 차입금을 금융기관 앞 상환하지 못하는 경우 그로 인한 손해를 보험계약자인 금융기관 앞 보상하는 보험으로 구분할 수 있다.

각국의 수출보험 운영주체를 살펴보면, 주로 정부, 공기관, 또는 정부로부터 지원을 받는 공적기관 등 공적수출신용기관(official export credit agency)에 의해 운영된다. 한편, 수출에 필요한 자금을 지원하는 것을 '수출금융(export financing or export loan)'이라고 하고, 수출보험(또는 수출신용보증)과 수출금융을 합하여 수출신용(export credit)제도라고 하며, 수출신용제도를 운영하는 기관을 수출신용기관(export credit agency: ECA)이라고 한다.

2) 수출보험의 연혁

최초의 수출신용기관은 영국의 수출신용보증국(Export Credits Guarantee Department: ECGD)이다.[33] ECGD는 1919년 1차 세계대전 직후 영국 수출자에 대한 수출보험(또는 수출보증)지원을 통한 수출진흥 및 수출산업의 경쟁력 강화를 목적으로 영국 상무부내 '수출

은 수출보험과 수입보험을 포괄하는 개념이며, 한국무역보험공사에서는 무역보험법으로 개정되기 전에 운영하고 있던 수출보험종목을 동일한 명칭으로 사용하고 있다).

한편, 세계수출신용시장에서 '수출신용보증(export credit guarantee)' 또는 '수출보증(export guarantee)'도 사용되고 있는데, 이는 본질 내지는 경제적 기능은 수출보험과 동일한 것으로 세계수출신용시장에서 사실상 같은 것으로 취급되고 있다. 다만, 개별 수출보험제도, 개별 수출신용보증제도의 내용이 모두 동일한 것은 아니므로 각 개별제도의 내용에 따른 차이는 있다.

32) 통상 수입자가 주채무자가 되고 수출자가 피보험자가 되므로, 통상 수출거래에서 수입자가 수출대금을 지급하지 않거나 수입국에서 발생한 비상위험으로 수출자가 수출대금을 받을 없게 되는 경우 수출자가 입게 되는 손실을 보상하게 된다. 수입자의 대금지급채무에 대해 은행이 지급보증을 하거나 신용장이 개설되는 경우에는 은행의 채무불이행을 담보하게 되고, 수출자가 수출대금채권을 은행에 양도하거나 수입에 필요한 자금을 은행이 수입자에게 직접 대출하는 경우에는 그 은행이 피보험자가 되기도 한다.

33) John E. Ray, *Managing Official Export Credits*, Institute for International Economics Washington, DC, 1995, at ix.

신용국(Export Credits Department)'으로 출범하였으며, 1926년에 ECGD로 개칭되었고, 2013. 9. 2.부터 ECGD는 the UK Export Finance(UKEF)의 명칭으로 운영되고 있다.[34]

우리나라에서는 1968년 12월 31일 수출보험법이 제정·공포되어 그 다음해 1월 1일부터 시행되었다. 초기에는 대한재보험공사를 수출보험대행기관으로 정하여 1969년부터 대한재보험공사에서 수출보험을 운영하였다. 1976년 한국수출입은행의 설립으로 한국수출입은행의 중장기금융 및 해외투자금융지원과 연계하여 수출보험을 지원하기 위해 1977년 1월 1일부터 수출보험업무를 한국수출입은행이 대행토록 수출보험법을 개정하였다. 한편, 수출보험도입시에는 재무부가 수출보험을 관장하였으나, 수출보험은 근본적으로 무역과 밀접한 관련을 맺고 있고, 수출진흥정책의 기능을 수행하고 있음을 감안하여 1978년 12월 수출보험법을 개정하여 수출보험 관리감독권한을 상공부로 이관하였다. 한편, 수출보험이 수출지원정책으로서의 중요성이 더해지고 업무실적이 늘어남에 따라 한국수출입은행의 대행체제 보다는 독립기관의 전담체제로 운용할 필요가 있어 1992년 7월 한국수출보험공사를 설립하여 수출보험을 전담토록 수출보험법을 개정하였다. 그리고 2010년 7월 수출보험법은 무역보험법으로 개정되었고, 한국수출보험공사는 한국무역보험공사로 명칭이 변경되었다.

3) 수출보험의 담보위험

수출보험은 수출자가 수출대금을 회수할 수 없게 된 경우에 입게 되는 손실(또는 구매자신용방식에서 수입자 앞으로 결제대금을 대출한 은행이 수입자로부터 이 대출금을 회수할 수 없게 된 경우에 입게 되는 손실)을 보상하는 제도이다. 여기서 손실을 초래하게 되는 원인을 수출보험의 담보위험이라고 하는데, 수출보험의 담보위험은 크게 비상위험과 신용위험으로 구분된다. 비상위험(political risk, non-commercial Risk)[35]은 수입국에서의 환거래 제한, 전쟁, 혁명 등 당사자에게 책임 없는 사유로 수출대금의 회수가 불가능하게 된 경우를 말하고, 신용위험(credit risk, commercial risk)은 수입자의 지급불능, 지급지체, 인수거절

34) 2013. 9. 2.부터 ECGD는 the UK Export Finance (UKEF)의 명칭으로 운영되고 있다. (https://www.gov.uk/government/organisations/uk-export-finance)

35) 비상위험은 세부적으로 정치·경제·재해위험 등 세 가지로 분류하기도 한다. 정치적 위험이란 계약의 이행을 불가능하게 하는 수입국의 전쟁, 혁명, 내란, 폭동 등 정치적인 요인으로 인하여 손실이 발생하는 위험을 말하며 협의(狹義)의 비상위험이라고 한다. 경제적 위험이란 외환부족 등으로 인한 환거래 제한, 지급유예, 및 수입정책 변화에 따른 수입규제 등을 말한다. 재해위험이란 계약의 이행을 불가능하게 하는 태풍, 홍수, 지진, 화산폭발, 해일 등 주로 천재지변이 많다.

등 수입자에게 책임 있는 사유로 수출대금이 회수되지 않는 것을 말한다.

3. 수출보험의 특성

1) 정책보험

현재 수출보험은 수출을 촉진하고 국민경제의 발전을 위해 수출보험기금을 재원으로 한국무역보험공사에 의해 운영되는 정책보험이다. 수출보험은 정책보험이기 때문에 무역보험법이라는 특별법에 의해 운영되고 있고, 산업통상자원부의 감독을 받는다. 대법원에서도 수출보험법(현행 무역보험법)에 따른 수출보험은 수출 기타 대외거래에서 발생하고 통상의 보험으로는 구제하기 곤란한 위험으로 인한 재산상의 손실을 보상해 줌으로써 수출무역 기타 대외거래의 진흥을 도모하기 위한 비영리적인 정책보험으로 판시하고 있다(대법원 1993. 11. 23. 선고 93누1664 판결).

2) 손해보험

상법에서는 보험의 종류를 크게 손해보험과 인보험으로 구분하는데, 손해보험이란 '보험자가 보험사고에 의하여 생길 수 있는 피보험자의 재산상의 손해를 보상할 것을 약정하고, 보험계약자가 이에 대하여 보험료를 지급할 것을 약정함으로써 효력이 생기는 보험계약'이다.[36] 수출보험도 주채무자의 채무불이행으로 인하여 피보험자에게 생기는 재산상의 손해(수출대금, 수입자금 대출금)를 보상하는 것을 내용으로 하므로 손해보험으로 볼 수 있다.

3) 신용보험

신용보험은 주채무자의 채무불이행(default)을 담보하는 보험인데, 수출보험은 주채무자인 수입자(또는 차주)의 채무불이행을 담보하는 것이므로 신용보험에 해당된다. 보험업법규[37]상 신용보험은 보증보험의 하나로 분류하고 있는바, 수출보험은 신용보험으로서 보증보험의 하나에 해당되는 것으로 볼 수도 있다.

36) 상법 제665조, 제638조.

37) 금융감독위원회공고 보험업감독업무시행세칙 별표 15 참조.

4) 기업보험

수출보험에서 보험계약자는 일반 개인이 아니고 수출기업 내지는 금융기관이며 서로 대등한 경제적 지위에 있으므로 기업보험의 성격을 가진다. 이에 따라 대법원에서는 상법 제663조 소정의 보험계약자 등의 불이익변경금지원칙은 보험계약자와 보험자가 서로 대등한 경제적 지위에서 계약조건을 정하는 이른바 기업보험에 있어서의 보험계약의 체결에 있어서는 그 적용이 배제되므로 기업보험에 해당하는 수출보험에 있어서는 적용되지 않는 것으로 판시하고 있다(대법원 2000. 11. 14. 선고 99다52336 판결).

5) 사법상의 계약

대법원은 수출보험계약에 따른 보험자와 보험계약자 사이의 법률관계는 그 성질상 공법상의 권리의무관계가 아니고, 통상의 보험에 있어서와 마찬가지로 보험계약관계라고 하는 사법상의 권리의무로 보고 있다(대법원 1993. 11. 23. 선고 93누1664 판결).

6) 약관의 규제에 관한 법률의 적용 배제

약관의 규제에 관한 법률은 보험자가 거래상의 지위를 남용하여 불공정한 내용의 약관을 작성·통용하는 것을 방지하고, 불공정한 내용의 약관을 규제하여 건전한 거래질서를 확립함으로써 소비자를 보호하고, 국민생활의 균형있는 향상을 도모함을 목적으로 하므로 대부분의 조항이 보험계약자를 보호하는 규정이다. 그러나 수출보험은 정책보험이며 기업보험이기 때문에 약관의 규제에 관한 법률 제7조(면책조항의 금지)~제14조(소제기의 금지 등)의 규정이 적용되지 않는다.[38] 나아가 대법원은 약관의 규제에 관한 법률 제6조(일반조항)도 수출보험에는 적용되지 않는다고 판시하고 있다(대법원 2002. 5. 28. 선고 2000다50299 판결).

---

38) 약관의 규제에 관한 법률 시행령 제3조제3호.

4. 수출보험의 기능

1) 대금미회수위험 담보

수출보험의 제1차적 기능은 수입자의 대금미회수위험을 담보하는 것이다. 수출보험은 수입국에서 발생하는 비상위험 또는 신용위험으로 인하여 수출이 불가능하게 되거나 수출대금의 회수가 불가능해지는 경우 수출자 등이 입게 되는 손실을 보상함으로써 수출활동을 촉진시키는 역할도 한다.

2) 금융보완적 기능

수출보험은 수출대금미회수위험을 담보하므로 금융기관으로 하여금 수출 금융을 공여하게 하는 금융보완적 기능을 가진다. 즉 수출금융에서는 수출대금의 회수가능성 여부가 대출심사의 중요한 기준이 되는 바, 수출보험에 의하여 이를 해결할 수 있으므로 금융기관은 수출자에게 담보요건 등에서 보다 유리한 조건으로 수출자금을 대출할 수 있게 된다. 또한 수출계약상대방의 대금지급지체 등과 같은 보험사고가 발생하여 수출대금의 회수 전망이 불투명하거나 회수에 장기간이 소요되는 경우에 있어서도 수출자가 입는 손실을 보상함으로써 기업자금의 유동성을 제고시켜 줄 수 있는 신용공여기능도 수행한다. 요즈음에는 본래의 기능인 대금미회수위험담보 보다 금융보완적 기능이 중요시 되고 있다.

특히 플랜트수출(또는 해외건설공사)에서 수출보험지원 시 i) 대주은행은 위험이 낮아 대출금리를 인하하고 금융지원에도 적극적이고, ii) 수출자는 유리한 금융을 조달할 수 있으므로 수주경쟁력이 강화되고, 대금미회수위험을 제거할 수 있으며, iii) 수입자는 낮은 금리로 차입할 수 있고, 자금조달도 용이해진다. 이에 따라 수출보험은 플랜트수출이나 해외건설공사에서 절실히 필요하며, 거액의 프로젝트가 발주되는 경우 수출자나 금융기관은 가장 먼저 수출보험지원 여부를 확인한다.

3) 수출진흥정책 수단으로서의 기능

수출보험은 수출무역, 기타 대외거래의 촉진 및 진흥을 위하여 정부의 지원하에 운영됨에 따라 보험요율 등을 정함에 있어 장기적 차원에서의 수지균형을 목표로 하여 가능한 한 저율로 책정하는 한편 보상비율 등에서는 최대한 수출자에게 유리한 형태의 보상제도를 채택하는 등 수출경쟁력을 강화시키고, 결과적으로 수출을 촉진시키는 역할을 하게 되는 수출진흥정책 수단으로서의 기능을 갖는다.

4) 해외수입자에 대한 신용조사기능

수출보험지원과 더불어 수입자에 대한 신용조사를 병행하는 수출보험기관도 있다. 수출보험은 효율적인 인수 및 관리를 기하고 보험사고를 미연에 방지하기 위해 다각적으로 해외수입자의 신용상태와 수입국의 정치경제사정에 관한 조사활동을 하게 되는 바, 이러한 해외수입자 및 수입국에 관한 신용정보를 제공하여 수출자로 하여금 효과적으로 활용할 수 있도록 함으로써 수출자의 신규수입선 확보와 수출거래 확대에 기여함과 동시에 건전한 수출거래를 유도하는 부수적 기능을 가지고 있다.

수출보험지원여부를 결정함에 있어서는 수입자에 대한 신용도 파악이 중요하므로 수출보험기관은 직접 방문조사 내지는 기타 신용조사기관으로부터 신용조사보고서를 받아서 수입자의 신용도를 심사한다.

5. 주요 수출보험

1) 개요

수출보험의 본래의 기능은 수출자의 수출대금 미회수위험담보인데, 최근에는 금융보완적 기능이 중요시됨에 따라 수출보험제도가 다양해졌다. 현행 한국무역보험공사에서 운영하고 있는 주요 수출보험으로는 단기수출보험, 수출신용보증, 중장기수출보험, 수출보증보험, 환변동보험, 해외공사보험, 해외투자보험, 해외사업금융보험 등이 있다. 그중에서 단기수출보험이 가장 대표적이고, 영세한 중소기업은 수출신용보증(선적전)을 가장 필요로 한다.

2) 단기수출보험

수출거래의 결제기간에 따라 수출보험은 단기수출보험과 중장기수출보험으로 구분한다. 단기수출보험은 결제기간이 2년 이하의 수출거래를 대상으로 하고 중장기수출보험은 결제기간 2년 초과의 수출거래를 대상으로 한다.

단기수출보험은 종래의 일반수출보험 종목이 1994년 11월에 폐지되고 새로이 도입된 제도로서, 우리나라를 비롯한 선진 수출보험기관의 경우 가장 전형적인 형태의 수출보험종목이다.

현재 한국무역보험공사가 운영하는 단기수출보험에는 단기수출보험(선적후－일반수출거래 등), 단기수출보험(수출채권유동화), 단기수출보험(포페이팅), 단기수출보험(구매자신용) 등이 있는데, 그중 가장 대표적인 것이 단기수출보험(선적후－일반수출거래 등)이다. 단기수출보험(선적후－일반수출거래 등)은 수출거래에 있어 수출계약체결 후에 수입국에서의 비상위험으로 수출불능이 되거나 수출대금이 회수불능이 되는 경우, 또는 수입자(또는 신용장 개설은행)의 신용위험으로 인하여 수출대금이 결제되지 않는 경우에 수출자가 입게 되는 손실을 보상하는 제도이다.

수출자가 수출계약에 따라 정상적으로 수출이행을 한 경우에만 보상하며, 수출자가 정상적으로 수출이행을 하지 않은 경우 면책된다. 대표적인 면책사유는 수출물품에 하자가 있는 경우와 신용장방식의 수출거래에서 신용장에서 요구하는 선적서류에 하자가 있는 경우이다. 그리고 물품의 멸실, 훼손 등 물품에 대해 발생한 손실도 보상하지 않는데, 이는 통상의 적하보험으로 담보되기 때문이다.

(단기수출보험(선적후－일반수출거래) 도해)

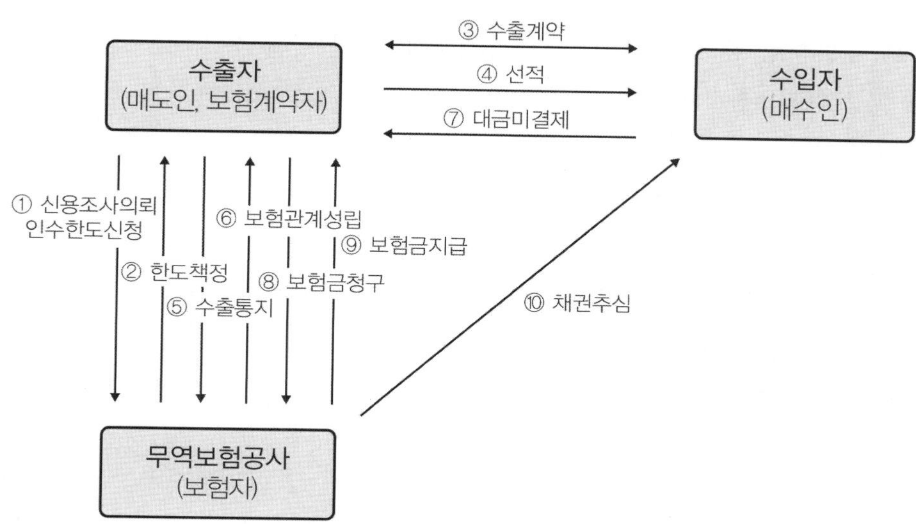

단기수출보험(선적후－일반수출거래 등)의 보험계약체결절차는 다음과 같다.

① 신용조사의뢰 및 인수한도책정신청: 수출자는 수입자에 대한 신용조사를 의뢰한다. 최초 이용하는 수출자의 경우 자신에 대한 신용자료도 제출하여 한국무역보험공사로부터 수출자 신용등급을 받는다.

② 인수한도책정: 한국무역보험공사는 수입자 신용조사 결과를 수입자 신용등급을 평가하고 수출보험 인수한도를 책정한다.

③ 수출계약체결: 수출자는 수출계약을 체결한다(수출계약 체결 후에 신용조사의뢰 및 인수한도책정신청을 할 수도 있다).

④ 선적(수출이행): 수출자는 물품 선적 등 수출이행을 한다.

⑤ 수출통지: 수출자는 물품 선적 후에 한국무역보험공사 앞으로 수출통지를 한다.

⑥ 보험관계성립: 수출통지를 받은 후 보험관계를 성립시키고 수출자 앞 보험관계성립 및 보험료 납부통지를 한다(선적일로부터 보험관계가 성립된다).

⑦ 대금미결제: 수입자의 대금미결제는 보험사고가 된다.

⑧ 사고발생통지 및 보험금청구: 수입자의 대금미결제 시 수출자는 사고발생통지를 하고, 일정기간 후(통상 1개월 후)에 보험금청구를 한다.

⑨ 사고조사 및 보험금지급: 사고조사를 실시하여 대금미결제에 대해 수출자의 책임이 없는 경우 보험금을 지급한다.

⑩ 채권추심: 한국무역보험공사는 보험자대위권에 기해 수입자를 상대로 독촉, 소송 등 채권추심절차를 진행한다(수출자가 직접 채권추심을 하기도 한다).

3) 수출신용보증(선적전)

수출신용보증(선적전)은 금융기관이 제공하는 선적전 수출금융(pre－shipment finance)에 대한 보증이다. 수출기업이 수출물품을 제조, 가공하거나 조달할 수 있도록 금융기관(외국환은행, 수출유관기관)에 수출신용보증서를 담보로 제공하여 금융기관이 수출기업에 선적전 수출금융을 제공할 수 있도록 한다.

(수출신용보증(선적전) 도해)

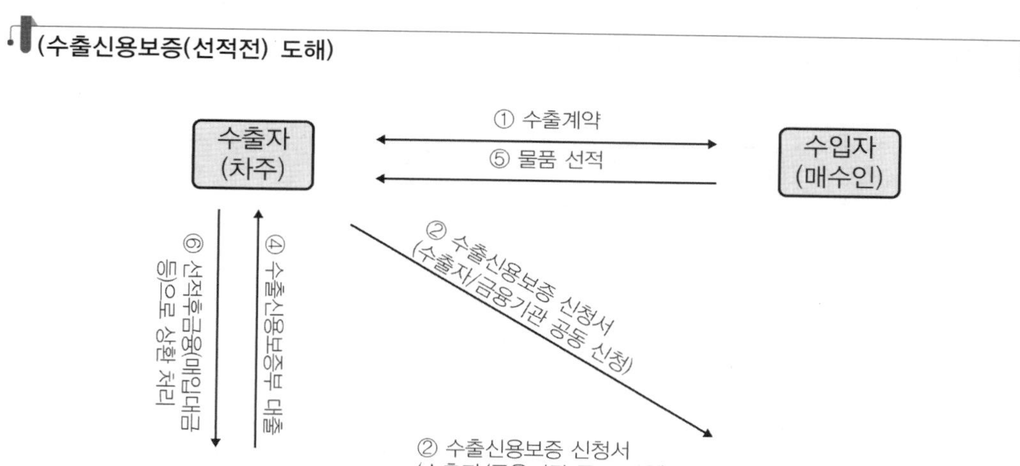

4) 중장기수출보험

중장기수출보험은 결제기간 2년 초과의 수출거래(공급자신용방식), 또는 상환기간 2년 초과 대출거래(구매자신용방식)를 대상으로 한다. 결제기간 2년 초과의 수출거래를 지원하는 중장기수출보험이 중장기수출보험(공급자신용)이고, 상환기간 2년 초과의 대출거래를 지원하는 중장기수출보험이 중장기수출보험(구매자신용)이다. 그외 결제기간 2년 초과의 수출거래에서 물품 등의 선적전에 수입국에서 발생한 비상위험 또는 수입자의 파산으로 인하여 발생한 손실을 보상하는 중장기수출보험(선적전)이 있다.

(1) 중장기수출보험(공급자신용)

중장기수출보험(공급자신용)은 결제기간 2년 초과이고, 공급자신용[39])으로 금융이 조달되는 수출거래를 부보대상으로 하는 수출보험이다. 중장기수출보험(공급자신용)은 주로 플랜트수출, 선박수출, 해외건설공사 등을 지원대상으로 하고 있다. 이러한 거래는 통상 계약금액이 거액이고, 장기간에 걸쳐서 대금이 상환되며, 거래절차가 복잡하며, 장기간에 걸쳐서 거래가 추진되고, 수출대금의 미회수 위험이 높아 수출보험이 요구된다.

39) 공급자신용(supplier credit)이란, 공급자(매도인)가 계약이행에 필요한 자금을 자신의 신용으로 조달하는 금융조달방법으로, 수출이행에 필요한 자금을 수출자가 자신의 신용으로 금융기관으로부터 차입하여 수출이행을 하고, 수입자로부터 대금을 결제 받으면, 금융기관과의 대출계약에 따라 차입금을 상환한다.

(중장기수출보험(공급자신용) 도해)

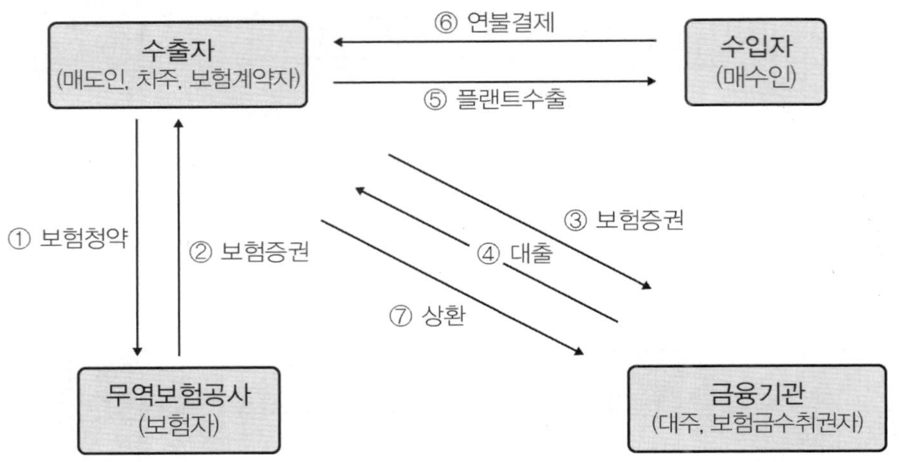

(2) 중장기수출보험(구매자신용)

중장기수출보험(구매자신용)은 상환기간 2년 초과의 구매자신용[40]의 거래에서 수입자가 수출대금을 결제하는데 필요한 자금을 금융기관이 수입자앞 대출하는 금융거래를 부보대상으로 하는 수출보험이다. 담보하는 위험은 수입자의 대금미상환이지만, 수입자의 대금미상환위험을 제거하는 단순한 보험적 기능보다는 수입자의 대금미상환시 금융기관앞 동 금액을 보험금으로 지급하는 보증적 기능이 중요시되고 있다. 수입자의 대출금상환채무는 순수한 금전채무이며, 수입자의 대출금미상환시 금융기관앞 보험금을 지급하므로 사실상 보증과 그 기능이 동일하며, 이를 중장기수출신용보증이라고 부르는 국가도 있다. 지원대상 수출거래는 중장기수출보험(공급자신용)과 동일하다. 다만, 금융구조면에서 중장기수출보험(공급자신용)이 수출자가 자금을 조달하는 공급자신용의 수출거래를 대상으로 하는 반면, 중장기수출보험(구매자신용)은 수입자가 자금을 조달하는 구매자신용의 수출거래를 대상으로 한다.

---

40) 구매자신용(buyer credit)이란, 공급자의 계약이행에 필요한 자금을 구매자(매수인)가 자신의 신용으로 조달하는 금융조달방법이다. 따라서 매매계약에서는 목적물의 제작에 필요한 자금을 매수인이 조달하고, 도급계약에서는 일의 완성에 필요에 자금을 도급인이 조달한다.

(중장기수출보험(구매자신용) 도해)

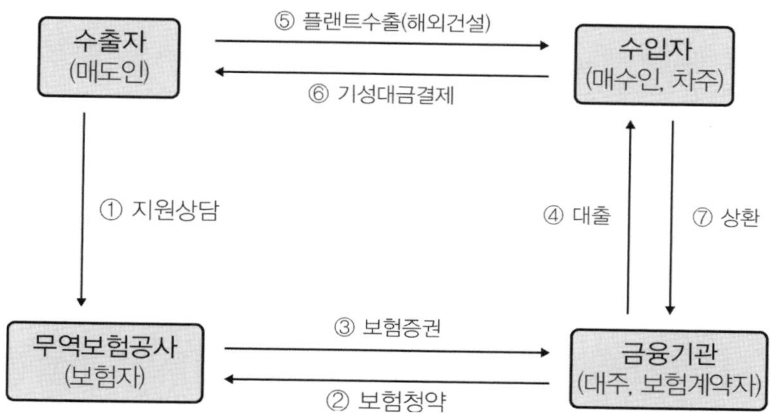

5) 환변동보험

환변동보험은 기업이 환율 변동으로 입게 되는 손실을 보상하고 이익을 환수하는 보험제도다. 수출기업, 특히 환위험 관리여건이 취약한 중소 수출기업이 환위험을 손쉽게 해지할 수 있도록 2000년 2월에 도입되었다. 기본계약내용은 공사가 보장하는 환율(보장환율)과 결제시점의 환율(결제환율)과의 차이에 따른 손익을 정산하는 것으로 금융기관의 선물환거래와 유사하다. 결제환율이 보장환율보다 낮으면 그 차이를 한국무역보험공사가 보험금으로 지급하고, 결제환율이 보장환율보다 높으면 그 차이를 보험계약자가 한국무역보험공사앞으로 이익금으로 납부해야 한다.

제 13 장

국제운송과 해상보험

제13장 국제운송과 해상보험

제1절 국제운송

1. 개설

국제물류는 생산과 소비가 2개국 이상에 걸쳐 이루어지는 경우 생산과 소비의 시간적, 공간적 차이를 극복하기 위한 재화에 대한 물리적인 국제경제활동으로 정의할 수 있다.[1] 국제물류는 운송, 보관, 하역, 포장, 정보 등을 포괄하지만, 그 중에서 운송이 차지하는 비중이 매우 높다.

국제거래 중에서 물품거래는 한 국가에서 다른 국가로 물품이 이동하기 때문에 국제운송이 필수적이다. 국제운송은 해상운송, 항공운송, 육상운송(철도운송, 도로운송), 복합운송으로 구분되는데, 그 중 해상운송은 한 번에 많은 물품을 운송할 수 있고, 운임도 다른 운송수단에 비해 저렴하기 때문에 무역거래에서 가장 큰 비중을 차지하고 있다. 특히 우리나라의 경우 남북분단으로 국제육상운송은 차단되어 있어 해상운송이나 항공운송이 불가피하다.

운송수단의 발달에 따라 국제운송방식이 변화되어 왔고 운송기간도 단축되어 왔다. 그러나 국제운송은 국내운송에 비해 운송비가 높고 운송에 따른 위험이 크다. 국제운송 관련 각국의 법이 상이하여 이를 통일적으로 규율하는 국제협약이 제정되었는데, 운송에 관한 국제협약은 주로 운송인의 책임근거와 책임한도에 대해 규정하고 있다.

1) 양영환 · 오원석 · 박광서, 「무역실무」, 삼영사, 2009, p.231.

(국제운송 관련 국제적 통일규칙)

운송수단	운송관련 서류	국제적 통일규칙
해상운송	선하증권 (bill of lading)	헤이그규칙, 헤이그-비스비규칙, 함부르크규칙, 로테르담규칙
항공운송	항공화물운송장 (air waybill)	바르샤바협약, 몬트리올협약
복합운송	복합운송증권 (multimodal transport document)	국제물품복합운송에 관한 유엔협약
도로운송	도로화물탁송장 (road consignment note)	도로에의한국제물품운송계약에관한협약
철도운송	철도화물탁송장 (railroad consignment note)	철도에의한물품운송에관한국제협약

2. 해상운송

1) 개설

(1) 해상운송의 의의

해상운송(carriage by sea)이란, 해상에서 선박에 의해 물건이나 여객을 운송하는 것을 말한다. 여기서 해상에는 호천이나 항만은 제외되어 호수나 항만에서의 운송은 내륙운송으로 분류된다(상법 제125조). 해상운송은 대량운송, 원거리 운송, 안전성, 정확성, 편리성, 운송비 저렴 등의 장점이 있으나, 항만에서의 적재 및 하역장치가 필요하고, 운송에 상당한 시간이 소요된다는 단점도 있다.

(해상운송의 장단점)

장 점	단 점
• 대량화물 운송 가능 • 원거리 운송 가능 • 대형화물 및 대중량화물 운송 가능 • 전용선에 의한 운송 및 일괄하역작업 가능	• 운송속도 느림 • 기후의 영향을 받음 • 항만시설비와 하역비 고가 • 화물손상 가능성 높음 • 포장비용 발생

(2) 해상운송계약의 의의

해상운송계약(contract of carriage by sea)이란, 운송인(carrier)이 물건(또는 여객)을 해상에서 선박으로 운송할 것을 약정하고, 송하인이 이에 대하여 운임을 지급할 것을 약정함으로써 성립하는 계약이다[2)](상법 제791조, 제817조). 해상운송계약은 그 방식에 있어서 아무런 제한이 없으나, 용선계약의 당사자는 용선계약의 상대방의 청구에 의하여 운송계약서를 교부해야 하며, 운송인은 송하인(또는 용선자)의 청구에 의하여 선하증권을 교부해야 한다.

(3) 해상운송계약의 법적 성질

가. 도급계약성

해상운송계약은 물건 또는 여객을 한 장소에서 다른 장소로 이동시키는 일의 완성을 목적으로 하므로 도급계약의 하나이다. 다만, 상법에서 해상운송에 대해 상세한 규정을 두고 있기 때문에 도급에 관한 민법의 규정(민법 제664조이하)이 적용될 여지는 별로 없다.

나. 부합계약성

해상운송인은 매 건마다 상이한 내용의 해상운송계약을 체결하는 것이 아니고, 공통적인 약관을 정하여 해상운송계약을 체결한다. 따라서 해상운송계약은 부합계약의 해당된다. 부합계약성은 운송의 종류에 따라 다른데, 여객운송계약이 가장 강하고, 그 다음이 개품운송계약이며, 용선계약이 가장 약하다.[3)]

2) 해상운송 관련 국제법규

(1) 개설

해상운송에서 가장 중요한 것은 운송물에 대해 발생한 손해에 대한 운송인의 책임인정 범위이다. 용선계약은 선박의 전부 또는 일부를 용선하는 것으로 선박소유자와

---

2) 함부르크규칙에서는 해상운송계약(contract of carriage by sea)은 '운송인이 운임을 받고 어느 항구로부터 다른 항구로 물품을 운송하는 계약'이라고 정의하고 있다.
"Contract of carriage by sea" means any contract whereby the carrier undertakes against payment of freight to carry goods by sea from one port to another(제1조제6호)

3) 정동윤, 「상법(하)」 제4판, 법문사, 2011, p.839.

용선자의 지위가 어느 정도 대등하지만, 개품운송계약의 경우 송하인은 선박의 일부를 이용하는 것이므로 해상운송인에 비해 열등한 지위에 있는 것이 보통이다. 이에 따라 해상운송인은 우월한 지위를 이용하여 개품운송계약에 각종 면책약관을 삽입하기 시작하였고, 19세기 말에 이르러서는 해상운송인의 과실로 인한 손해까지 면책되어 해상운송인은 아무런 책임을 지지 않게 되었고, 영국법원은 소위 계약자유의 원칙에 의해 이 면책약관을 전부 유효하다고 보았다.[4] 이러한 상황은 화주와 보험업자들의 반발을 불러일으켰고, 미국, 호주, 뉴질랜드, 캐나다 등의 국가에서 해상운송인의 횡포를 막기 위한 법률을 제정하였다.[5]

이렇듯 19세기 후반기에 해상운송상의 면책약관을 중심으로 선주(船主)와 화주의 이해대립이 격화되었으며, 여러 나라의 입법과 판례는 크게 상치되었다. 선주와 화주간의 이해관계를 합리적으로 조정하고 선주의 면책약관을 국제적으로 통일하기 위하여 국제협약의 필요성이 제기되어 국제법협회에서 1921년에 헤이그규칙을 제정하였다. 1968년에 헤이그규칙을 개정하였는데, 이를 헤이그－비스비규칙이라고 하며, 1978년에 헤이그규칙을 2차 개정하였는데, 이를 함부르크규칙이라고 한다.

(2) 헤이그규칙(1924)

해상운송은 영국을 중심으로 발달되어 왔기 때문에 영국법이 국제해상운송에 많은 영향을 주었는데, 종래의 영국 해상운송법이 지나치게 선주의 보호에 치우쳐있어 미국을 위시한 각국의 반발이 커져 그 타협으로 성립된 것이 헤이그규칙(the Hague Rules)이다.[6] 헤이그규칙의 정식 명칭은 「선하증권에 관한법규의 통일을 위한 국제협약(International Convention for the Unification of Certain Rules of Law Relating Bills of Lading)[7]」으로 헤이그 국제법협회(the Hague International Law Association)에서 1921년에 제정하였고, 1924년 브뤼셀 외교회의에서 국제협약으로 채택되었다(1931년 6월 2일 발효).

이 규칙은 선하증권에 대한 최초의 국제협약이며, 총 16개 조로 구성되어 있다. 이

---

4) 심재두, 「해상운송법」, 길안사, 1997, p.333.

5) 미국에서는 1893년에는 해상운송인의 면책약관을 제한하는 법률인 하터법(Harter Act(46 U.S.C.A. § § 190-196))을 제정하였는데, 하터법 제정당시 미국은 해운국의 입장이라기 보다는 화주국의 입장이었기 때문에 해운국에 대항할 필요에 의해 하터법을 제정하였다(한광희, "해상운송인의 책임확대에 관한 연구(해상보험의 담보범위 및 복합운송인의 책임과 관련하여)", 전북대 박사학위논문, 2002.8, p.13).

6) 서헌제, 「국제거래법」제4판, 법문사, 2006, p.374.

7) 선하증권에 관한 통일조약이라고도 한다.

규칙은 해상운송계약에서 발행되는 선하증권의 법률관계에 대한 규정의 통일화를 목적으로 하고 있으며, 선주와 화주의 이해를 조정하려고 하였다. 헤이그규칙은 최초의 통일규칙이라는 점에서 의미가 있으나, 운송인의 의무를 최소화하고, 면책범위를 넓게 인정하는 등 선주중심의 통일규칙이라는 비판을 받고 있다. 헤이그규칙의 주요 내용은 다음과 같다.

i) 적용범위는 체약국에서 발행된 선하증권에 적용된다(제10조).

ii) 송하인이 선적 전에 화물의 성질과 가격을 고지하여 선하증권에 기재하지 않는 경우에는 포장당 또는 선적 단위당 100 파운드로 운송인의 책임을 제한하고 있다.

iii) 운송인의 과실을 항해과실[8]과 상업과실로 구분하여 상업과실과 감항능력주의의무위반[9]의 경우 운송인의 책임을 인정하고, 항해과실은 운송인의 면책을 규정하고 있다. 그리고 항해과실, 화재, 천재지변, 불가항력, 전쟁행위 등 운송인의 면책사유 17가지를 규정하고 있으며, 헤이그규칙이 인정하지 않는 면책사유나 책임제한은 무효로 하고 있다.

iv) 운송인의 과실책임주의를 채택하고 있다. 즉 화물의 손해에 관하여 화주가 화물의 멸실이 운송인의 과실에 의한 것임을 입증하면 운송인은 책임을 면할 수 없다.[10]

v) 선하증권은, 운송인이 선하증권에 기재된 내용의 운송물을 수령했다는 추정적 증거가 된다(제3조제4항). 따라서 이 경우 선하증권은 추정적 효력만 있으며, 운송인은 선하증권의 기재내용에 대한 반증이 가능하다. 선의의 제3자에 대한 규정이 없으므로, 선하증권의 추정적 효력은 선의의 제3자에게도 미치며, 운송인의 반증이 허용된다.

(3) 헤이그-비스비규칙(1968)

1924년 헤이그규칙이 제정된 이후 수십 년이 지나면서 국제해상운송에서는 컨테이

---

8) 항해과실은 선장이나 선원의 선박운항과 관련된 과실을 말하며, 상업과실은 화물의 선적, 적부, 운송, 보관, 양륙 등 화물의 취급과 관련된 과실을 말한다.

9) 해상운송을 위하여 해상운송인이 제공하는 선박은 안전하게 항해할 수 있는 능력이 있어야 하는데 이를 감항능력이라 하며, 그 감항능력에 대한 주의의무는 해상운송계약의 성질상 당연한 의무이다.

10) 참고로 상법에서는 입증책임이 운송인에게 전가되어 운송인이 적절한 주의의무를 해태하지 아니하였음을 증명하지 못하면 손해를 배상토록 규정하고 있다(상법 제795조).

너가 널리 보급되었고, 물가상승으로 운송물이 고액화되었기 때문에 헤이그규칙에서 정한 운송인의 손해배상한도액은 비현실적이 되었다. 이에 따라 국제운송환경에 맞추어 1968년에 브뤼셀에서 「선하증권에 관한 법규의 통일을 위한 국제협약개정의정서(Protocol to Amend the International Convention for the Unification of Certain Rules of Law Relating Bills of Lading)」가 채택되었는데, 이를 비스비규칙(Visby Rules)이라고 하며, 비스비규칙에 의하여 개정된 내용을 포함하는 헤이그규칙을 헤이그-비스비규칙(the Hague-Visby Rules)이라고 한다.[11] 헤이그-비스비규칙은 1977년 6월 23일 발효되었다.

헤이그-비스비규칙은 총 17개조로 구성되어 있으며, 주요 내용은 다음과 같다.

i) 적용범위는 ① 선하증권이 체약국에서 발행된 경우, 또는 ② 운송이 체약국의 항구에서 개시된 경우, 또는 ③ 선하증권에 포함된 운송계약(또는 선하증권에 의하여 증명된 운송계약)에서 이 규칙(또는 이 규칙의 효력을 인정하는 어느 국가의 법)을 적용하기로 한 경우에 적용된다(제10조). 헤이그규칙에 비해 적용범위가 확대되었고 명확해졌다.

ii) 운송인의 책임한도액을 포장당 1만 포앙카레 프랑(Poincare Franc)[12] 또는 화물중량 1kg에 대하여 30 포앙카레 프랑 중에서 큰 금액으로 정하였다(벌크화물(bulk cargo)을 고려하여 중량당 책임제한 도입). 프랑은 금본위 화폐단위인데, 1971년 금본위제가 폐지됨에 따라 1979년에 기준화폐를 국제통화기금(IMF)의 특별인출권(SDR: special drawing right)으로 바꾸는 내용(포장당 1만 프랑과 화물중량 1Kg당 30 프랑을 각각 667 SDR(포장 또는 단위당), 2 SDR(Kg당)로 변경)으로 헤이그-비스비규칙을 개정하는 개정의정서가 다시 채택되었다(1984년 2월 14일 발효). 헤이그규칙이 포장당 책임제한만을 규정한 점에 비해, 헤이그-비스비규칙은 포장당 책임제한 외에 중량당 책임제한을 추가하였다. 그리고 포장당 책임제한이 헤이그규칙에서는 100 파운드였으나, 헤이그-비스비규칙에서는 666.67 SDR로 인상되었다.

iii) 운송인의 사용인이나 대리인도 운송인에게 인정된 책임제한이나 항변사유를 원용할 수 있다는 내용을 신설하였다. 다만, 선내하역업자와 같은 운송인 하청업자는 독립된 계약주체이므로 적용되지 않는다.

iv) 화물손해배상액의 산정을 물건도착지가격을 기준으로 규정하였는데, 이는 헤이그

---

11) 정동윤, 전게서, pp.868-869.

12) 프랑스의 수상이던 Raymond Poincare의 성을 따라 붙여진 명칭으로 1 포앙카레 프랑은 순도 900/1000인 금 65.5mg의 금가치와 동일

규칙에는 없는 내용이다.

v) 선하증권은, 운송인이 선하증권에 기재된 내용의 운송물을 수령했다는 추정적 증거가 된다(제3조제4항제1문). 따라서 이 경우 선하증권은 추정적 효력만 있으며, 운송인은 선하증권의 기재내용에 대한 반증이 가능하다. 그러나 선하증권이 선의의 제3자에게 양도된 경우에는 선하증권의 기재내용에 대한 운송인의 반증은 허용되지 않는다(제3조제4항제2문). 따라서 이 경우 선하증권은 확정적 효력이 있다. 헤이그－비스비규칙에서는 제3조제4항제2문이 추가되었다.

vi) 컨테이너조항을 신설하였다. 컨테이너나 팔레트 등이 이용됨에 따라 선하증권에 운송물의 포장 또는 단위가 기재되어 있으면 그것을 기준으로 하고, 그러한 기재가 없으면 컨테이너를 하나의 포장으로 간주하고 있다.

vii) 해상운송인은 운송물에 관한 손해가 운송인 자신의 고의 또는 그 손해가 생길 염려가 있음을 인식하면서 무모하게 한 작위 또는 부작위로 인하여 생겼음이 증명된 경우에는 포장당 책임제한을 주장할 수 없다.

(4) 함부르크규칙(1978)

헤이그규칙 및 헤이그－비스비규칙은 영미법을 근간으로 하고 있으며, 운송인의 면책사유가 광범위하고 책임보상 범위도 제한되어 선주의 보호에 지나치게 치중하고 있어 화주에게는 상대적으로 불리했다.[13] 특히 해운회사는 선진국에만 있어, 개발도상국 화주들이 상대적으로 불리하게 인식되었다. 개발도상국의 발언권이 커지면서 헤이그규칙을 대체할 새로운 국제협약의 제정이 논의되었고, 그 결과 1978년의 함부르크 유엔회의에서 UNCITRAL은 헤이그－비스비규칙을 대체하기 위해 「해상물품운송에 관한 유엔협약(the United Nations Convention on the Carriage of Goods by Sea)」을 채택하였는데, 이를 함부르크규칙(the Hamburg Rules 1978)이라고 한다. 1992년 11월 1일 발효되었으며, 2020. 7월 현재 체약국은 34개국이다. 미국, 영국, 일본 등은 체약국이 아니다.

함부르크규칙은, 비록 선하증권에 의한 운송이 아닌 경우에도 서로 다른 두 국가 간의 해상물품운송계약(용선계약 제외)에 적용된다는 특징이 있다. 함부르크규칙은 총 34개조로 기존의 규칙에 비해 조문수가 늘어나고 내용도 많이 추가되었다. 이 규칙은 운송인의 책임을 강화하는 협약으로 선진국들의 비준 거부로 발효요건인 20개국의 비

13) 서헌제, 전게서, p.375.

준을 받지 못하다가 1992년 11월에 발효되었다. 함부르크규칙의 주요 내용은 다음과 같다.

i) 적용범위는 ① 해상운송계약에서 선적항이 체약국에 소재하는 경우, 또는 ② 해상운송계약에서 양륙항이 체약국에 소재하는 경우, 또는 ③ 해상운송계약에서 다수의 양륙항을 선택할 수 있고, 그 중 하나가 실제 양륙항이고, 그 실제 양륙항이 체약국에 소재하는 경우, 또는 ④ 선하증권 또는 기타 해상운송계약을 증명하는 서류가 체약국에서 발행된 경우, 또는 ⑤ 선하증권 또는 기타 해상운송계약을 증명하는 서류가 이 협약(또는 이 협약의 효력을 인정하는 어느 국가의 법)을 적용을 하기로 한 경우에 적용된다(제2조제1항).

ii) 운송인의 책임한도액을 포장단위당 835 SDR, 1kg당 2.5 SDR로 증액하여 헤이그－비스비규칙에 비해 25% 인상하였다.

iii) 헤이그규칙과 비교하면, 함부르크규칙에서는 운송인의 면책사유 목록을 삭제하였고, 과실책임의 일반원칙으로 돌아가 운송인에게 운송물의 멸실·훼손에 대한 책임이 있는 것으로 추정하였다.

iv) 운송인의 책임구간을 확대하였다. 헤이그규칙에서는 운송인의 책임을 해상구간으로 한정했으나(from tackle to tackle), 함부르크규칙에서는 수취로부터 인도까지로(from point to point) 확대하였다.

v) 선하증권은, 운송인이 선하증권에 기재된 내용의 운송물을 수령(또는 선적선하증권에서는 선적)했다는 추정적 증거가 된다(제16조제3항(a)). 따라서 이 경우 선하증권은 추정적 효력만 있으며, 운송인은 선하증권의 기재내용에 대한 반증이 가능하다. 그러나 선하증권이 선의의 제3자(수하인 포함)에게 양도된 경우에는 선하증권의 기재내용에 대한 운송인의 반증은 허용되지 않는다(제16조제3항(b)). 따라서 이 경우 선하증권은 확정적 효력이 있다. 이상의 규정(제16조제3항(a)와(b))은 헤이그－비스비규칙과 실질적으로 동일한 것으로 볼 수 있다. 다만, 함부르크규칙에서는 선의의 제3자에 수하인이 포함된다는 것을 명확히 하였다.

vi) 파손화물보상장(letter of indemnity, or letter of guarantee)은 선하증권의 제3의 양수인(수하인 포함)에 대하여는 무효이고(제17조제2항), 제3자(수하인 포함)를 기망할 목적인 경우를 제외하고는 송하인에 대하여는 유효하다(제17조제3항).

(5) 로테르담규칙(2008)

2008년 12월 11일 유엔총회에서는 「국제해상물품운송계약에 관한 유엔협약(United Nations Convention on Contracts for the International Carriage of Goods Wholly or Partly by Sea)」을 채택하였다. 이 협약은 로테르담규칙(the Rotterdam Rules)이라고 하며, 헤이그규칙, 헤이그-비스비규칙, 함부르크규칙을 기초로 하고 있으며, 총 18개장, 96개조로 구성되어 있다. 20번째 국가의 비준일로 1년 경과 후 발효되는 것으로 정하고 있으나, 2018. 7월 현재 비준국은 4개국(카메룬, 콩고, 스페인, 토고)으로 발효되지 않고 있다.

이 협약은 door-to-door운송계약에서 송하인, 운송인 및 수하인의 권리와 의무를 규율하는 통일적이고 현대적인 법적 체제를 제공한다. 헤이그규칙 등 이전 통일규칙의 제정 이후 해상운송에서 발생한 단일운송계약에 의한 door-to-door운송의 수요, 컨테이너운송의 확대, 전자운송서류의 발전 등 기술적 및 상업적 발전을 고려하는 법적 체제를 제공하고 있다. 그리고 기타 다른 운송수단을 포함할 수 있는 해상운송계약의 운영을 지지하기 위한 구속력 있고 균형있는 통일법적 체제를 송하인과 운송인에게 제공하고 있다.

(6) 영미법

영국에서는 1855년 선하증권법(the Bill of Lading Act 1855)을 제정하였고, 1924년에는 헤이그규칙을 국내법화한 Carriage of goods by Sea Act 1924(해상물건운송법 1924)을 제정하였다. 1971년에는 헤이그-비스비규칙을 국내법화한 Carriage of goods by Sea Act 1971을 제정하고, 동시에 Carriage of goods by Sea Act 1924를 폐지하였다. 그리고 1992년에 선하증권법(the Bill of Lading Act 1855)을 대체[14)]하는 Carriage of goods by Sea Act 1992을 제정하였는데, Carriage of goods by Sea Act 1992는 헤이그-비스비규칙을 침해하지 않고 효력이 있다.[15)] 이 법에서는 선하증권뿐만 아니라 해상화물운송장과 인도지시서도 적용대상으로 규정하고 있다.[16)] 영국에는 해상법 분야에서

---

14) COGSA 1992 전문
An Act to replace the Bills of Lading Act 1855 with new provision with respect to bills of lading and certain other shipping documents. [16th July 1992]

15) Carriage of goods by Sea Act 1992, 제5조제5항(즉, 헤이그-비스비규칙이 적용되는 사안에 대해서는 COGSA(1992)가 적용되지 않고, COGSA(1971)가 적용됨).

16) (1) This Act applies to the following documents, that is to say—
(a) any bill of lading;

별도의 선하증권법(Bill of Lading Act 1855)이 있었으나, Carriage of Goods Sea Act 1992의 제정으로 선하증권법은 폐지되고, 그 내용이 Carriage of Goods Sea Act 1992에 반영되었다.

(영국 해상법 개요)

구 분	비 고
Bill of Lading Act 1855	• 1992년 COGSA(1992)에 반영되어 폐지됨.
Carriage of Goods Sea Act 1924	• 헤이그규칙을 국내법화 • 1971년 COGSA(1971) 제정으로 폐지됨.
Carriage of Goods Sea Act 1971	• 헤이그-비스비규칙을 국내법화
Carriage of Goods Sea Act 1992	• Bill of Lading Act(선하증권법)를 반영하여 1992년 신규 제정 • COGSA(1992)와 COGSA(1971)와 충돌하는 경우 COGSA (1971)가 우선함(즉, 헤이그-비스비규칙이 적용되는 사안에 대해서는 COGSA(1971)이 적용됨).

한편, 미국에서는 해상운송 및 선하증권에 대한 미국 연방법에는 하터법(Harter Act 1893),[17] 연방선하증권법(Pomerene Act; Federal Bill of Lading Act, 1916),[18] 해상물건운송법(Carriage of Goods by Sea Act 1936; COGSA 1936)[19]이 있는데, 여러 개의 법이 선하증권에 대해 적용되어 다소 충돌되는 개념도 있으며, 약간의 중복도 예상된다.[20] Harter Act는 원칙적으로 국내운송에 적용되며, 그 외 COGSA가 적용되지 않는 범위의 국제운송에도 적용된다. COGSA는 국제운송에 적용되며, Pomerene Act는 주상호간의 운송 및 미국으로부터 외국으로의 국제운송에서 선하증권에 대해서만 적용되며, 선하증권에 대

(b) any sea waybill; and
(c) any ship's delivery order.

17) 미국 연방법전(U.S.C.)에 편입되어 있으며, 조항은 Title 46 U.S.C. Chapter 8, § 190~§ 196의 7개 조문으로 구성되어 있다.

18) 미국 '연방선하증권법'으로, 미국 연방법전(U.S.C.)에 편입되어 있으며, 조항은 Title 49 U.S.C. Chapter 801, § 80101~§ 80116의 16개 조문으로 구성되어 있다. 종전에는 U.S.C. § 81~§ 124에서 규정하고 있었으나, 1994년 현재의 조문으로 개편되었다. 이전의 조항들을 재구성, 문안정리, 및 통합하였을 뿐 내용을 변경하지는 않았다(Ralph H. Folsom, et. al., *International Business Transactions*, 8th ed, West Group, 2009, p.106.).

19) 미국 '해상물건운송법'으로 미국 연방법전(U.S.C.)에 편입되어 있으며, 조항은 Title 46 U.S.C. Chapter 28, § 1300~§ 1315의 16개 조문으로 구성되어 있다.

20) Ralph H. Folsom, et. al., *supra* note 18, p.106.

해서는 COGSA에 우선한다.

원칙적으로 국제운송에는 COGSA가 적용되고, 국내운송에는 Harter Act가 적용된다. 그러나 선하증권에 기재되어 있는 책임기간 조항에 의해 화물이 운송인의 관리하에 있는 전체 구간에 대해서 당사자들은 COGSA의 적용을 합의할 수 있으며, 이 경우 법원은 그 유효성을 인정한다.[21] Harter Act에서는 선하증권 또는 운송서류에 포장의 개수 또는 수량을 기재하면서 운송인이 중량을 계량했는지, 또는 송하인이 중량을 계량했는지 기재하며, 이러한 서류에 기재된 내용은 추정적 효력이 있다고 규정하고 있는 바(46 U.S.C. Chapter 8, §193), 증명책임이 운송인에게 전가되어 선하증권의 내용대로 화물을 수취하지 않았음을 운송인이 입증해야 한다.[22] COGSA는 무역거래에서 미국의 항구로부터 또는 미국의 항구로의 해상물건운송계약에 적용되며(46 U.S.C. §1300, §1312), 적용구간은 화물이 본선에 적재된 후부터 본선에서 양륙되기 전이다(46 U.S.C. §1311). 한편, 위에서 기술된 해상물건운송계약의 경우에도 선하증권 또는 이와 유사한 권리증서에서 COGSA의 적용을 명시한 경우 COGSA가 적용된다(46 U.S.C. §1312).

Pomerene Act(연방선하증권법)는 선하증권을 사용하는 주상호간(interstate)의 운송 및 국제운송을 규율한다.[23] 다만, 국제운송에서는 미국으로부터 외국으로의 국제운송(즉 수출운송)에만 적용되며, 외국으로부터 미국으로의 국제운송(즉 수입운송)에는 적용되지 않는다(49 U.S.C. §80102). 이에 따라 수입 선적이 포함되어, Pomerene Act가 적용되지 않는 경우 COGSA가 적용된다. 한편, COGSA와 Harter Act가 해상운송법임에 비해, Pomerene Act는 선하증권법이며, 이에 따라 Pomerene Act가 적용되는 경우에 선하증권에 대해서는 Pomerene Act는 COGSA나 Harter Act에 우선한다.[24] COGSA에서는 COGSA조항이 Pomerene Act를 철폐하거나 제한하는 것으로 해석될 수 없다고 명시하고 있다(46 U.S.C. §1303(4)[25]).

---

21) 조영철, "선하증권의 부지약관과 부지문언의 유효성에 대한 연구", 「한국해법학회」 제25권 제2호, 2003. P.46.; William Tetly, Marine Cargo Claims, International Shipping Publications, 1988, p.29.

22) Mitsui & Co. v. M/V Eastern Treasure(1979), 466 F. Supp. 391, 1979.; 이은섭, 김선옥, "컨테이너화물에 대한 선하증권의 효력", 「무역학회」 제23권 제1호, 2009, p.237.

23) Ralph H. Folsom, et. al., *supra* note 18, p.106.

24) Mitsui & Co. v. M/V Eastern Treasure(1979), 466 F. Supp. 391.

25) (4) Bill as prima facie evidence
Such a bill of lading shall be prima facie evidence of the receipt by the carrier of the goods as therein described in accordance with paragraphs (3)(a), (b), and (c), of this section: Provided, That

(미국 해상법 개요)

법 명	비 고
Harter Act 1893	• 국내운송에 적용(미국 항구 ↔ 미국 항구간의 운송에 적용) • COGSA가 적용되지 않는 범위 내에서 국제운송에도 적용 • 운송인의 면책약관을 제한(제정 당시 미국은 화주국의 입장이었으므로 해운국(해운사)에 대항할 필요가 있었음.) • 연방법전(U.S.C.)에 편입(Title 46 U.S.C. Chapter 8, §190~§196의 7개 조문)
Pomerene Act (Federal Bill of lading Act 1916)	• 연방선하증권법(선하증권 관련하여 COGSA에 우선함) • 미국의 주상호간(interstate)의 운송에 적용 (동일한 주(state)의 운송에는 미적용) • 미국으로부터 외국으로의 국제운송(즉 미국의 수출)에 적용 (외국에서 미국으로의 운송에는 미적용. 이 경우에는 COGSA 적용) • 연방법전(U.S.C.)에 편입(Title 49 U.S.C. Chapter 801, §80101~§80116의 16개 조문), 종전에는 U.S.C. §81~§124에서 규정하고 있었으나, 1994년 현행 조문으로 개편됨).
Carriage of Goods Sea Act 1936	• 국제운송에 적용되는 해상물건 운송법 • 미국 항구 ↔ 외국 항구 간의 운송에만 적용(국내운송 즉 미국 항구 ↔ 미국 항구 간의 운송에는 미적용) • 연방법전(U.S.C.)에 편입(Title 46 U.S.C. Chapter 28, §1300~§1315의 16개 조문)

(7) 해상운송 관련 상법 규정

1962년 개정상법(1963년 1월 1일 시행)은 상법 제5편으로 제정된 후 30년 만인 1991년 12월 31일(1993년 1월 1일 시행)에 일부 개정되었고, 2007년 8월 3일(2008년 8월 4일 시행) 대폭 개정되었다.[26] 1962년 제정 상법은 1924년의 헤이그규칙을 일부 수용하여 선가책임주의와 금액책임주의를 병용하였다. 그러나 해상운송계약을 용선계약을 중심으로 규정하였고, 정기용선계약에 대한 규정이 미비하였다. 이에 따라 헤이그－비스비규칙, 함부르크규칙, 선박소유자의 책임제한에 관한 런던 해사채권책임제한조약 등을 반영하여 1991년에 상법을 개정하였다. 1991년 개정상법의 개정 내용 중 가장 중요한 내용은 선박소유자 등의 책임제한에 관한 규정과 해상운송인의 손해배상책임에 관한 규

nothing in this chapter shall be construed as repealing or limiting the application of any part of chapter 801 of title 49.

26) 최종현, "한국 해상법의 발전방향", 「한국해법학회지」 제31권 제1호, 2009, p.11.

정이다. 해상운송인의 책임한도액을 미국을 따라 포장단위당 500 SDR로 정하였으나, 중량에 따른 책임한도액은 정하지 않았다. 그리고 헤이그-비스비규칙을 일부 반영하여 선가책임주의·금액책임주의에서 금액책임주의로 일원화하였다.

2007년에는 세계 주요 해운국의 해상법체계를 참조하여 해상법의 전반적인 체계를 개편하였다. 2007년 개정상법은 여객에 대한 선박소유자의 책임한도액을 상향조정하였고(제770조), 해상운송인의 포장당 책임제한 500 SDR은 1991년에 정해진 금액으로 너무 적어 헤이그-비스비규칙에 따라 666.67 SDR로 상향하였고, 중량에 따른 책임제한제도(1kg 당 2 SDR)를 새로 도입하였다(제797조)[27]. 그리고 1980년의 국제물품복합운송에 관한 유엔협약 등을 참조하여 복합운송인의 책임에 대하여 규정하였으며(제816조), 전자선하증권(제862조) 및 해상화물운송장에 대해 별도로 규정하고 있다(제863조, 제864조).

3) 해상운송계약의 종류

해상운송계약은 운송대상에 따라 해상물건운송계약과 해상여객운송계약[28]으로 구분된다. 그리고 운송의 방법에 따라 개품운송계약과 용선계약으로 구분되며, 용선계약은 항해용선계약, 정기용선계약, 선체용선계약으로 구분된다.[29]

(1) 개품운송계약

개품운송계약(contract of affreightment)이란, 운송인이 개개의 물건을 해상에서 선박으로 운송할 것을 인수하고, 송하인이 이에 대하여 운임을 지급하기로 하는 계약이다(상법 제791조). 개품운송계약은 운송물건을 계약의 목적으로 하므로 운송물건의 개성(종류, 성질, 용적, 중량 등) 및 운송의 결과만 중요시 되고 선박의 개성은 중요시되지 않는다. 컨테이너와 항해기술의 발달로 정기선운송이 주된 해상운송수단이 됨에 따라 국제거래에서 개품운송계약이 가장 중요한 운송계약이 되고 있으며, 국제해상운송법은 주로

27) 운송인의 책임은 매 포장단위당 또는 선적단위당 666.67 SDR(종전 500 SDR)과 1kg 당 2 SDR(종전 1 SDR) 중 큰 금액으로 제한(단, 중량에 대한 책임제한은 2010년 8월 4일부터 시행)

28) 국제거래는 주로 물품을 이전하는 거래이므로 국제거래에서 해상여객운송계약은 큰 비중을 차지하고 있지 않다.

29) 참고로 정기용선계약과 선체용선계약은 운송계약이 아니라고 보는 견해도 있다. 이 견해에 의하면 정기용선계약과 선체용선계약에서는 제1차적으로 선박소유자와 용선자 사이에 선박의 사용을 빌리기로 하는 용선계약이 있고, 제2차적으로 용선자와 화주 사이에 물건의 운송에 관한 계약이 체결되는데, 제2차 계약만이 운송계약에 해당된다고 본다(정동윤, 전게서, p.841.).

개품운송계약을 규율대상으로 하고 있다.[30)]

개품운송계약에서는 다수의 송하인을 상대로 하기 때문에 거래약관이 이용된다. 용선계약과 비교해 볼 때, 용선계약에서는 화물이 선박을 구하는 것이라면, 개품운송계약은 선박이 화물을 구하는 것으로 볼 수 있다. 또한, 용선자는 선박의 전부 또는 일부를 용선하는 규모가 있는 기업인 경우가 많으며 선박소유자와의 관계에서 거의 대등한 지위가 인정되는 경우가 많으나, 개품운송계약의 송하인은 소규모 기업인 경우가 많아 선박소유자와의 관계에서 약자의 지위에 있게 되므로 송하인을 보호하는 규정이 많다.

(2) 용선계약

용선계약(charter party)이란, 선박소유자가 용선자(chaterer)에게 선원이 승무하고 항해장비를 갖춘 선박을 물건의 운송에 제공하거나 용선자가 일정기간 사용하게 하고 용선자가 이에 대하여 운임을 지급하기로 하는 계약을 말한다(상법 제827조, 제842조). 용선계약은 선박의 전부 또는 일부를 계약의 목적으로 하므로 선박의 개성이 중시되고 운송물의 개성은 중시되지 않기 때문에 용선계약의 조건에 반하지 않는 한, 어떠한 운송물을 적재하여도 상관없다. 용선계약에는 항해용선계약, 정기용선계약, 선체용선계약(나용선계약)이 있다. 영국법상 원래 용선계약은 용선계약서로 작성된 모든 계약을 말하는데, 여기에는 항해용선계약이나 정기용선계약처럼 운송계약의 성질을 갖고 있는 것과 선체용선계약(나용선계약)처럼 운송계약의 성질을 갖지 않는 것도 있다.[31)]

가. 항해용선계약

항해용선계약(voyage charter)은 특정한 항해를 할 목적으로 선박소유자가 용선자에게 선원이 승무하고 항해장비를 갖춘 선박의 전부 또는 일부를 물건의 운송에 제공하기로 약정하고 용선자가 이에 대하여 운임을 지급하는 계약이다(상법 제827조). 그리고 항해용선계약은 특정 항해에 대해(예를 들면, 부산에서 미국 LA) 선박의 전부 또는 일부를 이용하는 계약이다. 항해용선계약에서는 선박의 소유자가 선박의 지휘·관리권과 선장, 기타 선원의 임면·감독권을 가지며, 이에 따라 선박소유자가 운항에 관한 비용 및 위험을 부담하고 제3자에 대하여 권리·의무의 주체가 된다.

---

30) 이기수·신창섭, 「국제거래법」 제6판, 세창출판사, 2016, p.260.

31) 심재두, 전게서, p.38.

항해용선계약과 정기용선계약에서는 용선자가 선박의 점유를 취득하지 못한다. 선박의 소유자가 선장을 점유보조자로 하여 선박의 점유를 보유하고 있는 점에서 선체용선계약(나용선계약)과는 다르다. 이에 따라 항해용선계약과 정기용선계약에서는 용선자는 해상기업의 주체가 되지 못하고 항해의 지휘 및 해상기업의 경영은 해상기업의 주체인 선박소유자가 하게 된다.

정기용선계약과 비교하면, 항해용선계약에서는 선박소유자가 물건운송을 약정하는 것이고, 정기용선계약에서는 선박소유자는 용선자의 선박사용을 약정하는 것이다.

나. 정기용선계약

정기용선계약(time charter)은 선박소유자가 용선자에게 선원이 승무하고 항해장비를 갖춘 선박을 일정한 기간 동안 항해에 사용하게 할 것을 약정하고 용선자가 이에 대하여 기간으로 정한 용선료를 지급하는 계약이다(상법 제842조). 정기용선자는 용선한 선박을 재용선하여 주거나 화주와 운송계약을 직접 체결하여 운송인이 되기도 한다. 정기용선자는 선박의 사용을 위하여 선장을 지휘할 권리가 있으며, 선장·해원 기타의 선박사용인이 정기용선자의 정당한 지시에 위반하여 정기용선자에게 손해가 생긴 경우에는 선박소유자 등이 이를 배상할 책임이 있다(상법 제843조).

다. 선체용선계약

선체용선계약(또는 나용선계약(bareboat charter))은 용선자의 관리·지배하에 선박을 운항할 목적으로 선박의 소유자가 용선자에게 선박을 제공할 것을 약정하고 이에 대해 용선자가 용선료를 지급하는 계약이다[32](상법 제847조). 선박의 점유와 그 지휘관리를 용선자에게 양도하므로 용선자는 선박소유자에 대하여 임차인이되고 제3자에 대해서는 권리·의무의 주체가 된다. 그리고 용선자가 선장 및 선원의 임면·감독권을 갖는다. 선체용선계약은 선박임대차계약과 거의 같다고 볼 수 있는데,[33] 차이점은 선박임대차에서는 임대인인 선박소유자가 선박을 수리할 책임을 부담하지만, 선체용선계약에서는 용선자가 선박을 수리할 책임을 부담한다는 점이다. 선체용선에는 단순선체용선과 국적취득조건부나용선계약이 있는데, 국적취득조건부나용선(bareboat charter with hire

---

32) 종전에는 나용선계약이라고 규정하였으나, 2007년 개정상법에서 선체용선계약으로 명칭을 변경하였다.

33) 상법에서도 선체용선계약의 법적 성질을 민법상의 임대차로 규정하고, 그 성질에 반하지 않는 한, 민법상 임대차에 관한 규정을 준용한다고 규정하고 있다(제848조).

purchase: BBCHP)은 용선자가 선가에 해당하는 용선료를 수년간 장기로 분할하여 지급하고 용선계약기간이 종료되면 선박의 소유권을 이전받는 것이다(상법 제848조제2항).

항해용선계약과 정기용선계약은 선박소유자가 선박을 관리·운항하면서 용선자에게 선박의 운송서비스를 제공하는 계약이다. 항해용선계약은 특정 구간의 항해동안 운송서비스를 제공하고, 정기용선계약은 특정 기간 동안 운송서비스를 제공하는 것이다. 이에 비해 선체용선계약은 선박소유자가 선박자체를 빌려줄 뿐이며 선박의 운송서비스를 제공하지는 않으며, 나용선자가 선박을 직접 관리·운항한다.

라. 개품운송계약과의 비교

용선계약과 개품운송계약을 비교하면 다음과 같다.

(개품용선계약과 용선계약 비교)

구 분	개품운송계약	용선계약
계약당사자	선주와 송하인	선주와 용선자
계약의 목적	운송물품	선박(선박의 일부 또는 전부)
운송선 종류	정기선(Liner)	부정기선(Tramper)
승무원 소속	선주	용선자
화주	불특정 다수	특정 화주
화물	주로 소량화물	주로 다량화물
계약의 증빙	선하증권	용선계약서

마. 선박임대차와의 비교

선박임대차라 함은 임대인이 일정기간동안 선박을 임대하고 임차인은 임차료를 지급하기로 하는 계약이다. 선박임차인은 선박의 점유권을 취득하고 선장의 선임·감독권을 갖는다. 그러나 선체용선계약을 제외한 일반용선계약에서는 선박의 점유가 여전히 선박소유자에게 있고,[34] 용선자는 선장의 선임·감독권이 없으므로 이점에서 선박임대차와 구별된다.

선박임차인은 선박의 이용에 관한 사항에 관하여 제3자에 대하여 선박소유자와 동일한 권리를 갖고 의무(또는 책임)를 부담한다(상법 제766조제1항). 이에 따라 선박임차인이

34) 용선계약에서는 선박소유자가 선장이나 해원을 시켜 선박을 간접점유하는 것이므로 선박의 점유권은 선박소유자에게 있다.

선박을 항해에 사용한 때에는 제3자에 가한 손해배상책임은 선박임차인에게 있다.

(3) 해상여객운송계약

해상여객운송계약이란, 운송인이 특정한 여객을 출발지에서 도착지까지 해상에서 선박으로 운송할 것을 인수하고, 이에 대하여 상대방이 운임을 지급하기로 하는 계약을 말한다(상법 제817조). 해상여객운송계약은 개품운송계약과 거의 동일하며, 운송물이 물건이 아니고 여객이라는 점에서 차이가 있다.

4) 해상운송인의 의무

운송인은 운송물을 수령하여 안전하고 신속하게 운송해야 한다. 이 과정에서 운송인은 운송물에 주의의무를 기울여야 하며 이를 위반하여 물품이 멸실, 훼손, 지연 등의 손해가 발생한 경우에는 운송인은 배상책임이 있다. 운송인의 의무를 구체적으로 살펴보면 다음과 같다.

(1) 감항능력주의의무

해상운송을 위하여 해상운송인이 제공하는 선박은 안전하게 항해할 수 있는 능력이 있어야 하는데, 이를 감항능력[35)]이라 하며, 선박이 감항능력을 갖추게 하는 의무를 감항능력주의의무(duty of seaworthiness)라고 한다(상법 제794조). 운송인은 감항능력주의의무를 해태하지 아니하였음을 증명하지 아니하면 운송물에 대한 손해를 배상할 책임이 있다. 즉 감항능력주의의무의 성질은 과실책임이며, 무과실의 입증책임은 운송인에게 있다.

(2) 운송에 관한 주의의무

운송인은 자기 또는 선원이나 그 밖의 선박사용인이 운송물의 수령·선적·적부(積付)·운송·보관·양륙과 인도에 관하여 주의를 다해야 한다. 주의의무를 해태하지 아니하였음을 증명하지 아니하면 운송물의 멸실·훼손 또는 연착으로 인한 손해를 배상할

---

35) 상법에서는 감항능력으로 다음을 규정하고 있다(제794조).

1. 선박이 안전하게 항해를 할 수 있게 할 것
2. 필요한 선원의 승선, 선박의장(艤装)과 필요품의 보급
3. 선창 · 냉장실, 그 밖에 운송물을 적재할 선박의 부분을 운송물의 수령 · 운송과 보존을 위하여 적합한 상태에 둘 것

책임이 있다(상법 제795조).

(3) 운송물의 인도의무

운송인은 운송을 완료한 후 양륙항에서 운송물을 정당한 수하인에게 인도할 의무를 진다. 여기서 정당한 수하인은 운송계약에서 지정된 운송물의 수하인 또는 선하증권이 발행된 경우에 그 정당한 소지인을 말한다. 운송인은 선하증권의 소지인이 그 선하증권과 상환으로 운송물의 인도를 청구하지 않으면 인도할 의무가 없다(상법 제861조 및 제129조).

그러나 선하증권 보다 운송물이 먼저 도착하는 경우 수입화물선취보증서(letter of guarantee: L/G)를 받고 화물을 인도하는 것이 실무관행이다. 그러나 화물선취보증서에 의한 화물인도 결과 선하증권의 정당한 소지인에게 화물을 인도할 수 없게 된 경우 운송인의 고의·과실로 인한 불법행위책임이 성립된다(대법원 1992. 2. 25. 선고 91다30026 판결).

3. 해상운송인의 손해배상책임

1) 개설

운송법의 중심과제는 운송인의 책임에 관한 부분이며, 그 요체는 운송인의 책임을 합리적인 범위로 제한하여 운송업의 존립과 발전을 꾀하면서 동시에 송하인 이익을 보호하는 것이다. 이에 따라 해상운송법에서도 해상운송인에게 어떠한 요건 하에서 그 책임을 인정하고 그 책임한도액을 어떻게 정할 것인가가 중요한 과제이다.[36] 한편, 해상운송인은 경제력을 이용하여 면책약관을 남용하여 송하인의 권익을 침해하였고, 이 면책약관에 대한 각국 법원의 해석이 상이하여 국제해상운송에서 문제가 되었다. 이러한 폐단을 제거하기 위한 노력으로 헤이그규칙이 제정되었다. 헤이그규칙의 핵심은 해상운송인의 책임을 제한하는 것이었으며, 각국은 헤이그규칙을 반영하여 해상운송인의 책임을 제한하는 규정을 두고 있다.

해상운송인의 책임제한제도는 선주책임제한제도와 구별된다. 선주책임제한제도는 선박소유자가 하나의 사고로 인하여 부담하게 되는 모든 손해의 배상책임을 총체적으로 제한하는 총체적 책임제한임에 반하여, 해상운송인의 책임제한제도는 해상운송인

---

36) 정동윤, 전게서, p.868.

측의 상업과실로 인하여 개개의 운송물에 대하여 생긴 개별적인 손해의 배상책임을 제한하는 개별적인 책임제한이다. 그리고 해상운송인의 개별적 책임제한은 선주의 총체적 책임제한에 영향을 미치지 않는다(제797조). 따라서 해상운송인이 선박소유자나 용선자인 경우에는 해상운송인의 자격에서 운송물에 대하여 개별적인 책임제한을 받고, 위 제한된 개별 채무액을 포함하여 선박소유자의 자격에서 총체적 책임제한을 받는다. 결과적으로 선박소유자인 해상운송인은 위 둘 중에서 유리한 하나의 제도를 선택하여 책임제한을 주장할 수 있다.

2) 책임주체 및 청구권자

해상운송인은 해상물건운송과 관련하여 발생한 손해에 대해 원칙적으로 책임이 있다.[37] 1991년 개정 전의 상법에서는 책임의 주체가 선박소유자로 되어 있었으나, 헤이그규칙에 따라 해상운송인으로 변경하였다. 따라서 선박소유자, 선체용선자, 정기용선자 등 해상물건운송을 하는 해상기업주체는 모두 책임주체가 될 수 있다.[38] 한편, 운송물에 관한 손해배상청구가 운송인의 사용인 또는 대리인에 대하여 제기된 경우에 그 손해가 그 사용인 또는 대리인의 직무집행에 관하여 생긴 것인 때에는 그 사용인 또는 대리인은 운송인이 주장할 수 있는 항변과 책임제한을 원용할 수 있는데(제798조), 이 조항은 헤이그-비스비규칙을 반영한 것이다. 이는 운송인의 사용인 또는 대리인이 운송인 보다 더 큰 책임을 부담하는 것이 불합리하기 때문에 둔 규정으로 이른바 '히말라야 조항(Himalaya Clause)'[39]을 수용한 것이다.

---

37) 해상운송인의 책임제한제도와는 별도로 선주책임제한제도(또는 해상기업주체의 책임제한제도)가 있는데, 선주책임제한제도는 선박충돌, 좌초 등으로 인하여 선주박소유자 등에게 총체적으로 발생한 채권을 제한하는 총체적 책임제한임에 비해, 해상운송인의 책임제한제도는 해상운송인측의 상업과실로 인하여 개개의 운송물에 대하여 생긴 개별적인 손해의 배상책임을 제한하는 개별적인 책임제한이다. 그리고 해상운송인의 개별적 책임제한은 선주의 총체적 책임제한에 영향을 미치지 않는다(제797조). 따라서 해상운송인이 선박소유자나 용선자인 경우에는 해상운송인의 자격에서 운송물에 대하여 개별적인 책임제한을 받고, 위 제한된 개별 채무액을 포함하여 선박소유자의 자격에서 총체적 책임제한을 받는다. 결과적으로 선박소유자인 해상운송인은 위 둘 중에서 유리한 하나의 제도를 선택하여 책임제한을 주장할 수 있다.

38) 대법원 2002. 5. 28. 선고 2001다12621 판결
선박의 운행 중 사고로 인한 손해배상에 대하여 그 선박의 이용자가 손해배상을 부담하기 위하여는 그 이용자가 사고 선박의 선장·선원에 대한 실질적인 지휘·감독권이 있어야 하고, 그와 같은 권한이 있는지 여부는 그 선박의 이용계약이 선박임대차계약인지, 정기용선계약인지 아니면 이와 유사한 성격을 가진 제3의 특수한 계약인지 여부 및 그 계약의 취지·내용에 선박의 선장·선원에 대한 실질적인 지휘·감독권이 이용권자에게 부여되어 있는지 여부 등을 구체적으로 검토하여 결정하여야 한다.

한편, 해상물건운송에 대하여 배상책임을 청구할 수 있는 자는 선하증권이 발행되어 있는 경우에는 그 소지인이고, 선하증권이 발행되지 아니한 경우에는 수하인이다.

3) 책임발생원인

(1) 운송인이 책임을 부담하는 경우

운송인이 책임을 부담하는 경우는 감항능력주의의무위반이 있는 경우와 운송물에 대한 주의의무위반이 있는 경우이다. 감항능력주의의무위반과 운송물에 대한 주의의무위반은 모두 과실책임이며, 운송인에게 과실이 있는 것으로 추정된다. 따라서 운송인은 주의의무를 해태하지 아니하였음을 입증하거나 손해의 원인이 면책사유에 해당된다는 것을 증명해야 책임이 면제된다.

(2) 운송인이 책임을 부담하지 않는 경우(면책사유)

가. 항해과실의 면책

운송인은 선장·해원·도선사 그 밖의 선박사용인의 항해 또는 선박의 관리에 관한 행위, 이른바 항해과실로 인한 손해에 대해서는 배상할 책임을 면한다(제795조제2항). 항해과실을 면책사유로 인정한 이유는, 항해와 선박의 관리는 기술적인 사항으로 선장 등의 사소한 과실에 의해서도 엄청난 손해가 발생할 수 있고, 대부분 선박이 운송인의 통제범위 밖에 있는 때에 발생하기 때문이다. 또한, 운송인은 화재로 인한 손해(고의 또는 과실로 인한 화재 제외)에 대해서도 배상할 책임을 면한다.

나. 기타 면책사유

항해과실의 면책 이외에도 상법이나 헤이그규칙은 소위 면책카탈로그라고 하는 수많은 면책사유들을 규정하고 있다(상법 제796조, 헤이그규칙 제4조제2항). 이러한 면책사유로는 선박에서의 화재, 해상 그 밖의 항해할 수 있는 수면에서의 위험 또는 사고, 불가

---

39) 선하증권상 운송인의 사용인 · 대리인 · 하청운송인 등 이행보조자의 면책을 규정한 약관이다. 약관의 명칭은 지중해를 항해하는 여객선 히말라야호 사건에서 유래한 것으로, 히말라야호는 승선권에 운송인의 사용인에 대한 면책을 기재하지 않아 이에 대한 소송이 일어났다. 영국의 법원은 승선권에 운송인의 사용인 또는 대리인에게도 운송인의 면책약관이 적용된다는 사실이 명시되어 있지 않는 한 운송인의 사용인 등은 이를 주장할 수 없다고 판결하였다. 이에 따라 운송인보다 이행보조자가 더 큰 책임을 부담하는 불합리한 경우가 발생할 소지가 있으므로 이를 약관으로 규정한 것이다. 이 약관에 의해 운송인이 발행한 선하증권에서 이행보조자는 운송인과 동일한 면책과 책임제한을 받으며, 화물의 손상에 대해서 화주로부터 배상청구를 받지 않게 되었다.

항력, 전쟁 등이 있다.[40] 다만, 책임을 면하기 위해서 운송인은 면책사유가 있었다는 것과 운송물에 관한 손해가 그 면책사유로 보통 생길 수 있다는 것을 입증해야 한다. 다만, 감항능력주의의무 및 운송물에 관한 주의의무를 다했다면 그 손해를 피할 수 있었음에도 불구하고 주의를 다하지 않은 경우에는 책임이 면제되지 않는다(상법 제796조). 즉 감항능력주의의무와 운송물에 대한 주의의무를 모두 위반한 경우 운송인은 위 면책사유를 주장할 수 없다.

4) 해상운송인의 책임제한(포장당책임제한)

(1) 개설

위에서 살펴본 바와 같이 해상운송인은 감항능력주의의무위반과 운송물에 대한 주의의무위반의 경우에만 운송물에 대해 발생한 손해에 대해 책임이 있다. 그러나 손해액 전액에 대해 손해배상책임이 있는 것이 아니고 운송인을 보호하기 위해 포장당(또는 중량당) 책임한도액을 규정하고 있다. 포장당 책임제한의 한도액은 당사자의 합의로 인상할 수 있지만, 당사자의 합으로 한도액을 인하할 수는 없다고 본다.[41] 참고로 상법에서는 포장당 책임한도 외에 해상운송인의 배상범위를 제한하는 규정도 두고 있다[42](제815조, 제137조).

---

40) 상법 제796조의 면책사유
   1. 해상이나 그 밖에 항행할 수 있는 수면에서의 위험 또는 사고
   2. 불가항력
   3. 전쟁 · 폭동 또는 내란
   4. 해적행위나 그 밖에 이에 준한 행위
   5. 재판상의 압류, 검역상의 제한, 그 밖에 공권에 의한 제한
   6. 송하인 또는 운송물의 소유자나 그 사용인의 행위
   7. 동맹파업이나 그 밖의 쟁의행위 또는 선박폐쇄
   8. 해상에서의 인명이나 재산의 구조행위 또는 이로 인한 항로이탈이나 그 밖의 정당한 사유로 인한 항로이탈
   9. 운송물의 포장의 불충분 또는 기호의 표시의 불완전
   10. 운송물의 특수한 성질 또는 숨은 하자
   11. 선박의 숨은 하자

41) Carole Murray, et. al, *Schmittoff Export Trade: The Law and Practice of International Trade*, 11th ed, Thomson Reuters, 2010, p.337.

42) 해상운송인의 손해배상액에 관하여는 육상물건운송인의 경우와 같이 특칙을 두고 있다. 운송물의 전부 멸실 또는 연착된 경우의 손해배상액은 인도할 날의 도착지의 가격에 의하고, 운송물이 일부 멸실 또는 훼손된 경우의 손해배상액은 인도한 날의 도착지의 가격에 의한다고 규정하고 있다(제815조, 제137조). 이러한 정액배상주의의 특칙은 운송인을 보호하기 위한 것이다. 민법상 손해배상의 일반원칙에 의하면, 운송물의 멸실 · 훼손 또는 연착 등 운송인의 채무불이행으로 인한 손해배상은 통상의 손해를 그 한도로 하고, 특별한 사정으로 인한 손해는 채무자가

(2) 포장당 책임한도액

1991년 개정상법은 해상물건운송인의 책임을 운송물의 포장당 또는 선적단위당 500 SDR로 제한하는 제도를 도입하였는데, 이는 헤이그-비스비규칙의 취지를 수용하되, 그 금액은 1936년의 미국 해상물건운송법을 참고하였다. 그러나 2007년 개정상법은 헤이그-비스비규칙을 충실히 도입하여 해상운송인은 운송물의 멸실·훼손 또는 연착으로 인한 손해배상책임에 대하여 그 운송물의 매 포장단위당 또는 선적단위당 666.67 SDR과 중량 1 Kg당 2 SDR 중 큰 금액을 한도로 한다고 규정하여(제797조제1항) 포장단위당 한도액을 500 SDR에서 666.67 SDR로 인상하고, 중량 당 책임한도액을 신설하였다. 중량당 책임한도를 도입하는 것은 우리 해운업의 실정에 비추어 시기상조라는 한국선주협회의 주장을 감안하여 중량당 책임한도규정은 2010년 8월 4일부터 시행하는 것으로 정했다.[43] 포장 또는 선적단위의 수는 컨테이너 그 밖에 이와 유사한 운송용기가 운송물을 통합하기 위항여 사용되는 경우에 그러한 운송용기에 내장된 운송물의 포장 또는 선적단위의 수를 선하증권 그 밖에 운송계약을 증명하는 문서에 기재한 때에는 그 각 포장단위 또는 선적단위를 하나의 포장 또는 선적단위로 본다.[44] 이 경우를 제외하고는 이러한 운송용기 내의 운송물 전부를 하나의 포장 또는 선적단위로 본다(제797조). 한편, 포장당 책임제한이 인정되는 책임은 상법 제794조 내지 제796조[45]의 규정에 의한 운송인의 손해배상책임으로 한정된다(제797조제1항).

상법에서는 포장당 책임제한외에 총체적 책임제한규정도 두고 있는데(제769조), 해상운송인은 포장당 책임제한과 총체적 책임제한을 중첩적으로 주장할 수 있다(제797조제4항).

그 사정을 알았거나 알 수 있었을 때에 한하여 배상의 책임이 있다. 그러나 상법에서는 운송인을 보호하기 위해 특칙을 규정하고 있으므로 민법상의 손해배상의 일반원칙은 적용되지 않는다.

43) 최종현, "개정 해상법 하에서의 해상운송인의 지위", 「한국해법학회지」 제30권 제1호, 2008, p.57.

44) 선하증권상에 대포장(pallet)과 그 속에 소포장(unit 또는 carton 등)이 모두 기재된 경우에는 달리 특별한 사정이 없는 한 소포장을 책임제한의 계산단위가 되는 포장으로 보아야 한다(대법원 2004. 7. 22 선고 2002다44267 판결).

45) 포장당 책인제한이 인정되는 책임은 다음과 같다.
- 감항능력주의의무위반으로 인한 운송물의 멸실 · 훼손 또는 연착으로 인한 손해배상책임(제794조)
- 상업과실로 인한 운송물의 멸실 · 훼손 또는 연착으로 인한 손해배상책임(제795조제1항)
- 운송인의 과실로 인한 화재로 생긴 운송물에 관한 손해배상책임(제795조제2항)
- 불가항력 기타의 면책사유로 운송물이 멸실 · 훼손 또는 연착되어 손해가 생긴 경우에 적하이해관계인이 운송인의 주의의무위반을 증명하여 운송인이 지는 손해배상책임(제796조)

(3) 포장당 책임제한과 불법행위책임과의 관계

해상물건운송인의 운송계약상의 채무불이행으로 인한 손해배상책임에 관한 규정은 운송인의 불법행위로 인한 손해배상책임에도 이를 적용한다(제798조제1항[46]). 운송인의 채무불이행이 불법행위의 요건을 갖추는 경우도 있는데, 만일 이 경우에 책임제한이나 면책사유가 채무불이행의 경우에만 적용되고 불법행위의 경우에는 적용되지 않는다면, 피해자는 운송인을 상대로 불법행위를 주장하여 위 책임제한 규정을 벗어날 수 있게 되므로 이 경우 운송인을 보호하기 위한 입법취지가 의미가 없게 되는 바, 상법은 청구권경합설의 입장에서 불법행위가 성립하는 경우에도 책임제한과 면책사유를 주장할 수 있다는 점을 명확히 한 것이다.[47] 이에 따라 불법행위에 대해서도 포장당 책임제한규정이나 운송인의 면책규정이 적용된다는 것에 대해서는 더 이상 다툼이 없게 되었다.[48] 다만, 불법행위의 경우에도 다음에 기술한 책임한도의 적용배제사유는 그대로 적용된다고 본다.

(4) 포장당 책임제한의 적용배제

해상운송인의 책임제한은 해상운송인을 보호하기 위한 제도이지만, 해상운송인이 고의로 발생시킨 손해까지 해상운송인을 보호하는 것은 공서양속에 반한다.[49] 상법에서는 이러한 취지를 반영하여 해상운송인의 책임한도가 배제되는 경우를 규정하고 있다.

첫째, 운송물에 관한 손해가 운송인 자신의 고의 또는 손해발생의 염려가 있음을 인식하면서 무모하게 한 작위 또는 부작위로 인하여 생긴 때에는 책임한도액이 적용되지 않는다(상법 제797조제1항). 이는 헤이그-비스비규칙의 내용을 그대로 수용한 것이

46) 이 조항은 1991년 개정 상법에서 신설된 조항(제789조의3)이며, 현재 개정상법에도 조문표기만 바뀌었을 뿐 내용을 그대로 유지하고 있다.

47) 정동윤, 전게서, p.884.

48) 이 문제에 대해 대법원에서는 처음에는 청구권경합설의 입장을 수용하여, 운송계약상의 면책특약이나 상법상의 면책조항은 오로지 운송계약상의 채무불이행책임에만 적용될 뿐 당사자 사이에 명시적 또는 묵시적 합의가 없는 한 불법행위로 인한 손해배상책임에는 적용되지 않는다는 입장을 유지해 왔다(대법원 1980. 11. 11. 선고 80다1812 판결 참조). 그러나 1983년 판결에서는 운송인이 발행한 선하증권상에 면책약관이 기재된 경우 당사자 간에 불법행위책임에 관하여도 위 면책약관을 적용하기로 하는 묵시적 합의가 있다고 보고 있다(대법원 1983. 3. 22. 선고 82다카1533 전원합의체 판결). 그러나 1991년 개정 상법에서 제789조의3(현재 제798조제1항)의 신설로 위 대법원의 판결은 사실상 효력이 없게 되었다.

49) 김창준, "운송인의 책임제한 배제사유", 「한국해법학회지」 제29권 제2호, 2007, p.10.

다(헤이그-비스비규칙 제4조제5항). 여기서 주의할 점은 운송인 자신의 고의나 무모한 행위만 해당되며, 사용인 또는 대리인의 고의 또는 무모한 행위는 해당되지 않는다는 것이다. 운송인이 법인인 경우 직원이 운송인 자신에 해당되는지에 대해 대법원에서는 법인의 대표기관뿐 아니라 적어도 법인의 내부적 업무분장에 따라 당해 법인의 관리 업무의 전부 또는 특정 부분에 관하여 대표기관에 갈음하여 사실상 회사의 의사결정 등 모든 권한을 행사하는 자가 있다면, 비록 그가 이사회의 구성원 또는 임원이 아니더라도 그의 행위를 운송인인 회사 자신의 행위로 보아야 한다고 판시하였다(대법원 2006. 10. 26. 선고 2004다27082 판결).[50)]

둘째, 해상운송인의 손해배상액이 제한되는 것은 운송인에게 과실이 있는 경우에 한하며, 손해의 발생유형도 운송물의 멸실·훼손·연착인 경우로 제한된다(상법 제795조제1항, 제797조제1항). 따라서 운송물의 멸실·훼손·연착 이외의 경우에는 포장당 책임한도가 적용되지 않고 민법의 일반원칙(민법 제393조)에 따라 손해배상액의 범위가 정해진다.

셋째, 송하인이 운송인에게 운송물의 내용을 고지하고 선하증권 또는 운송계약을 증명하는 문서에 이를 기재한 경우에도 운송인의 책임제한이 배제된다(제797조제3항). 그러나 송하인이 운송물의 종류 또는 가액을 고의로 현저하게 부실의 고지를 한 때에는 운송인은 자기 또는 그 사용인이 악의인 경우를 제외하고는 운솔물의 손해에 대하여 책임을 면한다(제797조제3항).

(5) 면책약관의 적용 여부

운송인의 책임 및 그 제한에 관한 상법의 규정(제794조 내지 제798조)에 반하여 운송인

---

50) 판결요지:
'상법 제789조의2(개정상법 제797조에 해당)가 정하는 포장당 책임제한의 적용이 배제되는지 여부에 대하여 상법 제789조의2의 제1항 본문에 의하면, 해상운송인이 운송물의 수령, 선적, 적부, 운송 등에 관하여 부담하는 손해배상책임은 당해 운송물의 매 포장당 500SDR을 한도로 제한할 수 있으나, 한편 같은 항 단서에 의하면, 운송물에 관한 손해가 운송인 자신의 고의 또는 그 손해가 생길 염려가 있음을 인식하면서 무모하게 한 작위 또는 부작위로 인하여 생긴 것인 때에는 이러한 책임의 제한을 허용하지 않는다. 위 조항의 문언 및 입법연혁에 비추어, 단서에서 말하는 '운송인 자신'은 운송인 본인을 말하고 운송인의 피용자나 대리인 등의 이행보조자에게 귀책사유가 있는 경우에는 위 단서가 적용되지 않는다고 하겠으나, 법인 운송인의 경우에 있어, 그 대표기관의 고의 또는 무모한 행위만을 법인의 고의 또는 무모한 행위로 한정하게 된다면, 법인의 규모가 클수록 운송에 관한 실질적 권한이 하부의 기관으로 이양된다는 점을 감안할 때 위 단서조항의 배제사유는 사실상 사문화되고 당해 법인이 책임제한의 이익을 부당하게 향유할 염려가 있다. 따라서 법인의 대표기관뿐 아니라 적어도 법인의 내부적 업무분장에 따라 당해 법인의 관리 업무의 전부 또는 특정 부분에 관하여 대표기관에 갈음하여 사실상 회사의 의사결정 등 모든 권한을 행사하는 자가 있다면, 비록 그가 이사회의 구성원 또는 임원이 아니더라도 그의 행위를 운송인인 회사 자신의 행위로 봄이 상당하다.'

의 의무 또는 책임을 경감 또는 면제하는 당사자 사이의 특약은 효력이 없다(제799조제1항). 물론 포장당 책임한도액을 인상하는 등 운송인에게 불이익한 특약은 유효하다.[51] 나아가 대법원에서는 운송인의 손해배상책임제한에 관한 약관이 실질적으로 책임면제와 같은 경우에는 그 약관은 무효로 보고 있다(대법원 1988. 9. 27. 선고 86다카2377 판결[52]). 또한, 운송물에 관한 보험의 이익을 운송인에게 양도하는 약정 또는 이와 유사한 약정은 효력이 없다(제799조제1항). 여기서의 보험의 이익은 보험금청구권을 의미하는데, 보험금청구권을 운송인에게 양도함으로써 실제로 운송인이 배상책임을 지지 않게 되는 결과를 초래하기 때문이다. 그러나 ⅰ) 산 동물의 운송 ⅱ) 선하증권이나 그 밖에 운송을 증명하는 문서의 표면에 갑판적으로 운송할 취지를 기재하여 갑판적으로 행하는 운송에 대해서는 운송인의 책임제한특약이 유효하다[53](제799조제2항).

(6) 선주유한책임과의 관계

상법에서는 해상운송인의 책임제한외에 선주의 책임제한에 대해서도 규정하고 있다(상법 제769조~제774조, 제776조). 이에 따라 해상운송인의 책임제한과 선주책임제한의 관계가 문제가 되는데, 상법 제797조에서는 선주유한책임의 규정은 해상운송인의 책임제한 규정에 영향을 미치지 않는다고 규정하고 있어 이러한 문제를 해결하고 있다. 즉 해상운송인의 책임제한은 운송물 하나하나에 대한 개별적인 책임제한이고, 선주유한책임은 선주 또는 운송인 1인이 부담할 총한도액을 정한 총체적 책임제한이다. 이에 따라 운송인은 개별적인 운송물에 대해 각각 부담할 한도액이 정해지며, 그 한도액에서 부담할 채무액을 더하여 다시 선주책임제한을 받는다.

---

51) 미국 해상물건운송법에서도 당사자들이 포장당 책임한도액 500달러 이상의 금액으로 합의하는 것은 가능하다고 규정하고 있다.

52) 판결요지:
'해상운송인의 책임결과의 일부를 감경하는 배상액제한약관은 원칙적으로 상법 제790조에 저촉되지 않는다고 할 것이지만 배상책임을 면제하는 것과 다름없다고 할 정도로 적은 액수를 책임한도액으로 정한 배상액제한약관은 실질적으로는 책임제외약관과 다를 바 없는 것이므로 상법 제790조에 저촉되어 무효라고 할 것이고, 배상액제한약관에서 정한 책임한도액이 배상책임을 면제하는 것과 다름없는 정도의 소액인가의 여부는 그 책임한도액이 해상운송의 거래계에서 관행으로 정하여지고 있는 책임한도액 및 운송인이 받은 운임등과 비교하여 볼 때 실질적으로 운송인의 배상책임을 면제하는 정도의 명목상의 금액에 불과한 것인가의 여부에 따라 결정하여야 한다.'

53) ⅰ) 산 동물: 산 동물의 운송에는 많은 위험이 수반되므로 면책약관을 허용하지 않으면 운임이 비싸지거나 운송이 거절될 수 있기 때문이다.
ⅱ) 갑판적화물: 갑판적의 경우에도 산 동물과 마찬가지로 위험이 높기 때문이며, 이는 헤이그규칙을 따른 것이다.

(7) 공선하증권(또는 부실기재선하증권)의 효력

공선하증권은 운송인이 운송물을 수령하지 않고 발행한 선하증권, 또는 운송인이 운송물을 선적하지 않고 발행한 선하증권을 말한다.[54] 운송물의 수량이 선하증권의 기재내용 보다 적거나, 운송물이 선하증권의 기재내용과는 다른 운송물인 경우가 있는데, 이러한 선하증권은 공선하증권과 구별되는 바, 이를 '부실기재선하증권(misrepresented B/L)[55]'이라 부르고자 한다.

공선하증권 또는 부실기재선하증권의 효력에 관한 현행 상법을 보면, 헤이그-비스비규칙을 수용하여 운송인과 송하인 사이에 선하증권에 기재된 대로 운송물을 수령 또는 선적한 것으로 추정하며,[56] 선의로 취득한 소지자에 대해서는 선하증권에 기재된 대로 운송물을 수령 또는 선적한 것으로 본다고 규정하고 있다(상법 제854조). 이에 따라 공선하증권(또는 부실기재선하증권)도 선하증권에 기재된 대로 효력이 있으며, 운송인이 운송물을 수령 또는 선적되지 아니하였음을 입증해야 선하증권이 무효로 된다. 그리고 선의의 제3자에 대해서는 운송물을 수령 또는 선적되지 아니하였음을 운송인이 입증해도 선하증권은 절대적으로 유효하며, 운송인은 선하증권에 기재된 대로 책임을 진다. 즉 선하증권의 문언증권성이 인정되며, 따라서 운송물을 인도하지 못한 경우 운송인은 계약불이행책임을 진다.[57] 다만, 선하증권에 기재되어 추정을 받는 '운송물의 외관상태'는 상당한 주의를 기울여 검사하면 발견할 수 있는 외관상[58]의 하자에

---

54) 최종현, "공선하증권의 효력", 「한국해법학회지」 제29권 제1호, 2007, p.134.

55) 정동윤, 전게서, 2008, p.905.; 김창준, 전게논문, p.29.

56) 참고로 2007년 개정 상법 이전의 상법의 규정을 살펴보면, 1991년 개정 상법 이전에는 선하증권의 채권적 효력에 대하여 화물상환증에 관한 상법 제131조("화물상환증을 작성한 경우에는 운송에 관한 사항은 운송인과 소지인간에 있어서는 화물상환증에 기재된 바에 의한다.")을 준용하여, 공선하증권이나 부실기재선하증권이 무효인지 여부에 대해 다툼이 되었다(대법원에서는 요인성을 중시하여 공선하증권의 경우 무효로 봄(대법원 1982. 9. 14. 선고 80다1325 판결)).
그러나 1991년 개정 상법에서는 "제814조 제1항의 규정에 따라서 선하증권이 발행된 경우에는 운송인이 그 증권에 기재된 대로 운송물을 수령 또는 선적한 것으로 추정한다. 그러나 운송인은 선하증권을 선의로 취득한 제3자에게 대항하지 못한다."라고 선하증권의 효력에 관한 규정을 신설하였다. 그러나 이 규정에서도 선하증권의 추정적 효력이 악의의 소지인에게만 미치는 지, 송하인에게도 미치는 지 다툼이 되었다. 전자의 견해의 경우 송하인에게는 추정적 효력이 없어 공선하증권 또는 부실기재선하증권은 무효라는 결론에 이르게 된다. 그러나 2007년 개정 상법에서는 운송인과 송하인 사이에 선하증권에 기재된 대로 운송물을 수령 또는 선적한 것으로 추정한다고 규정하여 이러한 다툼을 일소시켰고, 결과적으로 공선하증권 또는 부실기재선하증권은 송하인에 대해서도 추정적 효력이 있어 일단 유효한 선하증권이 된다.

57) 정동윤, 전게서, p.906.

58) 즉 추정적 효력이 미치는 범위는 선하증권에 기재된 운송물의 종류, 중량 또는 용적, 포장의 종별, 개수와 기호,

대하여서만 적용되는 것이지 상당한 주의를 기울이더라도 발견할 수 없는 운송물의 내부상태에 대하여서는 운송인은 책임이 없다(대법원 2001. 2. 9. 선고 98다49074 판결[59]). 악의의 제3자에 대해서는 규정이 없으나, 당사자 사이에도 추정적 효력을 인정하므로 악의의 제3자에 대해서도 추정적 효력이 미친다고 본다.[60]

다음으로 공선하증권(또는 부실기재선하증권)의 경우 운송인이 포장당 책임제한규정을 주장할 수 있는지 살펴보자. 위에서 본 바와 같이 상법 제797조제1항 단서에서는 "운송물에 관한 손해가 운송인 자신의 고의 또는 손해발생의 염려가 있음을 인식하면서 무모하게 한 작위 또는 부작위로 인하여 생긴 때에는 책임한도액이 적용되지 않는다."고 규정하고 있다. 운송인 자신이 선의의 소지인에게 손해를 입힐 고의로 부실기재선하증권을 발행하거나, 선의의 소지인에게 손해가 생길 염려가 있음을 인식하면서 무모하게 부실기재선하증권을 발행한 경우 포장당 책임제한규정을 주장할 수 없다고 본다.[61]

한편, 선하증권상에 부지약관[62]이 기재된 경우, 부지문구가 선하증권상에 기재되어 있고, 선하증권을 발행할 당시 운송인도 그 컨테이너 안의 내용물 상태에 대하여 검사, 확인할 수 있는 합리적이고도 적당한 방법이 없는 경우 등 상법 제814조 제2항[63]

운송물의 외관 상태이며, 운송인이 상당한 주의를 기울여도 알수 없는 품질이나 밀봉된 컨테이너 내부의 운송물의 상세에 관하여는 추정적 효력이 미치지 않는다(최종현, 공선하증권의 효력, 「한국해법학회지」, 제29권 제1호, 2007, pp.150-151.).

59) 운송인은 선하증권에 기재된 대로 운송물을 수령 또는 선적한 것으로 추정되므로, 선하증권에 운송물이 외관상 양호한 상태로 선적되었다는 기재가 있는 무고장선하증권이 발행된 경우에는 특별한 사정이 없는 한 운송인은 그 운송물을 양호한 상태로 수령 또는 선적한 것으로 추정된다 할 것이고, 따라서 무고장선하증권의 소지인이 운송물의 훼손으로 인한 손해를 입증함에 있어서는 운송인으로부터 운송물을 수령할 당시의 화물의 손괴사실만 입증하면 되는 것이고 나아가 이러한 손해가 항해중에 발생한 것임을 입증할 필요는 없다 할 것이다. 그러나 선하증권에 기재되어 추정을 받는 '운송물의 외관상태'는 상당한 주의를 기울여 검사하면 발견할 수 있는 외관상의 하자에 대하여서만 적용되는 것이지 상당한 주의를 기울이더라도 발견할 수 없는 운송물의 내부상태에 대하여서는 위 추정규정이 적용될 수 없다 할 것이다(대법원 2001. 2. 9. 선고 98다49074 판결).

60) 정동윤, 전게서, p.905.

61) 최종현, "공선하증권의 효력", 「한국해법학회지」, 제29권 제1호, 2007, p.155.

62) 부지약관(부지문구)이란 수량, 중량, 상태 등 화물의 내용에 대해 운송인은 모르기 때문에 이에 대해 책임이 없다는 내용을 선하증권에 기재하는 것을 말한다. 운송인이 화물의 내용물에 대해 잘 모르는 경우가 많으며, 특히 컨테이너에 들어있는 물품에 대해서는 내용물이나 품질을 파악하기 어려운데, 이러한 문제를 해결하기 위해 운송인은 내용물에 대해서는 잘 모르며 이에 따라 선하증권과 일치하는 물품을 인도할 의무를 부담하지 않는다는 취지의 부지문구를 선하증권에 명시한다. 부지문구의 표현으로는 "……이 들어 있다고 함(Said to Contain……)", "송하인이 적입하고 수량을 셈(shipper's weight, load, and count)", "포장의 내용 또는 상태에 대해 부지(contents or condition of contents of packages unknown)" 등이 있다.

에서 말하는 특별한 사정이 있는 경우에는 이러한 부지문구는 유효하고, 위 부지문구의 효력은 운송인이 확인할 수 없는 운송물의 내부상태 등에 대하여도 미친다고 할 것이어서 선하증권상에 위와 같은 부지문구가 기재되어 있다면, 이와 별도로 외관상 양호한 상태로 선적되었다는 취지의 기재가 있다 하여 이에 의하여 컨테이너 안의 내용물의 상태에 관하여까지 양호한 상태로 수령 또는 선적된 것으로 추정할 수는 없다고 할 것이므로, 이러한 경우 선하증권 소지인은 송하인이 운송인에게 운송물을 양호한 상태로 인도하였다는 점을 입증해야 한다(대법원 2001. 2. 9. 선고 98다49074 판결).

5) 운송인의 책임제한에 대한 미국법 및 판결

미국법에서는 연방법인 해상화물운송법(Carriage of Goods by Sea Act, U.S.C. Title 46 Chapter 28)에서 운송인의 책임을 제한하는 규정을 두고 있다. 해상운송법에 의하면 포장단위당 미화 500달러로 책임을 제한하고 있다(제1304조제5항).

미국 연방법원은 Higgins v. Anglo－Algerian Steamship Co. 사건(1918)에서 운송물이 손상되었다는 것을 인지하면서 운송물이 정상이라고 허위로 무고장선하증권을 발행한 운송인은 책임제한의 이익을 향유할 수 없다고 판시하였다.[64] 또한, Oliver Straw Goods Corporation v. Osaka Shosen Kaisha 사건(1931)에서 미국 연방대법원은 운송물을 실제 선적하지 않았음에도 불구하고 선하증권을 발행한 운송인은 운송물가액 전액에 대해 손해배상책임이 있다고 판시하였다.[65]

상기의 두 판례는 Berrisford Metals v Salvador 사건(1985)에 직접적인 영향을 주었다. 이 사건에서 운송인이 100 묶음을 수령해서 30 묶음만 선적했음에도 불구하고 100 묶음을 선적했다는 것을 내용을 담보하는 부실기재선하증권을 자신 스스로 발행

---

63) ② 제1항제2호의 기재사항 중 운송물의 중량, 용적, 개삭 또는 기호가 운송인이 실제로 수령한 운송물을 정확하게 표시하고 있지 아니하다고 의심할 만한 상당한 이유가 있는 때 또는 이를 확인할 적당한 방법이 없는 때에는 그 기재를 생략할 수 있다(현행 상법 제853조제2항).

64) Higgins v. Anglo-Algerian Steamship Co., 248 F. 386(2d Cir. 1918)
이 판결은 영국의 판례를 검토하여 영국판례에 따라 판시하였다.

65) Oliver Straw Goods Corporation v. Osaka Shosen Kaisha, 283 U.S. 856, 51 S. Ct. 648, 75 L. Ed. 1462 (1931)
이 사건에서 운송인은 18상자의 운송물을 인도받았으나, 지진으로 선적예정 선박이 항로를 이탈하여 선적하지 못하고 있다가 운송물을 도난당하였다. 그럼에도 불구하고 운송물을 정상적으로 선적하였다는 내용의 무고장선하증권을 발급하였다.

한 사건인데, 법원은 운송인의 부실표시(misrepresentation)는 운송계약의 본질에 대한 근본적 위반(fundamental breach)이 되어 운송인은 해상물건운송법상의 포장당 책임제한조항을 주장할 수 없다고 판시하였다.[66] 이는 운송인이 선하증권의 내용을 잘못 기재한 것에 대한 책임을 부담하는 것인데, 여기에는 운송인의 사기 또는 고의를 요건으로 하지 않는다.[67]

4. 항공운송 및 복합운송

1) 항공운송

(1) 항공운송의 의의

항공운송이란, 항공기를 이용하여 여객이나 화물을 운송하는 것을 말한다. 항공운송은 신속한 운송이 가능하나, 운임이 비싸다. 이에 따라 신속성과 운임을 고려하여 선택한다.

---

66) Berisford Metals Corp. v. S/S Salvador, 779 F.2d 841(2d Cir. 1985)
이 사건에서 B/L상 컨테이너 수량이 100개로 기재되었으나, 실제 컨테이너 수량은 30개에 불과하였다. 운송인은 해상운송법에 따라 컨테이너당 책임액 500달러를 주장하였으나, 운송인은 부실표시(misrepresentation)에 대해 책임이 있다고 보아 70개 컨테이너 분량의 화물에 대한 책임을 인정하였다.
연방항소법원은 운송인은 100 묶음을 수령해서 30 묶음만 선적했음에도 불구하고 100 묶음을 선적했다는 것을 내용을 담보하는 부실지개선하증권을 자신 스스로 발행했고, 선하증권이 고의로 위조되었는지 여부와 관계없이 선하증권으로 인해 매도인은 원고에게 100 묶음 전체에 대한 매매대금을 청구할 수 있었으며, 만약에 운송인이 70 묶음이 선적되지 않았다는 것을 밝혔다면, 원고는 매매대금의 지급을 거절할 권리가 있었고 화물 손실은 매도인이 부담하게 되었을 것이므로, 운송인의 부실표시(misrepresentation)는 운송계약의 본질에 대한 근본적 위반(fundamental breach)이 되어 운송인은 해상물건운송법상의 포장당 책임제한조항을 주장할 수 없다고 판시하였다. 또한, 법원은 운송인이 직접 선하증권을 기재하는 경우에는 운송인은 자신의 행위에 대해 인식하고 있을 것으로 기대되기 때문에 주의의무에 관해 보다 높은 기준이 적용되며, 이는 운송인이 직접 화물을 선적했는지 여부와는 관계없다고 보았다. 그리고 법원은 화물이 선하증권 내용대로 선적된 경우에는 화물의 상태에 대해 운송인에게 악의나 고의가 있다고 입증된 경우에만 운송인이 화물의 상태에 대해 책임이 있다. 그러나 운송인이 화물을 선적하면서 선하증권에 부실기재한 경우 운송인은 부실기재에 대해 책임이 있으며, 해상물건운송법상의 포장당 책임제한을 주장할 수 없다고 판시하였다.

67) Berisford Metals Corp. v. S/S Salvador, 779 F.2d 841(2d Cir. 1985)
Elgie & Co. v. S.S. “S.A. Nederburg”, 599 F.2d 1177(2d Cir. 1979)

(항공운송의 장단점)

장 점	단 점
• 신속성 납기가 촉박한 상품, 기술개발이 빠른 전자제품 등에 많이 이용 • 안전성 운송중의 분실위험이 적기 때문에 고가품, 뉴스필름, 원고, 중요서류 등에 많이 이용	• 고운임 경제성을 고려하여 상품의 가격과 운송비를 고려하여 항공운송 결정 • 대형, 대량화물에 부적합 • 기후영향 가장 많이 받음

(2) 항공운송에 관한 국제협약

1929년 폴란드 바르샤바에서 개최된 국제사법회의에서 국제항공운송에 있어서 일부규칙의 통일에 관한 협약(Convention for the Unification of Certain Rules relating to International Carriage by Air 1929)을 제정하였는데, 이를 바르샤바협약(Warsaw Convention)이라고 한다(1933년 발효). 이 협약은 해상운송에 관한 헤이그규칙을 모범으로 하여 제정된 협약으로 항공운송인의 이익을 보호하려는 경향이 있으며, 운송인의 책임한도를 화물 Kg당 250 FGF 또는 미화 20달러로 제한하고, 운송인에게 과실책임주의를 채택하면서 입증책임은 운송인이 부담하도록 하였다[68](즉 과실추정주의 채택).

그 후 항공운송 환경의 변화에 따라 1955년 헤이그에서 바르샤바협약개정의정서가 채택되었다(1963년 발효). 이는 일명 헤이그의정서라고도 불리는데, 이 의정서에서는 운송인의 대인 책임한도액을 바르샤바협약의 2배로 증액하였으나 대물책임한도는 변경이 없었다. 우리나라는 1967년에 헤이그의정서에 가입하였다.

항공운송형태의 다양화에 따라 운송계약을 체결한 운송인과 실제 운송을 담당하는 실제운송인의 책임관계가 불분명해졌기 때문에 1961년에 '운송인이외의자에 의하여 행하여지는 국제항공운송에 대한 규칙의 통일을 위한 바르샤바규칙을 보충하는 조약'이 제정되었다.[69] 이 협정은 '과달라하라협정'이라고 불리는데, 계약운송인과 실제운송인의 연대책임을 정함과 동시에 책임제한을 원용할 수 있도록 하고 있다.

한편, 항공운송의 발전과 변화를 반영하기 위하여 1999년에 몬트리올협약(Montreal Convention)이 채택되었다. 이 협약은 2003. 11. 4. 발효되었고, 우리나라는 2007. 9. 20.

68) 신동수 · 강영찬, 「국제무역규범」, 두남, 2003, p.28.

69) 서헌제, 전게서, p.384.

가입(2007. 12. 29. 발효)하였다. 몬트리올협약은 기본적으로 바르샤바협약의 원칙을 유지하면서, 대체로 항공운송인의 책임을 강화하였다.

(3) 항공운송계약

운송인과 화주가 항공운송계약을 체결하는데, 항공운송계약의 내용은 항공화물운송장(air waybill)에 의해 정해진다. 항공화물운송장의 이면에는 항공사별 약관이 인쇄되어 있는데, 약관은 국제항공운송협회(International Air Transport Association: IATA)의 표준약관을 기준으로 각 항공사가 약간 수정하여 사용하고 있다. 항공운송계약에서 항공운송주선업자와 항공화물운송대리점을 구분할 필요가 있는데, 항공운송주선업자(air freight forwarder)는 항공화물운송계약의 당사자로 독자적인 항공화물운송장, 운송약관, 요율을 가지고 있다. 그러나 항공화물운송대리점(air cargo agent)은 항공운송사업자 또는 항공운송총대리점을 위하여 유상으로 항공기에 의한 화물의 운송계약체결을 대리하는 자로 독자적으로 항공화물운송장을 발행하지 않고 수수료만 받는다.

(4) 항공운송인의 의무와 책임

항공운송인은 송하인으로부터 화물을 인도받으면 항공화물운송장(air waybill)을 발행하고 송하인의 지시대로 운송하여 수하인에게 화물을 인도한다. 반대의 특약이 없으면 항공운송인은 화물이 도착지에 도착한 때에는 이를 수하인 또는 통지인(notify party)에게 통지하며, 운송물을 정당한 수하인 또는 그의 양수인에게 인도해야 한다(바르샤바협약 제13.2조). 항공운임이 미지급된 경우 항공운임에 관하여 운송화물에 대한 유치권을 행사할 수도 있다.

항공운송인은 손해를 방지하기 위하여 필요한 모든 조치를 취하였다는 사실 또는 그 조치를 취할 수 없었다는 사실을 증명하지 못하면 항공운송중에 생긴 사고로 인한 손해를 배상할 책임이 있다(바르샤바협약 제18조, 제20조). 항공운송인의 책임은 화물 1 Kg당 250 프랑으로 제한된다.

2) 복합운송

(1) 복합운송의 의의

복합운송(multimodal transport)이란, 종류가 다른 두 개 이상의 운송방법을 이용하는 운송을 말한다.[70)] 즉 출발지에서 목적지에 도착할 때까지 해상운송, 도로운송, 철도운송, 항공운송 중에서 두 가지 이상의 운송방법이 사용되는 운송을 말한다. 복합운송인(multimodal transport operator: MTO)은 송하인에 대하여 운송의 전구간에 대해 단일요금을 받고 전구간의 운송중에 발생한 손해에 대해 책임을 진다. 국제화물운송에서 컨테이너 단위운송이 일반화됨에 따라 전통적인 재래화물의 운송체계와는 다른 운송기법이 나타나게 되었다. 운송수단이 바뀔 때마다 화주가 직법 운송수단을 수배하는 것은 번거로운데, 두 가지 운송수단이 필요한 운송에서 하나의 운송인이 전 구간에 대해 운송책임을 진다면, 화주에게는 편리해지며 화물의 멸실·손상에 대한 운송인 간의 책임소재도 분명해지는 장점이 있다. 복합운송은 각 구간별 운송 수단을 쉽게 연결할 수 있는 컨테이너 등이 활용되면서 많은 발전을 하게 되었다.

한편, 통운송계약(contract of through carriage)이란, 운송인이 자기 담당 구간의 운송 뿐만 아니라 전운임을 받고 이것과 연락 있는 다른 운송인, 즉 실제운송인의 운송수단에 의하여 목적지에 이르기까지의 전운송을 인수하는 계약을 말하며, 연락운송계약이라고도 한다. 이는 법전상의 개념은 아니지만 복수운송인의 연락운송인 점에서 상법의 순차운송(제138조)과 유사하다. 통운송계약의 경제적 효용성으로는 각 운송구간의 접적점에서의 시간낭비나 환적으로 인한 적하의 손상을 방지할 수 있고, 중간운송주선인의 비용이 절약되며, 또 송하인이 전운송과정에 소요되는 일체의 비용을 미리 알 수 있으므로 CIF 매매계약의 경우에 편리하고, 이 경우에 보통 발행되는 통선하증권을 당사자가 이용할 수 있다는 것 등이다. 통운송계약의 형태에는 (i) 제1운송인만이 계약당사자로서 단독통선하증권을 발행하는 단독통운송계약과, (ii) 전운송인이 공동계약당사자로서 공동통선하증권을 발행하는 공동통운송계약이 있다. 선하증권이 발행되지 아니한 경우에는 그 효력이 대체로 육상의 경우와 다름이 없다(제812조·제138조). 그러나 선하증권이 발행된 경우에는 대개 책임한도약관이나 분할책임약관이 삽입되어 있어서 실제로는 각 운송인은 그 담당운송구간에서 생긴 손해에 대해서만 책임을 지게 된다.

(2) 복합운송에 관한 국제협약

복합운송에 있어 복합운송인에게 어떠한 책임을 부담시킬 것인가 등에 대해 각국별

70) UCP 600, 제19조.

특별한 규정이 없어 국제적인 통일규칙이 요구되었다. UNIDROIT와 국제해법회(Commite Maritime International: CMI)에 의해 1971년 복합운송조약안(Draft Convention de Transport Combine de Marchandise: TCM조약안)이 마련되었으나 각국의 이견차이로 협약으로 채택되지 못했다.[71)]

이에 따라 ICC에서는 1975년에 복합운송에 관한 통일규칙(Uniform Rules for a Combined Transport of Goods)을 제정하였다. 한편, 복합운송에서 선진국들의 지배가 가속화되자 UNCTAD를 중심으로 복합운송인의 책임을 강화하는 국제협약을 추진하였고, 그 결과 1980년 UNCTAD 총회에서 국제물품복합운송에 관한 유엔협약(UN Convention on International Multimodal Transport of Goods)이 채택되었다. 이 협약은 기본적인 입장이 1978년의 함부르크규칙과 비슷하여 선진국측의 외면으로 아직 발효되지 않고 있다. 한편, 1991년에는 ICC와 UNCTAD가 공동으로 복합운송증권에 관한 UNCTAD/ICC규칙(UNCTAD/ICC Rules for Multimodal Transport Document)을 제정하여 1992년부터 시행되고 있다. 이 규칙은 헤이그규칙과 복합운송에 관한 통일규칙(1975) 등을 기초로 제정되었다.[72)]

상법에서는 육상운송과 해상운송으로 구분하여 육상운송은 상행위편에 규정하고 있고, 해상운송에 관하여는 해상편에 규정하고 있으며, 복합운송에 대해 별도로 규정하고 있지 않다. 다만, 통운송의 일종인 순차운송에 대한 규정을 두고 있는데, 이 규정에서 운송인들의 연대책임을 규정하고 있다.

참고로 육상운송에 관한 국제협약으로는 1952년 철도에의한물품운송에관한국제협약(International Convention concerning the Carriage of Goods by Sea), 도로운송에 대해서는 1956년에 채택된 도로에의한국제물품운송계약에관한협약(Convention on the Contracts for the International Carriage of Goods by Road)이 있다.[73)]

---

71) 서헌제, 전게서, p.390

72) 정윤범, 「국제운송」, 형설출판사, 2010, p.255.

73) 유럽에서는 철도운송에 의한 국제거래가 많이 발생하기 때문에 1952년 철도에의한물품운송에관한국제협약(International Convention concerning the Carriage of Goods by Sea)을 제정하였다. 이 협약은 베를린 협약이라고 불리는데 1952년에 채택되어 1956년에 발효되었다. 이 협약은 두 체약국 간에 철도운송이 이루어지고 통운송장이 발행되는 경우에 적용되며, 운송인의 책임한도는 Kg당 17 SDR이다. 도로운송에 대해서는 1956년에 채택된 도로에 의한 국제물품운송계약 협약(Convention on the Contracts for the International Carriage of Goods by Road)이 있다. 이 협약은 제네바 협약이라고 불리며, 1961년에 발효되었다. 두 체약국 간의 자동차운송에 적용되며 운송인의 책임한도는 Kg당 8.333 SDR이다.

제2절 해상보험

1. 개설

무역거래는 해상운송의 비중이 높다. 해상운송은 바다를 운항하는 것이기 때문에 선박의 침몰, 충돌, 좌초 등 해상운송 고유의 위험이 있고, 운송기간이 길어 화물의 부패, 손상, 멸실 등의 위험이 따른다. 이러한 위험을 회피하기 위해 해상운송에서는 해상보험이 필수적이다. 통상 수출계약서상 해상보험료를 매도인과 매수인 중 누가 부담하는지 정한다. 수출계약서가 FOB조건이면, 매수인이 해상보험료를 부담하고, CIF조건이면 매도인이 부담한다. 그리고 보험증권 또는 보험가입증명서는 운송서류의 일부가 된다.

해상보험은 해운강국인 영국을 중심으로 발전되어 왔기 때문에 해상보험에서는 영국의 영향력이 매우 크다. 따라서 영국법을 준거법으로 정하고, 영국 보험자협회에서 정한 약관을 사용하는 경우가 많다. 대법원에서도 영국법을 준거법으로 정한 해상보험약관을 유효한 것으로 인정하고 있다(대법원 1991. 5. 14 선고 90다카25314 판결[74]; 대법원 2005. 11. 25. 선고 2002다59528, 59535 판결).[75]

---

74) 〔대법원 1991. 5. 14. 선고 90다카25314 판결〕
"보험증권 아래에서 야기되는 일체의 책임문제는 외국의 법률 및 관습에 의하여야 한다는 외국법 준거약관은 동 약관에 의하여 외국법이 적용되는 결과 우리 상법 보험편의 통칙의 규정보다 보험계약자에게 불리하게 된다고 하여 상법 제663조에 따라 곧 무효로 되는 것이 아니고 동 약관이 보험자의 면책을 기도하여 본래 적용되어야 할 공서법의 적용을 면하는 것을 목적으로 하거나 합리적인 범위를 초과하여 보험계약자에게 불리하게 된다고 판단되는 것에 한하여 무효로 된다고 할 것인데, 해상보험증권 아래에서 야기되는 일체의 책임문제는 영국의 법률 및 관습에 의하여야 한다는 영국법 준거약관은 오랜 기간 동안에 걸쳐 해상보험업계의 중심이 되어 온 영국의 법률과 관습에 따라 당사자 간의 거래관계를 명확하게 하려는 것으로서 우리나라의 공익규정 또는 공서양속에 반하는 것이라거나 보험계약자의 이익을 부당하게 침해하는 것이라고 볼 수 없으므로 유효하다."

75) 〔대법원 2005. 11. 25. 선고 2002다59528, 59535 판결〕
"이 사건 보험계약에 적용되는 영국 협회선박기간보험약관(이하 '이 사건 보험약관'이라 한다)은 그 첫머리에 이 보험은 영국의 법률과 관습에 따른다고 규정하고 있는 바, 이러한 영국법 준거약관은 오랜 기간에 걸쳐 해상보험업계의 중심이 되어 온 영국의 법률과 관습에 따라 당사자 사이의 거래관계를 명확하게 하려는 것으로서, 그것이 우리나라의 공익규정 또는 공서양속에 반하는 것이라거나 보험계약자의 이익을 부당하게 침해하는 것이라고 볼 수 없어 유효하고(대법원 1991. 5. 14. 선고 90다카25314 판결, 1996. 3. 8. 선고 95다28779 판결 등 참조)"

2. 해상보험 관련 국제법규

1) 영국 해상보험법

해상보험은 아주 오래되었으며, 해상보험을 규정하는 최초의 영국법령은 1601년에 제정되었으며, 해상보험의 발상지인 런던 로이즈 커피하우스는 1688년의 문헌에 최초로 언급되었다.[76] 17세기 말부터 해상무역의 중심이 영국으로 옮겨감에 따라, 해상보험은 영국에서 발전하였으며, 1906년의 영국 해상보험법(Marine Insurance Act: MIA)은 해상보험법의 모범이 되고 있다. 영국 해상보험법은 1700년대부터 내려온 영국의 해상보험 관련 판례 2,000여개를 정리하여 집대성한 것이다. 이 법은 총 94개 조문으로 구성되어 있으며, 피보험이익(insurable interest), 보험가액(insurable value), 고지의무(disclosure and representation), 보험증권양도(assignment of policy), 보험위부(abandonment) 등 해상보험의 기본원칙들을 규정하고 있다.[77]

2) 협회적하약관

(1) 개요

해상보험은 영국에서 발달했고, 해상보험을 취급하는 보험사는 주로 영국에 소재하고 있기 때문에 런던보험자협회(Institute of London Underwriters: ILU)가 제정한 협회약관(Institute Clause)이 널리 통용되고 있다. 협회약관은 보험종목에 따라 여러 가지가 있는데, 크게 선박보험에 사용되는 협회기간약관(Institute Time Clause: ITC)과 적하보험에 사용되는 협회적하약관(Institute Cargo Clause: ICC)으로 구분된다.

런던보험자 협회는 1912년 협회적하약관인 단독해손부담보조건(ICC(FPA): free from particular average)약관을 제정하였고, 그 후 1921년에는 분손담보조건(ICC(WA): with average)약관, 1951년에는 전위험담보조건(ICC(A/R): all risk)약관을 제정하였다. 이 세 가지 약관들은 1963년 1월 1일자에 전면적으로 개정되어 1983년 3월 31일까지 사용되었는데, 이를 구협회적하약관이라고 한다.

이 협회약관들은 18세기 이후부터 내려온 로이즈보험증권에 기초한 것으로 문언이

---

76) Carole Murray, et. al, *supra* note 41, p.393.

77) 영국 해상보험법 전문
http://www.opsi.gov.uk/RevisedStatutes/Acts/ukpga/1906/cukpga_19060041_en_1

난해하고 보험자의 담보범위와 면책조항이 불확실하다는 문제점이 제기되었다.[78] 이에 따라 1978년 UNCTAD 사무국에서는 '해상보험 및 해상보험계약에 관한 법률 및 보험서류상의 문제'라는 연구보고서를 통하여 협회적하약관의 문제점과 개선방향을 제시하였다.[79] 런던보험자협회와 로이즈보험자협회(Lloyd's Underwriter's Association: LUA)의 합동적하위원회는 UNCTAD 보고서를 수용하고 여기에 런던보험시장의 중개인들의 의견을 수렴하여 1982년 1월 1일에 협회적하약관 최종안을 공표하고, 1983년 4월 1일자에 시행하였다. 이를 신협회적하약관이라고 한다. 신협회적하약관은 그 담보범위에 따라 협회적하약관(A)(Institute Cargo Clause (A)), 협회적하약관(B)(Institute Cargo Clause(B)), 협회적하약관(C)(Institute Cargo Clause(C))로 구분된다.

한편, 1998년 12월 31일 런던보험자협회(LUA)와 런던국제보험및재보험시장협회(London International Insurance and Reinsurance Market Association: LIRMA)[80]가 합병되어 국제언더라이팅협회(International Underwriter's Association)가 설립되었다. 그리고 1909년에 설립된 로이즈보험자협회(Lloyd's Underwriter's Association: LUA)는 2001년 로이즈시장협회(Lloyd's Market Association: LMA)로 개편되었다.

ICC(1982)는 적하보험업계의 지지를 받아 널리 이용되었지만, 계속 변화되는 무역환경에 맞출 필요가 있다. 2006년 2월 국제언더라이팅협회(IUA)와 로이즈시장협회(LMA)의 합동적하위원회(Joint Cargo Committee: JCC)는 보험시장의 주변상황과 무역화물에 대한 물류의 실무관행의 변화, 테러리즘의 위협, 다양한 해상사기, 유령선에 의한 도난사건 등을 반영하기 위해 신협회적하약관(ICC(1982))의 개정을 검토하기로 하였다.[81] 약 2년 반간의 검토작업을 통해 2008년 11월 24일 ICC(A), ICC(B), ICC(C), ICC(War) 및 ICC(Strike)를 공표하여 2009년 1월 1일부터 시행하였다. 새로 공표된 협회적하약관은 'ICC(2009)'라고도 한다. ICC(2009)는 일부 보험시장에서 사용중이며, 특히 Incoterms 2020에서는 ICC(2009)를 기본으로 규정하고 있다.

---

78) 서헌제, 전게서, 2006, p.404.

79) 최준선, 「국제거래법」 제6판, 삼영사, 2008, p.346.

80) 비해상보험 및 재보험을 지원하기 위해 1960년대 및 1970년대에 설립된 보험협회들이 합병되어 1991년에 런던국제보험및재보험협회(London International Insurance and Resurance Market Association: LIRMA)가 되었다.

81) 이재복, "협회적하약관(ICC)상 운송조항(Transit Clause)의 변천과정에 관한 연구", 「무역상무연구」 제43권, 2009, p.247.

(2) 신협회적하약관(1981)의 주요 내용

협회적하약관(A), 협회적하약관(B), 협회적하약관(C)의 주요내용은 다음과 같다. 한편, 보통약관에 의해 담보되지 않는 위험(전쟁, 파업 등)을 담보하기 위한 특별약관도 있는데, 대표적인 것이 협회전쟁약관(Institute War Clauses)과 협회동맹파업약관(Institute Strike Clauses)이다. 전쟁 및 파업은 협회적하약관(A)로도 담보되지 않으므로 담보를 원하는 경우 추가비용으로 특별약관을 이용해야 한다. 또한, 보험계약자의 과실, 포장불량, 운송인의 파산, 불감항성 등으로 인한 손해는 담보되지 않는다.

Institute Cargo Clause (A)	종래의 전손담보조건(All Risks)에 해당되는 것으로 모든 해상위험 담보 * 공동해손(general average) 담보, 단독해손(particular average) 담보배제
Institute Cargo Clause (B)	종래의 분손담보조건(With Average: WA)에 해당되는 담보범위 열거 - 화재, 폭발 - 선박 또는 부선의 좌초, 침몰, 전복 - 육상운송용구의 전복 또는 탈선 - 지진, 화산폭발, 낙뢰 - 공동해손 희생 - 파도에 의한 갑판상의 유실 등 * 절도, 인도불능으로 인한 손해는 배제[82)]
Institute Cargo Clause (C)	종래의 단독해손부담보조건(Free from Particular Averae Cargo Clauses: FPA)에 해당되는 것으로 협회적하약관 (B)의 담보위험 중 지진, 화산폭발, 낙뢰, 파도에 의한 갑판상의 유실 등 배제

1963년에 개정된 협회적하약관은 총 14개 조항으로 구성되어 있었으나, 신협회적하약관은 총 19개 항으로 이루어져 있으며, 관련 조항을 8개 그룹으로 묶었다. 주요 내용은 다음과 같다.[83)]

82) Michele Donnelly, *Certificate in International Trade and Finance*, ifs School of Finance, 2010, p.74.

83) 각 종류별 약관은 런던보험자협회의 다음 인터넷사이트에 게시되어 있음.
http://www.iua.co.uk/AM/Template.cfm?Section=Institute_CL_Clauses&Template=/CM/ContentDisplay.cfm&ContentID=5887

담보위험 (Risk Covered)	제1조 위험(risks clause), 제2조 공동해손(General Average Clause), 제3조 쌍방과실충돌(Both to Blaim Collision Clause)
면책 (Exclusions)	제4조 일반면책(General Exclusion Clause), 제5조 불감항·부적합면책조항(Unseaworthiness and Unfitness Exclusion Clause), 제6조 전쟁위험면책(War Exclusion Clause), 제7조 동맹파업면책조항(Strikes Exclusion Clause)
보험기간 (Duration)	제8조 운송(Transit Clause), 제9조 운송계약종료(Termination of Contract of Carriage Clause), 제10조 항해변경(Change of Voyage Clause)
보험금청구 (Claims)	제11조 피보험이익(Insurable Interest), 제12조 계속비용(Forwarding Clause), 제13조 추정전손(Constructive Clause), 제14조 증액(Increased Value Clause)
보험의 이익 (Benefit of Insurance)	제15조 불이익불공여(Not to Inure Clause)
손실경감 (Minimising Losses)	제16조 피보험자의 의무(Duty of Assured Clause), 제17조 포기(Waiver Clause)
지연의 회피 (Avoidance of Delay)	제18조 신속조치(Reasonable Despatch Clause)
법률 및 관행 (Law and Practice)	제19조 영국의 법률 및 관행(English Law and Practice Clause)
주의사항(Note)	보험사고 발생사실을 인지한 경우 피보험자는 신속히 통지할 것

(3) 개정협회약관(2009)의 주요 개정 내용[84)]

ICC(2009)의 주요 개정내용은 다음과 같다. 첫째, 면책범위가 제한되거나 축소되었다. ICC(1982)에서는 운송인의 파산이나 채무불이행으로 인한 멸실, 손상 또는 비용은 면책이었으나, ICC(2009)에서는 보험의 목적의 적재 시에 운송인의 파산 등이 정상적인 항해의 수행을 중단시킬 수 있다는 사실을 피보험자가 알았거나 알았어야 할 경우에 한하여 면책된다. 둘째, 테러리즘과 테러리스트의 정의에 정치적 동기뿐만 아니라, 신념과 종교적 동기에서 행동하는 자를 추가하여, 이러한 동기로 인한 손실에 대한 보상을 ICC(Strike)약관에서 담보하도록 하고 있다. 셋째, 보험기간이 확대되었다. 보험기간의 개시시점이 창고를 떠날 때에서 창고에서 보험의 목적물이 운송을 위해 최초로 이동했을 때로 변경되었으며, 보험기간의 종료시점은 수하인에게 인도될 때에서 수하인의 창고에서 양하 완료시로 변경되었다. 넷째, 항해변경조항에서 '유령선(phantom ship)'상황에 처한, 즉 다른 목적지를 향하여 출항한 사실을 알지 못한 피보험자를 보

84) 박성호, "2009년 개정협회적하약관의 운송조항에 관한 연구", 「한국해법학회지」, 제32권, 2010, p.375.

장하도록 변경하였다. 다섯째, 피보험자뿐만 아니라 그 고용인도 피보험목적물에 대한 취급허용을 명문화함으로써 그동안 실무에서 관행화되어 있던 내용들을 규정함으로써 보험기간에 대해 더욱 명확하고 실무적합성을 높였다고 할 수 있다. 여섯째, 운송조항에서 "goods(물품)"을 "subject-matter insured(보험의 목적)"으로 변경되었다.

3. 해상보험의 의의

1) 해상보험의 의의

해상보험이란, 해상사업(marine adventure)에 관한 사고로 인하여 생길 손해를 보상하는 보험이다(상법 제693조, MIA 제1조[85]). 즉 해상보험은 해상사업과 관련한 사고를 보험사고로 하며, 보험의 목적인 선박, 화물, 운임에 생긴 손해를 보상하는 손해보험이다. 해상보험은 원칙적으로 해상사업과 관련된 사고를 보상하는 것이지만, 해상운송에 부수되는 내수면(inland waters) 또는 육상에서 발생되는 사고는 해상보험에서 부보할 수 있다(MIA 제2조[86]).

해상보험은 해운업자나 수출입자 등 기업이 이용하는 기업보험이므로 불이익변경금지 등의 조항이 적용되지 않는다(상법 제663조). 다시 말해 보험계약자를 보험자(보험회사)와 동등한 지위에 있다고 보아 보험자가 상법에서 정한 내용 보다 보험계약자에게 불리한 내용의 약관을 정하는 것이 허용된다.

2) 해상보험의 종류

(1) 피보험이익에 따른 분류

해상보험은 피보험이익에 따라 선박보험, 적하보험, 희망이익보험, 운임보험, 선비보험 등으로 분류할 수 있다.

---

85) 1. Marine insurance defined
A contract of marine insurance is a contract whereby the insurer undertakes to indemnify the assured, in manner and to the extent thereby agreed, against marine losses, that is to say, the losses incident to marine adventure.

86) 2. Mixed sea and land risks
(1) A contract of marine insurance may, by its express terms, or by usage of trade, be extended so as to protect the assured against losses on inland waters or on any land risk which may be incidental to any sea voyage.

선박보험(hull insurance)은 선박(선박의 속구, 연료, 양식 기타 항해에 필요한 모든 물건 포함)을 보험의 목적으로 하는 보험으로 선박에 대한 이익을 피보험이익으로 한다(상법 제696조). 즉 선박보험은 선박의 침몰, 좌초, 손상 등 선박자체에 손해가 발생한 경우 이를 보상하는 보험이다.

적하보험(cargo insurance)은 운송물(화물)을 보험의 목적으로 하는 보험으로 그 운송물에 대한 이익을 피보험이익으로 한다(상법 제697조). 적하보험의 대상이 되는 화물은 경제적 가치가 있는 모든 물건이 된다. 즉 적하보험은 화물에 발생된 손해를 보상하는 보험이다.

희망이익보험은 화물이 목적지에 정상적으로 도착하면 수하인이 얻을 수 있는 이익을 보험의 목적으로 하는 보험이다(상법 제698조). 희망이익보험은 화물의 가액에 일정률을 곱하여 계산된 가액을 더하여 적하보험과 함께 체결된다.

운임보험은 해상위험으로 인하여 해상운송인이 받을 수 없게 된 운임을 보험의 목적으로 하는 보험이다. 운송물이 해상위험으로 멸실된 경우 해상운송인은 운임을 청구할 수 없는데 운임보험에 가입하면 보험금으로 운임을 보전받을 수 있게 된다.

선비보험은 선박의 운항에 필요한 모든 비용에 대한 피보험이익을 보험의 목적으로 하는 보험이다. 선비란 선박 운항에 필요한 비용을 말하는 것으로, 선주로서는 선박이 항해 중 보험사고가 발생하였을 경우에 대비하여 이미 지급된 비용을 회수하기 위해 선비보험에 가입한다.

(2) 보험기간에 따른 분류

보험기간이란, 보험자의 담보책임의 존속기간(개시로부터 종료시까지의 기간)을 말한다. 해상보험은 보험기간에 따라 항해보험, 기간보험, 혼합보험으로 분류된다.

항해보험(voyage policy)은 일정한 항해를 기준으로 보험기간이 정해지는 보험이다. 선적항에서 출항하여 양륙항에 도착할 때까지의 기간에 대한 보험을 예로 들 수 있다. 항해보험에서는 수출자의 창고에서 수입자의 창고까지 보험에 가입할 수 있어 해상운송에 부대되는 육상운송까지 담보범위가 확대될 수 있다. 기간보험(time policy)은 일정한 기간(예: 2020년 6월 1일~2020년 7월 31일)을 기준으로 보험책임이 정해지는 보험이다. 기간보험은 드물게 이용된다. 혼합보험은 항해와 기간의 양자를 기준으로 보험기간을 정하는 보험을 말한다.

3) 해상보험의 당사자

보험계약은 보험계약자의 청약에 대해 보험자의 승낙으로 계약이 성립되는 낙성계약이다. 참고로 보험증권은 보험계약이 성립된 후에 그 보험계약의 내용을 증명하기 위하여 발행되는 증권일 뿐, 보험계약의 성립요건이 아니다. 다시 말해, 보험증권이 발행되어야 보험계약이 성립되는 것이 아니다. 또한 보험증권은 어음·수표와 같은 유가증권이 아니며, 보험계약체결을 입증하는 증거증권일 뿐이다. 해상보험계약의 당사자는 다음과 같다.

(1) 보험자

보험자(insurer)는 보험계약의 직접 당사자로서 보험사고발생시 보험금을 지급할 의무가 있는 자이다. 보험회사가 보험자가 되며, 해상보험에서는 해상보험사가 보험자가 된다.

(2) 보험계약자

보험계약자(policy holder)는 보험계약의 직접 당사자로서 보험자의 상대방이 되어 보험계약을 체결하는 자이다. 보험자는 보험업법 등 각국의 법률에 따라 일정한 자격을 요건으로 하고 있으나, 통상 보험계약자의 자격에는 제한이 없다. 대리인에 의해 보험계약을 체결할 수도 있다.

보험사고 발생 시 통상 보험계약자가 보험금을 지급받지만, 보험금을 지급받을 자를 별도로 정할 수도 있다. 이 경우 보험금을 지급받을 자는 피보험자가 되며, 보험계약자는 보험금을 청구할 수 없다.

(3) 피보험자

상법상 피보험자(insured, assured)는 손해보험과 인보험에 따라 그 의미를 달리한다. 손해보험(해상보험은 손해보험에 해당)에서는 피보험이익의 주체로서 손해의 보상을 받을 권리를 갖는 자를 말한다. 즉 보험사고발생 시 보험금을 받을 자를 말한다. 이에 반해 인보험에서는 피보험자는 생명 또는 신체에 관하여 보험이 붙여진 자를 의미하고, 보험금을 받을 자는 보험수익자로 정하고 있다.

(4) 보험대리상

보험대리상(insurance agent)은 일정한 보험자를 위하여 상시 그 영업부류에 속하는 보험계약의 체결을 대리하거나 중개하는 것을 영업으로 하는 자이다. 특정 보험회사를 위해서 계속적으로 대리, 중개하므로 특정 보험회상에 종속되는 것으로 볼 수 있으며 이점에서 보험중개인과는 다르다.

보험중개인(insurance broker)은 보험자와 보험계약자 사이의 보험계약의 성립을 중개하는 것을 영업으로 하는 자이며, 특정 보험회사에 종속되지 않는다.

4. 해상보험계약의 요소

1) 보험의 목적

보험의 목적(subject－matter insured)이란, 손해보험에서는 보험사고 발생의 객체가 되는 경제상의 재화를 말하고, 인보험에서는 사람의 생명이나 신체를 말한다. 한편, 보험계약의 목적은 피보험이익(보험사고가 발생하지 않아서 피보험자가 갖는 경제적 이익)을 말하는 것으로 보험의 목적과는 구분된다. 해상보험에서 보험의 목적은 해상사업에 관한 사고로 인하여 손해를 입을 수 있는 모든 재산을 말한다(상법 제693조). 선박, 적하, 운임 등이 모두 해상보험의 목적이 될 수 있다.

영국 해상보험법은 ⅰ) 해상위험에 노출되는 선박, 화물, 기타 동산(동 법에서는 이러한 재산을 '피보험재산(insurable property)'이라고 규정)이 위험에 처하는 경우 ⅱ) 피보험재산이 해상위험에 노출됨으로써 위험에 처한 운임, 수수료, 이익, 기타 금전적 혜택의 취득, 또는 선급금, 대출금에 대한 담보권의 취득 ⅲ) 해상위험으로 인하여 피보험재산의 소유자, 또는 이해관계자의 제3자에 대한 손해배상책임 등을 해상보험의 목적으로 규정하고 있다(제3조). 그리고 보험의 목적은 보험증권상에 정확히 기재되어야 하나, 보험의 목적에 대한 피보험자의 이익의 성격이나 범위는 보험증권상에 구체적으로 적시될 필요는 없다(제26조).

2) 보험사고

해상보험에서의 보험사고는 '해상사업에 관한 사고'이다. 해상사업에 관한 사고는 항해의 결과 또는 항해에 부수해서 생기는 위험뿐만 아니라, 해상운송에 부수되는 내수면(inland waters) 또는 육상에서 발생되는 사고도 해상보험에 포함시킬 수 있다(MIA 제2조). 보험사고의 구체적인 내용은 당사자의 약정(통상 해상보험약관에서 정함)에 의해 정해진다.

5. 피보험이익(보험계약의 목적)

해상보험은 피보험자가 입은 손해를 보상하는 보험이다. 손해가 발생하게 되는 전제로서 피보험자에게 어떠한 경제적 이익이 존재해야 하는데, 이러한 경제적 이익을 피보험이익(insurable interest)이라고 한다. 다시 말해 보험의 목적에 대하여 보험사고의 발생 여부에 관하여 피보험자가 갖는 경제적 이해관계라고 볼 수 있으며, 이러한 피보험이익을 상법에서는 '보험계약의 목적'으로 규정하고 있다.[87] 즉 보험사고가 발생하지 않았다면 피보험자가 갖게 되는 이익이 피보험이익이라고 보면 된다. 보험계약에서 피보험이익은 필수적 요소이기 때문에 피보험이익이 없으면 보험계약은 무효이고 보험사고가 발생해도 보험자는 보험금지급책임이 없다. 피보험이익은 보험계약체결시에 반드시 존재해야 하는 것은 아니며 보험사고발생시에 존재하면 된다(MIA 제6조 제1항[88]).

피보험이익의 요건을 보면, 첫째, 피보험이익은 적법한 것이어야 한다. 공서양속에 반하거나 금지하는 특정법률에 반하는 이익은 피보험이익이 될 수 없다. 둘째, 피보험이익은 금전으로 산정할 수 있는 것이어야 한다. 보험은 우연한 사고에 의해 입게 되는 손해를 보상하는 제도이므로 피보험이익은 경제적 이익 내지는 금전적 이익이어야 한다(상법 제668조). 셋째, 피보험이익은 확정되거나 적어도 보험사고 발생시까지는 객관적으로 확정될 수 있는 것이어야 한다.

해상보험에서 주요 피보험이익으로는 ⅰ) 선박 또는 화물에 대한 소유권, ⅱ) 선박 또는 화물에 대한 담보권, ⅲ) 화물이 안전하게 도착하면 얻게 되는 이익인 기대이익, ⅳ) 운임, ⅴ) 선비(선박을 운항하는데 필요한 제반 비용) 등이 있다.

---

87) 상법 제668조 (보험계약의 목적) 보험계약은 금전으로 산정할 수 있는 이익에 한하여 보험계약의 목적으로 할 수 있다.

88) 6. When interest must attach
(1)The assured must be interested in the subject-matter insured at the time of the loss though he need not be interested when the insurance is effected:

영국 해상보험법에서는 해상사업의 이해관계자는 모두 피보험이익을 갖는다고 규정하고 있는데, 여기서 해상사업의 이해관계자란 해상사업에 대해 또는 피보험재산[89]에 대해 법적 또는 형평법적 지위에 있고, 안전한 항해 또는 피보험재산의 도착으로 혜택을 보거나, 손실·손상·억류로 손해를 보거나, 책임을 부담하게 되는 자를 말한다(제5조).[90]

6. 손해보상의무

일반보험에서 보험자는 보험사고와 상당인과관계에 있는 피보험이익에 대한 직접손해에 대해서만 보상할 책임을 부담하는 것이 원칙이다. 그러나 상법상 해상보험에서는 예외적으로 다음과 같은 간접손해에 대해서도 보상토록 규정하고 있다.

1) 공동해손으로 인한 손해

해상보험자는 피보험자가 지급할 공동해손(general average)[91]의 분담액을 보상할 책임이 있다(상법 제694조). 공동해손처분에 의하여 공동해손분담의무를 부담하는 것은 목적물에 대한 직접손해가 아니고 간접손해이지만 상법에서는 보상책임을 인정하고 있다. 그 이유는 공동해손처분에 의한 손해만을 위한 해상보험은 현실적으로 곤란하므로 선박 또는 적하보험에 가입한 경우 이러한 공동해손분담의무에 따른 손해도 담보할 수 있도록 하는 것이 타당하기 때문이다. 그러나 보험의 목적의 공동해손분담가액이 보험가액을 초과할 때에는 그 초과액에 대한 분담액은 보상하지 않는다(상법 제694조).

---

89) 해상위험에 노출되는 선박, 화물, 기타 동산

90) 5 Insurable interest defined
(1)Subject to the provisions of this Act, every person has an insurable interest who is interested in a marine adventure.
(2)In particular a person is interested in a marine adventure where he stands in any legal or equitable relation to the adventure or to any insurable property at risk therein, in consequence of which he may benefit by the safety or due arrival of insurable property, or may be prejudiced by its loss, or by damage thereto, or by the detention thereof, or may incur liability in respect thereof.

91) 공동해손: 선박과 적하의 공동위험을 면하기 위한 선장의 선박 또는 적하에 대한 처분으로 인하여 생긴 손해 또는 비용(상법 제865조)

2) 해상사고 구조료

해상보험자는 피보험자가 보험사고로 인하여 발생하는 손해를 방지하기 위하여 지급할 구조료를 보상할 책임이 있다(상법 제694조의2). 이는 해양사고 구조료는 공동해손분담액과 같은 성질의 것으로 볼 수 있기 때문이다. 그러나 보험의 목적물의 구조료분담가액이 보험가액을 초과할 때에는 그 초과액에 대한 분담액은 보상하지 않으며, 이는 공동해손분담과 동일하다.

7. 보험위부

1) 의의

해상보험에 있어서 그 성질상 전손이 아니라도 전손과 동일하게 보아야 할 경우 또는 전손이 있다고 추정되기는 하지만 그 증명이 곤란한 경우에는, 이것을 법률상 전손과 동일시하여 피보험자가 보험의 목적에 대한 모든 권리를 보험자에게 위부하고 보험금의 전액을 청구할 수 있는 제도를 인정하고 있는데, 이를 보험위부(abandonment)라고 한다. 손해보험의 일반원칙에 대한 예외로서 해상보험의 특수한 성질에서 인정된 것이다.

보험위부의 원인이 있으면 피보험자는 보험의 목적을 피보험자에게 위부하고 보험금액의 전액을 청구할 수 있다. 보험위부는 보험자의 승낙을 요하지 아니하는 단독행위이고, 피보험자의 일방적인 의사표시에 의하여 법적 효과가 발생하는 일종의 형성권이다.

2) 보험위부의 원인 및 요건

보험위부의 원인은 ⅰ) 피보험자가 보험사고로 인하여 자기의 선박 또는 적하의 점유를 상실하여 이를 회복할 가능성이 없거나 회복하기 위한 비용이 회복하였을 때의 가액을 초과하리라고 예상될 경우 ⅱ) 선박이 보험사고로 인하여 심하게 훼손되어 이를 수선하기 위한 비용이 수선하였을 때의 가액을 초과하리라고 예상될 경우 ⅲ) 적하가 보험사고로 인하여 심하게 훼손되어서 이를 수선하기 위한 비용과 그 적하를 목적지까지 운송하기 위한 비용과의 합계액이 도착하는 때의 적하의 가액을 초과하리라고 예상될 경우이다(상법 제710조).

보험위부는 다음과 같은 요건을 필요로 한다. i) 피보험자가 위부를 하고자 할 때에는 상당한 기간내에 보험자에 대하여 그 통지를 발송하여야 한다(상법 제713조). 위부의 통지를 하지 않으면 분손으로 취급된다. ii) 위부는 무조건이어야 하며, 보험의 목적의 전부에 대하여 이를 하여야 한다. 그러나 위부의 원인이 그 일부에 대하여 생긴 때에는 그 부분에 대하여서만 이를 할 수 있다(상법 제714조). iii) 보험가액의 일부를 보험에 붙인 경우에는 위부는 보험금액의 보험가액에 대한 비율에 따라서만 이를 할 수 있다(상법 제714조). iv) 피보험자가 위부를 함에 있어서는 보험자에 대하여 보험의 목적에 관한 다른 보험계약과 그 부담에 속한 채무의 유무와 그 종류 및 내용을 통지하여야 한다. 그리고 보험자는 제1항의 통지를 받을 때까지 보험금액의 지급을 거부할 수 있다(상법 제715조).

3) 보험위부의 승인 여부

보험자가 위부를 승인한 때에는 위부원인을 증명할 필요가 없으며, 보험자는 후일 그 위부에 대하여 다시 이의를 제기하지 못한다(상법 제716조). 피보험자가 위부를 승인하지 않으면 피보험자는 위부원인을 증명해야 하며 이를 증명하지 아니하면 보험금액의 지급을 청구하지 못한다(상법 제717조).

4) 보험위부의 효과

(1) 보험자의 권리 · 의무

보험자는 위부로 인하여 피보험자가 보험의 목적에 대하여 갖고 있는 모든 권리를 취득한다(상법 제718조제1항). 위부원인인 손해가 제3자의 행위에 의하여 생긴 경우 피보험자가 제3자에 대하여 취득하는 권리도 여기의 모든 권리에 포함된다. 이는 보험자의 보험지급 여부와는 무관하며 이점에서 보험자대위와는 구별된다.

(2) 피보험자의 권리 · 의무

피보험자는 원칙적으로 보험금액의 전액을 청구할 수 있다. 그러나 예외로 위부의 원인이 보험의 목적의 일부에 대하여 생긴 경우에는 그 부분에 대한 보험금액만을 청구할 수 있다. 또 일부보험의 경우에는 보험금액의 보험가액에 대한 비율에 따라서만 청구할 수 있다. 피보험자는 보험금액의 수령여부를 묻지 않고 보험의 목적물에 관한 모든 서류를 보험자에게 교부해야 하며, 보험위부의 효과가 발생한 경우에도 손해방지의무 등은 여전히 부담한다(상법 제718조제2항).

8. 예정보험

예정보험(floating policy)이란, 보험계약의 체결 시에 그 계약내용의 전부 또는 일부가 미확정인 보험계약을 말한다. 보험계약체결 시에 개별적 사항에 대해서는 보험계약자도 모르기 때문에 보험계약체결 시에는 보험의 일반조건만 정하고 개별적인 조건은 추후 확정한다.[92] 상법에서는 선박미확정의 적하예정보험에 대해서만 규정하고 있다(상법 제704조). 예정보험은 보험의 예약은 아니고 독립된 보험계약이다. 예정보험에는 개별적 예정보험과 포괄적 예정보험이 있는데, 포괄적 예정보험이란 일정기간에 적재될 화물에 대하여 일정한 조건하에 포괄적·계속적으로 체결하는 보험계약을 말한다.

상법에서 규정하고 있는 선박미확정의 적하예정보험이란, 적하보험계약에서 보험계약의 체결 당시에 하물을 적재할 선박이 미확정인 예정보험을 말하는 것으로 개별적 예정보험에 해당된다. 선박미확정의 적하예정보험에서 보험계약자 또는 피보험자는 그 화물이 선적되었음을 안 때에는 지체 없이 보험자에게 보험자에 대하여 그 선박의 명칭, 국적과 하물의 종류, 수량과 가액의 통지를 발송하여야 하며, 이 통지를 해태한 때에는 보험자는 그 사실을 안 날부터 1월내에 계약을 해지할 수 있다.

영국 해상보험법에서는 일반조건만 정하고 선박명, 기타 개별사항들이 추후 통지에 의해서 정해지는 보험을 해상예정보험(floating policy by ship)이라고 규정하고 있다(제29조제1항). 그리고 발송 또는 선적 즉시 통지를 하도록 규정하고 있다(제29조제3항). 또한, 영국 법원에서는 Union Insurance Society of Canton Ltd v. George Wills & Co. (1917) 사건에서 선적통지를 즉시 하지 않은 경우 보험금청구권이 없다고 판시한 바 있다.

92) Carole Murray, et. al, *supra* note 41, p.399.

제 14 장

국제분쟁해결

제14장 국제분쟁해결

제1절 개설

국제거래는 서로 다른 국가 간의 거래로 이행과정이 복잡하고, 상당한 시간이 소요된다. 그리고 분쟁발생가능성이 높고 분쟁해결절차도 복잡하며 많은 시간과 비용이 소요된다. 국제거래의 분쟁해결에서 일반적으로 고려해야 하는 법률문제를 살펴보면 다음과 같다.

첫째, 분쟁해결방법의 문제이다. 이는 당사자 간 합의로 분쟁을 해결하지 못하는 경우 '분쟁을 소송(litigation)으로 해결할 것인지, 또는 중재(arbitration)로 해결할 것인지'의 문제이다.

둘째, 재판관할권(jurisdiction, forum)의 문제이다. 이는 소송으로 해결하는 경우에 '어느 국가의 법원에서 분쟁을 해결해야 하는가'의 문제이다.

셋째, 준거법(governing law)의 문제이다. 이는 관할법원에서 재판을 함에 있어서 또는 중재를 함에 있어서 '어느 국가의 실체법을 적용할 것인가'의 문제이다.

넷째, 외국판결(또는 중재판정)의 승인과 집행의 문제이다. 이는 '외국법원의 판결 또는 외국의 중재판정을 특정국(주로 상대방 국가)에서 어떻게 집행할 것인가'의 문제이다.

제2절 무역클레임

1. 서설

무역클레임이란, 무역거래에서 수입자(또는 수출자)가 상대방에게 계약이행 관련 문제를 제기하는 것을 말한다. 클레임은 주로 수입자측에서 제기하지만, 수출자가 제기하기도 한다. 클레임의 해결에는 상당한 시간과 비용이 소요되므로 당사자들은 막대한 손실을 입게 되며, 사업 관계를 단절하게 되는 경우도 많다.

2. 클레임 제기

1) 클레임의 유형

무역클레임은 그 내용에 따라 일반적 클레임과 마켓클레임으로 구분할 수 있다. 일반적 클레임(general claim)은 물품의 하자, 손상 등 상대방의 계약불이행에 대해 제기하는 클레임을 말하는 것으로 이는 진정한 의미의 클레임으로 볼 수 있다. 마켓클레임(market claim)은 물품의 하자, 손상과는 관계없이 대금을 낮추기 위해 고의적으로 계약이행에 대한 문제를 제기하는 클레임을 말한다. 마켓클레임은 상습적인 경우가 많기 때문에 거래상대방을 선정할 때, 마켓클레임 기록 유무를 확인하는 것이 필요하다.

일반적으로 클레임을 제기하는 경우 다음을 준수하는 것이 필요하다.

i) 신속하게 제기해야 한다. 물품의 인수 시에 하자를 발견한 경우 발견 즉시 클레임을 제기해야 한다. 늦게 제기하면 처음부터 하자가 있었는지, 사용과실로 인하여 물품에 하자가 발생한 것인지 다툼이 될 수 있다. 이러한 문제를 해결하기 위해 계약서에 물품하자에 대한 클레임 제기시한을 명시하기도 한다.

ii) 정확하게 제기해야 한다. 클레임의 내용, 근거 및 이유를 정확하게 제기해야 한다. 그리고 클레임을 주장할 수 있는 객관적인 증빙자료(사진, 제3의 검사기관의 검사자료 등)를 확보하는 것이 필요하다.

iii) 신의성실의 원칙에 따라 클레임을 제기해야 한다. 마켓클레임이나 악의적인 클레임으로 판명되는 경우 무역거래업계에서 불량거래처 또는 악덕거래처로 알려져 무역거래가 불가능해질 수 있다.

2) 클레임의 원인

클레임의 원인은 직접적인 원인과 간접적인 원인으로 구분할 수 있다. 직접적인 원인에는 계약불이행, 마켓클레임, 계약서 문제 등이 있고, 간접적인 원인에는 언어의 차이, 상관습과 법률의 차이, 상대방에 대한 신용조사 미흡, 경쟁의 심화 등이 있다.

(클레임의 원인)

직접적인 원인	□ **계약불이행** ㅇ (수출자의 계약불이행) 물품 하자, 서류하자, 선적지연, 선적불능 등 ㅇ (수입자의 계약불이행) 물품인수 지연, 물품인수 거절, 대금지급지연, 대금지급불능, 대금지급거절 □ **마켓클레임** ㅇ물품의 하자, 인도지연 등 계약불이행과는 관계없이 대금 감액 또는 대금지급 거절 목적으로 클레임 제기 ㅇ계절용품, 전자제품 등 가격이 급락하는 물품의 경우 수입자가 손실을 줄이기 위해 마켓클레임을 제기하는 경우가 많음. □ **계약서 문제** ㅇ계약서에서 중요 사항(물품, 수량, 품질, 선적기일, 인도조건 등)을 누락하거나, 불명확하게 작성하여 계약 내용의 해석에 대해 당사자 간 이견으로 분쟁 발생
간접적인 원인	□ **언어의 차이** ㅇ무역거래에서는 당사자 간 언어가 상이하여 의사소통에서 오해와 분쟁이 발생함. □ **상관습과 법률의 차이** ㅇ무역거래에서는 당사자 간 상관습과 법률의 차이로 계약이행에 대한 기대가 상이함. □ **상대방에 대한 신용조사 미흡** ㅇ상습적으로 클레임을 제기하는 상대방도 있고, 특히 신용상태가 악화된 경우 대금지급을 거절하기 위해 클레임을 제기하는 경우가 많으므로 상대방에 대한 신용조사가 필요함. □ **경쟁의 심화** ㅇ가격경쟁을 위해 수출가격을 낮추고 가격을 맞추기 위해 등급이 낮은 물품이나 저가품을 수출함.

3) 클레임 제기 절차

클레임 사유가 발생하여 클레임을 제기할 때에는, 제기방법에 대하여 당사자 간에 약정이 있는 경우는 약정에 따르고, 약정이 없는 경우는 대체로 다음 절차를 따른다.

(1) 클레임의 당사자 확정

클레임 사유가 발생되면, 우선 누구에게 클레임을 제기해야 할 것인가를 결정해야 한다. 클레임의 당사자는 계약당사자가 되는 것이 보통이지만, 예외로 계약당사자에게 책임이 없는 사유로 인하여 발생된 손해에 대하여는 제3자에게 청구하는 경우도 있다 (예: 운송인, 운송주선인, 창고업자 등).

(2) 클레임의 통지

클레임을 제기할 때에는 먼저 가장 빠른 방법으로 신속하게 클레임이 발생한 사실을 상대방에게 통지한 후 즉시 서면에 의한 정식의 클레임을 제기해야 한다. 클레임 통지는 모든 증빙자료를 갖추기 전에 먼저 클레임의 발생사실을 통보하는 것이다.

(3) 클레임의 청구

클레임 제기내용을 육하원칙에 따라 작성하되, 양당사자, 거래사실관계, 분쟁발생 경위, 청구내용 등을 기재한다. 수출입관련 클레임의 경우 계약번호, 일자, 품명, 수량, 선적항, 도착항, B/L 및 L/C번호 등도 포함한다.

☞ 클레임을 입증하는 증빙서류

- 제기내용 및 사실관계를 입증할 수 있는 모든 자료, 서류
- 품질불량이나 수량부족일 경우 검사보고서(Surveyor's Report)

☞ 클레임을 제기 받은 경우 검토사항

① 계약조건의 미비에 의한 것이 아닌가? ② 인도 후 합리적인 기간내에 제기된 것인가? ③ 하자를 입증할 객관적인 입증자료가 있는가? ④ 물품의 검사는 공인검정기관에 의하여 합리적인 기간 내에 행하여졌는가? ⑤ 손해청구금액은 합리적인 산출에 의한 타당성을 지니고 있는가? ⑥ 당해 계약의 특성을 충분히 감안한 것인가?

☞ 클레임을 제기 받은 경우 대응

클레임 제기내용을 검토한 후 클레임 해결에 관한 입장과 해결방안에 대하여 신속하고 설

득력 있는 답변을 전달 ① 특히 첫 응답이 클레임 해결에 매우 중요 ② 상대방의 의도가 불분명하거나 Market Claim 기타 부당한 클레임이 아닌가 하는 의문을 가질 때에는 클레임 내용의 정당성 여부 및 증거서류를 면밀히 검토 ③ 계약해제보다는 교환, 대금감액이 유리

3. 무역클레임 해결방법

무역클레임은 예방이 가장 중요하다. 그럼에도 불구하고 무역클레임이 제기된 경우 신속하게 해결하는 것이 필요하다. 해결이 지연된다면, 물품이 손상, 부패될 수 있고, 체선료 등 물품보관비용이 증가하게 된다. 이에 따라 상대방의 악의적 클레임인 경우에도 신속히 대응하여 해결을 위해 노력하는 것이 필요하다. 클레임의 해결방법은 당사자의 합의로 해결하는 것이 가장 바람직하다. 당사자의 합의가 어려운 경우 중재나 소송 등 법적수단을 통해 해결하게 된다.

(클레임 해결방법)

해결수단	내 용
합의(agreement)/ 화해(amical settlement)	ㅇ 법원이나 중재인 등 제3자의 개입 없이 당사자 간 합의로 분쟁해결 ㅇ 가장 바람직한 방법이나, 당사자 간 입장차이가 큰 경우 합의 곤란
조정(conciliation, mediation)	ㅇ 제3자를 조정위원으로 선임하여 조정인이 제시하는 조정안에 당사자가 합의하여 분쟁해결 ㅇ 조정안에 대해 당사자가 합의하지 않으면 조정안은 구속력이 없으며, 합의하면 계약적 효력 있음.
중재(arbitration)	ㅇ 당사자가 중재인을 선임하여 중재인이 중재판정을 하며, 중재인의 중재판정은 최종적이며, 법원의 판결과 마찬가지로 당사자를 구속함. ㅇ 계약서에서 중재합의조항을 두고 있는 경우 당사자는 법원에 소송을 제기할 수 없으며, 그럼에도 불구하고 소송이 제기되는 경우 법원은 이 소송을 각하함(dismiss).
소송(litigation)	ㅇ 법원에 소송을 제기하여, 법원에서 재판을 진행하고 판결을 내림. ㅇ 소송에 대한 당사자의 합의가 없는 경우에도 당사자는 소송을 제기할 수 있음. 다만, 소송에 대해 관할권이 없는 경우 법원은 그 소송을 각하함(dismiss). 따라서 관할권 있는 법원에 소송을 제기해야 함. 재판관할권 합의가 없는 경우 통상 상대방의 주소지에서 소송을 제기해야 함.

제3절 국제소송

1. 서설

1) 개설

국제거래에 대한 분쟁발생 시 당사자는 관할권이 있는 법원에 소를 제기하여 분쟁을 해결하려 한다. 국제거래에서 제기되는 소송은 통상 당사자가 서로 다른 국가에 소재하여 국제소송이 된다. 국제소송에서는 양 당사자가 서로 다른 국가에 소재하고 언어와 법률이 상이하여 소송진행에 있어 불편함이 많다. 국제소송에서 대두되는 법률문제로는 1) 재판관할권, 2) 준거법, 3) 국제소송절차, 4) 외국판결의 승인과 집행 등이 있다.

2) 국제소송 관련 국제법규

(1) 브뤼셀협약과 브뤼셀규정

1968년 9월 27일에 유럽공동체 6개국(벨기에, 서독, 프랑스, 룩셈부르크, 이탈리아, 네덜란드)간에 민사 및 상사사건의 재판관할과 판결의 집행에 관한 EC협약(EC Convention on Jurisdiction and Enforcement of Judgements in Civil and Commercial Matters)이 체결되었는데, 일명 '브뤼셀협약(Brussels Convention)'이라고 부른다(1973년 2월 1일 발효). 이 협약은 덴마크, 아일랜드, 영국의 회원국 가입을 계기로 1978년에 1차 개정되었고, 그리스의 회원국 가입에 따라 1982년에 2차 개정되었고, 스페인과 포르투갈의 회원국 가입에 따라 1989년에 3차 개정되었으며, 오스트리아 등의 가입으로 1996년에 4차 개정되었다.[1)]

브뤼셀협약은 각 회원국 간의 재판의 상호승인과 강제집행에 관한 절차의 간소화를 목적으로 하고 있다. 이 협약은 재판권의 종류에 관계없이 민사 및 상사사건에 적용되지만, 조세, 관세, 행정사건에는 미치지 않는다. 또한, 자연인의 신분, 법적능력, 법정대리, 상속법의 분야, 파산, 화의, 사회보장, 중재 등에는 적용되지 않는다(제1조).

브뤼셀협약은 EU의 창립에 따라 2000년 12월 22일에 민사 및 상사사건의 재판관할과 판결의 집행에 관한 EU 규칙(EU Regulation on Jurisdiction and the Enforcement of Judgements

1) 석광현, "민사(民事) 및 상사사건(商事事件)의 재판관할(裁判管轄)과 재판(裁判)의 집행(執行)에 관한 유럽연합규정("브뤼셀규정")", 법학논총 제20권 제1호, 한양대학교 법학연구소, 2003, p.2.

in Civil and Commercial Matters)[2]으로 변경되었는데, 이를 브뤼셀규정[3](Brussel Regulation)이라고 한다. 2000년의 브뤼셀규정은 2002년 3월 1일 발효되었다. 한편, 브뤼셀규정은 2007년 12월 개정[4]되었고, 그 후 2012년 12월 다시 개정[5]되었다. 2000년 제정 브뤼셀규정(2000)은 총 8개의 장에 총 76개의 조문, 2007년 개정 브뤼셀규정(2007)은 총 8개의 장에 총 79개의 조문, 그리고 2012년 개정 브뤼셀규정(2012)은 총 8개의 장에 총 81개의 조문으로 구성되어 있다.

(2) 로마협약(Rome Convention)과 로마규칙(Rome Regulation)

준거법 결정에 대해 EC에서 1980년에 계약채무의 준거법에 관한 EC협약(Convention on the Law Applicable to Contractual Obligations)을 채택하는데,[6] 일명 로마협약(Rome Convention)이라고 한다. 이 협약은 법의 선택의 자유를 인정하고 있어 당사자가 합의로 자유로이 준거법을 정할 수 있다. 이 협약은 국가들 간의 법률의 선택을 수반하는 모든 사안의 계약채무에 적용된다. 그러나 자연인의 신분 또는 법적 능력에 관계되는 문제, 유언 및 상속, 부부재산제 등에 대해서는 적용되지 않는다. 또한 중재약정 및 재판관할에 관한 합의, 증거 및 절차 등에 대해서도 적용되지 않는다(제1조). 당사자가 준거법을 정하지 않은 경우 그 계약은 가장 밀접한 관련을 가지는 국가의 법이 적용된다. 그러나 계약의 일부가 다른 부분과 분리될 수 있고 그 부분이 다른 국가의 법과 보다 밀접한 관련을 가지는 때에는 그 부분에 대하여는 다른 국가의 법이 적용될 수 있다(제4조). 로마협약(1980)은 2008년에 로마 I 규칙(the Rome I Regulation)[7]으로 대체되었다.[8]

---

2) Council Regulation (EC) no 44/2001 of 22 December 2000 on jurisdiction and the enforcement of judgements in civil and commercial matters.

3) EU의 법 중 “Regulation”은 통상 “규칙”으로 번역하는데, 국내 학자들은 대부분 “Brussel Regulation”을 “브뤼셀규정”으로 번역하고 있다. 그러나 “브뤼셀규칙”으로 번역하는 것도 가능할 것이다.

4) 다음 사이트에서 전문 검색 가능
http://ec.europa.eu/world/agreements/downloadFile.do?fullText=yes&treatyTransId=13041

5) Regulation (EU) No 1215/2012 of the European Parliament and of the Council of 12 December 2012 on jurisdiction and the recognition and enforcement of judgments in civil and commercial matters
다음 사이트에서 전문 검색 가능
https://eur-lex.europa.eu/legal-content/EN/TXT/PDF/?uri=CELEX:32012R1215&from=EN

6) 80/934/EEC. 다음 사이트에서 전문 검색 가능
https://eur-lex.europa.eu/legal-content/EN/ALL/?uri=CELEX%3A41980A0934

7) Regulation (EC) No 593/2008 of the European Parliament and of the Council of 17 June 2008 on the law applicable to contractual obligations (Rome I)(“계약채무의 준거법에 관한 2008년 6월 17일 유럽의회 및

로마Ⅰ규칙(Rome Ⅰ regulation)은 2009년 12월 17일 덴마크를 제외한 모든 EU국가에 발효되었다.[9] 한편, 불법행위와 같은 비계약적 의무의 준거법 규정인 EU의 로마Ⅱ규칙(Rome Ⅱ Regulation)[10]은 2009년 1월 11일부터 적용되어 로마Ⅰ규칙을 보완해주고 있고, 이혼 및 법적 별거의 준거법 규정인 EU의 로마Ⅲ규칙(Rome Ⅲ Regulation)[11]은 2012년 6월 21일부터 시행되고 있다(Rome Ⅰ regulation (계약의 준거법 지정), Rome Ⅱ Regulation (불법행위의 준거법 지정), Rome Ⅲ Regulation (이혼과 법적 별거의 준거법 지정)).

(3) 루가노협약

EC국가들과 EFTA국가들은 판결의 상호 승인 및 집행을 통하여 법적·경제적 협력을 강화하기 위하여 1988년 9월 16일 루가노에서 브뤼셀협약을 기초로 작성한 병행협약(Parallel Convention)을 채택하였는데, 이를 "루가노협약(Lugano Convention)"이라고 한다.[12] 루가노협약에 의하여 브뤼셀협약 원칙의 적용범위가 EFTA 국가들로 확대되었다.

(4) 헤이그송달협약

국제송달에 대해 헤이그국제사법회의에서 1965년에 민사 및 상사문제에 관한 재판 및 재판외 서류의 해외송달에 관한 협약(Convention on the Services Abroad of Judicial and Extra Judicial Documents in Civil and Commercial Matters)을 채택하였는데, 일명 "헤이그송달협약(the Hague Service Convention)"이라고 한다. 이 협약은 소송서류 또는 소송외적 서류가 해외에 송달되는 모든 민상사소송에 적용되며, 각 체약국은 중앙당국(Central Authority)을 정하여 이 기관이 타국의 송달요청을 수령하는 간접송달방식을 채택하고 있다. 그 외 우편에

유럽이사회 규칙, No. 593/2008", "계약채무의 준거법에 관한 로마규칙", "계약채무의 준거법에 관한 로마규정", "로마Ⅰ규칙", "로마Ⅰ규정" 등 이라고 함).

8) https://eur-lex.europa.eu/legal-content/EN/TXT/?uri=LEGISSUM%3Al33109

9) http://www.gard.no/web/updates/content/3516987/eu-law-rome-i-law-applicable-to-contractual-obligations

10) REGULATION (EC) No 864/2007 OF THE EUROPEAN PARLIAMENT AND OF THE COUNCIL of 11 July 2007 on the law applicable to non-contractual obligations (Rome Ⅱ) ("계약외채무의 준거법에 관한 2007년 7월 11일 유럽의회 및 유럽이사회의 규칙 No. 864/2007", "계약외채무의 준거법에 관한 로마규칙", "계약외채무의 준거법에 관한 로마규정", "로마Ⅱ규칙", "로마Ⅱ규정" 등이라고 함.).

11) Council REGULATION (EU) No 1259/2010 of 20 December 2010 implementing enhanced cooperation in the area of the law applicable to divorce and legal separation (Rome Ⅲ) (이혼 및 법적 별거의 준거법 영역에서 제고된 협력을 실행하기 위한 2010년 12월 20일 이사회 규칙).

12) 석광현, 전게논문, p.2.

의한 직접송달, 송달인에 의한 송달 등 대체적인 송달도 규정하고 있다.

(5) 헤이그증거조사협약

증거조사에 대한 공조를 위한 협약으로 1970년 민사 및 상사문제에 관한 해외증거조사협약(the 1970 Hague Convention on the Taking of Evidence Abroad in Civil or Commercial Matters)이 있는데, 일명 "헤이그증거조사협약(the Hague Evidence Convention)"이라고 한다. 이 협약은 가입국의 사법당국이 다른 가입국에 소재하고 있는 증거를 요청할 수 있는 세 가지 방법을 규정하고 있다.[13] 첫째, 당사자는 외국에 소재하는 중앙당국 앞으로 증거조사 요청서를 보낼 것을 요청하면, 중앙당국은 해당 법원 앞으로 동 요청서를 전달하고 동 법원이 증거를 취득하여 관련 외국법원 앞으로 동 증거자료를 송부하는 방법이다. 둘째, 당사자는 외교관 또는 영사에게 증거조사를 요청하는 방법이다. 셋째, 당사자는 해외증거조사를 할 수 있는 특사를 임명하는 방법이다.

2. 재판관할권

1) 재판관할권의 의의

재판관할권(jurisdiction)이란, 소송에서 법원의 정당한 재판권을 말한다.[14] 국제재판관할권이란, 국제분쟁에서 어느 국가의 재판기관이 재판관할권을 가지는가의 문제이다.[15] 국제분쟁사건에서 소장을 받은 법원은 우선 당해 법원이 재판관할권이 있는지를 결정하며, 관할권이 없는 경우 소를 각하한다. 재판관할권의 유무는 소장을 받은 법원이 소재하는 국가의 법[16]에 따라 결정되는데, 각 국의 법이 동일하지 않기 때문에 재판관할권의 충돌 내지는 재판관할권의 공백 문제가 발생하기도 한다. 이에 따라 국제소송에서 관할권을 정하는 것은 매우 중요하다.

---

13) Ralph H. Folsom, et. al., *International Business Transactions*, 8th ed, West Group, 2009, p.307.

14) 미국법상 관할에는 대인관할과 대물관할이 있는데, 대인관할(in personam jurisdiction)은 특정 영역내에 있는 사람에 대한 관할권을 말하고, 대물관할(in rem jurisdiction)은 특정 영역내에 있는 사물에 대한 관할권을 말한다. 한편, 미국법에 jurisdiction과 구별되는 개념으로 venue가 있다. venue는 재판관할권을 가지는 특정법원을 말한다. 예를 들어 미국 뉴욕주법원에서 재판관할권이 인정되는 소송에서, 미국뉴욕주법원은 jurisdiction이 있는 것이고, 뉴욕주법원 중 어느 county의 법원이 재판관할권을 가지는지 정해야 하는데, 이를 venue라고 한다.

15) 서헌제, 「국제거래법」 제4판, 법문사, 2006, p.594.

16) 우리나라에서는 민사소송법(제2조~제40조)에서 규정하고 있고, 미국에서는 연방법원의 관할에 대해서는 연방헌법과 연방법에서 정하고 있고, 주법원의 관할에 대해서는 각 주의 민사소송규칙에서 규정하고 있다.

2) 재판관할권의 결정

(1) 재판관할권 합의가 있는 경우(합의관할)

국제거래에서 당사자는 합의로 재판관할권을 정할 수 있다. 이에 따라 중요한 국제계약서에는 재판관할권에 대해서 명시하는 경우가 많은데[17], 이는 합의관할에 해당된다. 한편, 계약서에 명시되지는 않았지만, 피고가 원고가 제소한 법원에서 자신을 방어하겠다고 하는 경우가 있는데, 이를 '응소관할'이라고 부르며, 넓은 의미에서 합의관할에 해당된다. 따라서 피고가 법원에 모습을 나타내는 것은 그 법원의 재판관할에 대해 묵시적으로 동의한 것으로 간주된다.

미국에서는 보통법상 미리 재판관할권을 정하는 것은 효력이 없다고 보았는데, 그 이유는 관할권을 미리 정하는 것은 적정한 법원의 재판관할권을 박탈함으로써 사법행정에 간섭하는 것으로 보았기 때문이다. 그러나 M/S Bremen v. Zapata Off−Shore Co. 판결(1972)[18]에서 최초로 외국법원을 재판관할지로 정하는 관할권합의를 인정하였다.[19] 다만, 불편한 법정지(forum non convenience)에 해당되는 경우 미국 법원은 관할권 합의를 제한하고 있다.

EU의 브뤼셀규정(2012) 제2장(제4조~제35조)에서는 관할권을 규정하고 있는데, 관할권 합의가 있는 경우 그 법원은 전속적 관할을 가지는 것으로 규정하고 있다. 그리고 관할권 합의는 서면에 의하거나, 서면으로 확인된 구두에 의하여, 또는 국제상거래에 있

---

17) 국제계약서에서 재판관할권 조항 예시
예시1) The Parties irrevocably agrees that <u>any legal action or proceeding arising out of or relating to this Agreement may be brought</u> in any Federal or State court sitting in the State of New York, United States of America, and <u>the Parties hereby irrevocably submit to the non−exclusive jurisdiction of such court</u> in any such action or proceeding.
예시2) The Borrower <u>hereby irrevocably submits to the non−exclusive jurisdiction of the courts of England and the State courts of and the Federal courts in the States of New York</u> in respect of any legal proceedings in connection with this Agreement.
예시3) The Borrower agrees, for the benefit of the Creditors, that <u>any legal action or proceedings</u> arising out of or in connection with this Agreement against the Borrower or any of its assets <u>may be brought in the English courts</u>. The submission to such jurisdiction shall not (and shall not be construed so as to) limit the right of any Creditor to take proceedings against the Borrower in the courts of any other competent jurisdiction.

18) 이 사건은 독일회사와 미국회사 간의 해상원유시추선 운송계약에서 발생한 분쟁으로 계약서에서 제3국인 영국 런던법원을 재판관할지로 정했다. 그러나 미국회사는 미국 플로리다 주법원에 소송을 제기하였으며, 플로리다 주법원에서는 1, 2, 3심 모두 미국법원의 관할권을 인정하였다. 그러나 미국 연방대법원에서는 관할권합의가 불합리하지 않다면 관할권합의를 인정해야 한다고 판단하여 이 사건을 파기환송하였다.

19) Ralph H. Folsom, et. al., *supra* note 13, p.315.

어서 당사자들이 알고 있거나 알 수 있는 국제상거래의 관행에 부합되는 방식, 당사자들간에 형성된 관행에 부합하는 방식으로 체결되어야 한다고 규정하고 있다(제25조). 다만, 관할합의가 당사자의 일방만을 위하여 이루어진 경우에는 그 당사자는 협약에 따라 관할권을 가진 그 밖의 다른 법원에 소를 제기할 권리를 보유한다고 규정하고 있다.

민사소송법에서는 당사자는 합의로 제1심 관할법원을 정할 수 있으며, 이 합의는 일정한 법률관계로 말미암은 소에 관하여 서면으로 하여야 한다고 규정하고 있어 합의관할에서 1) 제1심 관할법원에 속하는 사항일 것, 2) 일정한 법률관계로 인한 소송일 것, 3) 서면에 의할 것 등을 요건으로 하고 있다(제29조).

(2) 재판관할권 합의가 없는 경우

재판관할권 합의가 없는 경우, 소장을 받은 법원은 국제협약(또는 국제조약)과 국내법에 따라 재판관할권 여부를 판단한다. 일반적으로 피고의 주소지에 대해서는 관할권을 인정하고 있고, 그 외 의무이행지, 불법행위지, 피고의 재산소재지 등에 대해서도 관할권을 인정하고 있다.

가. 피고 주소지(보통재판적)

일반적으로 피고는 자신의 주소(domicile)가 있는 국가의 법원에 제소될 수 있다. 이를 민사소송법에서는 보통재판적이라고 한다. 이것은 유스티니아법전에서 처음으로 규정되었던 것으로 '원고는 피고 주소지의 법원에 소를 제기해야 한다(actor sequitur forum rei)'는 원칙에서 발전되어 왔다. 피고의 주소지를 재판권할권의 기초로 인정하는 것은 피고가 자신이 거주하는 국가에서 자신을 방어하는 것이 외국의 법원에서 자신을 방어하는 것보다 편리하다는 전제하에 피고를 소송절차적인 면에서 보호하기 위한 것이다.

민사소송법에서도 소는 피고의 보통재판적 소재지법원의 관할에 속하며, 사람의 보통재판적은 주소에 의하여 정한다고 규정하고 있다.[20] 그리고 법인의 보통재판적은 주된 사무소 또는 영업소가 있는 곳에 의하도록 정하고 있으며, 사무소 또는 영업소의 업무에 관한 소는 그 사무소 또는 영업소 소재지 법원에 관할권이 있다고 정하고

20) 제2조 (보통재판적) 소는 피고의 보통재판적이 있는 곳의 법원이 관할한다.
제3조 (사람의 보통재판적) 사람의 보통재판적은 그의 주소에 따라 정한다. 다만, 대한민국에 주소가 없거나 주소를 알 수 없는 경우에는 거소에 따라 정하고, 거소가 일정하지 아니하거나 거소도 알 수 없으면 마지막 주소에 따라 정한다.

있어 외국법인이라고 하더라도 그 업무에 관한 소송에 있어서는 국내법원에 관할권이 인정된다.[21] 한편, 국제사법에서는 당사자 또는 분쟁이 된 사안이 대한민국과 실질적 관련이 있는 경우에 재판관할권을 인정하고, '실질적 관련성의 판단'은 국제재판관할 배분의 이념에 부합하는 합리적인 원칙에 따라 판단해야 하며, 국내법의 관할규정을 참작하여 국제재판관할권의 유무를 판단해야 한다고 규정하고 있다(제2조).

EU의 브뤼셀규정(2012)에서도 EU 회원국에 주소를 두고 있는 사람(person)은 그 회원국의 법원에 제소될 수 있다고 규정하여 원칙적으로 피고 주소지의 재판관할권을 인정하고 있다(제4조제1항).[22] 미국 뉴욕주에서도 피고가 뉴욕주에 주소를 두고 있거나 뉴욕주에서 영업을 하는 경우 재판관할권을 인정하고, 소장송달 시 피고가 뉴욕주에 소재하고 있는 경우에도 재판관할권을 인정하고 있다.

(국제사법상 국제재판관할(제2조))

(1) 실질적 관련의 원칙(제2조제1항)

당사자 또는 분쟁이 된 사안이 대한민국과 실질적 관련이 있는 경우에 재판관할권을 인정한다. 여기서 '실질적 관련성의 판단'은 국제재판관할 배분의 이념에 부합하는 합리적인 원칙에 따라 판단해야 한다.

(2) 국내법의 관할규정 참작(제2조제2항)

국내법의 관할규정을 참작하여 국제재판관할권의 유무를 판단하되, 국제재판관할의 특수성을 충분히 고려한다.

<u>국내법의 관할규정 참작 + 국제재판관할의 특수성 고려</u>

※ 개별사건에서 법정지와 당사자와의 실질적 관련성 및 법정지와 분쟁이 된 사안과의 실질적 관련성을 객관적인 기준으로 삼아 합리적으로 관할권 판단(대법원 2005.1.27. 선고 2002다59788 판결)

---

21) 제5조 (법인 등의 보통재판적) ① 법인, 그 밖의 사단 또는 재단의 보통재판적은 이들의 주된 사무소 또는 영업소가 있는 곳에 따라 정하고, 사무소와 영업소가 없는 경우에는 주된 업무담당자의 주소에 따라 정한다.
② 제1항의 규정을 외국법인, 그 밖의 사단 또는 재단에 적용하는 경우 보통재판적은 대한민국에 있는 이들의 사무소·영업소 또는 업무담당자의 주소에 따라 정한다.
제12조 (사무소·영업소가 있는 곳의 특별재판적) 사무소 또는 영업소가 있는 사람에 대하여 그 사무소 또는 영업소의 업무와 관련이 있는 소를 제기하는 경우에는 그 사무소 또는 영업소가 있는 곳의 법원에 제기할 수 있다.

22) *Article 4*
1. Subject to this Regulation, persons domiciled in a Member State shall, whatever their nationality, be sued in the courts of that Member State.

나. 특별재판적(특별관할권)

원고의 편의를 위하여 보통재판적 외에 특별재판적이 인정되고 있다. 특별재판적(special jurisdiction)이란, 원고의 편의를 위해 보통재판적 외에 추가로 인정되는 재판관할권을 말한다. 특별재판적으로는 의무이행지, 불법행위지, 재산소재지 등이 있다.

민사소송법에서는 재산권에 관한 소는 거주지 또는 의무이행지의 법원에 소를 제기할 수 있다고 규정하고 있다(제8조). 따라서 국제거래에서 계약상의 의무이행지가 우리나라인 경우 우리나라 법원에서 재판할 수 있다. 어음·수표에 관한 소는 지급지의 법원에 관할권을 인정하고 있으며(제9조), 부동산에 관한 소는 부동산이 있는 곳의 법원에 관할권을 인정하고 있다(제20조). 불법행위에 관한 소를 제기하는 경우에는 행위지의 법원에 관할권을 인정하고 있으며, 선박 또는 항공기의 충돌이나 그 밖의 사고로 말미암은 손해배상에 관한 소에서는 사고선박 또는 항공기가 맨 처음 도착한 곳의 법원에 관할권을 인정하고 있다(제18조).

EU의 브뤼셀규정(2012)에서도 제7조~제9조에서 계약에 대해서는 문제된 채무의 이행지의 법원, 불법행위 또는 그에 준하는 사건 또는 그로 인한 청구권이 소송의 목적인 경우에는 가해행위가 행해진 장소의 법원 등에 특별재판적을 인정하고 있다.

3) 관할권의 확대

미국에서는 관할권확대법(Long Arm Statute)에 의해 최소관련성(minimum contact)만 있어도 재판관할권을 인정한다. International Shoe v. Washington 판결(1945)[23]에서 영업활동의 개념을 대폭 확대하여 소송의 원인이나 피고가 법정지와 최소한의 접촉만 있어도 재판관할을 인정하게 되었는데, 이를 최소관련성이론(minimum contact theory)이라고 한다.[24] 그 후 각 주에서는 이 이론을 국제사법에 입법화하였는데, 이를 관할권확대법(Long Arm Statute)이라고 한다.

참고로 미국 뉴욕주법에서 관할권확대법(Long Arm Statute)에 의거 재판관할권이 인정되는 예를 보면 다음과 같다. 즉 원고가 다음의 사유중 하나에 기해 뉴욕주법원에 소를 제기하는 경우에 뉴욕주법원은 재판관할권을 인정한다(뉴욕주 민사소송규칙 제302조: Civil Practice Law and Rules Article 302).

---

23) 326 U.S.310, 66 S.Ct.154, 90L.Ed.95(1945).

24) 서헌제, 전게서, p.593.

i) 피고가 법정지에서 행한 사업상의 거래[25)]

ii) 뉴욕주에 물품이나 용역을 공급하는 계약[26)]

iii) 피고가 뉴욕주에서 불법행위를 한 경우

iv) 불법행위의 결과가 뉴욕주에서 발생한 경우[27)]

v) 피고가 뉴욕에 있는 부동산을 소유 또는 점유한 경우

vi) 뉴욕주의 거주자가 비거주자(뉴욕주외의 거주자)인 배우자 또는 유언집행자를 상대로 가정법원에 부양금 또는 위자료를 청구하는 경우

4) 관할권의 제한

(1) 개설

재판관할에 대해 당사자가 합의한 법원에서 반드시 관할권을 인정하는 것은 아니다. 당사자의 합의가 있다고 하더라도 그 합의된 법원에서 재판관할권을 인정하지 않을 수도 있다. 다음은 합의관할이 제한되는 예이다.

(2) 전속관할

관할권합의는 임의관할에 대해서만 가능하며, 전속관할(Exclusive Jurisdiction)[28)]에 대한 사항은 합의로 배제할 수 없다. 그 이유는 전속관할은 공익적 관점에서 인정된 것이기 때문에 이를 배제하는 것은 공익성에 반하기 때문이다.

대법원에서는 대한민국 법원의 관할을 배제하고 외국의 법원을 관할법원으로 하는 전속적인 국제관할의 합의가 유효하기 위하여는, ① 당해 사건이 대한민국 법원의 전속관할에 속하지 아니하고, ② 지정된 외국법원이 그 외국법상 당해 사건에 대하여 관할권을 가져야 하는 외에, ③ 당해 사건이 그 외국법원에 대하여 합리적인 관련성을 가질 것이 요구된다고 판단하고, 또한, ④ 전속적인 관할 합의가 현저하게 불

25) 1회의 거래로도 충분하다. 실질적인 협상이 뉴욕주에서 이루어 졌으면 충분하며, 계약서의 서명까지 뉴욕주에서 이루어지는 것을 요구하지 않는다.

26) 계약은 경제적으로 중요한 의미를 가져야 하며, 1회의 물품 주문만으로는 충분하지 않다. 대금지급을 뉴욕주에서 하는 것을 의미하는 것이 아니다. 따라서 물품은 뉴욕주와 관계없고 단지 대금지급만 뉴욕에서 이루어지는 경우는 해당되지 않는다.

27) 피고의 불법행위지는 뉴욕주가 아니지만, 그 불법행위에 따른 손해가 뉴욕주에서 발생한 경우

28) 전속관할은 재판의 적정이나 공정 등의 공익적 요구에 따라 특정법원만이 배타적으로 관할권을 갖는 것을 말한다.

합리하고 불공정한 경우에는 그 관할 합의는 공서양속에 반하는 법률행위에 해당하는 점에서도 무효라고 판단하였다(대법원 1997. 9. 9. 선고 96다20093 판결; 대법원 2004. 3. 25. 선고 2001다53349 판결; 대법원 2010. 8. 26. 선고 2010다28185 판결). 한편, 외국 법원의 관할을 배제하고 대한민국 법원을 관할법원으로 하는 전속적인 국제관할의 합의가 유효하기 위해서는, ① 당해 사건이 외국 법원의 전속관할에 속하지 아니하고, ② 대한민국 법원이 대한민국법상 당해 사건에 대하여 관할권을 가져야 하는 외에, ③ 당해 사건이 대한민국 법원에 대하여 합리적인 관련성을 가질 것이 요구되며, ④ 그와 같은 전속적인 관할 합의가 현저하게 불합리하고 불공정하여 공서양속에 반하는 법률행위에 해당하지 않는 한 그 관할 합의는 유효하다고 판단하였다(대법원 2011. 4. 28. 선고 2009다19093 판결).

(3) 불편한 법정지(forum non convenience) 원칙

불편한 법정지 원칙(forum non convenience doctrine)은 소가 제기된 법정지 보다는 다른 법정지에서 소송을 진행하는 것이 더 편리하고 정의의 관념에도 부합하는 경우에 법원이 소송을 거부할 수 있는 원칙을 말한다.[29] 이 원칙은 미국의 Gulf Oil Corp. v. Gilbert 판결(1947)[30]에서 유래되었는데, 이 판결에서 법정지가 2곳이 있었는데, 법원에서는 공적 및 사적 요인들을 고려할 때 제소된 법정지 외의 다른 법정지가 더 바람직하다는 사유로 관할권을 부정하였다.[31] 그 후 이 이론은 2건의 중요한 국제소송인 Piper Aircraft Co. v. Reyno(1981)[32]와 In re Union Carbide Corp. Gas Plant Disaster (1987)[33]에서 인용되었다. 불편한 법정지 원칙에 의해 법원이 소송진행을 거부할 것인지 여부는 전적으로 법원의 재량사항이며, 이러한 결정을 원하는 당사자는 대안이 되는 법원에 불편한 법정지 원칙에 의한 결정을 구하는 신청을 해야 한다.[34] 불편한 법

29) Ralph H. Folsom, et. al., *Principle of International Business Transactions*, Trade & Economic Relations, Thomson/West, 2005, p.721.

30) 330 U.S. 501, 67 S.Ct. 839, 91 L.Ed. 1055(1947)

31) Ralph H. Folsom, et. al., *supra* note 29, p.722.

32) 454 U.S. 235, 102 S.Ct. 252, 70 L.Ed.2d 419(1981)
이 사건은 스코틀랜드에서의 항공기 추락사고건으로 미국법원에 제소되었는데, 비록 스코틀랜드 법이 덜 유리하다고 하더라도 불편한 법정지를 사유로 법원은 소를 각하하였다.

33) 809 F.2d 195 (2d Cir.1987), cert. denied, 484 U.S. 871, 108 S.Ct. 199, 98 L.Ed.2d 150(1987)
이 사건은 인도에서의 발전소 폭발사고로 부상당한 인도인들이 제소한 사건인데, 당시 합의서에는 인도법원을 관할로 정하였기 때문에 미국에 제소된 소를 각하하였다.

34) Ralph H. Folsom, et. al., *supra* note 13, p.317.

정지 원칙을 적용함에 있어 법원은 준거법, 증인·증거·서류의 소재지, 증인·서류의 언어, 신청자의 국적을 고려한다.[35)]

(4) 국가면제(주권면제)[36)]

국가면제(state immunity) 또는 주권면제(sovereign immunity)란, 국가(또는 정부소유 공기업)는 일정한 조건하에서 외국의 재판관할권이나 강제집행의 대상에서 면제된다는 국제법상의 원칙을 말한다. 국가면제론에는 절대적 국가면제론(theory of absolute state immunity)과 제한적 국가면제론(theory of restrictive state immunity)이 있는데, 전자는 종전의 이론으로 국가는 절대적으로 재판을 면제받는다는 것이고, 후자는 원칙적으로 재판을 면제받지만, 사인과 마찬가지로 행위하여 사법(private law)의 적용을 받는 경우에는 재판을 면제받지 않는다는 것이다.[37)] 각 국마다 면제의 대상이나 범위에는 약간의 차이가 있는데, 주권을 행사하는 국가, 정부기관, 공기업, 지방정부 등이 주권면제를 주장하여 외국법원의 재판이나 집행을 거부할 가능성이 있으므로 주권면제를 포기한다는 내용을 계약서에 명시하는 것이 필요하다.

주권면제에 관한 대표적인 협약으로는 2004년 12월 채택된 "국가및국가재산의재판권면제에 관한 유엔협약(United Nations Convention on Jurisdictional Immunities of States and Their Property)"이 있다. 미국에서도 외국주권면제법(the Foreigh Immunities Act, 28 U.S.C. §1602)상 주권면제를 규정하고 있는데, 국가의 상사행위(commercial activity) 또는 사법적(私法的) 행위에 대해서는 주권면제는 적용되지 않으며, 이 경우 국가도 재판을 받아야 한다.[38)]

(5) 소비자 및 근로자 보호를 위한 제한

국제사법에서는 소비자와 근로자를 보호하기 위해 국제재판관할합의를 제한하는 규정을 두고 있다. 소비자계약의 당사자는 서면에 의하여 국제재판관할에 관한 합의를 할 수 있으나, 그 합의는 분쟁이 이미 발생한 경우 또는 부가적 관할합의의 경우에만

---

35) Ralph H. Folsom, et. al., *supra* note 13, p.317.

36) 국가면제(주권면제)에 대하여는 저자의 졸고 "국제거래에서 재판권제한으로서의 국가면제에 관한 법적 고찰" (이화여자대학교 법학논집 제15권 제3호, 2011.)을 참고하시기 바람.

37) Explanatory Report on European Convention on State Immunity(ETS No. 074)

38) 신용장개설은행인 PT. Bank Negara Indonesia이 신용장 대금지급을 거절하여 우리나라의 한일은행이 미국 법원에 제소한 사건에서 피고 PT. Bank Negara Indonesia는 인도네시아 국영이므로 주권면제대상이라고 주장하였으나, 미국 연방항소법원에서는 주권면제기관이라고 하더라도 상업활동(commercial activity)의 경우에는 주권면제가 되지 않는다고 판단하였다(Hanil Bank v. PT. Bank Negara Indonesia(1998), 148 F. 3d 127).

효력이 있다(제27조제6항). 그리고 근로계약의 당사자는 서면에 의해 국제재판관할에 관한 합의를 할 수 있으나, 그 합의는 분쟁이 이미 발생한 경우 또는 부가적 관할합의의 경우에만 효력이 있다(제28조제5항). 이에 따라 소비자계약이나 근로계약에 있어 분쟁발생 이전에 국제재판관할합의를 하는 것은 유효하지 않다.

3. 준거법

1) 준거법의 의의

계약의 준거법(governing law, applicable law)이란, 해당 계약의 성립, 효력, 해석 등의 법률문제에 적용되는 법을 말한다. 국제거래에서 당사자 간의 법률문제는 주로 계약서에 의해 결정되므로 국제거래에서 준거법은 주로 계약과 관련하여 쟁점이 된다. 다만, 불법행위가 성립되는 경우에는 당사자는 계약불이행책임 외에 불법행위에 기한 손해배상책임도 있으므로 준거법은 불법행위에서도 문제가 될 수 있다.

구체적으로 준거법과 관련해서 문제가 되는 점들을 보면, i) 당사자가 준거법에 합의하지 않은 경우, 어느 국가의 법을 준거법으로 정할 것인가 ii) 당사자가 정한 준거법에 합의한 경우 그 준거법을 반드시 적용해야 하는가 iii) 준거법의 적용범위는 어디까지인가 등이다.

국제거래는 거래규모가 크고, 복잡한 법률문제가 발생되므로 당사자는 계약서조항을 상세하게 규정하여 분쟁을 미리 방지하려고 한다. 그러나 계약서를 아무리 상세하게 규정한다고 하더라도 분쟁 자체를 완전히 막을 수는 없다. 따라서 계약의 해석과 당사자의 권리의무의 내용을 결정하는 기준으로서 준거법이 필요하다.

2) 준거법의 결정

(1) 개설

국제소송에서 소장을 접수한 법원은 ① 그 법원이 재판관할권이 있는지 검토하고, ② 재판관할권이 있는 경우 그 법원은 그 국가의 국내법(즉 국제사법)에 따라 준거법을 결정한다. 한편, 준거법 결정과 관련하여 법정지(재판관할지)의 국가가 가입한 국제협약(또는 국제조약)이 있는 경우에는 그 국제협약(또는 국제조약)에 따라 준거법을 정한다. 대부분의 국가에서 당사자자치의 원칙을 인정하여 당사자가 합의로 정한 준거법을 인정한다.

(2) 국제사법에 의한 준거법 결정

국제사법(International Private Law)[39]이란, 외국과의 법률관계에 있어 준거법을 결정을 규정하는 법이다. 국제사법은 국제법이 아니고 한 국가의 국내법이며, 대한민국의 국제사법은 대한민국에서만 적용되는 국내법이다. 우리나라의 국제사법은 우리나라에서만 적용되는 국내법이다. 다만, 국제사법은 법률관계를 직접 규율하는 실질법이 아니고, 실질법을 정하는 기준을 규정하고 있는 간접사법이다. 관할법원은 자국의 국제사법(또는 국제협약)에 따라 준거법을 정한다. 당사자가 준거법에 합의한 경우에도 그 합의한 준거법을 인정할 지 여부도 국제사법(또는 국제협약)에 따라 결정한다. 다만, 대부분의 국가에서 당사자자치를 인정하고 있어 예외적인 경우(공서양속 위반 등)를 제외하고는 당사자가 합의로 정한 준거법을 인정한다. 마찬가지이다.

국제사법은 국가마다 다소 차이가 있으므로 어느 국가의 법원에 소를 제기하느냐에 따라 준거법이 달라질 수도 있다. 이러한 문제를 해결하기 위해 국제사법을 통일하기 위한 노력이 이루어지고 있다. 참고로 물품매매계약에서 계약의 준거법을 정하지 않은 경우, 대부분의 국가에서는 수출국법(seller's country)을 준거법으로 인정하고 있으며, ICC 표준계약서에서도 수출국법을 원칙으로 하고 있다.[40]

(계약에서의 준거법 결정(대한민국 국제사법))

(1) 당사자의 준거법 선택이 있는 경우(제25조)

국제사법에서는 당사자자치의 원칙을 채택하고 있다. 따라서 당사자는 계약에 적용될 준거법을 합의로 정할 수 있다(준거법은 명시적 또는 묵시적으로도 정할 수 있음). 한편, 일반적으로 계약 전체에 관하여 적용되는 준거법을 정하지만, 계약의 일부에 관하여 적용되는 준거법의 선택도 가능하다. 이와 같은 당사자자치의 원칙은 대부분의 국가에서 인정되고 있다. 따라서 무역계약에서 준거법을 정한 경우 대부분의 국가에서 그 준거법을 인정한다. 위에서 본 바와 같이 원칙적으로 당사자자치의 원칙이 인정되어 원

---

39) 국가에 따라 국제사법, 충돌법(Conflict of Law), 섭외사법 등으로 부른다. 우리나라에서는 1962년에 '섭외사법'의 제명으로 제정되었는데, 2001년에 '국제사법'으로 제명을 변경하였다.

40) ICC Model International Sale Contract (Manufactured Goods)
1.2 Any questions relating to this Contract which are not settled in the contract itself (i.e. these General Conditions and any specific conditions agreed upon by the parties) shall be governed:
A. by the United Nations Convention on Contracts for the International Sale of Goods (Vienna Convention of 1980, hereafter referred to as CISG), and
B. to the extent that such questions are not covered by CISG, by reference to the law of the country where the Seller has his place of business.

칙적으로 계약에서 정한 준거법이 인정된다. 그러나 당사자가 합의로 정한 준거법이 모든 요소가 한 국가와 관련이 있음에도 불구하고 다른 국가의 법을 준거법으로 지정한 경우 관련된 국가의 강행규정은 그 적용이 배제되지 않는다. 이는 당사자자치의 제한 또는 예외가 된다.

예) 순전히 국내거래인 한국인들 간의 매매계약(국내에서만 물품이동 및 대금지급)에서 소말리아법을 준거법으로 지정한 경우 → 일단, 소말리아법은 준거법으로 인정되지만, 한국법의 강행규정은 배제되지 않는다. 결과적으로 한국법의 강행규정이 적용되고 그 외의 사항만 소말리아법이 적용될 것이다.

(2) 당사자의 준거법 선택이 없는 경우(제26조)

당사자의 준거법 선택이 없는 경우(예: 계약서에 준거법 조항이 없는 경우), 그 계약과 '**가장 밀접한 관련이 있는 국가의 법**'에 의한다.

('가장 밀접한 관련이 있는 국가의 법'의 의미)

1) 다음의 경우 계약체결 당시 '**그 이행자의 상거소가 있는 국가의 법(법인은 주된 사무소가 있는 국가의 법)**'이 '**가장 밀접한 관련**'이 있는 것으로 추정
   ① 양도계약의 경우에는 양도인의 이행
      예) 물품매매계약: 매도인 국가의 법
   ② 이용계약의 경우에는 물건 또는 권리를 이용하도록 하는 당사자의 이행
      예) 임대수출: 임대인 국가의 법
   ③ 위임·도급계약 및 이와 유사한 용역제공계약의 경우에는 용역의 이행
      예) 해외건설: 우 수출국의 법

2) 부동산: '부동산 소재지 국가의 법'이 가장 밀접한 관련이 있는 것으로 추정

(계약에서의 준거법 결정(미국 뉴욕주법))

구 분	내 용
명시적 합의로 준거법을 정한 경우	• 원칙적으로 당사자 합의로 정한 준거법을 인정한다. 그러나 합의된 준거법이 더 많은 이해관계를 갖는 주(또는 국가)법의 기본정책(fundamental policy)에 반하는 경우 합의된 준거법이 인정되지 않는다. 예를 들어 이해관계를 많이 갖는 주(또는 국가)에서 고리대금금지법규가 있는데, 이를 회피할 목적으로 고리대금금지법규가 없는 주(또는 국가)법을 준거법으로 하면 그 준거법은 인정되지 않는다. • 합의된 준거법이 당사자 또는 그 계약과 아무런 관계가 없다면, 합의된 준거법이 적용되지 않는다. 단, 계약금액이 U$250,000을 초과하는 경우에는 그렇지 않다(그러나 근로 및 개인서비스(labor or personal service) 계약은 U$250,000을 초과하더라도 합의된 준거법이 당사자 또는 그 계약과 관계가 없다면, 합의된 준거법의 적용이 배제된다). • 사기 등 진정한 합의가 없는 경우, 합의된 준거법이 적용되지 않는다.

준거법에 대해 명시적 합의가 없는 경우	• 이 경우에 원칙적으로 '정부이해관계분석(Governmental Interest Analysis)' 방식을 따른다. 이는 가장 밀접한 이해관계를 가지는 주(또는 국가)의 법이 준거법이 된다는 것이다.
다른 주법 또는 외국법을 준거법으로 정한 경우 입증책임	• 종래에는 다른 주법(law of any second state)은 법이 아니고 사실(fact)이라는 입장이었다. 그러나 오늘날 대부분의 주(뉴욕주 포함)에서는 법원으로 하여금 judicial notice를 할 수 있도록 허용하고 있으며, 사실 보다는 법으로 취급한다. 다만, 당사자는 judicial notice를 요청하고, 법원이 이 요청에 따를 수 있도록 충분한 정보를 제공하고 상대방에게 이를 통지해야 한다. 외국법(foreign law)은 아직도 사실로서 증명되어야 한다. 외국법이 입증되지 않으면, 법정지의 법에 따라 판결한다.

(3) 당사자의 합의에 의한 준거법 결정

국제거래에서도 일반적으로 계약자유의 원칙이 통용되어, 당사자는 계약서에서 준거법을 자유로이 정할 수 있다.[41] 이를 당사자자치(Party Autonomy)에 의한 준거법의 결정이라고 한다. 준거법 선택과 관련하여 당사자자치가 인정되기 위해서는 당사자가 합의한 준거법이 계약과 장소적으로 연관되어 있거나, 중립적인 법이거나, 기타 준거법을 선택한 합리적인 이유가 있어야 한다.

당사자의 합의로 준거법을 정하는 경우 당사자는 어느 국가의 법을 준거법으로 정해야 하는지 고민하게 된다. 그 이유는 각 국의 법이 다소 상이하기 때문에 각자의 계약상 지위에 따라 자국 또는 상대국의 법이 유리하거나 불리할 수 있기 때문이다. 일반적으로 자국법이 유리한 것으로 보는데, 사안에 따라 상대국법이 유리할 수도 있다.[42] 상대방국법에 대해서는 무지한 경우가 많기 때문에 상대국법을 잘 알고 있는 변호사로부터 법률자문을 받아 의사결정을 하는 것도 고려해 볼 필요가 있다.

---

41) 준거법 문안 예시
1) This Agreement shall be governed by and interpreted in accordance with the laws of the State of New York.
2) The validity, construction and performance of this Agreement shall be governed by and interpreted in accordance with the laws of the State of New York.
3) This Agreement is governed by and shall be construed in accordance with the laws of the State of New York.
4) The governing law is English Law.
5) This Agreement shall be governed by English law.

42) 자국법을 선호하는 이유는 내용적인 측면에서 자국법이 자신에게 유리하기 때문이라기 보다는 자국법에 대해 친숙하고 내용파악 등 접근이 용이하기 때문이다.

그러나 일반적으로 국제물품거래에서는 Incoterms나 신용장통일규칙을 적용하는 것으로 명시하며, 그 외 수입국이나 수출국의 법을 준거법으로 정하기도 한다. 자본거래에서는 미국 뉴욕주법, 영국법, 대주국법(대출국법) 중에서 준거법을 정하는 경우가 많은데, 미국 뉴욕주나 영국은 각각 국제금융의 중심지로로서 그 법률이 국제적으로 많이 알려져 있고, 법정지로 정해지는 경우가 많으며, 그 법을 준거법으로 한 국제분쟁사례도 많기 때문이다.

그러나 당사자가 객관적으로 보아 특정국의 강행법규를 회피할 목적으로 준거법을 선택하는 경우 법정지에서 그 준거법을 인정하지 않을 수 있다. 또한, 준거법의 내용이 법정지의 사회질서에 반하는 사항은 공서양속의 원칙(Public Policy)의해 관할법원이 준거법을 적용하지 않을 수도 있다.

3) 준거법의 적용범위

준거법이 결정된 후에 과연 당해 준거법이 어떠한 사항을 규율하는 지 문제된다. 이 문제에 대해서는 각국 법이 상이하나 일반적으로 인정되는 범위와 인정하기 곤란한 범위를 보면 다음과 같다.

(1) 계약의 준거법이 인정되는 범위

일반적으로 계약의 성립, 적법, 유효성 여부는 준거법에 의하여 결정된다. 여기서의 유효성은 계약성립의 전제가 되는 당사자의 권리능력, 행위능력 등 능력에 관한 사항이 아니고, 계약의 성립을 전제로 하여 계약내용 자체에 그 계약의 효력을 무효로 할 사항이 있는지 여부를 말한다.

계약서상 용어의 해석에 대해서도 준거법이 적용된다. 예들 들어, 'voluntary composition', 'lien' 이라는 용어를 사용하고 있는 경우에 이를 어떻게 정의를 해야하는가는 준거법에 따른다. 그 외에 당사자의 권리의무, 채무의 소멸(채무의 이행, 기타 사유로 채무가 소멸되었는지 여부)도 준거법에 의해 정하게 된다.

(2) 계약의 준거법이 인정되지 않는 범위

일반적으로 당사자의 권리능력이나 행위능력, 법적지위, 권한의 위임에 관한 사항은 준거법에 의하지 않고 당사자의 본국법 또는 주소지법에 의한다. 특히 계약상대방이 법인인 경우 계약을 체결하는 자가 대표 또는 대리권을 갖고 있는지, 이사회의 의결 또는 주주총회의 승인이 있는지, 정부의 승인을 받았는지 여부는 법인설립지법과 이에 의거한 상대방의 내규를 보아야 한다. 정부기관이 계약상대방인 경우에 그 국가의 헌법, 법률을 검토하여 당해 정부기관이 계약상대방이 될 수 있는지, 의회의 동의가 필요한지 여부를 확인할 필요가 있다.

법정지국의 사회질서에 반하는 사항은 공서의 원칙(Public Policy)의해 적용되지 아니한다. 그리고 당사자의 권리의무를 계약내용대로 이행시킨다면 계약이행지에서 불법행위가 되는 경우에는 준거법을 적용하지 아니한다. 또한, 소송절차에 대해서는 법정지국의 절차법[43]이 적용되므로 준거법의 적용이 배제된다. 즉 준거법은 실체법[44]에 대해서만 적용되며, 소송절차 등의 절차법에 대해서는 준거법이 적용되지 아니하며, 법정지의 법이 적용된다. 준거법이 적용되지 아니하는 사항에 대해서는 상대국측 변호사의 법률의견을 받는 것이 필요하다.

4) 외국법의 적용 및 증명

법률관계에 대하여 외국법이 준거법이 되는 경우 해당 외국법의 증명을 누가하느냐는 매우 중요하다. 이는 외국법의 적용 및 증명은 외국법의 법적 성질을 '사실로 보느냐("외국법 사실설")'와 '법률로 보느냐("외국법 법률설")'에 따라 달라진다. 외국법 법률설의 경우 법원이 외국법의 내용을 직권으로 조사·적용하여야 한다. 대한민국 국제사법에서는 '법원은 이 법에 의하여 지정된 외국법의 내용을 직권으로 조사·적용하여야 하며, 이를 위하여 당사자에게 그에 대한 협력을 요구할 수 있다'고 규정하고 있어 외국법 법률설을 채택하고 있다. 대법원에서도 외국법 법률설의 입장을 취하고 있다(대법원 1991. 2. 22. 선고 90다카19470 판결, 대법원 2010. 1. 28. 선고 2008다54587 판결, 대법원 2010. 3. 25. 선고 2008다88375 판결[45]). 한편, 외국법 사실설의 경우 당사자가 외국법의 내용을 증명하여야 한다.

---

43) 권리의무의 실질적 내용을 실현하는 절차를 규율하는 법을 말한다. 예를 들어 권리의 보전, 실현, 그리고 의무의 이행, 강제 등을 규율하는 법으로서, 민사소송법, 형사소송법, 부동산등기법 등이 이에 해당된다.

44) 권리의무의 실체 즉 권리의무의 발생, 변경, 소멸, 성질, 내용 등을 규율하는 법으로 절차법과 상대되는 개념이다. 쉽게 말하면 절차법 이외의 법은 실체법으로 보면 된다.

45) 섭외적 사건에 관하여 적용될 준거법으로서의 외국법은 여전히 사실이 아니라 법으로서 법원은 직권으로 그 내용을 조사하여야 하고, 그러한 직권조사에도 불구하고 그 외국법의 내용을 확인할 수 없는 경우에 한하여 조리 등을 적용할 것이다(대법원 1990. 4. 10. 선고 89다카20252 판결, 대법원 2000. 6. 9. 판결 98다35037 판결 참조). 한편 섭외적 사건에 관하여 적용될 준거법인 외국법의 내용을 확정하고 그 의미를 해석함에 있어서는 그 외국법이 본국에서 현실로 해석·적용되고 있는 의미 또는 내용에 좇아야 하고, 소송과정에서 그 외국의 판례 등 해석기준

4. 국제소송절차

1) 개설

국제소송에서는 국제송달과 증거조사가 중요하다. 외국에 소재하는 당사자나 증인의 출석이 필요하고, 외국에 소재하는 문서의 제출이 요구된다. 국제소송에서는 당사자가 서로 다른 국가에 소재하므로 양국 간의 사법공조가 필요하다. 우리나라는 1991년 국제민사공조법을 제정하였으며, 동법에서는 민사사건에 있어 외국으로의 사법공조촉탁절차와 외국으로부터의 사법공조촉탁에 대한 처리절차를 규정하고 있다.

2) 국제송달

국제송달이란, 외국에 있는 소송당사자에게 재판상의 서류를 송달하는 것을 말한다. 국제송달은 간접송달과 직접송달로 구분할 수 있는데, 간접송달에는 외교상 경로에 의한 송달, 중앙당국(Central Authority)을 통한 송달, 사법당국 간의 경로를 통한 송달 등이 있고, 직접송달에는 영사송달과 우편송달이 있다.[46] 간접송달은 송달 촉탁을 요청하는 국가의 촉탁에 의해 수탁국의 송달기관이 송달하기 때문에 수탁국의 협조가 필요하고, 비용과 시간이 소요된다. 직접송달은 수탁국의 관련 기관을 거치지 않고 직접 송달하므로 경제적이지만, 외교적 마찰을 초래할 수도 있다.

헤이그송달협약은 소송서류 또는 소송외적 서류가 해외에 송달되는 모든 민·상사 소송에 적용되며, 각 체약국은 중앙당국을 정하여 이 기관이 타국의 송달요청을 수령하는 간접송달방식을 채택하고 있다. 그 외 우편에 의한 직접송달, 송달인에 의한 송달 등 대체적인 송달도 규정하고 있다.

민사소송법에서는 외국에서 하여야 하는 송달은 재판장이 그 나라에 주재하는 대한민국의 대사·공사·영사 또는 그 나라의 관할 공공기관에 촉탁한다고 규정하고 있다(제191조). 국제민사공조법 제5조에서는 외국으로의 촉탁은 수소법원의 재판장이 그 외국의 관할법원 기타 공무소에 대하여 한다고 규정하고 있으며, 제7조에서는 외국으로의 촉탁을 하고자 하는 재판장이 속하는 법원의 장은 법원행정처장에게 촉탁서 기타

에 관한 자료가 제출되지 아니하여 그 내용이 확인이 불가능한 경우에만 일반적인 법해석기준에 따라 법의 의미·내용을 확정할 수 있는 것이다(대법원 1991. 2. 22. 선고 90다카19470 판결, 대법원 2010. 1. 28. 선고 2008다54587 판결 참조).

46) 서헌제, 전게서, p.619.

관계서류를 송부할 것을 요청해야 하고, 법원행정처장은 외무부장관에게 촉탁서 기타 관계서류를 외교상의 경로를 통하여 제5조에 규정된 수탁기관으로 송부할 것을 의뢰하여야 한다고 규정하고 있다. 그 외 영사송달과 공시송달도 규정하고 있다(제8조, 제10조). 그리고 제16조에서는 외국으로부터 촉탁을 받은 경우 수탁법원의 장이 송달결과에 관한 증명서를, 증거조사촉탁의 경우에는 수탁판사가 증인신문조서 기타 증거조사의 결과를 기재한 조서 또는 증거조사가 불능하게 된 사유를 기재한 서면을 각각 외국법원에 송부하여야 하며, 이 경우에도 외국법원이 특정방식에 의한 회신을 요청하는 경우 그 방식이 대한민국의 법률에 저촉되지 아니하는 때에는 그 방식에 의한다고 규정하고 있다.

민사소송법 제191조에 의하여 송달할 수 없거나 이에 의하여도 그 효력이 없을 것으로 인정되는 경우에는 민사소송법 제194조 및 제195조에 따라 공시송달할 수 있다. 공시송달의 방법은 법원의 게시판에 게시하는 방법으로 하며, 외국에서 할 송달은 게시한 날로 2월이 경과하면 그 효력이 생긴다(제196조).

3) 증거조사

증거조사(discovery)란, 증인, 감정인, 및 당사자 본인의 심문, 검증의 실시, 서증의 채용 또는 조사 등 사실관계의 확정을 위한 재판상의 행위를 말한다. 소송의 승패는 대부분 증거에 달려있으므로 증거조사는 소송에서 매우 중요하다. 국제소송에서는 증거조사를 외국에서 또는 외국에 소재하는 대상에 대해 실시해야 하는 경우가 많다. 각국의 소송법상 입증책임, 서증의 형태, 증인의 증언, 추정과 전문증거 등에 관한 증거법칙이 동일하지 않다. 이에 따라 국제소송에서는 법정지의 증거법칙에 대해 파악할 필요가 있다.

헤이그증거조사협약에서는 가입국의 사법당국이 다른 가입국에 소재하고 있는 증거를 요청할 수 있는 세 가지 방법을 규정하고 있다. 첫째, 당사자는 외국에 소재하는 중앙당국 앞으로 증거조사 요청서를 보낼 것을 요청하면, 중앙당국은 해당 법원 앞으로 동 요청서를 전달하고 동 법원이 증거를 취득하여 관련 외국법원 앞으로 동 증거자료를 송부하는 방법이다. 둘째, 당사자는 외교관 또는 영사에게 증거조사를 요청하는 방법이다. 셋째, 당사자는 해외증거조사를 할 수 있는 특사를 임명하는 방법이다.

외국에서의 증거조사에 대해 민사소송법에서는 외국에서 시행할 증거조사는 그 나라에 주재하는 대한민국 대사·공사·영사 또는 그 나라의 관할 공공기관에 촉탁하며, 외국에서 시행한 증거조사는 그 나라의 법률에 어긋나더라도 이 법에 어긋나지 아니하면 효력을 가진다고 규정하고 있다(제296조).

5. 외국판결의 승인과 집행

1) 개설

판결이 있게 되면 기판력이 인정되어 강제집행이 가능하다. 그러나 이러한 기판력은 법정지국(판결을 내린 국가)에서만 적용되며, 법정지 이외의 국가에 대해서도 강제력을 가지는 것은 아니다. 피고가 법정지에 재산을 가지고 있는 경우에는 피고의 재산에 강제집행을 할 수 있으므로 외국판결의 승인과 집행의 문제가 없겠지만, 그렇지 않은 경우에는 별도로 피고가 소재하는 국가에서 그 판결의 승인과 집행 절차를 진행해야 한다. 이는 승인 및 집행국의 법률의 적용을 받는다. 영국에는 1933년의 외국판결상호집행법(Foreign Judgement Reciprocal Enforcement Act), 미국에는 1962년의 통일외국금전판결승인법(Uniform Foreign Money-Judgement Act)이 있으며, 우리나라를 비롯하여 독일, 일본 등은 민사소송법에서 규정하고 있다.[47)]

2) 외국판결의 승인에 대한 이론

외국판결의 승인에 관한 이론으로는 국제예양설, 기득권설, 의무설, 기판력설이 있다. 국제예양설(doctrine of comity)은 외국의 주권행사를 존중하여 외국판결을 승인해야 한다는 주장이고, 기득권설(doctrine of vested rights)은 기득권은 보호되어야 한다는 주장이고, 의무설(doctrine of obligation)은 재판관할권을 가진 법원의 판결에 의하여 피고가 이행해야 하는 법적 의무가 확정되고, 그 법적 의무에 기초하여 외국판결의 집행이 가능하다는 주장이고, 기판력설(doctrine of judicata)은 외국판결의 기판력이 인정되기 때문에 이를 승인해야 한다는 주장이다.[48)]

---

47) 최준선, 「국제거래법」 제6판, 삼영사, 2008, p.403.

48) 최준선, 전게서, p.403.

3) 외국판결의 승인과 집행의 요건

외국판결의 승인과 집행이 가능하기 위한 요건에 대해서는 국가마다, 조약마다 다소 차이는 있지만 대체로 ① 확정판결일 것 ② 판결을 한 국가에 관할권이 있을 것 ③ 피고의 방어권이 충분히 보장될 것 ④ 판결의 집행이 집행국의 공서양속에 반하지 않을 것 ⑤ 상호보증이 있을 것 등이 있다.[49] 참고로 우리나라 민사소송법, 브뤼셀협약, 미국에서 정하고 있는 요건을 보면 다음과 같다.

(1) 민사소송법과 민사집행법

민사소송법에서는 외국법원의 확정판결 또는 이와 동일한 효력이 인정되는 재판은 다음의 요건을 모두 갖추어야 승인되며, 그 요건은 법원의 직권조사사항이라고 규정하고 있다(제217조).

i) 대한민국의 법령 또는 조약에 따른 국제재판관할의 원칙상 그 외국법원의 국제재판관할권이 인정될 것

ii) 패소한 피고가 소장 또는 이에 준하는 서면 및 기일통지서나 명령을 적법한 방식에 따라 방어에 필요한 시간여유를 두고 송달받았거나(공시송달이나 이와 비슷한 송달에 의한 경우를 제외한다) 송달받지 아니하였더라도 소송에 응하였을 것

iii) 그 확정재판등의 내용 및 소송절차에 비추어 그 확정재판등의 승인이 대한민국의 선량한 풍속이나 그 밖의 사회질서에 어긋나지 아니할 것

iv) 상호보증이 있거나 대한민국과 그 외국법원이 속하는 국가에 있어 확정재판등의 승인요건이 현저히 균형을 상실하지 아니하고 중요한 점에서 실질적으로 차이가 없을 것

외국판결이 민사소송법 제217조에서 정한 요건을 충족하면, 외국판결은 확정판결과 마찬가지로 기판력, 형성력, 불가쟁력이 부여된다. 그러나 외국판결을 집행하기 위해서는 다시 민사집행법 제26조 및 제27조에 따라 별도의 집행판결을 받아야 한다. 외국법원의 확정판결 또는 이와 동일한 효력이 인정되는 재판에 기초한 강제집행은 대한민국 법원에서 집행판결로 그 강제집행을 허가할 수 있는데, 집행판결을 청구하는 소(訴)는 채무자의 보통재판적이 있는 곳의 지방법원이 관할하며, 보통재판적이 없는 때에는 민사소송법 제11조의 규정에 따라 채무자에 대한 소를 관할하는 법원이 관할

---

49) 서헌제, 전게서, p.724.

한다(민사집행법 제26조). 집행판결에서는 재판의 옳고 그름을 조사하지 않는데, 다만, 집행판결을 청구하는 소는 1) 외국법원의 확정재판등이 확정된 것을 증명하지 아니한 경우 2) 외국법원의 확정재판등이 민사소송법 제217조의 조건을 갖추지 아니한 경우에는 각하된다(민사집행법 제27조).

(2) EU 브뤼셀규정(2012)

브뤼셀규정(2012)에서는 어느 체약국에서 선고된 판결(judgement)은 승인을 위한 특별한 절차없이 다른 체약국에서 승인된다고 규정하고 있다(제36조제1항). 브뤼셀규정(2012)에서는 다음의 경우에는 재판의 승인 및 집행이 거부된다고 규정하고 있다(제45조제1항).

i) 승인국의 공서양속(public policy)에 반하는 경우

ii) 피고에게 적법하게 송달되지 않고, 피고가 방어할 수 있도록 적시에 송달되지 않은 경우

iii) 판결이 동일한 당사자 간의 동일한 분쟁에 대한 EU 회원국의 이전 판결과 상충되는 경우

(3) 미국의 통일외국금전판결승인법

미국의 통일외국금전판결승인법(Uniform Foreign Money－Judgement Act)에서는 확정판결로 재판국에서 집행가능한 판결에 대해 원칙적으로 동법이 적용된다고 규정하고 있고(제2조[50]), 예외적으로 승인이 인정되는 않는 사유를 규정하는 네거티브방식을 취하고 있다(제4조). 승인이 인정되지 않는 사유로는 다음과 같은 것이 있다.

i) 외국법원이 중립성과 적법절차가 보장되지 않는 국가인 경우

ii) 외국법원이 피고에 대해 인적관할이 없는 경우

iii) 외국법원이 사물관할이 없는 경우

iv) 피고가 방어할 충분한 시간 내에 송달을 받지 못한 경우

v) 사기에 의한 판결인 경우

vi) 공서양속에 반한 경우

vii) 판결이 다른 최종판결과 상충되는 경우

viii) 당사자가 소송 이외의 방법으로 분쟁을 해결하기로 합의한 경우

ix) 외국법원이 재판에 불편한 법원인 경우

---

50) SECTION 2. [*Applicability.*] This Act applies to any foreign judgment that is final and conclusive and enforceable where rendered even though an appeal therefrom is pending or it is subject to appeal.

제4절 국제상사중재

1. 개설

1) 의의

중재(arbitration)란, 당사자 간의 합의로 사법상의 분쟁을 법원의 재판에 의하지 아니하고 중재인의 판정에 의하여 해결하는 분쟁해결방법을 말한다.[51] 중재제도는 소송에 비하여 신속하며 저렴하며, 특히 국제거래에서는 전문적이고 복잡하고, 각국의 소송제도가 상이하고, 관련분야의 전문성이 요구되어 국내거래에 비해 중재가 선호되는 편이다.[52]

일반적인 중재절차는 중재합의 → 중재신청 → 중재인 선정 → 중재심문 → 중재판정의 순서로 진행되는데, 중재절차는 당사자의 합의로 정할 수 있고, 당사자의 합의가 없으면 해당 중재규칙 또는 중재법에 따른다.

유효하고 적법한 중재합의가 있는 경우에는 당사자는 법원에 소송을 제기할 수 없는 것이 원칙이다. 중재합의가 있음에도 불구하고 소가 제기된 경우에 중재법에 따르면 법원은 소를 각하해야 하고, UNCITAL 모델중재법에 따르면 법원은 당사자들을 중재에 회부해야 한다. 한편, 중재합의는 중재의 가장 기본적인 요건이며, 중재합의가 부존재, 무효, 실효, 또는 중재합의의 이행이 불가능한 경우에는 소송을 제기할 수 있다(중재법 제9조제1항, 모델중재법 제8조). 다시 말해, 중재합의의 실효 등의 경우에 분쟁해결은 중재로 할 수는 없고, 소송에 의해야 한다.

2) 국제소송과의 비교

대체로 중재는 소송에 비하여 신속하며 저렴하고, 중재인은 전문적이다. 국제소송은 정부기구인 법원에 의해서 진행되므로 공정성이 침해될 수가 우려가 있으나, 중재

---

51) 중재법 제2조(정의) 이 법에서 사용하는 용어의 정의는 다음과 같다.
1. "중재"라 함은 당사자 간의 합의로 사법상의 분쟁을 법원의 재판에 의하지 아니하고 중재인의 판정에 의하여 해결하는 절차를 말한다.

52) ICC 국제중재법원에서는 중재의 장점으로 신속성(speed), 경제성(cost-efffective), 범용성(accessible), 비공개성(confidential), 강행가능성(enforceable award)으로 보고 있다.
인터넷사이트(http://www.iccwbo.org/court/arbitration/id5327/index.html) 참조.

는 공정성이 침해될 가능성이 낮다. 1958년의 「외국중재판정의 승인 및 집행에 관한 유엔협약(United Nations Convention on the Recognition and Enforcement of Foreign Arbitral Awards: '뉴욕협약')」은 한국, 미국, 중국, 일본, EU 등 대부분의 국가가 비준하여(2020년 8월 현재 체약국은 164개국), 외국중재판정의 승인 및 집행이 소송에 비해 상대적으로 용이하다.

한편, 신속성, 저렴성, 전문성 측면에서는 조정(conciliation, mediation)도 중재와 큰 차이가 없지만, 조정결정은 중재판정과는 달리 법적 구속력이 없어 국제거래에서 실효성이 떨어진다.[53] 일반적인 국제중재와 국제소송의 차이점을 정리하면 다음과 같다.

(소송과 중재의 비교)

구 분	소 송	중 재
사전합의	소송에 대한 사전합의 불필요	중재에 대한 사전합의 필요
재판/중재 권한의 근거	법원소재국의 법규	당사자의 중재합의
진행분위기	제소나 소환의 수단에 의한 억압적 분위기	평화적 분위기
공개여부	재판과정, 판결 공개	당사자의 의사를 존중하여 비공개적으로 진행(상거래 비밀보장)
최종성	3심제 (상소제도에 의해 구제의 기회 있음)	• 단심제(중재판정에 대해 불복신청, 재심, 상소 불가능. 단, 사기나 절차상의 하자는 제외) • 상소제도에 의한 구제의 기회 없음
신속성	중재에 비해 절차의 번잡성, 3심제 등으로 장시간이 소요	소송보다 신속하게 진행되며, 단심으로 종결
전문성	일반 판사가 진행함	중재인은 해당분야 전문가임
강제성	판사에게는 법률에 의해 강제적인 권한이 부여됨	중재인에게는 아무런 강제적인 권한이 없음(증인, 감정인을 강제로 출석시킬 수 없음)
비 용	중재에 비해 비용이 높음	소송에 비해 비용이 낮음
국제적 효력	타국에서 개별적으로 승인받아야 함	뉴욕협약에 의거 외국중재판정은 호혜원칙에 의거 승인됨(뉴욕협약 체약국: 164개국)

53) 박종삼, "중재계약의 법적효력에 관한 연구", 「중재연구」, 제19권 제3호, 2009, p.26.

3) 중재의 종류

(1) 임의중재

임의중재(ad hoc arbitration)란, 당사자가 상설중재기관을 이용하지 않고 당사자들이 중재의 틀을 만들어 중재를 진행하는 중재를 말한다. 임의중재에서는 당사자들이 중재인을 선임하고, 중재에 적용될 중재규칙도 정한다. 당사자들이 중재규칙을 직접 작성할 수도 있지만, UNCITRAL 중재규칙, ICC 중재규칙 등 기존의 중재규칙을 이용하는 경우가 많다.

(2) 기관중재

기관중재(institutional arbitration)란, 조직화된 상설중재기관에 의한 중재를 말한다. 이들 중재기관은 자체 중재규칙에 따라 중재절차를 진행한다. 대표적인 중재기관으로는 ICC의 국제중재법원(International Court of Arbitration), 런던국제중재법원(London Court of International Arbitration),[54] 미국중재협회(American Arbitration Association), 세계지적재산권기구 중재본부(World Intellectual Property Organization Arbitration Center), 싱가포르국제중재센터(Singapore International Arbitration Centre),[55] 홍콩국제중재센터(Hong Kong International Arbitration Centre),[56] 중국국제경제무역중재위원회(Chinese International Economic and Trade Arbitration Commission),[57] 중국해사중재위원회(Chinese Maritime Arbitration Commission),[58] 일본상사중재협회(Japan Commercial Arbitration Association),[59] 대한상사중재원(Korean Commercial Arbitration Board)[60] 등이 있다.

임의중재가 기관중재에 비해 비용이 저렴하고, 신속하며, 유연성이 있으나, 전문성

54) 국내 및 국제상사분쟁을 해결할 목적으로 1892년 런던에 설립되었다. 설립당시의 명칭은 런던시중재회의소(The City of London Chamber of Arbitration)였으나, 1903년 런던중재법원(London Court of Arbitration)으로 변경되었으며, 1981년 현재의 명칭으로 변경되었다. 홈페이지(http://www.lcia-arbitration.com)

55) SIAC라고 약칭되고 있다. 홈페이지(https://www.siac.org.sg)

56) HKIAC라고 약칭되고 있다. 홈페이지(https://www.hkiac.org)

57) CIETAC라고 약칭되고 있다. 홈페이지(http://www.cietac.org/index.cms)

58) CMAC라고 약칭되고 있다. 홈페이지(http://www.cmac-sh.org/en/home.asp)

59) 상사분쟁해결 및 국제거래의 증진을 목적으로 1950년 일본 통상성 산하기관으로 설립되었으며, JCAA로 약칭되고 있다. 홈페이지(http://www.jcaa.or.jp/e/index-e.html)

60) 중재법에 의해 1966년에 대한상공회의소내 국제상사중재위원회가 설치되었고, 이는 1970년에 대한상사중재협회로 대체되었다. 그리고 1980년에 대한상사중재원으로 개편되었다.

이 떨어진다고 볼 수 있다. 그러나 최근에는 많은 기관들이 신속성을 위해 패스트트랙(fast track)을 도입하고 있다.

2. 중재관련 국제법규

1) 뉴욕협약(1958)

각국의 중재법규에는 상당한 차이가 있어 원활한 국제중재에 장애가 되어 왔다. 중재법규를 통일하려는 시도로는 1923년 「중재조항에 관한 제네바의정서(Geneva Protocolon Arbitration Clause 1923)」와 1927년 「외국중재판정의 집행에 관한 제네바협약(Geneva Convention on the Execution of Foreign Arbitral Awards 1927)」이 있다. 제네바의정서는 각국 법원으로 하여금 중재조항의 이행을 보장하기 위한 것이고, 제네바협약은 외국중재판정의 집행을 보장하기 위한 것이었는데, 집행력이 보장되는 외국중재판정의 범위가 제한되어 있고, 그 승인과 집행의 요건이 복잡하다는 결점이 있었다.[61] 이에 따라 제네바의정서와 제네바협약은 1958년의 「외국중재판정의 승인 및 집행에 관한 유엔협약(United Nations Convention on the Recognition and Enforcement of Foreign Arbitral Awards: '뉴욕협약')」으로 대체되었다.[62] 뉴욕협약은 미국, 중국, 일본, EU 등 대부분의 국가가 비준하였으며(2020. 8월 현재 체약국은 164개 국), 우리나라도 1973년에 42번째 국가로 가입하였다. 뉴욕협약은 총16개 조문으로 구성되어 있다.

2) UNCITRAL 모델중재법(1985)

각국의 중재법의 차이에서 오는 문제점을 해결하기 위해 UNCIRAL에서는 각국에 중재법의 기준으로 삼을 수 있는 국제상사모델중재법(Model Law on International Commercial Arbitrations)을 1985년 제정하였다. 그리고 UN총회의 결의로 각 회원국에서 모델중재법을 도입할 것을 촉구하는 결의안을 채택하였다. 우리나라도 1999년 중재법개정시 UNCITRAL 모델중재법을 전면 수용하였다. UNCITRAL 모델중재법의 수용으로 인하여 중재제도에 대한 국가신뢰도가 제고되었다. UNCITRAL 모델중재법은 중재절차에

---

61) 김상호, '한국에서의 외국중재판정의 승인과 집행, 중재연구', 제17권 제3호, 2007.12, p.4.

62) 뉴욕협약 제7조 제2항
2. 1923년 중재조항에 관한 제네바 의정서 및 1927년 외국중재판정의 집행에 관한 제네바협약은 체약국간에 있어 이 협약에 의한 구속을 받게 되는 때로부터 그 구속을 받는 한도내에서 효력을 종료한다.

대한 당사자들의 자유를 허용하고, 중재절차에서의 공정성을 보장하고, 당사자들의 이견에도 불구하고 중재가 완결될 수 있도록 법적인 장치를 제공하고 있다. UNCITRAL 모델중재법은 2006년에 개정되었다. 참고로 북한에서는 「중재법」과 「대외경제중재법」을 두고 있는데, 중재법은 중재합의 존재와 관계없는 강제적 국가중재로서 실질적 의미의 중재법이 아니고, 대외경제중재법이 실질적 의미의 중재법에 해당된다. 북한은 1999년에 대외경제중재법을 채택하였고, 2008년과 2014년에 각각 개정하였는데, 2008년 개정에서는 UNCITRAL 모델중재법을 상당부분 수용하였다.

3) 국제중재규칙

대부분의 중재기관은 자체 중재규칙을 제정하여 운영하고 있다. ICC에서는 '조정과 중재에 관한 ICC 규칙(ICC Rules of Conciliation and Arbitration of the International Chamber of Commerce)', LCIA에서는 'CIA 중재규칙(LCIA Arbitration Rules)', 대한상사중재원에서는 '대한상사중재원국제중재규칙(The Rules of International Arbitration for the Korean Commercial Arbitration Board)', ICSID에서는 '중재절차규칙(Rules for Procedure for Arbitration Proceedings)'을 제정하여 운영하고 있다.

한편, 국제중재기구가 선진국을 위한 것이라는 불신을 불식시키기 위해 UNCITRAL에서는 1976년에 UNCITRAL 중재규칙(UNCITRAL Arbitration Rules)을 제정하였다. UNITRAL 중재규칙은 그동안 국제중재에서 제기되었던 많은 절차적인 문제들에 대한 해결책을 제시하는 상세한 규정으로 되어 있다. UNCITRAL 중재규칙은 임의중재를 위한 것이었지만 그 합리성과 전문성이 뛰어나 기관중재에도 많은 영향을 주었다.[63] 이 중재규칙의 적용범위는 당사자가 이 중재규칙에 의한 중재에 회부하기로 합의한 경우에 적용된다. 다만 중재에 관한 강행규정의 성격을 갖는 준거법과 이 규칙이 저촉될 경우에는 준거법규정을 적용된다. 이는 자국법규를 존중함으로써 UNCITRAL 중재규칙의 적용을 활성화하기 위한 것이다.

---

63) 서헌제, 전게서, p.652.

3. 중재합의[64)]

1) 의의

일반적인 중재절차는 중재합의 → 중재신청 → 중재인 선정 → 중재심문 → 중재판정의 순서로 진행되는 바, 중재합의는 중재절차에 있어 첫 번째 단계이다. 통상 계약체결 시에 중재에 대해 합의를 하고 계약서에 중재조항을 명시하는 방법으로 중재합의를 하지만, 분쟁발생 후에 중재합의를 하기도 한다(중재법 제2조, UNCITRAL 모델중재법 제7조). 한편, 중재합의 후에도 당사자는 합의로 중재를 포기할 수 있으며, 이 경우 관할권을 가지고 있는 법원에서 소송으로 진행하게 된다.[65)] 따라서 이미 발생한 분쟁에 대한 중재합의와 장래발생할 수 있는 중재합의 간의 법률상 차이는 없다고 본다.[66)]

한편, 중재합의는 구 중재법에서는 '중재계약'이라고 규정하였으나, 현행 중재법에서는 '중재합의'로 변경하였다. 그 이유는 본계약과 중재계약 간에 혼동될 우려가 있고, 영어의 "arbitration agreement"라는 용어는 주로 "중재합의" 번역되고 있으며, '계약'이란 용어는 실체법상 용어이며, 절차법적 용어로는 '합의'라는 용어가 선호되고 있기 때문이다.[67)]

2) 중재합의의 형식 및 시기

중재합의는 계약서 외에 별도의 독립된 합의로 할 수도 있고, 계약 중 중재조항의 형식으로도 할 수 있다(중재법 제8조제1항, 모델중재법 제7조제2항). 그러나 중재합의는 서면에 의할 것을 필요로 하는데, 중재합의에서 서면성을 요구하는 것은 중재합의의 존부에 대한 다툼을 방지하기 위한 것이다(중재법 제8조제2항 및 제3항, 모델중재법 제7조제1항). 2016년 개정 중재법에서는 구두나 행위, 그 밖의 어떠한 수단에 의하여 이루어진 것인지 여부와 관계없이 중재합의의 내용이 기록된 경우는 서면중재합의로 인정하는 조항과, 팩스, 전자우편(이메일) 등에 의한 중재합의도 서면으로 인정하는 조항을 추가하였다.

---

64) 김상만, "계약 및 중재합의 유효성의 소송 대상적격성에 대한 미국 연방대법원의 입장에 관한 연구", 「동아법학」 제50호, 2011.

65) 강수미, "중재의 대상적격의 의의 및 내용", 중재연구, 제19권 제1호, 2009, p.5.

66) 대한상사중재원, 「주석중재법」, 대한상사중재원, 한국상사중재학회, 2005, p.11.

67) 대한상사중재원, 전게서, pp.10-11.

중재합의는 중재절차에 있어 첫 번째 단계이다. 통상 계약체결 시에 중재에 대해 합의를 하고 계약서에 중재조항을 명시하는 방법으로 중재합의를 하지만, 분쟁발생 후에 중재합의를 할 수도 있다(중재법 제3조, 모델중재법 제7조). 한편, 중재합의 후에도 당사자는 합의로 중재를 포기할 수 있는데, 이 경우 관할권을 가지고 있는 법원에서 소송으로 진행하게 된다.[68)]

3) 중재합의의 내용

(1) 개요

중재합의의 내용에는 중재의사표시, 중재기관, 중재규칙, 중재지, 중재언어, 중재인의 수, 중재인의 선정 등이 있다.

■ **Model Clause for Future Disputes(대한상사중재원)**

(영문)

1) Any dispute arising out of or in connection with this contract shall be finally settled by arbitration in Seoul in accordance with the International Arbitration Rules of the Korean Commercial Arbitration Board and laws of Korea.
2) The number of arbitrators shall be three.
3) The seat, or legal place, of arbitration shall be Seoul.
4) The language to be used in the arbitral proceedings shall be Korean.

(국문)

1) 이 계약으로부터 또는 이 계약과 관련하여 발생하는 모든 분쟁은 서울에서 대한상사중재원의 국제중재규칙 및 대한민국법에 따라 중재에 의해 최종 해결한다.
2) 중재인의 수는 3인으로 한다.
3) 중재지는 대한민국, 서울로 한다.
4) 중재에 사용될 언어는 한국어로 한다.

■ Model Agreement for Existing Disputes(대한상사중재원)

We, the undersigned parties, hereby agree that the following dispute shall be referred to and finally determined by arbitration in accordance with the KCAB International Arbitration Rules :

68) 강수미, 전게논문, p.5.

[brief description of the dispute]

- The number of arbitrators shall be [one / three]
- The seat, or legal place, of arbitral proceedings shall be [city / country]
- The language to be used in the arbitral proceedings shall be [language]

■ ICC Arbitration Clause

All Disputes arising out of or in connection with the contract shall be finally settled under the Rules of Arbitration of the International Chamber of Commerce by one or more arbitrators appointed in accordance with the said Rules.
(이 계약으로부터 또는 이 계약과 관련하여 발생하는 모든 분쟁은 ICC 중재규칙에 따라 그리고 동 중재규칙에 의해 선전된 1인 이상의 중재인에 의해 최종 해결한다.)

■ The London Court of International Arbitration Arbitration Clause

Any dispute arising out of or in connection with this contract, including any question regarding its existence, validity or termination, shall be referred to and finally resolved by arbitration under the Rules of the London Court of International Arbitration, which Rules are deemed to be incorporated by reference into this clause.
(이 계약으로부터 또는 이 계약과 관련하여 발생하는 모든 분쟁(계약의 존재, 유효성, 또는 종료 포함)은 런던국제중재법원의 규칙에 따라 중재에 회부되고 중재로 최종 해결되며, 동 규칙은 이 계약조항의 일부로 편입된다.)

(2) 중재장소

중재계약에는 중재장소를 명시하여야 한다. 일반적으로 자국을 중재장소로 정하는 것이 유리하므로 양당사자는 서로 자국을 중재장소로 정하려고 한다. 이는 결국에 계약에서 누가 우위를 가지고 있느냐에 따라 결정되며, 공정성을 기하기 위하여 제3국을 중재장소로 정하기도 한다. 중재지는 당사자의 합의로 정할 수 있다(중재법 제21조제1항, 모델중재법 제20조제1항). 미국에서도 Vimar Seruros Y Reaseguros v M/K Sky Reefer 사건(1995년)[69]에서 중재법원을 지정하는 것도 중재계약에 포함된다고 판시한 바 있다. 중재지에 대한 합의가 없는 경우 중재판정부는 당사자의 편의와 당해 사건에 관한 제반 사정을 고려하여 중재지를 정한다(중재법 제21조제2항, 모델중재법 제20조제1항).

---

69) 515 U.S. 528

(3) 중재인의 선정

중재인이란, 중재판정을 내리는 권한이 부여된 자이다. 중재계약에는 중재인의 수와 자격, 중재인을 선정하는 방법, 중재인의 권한 등을 명시하여야 한다. 중재인이 누구냐는 국제중재에서 큰 영향을 미치므로 중재인의 선정은 매우 중요하다. 당사자는 중재인의 수를 자유로이 정할 수 있으며, 합의가 없는 경우에는 대한민국 중재법과 모델중재법에서는 3인으로 한다(중재법 제11조, 모델중재법 제10조). 중재인의 수는 1인 또는 3인으로 정하는 것이 보편적이다. 중재인을 선임하는 전형적인 방식은 당사자가 각각 1인 씩 선임하고, 그 2인의 중재인이 제3의 중재인(의장중재인)을 선임하는 것이다. 대부분의 중재기관은 각 분야의 전문가들로 구성된 중재인단(arbitrators pool)을 보유하고 있으며, 그중에서 중재인을 선정한다.

(4) 중재언어

그 밖에 중재절차에서 사용될 언어를 정해야 한다. UNCITRAL 중재규칙, ICC 중재규칙 등 대부분의 중재규칙에서는 당사자들의 합의로 중재언어를 정할 수 있으며, 당사자의 합의가 없는 경우 중재판정부에서 정하도록 규정하고 있다(UNCITRAL 모델중재법 제22조, ICC 중재규칙 제16조, 대한상사중재원 중재규칙 제50조).

4) 중재합의의 효과

유효하고 적법한 중재합의가 있는 경우에는 당사자는 법원에 소송을 제기할 수 없는 것이 원칙이다. 중재합의가 있음에도 불구하고 소가 제기된 경우에 피고가 중재합의존재의 항변을 하는 때에는 중재법에 따르면 법원은 그 소를 각하해야 하며(중재법 제9조), UNCITRAL 모델중재법에 따르면 법원은 당사자들을 중재에 회부해야 한다(모델중재법 제8조). 다만, 피고의 중재합의존재의 항변은 소송에서 본안의 최초의 변론까지 제기되어야 하며, 중재합의존재의 항변을 제기하지 않고 응소한 경우에는 중재합의존재의 항변을 포기한 것으로 본다(중재법 제9조, 모델중재법 제8조, 대법원 1991. 4. 23. 선고 91다4812 판결). 따라서, 상대방이 중재합의존재의 항변을 하지 않음에도 불구하고 법원이 스스로 소를 각하하거나 당사자들로 하여금 중재신청을 하게 할 권한은 없는 것으로 보인다. 한편, 중재절차 진행 중에도 대부분의 국가에서는 법원의 보전처분 또는 임시적 처분을 인정하고 있다(중재법 제10조 및 제18조, 모델중재법 제9조).

5) 중재판정의 효력 및 취소

중재판정(arbitral award)은 중재판정부가 내린 최종적인 결정을 말한다. 중재판정의 승인 또는 집행이 거절된 경우를 제외하고는, 중재판정은 법원의 확정판결과 동일한 효력이 있다(중재법 제35조). 중재판정에 대한 불복은 법원에 중재판정의 취소를 제기하는 방법으로만 할 수 있다(중재법 제36조, 모델중재법 제36조).

4. 중재의 준거법

중재의 준거법은 중재절차에 적용되는 준거법과 중재판정에 적용되는 준거법으로 구분할 수 있다.

1) 중재절차의 준거법

중재절차의 준거법이란, 중재절차를 진행함에 있어서 적용되는 법규를 말한다. 일반적으로 중재절차에 적용되는 법규는 당사자들이 자유롭게 정할 수 있다. 중재법 제20조에서는 중재법의 강행규정에 반하지 아니하는 한 당사자들은 중재절차에 관하여 합의할 수 있다고 규정하고, 모델중재법 제19조에서도 중재법의 규정에 따라 당사자는 중재판정부가 중재절차를 진행할 때 지켜야 할 절차규칙에 관하여 자유로이 합의할 수 있다고 규정하고 있다. 당사자들은 특정 국가의 국내법을 중재절차의 준거법으로 정할 수도 있고, 중재기관의 중재규칙을 중재절차의 준거법으로 정할 수도 있다. 당사자들이 중재절차의 준거법을 정하지 않은 경우, 중재판정부는 해당 중재법에 따라 적절한 방식으로 중재절차를 진행할 수 있다(중재법 제20조제2항, 모델중재법 제19조제2항).

2) 중재판정의 준거법

중재판정의 준거법이란, 중재판정을 함에 있어 적용되는 실체법을 말한다. 즉 양당사자의 주장 중 누구의 주장이 옳은지 판단하는 데 있어 기준이 되는 법을 말한다. 당사자는 중재판정의 준거법에 대해 합의할 수 있다. 당사자의 합의가 없는 경우 해당 중재판정부는 적용가능하다고 보는 국제사법의 규정에 따라 결정되는 법을 적용한다(모델중재법 제28조제2항).

5. 중재절차

1) 중재신청

기관중재의 경우 신청인은 중재기관에 중재신청서를 제출하고, 중재기관은 동 신청을 접수하면, 양당사자에게 접수하였다는 뜻을 통지한다. 당사자 간에 다른 합의가 없는 경우 중재절차는 피신청인이 중재요청서를 받은 날부터 시작된다(중재법 제22조, 모델중재법 제21조). 중재요청서에는 당사자, 분쟁의 대상 및 중재합의의 내용을 적어야 한다(중재법 제22조).

2) 중재인 선정

중재인 선정에 관한 사항의 중재합의사항으로 중재조항에서 정하는 것이 일반적이다. 중재조항에서 중재인 선정에 대해 정하고 있지 않은 경우, 적용되는 중재규칙에 따라 중재인을 선정한다. 기관중재의 경우 중재기관에 중재인의 선정을 일임하는 경우가 많다. 그렇지 않은 경우 당사자가 각각 1인의 중재인을 선정하고, 그 2인의 중재인이 합의로 제3의 중재인을 선정하며, 제3의 중재인이 의장중재인이 되는 방식을 많이 채택한다.

3) 중재의 진행

중재판정부는 적절하다고 인정되는 방식으로 중재를 운용하며, 당사자 쌍방을 공평하게 대우해야 한다. 그리고 각 당사자에게 진술의 완전한 기회를 부여해야 한다(UNCITRAL 중재규칙 제15조). 중재언어에 대해서는 당사자들의 합의가 우선되나, 당사자들이 합의하지 않은 경우 중재판정부에서 정한다(UNCITRAL 중재규칙 제17조).

당사자들은 청구와 답변을 하며, 청구에는 사실관계와 쟁점, 구제수단 또는 배상이 포함되어야 한다(UNCITRAL 중재규칙 제18조제2항). 중재개시신청서에 이러한 내용을 기재하는 것이 일반적이지만, 사후에 제출해도 된다(UNCITRAL 중재규칙 제1조제1항). 상대방은 청구의 내용에 대해 답변을 한다.

4) 중재판정

사실관계가 확정되고 준거법도 확정되면, 중재판정부는 사실관계와 준거법을 토대로 중재판정을 한다. 중재인이 복수인 경우 통상 다수결로 판정을 내리며(UNCITRAL 중재규칙 제31조제1항), 판정이유도 기재한다(UNCITRAL 중재규칙 제32조제3항). 중재판정문은 당사자 쌍방의 동의가 있는 경우에 한하여 공개할 수 있다(UNCITRAL 중재규칙 제32조제5항).

6. 중재판정

1) 중재판정의 효력

중재판정(arbitral award)은 중재판정부가 내린 최종적인 결정을 말한다. 중재판정의 승인 또는 집행이 거절된 경우를 제외하고는, 중재판정은 법원의 확정판결과 동일한 효력이 있다(중재법 제35조). 중재판정에 대한 불복은 법원에 중재판정의 취소를 제기하는 방법으로만 할 수 있다(중재법 제36조, 모델중재법 제36조). 중재합의가 무효이거나 중재인의 선정 또는 중재절차에 관하여 적절한 통지를 받지 못한 경우 등 일정한 사유가 있는 경우 중재판정취소의 소를 제기할 수 있다(중재법 제36조, 모델중재법 제36조).

2) 중재판정의 승인과 집행

중재판정의 승인 또는 집행은 법원의 승인 또는 집행판결에 의한다(중재법 제37조제1항). 중재법에서는 제38조에서 국내 중재판정의 승인 거부사유, 제39조에서 외국 중재판정의 승인거부사유를 규정하고 있고, 각각의 승인 거부사유가 없으면 승인된다고 규정하고 있다(중재법 제37조). 외국 중재판정의 승인거부사유는 뉴욕협약 적용대상과 비적용대상으로 구분하고 있는데, 뉴욕협약 적용대상은 뉴욕협약에 따르고, 뉴욕협약 비적용대상은 「민사소송법」 제217조, 「민사집행법」 제26조제1항 및 제27조를 준용한다고 규정하고 있다.

미국에서도 연방중재법(Federal Arbitration Act: 9 U.S.C. §9)에서 당사자는 미국 연방법원에 중재판정에 대한 집행문신청을 할 수 있다고 규정하고 있으며, Medical Marketing International v Internazionale Medico Scientifica 사건(1999년)에서 중재인의 권한을 벗어나지 않고, 중재판정이 공서양속에 반하지 않으므로 중재판정은 유효하다고 인정하여 집행문을 부여하였다.

(대한민국 중재법)

제36조(중재판정 취소의 소) ① 중재판정에 대한 불복은 법원에 중재판정 취소의 소를 제기하는 방법으로만 할 수 있다.

② 법원은 다음 각 호의 어느 하나에 해당하는 경우에만 중재판정을 취소할 수 있다. **(⇒ 당사자의 중재판정 취소의 소 사유)**

1. 중재판정의 취소를 구하는 당사자가 다음 각 목의 어느 하나에 해당하는 사실을 증명하는 경우

가. 중재합의의 당사자가 해당 준거법(準據法)에 따라 중재합의 당시 무능력자였던 사실 또는 중재합의가 당사자들이 지정한 법에 따라 무효이거나 그러한 지정이 없는 경우에는 대한민국의 법에 따라 무효인 사실

나. 중재판정의 취소를 구하는 당사자가 중재인의 선정 또는 중재절차에 관하여 적절한 통지를 받지 못하였거나 그 밖의 사유로 변론을 할 수 없었던 사실

다. 중재판정이 중재합의의 대상이 아닌 분쟁을 다룬 사실 또는 중재판정이 중재합의의 범위를 벗어난 사항을 다룬 사실. 다만, 중재판정이 중재합의의 대상에 관한 부분과 대상이 아닌 부분으로 분리될 수 있는 경우에는 대상이 아닌 중재판정 부분만을 취소할 수 있다.

라. 중재판정부의 구성 또는 중재절차가 이 법의 강행규정에 반하지 아니하는 당사자 간의 합의에 따르지 아니하였거나 그러한 합의가 없는 경우에는 이 법에 따르지 아니하였다는 사실

2. 법원이 직권으로 다음 각 목의 어느 하나에 해당하는 사유가 있다고 인정하는 경우 **(⇒ 법원의 직권에 의한 중재판정 취소사유)**

가. 중재판정의 대상이 된 분쟁이 대한민국의 법에 따라 중재로 해결될 수 없는 경우

나. 중재판정의 승인 또는 집행이 대한민국의 선량한 풍속이나 그 밖의 사회질서에 위배되는 경우

③ 중재판정 취소의 소는 중재판정의 취소를 구하는 당사자가 중재판정의 정본을 받은 날부터 또는 제34조에 따른 정정·해석 또는 추가 판정의 정본을 받은 날부터 3개월 이내에 제기하여야 한다.

④ 해당 중재판정에 관하여 대한민국의 법원에서 내려진 승인 또는 집행 결정이 확정된 후에는 중재판정 취소의 소를 제기할 수 없다.

제37조(중재판정의 승인과 집행) ① 중재판정은 제38조 또는 제39조에 따른 승인 거부사유가 없으면 승인된다. 다만, 당사자의 신청이 있는 경우에는 법원은 중재판정을 승인하는 결정을 할 수 있다.

② 중재판정에 기초한 집행은 당사자의 신청에 따라 법원에서 집행결정으로 이를 허가하여야 할 수 있다.

③ 중재판정의 승인 또는 집행을 신청하는 당사자는 중재판정의 정본이나 사본을 제출하여야 한다. 다만, 중재판정이 외국어로 작성되어 있는 경우에는 한국어 번역문을 첨부하여야 한다.

1. 삭제

2. 삭제

④ 제1항 단서 또는 제2항의 신청이 있는 때에는 법원은 변론기일 또는 당사자 쌍방이 참여할 수 있는 심문기일을 정하고 당사자에게 이를 통지하여야 한다.

⑤ 제1항 단서 또는 제2항에 따른 결정은 이유를 적어야 한다. 다만, 변론을 거치지 아니한 경우에는 이유의 요지만을 적을 수 있다.

⑥ 제1항 단서 또는 제2항에 따른 결정에 대해서는 즉시항고를 할 수 있다.

⑦ 제6항의 즉시항고는 집행정지의 효력을 가지지 아니한다. 다만, 항고법원(재판기록이 원심법원에 남아 있을 때에는 원심법원을 말한다)은 즉시항고에 대한 결정이 있을 때까지 담보를 제공하게 하거나 담보를 제공하게 하지 아니하고 원심재판의 집행을 정지하거나 집행절차의 전부 또는 일부를 정지하도록 명할 수 있으며, 담보를 제공하게 하고 그 집행을 계속하도록 명할 수 있다.

⑧ 제7항 단서에 따른 결정에 대해서는 불복할 수 없다.

제38조(국내 중재판정) 대한민국에서 내려진 중재판정은 다음 각 호의 어느 하나에 해당하는 사유가 없으면 승인되거나 집행되어야 한다.

1. 중재판정의 당사자가 다음 각 목의 어느 하나에 해당하는 사실을 증명한 경우
   가. 제36조제2항제1호 각 목의 어느 하나에 해당하는 사실
   나. 다음의 어느 하나에 해당하는 사실
      1) 중재판정의 구속력이 당사자에 대하여 아직 발생하지 아니하였다는 사실
      2) 중재판정이 법원에 의하여 취소되었다는 사실
2. 제36조제2항제2호에 해당하는 경우

제39조(외국 중재판정) ①「외국 중재판정의 승인 및 집행에 관한 협약」을 적용받는 외국 중재판정의 승인 또는 집행은 같은 협약에 따라 한다.

②「외국 중재판정의 승인 및 집행에 관한 협약」을 적용받지 아니하는 외국 중재판정의 승인 또는 집행에 관하여는「민사소송법」제217조,「민사집행법」제26조제1항 및 제27조를 준용한다.

3) 외국중재판정의 승인과 집행

(1) 개요

외국중재판정의 승인과 집행은 외국중재판정을 국내법원에서 승인하고 집행문을 부여하는 것이다. 우리나라 중재법에서는 외국중재판정의 승인 및 집행기준에 있어 중재법에서는 '영토주의'를 기준으로 하고 있어, 한국내에서 내려진 중재판정은 국내중재판정으로 보고 있다.

외국중재판정의 승인 또는 집행은 법원의 승인 결정 또는 집행 결정에 의한다. 중재법 제38조에서 규정한 취소사유가 없는 한, 법원은 국내에서 내려진 중재판정을 승인한다. 뉴욕협약 제1조제1항에서는 "이 협약은 중재판정의 승인 및 집행의 요구를

받는 국가 이외의 국가의 영토내에서 내려진 판정으로서, 자연인 또는 법인간의 분쟁으로부터 발생하는 중재판정의 승인 및 집행에 적용한다. 이 협약은 또한 그 승인 및 집행의 요구를 받은 국가에서 내국판정이라고 인정되지 아니하는 중재판정에도 적용된다."고 규정하고 있다. 결국 뉴욕협약에 따르면, '외국중재판정'은 타국에서 내려진 중재판정 및 자국의 국내중재판정이라고 인정되지 않는 중재판정을 말한다고 볼 수 있다.

(2) 뉴욕협약과 상호주의

'상호주의'란, 상대국이 중재판정의 효력을 인정하면 자국에서도 동일하게 인정하는 것을 말한다. 뉴욕협약에서는 "어떠한 국가든지 이 협약에 서명, 비준 또는 가입할 때, 또는 이 제10조에 의하여 확대 적용을 통고할 때에 상호주의의 기초에서 다른 체약국의 영토 내에서 내려진 판정의 승인 및 집행에 한하여 이 협약을 적용한다고 선언할 수 있다"고 규정하여, 상호주의에 의한 유보선언을 허용하고 있다. 한국은 뉴욕협약 가입 시 이 유보선언을 했기 때문에 상호주의 의해 외국중재판정의 승인 및 집행을 인정한다. 다만, 한국의 상호주의는 뉴욕협약 체약국의 경우에만 적용되는 것이다. 또한, 어떠한 국가든지 계약적 성질의 것이거나 아니거나를 불문하고 이러한 선언을 행하는 국가의 국내법상 상사의 것이라고 인정되는 법률관계로부터 발생하는 분쟁에 한하여 이 협약을 적용할 것이라고 선언할 수 있다.

(3) 외국중재판정의 승인

중재법에서는 외국중재판정의 승인 또는 집행은 뉴욕협약 적용대상은 뉴욕협약에 따르고, 뉴욕협약 비적용대상은 「민사소송법 」제217조, 「민사집행법」 제26조제1항 및 제27조를 준용한다고 규정하고 있다(중재법 제39조). 그리고 모델중재법에서는 중재판정은 그 판정이 어느 국가에서 내려졌는지 불문하고 구속력있는 것으로 승인되어야 하며 동법에서 정한 거부사유가 없는 한 승인되고 집행되어야 한다고 규정하고 있다(제35조). 외국중재판정의 승인과 집행에 대한 대표적인 미국 판례로는 Scherk v. Alberto-Culver Co(1974년)이 있으며, 국내판례로는 GKN사건(대법원 1990. 4. 10. 선고 89다카20252 판결)[70]이 있다.

---

70) 이 사건은 한국의 국제상사(피고)와 영국의 GKN International Trading(원고)간의 강철매매계약에 대한 분쟁인데, 런던 중재법원에서 중재가 제기되어 중재법원은 피고의 런던사무소에 여러 번 중재절차통지를 하였으나, 피고

중재판정은 소송에 비하여 국제적으로 승인되고 집행되는 것이 용이한데, 그 이유는 대부분의 국가가 뉴욕협약에 가입하였기 때문이다.[71] 그리고 외국중재판정을 승인하는데 있어 많은 국가들이 중재지국의 중재법이 모델중재법을 따르고 있는지 여부를 주요 요소로 보고 있어 많은 국가들이 모델중재법을 수용하여 자국의 중재법을 개정하고 있다. 우리나라에서도 1999년에 모델중재법을 수용하여 중재법을 전면 개정하였고[72], 북한도 2008년에 모델중재법을 수용하여 대외경제중재법을 개정하였다.

한편, 뉴욕협약 제5조에서는 중재판정의 승인과 집행의 거부사유를 ① 당사자의 신청에 의해 거부할 수 있는 사유와 ② 직권으로 거부할 수 있는 사유로 구분하여 규정하고 있다(상세한 내용은 아래의 뉴욕협약 제5조 참조).

(외국중재판정의 승인 및 집행거부 사유 – 뉴욕협약 제5조)

제5조 1. 판정의 승인과 집행은 판정이 불리하게 원용되는 당사자의 청구에 의하여, 그 당사자가 판정의 승인 및 집행의 요구를 받은 국가의 권한 있는 기관에게 다음의 증거를 제출하는 경우에 한하여 거부될 수 있다.

가. 제2조에 규정된 합의의 당사자가 그들에게 적용될 법률에 의하여 무능력자이었던가 또는 당사자들이 준거법으로서 지정한 법령에 의하여 또는 지정이 없는 경우에는 판정을 내린 국가의 법령에 의하여 전기 합의가 무효인 경우 또는,

나. 판정이 불리하게 원용되는 당사자가 중재인의 선정이나 중재절차에 관하여 적절한 통고를 받지 아니 하였거나 또는 기타 이유에 의하여 응할 수 없었을 경우 또는,

다. 판정이 중재부탁조항에 규정되어 있지 아니하거나 또는 그 조항의 범위에 속하지 아니하는 분쟁에 관한 것이거나 또는 그 판정이 중재부탁의 범위를 벗어나는 사항에 관한 규정을 포함하는 경우. 다만, 중재에 부탁한 사항에 관한 결정이 부탁하지 아니한 사항과 분리될 수 있는 경우에는 중재부탁사항에 관한 결정을 포함하는 판정의 부분은 승인되고 집행될 수 있다.

라. 중재기관의 구성이나 중재절차가 당사자 간의 합의와 합치하지 아니하거나, 또는 이러한 합의가 없는 경우에는 중재를 행하는 국가의 법령에 합치하지 아니하는 경

가 중재재판에 참석하지 않아 원고승소의 판정을 하였다. 그리고 피고가 중재판정에서 정한 의무를 이행하지 않자 원고는 서울민사지방법원에 집행판결을 구하는 소송을 제기하였으며, 대법원에서 최종적으로 집행판결을 하였다.

71) 우리나라는 1973년 5월 9일 42번째 국가로 가입하였고, 2020. 7월 현재 체약국은 164개국이다.

72) 1999년 중재법 개정이유
'기업의 국제화 추세에 따라 야기되는 국내외 상사분쟁을 중재제도를 이용하여 신속하게 해결할 필요성이 증대되고 있음에도 현행중재법은 다양한 유형의 국내외 상사분쟁을 효율적으로 해결하기에는 미흡하여, 국제적으로 확립된 기준과 선진입법예를 적극 수용하여 우리 중재법이 국내외 상사분쟁을 공정 · 신속하게 해결하는 준거법이 될 수 있도록 함으로써, 국제상사분쟁의 해결에 우리 중재제도의 이용을 활성화시켜 국가경쟁력을 제고함과 아울러 중재제도의 발전과 그 이용의 확산을 도모하려는 것임.'

우 또는

마. 판정이 당사자에 대한 구속력을 아직 발생하지 아니하였거나 또는 판정이 내려진 국가의 권한 있는 기관이나 또는 그 국가의 법령에 의거하여 취소 또는 정지된 경우

2. 중재판정의 승인 및 집행이 요구된 국가의 권한 있는 기관이 다음의 사항을 인정하는 경우에도 중재 판정의 승인과 집행은 거부할 수 있다.

가. 분쟁의 대상인 사항이 그 국가의 법률하에서는 중재에 의한 해결을 할 수 없는 경우, 또는

나. 판정의 승인이나 집행이 그 국가의 공공의 질서에 반하는 경우

☞ 우리나라 중재법 제39조에서는 외국중재판정의 승인 또는 집행은 뉴욕협약에 따른다고 규정하고 있고, 뉴욕협약 제5조에서는 다음과 같이 외국중재판정의 승인 및 집행의 거부사유를 규정하고 있다.

▣ **중재법 제39조(외국 중재판정)** ① 「외국 중재판정의 승인 및 집행에 관한 협약」을 적용받는 외국 중재판정의 승인 또는 집행은 같은 협약에 따라 한다.

부 록

1. 국제물품매매계약에 관한 유엔협약(CISG)
2. 신용장통일규칙(UCP 600)

1. 국제물품매매계약에 관한 유엔협약(CISG)

(United Nations Convention on Contracts for the International Sale of Goods 1980)

The States Parties to this Convention,	이 협약의 당사국은,
Bearing in mind the broad objectives in the resolutions adopted by the sixth special session of the General Assembly of the United Nations on the establishment of a New International Economic Order,	신국제경제질서의 수립에 관하여 국제연합총회의 제6차 특별회의에서 채택된 결의의 광범한 목적에 유념하고,
Considering that the development of international trade on the basis of equality and mutual benefit is an important element in promoting friendly relations among States,	평등과 상호이익을 기초로 한 국제거래의 발전이 국가간의 우호관계를 증진하는 중요한 요소임을 고려하며,
Being of the opinion that the adoption of uniform rules which govern contracts for the international sale of goods and take into account the different social, economic and legal systems would contribute to the removal of legal barriers in international trade and promote the development of international trade,	국제물품매매계약을 규율하고 상이한 사회적 · 경제적 및 법적 제도를 고려한 통일규칙을 채택하는 것이 국제거래상의 법적 장애를 제거하는 데 기여하고 국제거래의 발전을 증진하는 것이라는 견해 하에,
Have agreed as follows:	다음과 같이 합의하였다.
Part I. Sphere of application and general provisions	**제1편 적용범위와 총칙**
CHAPTER 1. SPHERE OF APPLICATION	**제1장 적용범위**
Article 1	**제1조**
(1) This Convention applies to contracts of sale of goods between parties whose places of business are in different States:	(1) 이 협약은 다음의 경우에, 영업소가 서로 다른 국가에 있는 당사자 간의 물품매매계약에 적용된다.
(a) when the States are Contracting States; or	(가) 해당 국가가 모두 체약국인 경우, 또는
(b) when the rules of private international law lead to the application of the law of a Contracting State.	(나) 국제사법 규칙에 의하여 체약국법이 적용되는 경우
(2) The fact that the parties have their places of business in different States is to be disregarded whenever this fact does not appear either from the contract or from any dealings between, or from information disclosed by, the parties at any time before or at the conclusion of the	(2) 당사자가 서로 다른 국가에 영업소를 가지고 있다는 사실은, 계약으로부터 또는 계약체결 전이나 그 체결 시에 당사자 간의 거래나 당사자에 의하여 밝혀진 정보로부터 드러나지 아니하는 경우에는 고려되지 아니한다.

contract. (3) Neither the nationality of the parties nor the civil or commercial character of the parties or of the contract is to be taken into consideration in determining the application of this Convention.	(3) 당사자의 국적 또는 당사자나 계약의 민사적 · 상사적 성격은 이 협약의 적용 여부를 결정하는 데에 고려되지 아니한다.
Article 2 This Convention does not apply to sales: (a) of goods bought for personal, family or household use, unless the seller, at any time before or at the conclusion of the contract, neither knew nor ought to have known that the goods were bought for any such use; (b) by auction; (c) on execution or otherwise by authority of law; (d) of stocks, shares, investment securities, negotiable instruments or money; (e) of ships, vessels, hovercraft or aircraft; (f) of electricity.	**제2조** 이 협약은 다음의 매매에는 적용되지 아니한다. (가) 개인용 · 가족용 또는 가정용으로 구입된 물품의 매매 다만, 매도인이 계약체결 전이나 그 체결시에 물품이 그와 같은 용도로 구입된 사실을 알지 못하였고, 알았어야 했던 것도 아닌 경우에는 그러하지 아니하다. (나) 경매에 의한 매매 (다) 강제집행 그 밖의 법령에 의한 매매 (라) 주식, 지분, 투자증권, 유통증권 또는 통화의 매매 (마) 선박, 소선(小船), 부선(浮船), 또는 항공기의 매매 (바) 전기의 매매
Article 3 (1) Contracts for the supply of goods to be manufactured or produced are to be considered sales unless the party who orders the goods undertakes to supply a substantial part of the materials necessary for such manufacture or production. (2) This Convention does not apply to contracts in which the preponderant part of the obligations of the party who furnishes the goods consists in the supply of labour or other services.	**제3조** (1) 물품을 제조 또는 생산하여 공급하는 계약은 이를 매매로 본다. 다만, 물품을 주문한 당사자가 그 제조 또는 생산에 필요한 재료의 중요한 부분을 공급하는 경우에는 그러하지 아니하다. (2) 이 협약은 물품을 공급하는 당사자의 의무의 주된 부분이 노무 그 밖의 서비스의 공급에 있는 계약에는 적용되지 아니한다.
Article 4 This Convention governs only the formation of the contract of sale and the rights and obligations of the seller and the buyer arising from such a contract. In particular, except as otherwise expressly provided in this Convention, it is not concerned with: (a) the validity of the contract or of any of its provisions or of any usage; (b) the effect which the contract may have on the property in the goods sold.	**제4조** 이 협약은 매매계약의 성립 및 그 계약으로부터 발생하는 매도인과 매수인의 권리의무만을 규율한다. 이 협약에 별도의 명시규정이 있는 경우를 제외하고, 이 협약은 특히 다음과 관련이 없다. (가) 계약이나 그 조항 또는 관행의 유효성 (나) 매매된 물품의 소유권에 관하여 계약이 미치는 효력
Article 5 This Convention does not apply to the liability of the seller for death or personal injury caused by the goods to any person.	**제5조** 이 협약은 물품으로 인하여 발생한 사람의 사망 또는 상해에 대한 매도인의 책임에는 적용되지 아니한다.
Article 6 The parties may exclude the application of this	**제6조** 당사자는 이 협약의 적용을 배제할 수 있고, 제12조

Convention or, subject to article 12, derogate from or vary the effect of any of its provisions.	에 따를 것을 조건으로 하여 이 협약의 어떠한 규정에 대하여도 그 적용을 배제하거나 효과를 변경할 수 있다.
CHAPTER II. GENERAL PROVISIONS	**제2장 총 칙**
Article 7 (1) In the interpretation of this Convention, regard is to be had to its international character and to the need to promote uniformity in its application and the observance of good faith in international trade. (2) Questions concerning matters governed by this Convention which are not expressly settled in it are to be settled in conformity with the general principles on which it is based or, in the absence of such principles, in conformity with the law applicable by virtue of the rules of private international law.	**제7조** (1) 이 협약의 해석에는 그 국제적 성격 및 적용상의 통일과 국제거래상의 신의 준수를 증진할 필요성을 고려하여야 한다. (2) 이 협약에 의하여 규율되는 사항으로서 협약에서 명시적으로 해결되지 아니하는 문제는, 이 협약이 기초하고 있는 일반원칙, 그 원칙이 없는 경우에는 국제사법 규칙에 의하여 적용되는 법에 따라 해결되어야 한다.
Article 8 (1) For the purposes of this Convention statements made by and other conduct of a party are to be interpreted according to his intent where the other party knew or could not have been unaware what that intent was. (2) If the preceding paragraph is not applicable, statements made by and other conduct of a party are to be interpreted according to the understanding that a reasonable person of the same kind as the other party would have had in the same circumstances. (3) In determining the intent of a party or the understanding a reasonable person would have had, due consideration is to be given to all relevant circumstances of the case including the negotiations, any practices which the parties have established between themselves, usages and any subsequent conduct of the parties.	**제8조** (1) 이 협약의 적용상, 당사자의 진술 그 밖의 행위는 상대방이 그 당사자의 의도를 알았거나 모를 수 없었던 경우에는 그 의도에 따라 해석되어야 한다. (2) 제1항이 적용되지 아니하는 경우에 당사자의 진술 그 밖의 행위는, 상대방과 동일한 부류의 합리적인 사람이 동일한 상황에서 이해하였을 바에 따라 해석되어야 한다. (3) 당사자의 의도 또는 합리적인 사람이 이해하였을 바를 결정함에 있어서는 교섭, 당사자 간에 확립된 관례, 관행 및 당사자의 후속 행위를 포함하여 관련된 모든 사항을 적절히 고려하여야 한다.
Article 9 (1) The parties are bound by any usage to which they have agreed and by any practices which they have established between themselves. (2) The parties are considered, unless otherwise agreed, to have impliedly made applicable to their contract or its formation a usage of which the parties knew or ought to have known and which in international trade is widely known to, and regularly observed by, parties to contracts of the type involved in the particular trade concerned.	**제9조** (1) 당사자는 합의한 관행과 당사자 간에 확립된 관례에 구속된다. (2) 별도의 합의가 없는 한, 당사자가 알았거나 알 수 있었던 관행으로서 국제거래에서 당해 거래와 동종의 계약을 하는 사람에게 널리 알려져 있고 통상적으로 준수되고 있는 관행은 당사자의 계약 또는 그 성립에 묵시적으로 적용되는 것으로 본다.

Article 10 For the purposes of this Convention: (a) if a party has more than one place of business, the place of business is that which has the closest relationship to the contract and its performance, having regard to the circumstances known to or contemplated by the parties at any time before or at the conclusion of the contract; (b) if a party does not have a place of business, reference is to be made to his habitual residence.	**제10조** 이 협약의 적용상, (가) 당사자 일방이 둘 이상의 영업소를 가지고 있는 경우에는, 계약체결 전이나 그 체결시에 당사자 쌍방에 알려지거나 예기된 상황을 고려하여 계약 및 그 이행과 가장 밀접한 관련이 있는 곳이 영업소로 된다. (나) 당사자 일방이 영업소를 가지고 있지 아니한 경우에는 그의 상거소를 영업소로 본다.
Article 11 A contract of sale need not be concluded in or evidenced by writing and is not subject to any other requirement as to form. It may be proved by any means, including witnesses.	**제11조** 매매계약은 서면에 의하여 체결되거나 입증될 필요가 없고, 방식에 관한 그 밖의 어떠한 요건도 요구되지 아니한다. 매매계약은 증인을 포함하여 어떠한 방법에 의하여도 입증될 수 있다.
Article 12 Any provision of article 11, article 29 or Part II of this Convention that allows a contract of sale or its modification or termination by agreement or any offer, acceptance or other indication of intention to be made in any form other than in writing does not apply where any party has his place of business in a Contracting State which has made a declaration under article 96 of this Convention. The parties may not derogate from or vary the effect of this article.	**제12조** 매매계약, 합의에 의한 매매계약의 변경이나 종료, 청약·승낙 그 밖의 의사표시를 서면 이외의 방법으로 할 수 있도록 허용하는 이 협약 제11조, 제29조 또는 제2편은 당사자가 이 협약 제96조에 따라 유보선언을 한 체약국에 영업소를 가지고 있는 경우에는 적용되지 아니한다. 당사자는 이 조를 배제하거나 그 효과를 변경할 수 없다.
Article 13 For the purposes of this Convention "writing" includes telegram and telex.	**제13조** 이 협약의 적용상『서면』에는 전보와 텔렉스가 포함된다.
Part II. Formation of the contract	**제2편 계약의 성립**
Article 14 (1) A proposal for concluding a contract addressed to one or more specific persons constitutes an offer if it is sufficiently definite and indicates the intention of the offeror to be bound in case of acceptance. A proposal is sufficiently definite if it indicates the goods and expressly or implicitly fixes or makes provision for determining the quantity and the price. (2) A proposal other than one addressed to one or more specific persons is to be considered merely as an invitation to make offers, unless the contrary is clearly indicated by the person making the proposal.	**제14조** (1) 1인 또는 그 이상의 특정인에 대한 계약체결의 제안은 충분히 확정적이고, 승낙시 그에 구속된다는 청약자의 의사가 표시되어 있는 경우에 청약이 된다. 제안이 물품을 표시하고, 명시적 또는 묵시적으로 수량과 대금을 지정하거나 그 결정을 위한 조항을 두고 있는 경우에, 그 제안은 충분히 확정적인 것으로 한다. (2) 불특정 다수인에 대한 제안은 제안자가 반대 의사를 명확히 표시하지 아니하는 한, 단지 청약의 유인으로 본다.
Article 15 (1) An offer becomes effective when it reaches the offeree.	**제15조** (1) 청약은 상대방에게 도달한 때에 효력이 발생한다.

(2) An offer, even if it is irrevocable, may be withdrawn if the withdrawal reaches the offeree before or at the same time as the offer.	(2) 청약은 철회될 수 없는 것이더라도, 회수의 의사표시가 청약의 도달 전 또는 그와 동시에 상대방에게 도달하는 경우에는 회수될 수 있다.
Article 16 (1) Until a contract is concluded an offer may be revoked if the revocation reaches the offeree before he has dispatched an acceptance. (2) However, an offer cannot be revoked: (a) if it indicates, whether by stating a fixed time for acceptance or otherwise, that it is irrevocable; or (b) if it was reasonable for the offeree to rely on the offer as being irrevocable and the offeree has acted in reliance on the offer.	**제16조** (1) 청약은 계약이 체결되기까지는 철회될 수 있다. 다만, 상대방이 승낙의 통지를 발송하기 전에 철회의 의사표시가 상대방에게 도달되어야 한다. (2) 그러나 다음의 경우에는 청약은 철회될 수 없다. (가) 승낙기간의 지정 그 밖의 방법으로 청약이 철회될 수 없음이 청약에 표시되어 있는 경우, 또는 (나) 상대방이 청약이 철회될 수 없음을 신뢰하는 것이 합리적이고, 상대방이 그 청약을 신뢰하여 행동한 경우
Article 17 An offer, even if it is irrevocable, is terminated when a rejection reaches the offeror.	**제17조** 청약은 철회될 수 없는 것이더라도, 거절의 의사표시가 청약자에게 도달한 때에는 효력을 상실한다.
Article 18 (1) A statement made by or other conduct of the offeree indicating assent to an offer is an acceptance. Silence or inactivity does not in itself amount to acceptance. (2) An acceptance of an offer becomes effective at the moment the indication of assent reaches the offeror. An acceptance is not effective if the indication of assent does not reach the offeror within the time he has fixed or, if no time is fixed, within a reasonable time, due account being taken of the circumstances of the transaction, including the rapidity of the means of communication employed by the offeror. An oral offer must be accepted immediately unless the circumstances indicate otherwise. (3) However, if, by virtue of the offer or as a result of practices which the parties have established between themselves or of usage, the offeree may indicate assent by performing an act, such as one relating to the dispatch of the goods or payment of the price, without notice to the offeror, the acceptance is effective at the moment the act is performed, provided that the act is performed within the period of time laid down in the preceding paragraph.	**제18조** (1) 청약에 대한 동의를 표시하는 상대방의 진술 그 밖의 행위는 승낙이 된다. 침묵 또는 부작위는 그 자체만으로 승낙이 되지 아니한다. (2) 청약에 대한 승낙은 동의의 의사표시가 청약자에게 도달하는 시점에 효력이 발생한다. 동의의 의사표시가 청약자가 지정한 기간 내에, 기간의 지정이 없는 경우에는 청약자가 사용한 통신수단의 신속성 등 거래의 상황을 적절히 고려하여 합리적인 기간 내에 도달하지 아니하는 때에는, 승낙은 효력이 발생하지 아니한다. 구두의 청약은 특별한 사정이 없는 한 즉시 승낙되어야 한다. (3) 청약에 의하여 또는 당사자 간에 확립된 관례나 관행의 결과로 상대방이 청약자에 대한 통지없이, 물품의 발송이나 대금지급과 같은 행위를 함으로써 동의를 표시할 수 있는 경우에는, 승낙은 그 행위가 이루어진 시점에 효력이 발생한다. 다만, 그 행위는 제2항에서 정한 기간 내에 이루어져야 한다.
Article 19 (1) A reply to an offer which purports to be an acceptance but contains additions, limitations or other modifications is a rejection of the offer and constitutes a counteroffer.	**제19조** (1) 승낙을 의도하고 있으나, 부가, 제한 그 밖의 변경을 포함하는 청약에 대한 응답은 청약에 대한 거절이면서 또한 새로운 청약이 된다.

(2) However, a reply to an offer which purports to be an acceptance but contains additional or different terms which do not materially alter the terms of the offer constitutes an acceptance, unless the offeror, without undue delay, objects orally to the discrepancy or dispatches a notice to that effect. If he does not so object, the terms of the contract are the terms of the offer with the modifications contained in the acceptance. (3) Additional or different terms relating, among other things, to the price, payment, quality and quantity of the goods, place and time of delivery, extent of one party's liability to the other or the settlement of disputes are considered to alter the terms of the offer materially.	(2) 승낙을 의도하고 있고, 청약의 조건을 실질적으로 변경하지 아니하는 부가적 조건 또는 상이한 조건을 포함하는 청약에 대한 응답은 승낙이 된다. 다만, 청약자가 부당한 지체없이 그 상위(相違)에 구두로 이의를 제기하거나 그러한 취지의 통지를 발송하는 경우에는 그러하지 아니하다. 청약자가 이의를 제기하지 아니하는 경우에는 승낙에 포함된 변경이 가하여진 청약 조건이 계약 조건이 된다. (3) 특히 대금, 대금지급, 물품의 품질과 수량, 인도의 장소와 시기, 당사자 일방의 상대방에 대한 책임범위 또는 분쟁해결에 관한 부가적 조건 또는 상이한 조건은 청약 조건을 실질적으로 변경하는 것으로 본다.
Article 20 (1) A period of time of acceptance fixed by the offeror in a telegram or a letter begins to run from the moment the telegram is handed in for dispatch or from the date shown on the letter or, if no such date is shown, from the date shown on the envelope. A period of time for acceptance fixed by the offeror by telephone, telex or other means of instantaneous communication, begins to run from the moment that the offer reaches the offeree. (2) Official holidays or non-business days occurring during the period for acceptance are included in calculating the period. However, if a notice of acceptance cannot be delivered at the address of the offeror on the last day of the period because that day falls on an official holiday or a non-business day at the place of business of the offeror, the period is extended until the first business day which follows.	**제20조** (1) 청약자가 전보 또는 서신에서 지정한 승낙기간은 전보가 발송을 위하여 교부된 시점 또는 서신에 표시되어 있는 일자, 서신에 일자가 표시되지 아니한 경우에는 봉투에 표시된 일자로부터 기산한다. 청약자가 전화, 텔렉스 그 밖의 同時的 통신수단에 의하여 지정한 승낙기간은 청약이 상대방에게 도달한 시점으로부터 기산한다. (2) 승낙기간 중의 공휴일 또는 비영업일은 기간의 계산에 산입한다. 다만, 기간의 말일이 청약자의 영업소 소재지의 공휴일 또는 비영업일에 해당하여 승낙의 통지가 기간의 말일에 청약자에게 도달될 수 없는 경우에는, 기간은 그 다음의 최초 영업일까지 연장된다.
Article 21 (1) A late acceptance is nevertheless effective as an acceptance if without delay the offeror orally so informs the offeree or dispatches a notice to that effect. (2) If a letter or other writing containing a late acceptance shows that it has been sent in such circumstances that if its transmission had been normal it would have reached the offeror in due time, the late acceptance is effective as an acceptance unless, without delay, the offeror orally informs the offeree that he considers his offer as having lapsed or dispatches a notice to that effect.	**제21조** (1) 연착된 승낙은 청약자가 상대방에게 지체 없이 승낙으로서 효력을 가진다는 취지를 구두로 통고하거나 그러한 취지의 통지를 발송하는 경우에는 승낙으로서의 효력이 있다. (2) 연착된 승낙이 포함된 서신 그 밖의 서면에 의하여, 전달이 정상적이었다면 기간 내에 청약자에게 도달되었을 상황에서 승낙이 발송되었다고 인정되는 경우에는, 그 연착된 승낙은 승낙으로서의 효력이 있다. 다만, 청약자가 상대방에게 지체 없이 청약이 실효되었다는 취지를 구두로 통고하거나 그러한 취지의 통지를 발송하는 경우에는 그러하지 아니하다.

Article 22 An acceptance may be withdrawn if the withdrawal reaches the offeror before or at the same time as the acceptance would have become effective.	**제22조** 승낙은 그 효력이 발생하기 전 또는 그와 동시에 회수의 의사표시가 청약자에게 도달하는 경우에는 회수될 수 있다.
Article 23 A contract is concluded at the moment when an acceptance of an offer becomes effective in accordance with the provisions of this Convention.	**제23조** 계약은 청약에 대한 승낙이 이 협약에 따라 효력을 발생하는 시점에 성립된다.
Article 24 For the purposes of this Part of the Convention, an offer, declaration of acceptance or any other indication of intention "reaches" the addressee when it is made orally to him or delivered by any other means to him personally, to his place of business or mailing address or, if he does not have a place of business or mailing address, to his habitual residence.	**제24조** 이 협약 제2편의 적용상, 청약, 승낙 그 밖의 의사표시는 상대방에게 구두로 통고된 때 또는 그 밖의 방법으로 상대방 본인, 상대방의 영업소나 우편주소에 전달된 때, 상대방이 영업소나 우편주소를 가지지 아니한 경우에는 그의 상거소에 전달된 때에 상대방에게 "도달"된다.
Part III. Sale of goods CHAPTER I. GENERAL PROVISIONS	**제3편 물품의 매매** **제1장 총 칙**
Article 25 A breach of contract committed by one of the parties is fundamental if it results in such detriment to the other party as substantially to deprive him of what he is entitled to expect under the contract, unless the party in breach did not foresee and a reasonable person of the same kind in the same circumstances would not have foreseen such a result.	**제25조** 당사자 일방의 계약위반은, 그 계약에서 상대방이 기대할 수 있는 바를 실질적으로 박탈할 정도의 손실을 상대방에게 주는 경우에 본질적인 것으로 한다. 다만, 위반 당사자가 그러한 결과를 예견하지 못하였고, 동일한 부류의 합리적인 사람도 동일한 상황에서 그러한 결과를 예견하지 못하였을 경우에는 그러하지 아니하다.
Article 26 A declaration of avoidance of the contract is effective only if made by notice to the other party.	**제26조** 계약해제의 의사표시는 상대방에 대한 통지로 행하여진 경우에만 효력이 있다.
Article 27 Unless otherwise expressly provided in this Part of the Convention, if any notice, request or other communication is given or made by a party in accordance with this Part and by means appropriate in the circumstances, a delay or error in the transmission of the communication or its failure to arrive does not deprive that party of the right to rely on the communication.	**제27조** 이 협약 제3편에 별도의 명시규정이 있는 경우를 제외하고, 당사자가 이 협약 제3편에 따라 상황에 맞는 적절한 방법으로 통지, 청구 그 밖의 통신을 한 경우에, 당사자는 통신의 전달 중에 지연이나 오류가 있거나 또는 통신이 도달되지 아니하더라도 그 통신을 주장할 권리를 상실하지 아니한다.
Article 28 If, in accordance with the provisions of this Convention, one party is entitled to require performance of any obligation by the other party, a court	**제28조** 당사자 일방이 이 협약에 따라 상대방의 의무이행을 요구할 수 있는 경우에도, 법원은 이 협약이 적용되지 아니하는 유사한 매매계약에 관하여 자국법에 따

is not bound to enter a judgement for specific performance unless the court would do so under its own law in respect of similar contracts of sale not governed by this Convention.	라 특정이행을 명하는 판결을 하여야 하는 경우가 아닌 한, 특정이행을 명하는 판결을 할 의무가 없다.
Article 29 (1) A contract may be modified or terminated by the mere agreement of the parties. (2) A contract in writing which contains a provision requiring any modification or termination by agreement to be in writing may not be otherwise modified or terminated by agreement. However, a party may be precluded by his conduct from asserting such a provision to the extent that the other party has relied on that conduct.	**제29조** (1) 계약은 당사자의 합의만으로 변경 또는 종료될 수 있다. (2) 서면에 의한 계약에 합의에 의한 변경 또는 종료는 서면에 의하여야 한다는 규정이 있는 경우에, 다른 방법으로 합의 변경 또는 합의 종료될 수 없다. 다만, 당사자는 상대방이 자신의 행동을 신뢰한 한도까지는 그러한 규정을 원용할 수 없다.
CHAPTER II. OBLIGATIONS OF THE SELLER	**제2장 매도인의 의무**
Article 30 The seller must deliver the goods, hand over any documents relating to them and transfer the property in the goods, as required by the contract and this Convention.	**제30조** 매도인은 계약과 이 협약에 따라 물품을 인도하고, 관련 서류를 교부하며 물품의 소유권을 이전하여야 한다.
Section I. Delivery of the goods and handing over of documents	**제1절 물품의 인도와 서류의 교부**
Article 30 The seller must deliver the goods, hand over any documents relating to them and transfer the property in the goods, as required by the contract and this Convention.	
Article 31 If the seller is not bound to deliver the goods at any other particular place, his obligation to deliver consists: (a) if the contract of sale involves carriage of the goods--in handing the goods over to the first carrier for transmission to the buyer; (b) if, in cases not within the preceding subparagraph, the contract relates to specific goods, or unidentified goods to be drawn from a specific stock or to be manufactured or produced, and at the time of the conclusion of the contract the parties knew that the goods were at, or were to be manufactured or produced at, a particular place--in placing the goods at the buyer's disposal at that place; (c) in other cases--in placing the goods at the buyer's disposal at the place where the seller had his place of business at the time of the conclusion of the contract.	**제31조** 매도인이 물품을 다른 특정한 장소에서 인도할 의무가 없는 경우에, 매도인의 인도의무는 다음과 같다. (가) 매매계약에 물품의 운송이 포함된 경우에는, 매수인에게 전달하기 위하여 물품을 제1운송인에게 교부하는 것. (나) (가)호에 해당되지 아니하는 경우로서 계약이 특정물에 관련되거나 또는 특정한 재고품에서 인출되는 불특정물이나 제조 또는 생산되는 불특정물에 관련되어 있고, 당사자 쌍방이 계약 체결 시에 그 물품이 특정한 장소에 있거나 그 장소에서 제조 또는 생산되는 것을 알고 있었던 경우에는, 그 장소에서 물품을 매수인의 처분 하에 두는 것. (다) 그 밖의 경우에는, 계약 체결 시에 매도인이 영업소를 가지고 있던 장소에서 물품을 매수인의 처분 하에 두는 것.

Article 32	第32조
(1) If the seller, in accordance with the contract or this Convention, hands the goods over to a carrier and if the goods are not clearly identified to the contract by markings on the goods, by shipping documents or otherwise, the seller must give the buyer notice of the consignment specifying the goods.	(1) 매도인이 계약 또는 이 협약에 따라 물품을 운송인에게 교부한 경우에, 물품이 하인(荷印), 선적서류 그 밖의 방법에 의하여 그 계약의 목적물로서 명확히 특정되어 있지 아니한 때에는, 매도인은 매수인에게 물품을 특정하는 탁송통지를 하여야 한다.
(2) If the seller is bound to arrange for carriage of the goods, he must make such contracts as are necessary for carriage to the place fixed by means of transportation appropriate in the circumstances and according to the usual terms for such transportation.	(2) 매도인이 물품의 운송을 주선하여야 하는 경우에, 매도인은 상황에 맞는 적절한 운송수단 및 그 운송에서의 통상의 조건으로, 지정된 장소까지 운송하는 데 필요한 계약을 체결하여야 한다.
(3) If the seller is not bound to effect insurance in respect of the carriage of the goods, he must, at the buyer's request, provide him with all available information necessary to enable him to effect such insurance.	(3) 매도인이 물품의 운송에 관하여 부보(附保)할 의무가 없는 경우에도, 매도인은 매수인의 요구가 있으면 매수인이 부보하는 데 필요한 모든 가능한 정보를 매수인에게 제공하여야 한다.
Article 33	**第33조**
The seller must deliver the goods:	매도인은 다음의 시기에 물품을 인도하여야 한다.
(a) if a date is fixed by or determinable from the contract, on that date;	(가) 인도기일이 계약에 의하여 지정되어 있거나 확정될 수 있는 경우에는 그 기일
(b) if a period of time is fixed by or determinable from the contract, at any time within that period unless circumstances indicate that the buyer is to choose a date; or	(나) 인도기간이 계약에 의하여 지정되어 있거나 확정될 수 있는 경우에는 그 기간 내의 어느 시기. 다만, 매수인이 기일을 선택하여야 할 사정이 있는 경우에는 그러하지 아니하다.
(c) in any other case, within a reasonable time after the conclusion of the contract.	(다) 그 밖의 경우에는 계약 체결 후 합리적인 기간 내.
Article 34	**第34조**
If the seller is bound to hand over documents relating to the goods, he must hand them over at the time and place and in the form required by the contract. If the seller has handed over documents before that time, he may, up to that time, cure any lack of conformity in the documents, if the exercise of this right does not cause the buyer unreasonable inconvenience or unreasonable expense. However, the buyer retains any right to claim damages as provided for in this Convention.	매도인이 물품에 관한 서류를 교부하여야 하는 경우에, 매도인은 계약에서 정한 시기, 장소 및 방식에 따라 이를 교부하여야 한다. 매도인이 교부하여야 할 시기 전에 서류를 교부한 경우에는, 매도인은 매수인에게 불합리한 불편 또는 비용을 초래하지 아니하는 한, 계약에서 정한 시기까지 서류상의 부적합을 치유할 수 있다. 다만, 매수인은 이 협약에서 정한 손해배상을 청구할 권리를 보유한다.
Section II. Conformity of the goods and third party claims	**제2절 물품의 적합성과 제3자의 권리주장**
Article 35	**第35조**
(1) The seller must deliver goods which are of the quantity, quality and description required by the contract and which are contained or packaged in the manner required by the contract.	(1) 매도인은 계약에서 정한 수량, 품질 및 종류에 적합하고, 계약에서 정한 방법으로 용기에 담겨지거나 포장된 물품을 인도하여야 한다.

(2) Except where the parties have agreed otherwise, the goods do not conform with the contract unless they: (a) are fit for the purposes for which goods of the same description would ordinarily be used; (b) are fit for any particular purpose expressly or impliedly made known to the seller at the time of the conclusion of the contract, except where the circumstances show that the buyer did not rely, or that it was unreasonable for him to rely, on the seller's skill and judgement; (c) possess the qualities of goods which the seller has held out to the buyer as a sample or model; (d) are contained or packaged in the manner usual for such goods or, where there is no such manner, in a manner adequate to preserve and protect the goods. (3) The seller is not liable under subparagraphs (a) to (d) of the preceding paragraph for any lack of conformity of the goods if at the time of the conclusion of the contract the buyer knew or could not have been unaware of such lack of conformity.	(2) 당사자가 달리 합의한 경우를 제외하고, 물품은 다음의 경우에 계약에 적합하지 아니한 것으로 한다. (가) 동종 물품의 통상 사용목적에 맞지 아니한 경우, (나) 계약 체결 시 매도인에게 명시적 또는 묵시적으로 알려진 특별한 목적에 맞지 아니한 경우. 다만, 그 상황에서 매수인이 매도인의 기술과 판단을 신뢰하지 아니하였거나 또는 신뢰하는 것이 불합리하였다고 인정되는 경우에는 그러하지 아니하다. (다) 매도인이 견본 또는 모형으로 매수인에게 제시한 물품의 품질을 가지고 있지 아니한 경우. (라) 그러한 물품에 대하여 통상의 방법으로, 통상의 방법이 없는 경우에는 그 물품을 보존하고 보호하는데 적절한 방법으로 용기에 담겨지거나 포장되어 있지 아니한 경우. (3) 매수인이 계약 체결 시에 물품의 부적합을 알았거나 또는 모를 수 없었던 경우에는, 매도인은 그 부적합에 대하여 제2항의 (가)호 내지 (라)호에 따른 책임을 지지 아니한다.
Article 36 (1) The seller is liable in accordance with the contract and this Convention for any lack of conformity which exists at the time when the risk passes to the buyer, even though the lack of conformity becomes apparent only after that time. (2) The seller is also liable for any lack of conformity which occurs after the time indicated in the preceding paragraph and which is due to a breach of any of his obligations, including a breach of any guarantee that for a period of time the goods will remain fit for their ordinary purpose or for some particular purpose or will retain specified qualities or characteristics.	**제36조** (1) 매도인은 위험이 매수인에게 이전하는 때에 존재하는 물품의 부적합에 대하여, 그 부적합이 위험 이전 후에 판명된 경우라도, 계약과 이 협약에 따라 책임을 진다. (2) 매도인은 제1항에서 정한 때보다 후에 발생한 부적합이라도 매도인의 의무위반에 기인하는 경우에는 그 부적합에 대하여 책임을 진다. 이 의무위반에는 물품이 일정기간 통상의 목적이나 특별한 목적에 맞는 상태를 유지한다는 보증 또는 특정한 품질이나 특성을 유지한다는 보증에 위반한 경우도 포함된다.
Article 37 If the seller has delivered goods before the date for delivery, he may, up to that date, deliver any missing part or make up any deficiency in the quantity of the goods delivered, or deliver goods in replacement of any non-conforming goods delivered or remedy any lack of conformity in the goods delivered, provided that the exercise of this right does not cause the buyer unreasonable inconvenience or unreasonable expense.	**제37조** 매도인이 인도기일 전에 물품을 인도한 경우에는, 매수인에게 불합리한 불편 또는 비용을 초래하지 아니하는 한, 매도인은 그 기일까지 누락분을 인도하거나 부족한 수량을 보충하거나 부적합한 물품에 갈음하여 물품을 인도하거나 또는 물품의 부적합을 치유할 수 있다. 다만, 매수인은 이 협약에서 정한 손해배상을 청구할 권리를 보유한다.

However, the buyer retains any right to claim damages as provided for in this Convention.	
Article 38 (1) The buyer must examine the goods, or cause them to be examined, within as short a period as is practicable in the circumstances. (2) If the contract involves carriage of the goods, examination may be deferred until after the goods have arrived at their destination. (3) If the goods are redirected in transit or redispatched by the buyer without a reasonable opportunity for examination by him and at the time of the conclusion of the contract the seller knew or ought to have known of the possibility of such redirection or redispatch, examination may be deferred until after the goods have arrived at the new destination.	**제38조** (1) 매수인은 그 상황에서 실행가능한 단기간 내에 물품을 검사하거나 검사하게 하여야 한다. (2) 계약에 물품의 운송이 포함되는 경우에는, 검사는 물품이 목적지에 도착한 후까지 연기될 수 있다. (3) 매수인이 검사할 합리적인 기회를 가지지 못한 채 운송중에 물품의 목적지를 변경하거나 물품을 전송(轉送)하고, 매도인이 계약 체결 시에 그 변경 또는 전송의 가능성을 알았거나 알 수 있었던 경우에는, 검사는 물품이 새로운 목적지에 도착한 후까지 연기될 수 있다.
Article 39 (1) The buyer loses the right to rely on a lack of conformity of the goods if he does not give notice to the seller specifying the nature of the lack of conformity within a reasonable time after he has discovered it or ought to have discovered it. (2) In any event, the buyer loses the right to rely on a lack of conformity of the goods if he does not give the seller notice thereof at the latest within a period of two years from the date on which the goods were actually handed over to the buyer, unless this time-limit is inconsistent with a contractual period of guarantee.	**제39조** (1) 매수인이 물품의 부적합을 발견하였거나 발견할 수 있었던 때로부터 합리적인 기간 내에 매도인에게 그 부적합한 성질을 특정하여 통지하지 아니한 경우에는, 매수인은 물품의 부적합을 주장할 권리를 상실한다. (2) 매수인은 물품이 매수인에게 현실로 교부된 날부터 늦어도 2년 내에 매도인에게 제1항의 통지를 하지 아니한 경우에는, 물품의 부적합을 주장할 권리를 상실한다. 다만, 이 기간제한이 계약상의 보증기간과 양립하지 아니하는 경우에는 그러하지 아니하다.
Article 40 The seller is not entitled to rely on the provisions of articles 38 and 39 if the lack of conformity relates to facts of which he knew or could not have been unaware and which he did not disclose to the buyer.	**제40조** 물품의 부적합이 매도인이 알았거나 모를 수 없었던 사실에 관한 것이고, 매도인이 매수인에게 이를 밝히지 아니한 경우에는, 매도인은 제38조와 제39조를 원용할 수 없다.
Article 41 The seller must deliver goods which are free from any right or claim of a third party, unless the buyer agreed to take the goods subject to that right or claim. However, if such right or claim is based on industrial property or other intellectual property, the seller's obligation is governed by article 42.	**제41조** 매수인이 제3자의 권리나 권리주장의 대상이 된 물품을 수령하는 데 동의한 경우를 제외하고, 매도인은 제3자의 권리나 권리주장의 대상이 아닌 물품을 인도하여야 한다. 다만, 그러한 제3자의 권리나 권리주장이 공업소유권 그 밖의 지적재산권에 기초하는 경우에는, 매도인의 의무는 제42조에 의하여 규율된다.
Article 42 (1) The seller must deliver goods which are free	**제42조** (1) 매도인은, 계약 체결 시에 자신이 알았거나 모를

from any right or claim of a third party based on industrial property or other intellectual property, of which at the time of the conclusion of the contract the seller knew or could not have been unaware, provided that the right or claim is based on industrial property or other intellectual property: (a) under the law of the State where the goods will be resold or otherwise used, if it was contemplated by the parties at the time of the conclusion of the contract that the goods would be resold or otherwise used in that State; or (b) in any other case, under the law of the State where the buyer has his place of business. (2) The obligation of the seller under the preceding paragraph does not extend to cases where: (a) at the time of the conclusion of the contract the buyer knew or could not have been unaware of the right or claim; or (b) the right or claim results from the seller's compliance with technical drawings, designs, formulae or other such specifications furnished by the buyer.	수 없었던 공업소유권 그 밖의 지적재산권에 기초한 제3자의 권리나 권리주장의 대상이 아닌 물품을 인도하여야 한다. 다만, 제3자의 권리나 권리주장이 다음 국가의 법에 의한 공업소유권 그 밖의 지적재산권에 기초한 경우에 한한다. (가) 당사자 쌍방이 계약 체결 시에 물품이 어느 국가에서 전매되거나 그 밖의 방법으로 사용될 것을 예상하였던 경우에는, 물품이 전매되거나 그 밖의 방법으로 사용될 국가의 법 (나) 그 밖의 경우에는 매수인이 영업소를 가지는 국가의 법 (2) 제1항의 매도인의 의무는 다음의 경우에는 적용되지 아니한다. (가) 매수인이 계약 체결 시에 그 권리나 권리주장을 알았거나 모를 수 없었던 경우 (나) 그 권리나 권리주장이 매수인에 의하여 제공된 기술설계, 디자인, 방식 그 밖의 지정에 매도인이 따른 결과로 발생한 경우
Article 43 (1) The buyer loses the right to rely on the provisions of article 41 or article 42 if he does not give notice to the seller specifying the nature of the right or claim of the third party within a reasonable time after he has become aware or ought to have become aware of the right or claim. (2) The seller is not entitled to rely on the provisions of the preceding paragraph if he knew of the right or claim of the third party and the nature of it.	**제43조** (1) 매수인이 제3자의 권리나 권리주장을 알았거나 알았어야 했던 때로부터 합리적인 기간 내에 매도인에게 제3자의 권리나 권리주장의 성질을 특정하여 통지하지 아니한 경우에는, 매수인은 제41조 또는 제42조를 원용할 권리를 상실한다. (2) 매도인이 제3자의 권리나 권리주장 및 그 성질을 알고 있었던 경우에는 제1항을 원용할 수 없다.
Article 44 Notwithstanding the provisions of paragraph (1) of article 39 and paragraph (1) of article 43, the buyer may reduce the price in accordance with article 50 or claim damages, except for loss of profit, if he has a reasonable excuse for his failure to give the required notice.	**제44조** 제39조 제1항과 제43조 제1항에도 불구하고, 매수인은 정하여진 통지를 하지 못한 데에 합리적인 이유가 있는 경우에는 제50조에 따라 대금을 감액하거나 이익의 상실을 제외한 손해배상을 청구할 수 있다.
Section III. Remedies for breach of contract by the seller	**제3절 매도인의 계약위반에 대한 구제**
Article 45 (1) If the seller fails to perform any of his obligations under the contract or this Convention, the buyer may: (a) exercise the rights provided in articles 46 to	**제45조** (1) 매도인이 계약 또는 이 협약상의 의무를 이행하지 아니하는 경우에 매수인은 다음을 할 수 있다. (가) 제46조 내지 제52조에서 정한 권리의 행사

52; (b) claim damages as provided in articles 74 to 77. (2) The buyer is not deprived of any right he may have to claim damages by exercising his right to other remedies. (3) No period of grace may be granted to the seller by a court or arbitral tribunal when the buyer resorts to a remedy for breach of contract.	(나) 제74조 내지 제77조에서 정한 손해배상의 청구 (2) 매수인이 손해배상을 청구하는 권리는 다른 구제를 구하는 권리를 행사함으로써 상실되지 아니한다. (3) 매수인이 계약위반에 대한 구제를 구하는 경우에, 법원 또는 중재판정부는 매도인에게 유예기간을 부여할 수 없다.
Article 46 (1) The buyer may require performance by the seller of his obligations unless the buyer has resorted to a remedy which is inconsistent with this requirement. (2) If the goods do not conform with the contract, the buyer may require delivery of substitute goods only if the lack of conformity constitutes a fundamental breach of contract and a request for substitute goods is made either in conjunction with notice given under article 39 or within a reasonable time thereafter. (3) If the goods do not conform with the contract, the buyer may require the seller to remedy the lack of conformity by repair, unless this is unreasonable having regard to all the circumstances. A request for repair must be made either in conjunction with notice given under article 39 or within a reasonable time thereafter.	**제46조** (1) 매수인은 매도인에게 의무의 이행을 청구할 수 있다. 다만, 매수인이 그 청구와 양립하지 아니하는 구제를 구한 경우에는 그러하지 아니하다. (2) 물품이 계약에 부적합한 경우에, 매수인은 대체물의 인도를 청구할 수 있다. 다만, 그 부적합이 본질적 계약위반을 구성하고, 그 청구가 제39조의 통지와 동시에 또는 그 후 합리적인 기간 내에 행하여진 경우에 한한다. (3) 물품이 계약에 부적합한 경우에, 매수인은 모든 상황을 고려하여 불합리한 경우를 제외하고, 매도인에게 수리에 의한 부적합의 치유를 청구할 수 있다. 수리 청구는 제39조의 통지와 동시에 또는 그 후 합리적인 기간 내에 행하여져야 한다.
Article 47 (1) The buyer may fix an additional period of time of reasonable length for performance by the seller of his obligations. (2) Unless the buyer has received notice from the seller that he will not perform within the period so fixed, the buyer may not, during that period, resort to any remedy for breach of contract. However, the buyer is not deprived thereby of any right he may have to claim damages for delay in performance.	**제47조** (1) 매수인은 매도인의 의무이행을 위하여 합리적인 부가기간을 정할 수 있다. (2) 매도인으로부터 그 부가기간 내에 이행을 하지 아니하겠다는 통지를 수령한 경우를 제외하고, 매수인은 그 기간 중 계약위반에 대한 구제를 구할 수 없다. 다만, 매수인은 이행지체에 대한 손해배상을 청구할 권리를 상실하지 아니한다.
Article 48 (1) Subject to article 49, the seller may, even after the date for delivery, remedy at his own expense any failure to perform his obligations, if he can do so without unreasonable delay and without causing the buyer unreasonable inconvenience or uncertainty of reimbursement by the seller of expenses advanced by the buyer. However, the buyer retains any right to claim damages as	**제48조** (1) 제49조를 따를 것을 조건으로, 매도인은 인도기일 후에도 불합리하게 지체하지 아니하고 매수인에게 불합리한 불편 또는 매수인의 선급 비용을 매도인으로부터 상환받는 데 대한 불안을 초래하지 아니하는 경우에는, 자신의 비용으로 의무의 불이행을 치유할 수 있다. 다만, 매수인은 이 협약에서 정한 손해배상을 청구할 권리를 보유한다.

provided for in this Convention. (2) If the seller requests the buyer to make known whether he will accept performance and the buyer does not comply with the request within a reasonable time, the seller may perform within the time indicated in his request. The buyer may not, during that period of time, resort to any remedy which is inconsistent with performance by the seller. (3) A notice by the seller that he will perform within a specified period of time is assumed to include a request, under the preceding paragraph, that the buyer make known his decision. (4) A request or notice by the seller under paragraph (2) or (3) of this article is not effective unless received by the buyer.	(2) 매도인이 매수인에게 이행의 수령 여부를 알려달라고 요구하였으나 매수인이 합리적인 기간 내에 그 요구에 응하지 아니한 경우에는, 매도인은 그 요구에서 정한 기간 내에 이행을 할 수 있다. 매수인은 그 기간 중에는 매도인의 이행과 양립하지 아니하는 구제를 구할 수 없다. (3) 특정한 기간 내에 이행을 하겠다는 매도인의 통지는 매수인이 그 결정을 알려야 한다는 제2항의 요구를 포함하는 것으로 추정한다. (4) 이 조 제2항 또는 제3항의 매도인의 요구 또는 통지는 매수인에 의하여 수령되지 아니하는 한 그 효력이 발생하지 아니한다.
Article 49 (1) The buyer may declare the contract avoided: (a) if the failure by the seller to perform any of his obligations under the contract or this Convention amounts to a fundamental breach of contract; or (b) in case of non-delivery, if the seller does not deliver the goods within the additional period of time fixed by the buyer in accordance with paragraph (1) of article 47 or declares that he will not deliver within the period so fixed. (2) However, in cases where the seller has delivered the goods, the buyer loses the right to declare the contract avoided unless he does so: (a) in respect of late delivery, within a reasonable time after he has become aware that delivery has been made; (b) in respect of any breach other than late delivery, within a reasonable time: (i) after he knew or ought to have known of the breach; (ii) after the expiration of any additional period of time fixed by the buyer in accordance with paragraph (1) of article 47, or after the seller has declared that he will not perform his obligations within such an additional period; or (iii) after the expiration of any additional period of time indicated by the seller in accordance with paragraph (2) of article 48, or after the buyer has declared that he will not accept performances.	**제49조** (1) 매수인은 다음의 경우에 계약을 해제할 수 있다. (가) 계약 또는 이 협약상 매도인의 의무 불이행이 본질적 계약위반으로 되는 경우 (나) 인도 불이행의 경우에는, 매도인이 제47조 제1항에 따라 매수인이 정한 부가기간 내에 물품을 인도하지 아니하거나 그 기간 내에 인도하지 아니하겠다고 선언한 경우. (2) 그러나 매도인이 물품을 인도한 경우에는, 매수인은 다음의 기간 내에 계약을 해제하지 아니하는 한 계약해제권을 상실한다. (가) 인도지체의 경우, 매수인이 인도가 이루어진 것을 안 후 합리적인 기간 내 (나) 인도지체 이외의 위반의 경우, 다음의 시기로부터 합리적인 기간 내 ① 매수인이 그 위반을 알았거나 또는 알 수 있었던 때 ② 매수인이 제47조 제1항에 따라 정한 부가기간이 경과한 때 또는 매도인이 그 부가기간 내에 의무를 이행하지 아니하겠다고 선언한 때. ③ 매도인이 제48조 제2항에 따라 정한 부가기간이 경과한 때 또는 매수인이 이행을 수령하지 아니하겠다고 선언한 때
Article 50 If the goods do not conform with the contract and whether or not the price has already been	**제50조** 물품이 계약에 부적합한 경우에, 대금의 지급 여부에 관계없이 매수인은 현실로 인도된 물품이 인도시에

paid, the buyer may reduce the price in the same proportion as the value that the goods actually delivered had at the time of the delivery bears to the value that conforming goods would have had at that time. However, if the seller remedies any failure to perform his obligations in accordance with article 37 or article 48 or if the buyer refuses to accept performance by the seller in accordance with those articles, the buyer may not reduce the price.	가지고 있던 가액이 계약에 적합한 물품이 그때에 가지고 있었을 가액에 대하여 가지는 비율에 따라 대금을 감액할 수 있다. 다만, 매도인이 제37조나 제48조에 따라 의무의 불이행을 치유하거나 매수인이 동 조항에 따라 매도인의 이행 수령을 거절한 경우에는 대금을 감액할 수 없다.
Article 51 (1) If the seller delivers only a part of the goods or if only a part of the goods delivered is in conformity with the contract, articles 46 to 50 apply in respect of the part which is missing or which does not conform. (2) The buyer may declare the contract avoided in its entirety only if the failure to make delivery completely or in conformity with the contract amounts to a fundamental breach of the contract.	**제51조** (1) 매도인이 물품의 일부만을 인도하거나 인도된 물품의 일부만이 계약에 적합한 경우에, 제46조 내지 제50조는 부족 또는 부적합한 부분에 적용된다. (2) 매수인은 인도가 완전하게 또는 계약에 적합하게 이루어지지 아니한 것이 본질적 계약위반으로 되는 경우에 한하여 계약 전체를 해제할 수 있다.
Article 52 (1) If the seller delivers the goods before the date fixed, the buyer may take delivery or refuse to take delivery. (2) If the seller delivers a quantity of goods greater than that provided for in the contract, the buyer may take delivery or refuse to take delivery of the excess quantity. If the buyer takes delivery of all or part of the excess quantity, he must pay for it at the contract rate.	**제52조** (1) 매도인이 이행기 전에 물품을 인도한 경우에, 매수인은 이를 수령하거나 거절할 수 있다. (2) 매도인이 계약에서 정한 것보다 다량의 물품을 인도한 경우에, 매수인은 초과분을 수령하거나 이를 거절할 수 있다. 매수인이 초과분의 전부 또는 일부를 수령한 경우에는 계약대금의 비율에 따라 그 대금을 지급하여야 한다.
CHAPTER III. OBLIGATIONS OF THE BUYER	**제3장 매수인의 의무**
Article 53 The buyer must pay the price for the goods and take delivery of them as required by the contract and this Convention.	**제53조** 매수인은 계약과 이 협약에 따라, 물품의 대금을 지급하고 물품의 인도를 수령하여야 한다.
Section I. Payment of the price	**제1절 대금의 지급**
Article 54 The buyer's obligation to pay the price includes taking such steps and complying with such formalities as may be required under the contract or any laws and regulations to enable payment to be made.	**제54조** 매수인의 대금지급의무에는 그 지급을 위하여 계약 또는 법령에서 정한 조치를 취하고 절차를 따르는 것이 포함된다.
Article 55 Where a contract has been validly concluded but does not expressly or implicitly fix or make provision for determining the price, the parties	**제55조** 계약이 유효하게 성립되었으나 그 대금을 명시적 또는 묵시적으로 정하고 있지 아니하거나 이를 정하기 위한 조항을 두지 아니한 경우에는, 당사자는 반대의

are considered, in the absence of any indication to the contrary, to have impliedly made reference to the price generally charged at the time of the conclusion of the contract for such goods sold under comparable circumstances in the trade concerned.	표시가 없는 한, 계약 체결 시에 당해 거래와 유사한 상황에서 매도되는 그러한 종류의 물품에 대하여 일반적으로 청구되는 대금을 묵시적으로 정한 것으로 본다.
Article 56 If the price is fixed according to the weight of the goods, in case of doubt it is to be determined by the net weight.	**제56조** 대금이 물품의 중량에 따라 정하여지는 경우에, 의심이 있는 때에는 순중량에 의하여 대금을 결정하는 것으로 한다.
Article 57 (1) If the buyer is not bound to pay the price at any other particular place, he must pay it to the seller: (a) at the seller's place of business; or (b) if the payment is to be made against the handing over of the goods or of documents, at the place where the handing over takes place. (2) The seller must bear any increase in the expenses incidental to payment which is caused by a change in his place of business subsequent to the conclusion of the contract.	**제57조** (1) 매수인이 다른 특정한 장소에서 대금을 지급할 의무가 없는 경우에는, 다음의 장소에서 매도인에게 이를 지급하여야 한다. (가) 매도인의 영업소, 또는 (나) 대금이 물품 또는 서류의 교부와 상환하여 지급되어야 하는 경우에는 그 교부가 이루어지는 장소 (2) 매도인은 계약 체결 후에 자신의 영업소를 변경함으로써 발생하는 대금지급에 대한 부수비용의 증가액을 부담하여야 한다.
Article 58 (1) If the buyer is not bound to pay the price at any other specific time he must pay it when the seller places either the goods or documents controlling their disposition at the buyer's disposal in accordance with the contract and this Convention. The seller may make such payment a condition for handing over the goods or documents. (2) If the contract involves carriage of the goods, the seller may dispatch the goods on terms whereby the goods, or documents controlling their disposition, will not be handed over to the buyer except against payment of the price. (3) The buyer is not bound to pay the price until he has had an opportunity to examine the goods, unless the procedures for delivery or payment agreed upon by the parties are inconsistent with his having such an opportunity.	**제58조** (1) 매수인이 다른 특정한 시기에 대금을 지급할 의무가 없는 경우에는, 매수인은 매도인이 계약과 이 협약에 따라 물품 또는 그 처분을 지배하는 서류를 매수인의 처분하에 두는 때에 대금을 지급하여야 한다. 매도인은 그 지급을 물품 또는 서류의 교부를 위한 조건으로 할 수 있다. (2) 계약에 물품의 운송이 포함되는 경우에는, 매도인은 대금의 지급과 상환하여서만 물품 또는 그 처분을 지배하는 서류를 매수인에게 교부한다는 조건으로 물품을 발송할 수 있다. (3) 매수인은 물품을 검사할 기회를 가질 때까지는 대금을 지급할 의무가 없다. 다만, 당사자 간에 합의된 인도 또는 지급절차가 매수인이 검사 기회를 가지는 것과 양립하지 아니하는 경우에는 그러하지 아니하다.
Article 59 The buyer must pay the price on the date fixed by or determinable from the contract and this Convention without the need for any request or compliance with any formality on the part of the seller.	**제59조** 매수인은 계약 또는 이 협약에서 지정되거나 확정될 수 있는 기일에 대금을 지급하여야 하며, 이 경우 매도인의 입장에서는 어떠한 요구를 하거나 절차를 따를 필요가 없다.
Section II. Taking delivery	**제2절 인도의 수령**

Article 60 The buyer's obligation to take delivery consists: (a) in doing all the acts which could reasonably be expected of him in order to enable the seller to make delivery; and (b) in taking over the goods.	**제60조** 매수인의 수령의무는 다음과 같다. (가) 매도인의 인도를 가능하게 하기 위하여 매수인에게 합리적으로 기대될 수 있는 모든 행위를 하는 것, 및 (나) 물품을 수령하는 것
Section III. Remedies for breach of contract by the buyer	**제3절 매수인의 계약위반에 대한 구제**
Article 61 (1) If the buyer fails to perform any of his obligations under the contract or this Convention, the seller may: (a) exercise the rights provided in articles 62 to 65; (b) claim damages as provided in articles 74 to 77. (2) The seller is not deprived of any right he may have to claim damages by exercising his right to other remedies. (3) No period of grace may be granted to the buyer by a court or arbitral tribunal when the seller resorts to a remedy for breach of contract.	**제61조** (1) 매수인이 계약 또는 이 협약상의 의무를 이행하지 아니하는 경우에 매도인은 다음을 할 수 있다. (가) 제62조 내지 제65조에서 정한 권리의 행사 (나) 제74조 내지 제77조에서 정한 손해배상의 청구 (2) 매도인이 손해배상을 청구하는 권리는 다른 구제를 구하는 권리를 행사함으로써 상실되지 아니한다. (3) 매도인이 계약위반에 대한 구제를 구하는 경우에, 법원 또는 중재판정부는 매수인에게 유예기간을 부여할 수 없다.
Article 62 The seller may require the buyer to pay the price, take delivery or perform his other obligations, unless the seller has resorted to a remedy which is inconsistent with this requirement.	**제62조** 매도인은 매수인에게 대금의 지급, 인도의 수령 또는 그 밖의 의무의 이행을 청구할 수 있다. 다만, 매도인이 그 청구와 양립하지 아니하는 구제를 구한 경우에는 그러하지 아니하다.
Article 63 (1) The seller may fix an additional period of time of reasonable length for performance by the buyer of his obligations. (2) Unless the seller has received notice from the buyer that he will not perform within the period so fixed, the seller may not, during that period, resort to any remedy for breach of contract. However, the seller is not deprived thereby of any right he may have to claim damages for delay in performance.	**제63조** (1) 매도인은 매수인의 의무이행을 위하여 합리적인 부가기간을 정할 수 있다. (2) 매수인으로부터 그 부가기간 내에 이행을 하지 아니하겠다는 통지를 수령한 경우를 제외하고, 매도인은 그 기간 중 계약위반에 대한 구제를 구할 수 없다. 다만, 매도인은 이행지체에 대한 손해배상을 청구할 권리를 상실하지 아니한다.
Article 64 (1) The seller may declare the contract avoided: (a) if the failure by the buyer to perform any of his obligations under the contract or this Convention amounts to a fundamental breach of contract; or (b) if the buyer does not, within the additional period of time fixed by the seller in accordance with paragraph (1) of article 63, perform his	**제64조** (1) 매도인은 다음의 경우에 계약을 해제할 수 있다. (가) 계약 또는 이 협약상 매수인의 의무 불이행이 본질적 계약위반으로 되는 경우 (나) 매수인이 제63조 제1항에 따라 매도인이 정한 부가기간 내에 대금지급 또는 물품수령 의무를 이행하지 아니하거나 그 기간 내에 그러한 의무를 이행하

obligation to pay the price or take delivery of the goods, or if he declares that he will not do so within the period so fixed;	지 아니하겠다고 선언한 경우.
(2) However, in cases where the buyer has paid the price, the seller loses the right to declare the contract avoided unless he does so:	(2) 그러나 매수인이 대금을 지급한 경우에는, 매도인은 다음의 기간 내에 계약을 해제하지 아니하는 한 계약해제권을 상실한다.
(a) in respect of late performance by the buyer, before the seller has become aware that performance has been rendered; or	(가) 매수인의 이행지체의 경우, 매도인이 이행이 이루어진 것을 알기 전
(b) in respect of any breach other than late performance by the buyer, within a reasonable time:	(나) 매수인의 이행지체 이외의 위반의 경우, 다음의 시기로부터 합리적인 기간 내
(i) after the seller knew or ought to have known of the breach; or	(1) 매도인이 그 위반을 알았거나 또는 알 수 있었던 때
(ii) after the expiration of any additional period of time fixed by the seller in accordance with paragraph (1) of article 63, or after the buyer has declared that he will not perform his obligations within such an additional period.	(2) 매도인이 제63조 제1항에 따라 정한 부가기간이 경과한 때 또는 매수인이 그 부가기간 내에 의무를 이행하지 아니하겠다고 선언한 때.
Article 65 (1) If under the contract the buyer is to specify the form, measurement or other features of the goods and he fails to make such specification either on the date agreed upon or within a reasonable time after receipt of a request from the seller, the seller may, without prejudice to any other rights he may have, make the specification himself in accordance with the requirements of the buyer that may be known to him. (2) If the seller makes the specification himself, he must inform the buyer of the details thereof and must fix a reasonable time within which the buyer may make a different specification. If, after receipt of such a communication, the buyer fails to do so within the time so fixed, the specification made by the seller is binding.	**제65조** (1) 계약상 매수인이 물품의 형태, 규격 그 밖의 특징을 지정하여야 하는 경우에, 매수인이 합의된 기일 또는 매도인으로부터 요구를 수령한 후 합리적인 기간 내에 그 지정을 하지 아니한 경우에는, 매도인은 자신이 보유하는 다른 권리를 해함이 없이, 자신이 알고 있는 매수인의 필요에 따라 스스로 지정할 수 있다. (2) 매도인은 스스로 지정하는 경우에 매수인에게 그 상세한 사정을 통고하고, 매수인이 그와 다른 지정을 할 수 있도록 합리적인 기간을 정하여야 한다. 매수인이 그 통지를 수령한 후 정하여진 기간 내에 다른 지정을 하지 아니하는 경우에는, 매도인의 지정이 구속력을 가진다.
CHAPTER IV. PASSING OF RISK	**제4장 위험의 이전**
Article 66 Loss of or damage to the goods after the risk has passed to the buyer does not discharge him from his obligation to pay the price, unless the loss or damage is due to an act or omission of the seller.	**제66조** 위험이 매수인에게 이전된 후에 물품이 멸실 또는 훼손되더라도 매수인은 대금지급의무를 면하지 못한다. 다만, 그 멸실 또는 훼손이 매도인의 작위 또는 부작위로 인한 경우에는 그러하지 아니하다.
Article 67 (1) If the contract of sale involves carriage of the goods and the seller is not bound to hand them over at a particular place, the risk passes to the buyer when the goods are handed over to	**제67조** (1) 매매계약에 물품의 운송이 포함되어 있고, 매도인이 특정한 장소에서 이를 교부할 의무가 없는 경우에, 위험은 매매계약에 따라 매수인에게 전달하기 위하여 물품이 제1운송인에게 교부된 때에 매수인에게

the first carrier for transmission to the buyer in accordance with the contract of sale. If the seller is bound to hand the goods over to a carrier at a particular place, the risk does not pass to the buyer until the goods are handed over to the carrier at that place. The fact that the seller is authorized to retain documents controlling the disposition of the goods does not affect the passage of the risk. (2) Nevertheless, the risk does not pass to the buyer until the goods are clearly identified to the contract, whether by markings on the goods, by shipping documents, by notice given to the buyer or otherwise.	이전한다. 매도인이 특정한 장소에서 물품을 운송인에게 교부하여야 하는 경우에는, 위험은 그 장소에서 물품이 운송인에게 교부될 때까지 매수인에게 이전하지 아니한다. 매도인이 물품의 처분을 지배하는 서류를 보유할 권한이 있다는 사실은 위험의 이전에 영향을 미치지 아니한다. (2) 제1항에도 불구하고 위험은 물품이 하인(荷印), 선적서류, 매수인에 대한 통지 그 밖의 방법에 의하여 계약상 명확히 특정될 때까지 매수인에게 이전하지 아니한다.
Article 68 The risk in respect of goods sold in transit passes to the buyer from the time of the conclusion of the contract. However, if the circumstances so indicate, the risk is assumed by the buyer from the time the goods were handed over to the carrier who issued the documents embodying the contract of carriage. Nevertheless, if at the time of the conclusion of the contract of sale the seller knew or ought to have known that the goods had been lost or damaged and did not disclose this to the buyer, the loss or damage is at the risk of the seller.	**제68조** 운송중에 매도된 물품에 관한 위험은 계약 체결 시에 매수인에게 이전한다. 다만, 특별한 사정이 있는 경우에는, 위험은 운송계약을 표창하는 서류를 발행한 운송인에게 물품이 교부된 때부터 매수인이 부담한다. 그럼에도 불구하고, 매도인이 매매계약의 체결 시에 물품이 멸실 또는 훼손된 것을 알았거나 알았어야 했고, 매수인에게 이를 밝히지 아니한 경우에는, 그 멸실 또는 훼손은 매도인의 위험으로 한다.
Article 69 (1) In cases not within articles 67 and 68, the risk passes to the buyer when he takes over the goods or, if he does not do so in due time, from the time when the goods are placed at his disposal and he commits a breach of contract by failing to take delivery. (2) However, if the buyer is bound to take over the goods at a place other than a place of business of the seller, the risk passes when delivery is due and the buyer is aware of the fact that the goods are placed at his disposal at that place. (3) If the contract relates to goods not then identified, the goods are considered not to be placed at the disposal of the buyer until they are clearly identified to the contract.	**제69조** (1) 제67조와 제68조가 적용되지 아니하는 경우에, 위험은 매수인이 물품을 수령한 때, 매수인이 적시에 이를 수령하지 아니한 경우에는 물품이 매수인의 처분 하에 놓여지고 매수인이 이를 수령하지 아니하여 계약을 위반하는 때에 매수인에게 이전한다. (2) 매수인이 매도인의 영업소 이외의 장소에서 물품을 수령하여야 하는 경우에는, 위험은 인도기일이 도래하고 물품이 그 장소에서 매수인의 처분 하에 놓여진 것을 매수인이 안 때에 이전한다. (3) 불특정물에 관한 계약의 경우에, 물품은 계약상 명확히 특정될 때까지 매수인의 처분하에 놓여지지 아니한 것으로 본다.
Article 70 If the seller has committed a fundamental breach of contract, articles 67, 68 and 69 do not impair the remedies available to the buyer	**제70조** 매도인이 본질적 계약위반을 한 경우에는, 제67조, 제68조 및 제69조는 매수인이 그 위반을 이유로 구할 수 있는 구제를 방해하지 아니한다.

on account of the breach.	
CHAPTER V. PROVISIONS COMMON TO THE OBLIGATIONS OF THE SELLER AND OF THE BUYER Section I. Anticipatory breach and instalment contracts	**제5장 매도인과 매수인의 의무에 공통되는 규정** **제1절 이행이전의 계약위반과 분할인도계약**
Article 71 (1) A party may suspend the performance of his obligations if, after the conclusion of the contract, it becomes apparent that the other party will not perform a substantial part of his obligations as a result of: (a) a serious deficiency in his ability to perform or in his creditworthiness; or (b) his conduct in preparing to perform or in performing the contract. (2) If the seller has already dispatched the goods before the grounds described in the preceding paragraph become evident, he may prevent the handing over of the goods to the buyer even though the buyer holds a document which entitles him to obtain them. The present paragraph relates only to the rights in the goods as between the buyer and the seller. (3) A party suspending performance, whether before or after dispatch of the goods, must immediately give notice of the suspension to the other party and must continue with performance if the other party provides adequate assurance of his performance.	제71조 (1) 당사자는 계약체결 후 다음의 사유로 상대방이 의무의 실질적 부분을 이행하지 아니할 것이 판명된 경우에는, 자신의 의무 이행을 정지할 수 있다. (가) 상대방의 이행능력 또는 신용도의 중대한 결함 (나) 계약의 이행 준비 또는 이행에 관한 상대방의 행위 (2) 제1항의 사유가 명백하게 되기 전에 매도인이 물품을 발송한 경우에는, 매수인이 물품을 취득할 수 있는 증권을 소지하고 있더라도 매도인은 물품이 매수인에게 교부되는 것을 저지할 수 있다. 이 항은 매도인과 매수인 간의 물품에 관한 권리에 대하여만 적용된다. (3) 이행을 정지한 당사자는 물품의 발송 전후에 관계없이 즉시 상대방에게 그 정지를 통지하여야 하고, 상대방이 그 이행에 관하여 적절한 보장을 제공한 경우에는 이행을 계속하여야 한다.
Article 72 (1) If prior to the date for performance of the contract it is clear that one of the parties will commit a fundamental breach of contract, the other party may declare the contract avoided. (2) If time allows, the party intending to declare the contract avoided must give reasonable notice to the other party in order to permit him to provide adequate assurance of his performance. (3) The requirements of the preceding paragraph do not apply if the other party has declared that he will not perform his obligations.	제72조 (1) 계약의 이행기일 전에 당사자 일방이 본질적 계약위반을 할 것이 명백한 경우에는, 상대방은 계약을 해제할 수 있다. (2) 시간이 허용하는 경우에는, 계약을 해제하려고 하는 당사자는 상대방이 이행에 관하여 적절한 보장을 제공할 수 있도록 상대방에게 합리적인 통지를 하여야 한다. (3) 제2항의 요건은 상대방이 그 의무를 이행하지 아니하겠다고 선언한 경우에는 적용되지 아니한다.
Article 73 (1) In the case of a contract for delivery of goods by instalments, if the failure of one party to perform any of his obligations in respect of any instalment constitutes a fundamental breach	제73조 (1) 물품을 분할하여 인도하는 계약에서 어느 분할부분에 관한 당사자 일방의 의무 불이행이 그 분할부분에 관하여 본질적 계약위반이 되는 경우에는, 상대방은 그 분할부분에 관하여 계약을 해제할 수 있다.

of contract with respect to that instalment, the other party may declare the contract avoided with respect to that instalment.	
(2) If one party's failure to perform any of his obligations in respect of any instalment gives the other party good grounds to conclude that a fundamental breach of contract will occur with respect to future installments, he may declare the contract avoided for the future, provided that he does so within a reasonable time.	(2) 어느 분할부분에 관한 당사자 일방의 의무 불이행이 장래의 분할부분에 대한 본질적 계약위반의 발생을 추단하는 데에 충분한 근거가 되는 경우에는, 상대방은 장래에 향하여 계약을 해제할 수 있다. 다만, 그 해제는 합리적인 기간 내에 이루어져야 한다.
(3) A buyer who declares the contract avoided in respect of any delivery may, at the same time, declare it avoided in respect of deliveries already made or of future deliveries if, by reason of their interdependence, those deliveries could not be used for the purpose contemplated by the parties at the time of the conclusion of the contract.	(3) 어느 인도에 대하여 계약을 해제하는 매수인은, 이미 행하여진 인도 또는 장래의 인도가 그 인도와의 상호 의존관계로 인하여 계약 체결시에 당사자 쌍방이 예상했던 목적으로 사용될 수 없는 경우에는, 이미 행하여진 인도 또는 장래의 인도에 대하여도 동시에 계약을 해제할 수 있다.
Section II. Damages	**제2절 손해배상액**
Article 74 Damages for breach of contract by one party consist of a sum equal to the loss, including loss of profit, suffered by the other party as a consequence of the breach. Such damages may not exceed the loss which the party in breach foresaw or ought to have foreseen at the time of the conclusion of the contract, in the light of the facts and matters of which he then knew or ought to have known, as a possible consequence of the breach of contract.	**제74조** 당사자 일방의 계약위반으로 인한 손해배상액은 이익의 상실을 포함하여 그 위반의 결과 상대방이 입은 손실과 동등한 금액으로 한다. 그 손해배상액은 위반 당사자가 계약 체결 시에 알았거나 알 수 있었던 사실과 사정에 비추어, 계약위반의 가능한 결과로서 발생할 것을 예견하였거나 예견할 수 있었던 손실을 초과할 수 없다.
Article 75 If the contract is avoided and if, in a reasonable manner and within a reasonable time after avoidance, the buyer has bought goods in replacement or the seller has resold the goods, the party claiming damages may recover the difference between the contract price and the price in the substitute transaction as well as any further damages recoverable under article 74.	**제75조** 계약이 해제되고 계약해제 후 합리적인 방법으로, 합리적인 기간 내에 매수인이 대체물을 매수하거나 매도인이 물품을 재매각한 경우에, 손해배상을 청구하는 당사자는 계약대금과 대체거래대금과의 차액 및 그 외에 제74조에 따른 손해액을 배상받을 수 있다.
Article 76 (1) If the contract is avoided and there is a current price for the goods, the party claiming damages may, if he has not made a purchase or resale under article 75, recover the difference between the price fixed by the contract and the current price at the time of avoidance as well as any further damages recoverable under article 74. If, however, the party claiming damages has	**제76조** (1) 계약이 해제되고 물품에 시가가 있는 경우에, 손해배상을 청구하는 당사자는 제75조에 따라 구입 또는 재매각하지 아니하였다면 계약대금과 계약해제시의 시가와의 차액 및 그 외에 제74조에 따른 손해액을 배상받을 수 있다. 다만, 손해배상을 청구하는 당사자가 물품을 수령한 후에 계약을 해제한 경우에는, 해제시의 시가에 갈음하여 물품 수령시의 시가를 적용한다.

avoided the contract after taking over the goods, the current price at the time of such taking over shall be applied instead of the current price at the time of avoidance. (2) For the purposes of the preceding paragraph, the current price is the price prevailing at the place where delivery of the goods should have been made or, if there is no current price at that place, the price at such other place as serves as a reasonable substitute, making due allowance for differences in the cost of transporting the goods.	(2) 제1항의 적용상, 시가는 물품이 인도되었어야 했던 장소에서의 지배적인 가격, 그 장소에 시가가 없는 경우에는 물품 운송비용의 차액을 적절히 고려하여 합리적으로 대체할 수 있는 다른 장소에서의 가격을 말한다.
Article 77 A party who relies on a breach of contract must take such measures as are reasonable in the circumstances to mitigate the loss, including loss of profit, resulting from the breach. If he fails to take such measures, the party in breach may claim a reduction in the damages in the amount by which the loss should have been mitigated.	**제77조** 계약위반을 주장하는 당사자는 이익의 상실을 포함하여 그 위반으로 인한 손실을 경감하기 위하여 그 상황에서 합리적인 조치를 취하여야 한다. 계약위반을 주장하는 당사자가 그 조치를 취하지 아니한 경우에는, 위반 당사자는 경감되었어야 했던 손실액만큼 손해배상액의 감액을 청구할 수 있다.
Section III. Interest	**제3절 이 자**
Article 78 If a party fails to pay the price or any other sum that is in arrears, the other party is entitled to interest on it, without prejudice to any claim for damages recoverable under article 74.	**제78조** 당사자가 대금 그 밖의 연체된 금액을 지급하지 아니하는 경우에, 상대방은 제74조에 따른 손해배상청구권을 해함이 없이, 그 금액에 대한 이자를 청구할 수 있다.
Section IV. Exemption	**제4절 면 책**
Article 79 (1) A party is not liable for a failure to perform any of his obligations if he proves that the failure was due to an impediment beyond his control and that he could not reasonably be expected to have taken the impediment into account at the time of the conclusion of the contract or to have avoided or overcome it or its consequences. (2) If the party's failure is due to the failure by a third person whom he has engaged to perform the whole or a part of the contract, that party is exempt from liability only if: (a) he is exempt under the preceding paragraph; and (b) the person whom he has so engaged would be so exempt if the provisions of that paragraph were applied to him.	**제79조** (1) 당사자는 그 의무의 불이행이 자신이 통제할 수 없는 장애에 기인하였다는 것과 계약 체결 시에 그 장애를 고려하거나 또는 그 장애나 그로 인한 결과를 회피하거나 극복하는 것이 합리적으로 기대될 수 없었다는 것을 증명하는 경우에는, 그 의무불이행에 대하여 책임이 없다. (2) 당사자의 불이행이 계약의 전부 또는 일부의 이행을 위하여 사용한 제3자의 불이행으로 인한 경우에는, 그 당사자는 다음의 경우에 한하여 그 책임을 면한다. (가) 당사자가 제1항의 규정에 의하여 면책되고, 또한 (나) 당사자가 사용한 제3자도 그에게 제1항이 적용된다면 면책되는 경우

(3) The exemption provided by this article has effect for the period during which the impediment exists.	(3) 이 조에 규정된 면책은 장애가 존재하는 기간 동안에 효력을 가진다.
(4) The party who fails to perform must give notice to the other party of the impediment and its effect on his ability to perform. If the notice is not received by the other party within a reasonable time after the party who fails to perform knew or ought to have known of the impediment, he is liable for damages resulting from such nonreceipt.	(4) 불이행 당사자는 장애가 존재한다는 것과 그 장애가 자신의 이행능력에 미치는 영향을 상대방에게 통지하여야 한다. 불이행 당사자가 장애를 알았거나 알았어야 했던 때로부터 합리적인 기간 내에 상대방이 그 통지를 수령하지 못한 경우에는, 불이행 당사자는 불수령으로 인한 손해에 대하여 책임이 있다.
(5) Nothing in this article prevents either party from exercising any right other than to claim damages under this Convention.	(5) 이 조는 어느 당사자가 이 협약에 따라 손해배상청구권 이외의 권리를 행사하는 것을 방해하지 아니한다.
Article 80 A party may not rely on a failure of the other party to perform, to the extent that such failure was caused by the first party's act or omission.	**제80조** 당사자는 상대방의 불이행이 자신의 작위 또는 부작위에 기인하는 한, 상대방의 불이행을 주장할 수 없다.
Section V. Effects of avoidance	**제5절 해제의 효력**
Article 81 (1) Avoidance of the contract releases both parties from their obligations under it, subject to any damages which may be due. Avoidance does not affect any provision of the contract for the settlement of disputes or any other provision of the contract governing the rights and obligations of the parties consequent upon the avoidance of the contract.	**제81조** (1) 계약의 해제는 손해배상의무를 제외하고 당사자 쌍방을 계약상의 의무로부터 면하게 한다. 해제는 계약상의 분쟁해결조항 또는 해제의 결과 발생하는 당사자의 권리의무를 규율하는 그 밖의 계약조항에 영향을 미치지 아니한다.
(2) A party who has performed the contract either wholly or in part may claim restitution from the other party of whatever the first party has supplied or paid under the contract. If both parties are bound to make restitution, they must do so concurrently.	(2) 계약의 전부 또는 일부를 이행한 당사자는 상대방에게 자신이 계약상 공급 또는 지급한 것의 반환을 청구할 수 있다. 당사자 쌍방이 반환하여야 하는 경우에는 동시에 반환하여야 한다.
Article 82 (1) The buyer loses the right to declare the contract avoided or to require the seller to deliver substitute goods if it is impossible for him to make restitution of the goods substantially in the condition in which he received them.	**제82조** (1) 매수인이 물품을 수령한 상태와 실질적으로 동일한 상태로 그 물품을 반환할 수 없는 경우에는, 매수인은 계약을 해제하거나 매도인에게 대체물을 청구할 권리를 상실한다.
(2) The preceding paragraph does not apply: (a) if the impossibility of making restitution of the goods or of making restitution of the goods substantially in the condition in which the buyer received them is not due to his act or omission; (b) the goods or part of the goods have perished or deteriorated as a result of the examination provided for in article 38; or	(2) 제1항은 다음의 경우에는 적용되지 아니한다. (가) 물품을 반환할 수 없거나 수령한 상태와 실질적으로 동일한 상태로 반환할 수 없는 것이 매수인의 작위 또는 부작위에 기인하지 아니한 경우 (나) 물품의 전부 또는 일부가 제38조에 따른 검사의 결과로 멸실 또는 훼손된 경우

(c) if the goods or part of the goods have been sold in the normal course of business or have been consumed or transformed by the buyer in the course of normal use before he discovered or ought to have discovered the lack of conformity.	(다) 매수인이 부적합을 발견하였거나 발견하였어야 했던 시점 전에, 물품의 전부 또는 일부가 정상적인 거래과정에서 매각되거나 통상의 용법에 따라 소비 또는 변형된 경우
Article 83 A buyer who has lost the right to declare the contract avoided or to require the seller to deliver substitute goods in accordance with article 82 retains all other remedies under the contract and this Convention.	**제83조** 매수인은, 제82조에 따라 계약해제권 또는 대체물인도청구권을 상실한 경우에도, 계약과 이 협약에 따른 그 밖의 모든 구제권을 보유한다.
Article 84 (1) If the seller is bound to refund the price, he must also pay interest on it, from the date on which the price was paid. (2) The buyer must account to the seller for all benefits which he has derived from the goods or part of them: (a) if he must make restitution of the goods or part of them; or (b) if it is impossible for him to make restitution of all or part of the goods or to make restitution of all or part of the goods substantially in the condition in which he received them, but he has nevertheless declared the contract avoided or required the seller to deliver substitute goods.	**제84조** (1) 매도인은 대금을 반환하여야 하는 경우에, 대금이 지급된 날부터 그에 대한 이자도 지급하여야 한다. (2) 매수인은 다음의 경우에는 물품의 전부 또는 일부로부터 발생된 모든 이익을 매도인에게 지급하여야 한다. (가) 매수인이 물품의 전부 또는 일부를 반환하여야 하는 경우 (나) 물품의 전부 또는 일부를 반환할 수 없거나 수령한 상태와 실질적으로 동일한 상태로 전부 또는 일부를 반환할 수 없음에도 불구하고, 매수인이 계약을 해제하거나 매도인에게 대체물의 인도를 청구한 경우
Section VI. Preservation of the goods	**제6절 물품의 보관**
Article 85 If the buyer is in delay in taking delivery of the goods or, where payment of the price and delivery of the goods are to be made concurrently, if he fails to pay the price, and the seller is either in possession of the goods or otherwise able to control their disposition, the seller must take such steps as are reasonable in the circumstances to preserve them. He is entitled to retain them until he has been reimbursed his reasonable expenses by the buyer.	**제85조** 매수인이 물품 인도의 수령을 지체하거나 또는 대금지급과 물품 인도가 동시에 이루어져야 함에도 매수인이 대금을 지급하지 아니한 경우로서, 매도인이 물품을 점유하거나 그 밖의 방법으로 그 처분을 지배할 수 있는 경우에는, 매도인은 물품을 보관하기 위하여 그 상황에서 합리적인 조치를 취하여야 한다. 매도인은 매수인으로부터 합리적인 비용을 상환 받을 때까지 그 물품을 보유할 수 있다.
Article 86 (1) If the buyer has received the goods and intends to exercise any right under the contract or this Convention to reject them, he must take such steps to preserve them as are reasonable in the circumstances. He is entitled to retain them until he has been reimbursed his reasonable expenses by the seller.	**제86조** (1) 매수인이 물품을 수령한 후 그 물품을 거절하기 위하여 계약 또는 이 협약에 따른 권리를 행사하려고 하는 경우에는, 매수인은 물품을 보관하기 위하여 그 상황에서 합리적인 조치를 취하여야 한다. 매수인은 매도인으로부터 합리적인 비용을 상환받을 때까지 그 물품을 보유할 수 있다.

(2) If goods dispatched to the buyer have been placed at his disposal at their destination and he exercises the right to reject them, he must take possession of them on behalf of the seller, provided that this can be done without payment of the price and without unreasonable inconvenience or unreasonable expense. This provision does not apply if the seller or a person authorized to take charge of the goods on his behalf is present at the destination. If the buyer takes possession of the goods under this paragraph, his rights and obligations are governed by the preceding paragraph.	(2) 매수인에게 발송된 물품이 목적지에서 매수인의 처분하에 놓여지고, 매수인이 그 물품을 거절하는 권리를 행사하는 경우에, 매수인은 매도인을 위하여 그 물품을 점유하여야 한다. 다만, 대금 지급 및 불합리한 불편이나 경비소요없이 점유할 수 있는 경우에 한한다. 이 항은 매도인이나 그를 위하여 물품을 관리하는 자가 목적지에 있는 경우에는 적용되지 아니한다. 매수인이 이 항에 따라 물품을 점유하는 경우에는, 매수인의 권리와 의무에 대하여는 제1항이 적용된다.
Article 87 A party who is bound to take steps to preserve the goods may deposit them in a warehouse of a third person at the expense of the other party provided that the expense incurred is not unreasonable.	**제87조** 물품을 보관하기 위한 조치를 취하여야 하는 당사자는 그 비용이 불합리하지 아니하는 한, 상대방의 비용으로 물품을 제3자의 창고에 임치할 수 있다.
Article 88 (1) A party who is bound to preserve the goods in accordance with article 85 or 86 may sell them by any appropriate means if there has been an unreasonable delay by the other party in taking possession of the goods or in taking them back or in paying the price or the cost of preservation, provided that reasonable notice of the intention to sell has been given to the other party. (2) If the goods are subject to rapid deterioration or their preservation would involve unreasonable expense, a party who is bound to preserve the goods in accordance with article 85 or 86 must take reasonable measures to sell them. To the extent possible he must give notice to the other party of his intention to sell. (3) A party selling the goods has the right to retain out of the proceeds of sale an amount equal to the reasonable expenses of preserving the goods and of selling them. He must account to the other party for the balance.	**제88조** (1) 제85조 또는 제86조에 따라 물품을 보관하여야 하는 당사자는 상대방이 물품을 점유하거나 반환받거나 또는 대금이나 보관비용을 지급하는 데 불합리하게 지체하는 경우에는, 상대방에게 매각의사를 합리적으로 통지하는 한, 적절한 방법으로 물품을 매각할 수 있다. (2) 물품이 급속히 훼손되기 쉽거나 그 보관에 불합리한 경비를 요하는 경우에는, 제85조 또는 제86조에 따라 물품을 보관하여야 하는 당사자는 물품을 매각하기 위하여 합리적인 조치를 취하여야 한다. 이 경우에 가능한 한도에서 상대방에게 매각의사가 통지되어야 한다. (3) 물품을 매각한 당사자는 매각대금에서 물품을 보관하고 매각하는 데 소요된 합리적인 비용과 동일한 금액을 보유할 권리가 있다. 그 차액은 상대방에게 반환되어야 한다.
Part IV. Final provisions	**제4편 최종규정**
Article 89 The Secretary-General of the United Nations is hereby designated as the depositary for this Convention.	**제89조** 국제연합 사무총장은 이 협약의 수탁자가 된다.
Article 90 This Convention does not prevail over any inter-	**제90조** 이미 발효하였거나 또는 앞으로 발효하게 될 국제협

national agreement which has already been or may be entered into and which contains provisions concerning the matters governed by this Convention, provided that the parties have their places of business in States parties, to such agreement.	정이 이 협약이 규율하는 사항에 관하여 규정을 두고 있는 경우에, 이 협약은 그러한 국제협정에 우선하지 아니한다. 다만, 당사자가 그 협정의 당사국에 영업소를 가지고 있는 경우에 한한다.
Article 91 (1) This Convention is open for signature at the concluding meeting of the United Nations Conference on Contracts for the International Sale of Goods and will remain open for signature by all States at the Headquarters of the United Nations, New York until 30 September 1981. (2) This Convention is subject to ratification, acceptance or approval by the signatory States. (3) This Convention is open for accession by all States which are not signatory States as from the date it is open for signature. (4) Instruments of ratification, acceptance, approval and accession are to be deposited with the Secretary-General of the United Nations.	**제91조** (1) 이 협약은 국제물품매매계약에 관한 국제연합회의의 최종일에 서명을 위하여 개방되고, 뉴욕의 국제연합 본부에서 1981년 9월 30일까지 모든 국가에 의한 서명을 위하여 개방된다. (2) 이 협약은 서명국에 의하여 비준, 수락 또는 승인되어야 한다. (3) 이 협약은 서명을 위하여 개방된 날부터 서명하지 아니한 모든 국가의 가입을 위하여 개방된다. (4) 비준서, 수락서, 승인서 또는 가입서는 국제연합 사무총장에게 기탁되어야 한다.
Article 92 (1) A Contracting State may declare at the time of signature, ratification, acceptance, approval or accession that it will not be bound by Part II of this Convention or that it will not be bound by Part III of this Convention. (2) A Contracting State which makes a declaration in accordance with the preceding paragraph in respect of Part II or Part III of this Convention is not to be considered a Contracting State within paragraph (1) of article 1 of this Convention in respect of matters governed by the Part to which the declaration applies.	**제92조** (1) 체약국은 서명, 비준, 수락, 승인 또는 가입시에 이 협약 제2편 또는 제3편에 구속되지 아니한다는 취지의 선언을 할 수 있다. (2) 제1항에 따라 이 협약 제2편 또는 제3편에 관하여 유보선언을 한 체약국은, 그 선언이 적용되는 편에 의하여 규율되는 사항에 관하여는 이 협약 제1조 제1항에서 말하는 체약국으로 보지 아니한다.
Article 93 (1) If a Contracting State has two or more territorial units in which, according to its constitution, different systems of law are applicable in relation to the matters dealt with in this Convention, it may, at the time of signature, ratification, acceptance, approval or accession, declare that this Convention is to extend to all its territorial units or only to one or more of them, and may amend its declaration by submitting another declaration at any time. (2) These declarations are to be notified to the depositary and are to state expressly the territorial units to which the Convention extends. (3) If, by virtue of a declaration under this	**제93조** (1) 체약국이 그 헌법상 이 협약이 다루고 있는 사항에 관하여 각 영역마다 다른 법체계가 적용되는 2개 이상의 영역을 가지고 있는 경우에, 그 국가는 서명, 비준, 수락, 승인 또는 가입시에 이 협약을 전체 영역 또는 일부영역에만 적용한다는 취지의 선언을 할 수 있으며, 언제든지 새로운 선언을 함으로써 전의 선언을 수정할 수 있다. (2) 제1항의 선언은 수탁자에게 통고하여야 하며, 이 협약이 적용되는 영역을 명시하여야 한다. (3) 이 조의 선언에 의하여 이 협약이 체약국의 전체

article, this Convention extends to one or more but not all of the territorial units of a Contracting State, and if the place of business of a party is located in that State, this place of business, for the purposes of this Convention, is considered not to be in a Contracting State, unless it is in a territorial unit to which the Convention extends. (4) If a Contracting State makes no declaration under paragraph (1) of this article, the Convention is to extend to all territorial units of that State.	영역에 적용되지 아니하고 하나 또는 둘 이상의 영역에만 적용되며 또한 당사자의 영업소가 그 국가에 있는 경우에는, 그 영업소는 이 협약의 적용상 체약국에 있지 아니한 것으로 본다. 다만, 그 영업소가 이 협약이 적용되는 영역에 있는 경우에는 그러하지 아니하다. (4) 체약국이 제1항의 선언을 하지 아니한 경우에 이 협약은 그 국가의 전체영역에 적용된다.
Article 94 (1) Two or more Contracting States which have the same or closely related legal rules on matters governed by this Convention may at any time declare that the Convention is not to apply to contracts of sale or to their formation where the parties have their places of business in those States. Such declarations may be made jointly or by reciprocal unilateral declarations. (2) A Contracting State which has the same or closely related legal rules on matters governed by this Convention as one or more non-Contracting States may at any time declare that the Convention is not to apply to contracts of sale or to their formation where the parties have their places of business in those States. (3) If a State which is the object of a declaration under the preceding paragraph subsequently becomes a Contracting State, the declaration made will, as from the date on which the Convention enters into force in respect of the new Contracting State, have the effect of a declaration made under paragraph (1), provided that the new Contracting State joins in such declaration or makes a reciprocal unilateral declaration.	**제94조** (1) 이 협약이 규율하는 사항에 관하여 동일하거나 또는 밀접하게 관련된 법규를 가지는 둘 이상의 체약국은, 양당사자의 영업소가 그러한 국가에 있는 경우에 이 협약을 매매계약과 그 성립에 관하여 적용하지 아니한다는 취지의 선언을 언제든지 행할 수 있다. 그러한 선언은 공동으로 또는 상호간에 단독으로 할 수 있다. (2) 이 협약이 규율하는 사항에 관하여 하나 또는 둘 이상의 비체약국과 동일하거나 또는 밀접하게 관련된 법규를 가지는 체약국은 양 당사자의 영업소가 그러한 국가에 있는 경우에 이 협약을 매매계약과 그 성립에 대하여 적용하지 아니한다는 취지의 선언을 언제든지 행할 수 있다. (3) 제2항에 의한 선언의 대상이 된 국가가 그 후 체약국이 된 경우에, 그 선언은 이 협약이 새로운 체약국에 대하여 효력이 발생하는 날부터 제1항의 선언으로서 효력을 가진다. 다만, 새로운 체약국이 그 선언에 가담하거나 또는 상호간에 단독으로 선언하는 경우에 한한다.
Article 95 Any State may declare at the time of the deposit of its instrument of ratification, acceptance, approval or accession that it will not be bound by subparagraph (1) (b) of article 1 of this Convention.	**제95조** 어떤 국가든지 비준서, 수락서, 승인서 또는 가입서를 기탁할 때, 이 협약 제1조 제1항 (나)호에 구속되지 아니한다는 취지의 선언을 행할 수 있다.
Article 96 A Contracting State whose legislation requires contracts of sale to be concluded in or evidenced by writing may at any time make a declaration in accordance with article 12 that any provision of article 11, article 29, or Part II of this Convention, that allows a contract of sale or its modification	**제96조** 그 국가의 법률상 매매계약의 체결 또는 입증에 서면을 요구하는 체약국은 제12조에 따라 매매계약, 합의에 의한 매매계약의 변경이나 종료, 청약, 승낙 기타의 의사표시를 서면 이외의 방법으로 하는 것을 허용하는 이 협약 제11조, 제29조 또는 제2편의 어떠한 규정도 당사자 일방이 그 국가에 영업소를 가지고 있

or termination by agreement or any offer, acceptance, or other indication of intention to be made in any form other than in writing, does not apply where any party has his place of business in that State.	는 경우에는 적용하지 아니한다는 취지의 선언을 언제든지 행할 수 있다.
Article 97 (1) Declarations made under this Convention at the time of signature are subject to confirmation upon ratification, acceptance or approval. (2) Declarations and confirmations of declarations are to be in writing and be formally notified to the depositary. (3) A declaration takes effect simultaneously with the entry into force of this Convention in respect of the State concerned. However, a declaration of which the depositary receives formal notification after such entry into force takes effect on the first day of the month following the expiration of six months after the date of its receipt by the depositary. Reciprocal unilateral declarations under article 94 take effect on the first day of the month following the expiration of six months after the receipt of the latest declaration by the depositary. (4) Any State which makes a declaration under this Convention may withdraw it at any time by a formal notification in writing addressed to the depositary. Such withdrawal is to take effect on the first day of the month following the expiration of six months after the date of the receipt of the notification by the depositary. (5) A withdrawal of a declaration made under article 94 renders inoperative, as from the date on which the withdrawal takes effect, any reciprocal declaration made by another State under that article.	**제97조** (1) 서명시에 이 협약에 따라 행한 선언은 비준, 수락 또는 승인시 다시 확인되어야 한다. (2) 선언 및 선언의 확인은 서면으로 하여야 하고, 또한 정식으로 수탁자에게 통고하여야 한다. (3) 선언은 이를 행한 국가에 대하여 이 협약이 발효함과 동시에 효력이 생긴다. 다만, 협약의 발효 후 수탁자가 정식으로 통고를 수령한 선언은 수탁자가 이를 수령한 날부터 6월이 경과된 다음달의 1일에 효력이 발생한다. 제94조에 따른 상호간의 단독선언은 수탁자가 최후의 선언을 수령한 후 6월이 경과한 다음달의 1일에 효력이 발생한다. (4) 이 협약에 따라 선언을 행한 국가는 수탁자에게 서면에 의한 정식의 통고를 함으로써 언제든지 그 선언을 철회할 수 있다. 그러한 철회는 수탁자가 통고를 수령한 날부터 6월이 경과된 다음달의 1일에 효력이 발생한다. (5) 제94조에 따라 선언이 철회된 경우에는 그 철회의 효력이 발생하는 날부터 제94조에 따라 다른 국가가 행한 상호간의 선언의 효력이 상실된다.
Article 98 No reservations are permitted except those expressly authorized in this Convention.	**제98조** 이 협약에 의하여 명시적으로 인정된 경우를 제외하고는 어떠한 유보도 허용되지 아니한다.
Article 99 (1) This Convention enters into force, subject to the provisions of paragraph (6) of this article, on the first day of the month following the expiration of twelve months after the date of deposit of the tenth instrument of ratification, acceptance, approval or accession, including an instrument which contains a declaration made under article 92.	**제99조** (1) 이 협약은 제6항의 규정에 따를 것을 조건으로, 제92조의 선언을 포함하고 있는 문서를 포함하여 10번째의 비준서, 수락서, 승인서 또는 가입서가 기탁된 날부터 12월이 경과된 다음달의 1일에 효력이 발생한다.

(2) When a State ratifies, accepts, approves or accedes to this Convention after the deposit of the tenth instrument of ratification, acceptance, approval or accession, this Convention, with the exception of the Part excluded, enters into force in respect of that State, subject to the provisions of paragraph (6) of this article, on the first day of the month following the expiration of twelve months after the date of the deposit of its instrument of ratification, acceptance, approval or accession.	(2) 10번째의 비준서, 수락서, 승인서 또는 가입서가 기탁된 후에 어느 국가가 이 협약을 비준, 수락, 승인 또는 가입하는 경우에, 이 협약은 적용이 배제된 편을 제외하고 제6항에 따를 것을 조건으로 하여 그 국가의 비준서, 수락서, 승인서 또는 가입서가 기탁된 날부터 12월이 경과된 다음달의 1일에 그 국가에 대하여 효력이 발생한다.
(3) A State which ratifies, accepts, approves or accedes to this Convention and is a party to either or both the Convention relating to a Uniform Law on the Formation of Contracts for the International Sale of Goods done at The Hague on 1 July 1964 (1964 Hague Formation Convention) and the Convention relating to a Uniform Law on the International Sale of Goods done at The Hague on 1 July 1964 (1964 Hague Sales Convention) shall at the same time denounce, as the case may be, either or both the 1964 Hague Sales Convention and the 1964 Hague Formation Convention by notifying the Government of the Netherlands to that effect.	(3) 1964년 7월 1일 헤이그에서 작성된『국제물품매매계약의 성립에 관한 통일법』(1964년 헤이그성립협약)과『국제물품매매계약에 관한 통일법』(1964년 헤이그매매협약) 중의 하나 또는 모두의 당사국이 이 협약을 비준, 수락, 승인 또는 이에 가입하는 경우에는 네덜란드 정부에 통고함으로써 1964년 헤이그매매협약 및/또는 1964년 헤이그성립협약을 동시에 폐기하여야 한다.
(4) A State party to the 1964 Hague Sales Convention which ratifies, accepts, approves or accedes to the present Convention and declares or has declared under article 92 that it will not be bound by Part II of this Convention shall at the time of ratification, acceptance, approval or accession denounce the 1964 Hague Sales Convention by notifying the Government of the Netherlands to that effect.	(4) 1964년 헤이그매매협약의 당사국으로서 이 협약을 비준, 수락, 승인 또는 가입하는 국가가 제92조에 따라 이 협약 제2편에 구속되지 아니한다는 뜻을 선언하거나 또는 선언한 경우에, 그 국가는 이 협약의 비준, 수락, 승인 또는 가입시에 네덜란드 정부에 통고함으로써 1964년 헤이그매매협약을 폐기하여야 한다.
(5) A State party to the 1964 Hague Formation Convention which ratifies, accepts, approves or accedes to the present Convention and declares or has declared under article 92 that it will not be bound by Part III of this Convention shall at the time of ratification, acceptance, approval or accession denounce the 1964 Hague Formation Convention by notifying the Government of the Netherlands to that effect.	(5) 1964년 헤이그성립협약의 당사국으로서 이 협약을 비준, 수락, 승인 또는 가입하는 국가가 제92조에 따라 이 협약 제3편에 구속되지 아니한다는 뜻을 선언하거나 또는 선언한 경우에, 그 국가는 이 협약의 비준, 수락, 승인 또는 가입시 네덜란드정부에 통고함으로서 1964년 헤이그성립협약을 폐기하여야 한다.
(6) For the purpose of this article, ratifications, acceptances, approvals and accessions in respect of this Convention by States parties to the 1964 Hague Formation Convention or to the 1964 Hague Sales Convention shall not be effective until such denunciations as may be required on the part of those States in respect of the latter	(6) 이 조의 적용상, 1964년 헤이그성립협약 또는 1964년 헤이그매매협약의 당사국에 의한 이 협약의 비준, 수락, 승인 또는 가입은 이들 두 협약에 관하여 당사국에게 요구되는 폐기의 통고가 효력을 발생하기까지 그 효력이 발생하지 아니한다. 이 협약의 수탁자는 이에 관한 필요한 상호조정을 확실히 하기 위하여 1964년 협약들의 수탁자인 네덜란드 정부와

two Conventions have themselves become effective. The depositary of this Convention shall consult with the Government of the Netherlands, as the depositary of the 1964 Conventions, so as to ensure necessary co-ordination in this respect.	협의하여야 한다.
Article 100 (1) This Convention applies to the formation of a contract only when the proposal for concluding the contract is made on or after the date when the Convention enters into force in respect of the Contracting States referred to in subparagraph (1) (a) or the Contracting State referred to in subparagraph (1) (b) of article 1. (2) This Convention applies only to contracts concluded on or after the date when the Convention enters into force in respect of the Contracting States referred to in subparagraph (1)(a) or the Contracting State referred to in subparagraph (1)(b) of article 1.	**제100조** (1) 이 협약은 제1조 제1항 (가)호 또는 (나)호의 체약국에게 협약의 효력이 발생한 날 이후에 계약체결을 위한 제안이 이루어진 경우에 한하여 계약의 성립에 대하여 적용된다. (2) 이 협약은 제1조 제1항 (가)호 또는 (나)호의 체약국에게 협약의 효력이 발생한 날 이후에 체결된 계약에 대하여만 적용된다.
Article 101 (1) A Contracting State may denounce this Convention, or Part II or Part III of the Convention, by a formal notification in writing addressed to the depositary. (2) The denunciation takes effect on the first day of the month following the expiration of twelve months after the notification is received by the depositary. Where a longer period for the denunciation to take effect is specified in the notification, the denunciation takes effect upon the expiration of such longer period after the notification is received by the depositary.	**제101조** (1) 체약국은 수탁자에게 서면에 의한 정식의 통고를 함으로써 이 협약 또는 이 협약 제2편 또는 제3편을 폐기할 수 있다. (2) 폐기는 수탁자가 통고를 수령한 후 12월이 경과한 다음달의 1일에 효력이 발생한다. 통고에 폐기의 발효에 대하여 보다 장기간이 명시된 경우에 폐기는 수탁자가 통고를 수령한 후 그 기간이 경과되어야 효력이 발생한다.
DONE at Vienna, this day of eleventh day of April, one thousand nine hundred and eighty, in a single original, of which the Arabic, Chinese, English, French, Russian and Spanish texts are equally authentic. IN WITNESS WHEREOF the undersigned plenipotentiaries, being duly authorized by their respective Governments, have signed this Convention.	1980년 4월 11일에 비엔나에서 동등하게 정본인 아랍어, 중국어, 영어, 프랑스어, 러시아어 및 스페인어로 각 1부가 작성되었다. 그 증거로서 각국의 전권대표들은 각국의 정부로부터 정당하게 위임을 받아 이 협약에 서명하였다.

2. 신용장통일규칙(UCP 600)

Article 1 Application of UCP The Uniform Customs and Practice for Documentary Credits, 2007 Revision, ICC Publication no. 600 ("UCP") are rules that apply to any documentary credit ("credit") (including, to the extent to which they may be applicable, any standby letter of credit) when the text of the credit expressly indicates that it is subject to these rules. They are binding on all parties thereto unless expressly modified or excluded by the credit.	**제1조 신용장통일규칙의 적용범위** 제6차 개정 신용장통일규칙(2007년 개정, 국제상업회의소 간행물 제600호, "신용장통일규칙")은 신용장의 문면에 위 규칙이 적용된다는 것을 분명하게 표시 한 경우 모든 화환신용장{위 규칙이 적용 가능한 범위 내에서는 보증신용장(standby letter of credit)을 포함한다. 이하 "신용장"이라 한다}에 적용된다. 이 규칙은 신용장에서 명시적으로 수정되거나 그 적용이 배제되지 않는 한 모든 당사자를 구속한다.
Article 2 Definitions For the purpose of these rules: **Advising bank** means the bank that advises the credit at the request of the issuing bank. Applicant means the party on whose request the credit is issued. **Banking day** means a day on which a bank is regularly open at the place at which an act subject to these rules is to be performed. Beneficiary means the party in whose favour a credit is issued. **Complying presentation** means a presentation that is in accordance with the terms and conditions of the credit, the applicable provisions of these rules and international standard banking practice. **Confirmation** means a definite undertaking of the confirming bank, in addition to that of the issuing bank, to honour or negotiate a complying presentation. **Confirming bank** means the bank that adds its confirmation to a credit upon the issuing bank's authorization or request. Credit means any arrangement, however named or described, that is irrevocable and thereby constitutes a definite undertaking of the issuing bank to honour a complying presentation. **Honour** means: a. to pay at sight if the credit is available by sight payment. b. to incur a deferred payment undertaking and pay at maturity if the credit is available by deferred payment.	**제2조 정의** 이 규칙에서는 다음과 같이 해석한다. **통지은행**(Advising Bank)은 개설은행의 요청에 따라 신용장을 통지하는 은행을 의미한다. **개설의뢰인**(Applicant)은 신용장 개설을 신청한 당사자를 의미한다. **은행영업일**(Banking day)은 이 규칙이 적용되는 행위가 이루어지는 장소에서 은행이 통상적으로 영업하는 날을 의미한다. **수익자**(Beneficiary)는 신용장 개설을 통하여 이익을 받는 당사자를 의미한다. **일치하는 제시**(Complying presentation)는 신용장 조건, 적용 가능한 범위 내에서의 이 규칙의 규정, 그리고 국제표준은행관행에 따른 제시를 의미한다. **확인**(Confirmation)은 일치하는 제시에 대하여 결제(honour) 또는 매입하겠다는 개설은행의 확약에 추가하여 확인은행이 하는 확약을 의미한다. **확인은행**(Confirming bank)은 개설은행의 수권 또는 요청에 의하여 신용장에 확인을 한 은행을 의미한다. **신용장**(Credit)은 그 명칭과 상관없이 개설은행이 일치하는 제시에 대하여 결제(honour)하겠다는 확약으로서 취소가 불가능한 모든 약정을 의미한다. **결제**(honour)는 다음과 같은 내용을 의미한다. a. 신용장이 일람지급에 의하여 이용가능하다면 일람출급으로 지급하는 것. b. 신용장이 연지급에 의하여 이용가능하다면 연지급을 확약하고 만기에 지급하는 것. c. 신용장이 인수에 의하여 이용가능하다면 수익자가

c. to accept a bill of exchange ("draft") drawn by the beneficiary and pay at maturity if the credit is available by acceptance. **Issuing bank** means the bank that issues a credit at the request of an applicant or on its own behalf. **Negotiation** means the purchase by the nominated bank of drafts (drawn on a bank other than the nominated bank) and/or documents under a complying presentation, by advancing or agreeing to advance funds to the beneficiary on or before the banking day on which reimbursement is due to the nominated bank. **Nominated bank** means the bank with which the credit is available or any bank in the case of a credit available with any bank. **Presentation** means either the delivery of documents under a credit to the issuing bank or nominated bank or the documents so delivered. Presenter means a beneficiary, bank or other party that makes a presentation.	발행한 환어음을 인수하고 만기에 지급하는 것. **개설은행**(Issuing bank)은 개설의뢰인의 신청 또는 그 자신을 위하여 신용장을 개설한 은행을 의미한다. **매입**(Negotiation)은 일치하는 제시에 대하여 지정은행이, 지정은행에 대한 상환의무 있는 은행영업일 또는 그 이전에 대금을 지급함으로써 또는 대금지급에 동의함으로써 환어음(지정은행이 아닌 은행 앞으로 발행된) 및/또는 서류를 매수(purchase)하는 것을 의미한다. **지정은행**(Nominated bank)은 신용장이 이용가능한 은행을 의미하고, 어느 은행에서나 이용가능한 경우 모든 은행을 의미한다. **제시**(Presentation)는 신용장에 의하여 이루어지는 개설은행 또는 지정은행에 대한 서류의 인도 또는 그렇게 인도된 그 서류 자체를 의미한다. **제시자**(Presenter)는 제시를 하는 수익자, 은행 또는 다른 당사자를 의미한다.
Article 3 Interpretations For the purpose of these rules: Where applicable, words in the singular include the plural and in the plural include the singular. A credit is irrevocable even if there is no indication to that effect. A document may be signed by handwriting, facsimile signature, perforated signature, stamp, symbol or any other mechanical or electronic method of authentication. A requirement for a document to be legalized, visaed, certified or similar will be satisfied by any signature, mark, stamp or label on the document which appears to satisfy that requirement. Branches of a bank in different countries are considered to be separate banks. Terms such as "first class", "well known", "qualified", "independent", "official", "competent" or "local" used to describe the issuer of a document allow any issuer except the beneficiary to issue that document. Unless required to be used in a document, words such as "prompt", "immediately" or "as soon as possible" will be disregarded. The expression "on or about" or similar will be interpreted as a stipulation that an event is to occur during a period of five calendar days before	**제3조 해석** 이 규칙에서는 다음과 같이 해석한다. 적용 가능한 경우, 단수의 단어는 복수의 단어를 포함하고, 복수의 단어는 단수의 단어를 포함한다. 신용장은 취소불능이라는 표시가 없더라도 취소가 불가능하다. 서류는 자필, 팩시밀리서명, 천공서명, 스탬프, 상징 또는 그 외 기계식 또는 전자식 확인방법으로 서명될 수 있다. 공증, 사증, 공인 또는 이와 유사한 서류의 요건은 그 요건에 부합하는 것으로 보이는 서류상의 모든 서명, 표시, 스탬프 또는 라벨에 의하여 만족될 수 있다. 서로 다른 국가에 위치한 같은 은행의 지점들은 다른 은행으로 본다. 서류의 발행자를 표현하기 위하여 사용되는 "first class(일류)", "well known(저명한)", "qualified(자격 있는)", "independent(독립적인)", "official(공적인)", "competent(능력있는)" 또는 "local(현지의)"라는 용어들은 수익자를 제외하고, 해당 서류를 발행하는 모든 서류 발행자가 사용할 수 있다. "신속하게(prompt)", "즉시(immediately)" 또는 "가능한 한 빨리(as soon as possible)"라는 단어들은 서류상에서 요구되지 않았다면 무시된다. "그 시경(on or about)" 또는 이와 유사한 표현은 어떠한 일이 시기(始期)와 종기(終期)를 포함하여 특정 일자의 전 5일부터 후 5일까지의 기간 중에

until five calendar days after the specified date, both start and end dates included. The words "to", "until", "till", "from" and "between" when used to determine a period of shipment include the date or dates mentioned, and the words "before" and "after" exclude the date mentioned. The words "from" and "after" when used to determine a maturity date exclude the date mentioned. The terms "first half" and "second half" of a month shall be construed respectively as the 1st to the 15th and the 16th to the last day of the month, all dates inclusive. The terms "beginning", "middle" and "end" of a month shall be construed respectively as the 1st to the 10th, the 11th to the 20th and the 21st to the last day of the month, all dates inclusive.	발생해야 하는 규정으로 해석된다. 선적기간을 정하기 위하여 "to", "until", "till", "from", 그리고 "between"이라는 단어가 사용된 경우 이는 (기간에) 명시된 일자 혹은 일자들을 포함하고, "before"와 "after"라는 단어는 명시된 일자를 제외한다. 만기(滿期)를 정하기 위하여 "from"과 "after"라는 단어가 사용된 경우에는 명시된 일자를 제외한다. 어느 월의 "전반(first half)"과 "후반(second)"이라는 단어는 각 해당 월의 1일부터 15일까지, 16일부터 해당 월의 마지막 날까지로 해석되며, 그 기간 중의 모든 날짜가 포함된다. 어느 월의 "초(beginning)", "중(middle)", "말(end)"이라는 단어는 각 해당 월의 1일부터 10일, 11일부터 20일, 21일부터 해당 월의 마지막 날까지로 해석되며, 그 기간 중의 모든 날짜가 포함된다.
Article 4 Credits v. Contracts a. A credit by its nature is a separate transaction from the sale or other contract on which it may be based. Banks are in no way concerned with or bound by such contract, even if any reference whatsoever to it is included in the credit. Consequently, the undertaking of a bank to honour, to negotiate or to fulfil any other obligation under the credit is not subject to claims or defences by the applicant resulting from its relationships with the issuing bank or the beneficiary. A beneficiary can in no case avail itself of the contractual relationships existing between banks or between the applicant and the issuing bank. b. An issuing bank should discourage any attempt by the applicant to include, as an integral part of the credit, copies of the underlying contract, proforma invoice and the like.	**제4조 신용장과 원인계약** a. 신용장은 그 본질상 그 기초가 되는 매매 또는 다른 계약과는 별개의 거래이다. 신용장에 그러한 계약에 대한 언급이 있더라도 은행은 그 계약과 아무런 관련이 없고, 또한 그 계약 내용에 구속되지 않는다. 따라서 신용장에 의한 결제(honour), 매입 또는 다른 의무이행은 개설의뢰인과 개설은행, 수익자 사이에서 발생된 개설의뢰인의 주장이나 항변에 구속되지 않는다. 수익자는 어떠한 경우에도 은행들 사이 또는 개설의뢰인과 개설은행 사이의 계약관계를 원용할 수 없다. b. 개설은행은 개설의뢰인이 원인계약이나 견적 물품송장 등의 사본을 신용장의 일부분으로 포함시키려는 어떠한 시도도 하지 못하게 하여야 한다.
Article 5 Documents v. Goods, Services or Performance Banks deal with documents and not with goods, services or performance to which the documents may relate.	**제5조 서류와 물품, 서비스 또는 의무이행** 은행은 서류로 거래하는 것이며 그 서류가 관계된 물품, 용역, 의무이행으로 거래하는 것은 아니다.
Article 6 Availability, Expiry Date and Place for Presentation a. A credit must state the bank with which it is available or whether it is available with any	**제6조 이용가능성, 유효기일 그리고 제시장소** a. 신용장은 그것이 이용가능한 은행을 명시하거나 모든 은행에서 이용가능한지 여부를 명시하여야

bank. A credit available with a nominated bank is also available with the issuing bank.

b. A credit must state whether it is available by sight payment, deferred payment, acceptance or negotiation.

c. A credit must not be issued available by a draft drawn on the applicant.

d. i. A credit must state an expiry date for presentation. An expiry date stated for honour or negotiation will be deemed to be an expiry date for presentation.

ii. The place of the bank with which the credit is available is the place for presentation. The place for presentation under a credit available with any bank is that of any bank. A place for presentation other than that of the issuing bank is in addition to the place of the issuing bank.

e. Except as provided in sub-article 29 (a), a presentation by or on behalf of the beneficiary must be made on or before the expiry date.

한다. 지정은행에서 이용가능한 신용장은 또한 개설은행에서도 이용할 수 있다.

b. 신용장은 그것이 일람지급, 연지급, 인수 또는 매입에 이용가능한지 여부를 명시하여야 한다.

c. 신용장은 개설신청인을 지급인으로 하는 환어음에 의하여 이용가능하도록 개설되어서는 안 된다.

d. i. 신용장은 제시를 위한 유효기일을 명시하여야 한다. 신용장 대금의 결제(honour) 또는 매입을 위한 유효기일은 제시를 위한 유효기일로 본다.

ii. 신용장의 이용가능한 은행의 장소가 제시를 위한 장소이다. 모든 은행에서 이용가능한 신용장에서의 제시장소는 그 모든 은행의 소재지가 된다. 개설은행 이 소재지가 아닌 제시장소는 개설은행의 소재지에 그 장소를 추가한 것이다.

e. 제29조 (a)항에 규정된 경우를 제외하고, 수익자에 의한 또는 수익자를 위한 제시는 유효기일 또는 그 전에 이루어져야 한다.

Article 7 Issuing Bank Undertaking

a. Provided that the stipulated documents are presented to the nominated bank or to the issuing bank and that they constitute a complying presentation, the issuing bank must honour if the credit is available by:

i. sight payment, deferred payment or acceptance with the issuing bank;

ii. sight payment with a nominated bank and that nominated bank does not pay;

iii. deferred payment with a nominated bank and that nominated bank does not incur its deferred payment undertaking or, having incurred its deferred payment undertaking, does not pay at maturity;

iv. acceptance with a nominated bank and that nominated bank does not accept a draft drawn on it or, having accepted a draft drawn on it, does not pay at maturity;

v. negotiation with a nominated bank and that nominated bank does not negotiate.

b. An issuing bank is irrevocably bound to honour as of the time it issues the credit.

c. An issuing bank undertakes to reimburse a nominated bank that has honoured or negotiated a complying presentation and forwarded the documents to the issuing

제7조 개설은행의 의무

a. 신용장에서 규정된 서류들이 지정은행 또는 개설은행에 제시되고, 그것이 신용장조건에 일치하는 제시일 경우 개설은행은 다음과 같은 결제(honour)의 의무를 부담한다.

i. 신용장이 개설은행에서 일람지급, 연지급 또는 인수에 의하여 이용될 수 있는 경우;

ii. 신용장이 지정은행에서 일람지급에 의하여 이용될 수 있는데, 지정은행이 대금을 지급하지 않는 경우;

iii. 신용장이 지정은행에서 연지급에 의하여 지급될 수 있는데, 지정은행이 연지급의무를 부담하지 않는 경우, 또는 그와 같은 연지급의 의무를 부담하였으나 만기에 대금을 지급하지 않는 경우;

iv. 신용장이 지정은행에서 인수에 의하여 이용될 수 있는데, 지정은행이 지정은행을 지급인으로 하는 환어음을 인수하지 않거나 그 환어음을 인수하였더라도 만기에 지급하지 않는 경우;

v. 신용장이 지정은행에서 매입에 의하여 이용될 수 있는데, 지정은행이 매입하지 않는 경우.

b. 개설은행은 신용장의 개설시점으로부터 취소가 불가능한 결제(honour)의 의무를 부담한다.

c. 개설은행은 일치하는 제시에 대하여 지정은행이 결제(honour) 또는 매입을 하고, 그 서류를 개설은행에 송부한 지정은행에 대하여 신용장 대

bank. Reimbursement for the amount of a complying presentation under a credit available by acceptance or deferred payment is due at maturity, whether or not the nominated bank prepaid or purchased before maturity. An issuing bank's undertaking to reimburse a nominated bank is independent of the issuing bank's undertaking to the beneficiary.	금을 상환할 의무를 부담한다. 인수신용장 또는 연지급신용장의 경우 일치하는 제시에 대응하는 대금의 상환은 지정은행이 먼저 만기 이전에 대금을 먼저 지급하였거나 또는 매입하였는지 여부와 관계없이 만기에 이루어져야 한다. 개설은행의 지정은행에 대한 상환의무는 개설은행의 수익자에 대한 의무로부터 독립적이다.
Article 8 Confirming Bank Undertaking a. Provided that the stipulated documents are presented to the confirming bank or to any other nominated bank and that they constitute a complying presentation, the confirming bank must: i. honour, if the credit is available by a) sight payment, deferred payment or acceptance with the confirming bank; b) sight payment with another nominated bank and that nominated bank does not pay; c) deferred payment with another nominated bank and that nominated bank does not incur its deferred payment undertaking or, having incurred its deferred payment undertaking, does not pay at maturity; d) acceptance with another nominated bank and that nominated bank does not accept a draft drawn on it or, having accepted a draft drawn on it, does not pay at maturity; e) negotiation with another nominated bank and that nominated bank does not negotiate. ii. negotiate, without recourse, if the credit is available by negotiation with the confirming bank. b. A confirming bank is irrevocably bound to honour or negotiate as of the time it adds its confirmation to the credit. c. A confirming bank undertakes to reimburse another nominated bank that has honoured or negotiated a complying presentation and forwarded the documents to the confirming bank. Reim- bursement for the amount of a complying presentation under a credit available by acceptance or deferred payment is due at maturity, whether or not another nominated bank prepaid or purchased before maturity. A confirming bank's undertaking to reimburse another nominated bank is independent of the confirming bank's	**제8조 확인은행의 의무** a. 신용장에서 규정된 서류들이 확인은행 또는 다른 지정은행에 제시되고, 그것이 신용장 조건에 일치하는 제시일 경우, i. 확인은행은 다음과 같은 경우 결제(honour)의 의무를 부담한다. a) 신용장이 확인은행에서 일람지급, 연지급 또는 인수에 의하여 이용될 수 있는 경우 b) 신용장이 다른 지정은행에서 일람지급에 의하여 이용될 수 있는데, 해당 지정은행이 대금을 지급하지 않는 경우 c) 신용장이 다른 지정은행에서 연지급에 의하여 이용될 수 있는데, 해당 지정은행이 연지급의 의무를 부담하지 않는 경우, 또는 그와 같은 연지급의 의무를 부담하였으나 만기에 대금을 지급하지 않는 경우 d) 신용장이 다른 지정은행에서 인수에 의하여 이용될 수 있는데, 해당 지정은행이 그 지정은행을 지급인으로 한 환어음을 인수하지 않거나 그 환어음을 인수하였더라도 만기에 대금을 지급하지 않는 경우 e) 신용장이 다른 지정은행에서 매입에 의하여 이용될 수 있는데, 해당 지정은행이 매입하지 않는 경우 ii. 신용장이 확인은행에서 매입의 방법으로 이용가능하다면, 확인은행은 상환청구권(recourse) 없이 매입하여야 한다. b. 확인은행은 신용장에 확인을 추가하는 시점으로부터 취소가 불가능한 결제(honour) 또는 매입의 의무를 부담한다. c. 확인은행은 일치하는 제시에 대하여 결제(honour) 또는 매입을 하고 그 서류를 확인은행에 송부한 다른 지정은행에 대하여 신용장 대금을 상환할 의무를 부담한다. 인수신용장 또는 연지급신용장의 경우 일치하는 제시에 대응하는 대금의 상환은 다른 지정은행이 그 신용장의 만기 이전에 대금을 먼저 지급하였거나 또는 매입하였는지 여부와 관계없이 만기에 이루어져야 한다. 확인은행의 다른 지정은행에 대한 상환의무는 확인은행의 수익자에 대한 의무로부터 독립적이다.

undertaking to the beneficiary. d. If a bank is authorized or requested by the issuing bank to confirm a credit but is not prepared to do so, it must inform the issuing bank without delay and may advise the credit without confirmation.	d. 어떤 은행이 개설은행으로부터 신용장에 대한 확인의 권한을 받았거나 요청 받았음에도 불구하고, 그 준비가 되지 않았다면, 지체 없이 개설은행에 대하여 그 사실을 알려주어야 하고, 이 경우 신용장에 대한 확인 없이 통지만을 할 수 있다.
Article 9 Advising of Credits and Amendments a. A credit and any amendment may be advised to a beneficiary through an advising bank. An advising bank that is not a confirming bank advises the credit and any amendment without any undertaking to honour or negotiate. b. By advising the credit or amendment, the advising bank signifies that it has satisfied itself as to the apparent authenticity of the credit or amendment and that the advice accurately reflects the terms and conditions of the credit or amendment received. c. An advising bank may utilize the services of another bank ("second advising bank") to advise the credit and any amendment to the beneficiary. By advising the credit or amendment, the second advising bank signifies that it has satisfied itself as to the apparent authenticity of the advice it has received and that the advice accurately reflects the terms and conditions of the credit or amendment received. d. A bank utilizing the services of an advising bank or second advising bank to advise a credit must use the same bank to advise any amendment thereto. e. If a bank is requested to advise a credit or amendment but elects not to do so, it must so inform, without delay, the bank from which the credit, amendment or advice has been received. f. If a bank is requested to advise a credit or amendment but cannot satisfy itself as to the apparent authenticity of the credit, the amend- ment or the advice, it must so inform, without delay, the bank from which the instructions appear to have been received. If the advising bank or second advising bank elects nonetheless to advise the credit or amendment, it must inform the	**제9조 신용장 및 이에 대한 조건변경의 통지** a. 신용장 및 이에 대한 조건변경은 통지은행을 통하여 수익자에게 통지될 수 있다. 확인은행이 아닌 통지은행은 결제(honour)나 매입에 대한 어떤 의무의 부담없이 신용장 및 이에 대한 조건변경을 통지한다. b. 통지은행은 신용장 또는 그 조건변경을 통지함으로써 신용장 또는 그 조건변경에 대한 외견상의 진정성이 충족된다는 점과 그 통지가 송부받은 신용장 또는 그 조건변경의 조건들을 정확하게 반영하고 있다는 점을 표명한다. c. 통지은행은 수익자에게 신용장 및 그 조건변경을 통지하기 위하여 다른 은행(이하, "제2통지은행"이라 한다)을 이용할 수 있다. 제2통지은행은 신용장 또는 그 조건변경을 통지함으로써 신용장 또는 그 조건변경에 대한 외견상의 진정성이 충족된다는 점과 그 통지가 송부받은 신용장 또는 그 조건 변경의 조건들을 정확하게 반영하고 있다는 점을 표명한다. d. 신용장을 통지하기 위하여 통지은행 또는 제2통지은행을 이용하는 은행은 그 신용장의 조건변경을 통지하기 위하여 동일한 은행을 이용하여야만 한다. e. 은행이 신용장 또는 조건변경을 통지하도록 요청받았으나 이를 수락하지 않을 경우 신용장, 조건변경 또는 통지를 송부한 은행에 지체 없이 이를 알려주어야 한다. f. 은행이 신용장 또는 조건변경을 통지하도록 요청받았으나, 신용장, 그 조건변경 또는 통지의 외견상 진위성에 대한 요건을 충족하지 못한다고 판단한 경우, 지체없이 그 지시를 송부한 것으로 되어있는 은행에 그 사실을 통지하여야 한다. 그럼에도 불구하고 통지은행 또는 제2통지은행이 신용장 또는 조건변경을 통지하기로 한 경우, 그 은행은 수익자 또는 제2통지은행에 신용장, 그 조건변경 또는 통지가 외견상 진위성에 대한 요건을 충

beneficiary or second advising bank that it has not been able to satisfy itself as to the apparent authenticity of the credit, the amendment or the advice.	족하지 못한다는 점을 알려주어야 한다.
Article 10 Amendments a. Except as otherwise provided by article 38, a credit can neither be amended nor cancelled without the agreement of the issuing bank, the confirming bank, if any, and the beneficiary. b. An issuing bank is irrevocably bound by an amendment as of the time it issues the amendment. A confirming bank may extend its confirmation to an amendment and will be irrevocably bound as of the time it advises the amendment. A confirming bank may, however, choose to advise an amendment without extending its confirmation and, if so, it must inform the issuing bank without delay and inform the beneficiary in its advice. c. The terms and conditions of the original credit (or a credit incorporating previously accepted amendments) will remain in force for the beneficiary until the beneficiary communicates its acceptance of the amendment to the bank that advised such amendment. The beneficiary should give notification of acceptance or rejection of an amendment. If the beneficiary fails to give such notification, a presentation that complies with the credit and to any not yet accepted amendment will be deemed to be notification of acceptance by the beneficiary of such amendment. As of that moment the credit will be amended. d. A bank that advises an amendment should inform the bank from which it received the amendment of any notification of acceptance or rejection. e. Partial acceptance of an amendment is not allowed and will be deemed to be notification of rejection of the amendment. f. A provision in an amendment to the effect that the amendment shall enter into force unless rejected by the beneficiary within a certain time shall be disregarded.	**제10조 조건변경** a. 제38조에서 규정한 경우를 제외하고 신용장은 개설은행, 확인은행이 있는 경우에는 그 확인은행, 그리고 수익자의 동의가 없이는 조건변경되거나 취소될 수 없다. b. 개설은행은 신용장에 대한 조건을 변경한 경우 그 시점으로부터 변경 내용에 대하여 취소 불가능하게 구속된다. 확인은행은 조건변경에 대한 확인을 연장할 수 있고, 그 조건변경을 통지한 경우 그 시점으로부터 취소 불가능하게 그 내용에 구속된다. 그러나, 확인은행이 조건변경에 대하여 확인을 연장함이 없이 통지만을 하기로 선택한 경우 지체 없이 개설은행에 그 사실을 알려주어야 하고, 그 통지에서 수익자에게 그 사실을 알려주어야 한다. c. 원신용장(또는 이전에 조건변경이 수락된 신용장)의 조건은 수익자가 조건변경을 통지한 은행에 대하여 변경된 내용을 수락한다는 뜻을 알려줄 때까지는 수익자에 대하여 효력을 가진다. 수익자는 조건변경 내용에 대한 수락 또는 거절의 뜻을 알려주어야 한다. 수익자가 위 수락 또는 거절의 뜻을 알리지 않은 경우, 신용장 및 아직 수락되지 않고 있는 조건변경 내용에 부합하는 제시가 있으면 수익자가 그러한 조건변경 내용을 수락한다는 뜻을 알린 것으로 간주한다. 이 경우 그 순간부터 신용장은 조건이 변경된다. d. 신용장의 조건변경을 통지하는 은행은 조건변경을 송부한 은행에게 조건변경 내용에 대한 수락 또는 거절의 뜻을 통보하여야 한다. e. 조건변경에 대하여 일부만을 수락하는 것은 허용되지 않으며, 이는 조건변경 내용에 대한 거절의 의사표시로 간주한다. f. 수익자가 일정한 시간 내에 조건변경을 거절하지 않으면 조건변경이 효력을 가지게 된다는 규정이 조건변경 내용에 있는 경우 이는 무시된다.
Article 11 Teletransmitted and Pre-Advised Credits and Amendments a. An authenticated teletransmission of a credit	**제 11조 전신과 사전 통지된 신용장 및 그 조건변경** a. 진정성이 확인된 신용장 또는 조건변경의 전신은

or amendment will be deemed to be the operative credit or amendment, and any subsequent mail confirmation shall be disregarded. If a teletransmission states "full details to follow" (or words of similar effect), or states that the mail confirmation is to be the operative credit or amendment, then the teletransmission will not be deemed to be the operative credit or amendment. The issuing bank must then issue the operative credit or amendment without delay in terms not inconsistent with the teletransmission.	유효한 신용장 또는 조건변경으로 간주되고, 어떤 추가적인 우편확인은 무시된다. 전신의 내용에서 "상세한 명세가 추후 송부될 것"(또는 이와 유사한 문구 유사한 취지의 단어)이라고 표현되어 있거나, 또는 우편확인이 유효한 신용장 또는 조건변경이라고 표현되어 있는 경우, 이러한 전신은 유효한 신용장 또는 조건변경으로 간주되지 않는다. 그 경우 개설은행은 지체 없이 전신과 불일치하지 않는 조건으로 유효한 신용장을 개설하거나 조건변경을 하여야 한다.
b. A preliminary advice of the issuance of a credit or amendment ("pre-advice") shall only be sent if the issuing bank is prepared to issue the operative credit or amendment. An issuing bank that sends a pre-advice is irrevocably committed to issue the operative credit or amend- ment, without delay, in terms not inconsistent with the pre-advice.	b. 신용장의 개설 또는 조건변경에 대한 사전적인 통지(이하 "사전통지"라 한다)는 개설은행이 유효한 신용장 또는 조건변경을 개설할 수 있을 경우에만 송부되어 질 수 있다. 사전통지를 보낸 개설은행은 이와 불일치하지 않는 조건으로 지체 없이 취소 불가능하고 유효한 신용장을 개설하거나 조건변경을 하여야 한다.
Article 12 Nomination a. Unless a nominated bank is the confirming bank, an authorization to honour or negotiate does not impose any obligation on that nominated bank to honour or negotiate, except when expressly agreed to by that nominated bank and so communicated to the beneficiary.	**제12조 지정** a. 지정은행이 확인은행이 아닌 경우, 결제(honour) 또는 매입에 대한 수권은 지정은행이 결제(honour) 또는 매입에 대하여 명백하게 동의하고 이를 수익자에게 통보한 경우를 제외하고는 그 지정은행에 대하여 결제(honour) 또는 매입에 대한 어떤 의무도 부과하지 않는다.
b. By nominating a bank to accept a draft or incur a deferred payment undertaking, an issuing bank authorizes that nominated bank to prepay or purchase a draft accepted or a deferred payment undertaking incurred by that nominated bank.	b. 개설은행은 어떤 은행이 환어음을 인수하거나 연지급의 의무를 부담하도록 지정함으로써 그 지정은행이 대금을 먼저 지급하거나 또는 인수된 환어음을 매수(purchase)하거나, 또는 그 지정은행이 연지급의 의무를 부담하도록 권한을 부여한다.
c. Receipt or examination and forwarding of documents by a nominated bank that is not a confirming bank does not make that nominated bank liable to honour or negotiate, nor does it constitute honour or negotiation.	c. 확인은행이 아닌 지정은행이 서류를 수취하거나 또는 심사 후 서류를 송부하는 것은 그 지정은행에게 결제(honour) 또는 매입에 대한 책임을 부담시키는 것이 아니고, 또한 그것이 결제(honour) 또는 매입을 구성하지도 않는다.
Article 13 Bank-to-Bank Reimbursement Arrangements a. If a credit states that reimbursement is to be obtained by a nominated bank ("claiming bank") claiming on another party ("reimbursing bank"), the credit must state if the reimbursement is subject to the ICC rules for bank-to-bank reimbursements in effect on the date of issuance of the credit.	**제13조 은행간 상환약정** a. 신용장에서 지정은행(이하 "청구은행"이라 한다)이 다른 당사자(이하 "상환은행"이라 한다)에게 청구하여 상환을 받도록 규정하고 있다면, 그 신용장은 상환과 관련하여 신용장 개설일에 유효한 은행간 상환에 대한 국제상업회의소 규칙의 적용을 받는지 여부를 명시하여야 한다.

b. If a credit does not state that reimbursement is subject to the ICC rules for bank-to-bank reimbursements, the following apply:	b. 신용장이 상환과 관련하여 은행간 상환에 대한 국제상업회의소 규칙의 적용을 받는다는 사실을 명시하지 않으면, 아래 내용이 적용된다.
i. An issuing bank must provide a reimbursing bank with a reimbursement authorization that conforms with the availability stated in the credit. The reimbursement authorization should not be subject to an expiry date.	i. 개설은행은 신용장에 명시된 이용가능성에 부합하는 상환권한을 상환은행에 수여하여야 한다. 상환권한은 유효기일의 적용을 받지 않아야 한다.
ii. A claiming bank shall not be required to supply a reimbursing bank with a certificate of compliance with the terms and conditions of the credit.	ii. 청구은행은 신용장의 조건에 일치한다는 증명서를 상환은행에 제시하도록 요구받아서는 안 된다.
iii. An issuing bank will be responsible for any loss of interest, together with any expenses incurred, if reimbursement is not provided on first demand by a reimbursing bank in accor- dance with the terms and conditions of the credit.	iii. 신용장의 조건에 따른 상환은행의 최초 지급청구시에 상환이 이루어지지 않으면, 개설은행은 그로 인하여 발생한 모든 비용과 함께 모든 이자 손실에 대하여도 책임을 부담한다.
iv. A reimbursing bank's charges are for the account of the issuing bank. However, if the charges are for the account of the beneficiary, it is the responsibility of an issuing bank to so indicate in the credit and in the reimbursement authorization. If a reimbursing bank's charges are for the account of the beneficiary, they shall be deducted from the amount due to a claiming bank when reimbursement is made. If no reimbursement is made, the reimbursing bank's charges remain the obligation of the issuing bank.	iv. 상환은행의 수수료는 개설은행이 부담한다. 그러나 그 수수료를 수익자가 부담하여야 한다면, 개설은행은 신용장과 상환수권서에 그러한 사실을 명시할 책임을 부담한다. 상환은행의 수수료를 수익자가 부담하여야 한다면, 그 수수료는 상환이 이루어질 때에 청구은행에 지급하여야 할 금액으로부터 공제된다. 상환이 이루어지지 아니한다면, 상환은행의 수수료는 개설은행이 부담하여야 한다.
c. An issuing bank is not relieved of any of its obligations to provide reimbursement if reim- bursement is not made by a reimbursing bank on first demand.	c. 최초 지급청구시에 상환은행에 의한 상환이 이루어지지 아니한 경우 상환을 제공할 개설은행 자신의 의무는 면제되지 아니한다.
Article 14 Standard for Examination of Documents	**제14조 서류심사의 기준**
a. A nominated bank acting on its nomination, a confirming bank, if any, and the issuing bank must examine a presentation to determine, on the basis of the documents alone, whether or not the documents appear on their face to constitute a complying presentation.	a. 지정에 따라 행동하는 지정은행, 확인은행이 있는 경우의 확인은행 그리고 개설은행은 서류에 대하여 문면상 일치하는 제시가 있는지 여부를 단지 서류만에 의해서 심사하여야 한다.
b. A nominated bank acting on its nomination, a confirming bank, if any, and the issuing bank shall each have a maximum of five banking days following the day of presentation to determine if a presentation is complying. This period is not curtailed or otherwise	b. 지정에 따라 행동하는 지정은행, 확인은행이 있는 경우의 확인은행 그리고 개설은행에게는 제시가 일치하는지 여부를 결정하기 위하여 제시일의 다음날로부터 기산하여 최장 5 은행영업일이 각자 주어진다. 이 기간은 유효기일 내의 제시일자나 최종제시일 또는 그 이후에 발생하는 사건에 의

affected by the occurrence on or after the date of presentation of any expiry date or last day for presentation.	해서 단축되거나 달리 영향을 받지 않는다.
c. A presentation including one or more original transport documents subject to articles 19, 20, 21, 22, 23, 24 or 25 must be made by or on behalf of the beneficiary not later than 21 calendar days after the date of shipment as described in these rules, but in any event not later than the expiry date of the credit.	c. 제19조, 제20조, 제21조, 제22조, 제23조, 제24조 또는 제25조에 따른 하나 이상의 운송서류 원본이 포함된 제시는, 이 규칙에서 정하고 있는 선적일 후 21일보다 늦지 않게 수익자에 의하거나 또는 그를 대신하여 이루어져야 하고, 어떠한 경우라도 신용장의 유효기일보다 늦게 이루어져서는 안 된다.
d. Data in a document, when read in context with the credit, the document itself and international standard banking practice, need not be identical to, but must not conflict with, data in that document, any other stipulated document or the credit.	d. 신용장, 서류 그 자체 그리고 국제표준은행관행의 문맥에 따라 읽을 때의 서류상의 정보(data)는 그 서류나 다른 적시된 서류 또는 신용장상의 정보와 반드시 일치될 필요는 없으나, 그들과 저촉되어서는 안 된다.
e. In documents other than the commercial invoice, the description of the goods, services or perfor- mance, if stated, may be in general terms not conflicting with their description in the credit.	e. 상업송장 이외의 서류에서, 물품, 서비스 또는 의무이행의 명세는, 만약 기재되는 경우, 신용장상의 명세와 저촉되지 않는 일반적인 용어로 기재될 수 있다.
f. If a credit requires presentation of a docu- ment other than a transport document, insurance document or commercial invoice, without stipulating by whom the document is to be issued or its data content, banks will accept the document as presented if its content appears to fulfil the function of the required document and otherwise complies with sub-article 14 (d).	f. 신용장에서 누가 서류를 발행하여야 하는지 여부 또는 그 정보의 내용을 명시함이 없이 운송서류, 보험서류 또는 상업송장 이외의 다른 어떠한 서류의 제시를 요구한다면, 그 서류의 내용이 요구되는 서류의 기능을 충족하는 것으로 보이고 또한 그밖에 제14조 (d)항에 부합하는 한 은행은 제시된 대로 그 서류를 수리한다.
g. A document presented but not required by the credit will be disregarded and may be returned to the presenter.	g. 제시되었으나 신용장에서 요구되지 아니한 서류는 무시될 것이고 제시자에게 반환될 수 있다.
h. If a credit contains a condition without stipulating the document to indicate compliance with the condition, banks will deem such condition as not stated and will disregard it.	h. 조건과 일치함을 나타낼 서류를 명시함이 없이 신용장에 어떠한 조건이 담겨 있다면, 은행은 그러한 조건이 기재되지 아니한 것으로 간주하고 무시할 것이다.
i. A document may be dated prior to the issuance date of the credit, but must not be dated later than its date of presentation.	i. 서류는 신용장 개설일 이전 일자에 작성된 것일 수 있으나 제시일자보다 늦은 일자에 작성된 것이어서는 안 된다.
j. When the addresses of the beneficiary and the applicant appear in any stipulated document, they need not be the same as those stated in the credit or in any other stipulated document, but must be within the same country as the respective addresses mentioned in the credit. Contact details (telefax, telephone, email and the like) stated as part of the beneficiary's and the	j. 수익자와 개설의뢰인의 주소가 어떤 요구서류에 나타날 때, 그것은 신용장 또는 다른 요구서류상에 기재된 것과 동일할 필요는 없으나 신용장에 기재된 각각의 주소와 동일한 국가 내에 있어야 한다. 수익자 및 개설의뢰인의 주소의 일부로 기재된 세부 연락처(팩스, 전화, 이메일 및 이와 유사한 것)는 무시된다. 그러나 개설의뢰인의 주소와 세부 연락처가 제19조, 제20조, 제21조, 제22조, 제23조, 제24조 또는 제25조의 적용을 받는

applicant's address will be disregarded. However, when the address and contact details of the applicant appear as part of the consignee or notify party details on a transport document subject to articles 19, 20, 21, 22, 23, 24 or 25, they must be as stated in the credit.	운송서류상의 수하인 또는 통지처의 일부로서 나타날 때에는 신용장에 명시된 대로 기재되어야 한다.
k. The shipper or consignor of the goods indicated on any document need not be the beneficiary of the credit.	k. 어떠한 서류상에 표시된 물품 선적인 또는 송하인은 신용장의 수익자일 필요가 없다.
l. A transport document may be issued by any party other than a carrier, owner, master or charterer provided that the transport document meets the requirements of articles 19, 20, 21, 22, 23 or 24 of these rules.	l. 운송서류가 이 규칙 제19조, 제20조, 제21조, 제22조, 제23조 또는 제24조의 요건을 충족하는 한, 그 운송서류는 운송인, 소유자, 선장, 용선자 아닌 어느 누구에 의해서도 발행될 수 있다.
Article 15 Complying Presentation a. When an issuing bank determines that a presentation is complying, it must honour. b. When a confirming bank determines that a presentation is complying, it must honour or negotiate and forward the documents to the issuing bank. c. When a nominated bank determines that a presentation is complying and honours or negotiates, it must forward the documents to the confirming bank or issuing bank.	**제15조 일치하는 제시** a. 개설은행은 제시가 일치한다고 판단할 경우 결제(honour)하여야 한다. b. 확인은행은 제시가 일치한다고 판단할 경우 결제(honour) 또는 매입하고 그 서류들을 개설은행에 송부하여야 한다. c. 지정은행은 제시가 일치한다고 판단하고 결제(honour) 또는 매입할 경우 그 서류들을 확인은행 또는 개설은행에 송부하여야 한다.
Article 16 Discrepant Documents, Waiver and Notice a. When a nominated bank acting on its nomination, a confirming bank, if any, or the issuing bank determines that a presentation does not comply, it may refuse to honour or negotiate. b. When an issuing bank determines that a presentation does not comply, it may in its sole judgement approach the applicant for a waiver of the discrepancies. This does not, however, extend the period mentioned in sub-article 14 (b). c. When a nominated bank acting on its nomination, a confirming bank, if any, or the issuing bank decides to refuse to honour or negotiate, it must give a single notice to that effect to the presenter. The notice must state: i. that the bank is refusing to honour or negotiate; and ii. each discrepancy in respect of which the bank refuses to honour or negotiate; and	**제16조 하자있는 서류, 권리포기 및 통지** a. 지정에 따라 행동하는 지정은행, 확인은행이 있는 경우의 확인은행 또는 개설은행은 제시가 일치하지 않는다고 판단하는 때에는, 결제(honour) 또는 매입을 거절할 수 있다. b. 개설은행은 제시가 일치하지 않는다고 판단하는 때에는, 자신의 독자적인 판단으로 하자에 대한 권리포기(waiver)를 위하여 개설의뢰인과 교섭할 수 있다. 그러나 이로 인하여 제14조 (b)항에 규정된 기간이 연장되지는 않는다. c. 지정에 따라 행동하는 지정은행, 확인은행이 있는 경우의 확인은행 또는 개설은행이 결제(honour) 또는 매입을 거절하기로 결정하는 때에는, 제시자에게 그러한 취지로 한번에 통지하여야 한다. 통지에는 다음 사항을 기재하여야 한다. i. 은행이 결제(honour) 또는 매입을 거절한다는 사실 그리고 ii. 은행이 결제(honour) 또는 매입을 거절하는 각각의 하자 그리고 iii. a) 제시자의 추가지시가 있을 때까지 은행이

iii. a) that the bank is holding the documents pending further instructions from the presenter; or b) that the issuing bank is holding the documents until it receives a waiver from the applicant and agrees to accept it, or receives further instructions from the presenter prior to agreeing to accept a waiver; or c) that the bank is returning the documents; or d) that the bank is acting in accordance with instructions previously received from the presenter.	서류를 보관할 것이라는 사실 또는 b) 개설의뢰인으로부터 권리포기를 받고 이를 받아들이기로 동의하거나, 또는 권리포기를 받아들이기로 동의하기 이전에 제시자로부터 추가지시를 받을 때까지, 개설은행이 서류를 보관할 것이라는 사실 또는 c) 은행이 서류를 반환할 것이라는 사실 또는 d) 은행이 사전에 제시자로부터 받은 지시에 따라 행동할 것이라는 사실
d. The notice required in sub-article 16 (c) must be given by telecommunication or, if that is not possible, by other expeditious means no later than the close of the fifth banking day following the day of presentation.	d. 제16조 (c)항에서 요구되는 통지는 전신(tele-communication)으로, 또는 그것의 이용이 불가능하다면 다른 신속한 수단으로, 제시일의 다음 날로부터 기산하여 5영업일의 종료시보다 늦지 않게 이루어져야 한다.
e. A nominated bank acting on its nomination, a confirming bank, if any, or the issuing bank may, after providing notice required by sub- article 16 (c) (iii) (a) or (b), return the documents to the presenter at any time.	e. 지정에 따라 행동하는 지정은행, 확인은행이 있는 경우의 확인은행 또는 개설은행은, 제16조 (c) (iii (a) 또는 (b)에서 요구되는 통지를 한 후라도, 언제든지 제시자에게 서류를 반환할 수 있다.
f. If an issuing bank or a confirming bank fails to act in accordance with the provisions of this article, it shall be precluded from claiming that the documents do not constitute a complying presentation.	f. 개설은행 또는 확인은행이 이 조항의 규정에 따라 행동하지 못하면, 그 은행은 서류에 대한 일치하는 제시가 아니라는 주장을 할 수 없다.
g. When an issuing bank refuses to honour or a confirming bank refuses to honour or negotiate and has given notice to that effect in accordance with this article, it shall then be entitled to claim a refund, with interest, of any reimbursement made.	g. 개설은행이 결제(honour)를 거절하거나 또는 확인은행이 결제(honour) 또는 매입을 거절하고 이 조항에 따라 그 취지의 통지를 한 때에는, 그 은행은 이미 지급된 상환 대금을 이자와 함께 반환청구할 권리를 갖는다.
Article 17 Original Documents and Copies a. At least one original of each document stipulated in the credit must be presented. b. A bank shall treat as an original any document bearing an apparently original signature, mark, stamp, or label of the issuer of the document, unless the document itself indicates that it is not an original. c. Unless a document indicates otherwise, a bank will also accept a document as original if it: i. appears to be written, typed, perforated or stamped by the document issuer's hand; or ii. appears to be on the document issuer's	**제17조 원본 서류 및 사본** a. 적어도 신용장에서 명시된 각각의 서류의 원본 한 통은 제시되어야 한다. b. 서류 자체가 원본이 아니라고 표시하고 있지 않은 한, 은행은 명백하게 원본성을 갖는 서류 발행자의 서명, 마크, 스탬프 또는 라벨이 담긴 서류를 원본으로 취급한다. c. 서류에 다른 정함이 없다면 서류가 달리 표시하지 않으면, 은행은 또한 다음과 같은 서류를 원본으로 수리한다. i. 서류 발행자의 손으로 작성, 타이핑, 천공서명 또는 스탬프된 것으로 보이는 것 또는 ii. 서류 발행자의 원본 서류용지 위에 작성된 것으

original stationery; or iii. states that it is original, unless the statement appears not to apply to the document presented. d. If a credit requires presentation of copies of documents, presentation of either originals or copies is permitted. e. If a credit requires presentation of multiple documents by using terms such as "in duplicate", "in two fold" or "in two copies", this will be satisfied by the presentation of at least one original and the remaining number in copies, except when the document itself indicates otherwise.	로 보이는 것 또는 iii. 원본이라는 표시가 제시된 서류에는 적용되지 않는 것으로 보이지 않는 한, 원본이라는 표시가 있는 것 d. 신용장이 서류 사본의 제시를 요구하는 경우, 원본 또는 사본의 제시가 모두 허용된다. e. 신용장이 "in duplicate", "in two folds" 또는 "in two copies"와 같은 용어를 사용하여 복수의 서류의 제시를 요구하는 경우, 이 조건은 그 서류 자체에 달리 정함이 없는 한 적어도 한 통의 원본과 나머지 수량의 사본을 제시함으로써 충족된다.
Article 18 Commercial Invoice a. A commercial invoice: i. must appear to have been issued by the beneficiary (except as provided in article 38); ii. must be made out in the name of the applicant (except as provided in sub-article 38 (g)); iii. must be made out in the same currency as the credit; and iv. need not be signed. b. A nominated bank acting on its nomination, a confirming bank, if any, or the issuing bank may accept a commercial invoice issued for an amount in excess of the amount permitted by the credit, and its decision will be binding upon all parties, provided the bank in question has not honoured or negotiated for an amount in excess of that permitted by the credit. c. The description of the goods, services or performance in a commercial invoice must correspond with that appearing in the credit.	**제 18조 상업송장** a. 상업송장은, i. (제38조가 적용되는 경우를 제외하고는) 수익자가 발행한 것으로 보여야 한다. ii. (제38조 (g)항이 적용되는 경우를 제외하고는) 개설의뢰인 앞으로 발행되어야 한다. iii. 신용장과 같은 통화로 발행되어야 한다. 그리고 iv. 서명될 필요는 없다. b. 지정에 따라 행동하는 지정은행, 확인은행이 있는 경우의 확인은행 또는 개설은행은 신용장에서 허용된 금액을 초과하여 발행된 상업송장을 수리할 수 있고, 이러한 결정은, 문제된 은행이 신용장에서 허용된 금액을 초과한 금액을 결제(honour) 또는 매입하지 않았던 경우에 한하여, 모든 당사자를 구속한다. c. 상업송장상의 물품, 서비스 또는 의무이행의 명세는 신용장상의 그것과 일치하여야 한다.
Article 19 Transport Document Covering at Least Two Different Modes of Transport a. A transport document covering at least two different modes of transport (multimodal or combined transport document), however named, must appear to: i. indicate the name of the carrier and be signed by: • the carrier or a named agent for or on behalf of the carrier, or • the master or a named agent for or on behalf of the master.	**제 19조 적어도 두 개 이상의 가지 다른 운송방법을 포괄하는 운송서류** a. 적어도 두 개 이상의 다른 운송방법을 포괄하는 운송서류(복합운송서류)는 어떤 명칭을 사용하든 간에 다음과 같이 보여야 한다. i. 운송인의 명칭을 표시하고 다음의 자에 의하여 서명되어야 한다. • 운송인, 또는 운송인을 위한 또는 그를 대리하는 기명대리인 • 선장, 또는 선장을 위한 또는 그를 대리하는 기명대리인 운송인, 선장 또는 대리인의 서명은 운송인, 선장

Any signature by the carrier, master or agent must be identified as that of the carrier, master or agent. Any signature by an agent must indicate whether the agent has signed for or on behalf of the carrier or for or on behalf of the master.	또는 대리인의 서명으로서 특정되어야 한다. 대리인의 서명은 그가 운송인을 위하여 또는 대리하여 또는 선장을 위하여 또는 대리하여 서명한 것인지를 표시하여야 한다.
ii. indicate that the goods have been dispatched, taken in charge or shipped on board at the place stated in the credit, by: • pre-printed wording, or • a stamp or notation indicating the date on which the goods have been dispatched, taken in charge or shipped on board. The date of issuance of the transport document will be deemed to be the date of dispatch, taking in charge or shipped on board, and the date of shipment. However, if the transport document indicates, by stamp or notation, a date of dispatch, taking in charge or shipped on board, this date will be deemed to be the date of shipment.	ii. 물품이 신용장에 명시된 장소에서 발송, 수탁 또는 본선적재 되었다는 것을 다음의 방법으로 표시하여야 한다. • 미리 인쇄된 문구 또는 • 물품이 발송, 수탁 또는 본선적재된 일자를 표시하는 스탬프 또는 부기 운송서류의 발행일은 발송일, 수탁일 또는 본선적재일과 선적일로 본다. 그러나 운송서류가 스탬프 또는 부기에 의하여 발송일, 수탁일 또는 본선적재일을 표시하는 경우 그 일자를 선적일로 본다.
iii. indicate the place of dispatch, taking in charge or shipment and the place of final destination stated in the credit, even if: · the transport document states, in addition, a different place of dispatch, taking in charge or shipment or place of final destination, or · the transport document contains the indication "intended" or similar qualification in relation to the vessel, port of loading or port of discharge.	iii. 비록 다음의 경우라 할지라도 신용장에 기재된 발송지, 수탁지, 선적지와 최종목적지를 표시하여야 한다. · 운송서류가 추가적으로 다른 발송지, 수탁지 또는 선적지 또는 최종목적지를 기재하는 경우 또는 · 운송서류가 선박, 선적항(port of loading) 또는 하역항(port of discharge)과 관련하여 "예정된"이라는 표시 또는 이와 유사한 제한을 포함하는 경우
iv. be the sole original transport document or, if issued in more than one original, be the full set as indicated on the transport document.	iv. 유일한 운송서류 원본이거나 또는 원본이 한 통을 초과하여 발행되는 경우에는 운송서류에 표시된 전통(full set)이어야 한다.
v. contain terms and conditions of carriage or make reference to another source containing the terms and conditions of carriage (short form or blank back transport document). Contents of terms and conditions of carriage will not be examined.	v. 운송조건을 포함하거나 또는 운송조건을 포함하는 다른 출처를 언급하여야 한다(약식 또는 뒷면 백지 운송서류). 운송조건의 내용은 심사되지 않는다.
vi. contain no indication that it is subject to a charter party.	vi. 용선계약에 따른다는 어떤 표시도 포함하지 않아야 한다.
b. For the purpose of this article, transhipment means unloading from one means of conveyance and reloading to another means of conveyance (whether or not in different	b. 이 조항의 목적상, 환적은 신용장에 기재된 발송지, 수탁지 또는 선적지로부터 최종목적지까지의 운송 도중에 하나의 운송수단으로부터 양하되어 다른 운송수단으로 재적재되는 것을 의미

modes of transport) during the carriage from the place of dispatch, taking in charge or shipment to the place of final destination stated in the credit.	한다(운송방법이 다른지 여부는 상관하지 않는다).
c. i. A transport document may indicate that the goods will or may be transhipped provided that the entire carriage is covered by one and the same transport document. ii. A transport document indicating that transhipment will or may take place is accep- table, even if the credit prohibits transhipment.	c. i. 운송서류는 전운송이 하나의 동일한 운송서류에 의하여 포괄된다면 물품이 환적될 것이라거나 환적될 수 있다는 것을 표시할 수 있다. ii. 환적이 될 것이라거나 될 수 있다고 표시하는 운송서류는 비록 신용장이 환적을 금지하더라도 수리될 수 있다.
Article 20 Bill of Lading a. A bill of lading, however named, must appear to: i. indicate the name of the carrier and be signed by: • the carrier or a named agent for or on behalf of the carrier, or • the master or a named agent for or on behalf of the master. Any signature by the carrier, master or agent must be identified as that of the carrier, master or agent. Any signature by an agent must indicate whether the agent has signed for or on behalf of the carrier or for or on behalf of the master. ii. indicate that the goods have been shipped on board a named vessel at the port of loading stated in the credit by: • pre-printed wording, or • an on board notation indicating the date on which the goods have been shipped on board. The date of issuance of the bill of lading will be deemed to be the date of shipment unless the bill of lading contains an on board notation indicating the date of shipment, in which case the date stated in the on board notation will be deemed to be the date of shipment. If the bill of lading contains the indication "intended vessel" or similar qualification in relation to the name of the vessel, an on board notation indicating the date of shipment and the name of the actual vessel is required.	**제20조 선하증권** a. 선하증권은 어떤 명칭을 사용하든 간에 다음과 같이 보여야 한다. i. 운송인의 명칭이 표시되고 다음의 자에 의하여 서명되어야 한다. • 운송인, 또는 운송인을 위한 또는 그를 대리하는 기명대리인 • 선장, 또는 선장을 위한 또는 그를 대리하는 기명대리인 운송인, 선장 또는 대리인의 서명은 운송인, 선장 또는 대리인의 서명으로서 특정되어야 한다. 대리인의 서명은 그가 운송인을 위하여 또는 대리하여 또는 선장을 위하여 또는 대리하여 서명한 것인지를 표시하여야 한다. ii. 물품이 신용장에서 명시된 선적항에서 기명된 선박에 본선적재 되었다는 것을 다음의 방법으로 표시하여야 한다. • 미리 인쇄된 문구 또는 • 물품이 본선적재된 일자를 표시하는 본선적재 표기 선하증권이 선적일자를 표시하는 본선적재표기를 포함하지 않는 경우에는 선하증권 발행일을 선적일로 본다. 선하증권에 본선적재표기가 된 경우에는 본선적재표기에 기재된 일자를 선적일로 본다. 선하증권이 선박명과 관련하여 "예정선박" 또는 이와 유사한 표시를 포함하는 경우에는 선적일과 실제 선박명을 표시하는 본선적재표기가 요구된다.

iii. indicate shipment from the port of loading to the port of discharge stated in the credit. If the bill of lading does not indicate the port of loading stated in the credit as the port of loading, or if it contains the indication "intended" or similar qualification in relation to the port of loading, an on board notation indicating the port of loading as stated in the credit, the date of shipment and the name of the vessel is required. This provision applies even when loading on board or shipment on a named vessel is indicated by pre-printed wording on the bill of lading.	iii. 신용장에 기재된 선적항으로부터 하역항까지의 선적을 표시하여야 한다. 선하증권이 신용장에 기재된 선적항을 선적항으로 표시하지 않는 경우 또는 선적항과 관련하여 "예정된"이라는 표시 또는 이와 유사한 제한을 포함하는 경우에는, 신용장에 기재된 선적항과 선적일 및 선적선박명을 표시하는 본선적재표기가 요구된다. 이 조항은 기명된 선박에의 본선적재 또는 선적이 미리 인쇄된 문구에 의하여 선하증권에 표시된 경우에도 적용된다.
iv. be the sole original bill of lading or, if issued in more than one original, be the full set as indicated on the bill of lading.	iv. 유일한 선하증권 원본이거나 또는 원본이 한 통을 초과하여 발행되는 경우 선하증권에 표시된 전통(full set)이어야 한다.
v. contain terms and conditions of carriage or make reference to another source containing the terms and conditions of carriage (short form or blank back bill of lading). Contents of terms and conditions of carriage will not be examined.	v. 운송조건을 포함하거나 또는 운송조건을 포함하는 다른 출처를 언급하여야 한다(약식 또는 뒷면 백지 선하증권). 운송조건의 내용은 심사되지 않는다.
vi. contain no indication that it is subject to a charter party.	vi. 용선계약에 따른다는 어떤 표시도 포함하지 않아야 한다.
b. For the purpose of this article, transhipment means unloading from one vessel and reloading to another vessel during the carriage from the port of loading to the port of discharge stated in the credit.	b. 이 조항의 목적상, 환적은 신용장에 기재된 선적항으로부터 하역항까지의 운송 도중에 하나의 선박으로부터 양하되어 다른 선박으로 재적재되는 것을 의미한다.
c. i. A bill of lading may indicate that the goods will or may be transhipped provided that the entire carriage is covered by one and the same bill of lading.	c. i. 선하증권은 전운송이 하나의 동일한 선하증권에 의하여 포괄된다면 물품이 환적될 것이라거나 환적될 수 있다는 것을 표시할 수 있다.
ii. A bill of lading indicating that transhipment will or may take place is acceptable, even if the credit prohibits transhipment, if the goods have been shipped in a container, trailer or LASH barge as evidenced by the bill of lading.	ii. 환적이 될 것이라거나 될 수 있다고 표시하는 선하증권은, 물품이 컨테이너, 트레일러, 래시 바지에 선적되었다는 것이 선하증권에 의하여 증명되는 경우에는 비록 신용장이 환적을 금지하더라도 수리될 수 있다.
d. Clauses in a bill of lading stating that the carrier reserves the right to tranship will be disregarded.	d. 운송인이 환적할 권리를 갖고 있음을 기재한 선하증권의 조항은 무시된다.
Article 21 Non-Negotiable Sea Waybill a. A non-negotiable sea waybill, however named, must appear to: i. indicate the name of the carrier and be	**제21조 비유통성 해상화물운송장** a. 비유통 해상화물운송장은 어떤 명칭을 사용하든간에 다음과 같이 보여야 한다. i 운송인의 명칭이 표시되고 다음의 자에 의해서

signed by:

- the carrier or a named agent for or on behalf of the carrier, or
- the master or a named agent for or on behalf of the master.

Any signature by the carrier, master or agent must be identified as that of the carrier, master or agent.

Any signature by an agent must indicate whether the agent has signed for or on behalf of the carrier or for or on behalf of the master.

ii. indicate that the goods have been shipped on board a named vessel at the port of loading stated in the credit by:

- pre-printed wording, or
- an on board notation indicating the date on which the goods have been shipped on board.

The date of issuance of the non-negotiable sea waybill will be deemed to be the date of shipment unless the non-negotiable sea waybill contains an on board notation indicating the date of shipment, in which case the date stated in the on board notation will be deemed to be the date of shipment.

If the non-negotiable sea waybill contains the indication "intended vessel" or similar qualification in relation to the name of the vessel, an on board notation indicating the date of shipment and the name of the actual vessel is required.

iii. indicate shipment from the port of loading to the port of discharge stated in the credit.

If the non-negotiable sea waybill does not indicate the port of loading stated in the credit as the port of loading, or if it contains the indication "intended" or similar qualification in relation to the port of loading, an on board notation indicating the port of loading as stated in the credit, the date of shipment and the name of the vessel is required. This provision applies even when loading on board or shipment on a named vessel is indicated by pre-printed wording on the non-negotiable sea waybill.

iv. be the sole original non-negotiable sea waybill or, if issued in more than one

서명되어야 한다.

- 운송인, 또는 운송인을 위한 또는 그를 대리하는 기명대리인
- 선장, 또는 선장을 위한 또는 그를 대리하는 기명대리인

운송인, 선장 또는 대리인의 서명은 운송인, 선장 또는 대리인의 서명으로서 특정되어야 한다.

대리인의 서명은 그가 운송인을 위하여 또는 대리하여 또는 선장을 위하여 또는 대리하여 서명한 것인지를 표시하여야 한다.

ii. 물품이 신용장에 기재된 선적항에서 기명된 선박에 본선적재 되었다는 것을 다음의 방법으로 표시하여야 한다.

- 미리 인쇄된 문구 또는
- 물품이 본선적재된 일자를 표시하는 본선적재 표기

비유통 해상화물운송장이 선적일자를 표시하는 본선적재표기를 하지 않은 경우에는 비유통 해상화물운송장의 발행일을 선적일로 본다. 비유통 해상화물운송장에 본선적재표기가 된 경우에는 본선적재표기에 기재된 일자를 선적일로 본다.

비유통 해상화물운송장이 선박명과 관련하여 "예정선박"이라는 표시 또는 이와 유사한 제한을 포함하는 경우에는 선적일과 실제 선박명을 표시하는 본선적재표기가 요구된다.

iii. 신용장에 기재된 선적항으로부터 하역항까지의 선적을 표시하여야 한다.

비유통 해상화물운송장이 신용장에 기재된 선적항을 선적항으로 표시하지 않는 경우 또는 선적항과 관련하여 "예정된"이라는 표시 또는 이와 유사한 제한을 포함하는 경우에는, 신용장에 기재된 선적항과 선적일 및 적재선박명을 표시하는 본선적재 표기가 요구된다. 이 조항은 기명된 선박에의 본선적재가 미리 인쇄된 문구에 의하여 비유통 해상화물운송장에 표시된 경우에도 적용된다.

iv. 유일한 비유통 해상화물운송장 원본이거나 또는 원본이 한 통을 초과하여 발행되는 경우 비유통

original, be the full set as indicated on the non-negotiable sea waybill.	해상화물운송장에 표시된 전통(full set)이어야 한다.
v. contain terms and conditions of carriage or make reference to another source containing the terms and conditions of carriage (short form or blank back non-negotiable sea waybill). Contents of terms and conditions of carriage will not be examined.	v. 운송조건을 포함하거나 또는 운송조건을 포함하는 다른 출처를 언급하여야 한다(약식 또는 뒷면 백지 비유통 해상화물운송장). 운송조건의 내용은 심사되지 않는다.
vi. contain no indication that it is subject to a charter party.	vi. 용선계약에 따른다는 어떤 표시도 포함하지 않아야 한다.
b. For the purpose of this article, tranship-ment means unloading from one vessel and reloading to another vessel during the carriage from the port of loading to the port of discharge stated in the credit.	b. 이 조항의 목적상, 환적은 신용장에 기재된 선적항으로부터 하역항까지의 운송도중에 한 선박으로부터 양하되어 다른 선박으로 재적재되는 것을 의미한다.
c. i. A non-negotiable sea waybill may indicate that the goods will or may be transhipped provided that the entire carriage is covered by one and the same non-negotiable sea waybill. ii. A non-negotiable sea waybill indicating that transhipment will or may take place is acceptable, even if the credit prohibits tranship-ment, if the goods have been shipped in a container, trailer or LASH barge as evidenced by the non-negotiable sea waybill.	c. i. 비유통 해상화물운송장은 전운송이 하나의 동일한 비유통 해상화물운송장에 의하여 포괄된다면 물품이 환적될 것이라거나 환적될 수 있다는 것을 표시할 수 있다. ii. 환적이 될 것이라거나 환적될 수 있다고 표시하는 비유통 해상화물운송장은, 물품이 컨테이너, 트레일러, 래시 바지에 선적되었다는 것이 비유통 해상화물운송장에 의하여 증명되는 경우에는 비록 신용장이 환적을 금지하더라도 수리될 수 있다.
d. Clauses in a non-negotiable sea waybill stating that the carrier reserves the right to tranship will be disregarded.	d. 운송인이 환적할 권리를 갖고 있음을 기재한 비유통 해상화물운송장의 조항은 무시된다.
Article 22 Charter Party Bill of Lading a. A bill of lading, however named, containing an indication that it is subject to a charter party (charter party bill of lading), must appear to: i. be signed by: • the master or a named agent for or on behalf of the master, or • the owner or a named agent for or on behalf of the owner, or • the charterer or a named agent for or on behalf of the charterer. Any signature by the master, owner, charterer or agent must be identified as that of the master, owner, charterer or agent. Any signature by an agent must indicate whether the agent has signed for or on behalf of the master, owner or charterer.	**제22조 용선계약부 선하증권** a. 어떤 명칭을 사용하든 간에 용선계약에 따른다는 선하증권(용선계약부 선하증권)은 다음과 같이 보여야 한다. i 다음의 자에 의해서 서명되어야 한다. • 선장, 또는 선장을 위한 또는 그를 대리하는 기명대리인 • 선주, 또는 선주를 위한 또는 그를 대리하는 기명대리인 • 용선자, 또는 용선자 를 위한 또는 그를 대리하는 기명대리인 선장, 선주, 용선자 또는 대리인의 서명은 선장, 선주, 용선자 또는 대리인의 서명으로서 특정되어야 한다. 대리인의 서명은 그가 선장, 선주 또는 용선자 를 위하여 또는 대리하여 서명한 것인지를 표시하여야 한다.

An agent signing for or on behalf of the owner or charterer must indicate the name of the owner or charterer.	선주를 위하여 또는 대리하여 또는 용선자를 위하여 또는 대리하여 서명하는 대리인은 선주 또는 용선자의 명칭을 표시하여야 한다.
ii. indicate that the goods have been shipped on board a named vessel at the port of loading stated in the credit by: • pre-printed wording, or • an on board notation indicating the date on which the goods have been shipped on board. The date of issuance of the charter party bill of lading will be deemed to be the date of shipment unless the charter party bill of lading contains an on board notation indicating the date of shipment, in which case the date stated in the on board notation will be deemed to be the date of shipment.	ii 물품이 신용장에 기재된 선적항에서 기명된 선박에 본선적재되었다는 것을 다음의 방법으로 표시하여야 한다. • 미리 인쇄된 문구 또는 • 물품이 본선적재된 일자를 표시하는 본선적재표기 용선계약부 선하증권이 선적일자를 표시하는 본선적재표기를 하지 않은 경우에는 용선계약부 선하증권의 발행일을 선적일로 본다. 용선계약부 선하증권에 본선적재표기가 된 경우에는 본선적재표기에 기재된 일자를 선적일로 본다.
iii. indicate shipment from the port of loading to the port of discharge stated in the credit. The port of discharge may also be shown as a range of ports or a geographical area, as stated in the credit.	iii. 신용장에 기재된 선적항으로부터 하역항까지의 선적을 표시하여야 한다. 하역항은 또한 신용장에 기재된 바에 따라 일정 범위의 항구들 또는 지리적 지역으로 표시될 수 있다.
iv. be the sole original charter party bill of lading or, if issued in more than one original, be the full set as indicated on the charter party bill of lading.	iv. 유일한 용선계약부 선하증권 원본이거나 또는 원본이 한 통을 초과하여 발행되는 경우 용선계약부 선하증권에 표시된 전통(full set)이어야 한다.
b. A bank will not examine charter party contracts, even if they are required to be presented by the terms of the credit.	b. 비록 신용장의 조건이 용선계약의 제시를 요구하더라도 은행은 용선계약을 심사하지 않는다.
Article 23 Air Transport Document a. An air transport document, however named, must appear to: i. indicate the name of the carrier and be signed by: • the carrier, or • a named agent for or on behalf of the carrier. Any signature by the carrier or agent must be identified as that of the carrier or agent. Any signature by an agent must indicate that the agent has signed for or on behalf of the carrier.	**제23조 항공운송서류** a. 항공운송서류는 어떤 명칭을 사용하든 간에 다음과 같이 보여야 한다. i. 운송인의 명칭을 표시하고 다음의 자에 의하여 서명되어야 한다. • 운송인 또는 • 운송인을 위한 또는 그를 대리하는 기명대리인 운송인 또는 대리인의 서명은 운송인 또는 대리인의 서명으로 특정되어야 한다. 대리인의 서명은 그 대리인이 운송인을 위하여 또는 운송인을 대리하여 서명한 것인지를 표시하여야 한다.
ii. indicate that the goods have been accepted for carriage.	ii. 물품이 운송을 위하여 수리되었다는 것을 표시하여야 한다.
iii. indicate the date of issuance. This date will be deemed to be the date of shipment unless the air transport document contains a specific	iii. 발행일을 표시하여야 한다. 항공운송서류가 실제 선적일에 대한 특정한 부기를 포함하지 않는 경우에는 이 일자를 선적일로 본다. 항공운송서류가

notation of the actual date of shipment, in which case the date stated in the notation will be deemed to be the date of shipment. Any other information appearing on the air transport document relative to the flight number and date will not be considered in determining the date of shipment.	실제 선적일에 대한 특정한 부기를 포함하는 경우에는 부기에 기재된 일자를 선적일로 본다. 운항번호와 일자와 관련하여 항공운송서류에 나타나는 그 밖의 모든 정보는 선적일을 결정할 때 고려되지 않는다.
iv. indicate the airport of departure and the airport of destination stated in the credit.	iv. 신용장에 기재된 출발공항과 도착공항을 표시하여야 한다.
v. be the original for consignor or shipper, even if the credit stipulates a full set of originals.	v. 비록 신용장이 원본 전통(full set)을 규정하더라도 송하인 또는 선적인용 원본이어야 한다.
vi. contain terms and conditions of carriage or make reference to another source containing the terms and conditions of carriage. Contents of terms and conditions of carriage will not be examined.	vi. 운송조건을 포함하거나 또는 운송조건을 포함하는 다른 출처를 언급하여야 한다. 운송조건의 내용은 심사되지 않는다.
b. For the purpose of this article, transhipment means unloading from one aircraft and reloading to another aircraft during the carriage from the airport of departure to the airport of destination stated in the credit.	b. 이 조항의 목적상, 환적은 신용장에 기재된 출발공항으로부터 도착공항까지의 운송 도중 하나의 항공기로부터 양하되어 다른 항공기로 재적재되는 것을 의미한다.
c. i. An air transport document may indicate that the goods will or may be transhipped, provided that the entire carriage is covered by one and the same air transport document.	c. i. 항공운송서류는 전운송이 하나의 동일한 항공운송서류에 의하여 포괄된다면 물품이 환적될 것이라거나 환적될 수 있다는 것을 표시할 수 있다.
ii. An air transport document indicating that transhipment will or may take place is acceptable, even if the credit prohibits transhipment.	ii. 환적이 될 것이라거나 환적될 수 있다고 표시하는 항공운송서류는 비록 신용장이 환적을 금지하더라도 수리될 수 있다.
Article 24 Road, Rail or Inland Waterway Transport Documents	**제24조 도로, 철도 또는 내수로 운송서류**
a. A road, rail or inland waterway transport document, however named, must appear to:	a. 도로, 철도 또는 내수로 운송서류는 어떤 명칭을 사용하든 간에 다음과 같이 보여야 한다.
i. indicate the name of the carrier and: • be signed by the carrier or a named agent for or on behalf of the carrier, or • indicate receipt of the goods by signature, stamp or notation by the carrier or a named agent for or on behalf of the carrier. Any signature, stamp or notation of receipt of the goods by the carrier or agent must be identified as that of the carrier or agent. Any signature, stamp or notation of receipt of the goods by the agent must indicate that the agent has signed or acted for or on behalf of the carrier. If a rail transport document does not identify the carrier, any signature or stamp of the railway company will be accepted as evidence of the document being signed by	i. 운송인의 명칭을 표시하고 또한 • 운송인, 또는 운송인을 위한 또는 그를 대리하는 대리인이 서명하거나 또는 • 운송인 또는 운송인을 위한 또는 대리하는 기명대리인이 서명, 스탬프 또는 부기에 의하여 물품의 수령을 표시하여야 한다. 운송인 또는 대리인에 의한 모든 서명, 스탬프 또는 물품수령 부기는 운송인 또는 대리인의 그것으로서 특정되어야 한다. 대리인에 의한 모든 서명, 스탬프 또는 물품수령 부기는 대리인이 운송인을 위하여 또는 운송인을 대리하여 서명하였거나 행위한 것을 표시하여야 한다. 철도운송서류가 운송인을 특정하지 않았다면, 철도회사의 서명 또는 스탬프가 문서가 운송인에 의하여 서명되었다는 점에 대한 증거로 승인된다.

the carrier.	
ii. indicate the date of shipment or the date the goods have been received for shipment, dispatch or carriage at the place stated in the credit. Unless the transport document contains a dated reception stamp, an indication of the date of receipt or a date of shipment, the date of issuance of the transport document will be deemed to be the date of shipment.	ii. 신용장에 기재된 장소에서의 선적일 또는 물품이 선적, 발송, 운송을 위하여 수령된 일자를 표시하여야 한다. 운송서류에 일자가 표시된 수령스탬프, 수령일 또는 선적일의 표시가 없다면 운송서류의 발행일을 선적일로 본다.
iii. indicate the place of shipment and the place of destination stated in the credit.	iii. 신용장에 기재된 선적지와 목적지를 표시하여야 한다.
b. i. A road transport document must appear to be the original for consignor or shipper or bear no marking indicating for whom the document has been prepared.	b. i. 도로운송서류는 송하인 또는 선적인용 원본으로 보이거나 또는 그 서류가 누구를 위하여 작성되었는지에 대한 표시가 없어야 한다.
ii. A rail transport document marked "duplicate" will be accepted as an original.	ii. "duplicate"라고 표시된 도로운송서류는 원본으로 수리된다.
iii. A rail or inland waterway transport document will be accepted as an original whether marked as an original or not.	iii 철도 또는 내수로 운송서류는 원본 표시 여부에 관계없이 원본으로 수리된다.
c. In the absence of an indication on the transport document as to the number of originals issued, the number presented will be deemed to constitute a full set.	c. 운송서류에 발행된 원본 통수의 표시가 없는 경우 제시된 통수가 전통(full set)을 구성하는 것으로 본다.
d. For the purpose of this article, transhipment means unloading from one means of conveyance and reloading to another means of conveyance, within the same mode of transport, during the carriage from the place of shipment, dispatch or carriage to the place of destination stated in the credit.	d. 이 조항의 목적상 환적은 신용장에 기재된 선적, 발송 또는 운송지로부터 목적지까지의 운송 도중 동일한 운송방법 내에서 어떤 하나의 운송수단으로부터 양하되어 다른 운송수단으로 재적재되는 것을 의미한다.
e. i. A road, rail or inland waterway transport document may indicate that the goods will or may be transhipped provided that the entire carriage is covered by one and the same transport document.	e. i. 도로, 철도 또는 내수로 운송서류는 전운송이 하나의 동일한 운송서류에 의하여 포괄된다면 물품이 환적될 것이라거나 환적될 수 있다는 것을 표시할 수 있다.
ii. A road, rail or inland waterway transport document indicating that transhipment will or may take place is acceptable, even if the credit prohibits transhipment.	ii. 비록 신용장이 환적을 금지하더라도 환적이 될 것이라거나 될 수 있다는 표시가 된 도로, 철도 또는 내수로 운송서류는 수리될 수 있다.
Article 25 Courier Receipt, Post Receipt or Certificate of Posting	**제25조 특송배달영수증, 우편수령증 또는 우송증명서**
a. A courier receipt, however named, evidencing receipt of goods for transport, must appear to:	a. 어떤 명칭을 사용하든 간에 운송을 위하여 물품을 수령하였음을 증명하는 특송배달영수증은 다음과 같이 보여야 한다.
i. indicate the name of the courier service and be stamped or signed by the named courier service at the place from which the	i. 특송배달업체의 명칭을 표시하고, 신용장에 물품이 선적되기로 기재된 장소에서 기명된 특송배달업체가 스탬프하거나 서명하여야 한다. 그리고

credit states the goods are to be shipped; and ii. indicate a date of pick-up or of receipt or wording to this effect. This date will be deemed to be the date of shipment. b. A requirement that courier charges are to be paid or prepaid may be satisfied by a transport document issued by a courier service evidencing that courier charges are for the account of a party other than the consignee. c. A post receipt or certificate of posting, however named, evidencing receipt of goods for transport, must appear to be stamped or signed and dated at the place from which the credit states the goods are to be shipped. This date will be deemed to be the date of shipment.	ii. 집배 또는 수령일자 또는 이러한 취지의 문구를 표시하여야 한다. 이 일자를 선적일로 본다. b. 특송배달료가 지급 또는 선지급되어야 한다는 요건은, 특송배달료가 수하인 이외의 제3자의 부담임을 증명하는 특송배달 업체가 발행한 운송서류에 의하여 충족될 수 있다. c. 어떤 명칭을 사용하든 간에 운송을 위하여 물품을 수령하였음을 증명하는 우편영수증 또는 우편증명서는 신용장에 물품이 선적되기로 기재된 장소에서 스탬프되거나 또는 서명되고 일자가 기재되는 것으로 보여야 한다. 이 일자를 선적일로 본다.
Article 26 "On Deck", "Shipper's Load and Count", "Said by Shipper to Contain" and Charges Additional to Freight a. A transport document must not indicate that the goods are or will be loaded on deck. A clause on a transport document stating that the goods may be loaded on deck is acceptable. b. A transport document bearing a clause such as "shipper's load and count" and "said by shipper to contain" is acceptable. c. A transport document may bear a reference, by stamp or otherwise, to charges additional to the freight.	**제26조 "갑판적재", "내용물 부지약관"과 운임에 대한 추가비용** a. 운송서류는 물품이 갑판에 적재되거나 적재될 것이라는 표시를 하여서는 안 된다. 물품이 갑판에 적재될 수도 있다고 기재하는 운송서류상의 조항은 수리될 수 있다. b. "선적인이 적재하고 검수하였음"(shipper's load and count)과 "선적인의 내용신고에 따름"(said by shipper to contain)과 같은 조항이 있는 운송서류는 수리될 수 있다. c. 운송서류는 스탬프 또는 다른 방법으로 운임에 추가되는 요금을 언급할 수 있다.
Article 27 Clean Transport Document A bank will only accept a clean transport document. A clean transport document is one bearing no clause or notation expressly declaring a defective condition of the goods or their packaging. The word "clean" need not appear on a transport document, even if a credit has a requirement for that transport document to be "clean on board".	**제27조 무고장 운송서류** 은행은 단지 무고장 운송서류만을 수리한다. 무고장 운송서류는 물품 또는 포장의 하자상태(defective conditions)를 명시적으로 선언하는 조항 또는 부기가 없는 운송서류를 말한다. "무고장"이라는 단어는 비록 신용장이 운송서류가 "무고장 본선적재"일 것이라는 요건을 포함하더라도 운송서류상에 나타날 필요가 없다.
Article 28 Insurance Document and Coverage a. An insurance document, such as an insurance policy, an insurance certificate or a declaration under an open cover, must appear to be issued and signed by an insurance company, an under-writer or their agents or their proxies. Any signature by an agent or proxy must	**제28조 보험서류 및 부보범위** a. 보험증권, 보험증서 또는 포괄보험에서의 확인서와 같은 보험서류는 보험회사, 보험인수인 또는 그들의 대리인 또는 수탁인(proxies)에 의하여 발행되고 서명된 것으로 나타나야 한다. 보여야 한다. [번역의 일관성을 위하여] 대리인 또는 수탁인에 의한 서명은 보험회사 또는 보험중개인을 대리하여 서명했는지의 여부를 표시하여야 한다.

indi- cate whether the agent or proxy has signed for or on behalf of the insurance company or underwriter.

b. When the insurance document indicates that it has been issued in more than one original, all originals must be presented.

c. Cover notes will not be accepted.

d. An insurance policy is acceptable in lieu of an insurance certificate or a declaration under an open cover.

e. The date of the insurance document must be no later than the date of shipment, unless it appears from the insurance document that the cover is effective from a date not later than the date of shipment.

f. i. The insurance document must indicate the amount of insurance coverage and be in the same currency as the credit.

ii. A requirement in the credit for insurance coverage to be for a percentage of the value of the goods, of the invoice value or similar is deemed to be the minimum amount of coverage required.

If there is no indication in the credit of the insurance coverage required, the amount of insurance coverage must be at least 110% of the CIF or CIP value of the goods.

When the CIF or CIP value cannot be deter- mined from the documents, the amount of insurance coverage must be calculated on the basis of the amount for which honour or negotiation is requested or the gross value of the goods as shown on the invoice, whichever is greater.

iii. The insurance document must indicate that risks are covered at least between the place of taking in charge or shipment and the place of discharge or final destination as stated in the credit.

g. A credit should state the type of insurance required and, if any, the additional risks to be covered. An insurance document will be accepted without regard to any risks that are not covered if the credit uses imprecise terms such as "usual risks" or "customary risks".

h. When a credit requires insurance against "all risks" and an insurance document is presented containing any "all risks" notation or clause, whether or not bearing the heading "all risks",

b. 보험서류가 한 통을 초과한 원본으로 발행되었다고 표시하는 경우, 모든 원본 서류가 제시되어야 한다.

c. 잠정적 보험영수증(cover notes)은 수리되지 않는다.

d. 보험증권은 보험증서나 포괄보험의 확인서를 대신하여 수리 가능하다.

e. 보험서류의 일자는 선적일보다 늦어서는 안 된다. 다만 보험서류에서 부보가 최소한 선적일자 이전에 효력이 발생함을 나타내고 있는 경우에는 그러하지 아니하다.

f. i 보험서류는 부보금액을 표시하여야 하고 신용장과 동일한 통화로 표시되어야 한다.

ii. 신용장에 부보금액이 물품의 가액, 상업송장금액 송장가액 또는 그와 유사한 가액에 대한 백분율로 표시되어야 한다는 요건이 있는 경우, 이는 요구되는 부보금액의 최소한으로 본다. 신용장에 부보 범위에 부보금액에 대한 명시가 없는 경우, 부보금액은 최소한 물품의 CIF 또는 CIP 가액의 110%가 되어야 한다. 서류로부터CIF 또는 CIP 가액을 결정할 수 없는 경우, 부보금액의 범위는 신청된 의무이행 요구된 결제(honor) 또는 매입 금액 또는 상업송장에 송장에 나타난 물품에 대한 총가액 중 더 큰 금액을 기준으로 산출되어야 한다.

iii. 보험서류는 최소한 신용장에 명시된 수탁지 또는 선적지로부터 양륙지 또는 최종 목적지 사이에 발생하는 위험에 대하여 부보가 되는 것이어야 한다.

g. 신용장은 요구되는 보험의 종류를 명시하여야 하고, 부보되어야 할 추가 위험이 있다면 그것도 명시하여야 한다. 만일 신용장이 "통상의 위험" 또는 "관습적인 위험" 과 같이 부정확한 용어를 사용하는 경우 보험서류가 보험서류는 특정위험을 부보하지 않는지 여부와 관계없이 수리된다.

h. 신용장이 "전위험(all risks)"에 대한 부보를 요구하는 경우, 어떠한 "전위험(all risks)" 표시 또는 문구를 부기 또는 조항을 포함하는 보험서류가 제시되는 때에는, 제목에 "전위험(all risks)"이 포함되는가에 관계없이, 또한 어떠한 위험이 제

the insurance document will be accepted without regard to any risks stated to be excluded. i. An insurance document may contain reference to any exclusion clause. j. An insurance document may indicate that the cover is subject to a franchise or excess (deductible).	외된다고 기재하는가에 관계없이 수리된다. i. 보험서류는 어떠한 제외문구(exclusion clause)에 대한 언급을 포함할 수 있다. j. 보험서류는 부보범위가 일정한도 본인부담이라는 조건 또는 일정한도 이상 보상 조건(a franchise or excess) (일정액 공제제도, deductible)의 적용을 받고 있음을 표시할 수 있다.
Article 29 Extension of Expiry Date or Last Day for Presentation a. If the expiry date of a credit or the last day for presentation falls on a day when the bank to which presentation is to be made is closed for reasons other than those referred to in article 36, the expiry date or the last day for presentation, as the case may be, will be extended to the first following banking day. b. If presentation is made on the first following banking day, a nominated bank must provide the issuing bank or confirming bank with a statement on its covering schedule that the presentation was made within the time limits extended in accordance with sub-article 29 (a). c. The latest date for shipment will not be extended as a result of sub-article 29 (a).	**제29조 유효기일 또는 최종제시일의 연장** a. 신용장의 유효기일 또는 최종제시일이 제시가 되어야 하는 은행이 제36조에서 언급된 사유 외의 사유로 영업을 하지 않는 날인 경우, 유효기일 또는 경우에 따라 최종제시일은 그 다음 첫 은행영업일까지 연장된다. b. 만일 제시가 그 다음 첫 은행영업일에 이루어지는 경우, 지정은행은 개설은행 또는 확인은행에 제시가 제29조(a)항에 따라 연장된 기한 내에 이루어졌음을 기재한 표지서류를 제공하여야 한다. c. 최종선적일은 제29조 (a)항에 의하여 연장되지 않는다.
Article 30 Tolerance in Credit Amount, Quantity and Unit Prices a. The words "about" or "approximately" used in connection with the amount of the credit or the quantity or the unit price stated in the credit are to be construed as allowing a tolerance not to exceed 10% more or 10% less than the amount, the quantity or the unit price to which they refer. b. A tolerance not to exceed 5% more or 5% less than the quantity of the goods is allowed, provided the credit does not state the quantity in terms of a stipulated number of packing units or individual items and the total amount of the drawings does not exceed the amount of the credit. c. Even when partial shipments are not allowed, a tolerance not to exceed 5% less than the amount of the credit is allowed, provided that the quantity of the goods, if stated in the credit, is shipped in full and a unit	**제30조 신용장금액, 수량 그리고 단가의 허용치** a. 신용장 금액 또는 신용장에서 표시된 수량 또는 단가와 관련하여 사용된 "about" 또는 "approximately"라는 단어는, 그것이 언급하는 금액, 수량 또는 단가에 관하여 10%를 초과하지 않는 범위 내에서 많거나 적은 편차를 허용하는 것으로 해석된다. b. 만일 신용장이 수량을 포장단위 또는 개별단위의 특정 숫자로 기재하지 않고 청구금액의 총액이 신용장의 금액을 초과하지 않는 경우에는, 물품의 수량에서 5%를 초과하지 않는 범위 내의 많거나 적은 편차는 허용된다. c. 물품의 수량이 신용장에 기재된 경우 전량 선적되고 단가가 신용장에 기재된 경우 감액되지 않은 때, 또는 제30조(b)항이 적용되지 않는 때에는, 분할선적이 허용되지 않더라도 신용장 금액의 5% 이내의 편차는 허용된다. 이 편차는 신용장이 특

price, if stated in the credit, is not reduced or that sub-article 30 (b) is not applicable. This tolerance does not apply when the credit stipulates a specific tolerance or uses the expressions referred to in sub-article 30 (a).	정 편차를 명시하거나 제30조(a)항에서 언급된 표현을 사용하는 때에는 적용되지 않는다.
Article 31 Partial Drawings or Shipments a. Partial drawings or shipments are allowed. b. A presentation consisting of more than one set of transport documents evidencing shipment commencing on the same means of conveyance and for the same journey, provided they indicate the same destination, will not be regarded as covering a partial shipment, even if they indi- cate different dates of shipment or different ports of loading, places of taking in charge or dispatch. If the presentation consists of more than one set of transport documents, the latest date of shipment as evidenced on any of the sets of transport documents will be regarded as the date of shipment. A presentation consisting of one or more sets of transport documents evidencing shipment on more than one means of conveyance within the same mode of transport will be regarded as covering a partial shipment, even if the means of conveyance leave on the same day for the same destination.	**제31조 분할청구 또는 분할선적** a. 분할청구 또는 분할선적은 허용된다. b. 같은 운송수단에서 개시되고 같은 운송구간을 위한 선적을 증명하는 두 세트 이상의 운송서류로 이루어진 제시는, 그 운송서류가 같은 목적지를 표시하고 있는 한 비록 다른 선적일자 또는 다른 선적항, 수탁지 또는 발송지를 표시하더라도 분할선적으로 보지 않는다. 제시가 두 세트 이상의 운송서류로 이루어지는 경우 어느 운송서류에 의하여 증명되는 가장 늦은 선적일를 선적일을 선적일로 본다. 같은 운송방법 내에서 둘 이상의 운송수단상의 선적을 증명하는 하나 또는 둘 이상의 세트의 운송서류로 이루어진 제시는, 비록 운송수단들이 같은 날짜에 같은 목적지로 향하더라도 분할선적으로 본다.
c. A presentation consisting of more than one courier receipt, post receipt or certificate of posting will not be regarded as a partial shipment if the courier receipts, post receipts or certificates of posting appear to have been stamped or signed by the same courier or postal service at the same place and date and for the same destination.	c. 둘 이상의 특송배달영수증, 우편영수증 또는 우송확인서로 이루어진 제시는 만일 특송배달영수증, 우편영수증 또는 우송확인서가 같은 특송배달용역 또는 우체국에 의하여 같은 장소, 같은 날짜 그리고 같은 목적지로 스탬프가 찍히거나 서명된 것으로 보이는 경우에는 분할선적으로 보지 않는다.
Article 32 Instalment Drawings or Shipments If a drawing or shipment by instalments within given periods is stipulated in the credit and any instalment is not drawn or shipped within the period allowed for that instalment, the credit ceases to be available for that and any subsequent instalment.	**제32조 할부청구 또는 할부선적** 신용장에서 할부청구 또는 할부선적이 일정한 기간내에 이루어지도록 명시된 경우 동 할부 거래를 위하여 배정된 기간 내에 할부청구나 할부선적이 이루어지지 않으면 동 신용장은 해당 할부분과 향후 할부분에 대하여 더 이상 이용될 수 없다.
Article 33 Hours of Presentation A bank has no obligation to accept a presentation outside of its banking hours.	**제33조 제시시간** 은행은 자신의 영업시간 외의 제시를 수리할 의무가 없다.
Article 34 Disclaimer on Effectiveness of Documents	**제34조 서류의 효력에 대한 면책**

A bank assumes no liability or responsibility for the form, sufficiency, accuracy, genuineness, falsification or legal effect of any document, or for the general or particular conditions stipulated in a document or superimposed thereon; nor does it assume any liability or responsibility for the description, quantity, weight, quality, condition, packing, delivery, value or existence of the goods, services or other performance represented by any document, or for the good faith or acts or omissions, solvency, performance or standing of the consignor, the carrier, the forwarder, the consignee or the insurer of the goods or any other person.	은행은 어떤 서류의 방식, 충분성, 정확성, 진정성, 위조 여부 또는 법적 효력 또는 서류에 명시되거나 위에 추가된 일반 또는 특정조건에 대하여 어떠한 책임(liability or responsibility)도 지지 않는다. 또한 은행은 어떤 서류에 나타난 물품, 용역 또는 다른 이행의 기술, 수량, 무게, 품질, 상태, 포장, 인도, 가치 또는 존재 여부 또는 물품의 송하인, 운송인, 운송중개인, 수하인 또는 보험자 또는 다른 사람의 선의 또는 작위 또는 부작위, 지불능력, 이행 또는 지위(standing)에 대하여 어떠한 책임도 지지 않는다.
Article 35 Disclaimer on Transmission and Translation A bank assumes no liability or responsibility for the consequences arising out of delay, loss in transit, mutilation or other errors arising in the transmission of any messages or delivery of letters or documents, when such messages, letters or documents are transmitted or sent according to the requirements stated in the credit, or when the bank may have taken the initiative in the choice of the delivery service in the absence of such instructions in the credit. If a nominated bank determines that a presentation is complying and forwards the documents to the issuing bank or confirming bank, whether or not the nominated bank has honoured or negotiated, an issuing bank or confirming bank must honour or negotiate, or reimburse that nominated bank, even when the documents have been lost in transit between the nominated bank and the issuing bank or confirming bank, or between the confirming bank and the issuing bank. A bank assumes no liability or responsibility for errors in translation or interpretation of technical terms and may transmit credit terms without translating them.	**제35조 전송과 번역에 대한 면책** 신용장에 명시된 기재된 방법에 따라서 알림 말, 서신 또는 서류가 전송 또는 송부되는 때, 또는 신용장에 송달 서비스의 선택에 대한 지시 사항이 없어서 은행이 자체적인 판단으로 선택하였을 자신의 판단하에 선정하였을[아래 제37조 b의 수정과 일관성이 있기 위하여] 때, 알림 말의 전송 또는 서신이나 서류의 송부 과정에서 일어나는 지연, 전달 도중의 분실, 훼손 또는 다른 실수로 발생하는 결과에 대하여 은행은 어떠한 책임도 지지 않는다. 지정은행이 제시가 신용장 조건에 일치한다고 판단한 후 서류를 개설은행 또는 확인은행에 송부한 경우, 지정은행의 결제(honour) 또는 매입 여부와 무관하게, 비록 서류가 지정은행과 개설은행 또는 확인은행 사이 또는 확인은행과 개설은행 사이의 송부 도중 분실된 경우에도 개설은행 또는 확인은행은 결제(honour) 또는 매입을 하거나, 그 지정은행에게 상환하여야 한다. 은행은 기술적인 용어의 번역 또는 해석에서의 잘못에 대하여 어떠한 책임(liability or responsibility)도 지지 않고 그러한 용어를 번역하지 않고 신용장의 조건을 전송할 수 있다.
Article 36 Force Majeure A bank assumes no liability or responsibility for the consequences arising out of the interruption of its business by Acts of God, riots, civil commotions, insurrections, wars, acts of terrorism, or by any strikes or lockouts or any other causes beyond its control.	**제36조 불가항력** 은행은 천재지변, 폭동, 소요, 반란, 전쟁, 테러행위 또는 어떤 파업 또는 직장폐쇄 또는 자신의 통제 밖에 있는 원인에 의한 영업의 중단으로부터 발생하는 결과에 대하여 어떠한 책임도 지지 않는다. 은행은 자신의 영업이 중단된 동안에 만료된 신용장하에서는 결제(honour) 또는 매입을 하지 않는다.

A bank will not, upon resumption of its business, honour or negotiate under a credit that expired during such interruption of its business.	
Article 37 Disclaimer for Acts of an Instructed Party a. A bank utilizing the services of another bank for the purpose of giving effect to the instructions of the applicant does so for the account and at the risk of the applicant. b. An issuing bank or advising bank assumes no liability or responsibility should the instructions it transmits to another bank not be carried out, even if it has taken the initiative in the choice of that other bank. c. A bank instructing another bank to perform services is liable for any commissions, fees, costs or expenses ("charges") incurred by that bank in connection with its instructions. If a credit states that charges are for the account of the beneficiary and charges cannot be collected or deducted from proceeds, the issuing bank remains liable for payment of charges. A credit or amendment should not stipulate that the advising to a beneficiary is conditional upon the receipt by the advising bank or second advising bank of its charges. d. The applicant shall be bound by and liable to indemnify a bank against all obligations and responsibilities imposed by foreign laws and usages.	**제37조 지시받은 당사자의 행위에 대한 면책** a. 개설의뢰인의 지시를 이행하기 위하여 다른 은행의 서비스를 이용하는 은행은 개설의뢰인의 비용과 위험 하에 하는 것이다. b. 개설은행이나 통지은행은 비록 자신의 판단 하에 다른 은행을 선정하였더라도 그가 다른 은행에 전달한 지시가 이행되지 않은 데 대하여 어떤 책임도 지지 않는다. c. 다른 은행에게 서비스의 이행을 요청하는 은행은 그러한 지시와 관련하여 발생하는 다른 은행의 요금, 보수, 경비 또는 비용(이하 "수수료"라 한다)에 대하여 책임이 있다. 신용장이 수수료가 수익자의 부담이라고 기재하고 있고 그 수수료가 신용장 대금에서 징수되거나 공제될 수 없는 경우 개설은행은 그 수수료에 대하여 여전히 책임이 있다. 신용장 또는 조건변경은 수익자에 대한 통지가 통지은행 또는 둘째 통지은행이 자신의 수수료를 수령하는 것을 조건으로 하여서는 안 된다. d. 개설의뢰인은 외국의 법과 관행이 부과하는 모든 의무와 책임에 대하여 은행에 보상할 의무와 책임이 있다.
Article 38 Transferable Credits a. A bank is under no obligation to transfer a credit except to the extent and in the manner expressly consented to by that bank. b. For the purpose of this article: Transferable credit means a credit that specifically states it is "transferable". A transferable credit may be made available in whole or in part to another beneficiary ("second beneficiary") at the request of the beneficiary ("first beneficiary"). Transferring bank means a nominated bank that transfers the credit or, in a credit available with any bank, a bank that is specifically authorized by the issuing bank to transfer and that transfers the credit. An issuing bank may be a transferring bank. Transferred credit means a credit that has been made available by the transferring	**제38조 양도가능신용장** a. 은행은 자신이 명시적으로 승낙하는 범위와 방법에 의한 경우를 제외하고는 신용장을 양도할 의무가 없다. b. 이 조항에서는 다음과 같이 해석한다. 양도가능신용장이란 신용장 자체가 "양도가능"이라고 특정하여 기재하고 있는 신용장을 말한다. 양도가능신용장은 수익자(이하 "제1 수익자"라 한다)의 요청에 의하여 전부 또는 부분적으로 다른 수익자(이하 "제2 수익자"라 한다) 에게 이용하게 할 수 있다. 양도은행이라 함은 신용장을 양도하는 지정은행, 또는 어느 은행에서나 이용할 수 있는 신용장의 경우에는 개설은행으로부터 양도할 수 있는 권한을 특정하여 받아 신용장을 양도하는 은행을 말한다. 개설은행은 양도은행이 될 수 있다. 양도된 신용장이라 함은 양도은행이 제2 수익자가 이용할 수 있도록 한 신용장을 말한다.

bank to a second beneficiary.	
c. Unless otherwise agreed at the time of transfer, all charges (such as commissions, fees, costs or expenses) incurred in respect of a transfer must be paid by the first beneficiary.	c. 양도시에 달리 합의된 경우를 제외하고, 양도와 관련하여 발생한 모든 수수료(요금, 보수, 비용 또는 경비 등)는 제1 수익자가 지급해야 한다.
d. A credit may be transferred in part to more than one second beneficiary provided partial drawings or shipments are allowed. A transferred credit cannot be transferred at the request of a second beneficiary to any subsequent beneficiary. The first beneficiary is not considered to be a subsequent beneficiary.	d. 분할청구 또는 분할선적이 허용되는 경우에 신용장은 두 사람 이상의 제2 수익자에게 분할양도될 수 있다. 양도된 신용장은 제2 수익자의 요청에 의하여 그 다음 수익자에게 양도될 수 없다. 제1 수익자는 그 다음 수익자로 간주되지 않는다.
e. Any request for transfer must indicate if and under what conditions amendments may be advised to the second beneficiary. The transferred credit must clearly indicate those conditions.	e. 모든 양도 요청은 제2 수익자에게 조건변경을 통지하여야 하는지 여부와 그리고 어떠한 조건 하에서 조건변경을 통지하여야 하는지 여부를 표시하여야 한다. 양도된 신용장은 그러한 조건을 명확하게 표시하여야 한다.
f. If a credit is transferred to more than one second beneficiary, rejection of an amendment by one or more second beneficiary does not invalidate the acceptance by any other second beneficiary, with respect to which the trans- ferred credit will be amended accordingly. For any second beneficiary that rejected the amend- ment, the transferred credit will remain unamended.	f. 신용장이 두 사람 이상의 제2 수익자에게 양도되면, 하나 또는 둘 이상의 수익자가 조건변경을 거부하더라도 다른 제2 수익자의 수락은 무효가 되지 않으며, 양도된 신용장은 그에 따라 변경된다. 조건변경을 거부한 제2 수익자에 대하여는 양도된 신용장은 변경 되지 않은 상태로 남는다.
g. The transferred credit must accurately reflect the terms and conditions of the credit, including confirmation, if any, with the exception of: – the amount of the credit, – any unit price stated therein, – the expiry date, – the period for presentation, or – the latest shipment date or given period for shipment, any or all of which may be reduced or curtailed. The percentage for which insurance cover must be effected may be increased to provide the amount of cover stipulated in the credit or these articles. The name of the first beneficiary may be substituted for that of the applicant in the credit. If the name of the applicant is specifically required by the credit to appear in any docu- ment other than the invoice, such requirement must be reflected in the transferred credit.	g. 양도된 신용장은 만일 있는 경우 확인을 포함하여 신용장의 조건을 정확히 반영하여야 한다. 다만 다음은 예외로 한다. – 신용장의 금액 – 그곳에 기재된 단가 – 유효기일 – 제시기간 또는 – 최종선적일 또는 주어진 선적기간 위의 내용은 일부 또는 전부 감액되거나 단축될 수 있다. 부보되어야 하는 백분율은 신용장 또는 이 규칙에서 명시된 부보금액을 규정하기 위하여 높일 수 있다. 신용장의 개설의뢰인의 이름을 제1 수익자의 이름으로 대체할 수 있다. 만일 신용장이 송장을 제외한 다른 서류에 개설의뢰인의 이름이 보일 것을 특정하여 요구하는 경우, 그러한 요건은 양도된 신용장에도 반영되어야 한다.

h. The first beneficiary has the right to substitute its own invoice and draft, if any, for those of a second beneficiary for an amount not in excess of that stipulated in the credit, and upon such substitution the first beneficiary can draw under the credit for the difference, if any, between its invoice and the invoice of a second beneficiary.	h. 제1 수익자는 신용장에서 명시된 금액을 초과하지 않는 한 만일 있다면 자신의 송장과 환어음을 제2 수익자의 그것과 대체할 권리를 가지고, 그러한 대체를 하는 경우 제1 수익자는 만일 있다면 자신의 송장과 제2 수익자의 송장과의 차액에 대하여 신용장 하에서 청구할 수 있다.
i. If the first beneficiary is to present its own invoice and draft, if any, but fails to do so on first demand, or if the invoices presented by the first beneficiary create discrepancies that did not exist in the presentation made by the second beneficiary and the first beneficiary fails to correct them on first demand, the transferring bank has the right to present the documents as received from the second bene- ficiary to the issuing bank, without further responsibility to the first beneficiary.	i. 제1 수익자가 만일 있다면 자신의 송장과 환어음을 제시하려고 하였으나 첫번째 요구에서 그렇게 하지 못한 경우 또는 제1 수익자가 제시한 송장이 제2 수익자가 제시한 서류에서는 없었던 하자를 발생시키고 제1 수익자가 첫번째 요구에서 이를 정정하지 못한 경우, 양도은행은 제1 수익자에 대하여 더 이상의 책임이 없이 제2 수익자로부터 받은 그대로 서류를 개설은행에게 제시할 권리를 갖는다.
j. The first beneficiary may, in its request for transfer, indicate that honour or negotiation is to be effected to a second beneficiary at the place to which the credit has been transferred, up to and including the expiry date of the credit. This is without prejudice to the right of the first beneficiary in accordance with sub-article 38 (h).	j. 제1 수익자는 양도 요청에서, 신용장이 양도된 장소에서 신용장의 유효기일 이전에 제2 수익자에게 결제 또는 매입이 이루어져야 한다는 것을 표시할 수 있다. 이는 제38조 (h)항에 따른 제1 수익자의 권리에 영향을 미치지 않는다.
k. Presentation of documents by or on behalf of a second beneficiary must be made to the transferring bank.	k. 제2 수익자에 의한 또는 그를 위한 제시는 양도은행에 대하여 이루어져야 한다.
Article 39 Assignment of Proceeds The fact that a credit is not stated to be transferable shall not affect the right of the beneficiary to assign any proceeds to which it may be or may become entitled under the credit, in accordance with the provisions of applicable law. This article relates only to the assignment of proceeds and not to the assign-ment of the right to perform under the credit.	**제39조 대금의 양도** 신용장이 양도가능하다고 기재되어 있지 않다는 사실은, 수익자가 신용장 하에서 받거나 받을 수 있는 어떤 대금을 준거법의 규정에 따라 양도할 수 있는 권리에 영향을 미치지 않는다. 이 조항은 오직 대금의 양도에 관한 것이고 신용장 하에서 이행할 수 있는 권리를 양도하는 것에 관한 것은 아니다.

참 고 문 헌

(국내문헌: 단행본)

경윤범, 「국제운송」, 형설출판사, 2010.

김상만, 「국제거래에서의 독립적 은행보증서」, 신인류, 2002.

______, 「무역계약론」, 박영사, 2019.

김성수, 「국제계약법」, 한국에너지법연구소, 1995.

김정호, 「국제거래법」, 고려대학교 출판부, 2002.

대한상사중재원, 「주석중재법」, 대한상사중재원/한국상사중재학회, 2005.

반기로, 「프로제트 파이낸스」, 한국금융연수원, 2009.

박세운 외 4인, 「UCP 600 공식번역 및 해설서」, 대한상공회의소, 2007.

박세운 · 한기문 · 김상만 · 허해관, 「보증신용장통일규칙 공식번역 및 해설」, 대한상공회의소, 2008.

박훤일, 「국제거래법」, 한국경영법무연구소, 1996.

산업자원부, 「해외 플랜트 수주동향 및 지원시책」, 2007.

서정두, 「국제통상법」, 삼영사, 2001.

______, 「2010년 개정 인코텀즈 INCOTERMS® 2010」, 청목출판사, 2011.

서헌제, 「국제거래법」제4판, 법문사, 2006.

석광현, 「국제물품매매계약의 법리」, 박영사, 2010.

심재두, 「해상운송법」, 길안사, 1997.

안강현, 「로스쿨 국제거래법」, 제4판, 박영사, 2018.

양영환 · 오원석 · 박광서, 「무역실무」, 삼영사, 2009.

오원석, 「국제비지니스 계약」, 경영법무, 2003.

이기수 · 신창섭, 「국제거래법」 제7판, 세창출판사, 2019.

이시환 · 김광수, 「Incoterms® 2010: 국내 및 국제거래조건의 사용에 관한 ICC규칙」, 두남, 2010.

이태희, 「국제계약법」, 법문사, 2002.

정동윤, 「상법(하)」제4판, 법문사, 2011.

정찬형, 「상법(하)」제17판, 박영사, 2015.

최준선, 「국제거래법」 제6판, 삼영사, 2008.

한국수출입은행, 「영문국제계약해설」, 2004.

홍대희, 「국제채 및 해외포트폴리오」, 한국금융연수원, 2006.

(외국문헌)

Anders Grath, *The handbook of International Trade and Finance*, 3rd ed., Kogan Page, 2014.

Andreas F. Lowenfeld, *International Economic Law*, 2nd ed, Oxford University, 2008.

Belay Seyoum, *Export-Import Theory, Practices, and Procedures*, 2nd ed., Routeledge, 2009.

Carole Murray, et. al, *Schmittoff Export Trade: The Law and Practice of International Trade*, 11th ed, Thomson Reuters, 2010.

Časlav Pejović, *Clean Bill of Lading in the Contract of Carriage and Documentary Credit: When Clean May not be Clean,* 4 Penn St. Int'l L. Rev. 127, 136 (2015).

Daniel C.K. Chow, Thomas J. Schoenbaum, *International Business Transactions: Problems, Cases, and Materials*, 2nd ed., Wolters Kluwer, 2010.

Doug Barry, *A Basic Guide to Exporting*, 11th ed, the U.S. Department of Commerce, 2015.

E.R. Yescombe, *Project Finance*, Academic Press, 2002.

Eric Bishop, *Finance of International Trade*, Intellexis plc, Elsevier Ltd, 2006.

Gary Collyer, *Guide to Documentary Credits*, 5th ed, The London Institute of Banking & Finance, 2017.

Gary Collyer, *the Guide to Documentary Credits,* 3rd ed, the International Financial Services Association, 2007.

Graham Vinter, *Project Finance*, London Sweet & Maxwell, 1998.

Guillermo C. Jimenez, *ICC Guide to Export/Import: Global* Standards for International Trade, ICC Publication No. 686, 2012.

Harry M. Venedikian, Gerald A. Warfield, *Export-Import Financing*, 4th Edition, John Wiley & Sons, Incl, 1996.

Howard Palmer, *International Trade and Pre-export Finance*, Euromoney Institutional Investor PLC, 1999, p.55.

ICC, ICC Banking Commission Collected Opinions 1995-2001, 2002, ICC Publishing S.A.

ICC, *Incoterms 2010 by the International Chamber of Commerce (ICC)*, ICC Publication No. 715E, 2010.

ICC, *Incoterms 2020 by the International Chamber of Commerce (ICC)*, ICC Publication No. 723E, 2019.

ICC, International Standard Banking Practice(ISBP, 2007), Pub. No. 681

ICC, *The ICC Model International Sale Contract (Manufactured Goods)*, ICC Publication No. 738E, 2013.

Indira Carr, I*nternational Trade Law*, 4th ed, Routledge-Cavendish, 2010.

James E. Byrne, *The Official Commentary on the International Standby Practices*, The Institute of International Banking Law & Practice, 1998.

Jan Ramberg, *ICC Guide to Incoterms 2010*, ICC Publication No. 720E, 2011,

John E. Ray, *Managing Official Export Credits*, Institute for International Economics Washington, DC, 1995.

John O. Honnold, *Uniform Law for International Sales under the 1980 United Nations Convention*, 4th ed, Wolters Kluwer, 2009.

M. Sornarajah, *The International Law on Foreign Investment Law*, 3rd ed., Cambridge University Press, 2010.

Malcolm Stephens, *The Changing Role of Export Credit Agencies*, IMF Washington, 1999,

Michele Donnelly, *Certificate in International Trade and Finance*, ifs School of Finance, 2010.

Peter K Nevitt, *Project Finance*, Euromoney Publications, 1995.

Peter Malanczuk, *Akhurst's Modern Introduction to International Law*, 7th ed, Routledge, 2002.

Peter Schlechtriem · Petra Butler, *UN Law on International Sales, Springer*, 2009.

Phillip Wood, *International Loans, Bonds, Guarantees, Legal Opinions*, London Sweet & Maxwell, 2007.

Phillip Wood, *Law and Practice of International Finance*, London Sweet & Maxwell, 1980.

Ralph H. Folsom, et. al, *International Business Transactions*, 8th ed, West Group 2009.

Ralph H. Folsom, et. al, *International Business Transactions: A Problem Oriented Coursebook*, 11th ed, West Group, 2012.

Ray August, *International Business Law*, Pearson Education, 2002.

Richard Willsher, *Export Finance*, Macmillan Press 1995.

Roberto Bergami, "Incoterms 2010: The Newest Revision of Delivery Terms", Acta Univ. Bohem. Merid. 15(2), 2012, p.34.: Belay Seyoum, *supra* note 16, p.158.

Roeland F. Bertrams, *Bank Guarantees in International Trade*, 4th ed, Wolters Kluwer, 2013.

Roy Goode, *Guide to the ICC Uniform Rules for Demand Guarantees*, ICC Publication No.510, 1995.

Sang Man Kim, "The Fraud Exception in a Documentary Credit under Korean Law", The Banking Law Journal, Vol.136, No.10, LexisNexis, 2019.

Sang Man Kim, "Why is a Refund Guarantee Independent from a Shipbuilding Contract?", International Journal of Economic Research, Vol.14, No.15, 2017.

Sang Man Kim, *A Guide to Financing Mechanisms in International Business Transactions*, Cambridge Scholars Publishing, England, 2019.

Sangman Kim & Jongho Kim, "The Legal Effect of the Unknown Clause in a Bill of Lading under the International Rules" North Carolina Journal of International Law, University of North Carolina Vol. 42, No.1, 2016.

Schlechtriem & Schwenzer, *Commentary on the UN Convention on the International Sale of Goods (CISG)*, 4th ed., Oxford University Press, 2016.

Thomas E. Johnson & Donna L. Bade, *Export Import Procedures and Documentation*, 4th ed, AMACOM, 2010.

U.S. Department of Commerce/International Trade Administration, *Trade Finance Guide: A Quick Reference for U.S. Exporters*, 2012.

UNCITRAL, *UNCITRAL Digest of Case Law on the United Nations Convention on the International Sale of Goods*, 2016.

UNCTAD, *Review of Maritime Transport 2017*, 2017.

United Nations, *United Nations Convention on Contracts for the International Sale of Goods*, United Nations Publication Sales No. E.10.v.14, 2010.

William Burnham, *Introduction to the Law and System of the United States*, 3rd ed, West Group, 2002.

WTO, *World Trade Statistical Review 2019*, WTO, 2019.

찾아보기

저자 프로필

김 상 만

고려대학교 법과대학(법학과)
고려대학교 법무대학원(법학석사/국제거래법 전공)
미국 University of Minnesota Law School (법학석사)
고려대학교 대학원(법학박사/상법 전공)
한국무역보험공사 팀장
경남대학교 경제무역학부 조교수
사법시험 · 변호사시험 · 행정고시 · 공무원시험 위원
대한상사중재원 중재인/조정인
현) 덕성여자대학교 국제통상학과 부교수
　미국 뉴욕주 변호사

[주요 국내외저서]

Payment Methods and Finance for International Trade (Springer)
A Guide to Financing Mechanisms in International Business Transactions (Cambridge Scholars Publishing)
무역계약론 (박영사)
Payment Methods in International Trade (Dunam)
실무중심 무역영어 (두남)
무역영어연습 (박영사)
국제물품매매계약에 관한 유엔협약(CISG) 해설 (한국학술정보)
국제거래에서의 독립적은행보증서 (신인류)

[International Articles]

- Australia – Anti-Dumping Measures on A4 Copy Paper, DS529 **(World Trade Review, Cambridge University Press, 2020)**
- Export Credit Guarantee and Prohibited Subsidies under the SCM Agreement **(Journal of World Trade, Wolters Kluwer, 2020)**
- Negotiating Bank in a Documentary Credit **(The Banking Law Journal, LexisNexis, 2020)**
- Case Study on Fraud in Export Credit Insurance for Export Financing against Account Receivables **(Global Trade and Customs Journal, Wolters Kluwer, 2019)**
- The Fraud Exception in a Documentary Credit under Korean Law **(The Banking Law Journal, LexisNexis, 2019)**
- Can a Change of Circumstances Qualify as an Impediment under Article 79 of the CISG **(Chinese Journal of International Law, Oxford Academic Press, 2019)**
- Flag of Convenience in the Context of the OECD BEPS Package **(Journal of Maritime Law and Commerce, Jefferson Law Book Co., 2018)**
- The Legal Effect of the Unknown Clause in a Bill of Lading under the International Rules **(North Carolina Journal of International Law, University of North Carolina, 2016)**

제3판

국제거래법

개정판 발행 2018년 8월 30일
제3판 발행 2020년 8월 30일

지은이 김상만
펴낸이 안종만 · 안상준

편 집 장유나
기획/마케팅 김한유
표지디자인 이미연
제 작 우인도 · 고철민

펴낸곳 (주) 박영사
서울특별시 종로구 새문안로3길 36, 1601
등록 1959. 3. 11. 제300-1959-1호(倫)
전 화 02)733-6771
f a x 02)736-4818
e-mail pys@pybook.co.kr
homepage www.pybook.co.kr
ISBN 979-11-303-1080-0 93320

정 가 51,000원